翼城年鉴

YICHENG YEARBOOK

2023

中共翼城县委党史研究室
（翼城县地方志研究室） 编

方志出版社
Publishing House of Local Records

图书在版编目（CIP）数据

翼城年鉴. 2023 / 中共翼城县委党史研究室（翼城县地方志研究室）编.—北京：方志出版社，2023.11
ISBN 978-7-5144-5896-1

Ⅰ. ①翼… Ⅱ. ①中… Ⅲ. ①翼城县 - 2023 - 年鉴 Ⅳ. ①Z522.54

中国国家版本馆CIP数据核字（2023）第220771号

责任编辑：程倩
责任校对：张玉霞
责任印制：梅中英
出 版 者：方志出版社
地　　址：北京市朝阳区潘家园东里 9 号（国家方志馆4层）
邮　　编：100021
网　　址：http://www.zgfzcb.cn
发　　行：方志出版社图书营销中心（010-67110500）
印　　刷：临汾工艺美术印刷有限公司
开　　本：889毫米×1194毫米　1/16
印　　张：22.5
字　　数：556千字
版　　次：2023年11月第1版
印　　次：2023年11月第1次印刷
定　　价：280.00元

冀城县地方志编纂委员会

《冀城年鉴（2023）》编辑部

编辑说明

一、《翼城年鉴》是一部反映翼城县自然、政治、经济、文化和社会发展的年度资料性文献，以马克思列宁主义、毛泽东思想、邓小平理论、“三个代表”重要思想、科学发展观、习近平新时代中国特色社会主义思想为指导，坚持辩证唯物主义和历史唯物主义的立场、观点和方法，本着实事求是、秉笔直书、述而不论的原则，力求全面、准确、客观，更加注重信息价值和实用价值。它以大量的经济科技信息和社会动态资料为各级领导决策提供依据，为社会各行各业的规划发展提供借鉴，为中外人士了解、研究翼城提供参考。

二、《翼城年鉴(2023)》由中共翼城县委、翼城县人民政府主办，中共翼城县委党史研究室(翼城县地方志研究室)编纂，主要记述2022年翼城县的基本情况、重大事件及全县经济发展和社会进步的最新成就。《翼城年鉴(2023)》记述时限为2022年1月1日至2022年12月31日。

三、《翼城年鉴(2023)》采用分类编辑法，主体内容分为类目、分目和条目三个层次。共设类目30个，即特载、大事记、翼城概览、中国共产党翼城县委员会、翼城县人民代表大会、翼城县人民政府、政协翼城县委员会、纪检监察、群众团体、法治、军事、经济管理、农业、工业、商贸与服务业、信息服务业、文化 旅游、财政 税务、金融 保险、交通运输、城乡建设与管理、生态环境保护、教育、科学技术、新闻出版(传媒)、卫生健康和体育、社会保障服务、乡镇、人物 荣誉、附录。设有索引，以突出各单位工作的重点、亮点，增强年鉴的实用性和可读性。

四、数字用法、标点符号用法分别采用国家标准《出版物上数字用法》(GB/T 15835—2011)、《标点符号用法》(GB/T 15834—2011)，计量单位采用国家技术监督局1993年发布的《量和单位》系列国家标准。全书中亩不统一换算。

五、《翼城年鉴(2023)》稿件由县直各单位、各乡镇和企业提供，全部经供稿单位领导审阅。所用统计数据，均经各供稿单位审核，部分数据合计或相对数由于单位取舍不同而产生的计算误差，均未做机械调整。统计资料由县统计局提供，每个分目后附供稿人姓名。

数字翼城2022 SHUZI YICHENG

综 合

地区生产总值 106.3亿元

第一产业 15.8亿元

第二产业 41.3亿元

第三产业 49.3亿元

人均地区生产总值 40998元

人 口

常住人口 259158人

男性 129009人

女性 130149人

出生人口 1607人

死亡人口 2021人

对外经济贸易

海关进出口总额 3626.2万元

进口总额 0.11万元

固定资产投资

全社会固定资产投资 22.5亿元

第一产业 1.5亿元

第二产业 10.4亿元

第三产业 10.6亿元

财政、金融

一般公共预算收入 4.8亿元

一般公共预算支出 23.3亿元

住户存款 175.4亿元

居民收入

城镇常住居民人均可支配收入 38521元

农村常住居民人均可支配收入 15732元

农 业

农作物播种面积 63.5万亩

其中粮食作物 60.2万亩

粮食产量 187025吨

油料产量 381吨

肉类产量 33480吨

工 业（规模以上工业）

工业企业42家

工业增加值增速 12%

原煤产量 477.8万吨

发电量 1763万千瓦时

生铁产量 25.8万吨

批发和零售业

社会消费品零售总额 42.6亿元

城镇社会消费品零售总额 33.9亿元

乡村社会消费品零售总额 8.7亿元

▲ 2022年1月6日，翼城县青年创新创业示范基地揭牌　（康虎/摄）

▲ 2022年1月14日，中共翼城县委十四届五次全体会议暨县委经济工作会议召开　（融媒体中心供图）

◀2022年6月29日，翼城县在县融媒体中心举办“喜迎二十大、奋进新征程”故事会大赛优秀故事展演活动。图为参加展演的县公安干警　（融媒体中心供图）

▶2022年7月1日，翼城县党群服务中心揭牌

（融媒体中心供图）

◀2022年9月29日，翼城县御史第廉政教育基地启用

（融媒体中心供图）

▲ 2022年10月7日，翼城高质量钢铁新材料工业园区山西闽光156万吨焦化转型升级及4万吨高性能碳负极材料项目开工仪式举行 （唐兴镇供图）

▲ 2022年10月7日，山西晋南热连轧精品钢材料项目在翼城高质量钢铁新材料工业园区举行奠基仪式 （融媒体中心供图）

▲ 闽光建设工地场景　　（李森华/摄）

▲ 建设中的新材料园区　　（宋德胜/摄）

▲ 翼城县新强绿色环保建材科技有限公司外景　　（郑珍　李森华/摄）

▲ 2022年4月26日，翼城县举行农业社会化服务青年创新创业基地暨“良种攻关及配套栽培技术研发”博士工作站揭牌仪式　（融媒体中心供图）

▲ 2022年4月29日，翼城县农村集体经济发展有限公司挂牌仪式举行　（融媒体中心供图）

▲樱桃基地　（胡波　李自强/摄）

▲草莓大棚　（宋榜娟/摄）

▲北续鲜桃　（宋榜娟/摄）

▲西阎香菇　（张向东/摄）

▲城市 大棚　（胡波/摄）

▲ 翼城县人民医院建成投入使用　　（李森华　郭振强/摄）

▲ 新建住宅小区　　（融媒体中心供图）

▲ 翼（城）侯（马）高速横贯东西　　（郭振强/摄）

▲ 县城街道焕然一新　　（郭振强/摄）

▲ 翼城县城　　（融媒体中心供图）

▲ 2022年7月26日，翼城县在唐霸公园举行2022年群众文化活动启动仪式暨广场舞大赛

（文化和旅游局供图）

▲ 2022年8月18日，唐风晋韵·翼城历史与文化主题展在县博物馆开幕

（文化和旅游局供图）

历山风光
（李学峰/摄）

翔山浍水
（胡波/摄）

古城夜色　（代全业/摄）

佛山武魂　（李学峰/摄）

翼城县被授予“全国科普示范县（市、区）（2021—2025年）”称号

翼城县被授予“全国农村集体产权制度改革工作先进集体”称号

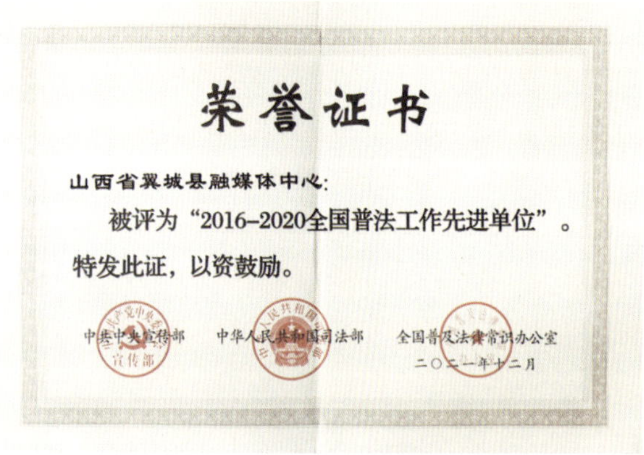

县融体中心被授予“2016—2020全国普法工作先进单位”称号

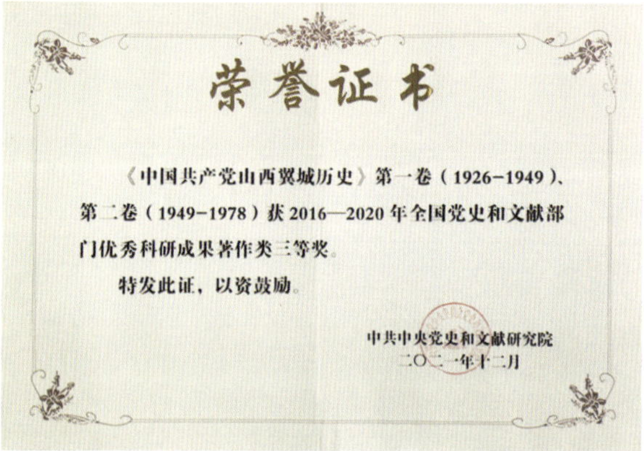

《中国共产党山西翼城历史》第一卷、第二卷获奖证书

2022年5月27日，临汾市第三季“临汾好人”发布仪式在翼城县举行　　（融媒体中心供图）

目　录

特　载

大事记

翼城概览

中国共产党翼城县委员会

翼城县人民代表大会

翼城县人民政府

政协翼城县委员会

纪检监察

群众团体

法 治

军 事

经济管理

农　业

工　业

商贸与服务业

信息服务业

文化 旅游

财政 税务

金融　保险

交通运输

城乡建设与管理

生态环境保护

教　育

科学技术

新闻出版(传媒)

卫生健康和体育

社会保障服务

乡 镇

人物　荣誉

附　录

CONTENTS

Features

Chronicles of Events

General Introduction of Yicheng

Yicheng County Committee of the Communist Party of China

The Yicheng County People's Congress

The People's Government of Yicheng County

Yicheng County Committee of CPPCC

Discipline Inspection and Supervision

People's Organizations

Rule of Law

Military Affairs

Economic Administration

Agriculture

Industry

Trade and Services

Information Services Industry

Culture and Tourism

Finance and Taxation

Banking and Insurance

Transportation

Urban and Rural Development and Management

Ecological Environment Protection

Education

Science and Technology

Press and Publication (Media)

Health and Physical Education

Social Security Services

Towns and Townships

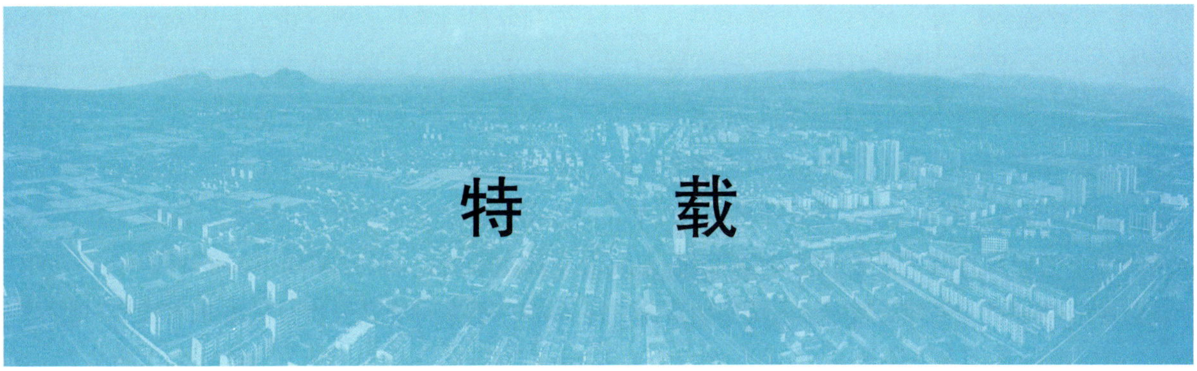

特　载

在县委经济工作会议上的讲话

（2023 年 1 月 16 日）

中共翼城县委书记　黄晓君

同志们：

这次县委经济工作会议的主要任务是以习近平新时代中国特色社会主义思想为指导，认真学习贯彻党的二十大精神和中央、省委、市委经济工作会议精神，总结 2022 年经济工作，把握当前经济形势，谋划部署今年发展思路和目标任务，动员全县上下进一步统一思想、提振精神、真抓实干，奋力走好建设全方位高质量发展强县的关键一步。下面，我讲三个方面的意见。

一、团结奋斗、勇毅前行，进一步坚定“争先进位、走在前列”的发展自信

星光不负赶路人，最是奋斗动人心。过去一年，是全县人民极为不易的一年，也是翼城经济社会发展史上很不平凡的一年。一年来，我们坚持以党的二十大精神为指引，深入学习贯彻习近平总书记考察调研山西重要指示精神，坚决落实“疫情要防住、经济要稳住、发展要安全”的重要要求，团结带领全县干部群众攻坚克难、真抓实干，在错综复杂的形势下保持了经济稳步向好、转型态势强劲、社会安定有序、人民幸福健康的良好局面。

一年来，我们胸怀大局、把握大势，在传承接力中擘画发展蓝图，推动全方位高质量发展的工作思路更加清晰。始终保持战略定力和历史耐心，自觉在全国、全省、全市发展大局中找准翼城定位，主动在翼城发展历程中总结经验教训，注重从县情实际出发想问题、作决策，在深入开展调研、广泛征求意见的基础上，集思广益提出了大力实施“四大振兴”战略、深入推进“六大提升”行动的科学发展思路，找准了推动翼城经济浴火重生的方向和路径。经过一年来的深入实践，从全县各领域发生的变化、取得的成效反映出，这一发展思路适应时代要求、符合翼城实际、切合人民意愿，这条路不仅走得对、走得通，而且一定会走得稳、走得好。

一年来，我们紧咬目标、靶向发力，在转型攻坚中果敢勇毅前行，构建现代产业体系的步伐不断加快。始终把产业转型作为全方位推动高质量发展的重中之重，着眼于“顶天立地”，集中力量推进晋南钢铁项目顺利奠基，山西闽光项目开工建设，华翔新材料科技园一期项目投产运行，现在全县上下、大街小巷关注最高、谈论最多的就是“三箭齐发”重点项目，广大群众参与转型、支持发展的热情空前高涨。青年创新创业“个十百千万”工程强势启动,为全县有志青年搭建了梦想舞台,有效推动了市场主体倍增,青春在唐尧大地绽放出了最耀眼的光芒。农业生产托管新模式全县铺开,经验做法在央视多个栏目宣传推介,农村产权制度改革、小麦促弱转壮技术、大豆玉米带状复合种植模式受到国家通报表彰,冬小麦连续三年刷新全省亩产纪录,成功招引大连绿海、山东种业集团等知名企业来翼合作发展,翼城农业发展的特色优势更加凸显,农民群众喜获丰收的笑脸成为乡村最美的画面。成功打造“唐风晋韵·魅力翼城”文旅品牌,举办了各具特色、丰富多彩的线上线下活动,重点景区基础设施日益完善,文保利用、非遗传承等工作纵深推进,翼城的文化软实力正在转化为发展的硬动力。

一年来,我们万众一心、众志成城,在共克时艰中彰显时代精神,全力守护人民生命安全和身体健康。始终坚持人民至上、生命至上,县四套班子领导身先士卒,带领各级党员干部冲锋一线,全力攻坚常态化疫情防控和应急处置,为保障人民群众生命健康筑起了“钢铁长城”。全县广大医务工作者、公安干警、机关党员、农村干部、社区工作者、基层网格员、新闻记者、志愿者等各个战线的同志用默默无闻的负重前行筑牢家园防线,用辛勤汗水和无悔付出守护万家平安,书写了同心战疫的感人故事。广大群众顾全大局、积极配合、踊跃参与,用点滴奉献汇聚成燎原星火,带给我们无限温暖和信心,以实际行动生动诠释了“崇德、自信、创新、争先”的新时代翼城精神。

一年来,我们守诺如初、践诺不辍,在忠诚履职中不负人民所期,交出了一份温暖厚实的优秀答卷。始终把人民满意不满意作为评判工作的根本标准,创新开展“向人民交账”承诺践诺活动,被市委在全市推广,采取“总结汇报、观摩评比、现场问政、交流展示”每季主题不同、工作环环相扣的形式,将各乡镇、各部门实施的重点工作和取得的实际成效交由人民群众监督和检验,既有效推动了一批重点项目,办好办成了一批民生实事,也让各级各部门亮出了精气神,比出了紧迫感,树立了言出必行、有诺必践的鲜明导向,形成了苦干实干、比学赶帮超的新时代翼城“风向标”。

一年来,我们躬身为民、矢志不渝,在改善民生中践行初心使命,群众的幸福生活更有质感。始终把增进民生福祉作为发展的根本目的,坚持从群众最期盼的事情做起,从群众最需解决的困难抓起,防返贫动态监测和帮扶机制不断健全,全县脱贫人口收入大幅增加。教学质量和教育声誉同步提高,高考、中考成绩连年攀升,桐封技师学院填补了全市技工学院的空白。备受群众期待的新县医院历时5年顺利建成投用,成功创建全省养老服务模范县,红旗街、解放街、翔翼街等县城主街道景观焕然一新,八一路、新华路竣工通车,城区“五纵五横”路网加快形成,县城框架基本成型,百姓在带状公园、街心公园中乐享幸福生活,精准实施重点群体就业帮扶,持续完善社会保障体系,生态环境质量进一步改善,本质安全水平有力提升,群众的获得感、幸福感、安全感更加充实。

一年来,我们强基固本、正风肃纪,在党建引领中凝聚强大合力,全方位推动高质量发展的政治根基越来越牢固。始终把党的领导贯穿发展的全过程,抓党建促基层治理能力提升专项行动成效显著,全科网格实现整体覆盖、无缝衔接,在疫情防控和基层治理工作中发挥了重要作用;“清化收”工作进一步理清了“三资”底数、规范了产权合同、增加了集体收入;农村(社区)党组织书记星级化管理、农村党员积分制管理有效激发了乡村队伍干事创业动力,乡镇执法体制改革、物业治理、“村改居”等各项重点工作齐头并进,基层党组织的凝聚力、战斗力显著增强。全县意识形态领域正能量充沛,向上向好总体态势持续巩固，各类文明实践活动启迪心灵、惠及百姓。“清廉翼城”建设纵深推进，反腐败压倒性胜利持续巩固发展，人心思齐、人心思干、人心思进的氛围越来越浓。

这一年，越过激流险滩，战胜艰难险阻，让我们更加懂得，翼城经济社会发展取得的成绩，铭刻着中央和省委、市委的方向指引，凝聚着全县各级各部门和全体党员干部的辛勤打拼，饱含着26万翼城儿女的合力共建。每个奋斗的日子都闪闪发光，每段深刻的记忆都温润人心，每个人都是了不起的参与者、奋斗者！在此，我代表县委，向全县各级各部门和广大干部群众，向所有关心支持翼城发展的社会各界人士，向全县父老乡亲们表示衷心的感谢！

岁月如歌，催人奋进；翼城崛起，时不我待。干工作没有最好，只有更好，我们永远都在奔向更好的路上，全县上下要进一步统一思想、鼓足干劲，以更加旺盛的斗志、更加坚韧的意志、更加激昂的壮志，共同谱写新征程更加绚丽的翼城篇章！

二、笃定信心、稳中求胜，进一步开创“乘势而上、强势崛起”的发展新局

2023年是全面贯彻落实党的二十大精神的开局之年，是实施“十四五”规划承上启下的关键之年，是疫情防控政策优化调整后的奋进之年，做好今年经济工作，具有特殊重要的意义。站在新的历史起点上，实现“建设全方位高质量发展强县”目标，我们既要正视“决胜”的压力，更要坚定“必胜”的信心，努力在抢抓主动中占领高地、在闯关夺隘中夺取胜利。

要正视宏观经济的下行压力。当前，世界百年未有之大变局加速演进，世界金融、经济、能源、粮食等多重危机叠加，我国经济面临需求收缩、供给冲击、预期转弱“三重压力”，带给我们最直观的感受，就是企业面临原材料上涨和产品价格下跌的“成本倒挂”问题，而且随着疫情防控措施调整转段，短期内可能会对宏观经济，尤其是对我们这样的基层县域经济稳定恢复造成一定影响，大环境的风险挑战呈现出更多的复杂性、不确定性。要正视你追我赶的竞跑压力。过去一年，全县干部群众和各行各业面对经济下行和新冠疫情的双重压力，付出了艰辛努力，前三季度我县GDP同比增长4.8%，预计全年将在历史上首次站上100亿元关口，对我们翼城来讲，是具有里程碑意义的关键一步，充分说明阶段不能逾越，但台阶可以跨越，只要战略路径对、大家齐心干，就一定能够成功。但我们也要深刻认识到，我县经济发展基础差、底子薄的现状仍没有完全改变，前三季度GDP为69.58亿元，在全市排名第11，A类9县排名第6，太岳板块排名第3，处在“标兵更强、追兵更多”的格局当中。要正视自身存在的短板压力。目前全县一、二、三产比例为13.6∶30.8∶55.6，一产占比偏高，二产、三产内部结构不够优化。二产中，煤炭、铁矿采选产值占规上工业增加值的97.3%，制造业和战略性新兴产业仅占2.6%，电、热、燃气供应占0.1%，产业结构偏重、“一煤独大”问题突出；三产中，非营利性服务业占GDP比重达到了27%，金融、批零住餐、交通运输、房地产和盈利性服务业总和仅占28.6%，说明我县限额以上企业数量少、规模小，整体消费总量不大，金融对实体经济支持力度明显不足，经济发展的活力和韧性有待进一步增强。

问题是时代的声音，短板是提升的方向。站在更长时间轴上，过程的“沟”与“坎”，左右不了发展的“时”与“势”，我们必须以长远的发展眼光和强烈的历史担当，打破“惯性思维”，摆脱“速度情结”，走出“换挡焦虑”。县委相信，只要大家坚定必胜信心、把牢前进方向、善于锻长补短，就一定能够创造新的胜势，就一定能够推动全局工作实现新的突破。

我们要在“占天时”中坚定必胜信心。当前

国内煤炭供需仍将处于“紧平衡”状态,国家能源保供的“窗口期”对我们做强传统能源产业,加快煤炭产能核增、煤炭资源接续配置、煤炭先进产能建设提供重大政策支持;“双碳”背景下,国家支持新能源产业发展力度不断加大,对我们发展零碳、低碳、负碳等新业态,推进“风光水储”“源网荷储”等项目建设带来重大利好;今年中央明确提出将支持实体经济特别是制造业发展,省委将大力推进制造业高质量发展,尤其是市委经济工作会议上提出,要在全市建设精品钢、绿色焦化2个千亿级产业链和新材料、高端装备制造、清洁能源3个五百亿级产业链,我县晋南钢铁项目全部建成后产值将达到200亿元,闽光项目全部建成后将达到100亿元,华翔项目全部建成后将达到50亿元,这几个项目产值在全市“大盘子”中占了相当比重,市委也明确表态将大力支持我县精品钢铁基地、装备制造业快速发展,这些“真金白银”的政策机遇,为我们加快实现翼城振兴崛起提供了具体抓手。

我们要在“得地利”中坚定必胜信心。这些年我们一路风雨兼程,特别是去年经过全县上下的共同努力,翼城的发展已经站在了新的起点上,具备了快速发展、争先进位的基础和条件。从产业发展来看,农业发展基础更加稳固,特色优势更加明显,探索形成的工作经验屡次受到国家表彰和宣传推介,成为翼城的“特色名片”;随着晋南、闽光、华翔几个“大块头”项目相继奠基、开工、投产,舜达锻造、汤荣装备制造、春雷技改等项目的加快推进,“一区三园”产业集聚区发展大幕正在徐徐拉开,设立省级经济技术开发区的要素条件已经成熟,为重塑翼城工业新辉煌奠定了坚实基础;全域旅游基础设施日益完善,三条旅游路相继建成通车,历山康养项目持续推进,乡村旅游百花齐放,古城文化旅游节人山人海,群众接踵而来,让我们更加坚定了发展文化旅游产业的信心决心。从疫情防控来看,近三年我们同心协力,守疫情防线直到最后一刻,防疫工作始终走在全市、全省前列,经济社会发展受疫情冲击相对较小,这为我们在经济恢复发展的过渡期、转换期赢得了先机、争得了主动。从发展环境来看,青年“双创”工作有效激发了市场主体活力,一系列人才招引政策营造了近悦远来的“强磁场”,政务环境、法治环境、安全环境、社会环境持续向好向优,为全方位推动高质量发展提供了有力保障。

我们要在“聚人和”中坚定必胜信心。县四套班子以上率下、精诚团结,县直部门的同志各负其责、认真履职,乡村的同志扎根基层、苦干实干,谋转型、促发展、惠民生、保稳定已成为全县各级各部门的一致共识和实际行动。面对各方面的困难和挑战,全县广大干部积累了在复杂形势下做好经济工作的经验,展现出更加坚强、更加团结的良好精神风貌,特别是经受了近三年来最为严峻的疫情防控考验,干部队伍在防疫一线得到有力锤炼,基层治理能力显著提升,党同人民群众的血肉联系更加紧密,在这场“大考”当中,人民群众全力配合,社会各界大力支持,在外翼城籍人士时刻牵挂着家乡,党心民心紧紧凝聚在一起,这是我们干好一切工作的动力之源、胜利之本,只要全县上下一条心、拧成一股绳,就没有战胜不了的困难,我们一定能够把这条振兴崛起、富民强县的新路蹚出来!

县委提出,今年经济工作的总体要求是:以习近平新时代中国特色社会主义思想为指导,深入学习贯彻党的二十大和习近平总书记考察调研山西重要指示精神,全面贯彻落实中央和省委、市委经济工作会议精神,坚持稳中求进工作总基调,完整、准确、全面贯彻新发展理念,主动服务和融入新发展格局,着力推动高质量发展,更好统筹疫情防控和经济社会发展,更好统筹发展和安全,全面深化改革开放,大力提振市场信心,统筹实施“四大振兴”战略,深入推进“六大提升”行动，全力以赴用新时代翼城精神破藩篱、打硬仗、开新局，奋力推动全方位高质量发展再启新征程、再上新台阶。

综合形势和任务，结合翼城发展实际，今年经济社会发展的主要目标是，地区生产总值同比增长7.5%，规模以上工业增加值增长10%以上，固定资产投资增长10%左右，社零总额增长7%左右，一般公共预算收入增长6%左右，城镇居民人均可支配收入与经济增长基本同步，农村居民人均可支配收入高于经济增长水平。以上各项预期指标都要力争在实际工作中取得更好成绩，各项约束性指标按照市定要求全面完成任务。做好今年经济工作，必须坚持“巩固既有”和“拓展新局”双向发力，重点抓好八个方面工作任务，推动“四大振兴”战略有新进展，“六大提升”行动出新成效。

（一）要立足建链与延链，深入推进“两个转型”，实现更高层次、更广领域的集群发展。“两个转型”是省委推动产业形态重塑性优化提升的重要战略部署，也是县委实施工业振兴和实体经济振兴战略的关键要素支撑。

要持续助力支柱产业“破茧化成蝶”。今年，市委将“抓好千亿级钢铁铸造产业集聚区建设”和“打造翼城精品钢铁基地”纳入市县“5+17”重大任务，各级各部门要按照市委、县委部署要求，保持一鼓作气的拼劲和一抓到底的韧劲，全力推动项目建成投产，早日兑现“让老百姓在家门口挣钱”的承诺。要加快完善“三箭齐发”工业新格局。晋南钢铁项目要抓开工，密切加强同省市相关部门的沟通对接，争取再次纳入省重点，协调联动推进环评、能评等前期手续办理，力争4月份取得批复，组卷上报一期项目用地，上半年完成征地拆迁工作，加快项目开工进度。闽光项目要抓投产，组织工作专班对项目推进情况进行全过程跟踪服务，年内完成焦炉主体及附属设施建设，实现投产运行。华翔项目要抓提质，推动5万吨叉车机械零部件生产线满负荷运转，积极办理外贸进出口业务相关手续，增加外贸出口额2400万元；加快推进一期项目标准化厂房建设，启动5万吨高车机械零部件项目，同步谋划招引白色家电、汽车零部件等高端装备制造项目，打造“冶炼—铸造—机加—装配”为一体的全产业链条。舜达项目要抓重组，全力化解债务问题，做好设备检修和调试工作，加快推动与中国一汽合作协议实施，力争今年8000吨热模锻压力机及加工生产线投产达效。要全力打造“一区三园”发展主阵地。钢铁新材料园区要全力协调闽光项目二期用地指标，加快推进园区标准化厂房和循环道路建设，同步启动现代商贸物流体系建设，为项目提供全方位要素保障。装备制造园区要紧抓市里支持装备制造业8大板块延伸下游产业链的有利契机，全力推进汤荣公司年产50万吨铸造产业园区项目用地和厂房建设，年内启动年产25万吨装备生产线。继续争取国家专项债券资金，扎实推进园区污水处理及项目承载能力提升工程，全力保障园区水、电、气、路、网等生产经营基本要素。铜合金新材料园区要进一步提升产品的竞争力和市场占有率，全力打造山西铜合金新材料产业基地。要汇聚合力申报省级开发区。今年市里将开展“开发区建设提速”行动，要求力争再新设1家省级开发区，翼城经过5年的接续奋斗，各方面条件已经成熟，要逐项对照省级开发区申报标准要求查缺补漏，继续完善申报资料，尽快完成市级层面考核论证，3月底前向省政府提出设区申请，争取年内成功创建省级开发区。

要全力支持传统产业“老树发新芽”。传统产业是我县经济的“压舱石”，这个饭碗任何时候都不能丢。要坚定不移深化转型，全力释放传统产业的乘数效应。煤炭产业要稳盘托底。我县现有600万吨的煤炭产能，现在只释放出来470余万吨，今年要加大产能释放力度，全力支持首旺、华泓资源接续和青洼煤业产能核增，加快推动上河9号煤层一季度启动建设，推进石丘煤业上半年正式投产，年内完成东沟煤业煤层开采工程，确保全县7座煤矿安全有序生产，全年煤炭产量稳定在500万吨以上，税收达到7.5亿元。要持续推进煤炭洗选企业标准化升级，鼓励“翼煤翼用”，支持煤矿和洗选企业签订中长期协议，促进上下游产销衔接，确保煤炭量价齐稳。装备制造要提质升级。扎实开展装备制造业“破冰”行动，与中信集团加强联系，充分发挥山西锻造厂老牌军工企业优势，巩固锻造传统产业，进一步拓展市场，力争新增产值突破1亿元。要全力帮扶推进永益30万吨大口径铸管、丰昆10万吨汽车制动零部件、华星2万吨机械零部件等铸造项目的技术改造，提升我县装备制造产业整体水平，着力实现产品多元化、品质精细化、产业高端化。特色产业要做精做强。加快建立专业镇培育库，制定年度行动计划，着力打造唐兴铸造、新材料1个重点特色专业镇，西阎香菇、隆化小米、南梁连翘3个重点培育专业镇，南唐小水果、中卫特色种养、桥上蜂蜜、唐兴清真食品4个储备特色专业镇，形成“1+3+4”专业镇梯次培育架构，推动特色产业做大做强，特色产品做优做精。

要重点培育新兴产业“小苗扎深根”。从全省来看，各地在发展新兴产业上基本处在同一起跑线，我们要解放思想，抢抓机遇，在多个方向上发力突破，率先抢占新兴产业制高点。要加快推动数字产业化。积极对标先进地区，围绕数字产业化和产业数字化，深度推进数实融合，重点加强同北京启迪集团的对接，加快办理城市算力中心项目土地手续，上半年开工建设；大力推进能源、制造业等数字场景应用，提高工业企业数字化、智能化水平，切实以数智赋能产业高质量发展。要全力促进工业信息化深度融合。加强与中国城市建设集团合作，启动实施生态碳电交易投资项目，为全县企业提供多元化的节电、生态治理和碳电交易服务，推进大型高耗能企业开展节能减排，构建零碳产业创新链和生态链，进一步提升能源利用效率、优化能源结构。要高质量建设乡村e镇。积极争取省级政策资金，发挥青年创新创业优势，围绕翼壶好茶、隆化小米、绿牧德品乳业、苹果、樱桃等“翼城优品”特色品牌，开发适销对路的农特产品，积极扶持培育一批电商龙头企业和商业带头人，用好上级扶持奖励农村快递物流的相关政策，健全完善电商公共服务体系，逐步形成产业特而优、功能聚而合、形态小而美、机制新而活的新型电商发展空间。

（二）要突出提速和增效，盯紧抓牢项目建设，实现更强要素、更有底气的赋能发展。项目是关系发展的硬核支撑，今天的项目就是明天的产出。我们要始终坚持项目为王、投资为先、环境为要，努力创造良好条件，让国企敢干、民企敢闯、客商敢投，不断塑造发展新优势。

要全力以赴推动项目建设。今年我们共谋划了132个项目。其中，新建项目89个，续建项目24个，前期项目19个；总投资572.44亿元，年度计划投资103.38亿元。全县上下要紧盯这些项目，上下齐心、各方联动，切实把谋划项目转化为实实在在的投资，转化为全方位推动高质量发展的支撑和后劲。要以非常之心抓好项目谋划，在现有项目盘子的基础上，继续加大项目谋划力度，由发改部门牵头组建项目谋划工作专班，吃透吃准我县产业发展现状，在传统产业改造提升、产业链条“延补建强”上谋划项目，推动现有产业做大做强、集群发展。要紧扣国家和省市政策取向、投资导向，全力包装一批数字经济、清洁能源、城市更新、交通水利、民生改善等项目，努力把上级政策转化为具体项目，力争全年全县储备项目动态保持在350亿元左右。要以非常之为抓细项目建设，由各项目责任单位牵头，对今年实施的113个项目，特别是一季度计划开工的35个项目，逐一制定任务清单、进度清单、问题清单、责任清单,实行全周期闭环管理,确保每个项目都按序时进度加快推进。要把项目建设作为“向人民交账”承诺践诺活动的重要内容,每季度进行一次集中开工,半年开展一次拉练观摩,年底进行总结排名,真正把责任压下去。同时,要利用好当前项目处于停顿期的这段时间,扎实开展“冬季行动”,加紧做好晋南钢铁新材料供气项目、闽光4万吨碳负极新材料项目、源网荷储一体化项目等重点项目前期工作,为项目早日开工打好“提前量”。要以非常之策抓优项目服务,进一步强化问题和结果导向,增强工作的预见性,下好服务的先手棋,对于项目中存在的问题必须第一时间研究解决,快速扫清影响项目进度的“绊脚石”,特别是对于事关全县发展大局的重点项目和外地企业投资的项目,各工作专班要坚持“高位化调度、集成化作战、扁平化协调、一体化办理”的模式,对问题进行集中化解,切实在解决问题中扩大诚信、增进友谊、深化合作。

要精准聚力开展招商引资。招商引资是推动高质量发展的强力引擎。今年我们要把招商引资这个“重头戏”抓严抓紧,全力栽好“梧桐树”、引来更多“金凤凰”。要突出招商重点。围绕我县钢铁、装备制造、农副产品、文化旅游等特色优势产业,深入研究上下游关联产业、产品,完善招商图谱,深化产业链招商,充分发挥产业配套的滚雪球效应,实现产业集群化发展。要瞄准长三角、珠三角、京津冀、西成渝城市集群等重点区域,找准切入点、交融点,精准开展招商引资,力争实现新的突破。要突出创新方式。在开展以情招商、活动招商、以商招商、小分队招商的同时,主动开辟网上招商、代理招商等新途径,积极与专家学者、高层次人才、商会人士、企业家沟通联系,建立招商引资信息库、智囊库,定期召开联谊会,共享投资需求信息,不断扩大招商引资来源。要发挥好市场主体的作用,把晋南、闽光、华翔等在我县发展好的企业引到招商引资工作第一线,让企业为我县的投资环境、特色优势和发展潜力摇旗呐喊、奔走相告,从而吸引更多更好的企业和客商集聚翼城。特别是要坚持内商外商一视同仁,优惠政策同等享受,积极主动为翼城企业家搭建“暖心”平台、提供“诚心”服务,扎实开展“迎老乡、回故乡、建家乡”活动,真正让本地企业家舒心经营、安心发展,吸引更多在外翼城籍企业家投资家乡、回报家乡。要突出激励保障。坚持引进与培养相结合,积极选聘一批懂经济、守信用、熟县情、会谈判的复合型专门人才,建立人才库、专家库,推进招商人员专业化。要加大对招商引资有功人员的重奖力度,进一步激发全县干部群众抢抓招商引资的热情。组织部门要注重招商引资人才队伍的培养,注重识别发现有潜力的优秀干部进行专门培训,旗帜鲜明地从招商引资工作实际中考察任用干部。宣传部门要全方位、多层次、宽领域宣传招商引资工作,形成全社会关心招商、支持招商、服务招商、参与招商的强大合力。

要对标一流优化营商环境。优化营商环境是高质量发展的关键所在。要把优化营商环境作为“一号工程”,全力打造无差别、无障碍、无后顾之忧和可预期、可信赖、可发展的“三无”“三可”最优营商环境。要以系统思维打造效率最高、服务最优的政务环境。充分发挥“一网通办”平台作用,努力让企业和群众“上一张网、进一扇门、最多跑一次”。要全力打造“7×24小时”智慧政务服务大厅,推动80%以上事项实现“全程网办”,120项事项“即来即办”,试点推行部分事项“秒批秒办”“免申即办”。要持续加强乡镇便民服务中心建设,推进“互联网+政务服务”向农村(社区)延伸,实现群众高频服务事项“就近办”“多点办”。特别是对重大投资项目,要建立项目前期服务机制,量身定制项目审批“一项目一专班一方案”,全程跟踪指导、代办帮办,进一步压缩审批时间,最大限度提高审批效率,真正让企业感受到翼城“速度”、体验到翼城“温度”。要以有解思维打造企业经营最放心、最舒心的市场环境。继续深化商事登记制度改革，推动电子签名、电子印章、电子证照等各类政务信息互通共用，实现商事登记“零障碍、半天办结、全程免费”。要深入推进部门联合“双随机、一公开”监管，积极探索企业信用风险分类监管制度，将随机抽查的比例频次与抽查对象的信用等级、风险程度挂钩，做到对守信者无事不扰、对失信者利剑高悬。要加强政府诚信建设，建立健全政务失信责任追究制度和倒查机制，凡向企业作出的承诺必须严格履行，坚决杜绝“新官不理旧账”问题。要以法治思维打造最公正、最安全的社会环境。由纪委监委牵头，在全县组织开展优化营商环境专项整治，通过明察暗访、专项检查、信访举报等形式，严厉打击“吃拿卡要”“推阻绕拖”等行为，对典型案件要在全县公开通报，切实以作风之变引领营商环境持续优化。公检法司等部门要强化执法，对干扰工程建设、破坏企业经营的各类违法犯罪行为露头就打、依法严惩，全力维护好企业的合法权益。

（三）要聚焦前沿与未来，持续深化改革攻坚，实现更有活力、更强驱动的创新发展。坚定不移以改革挖潜力，用要素增活力，着力解决一批体制性障碍、机制性梗阻，加快构建更多区域竞争新优势。

要狠抓重点领域改革“激活力”。深化改革是全方位推动高质量发展的根本动力。要增强改革定力、强化攻坚意识，推动重点领域改革向纵深发展。国企改革要瘦身健体练内功。要全力拓宽融资渠道，争取上级资金支持，盘活存量资产，扩大有效投资，精准有效支持新项目建设。要加快建立现代企业制度，完善监管体系，制定出台《县属国有企业领导人员管理办法》和《县属国有企业“六定”改革实施方案》等规范性文件，不断完善县属国企法人结构，着力推动规范化经营。特别是针对历史遗留问题，各涉改责任部门要强化担当、主动作为，认真研究探索破解办法，决不能把历史问题再留给历史。财税体制改革要开源节流提质效。目前全县财政收入仍然依赖煤炭资源、倚重煤炭价格，2022 年财政收入 80% 来自煤炭企业，要在努力保持传统产业稳定增收的基础上，大力培植新兴产业和新的市场主体等新税源，确保应收尽收、颗粒归仓。要全面落实留抵退税、减税降费等政策，助力企业复工复产、达产达效。要提高财政支出的前瞻性和科学性，在保民生、保工资、保运转的基础上，今年的财力主要用于转型，对华翔一期项目标准化厂房建设、黄河流域生态基础设施提升、翼城中学改扩建等重大项目资金要注意提前谋划、灵活安排。要强化预算绩效管理，整合优化盘活存量资金，提高财政资金使用效率，不能让资金趴在账上“睡大觉”。要加强政府债务全过程管理，积极稳妥化解存量，坚决遏制违规新增隐性债务，全力防范债务风险。农村改革要系统治理显效益。要继续做好农村土地承包再延长 30 年试点工作，在全面推动唐兴镇下石村农户原有承包权保持稳定、顺利延包的基础上，注重总结经验做法，为下一步各村延包工作打下坚实基础。要继续做好农村集体产权制度改革“后半篇”文章，进一步规范农村产权交易市场，全力盘活集体“三资”，为壮大集体经济注入活力，确保 15% 的村集体经济组织实现按股分红。其他各领域改革要巩固拓展成果，补齐短板弱项，努力实现改革全面铺开、整体推进的良好局面。

要打好市场主体培育“组合拳”。市场主体的发展壮大是促进新兴产业发展的重要微观基础。我县去年大力实施青年创新创业“个十百千万”工程，先后出台《帮扶支持青年创新创业实施意见》《加快建设创新高地人才新政二十条（试行）》《创业担保贷款实施细则》等政策，落实帮扶举措 45 项，在全县打造了 40 个青创空间和孵化基地，引进各领域专家人才124名，以鼓励支持青年创新创业为示范，引领带动全社会形成浓厚的创新创业氛围，全年新增市场主体1.01万户，净增市场主体8807户，市场主体存量2.6万户，各项指标均位居全市前列。但客观来讲，虽然我县每千人拥有市场主体由年初的76户增长到100户，但由于历史欠账较多，仍低于全省（114户）、全市（108户）平均水平，与侯马（136户）、曲沃（123户）等周边县相比还有较大差距，而且新增登记市场主体主要集中在种植养殖、小商户等行业，科技型新兴企业数量不多，涉税市场主体占比34%，对经济发展的贡献率较低。今年，要继续落实省市"市场主体提升年"部署要求，坚持"保、增、活、强"并重，推动市场主体扩数量、提质量、增效益、优结构。要持续引深青年创新创业"个十百千万"工程。以帮扶支持青年创新创业为牵引，健全完善8个市场主体倍增专项实施方案和"六大要素"保障实施方案，设立创新创业专项资金不低于500万元，统筹实施"创新生态优化、创业平台升级、创意产业赋能"三大行动，扎实推进3个创新创业示范基地、1个大学生就业创业基地、1个技术人才培养基地提升工程，加快打通服务、机制、开放、人才"四个通道"，深入促进创新、创业、政策、资金"四链融合"，以更多创新创业"大礼包"推动企业向产业链高端布局、向技术链高端递进、向价值链高端延伸，最大限度释放全社会创新创业动能。要深入实施科创企业梯次培育工程。紧抓国家加快战略性新兴产业发展机遇，积极培育一批产品创新能力强、附加值高的优质企业，力争年内新增国内一流的"链主"企业2家，省级"专精特新"企业3家，小升规企业6家以上。要扎实开展消费升级促进行动。今年疫情防控进入新阶段，居民消费需求逐步释放，要把恢复和扩大消费摆在优先位置，突出汽车、成品油、家电等重点行业市场消费，鼓励鼎尚、三琪等大型商业综合体、购物中心、"翼城优品"以及特色餐饮企业适时举办促销活动，特别是要紧抓全年节假日消费契机，策划举办一批线上线下融合、商旅文体联动的营销活动，让假日经济成为推动全县消费市场快速回暖的新支点。要深入开展个体工商户倍增行动。个体工商户量大面广，目前全县已经达到19310户，在繁荣市场、促进增收方面发挥着重要作用。市场监管部门要研究制定《个体工商户高质量发展意见措施》，在开办经营便利化和政策扶持精准化上加大力度，进一步放宽市场准入，常态化开展服务宣传活动，促进全县个体工商户蓬勃发展，全年力争个体工商户达到2.3万户。

要用好人才引领创新"关键招"。人才是高质量发展的"第一资源"。目前，我县仍存在专业化人才短缺、人才结构不合理等问题。下一步，要重点在"招、借、用"上做文章。所谓招，就是不拘一格、招揽人才。要深入宣传落实好《人才新政二十条》，不断深化人才发展体制改革，重点围绕钢铁、煤炭、装备制造、现代农业、文化旅游等优势产业，多措并举引进各类优秀人才。要用好省校合作"12大基地"，整体引进创新团队，高度重视引进"翼籍""翼历""翼缘"人士，持续擦亮翼城人才服务品牌。所谓借，就是不求所有、但求所用。要结合当前我们实施的重点产业转型项目，进一步推进与清华大学、中南大学、太原理工大学等高等院校及各类科研院所的人才交流合作，不断扩大翼城的"朋友圈"，在借才引智上迈出坚实步伐。所谓用，就是强化激励、各显其能。要继续建好人才基地、博士工作站、创新创业孵化等平台，加大人才服务基层力度，鼓励和引导人才到基层一线创新创业，解决好来翼人才在住房、子女入学、家属就业、医疗待遇等方面的后顾之忧。要建立健全科学合理、各有侧重的人才评价机制，完善奖励制度，让有真才实学、有突出贡献的优秀人才实现"名利双收"。

（四）要兼具夯基与提质，扎实推进乡村振

兴,实现更具特色、更优品质的规模发展。我县是传统农业大县,有14.6万农村常住人口,占全县常住人口的56%。我们要始终把农民“主体地位”放在首位,继续实施乡村振兴战略,着力建设宜居宜业和美乡村。

农业产业要稳总量、延链条、塑品牌。稳总量,就是坚决扛稳粮食安全政治责任,深入实施“种业振兴”和“翼城粮仓”科技会战,全力推进1.5万亩大豆玉米带状复合种植、1.77万亩高标准农田、3万亩小麦良种繁育基地、3000亩封壁鲜食玉米生产基地项目,特别是要高质量完成23万亩冬小麦三次集中喷肥,确保粮食播种面积稳定在60万亩以上,粮食产量稳定在2亿公斤以上。延链条,就是围绕农特产品发展优势,将政策、资金、要素向特色产业、关键环节、瓶颈问题集聚,大力实施苹果、连翘“两个十万亩”和樱桃、小米、设施蔬菜“三个万亩”行动计划,统筹推进山西绿海翼城樱桃产业园、河云草莓示范基地、设施蔬菜连片、中药材药茶等项目提质升级,全面启动投资8000万元的翅果油保护与开发利用项目,完成2000亩翅果油树人工栽植任务。年内培育省级龙头企业1家、市级龙头企业2家、农业链主企业5家以上,不断延长产业链、提升价值链。塑品牌,就是以农业生产托管服务为基础,统筹实施农业生产托管高质量发展试点、小麦绿色高质高效等项目,持续巩固农业生产托管壮大集体经济成果,力争全年托管面积7.5万亩,托管面积500亩以上的村,村均集体经济收入达50万元以上。要在拓展提升上做文章,以农业生产、畜牧服务、农村改厕、果蔬药茶、农村会计、金融支农等6类托管为重点,探索完善“大托管”模式,培训专业托管队伍,建设县级托管中心,着力构建现代化农业农村综合托管服务体系,打造国家级农业生产托管“翼城名片”,为乡村振兴提供动力支撑。

脱贫攻坚要夯基础、补要素、抓衔接。夯基础,就是围绕“时时能发现”,瞄准50户130人重点监测人口,严格落实21项防返贫监测和精准帮扶机制,及时跟进网格化管理、信息化排查、产业化帮扶,做到“应帮尽帮”,防止“体外循环”。补要素,就是围绕“村村有产业”,完成小水果基础设施提升、农村供水保障、水库移民后期扶持等项目,集中力量补齐特色产业生态、农村集体经济、社会公共服务短板,不断夯实致富基础。抓衔接,就是围绕“人人能就业”,用好用活乡村振兴衔接资金,健全完善“企业+基地+合作社+脱贫户”利益联结机制,形成风险共担、利益共享的经济共同体,确保产业增值收益更多留在农村、留给农民。人社部门要建立健全财政投资项目重点支持脱贫人口就业机制,项目所需务工人员要向脱贫户和监测户倾斜,有序组织困难人群上岗就业,让更多人在家门口就业。

乡村建设要固底色、保成色、创绿色。固底色,就是立足“清、保、改、美”四要素,继续实施美丽乡村建设行动,健全完善全民义务清扫机制,扎实推进黄河流域面源污染综合治理、农村人居环境整治、古村落活化连片治理等工程,完成里砦、浮图、阎村、河云4个乡村振兴示范村建设,力争年内打造5个“美丽乡村”示范片、35个示范村,2个以上村入选“临汾最值得去的20个美丽乡村”。保成色,就是以普惠性、基础性、兜底性民生建设为重点,统筹实施农村道路畅通、乡村清洁能源、水旱灾害防御、农产品仓储保鲜冷链物流等工程,探索推广“以商建厕、以商养厕”模式,高标准完成农业农村废弃物资源化利用处理中心和16座农村公共厕所建设项目,让乡村既有美丽“面子”,也有厚实“里子”,切实提高农民生活品质。创绿色,就是统筹实施造林绿化抚育和乡村道路绿化工程,完成退化林修复、灌木林改造、森林抚育10000亩,通道绿化提档升级150公里,让绿色成为乡村振兴最鲜明的底色,进一步塑造村庄绿、生态美、生活乐的现代田园美丽图景。

（五）要拓宽格局与视野，做精做细城市建设，实现更富气质、更加智慧的协调发展。城市建设事关城市形象和百姓幸福指数。近年来，我们持续实施最大范围城市修复、最大体量城市改造，城西片区建设有序推进，“五纵五横”路网加速形成，主城区建成区面积达10.82平方公里，城市框架进一步拉伸。下一步，要聚焦打造省级城市更新试点，按照“老城提质升级、新城完善功能、老城新城联动提升”的总体思路，在规划先行、改造提升、精细管理上下功夫，进一步提升城市的承载力、包容性和辨识度。

要以“人民城市”的导向抓规划。人民城市是以人为本的城市建设模式。我们要把国民经济和国土空间总体规划作为依据，把传承历史、绿色低碳等先进理念融入细分领域规划编制全过程，高标准启动《翼城县县城控制性详细规划》编制，老城区要正确处理“留、改、拆”的关系，在拆旧补绿、文化沿袭、数据共享上下功夫，修复空间肌理，传承历史记忆，凸显翼城味道，条件成熟后要有序推进老城改造，拆除地块要重点补绿、补基础设施短板，逐步实现“旧貌换新颜”，让老城居民生活更加舒适。新城片区要转变惯性增量规划思维，做到建设规模、商贸服务、生态环境、教育医疗等配套与人口容量相匹配，全面营造高颜值、高品质现代化城市环境。去年翼城县商品住房供给逆势上扬，1—11月份销售面积同比增长13.39%，今年还要实施玉桐尚苑、盛唐·公园里、棕榈墅等住房项目，我们要把稳地价、稳房价、稳预期作为目标，持续加大分析研判和纾困解难力度，认真落实分级分类购房支持措施，引导企业建立健康可持续发展模式，着力打造宜居环境，不断提升城市能级。

要以“公园城市”的标准抓创建。公园城市是新时代可持续发展城市建设的新模式。我们要把绿色作为城市底色，以创建省级文明城市为抓手，扎实推进九龙公园和桐封公园改造提升、唐霸公园完善提升、奎星文化生态园、浍水特色文化公园等项目，启动新城片区慢行系统工程，打造一批带状公园、小游园、主题街景，着力让居民推窗见绿、出门见园、行路见荫。要把道路建设作为公园城市的支点工程，大力推进潞公街、木坊街、万慈街、新华南路等9条县城主干道建设，加速启动红旗街东扩工程，让城区交通进一步“舒经活络”。这里我强调一点，所有新建道路都要按照“建一条成一条，建一条绿一条，建一条亮一条”的思路来打造，及时做好补绿、通畅等工作，绝不能“遍撒胡椒面”，避免出现断头路、堵点路，进一步提升城市通达性。

要以“海绵城市”的理念抓管理。海绵城市是人与自然和谐共生的城市建设模式。要坚持“三分建设、七分管理”，聚焦城区绿地面积不足、景观品位不高、城市内涝等问题，统筹实施市政基础设施环保提升、县城干道缆化入地和绿化亮化等工程，不断丰富生态系统，让城市像海绵一样有弹性。住建、自然资源部门要加强对“城市天际线”、城市建筑高度、风貌、色彩和户外广告等各方面的管控，精细化整治背街小巷，确保建筑立面干净清爽、色彩一致，切实增强城市空间的协调性、文化的融合性、风貌的整体性。要探索试行城市环卫按绩计酬、依效施奖模式，推行市容环卫标准化管理，让绿色文明之花开遍翼城，持续增强群众的认同感和舒适感。

（六）要注重传承与创新，做大做强文旅产业，实现更美人文、更深底蕴的融合发展。翼城历史悠久、人文厚重，潺潺浍水与巍巍历山动静相宜，唐尧文化与古晋文化交相辉映，9处国保单位、12处省保单位、3个国家级非物质文化遗产点缀其中，具有得天独厚的文旅融合优势。我们要紧紧围绕创建“国家全域旅游示范区”这条主线，精心打造“晋国源头”“枣园文化”“历山康养”三大品牌，真正把“天下唐人·老家翼城”这个IP带火。

要塑造文化“朝圣地”,让游客有地游。厚重深邃的文化底蕴是翼城文旅融合的最大底气。要聚焦以文兴业,大力挖掘晋国、霸国、枣园、红色、农耕等“五大文化主题”,创新实施中华文明探源工程,倾力打造大河文明翼城新地标。要聚焦以文扬名,整合翔滦古会、绵山寒食节、古城文化节、史伯“和”文化节等文旅节庆资源,开展“唐风晋韵·魅力翼城”、晋文化论坛、枣园—南撖遗址主题展、村歌大赛等系列活动,推动翼城优秀传统文化创造性转化、创新性发展。要聚焦以文化人,做精做细翼城花鼓、尧都砂器、云山剪纸、古城泥塑等文创产品研发,提炼精选一批凸显地域特色的经典性元素和标志性符号,着力让更多地域文化、民俗文化浸润人心,让人文魅力充分彰显。

要打造景区“联动圈”,让游客方便游。重点景区串珠成链是翼城文旅融合的重要一环。要按照“快进、慢游、长留、缓出”的理念,围绕翼城古城、佛爷山、历山、古绵山、河上公德山等点状景区,健全完善舜王坪旅游公路、桥上王良纪念馆—西阎四圣宫旅游路网和“五线一中心”精品旅游线路规划布局,沿途打造古城人家、佛爷山庄、泉头凤栖小筑等特色民宿品牌,推进紫琴—青城研学游、阎村耕读研学游、史伯乡村休闲游、翔山连翘观光游等“旅游+”项目,让“山、居、宿、景”等文旅资源有效串接,力争实现全景引客、全时迎客、全民好客、全业留客目标。

要建造康养“后花园”,让游客舒心游。生态康养是翼城文旅融合的潜力所在。要依托“历法之源”“中国天然氧吧”两张国字号名片,持续深化与省林投公司、北京巅峰文旅集团的对接合作,积极开发避暑休闲、养生度假、登山体验等旅游项目,力争历山·大河森林康养项目年内落地实施。在此基础上,要把历山康养驿站、历山研学培训中心、大河康养小镇、西阎古村落活化利用等项目作为历山开发的重要补充,加快协调推进力度,呵护好特色古镇古村的肌理与文脉,让“老字号”历史文化瑰宝与现代化森林康养开发融合共生,加快形成以历山森林康养为主体的高端康养度假圣地,以特色古村落为主体的沉浸式文化享用游园,让游客在翼城玩得舒心、住得放心、感受暖心。

(七)要着眼当下与长远,持续厚植生态底色,实现更高质量、更可持续的绿色发展。生态环境改善和修复,需要付出长期艰辛努力,不可能一蹴而就。我们既要打攻坚战、又要打持久战,既要积小胜、更要成大胜,不断提升生态环境保护治理能力和治理水平。

要算好“环境账”,助推污染防治新成效。顺利承接沿汾板块产业转移,生态环境是必过关隘。要高站位打好蓝天、碧水、净土保卫战,持续推进工业企业“创A退D”、工业炉窑综合治理等行动,有序实施生态环保基础设施提升、再生水利用、王庄污水处理站及配套管网建设等工程,扎实做好一般工业固体废物环境监管、危险废物规范化环境评估,力争全年空气质量优良天数达270天以上,浍河出境断面水质稳定达到地表水四类标准,土壤环境质量总体保持稳定。

要打好“低碳牌”,力促能源产业新突破。目前新增可再生能源不再纳入能源消费总量控制,能耗“双控”指标向碳排放总量和强度“双控”转变,可以说新能源发展又站在了“风口”上。我们一定要保持敏锐嗅觉,把构建“风光水储”能源产业体系作为目标,与山西低碳环保产业集团、晋南钢铁、山西龙源、中企国云储能等企业对接合作,加快投资12亿元的山西龙源翼城隆化20万千瓦风电项目用地预审、林地、环评、水保等前期手续办理,力争6月底取得项目核准备案,7月份开工建设;加快推进投资7亿元的220千伏混合储能独立调频电站项目,力争年内开工建设。积极主动与上级主管部门沟通对接,加快投资59.09亿元的1000兆瓦抽水蓄能电站项目取得纳规，投资28.9亿元的源网荷储取得项目指标，持续完善县域新能源产业拼图，推动新型储能多元化、产业化、规模化发展。

要厚植“绿底色”，构建生态系统新优势。我县拥有森林面积80万亩，省级自然保护区15万亩，生物多样性丰富，资源禀赋良好，生态系统较为稳定。我们要立足优势、因势利导，把生态文明建设融入黄河流域生态保护和高质量发展全过程，扎实推进生态保护、生态涵养、生态修复和生态屏障等重要功能区建设，完成历史遗留废弃矿山修复治理、采煤沉陷区综合治理、搬迁土地复垦绿化等项目，抓实历山自然保护区和翅果油树自然保护区保护开发，着力打造翼城生态廊道，构筑生态安全屏障，努力将生态优势转化成为经济优势、发展优势。

（八）要坚持惠民与利民，持续增进民生福祉，实现更加公平、更为丰富的共享发展。去年，全县累计民生支出19.36亿元，占一般公共预算支出的83%，推动更多高质量发展成果惠及群众，民生福祉更加厚实。实践证明，民生是人民幸福之基、社会和谐之本，我们要把民生关切扛在肩上，一件接着一件办、一年接着一年干，推动民生实事件件不落空、群众生活年年有改善。

要在“固底板”上下功夫，深化巩固安全稳定成果。安全是发展的保障，平安是最大的民生。要严格落实新冠病毒感染“乙类乙管”各项措施，聚焦“保健康、防重症”目标，持续优化分级诊疗体系，统筹抓好16个医疗机构发热门诊（诊室）改造提升、60岁以上老人疫苗接种、医疗医保医药“三医”联动，确保顺利渡过流行期。要严格落实安全生产责任制，突出抓好煤矿、非煤矿山、道路交通、食品药品、森林防火、消防等重点领域安全监管执法，健全完善监测预警和应急保障机制，推动非煤矿山领域安全许可和标准化建设全市领先，重点行业安全生产标准化水平迈入全省第一方阵。要践行新时代“枫桥经验”，扎实推进重复信访治理和信访积案化解，持续巩固“全科网格”“党群议事会”治理成果，推动网格长、网格员、信息员三级联动，织密织牢“一张网”，兜住群众“大小事”，全力防风险、保安全、护稳定。

要在“扬优势”上下功夫，推动教育医疗均衡发展。我县群众幸福指数的提升，很大程度上得益于教育医疗事业的发展，我们要持续在“做强教育、做优医疗”上下功夫，力争让“优等生”更优。教育系统，要深化联盟办学、选课走班、一校一品、教师轮岗等重点环节改革，加快推进翼城中学改扩建项目，完成桐封技师学院一期、西关小学改扩建、汇丰幼儿园新建、北关幼儿园迁建、6所义务教育阶段学校改造提升等工程，不断优化调整学校布局，力争高考名校及一本达线人数再创新高，教育教学成绩全市领跑、全省一流。卫生系统，要着眼全方位全周期健康服务，加快推进总投资3.03亿元的妇计中心迁建、中医医院医疗服务配套、医疗集团传染病救治中心项目建设，探索建立“1+3+5”基层卫生健康综合实验区发展模式，高标准创建省级基层卫生健康综合实验区，力争打造辐射周边县市的县域医疗服务中心。

要在“增后劲”上下功夫，健全完善社会保障体系。社会保障直接关乎群众最基本的安全感。要聚焦稳就业，落实落细援企稳岗、就业补贴、创业担保贷款等政策，持续擦亮“翼城技工”品牌，力争全年实现城镇新增就业3600人以上，农村劳动力转移就业3800人以上。要着眼兜底线，深入实施全民参保计划，统筹抓好大病保险、城乡低保、社会救助等社会保障事业，全力构建覆盖全民、城乡统筹、权责清晰的多层次社会保障体系，努力满足群众差异化需求。要立足强服务，扎实推进综合福利服务中心、区域养老服务中心、城市社区老年食堂等项目，完成殡仪馆殡葬基础设施建设，持续巩固全省首批养老服务“431”工程

[创建4个养老服务模范市,创建30个养老服务模范县(区),创建100个养老服务模范机构]模范县成果,让老有所养、老有所依"有量更有质",让翼城民生成为"十四五"的价值刻度,让民生情怀成为党员干部为民务实的丰硕成果。

三、碰线冲刺、攻城拔寨,进一步凝聚"全力赴考、清醒赶考"的发展合力

坚持和加强党的集中统一领导,是实现经济社会发展目标的根本保证。各级各部门要充分发挥党总揽全局、协调各方作用,把准方向,提升能力,狠抓落实,为全县经济社会高质量发展提供坚强支撑。

一是要凝聚狠抓落实的合力。把加强党对经济工作的领导作为重大政治责任和能力考验,以"向人民交账"承诺践诺活动为抓手,将交账事项与县委经济工作会议安排有机结合,高标准制定年度交账承诺,每项承诺都要实行清单化管理,定目标、定任务、定人员、定时间、定奖惩,让"说了就算、定了就干"蔚然成风。县四套班子领导同志要以上率下,带头抓交账任务跟踪问效,每人牵头负责推动2—3个全局性重点项目或重要事项,一锤接着一锤敲,一棒接着一棒跑,强力疏通执行中的"肠梗阻"。各级领导干部都是"交账队长",不能当得过且过的"撞钟先生"、滥竽充数的"南郭先生"、是非不分的"东郭先生"、不低不高的"差不多先生",要推广专班工作法、一线工作法,每月至少一周时间到一线调度,带头蹲点"解剖麻雀",切实做到问题在一线发现、政策在一线实施、工作在一线推进。今年,县委仍会每季度组织一次观摩总结,看施工现场、盯项目进度、听群众评价,让雷厉风行、分秒必争深入人心,让夙夜在公、紧张快干成为常态。

二是要砥砺敢抓落实的担当。在转型的"深水期",可以说困难无处不在,问题时时都有。广大党员干部要坚决破除安逸思想,始终保持斗争精神,以"干在先、走在前"的姿态,推动各项任务落实落地。要把夯基础作为固本之策,扎实开展抓党建促基层治理能力提升专项行动,想方设法动员一切可以动员的力量,推动资源、服务、管理下沉基层,让经济发展的"大后方"更加稳固。要把防风险摆在突出位置,每月都要对债务、金融、投资、安全、信访、意识形态等领域形势进行分析研判,主动防范化解风险隐患,推动党和人民事业稳步发展。要把求实效作为重要标尺,牢固树立"要素跟着项目走"的导向,聚焦阻碍项目落地的痛点、堵点、难点,亲力亲为解决问题,用心用情搞好服务,力争形成更多振奋人心的"大项目",激战正酣的"大工地"。

三是要提升善抓落实的能力。各级领导干部要强化"一事不成如芒在背,一日无为寝食难安"的自觉,用好用活"翼起学"干部大讲堂、中青班、主体班等平台载体,持续加强对宏观经济政策、县域经济形势、市场经济管理的学习,紧紧咬住"四大振兴"战略、"六大提升"行动,打好"质量变革、效率变革、动力变革"的持久战。"两办"督查室要会同组织、纪检等部门,围绕重点工作任务,每月开展一次系统性督查,对已经落实的要看效果,对正在落实的要讲进度,对落实不力的要找原因,对没有落实的要查责任,做到既督工作进度,又查问题症结,每次督查都要形成报告进行反馈,切实把信号释放出去,将压力传导下去,让政策落实下去,确保各项目标任务完成。

四是要养成想抓落实的自觉。从今年起,组织部门考察干部,要进一步树牢"重德才、重实绩、重公认"的用人导向,探索设置"执行力考核评价"指标,重点考察干部干了哪些各级认可、群众点赞的实事好事,解决了哪些错综复杂、历史遗留的硬事难事,正确把握和合理运用容错纠错机制,对善抓落实的干部,既要撑腰鼓劲,又要特别关注,为翼城多培养一些攻坚克难的"闯将""干将"。纪检部门要严格落实过程监督、督考覆盖、结果应用"三个无一例外",以马不离鞍、缰不松手的定力坚决纠治形式主义、官僚主义，让能干事的干部有舞台，让不作为的干部没市场，进一步释放鼓励干部勤勉担当、创新作为的强烈信号，推动政治生态迈向持久的风清气正。

同志们，山再高，往上攀，总能登顶；路再远，走下去，定能到达。翼城儿女一直拥有崇德、自信、创新、争先的精神禀赋，只要我们不忘初心、赤诚不改、不懈奋斗，绘就的蓝图一定能够变成现实。让我们更加紧密地团结在以习近平同志为核心的党中央周围，在省委、市委的坚强领导下，以永不懈怠的精神状态和一往无前的奋斗姿态，向着建设全方位高质量发展强县阔步前进，奋力谱写新时代更加出彩的绚丽华章！

政府工作报告

——2023 年 3 月 26 日在翼城县第十七届人民代表大会第三次会议上

县人民政府代县长 杨海林

一、2022 年工作回顾

2022 年，是党和国家历史上极为重要的一年，也是翼城发展历程中极不平凡的一年。面对多轮疫情冲击、经济下行压力、各类风险交织叠加的严峻形势，我们在市委、市政府和县委的坚强领导下，在县人大、县政协的监督支持下，坚持以习近平新时代中国特色社会主义思想为指导，全面贯彻落实党的二十大精神和习近平总书记考察调研山西重要讲话重要指示精神，坚决落实党中央“疫情要防住、经济要稳住、发展要安全”的总体要求，以“向人民交账”的决心和干劲，承诺践诺、砥砺奋进，“四大振兴”战略蓄势突破，“六大提升”行动见行见效，全县经济社会高质量发展迈出坚实步伐。

一年来，我们高效统筹、精准发力，彰显了战疫情、稳经济的翼城担当。

面对疫情冲击，始终把人民生命健康放在第一位，投入 1.2 亿元强化医疗资源配置和储备，建立起4400 余人的网格员队伍，构建了全市领先的网格管理体系，最大限度减少了疫情对经济社会发展的影响，我县一直是疫情防控的“优等生”。在做好疫情防控工作的同时，顶格落实国省市稳经济一揽子政策，常态化开展入企服务，统筹做好复工复产、扩大投资、能源保供、促进消费等工作，累计减税降费 2878 万元，增值税留抵退税 2837.6 万元，新增企业贷款 8 亿元，发放消费补贴 141 万元，55 个重点项目完成年度目标，经济运行呈现稳中加固、稳中有进良好态势。2022 年，地区生产总值完成 106.35 亿元，增长 5.7%，历史性突破百亿大关；规模以上工业增加值完成 56.9 亿元，增长 12%；一般公共预算收入完成 4.8 亿元，增长 18.5%；固定资产投资完成 22.48 亿元，增长 26.7%；社会消费品零售总额累计完成 42.59 亿元；城乡居民人均可支配收入分别增长 6.1%、6.5%。

一年来，我们攻坚转型、夯基垒台，交出了转动能、促振兴的翼城答卷。

推动工业提速转型。华翔叉车专业化生产线竣工投产。闽光焦化转型升级项目全面开工，1 号、2 号焦炉开始砌筑，干熄焦本体工程开始设备安装。晋南精品钢铁基地正式奠基，项目论证通过省发改委审核。舜达锻造项目纳入国家中长期贷款项目名录,与中国一汽签订战略合作协议,启动资产重整程序。汤荣年产50万吨铸造产业园项目成功签约。省级经济技术开发区申报通过市级评审。永益年产3.2万吨高端大型铸钢件和顶管项目顺利推进。抽水蓄能项目与山西低碳环保产业集团达成框架协议。龙源100兆瓦风电项目纳入全省风电保障性并网年度建设计划。100兆瓦独立混合调频储能电站项目纳入山西省新型储能项目库。推进农业强基增效。完成22.3万亩小麦三次叶面喷肥促弱转壮,被列入全国种植技术推广典型案例。建成高标准农田2.3万亩,深松整地7.2万亩。大豆玉米复合种植2万余亩,我县获全国大豆高产竞赛“金豆王”奖项。完成30万亩粮食作物托管作业,146个村集体增收1678万元。粮食总产量达2.3亿公斤,冬小麦单产连续三年创全省新高。扩繁“珍珠玉米”150亩。新增蔬菜面积3211亩。完成8家标准化养殖场改扩建。西阎香菇小镇入选全省首批特色小镇建设目录。大连绿海与果信樱桃合作项目签约落地。新增2家国家级示范社、4家省级示范家庭农场、1家省级农业龙头企业。全年投入各类强农惠农资金6700余万元,完成农业基础设施投资3亿元,全县农产品加工销售收入达到23.6亿元。促进文旅提档升级。围绕打通历山景区开发瓶颈,全面启动了舜王坪上山通道建设前期工作。河上公德山、佛爷山、古城景区完成年度建设任务。桥上王良纪念馆—西阎四圣宫旅游公路竣工通车。积极打造“唐风晋韵·魅力翼城”文旅品牌,翼城县历史与文化展陈对外开放,建立翼城花鼓、尧都砂器等5个文创基地。

一年来,我们深化改革、聚力创新,跑出了破难题、增活力的翼城速度。

重点改革纵深推进。深化“放管服”改革,推出209项“一件事一次办”服务,首创“行业综合许可证”,推行“独任制审批”服务模式,29个行业实现“一业一证”,125个高频事项已有45个达到全国最短时限。镇村两级便民服务中心建设实现全覆盖。全面完成国资国企改革任务,国资监管体系进一步完善。农村集体产权制度改革工作取得阶段性成效,我县做法获国家部委通报表彰。市场主体量质齐升。深入开展“市场主体建设年”活动,扎实推进青年创新创业“个十百千万”工程,全县净增市场主体8819户,新增新强绿色建材、银河机械制造等8家规上企业,绿牧德品、泰鑫塑管等5家企业完成股份制改造。坚持创新驱动发展,新认定兴盛针织、瑞科磁业等5家省级“专精特新”企业,山西锻造厂被认定为省级专精特新“小巨人”企业。新增永益铸管、伟云生物等10家科技型中小企业,在重点工业企业设立了5个“双创”示范基地。春雷铜材有限责任公司、瑞德丰种业有限公司荣获市长创新奖。

一年来,我们建管并重、内外兼修,塑造了焕新颜、更宜居的翼城形象。

城乡建设统筹推进。启动实施总投资3.95亿元的13个重点城建项目,八一路、新华中路、横十路建成通车,光明路和万慈街、木坊街中段完成主体工程。建成113个5G基站。全面完成唐尧大道生态治理和省道331环境综合整治。利民路下穿铁路框构桥、翔翼大街环岛工程开工建设。国道241营里至石桥段、桥大线改造工程完成年度建设任务。完成120公里农村公路养护提质和2座危桥修复改造。人居环境持续改善。巩固省级文明城市创建成果,绛源路街景公园建成开放,新增口袋公园4处。开展了城区交通秩序、马路市场、道路扬尘集中整治,完成11个老旧小区改造,县城住宅小区物业管理逐步规范,智慧停车管理系统启动运行。实施农村基础设施类“一事一议”财政奖补项目32个。完成寿城、古署等8个村饮水智能化改造和隆化寨里、南梁翔岭等15个自然村供水设施改造提升，农村自来水供水率达到98%。建成13个改厕运营管护站和2个粪污资源化利用处理站，实现长效管护全覆盖。生态环境不断优化。牢固树立“两山”理念，深入推进大气污染防治，完成16家砂场提标治理和16家企业挥发性有机物深度整治，持续开展禁煤区“三清零”行动，实施清洁取暖“煤改电”1356户，城区空气质量稳步改善，优良天数达285天。第二污水处理厂建成投运，常态化开展入河排污口整治，浍河南丁断面水质达到地表水四类标准。中央和省环保督察反馈问题整改年度任务全部完成。杨家河小流域综合治理工程竣工。完成隆化薛家坡、桥上庄里等19个自然村采煤沉陷区治理搬迁土地复垦。荒山造林3000亩，乡村道路绿化200公里。

一年来，我们倾力为民、增进福祉，提升了惠民生、暖民心的翼城温度。

集中财力保障和改善民生，全年民生支出达19.36亿元，占一般公共预算支出的83%。社会事业全面进步。完成北关小学创一流改造和二中、中卫初中等7所学校薄弱环节改善工程。巩固提升教育教学质量，中高考成绩位居全市前列。县医院新院区开诊运营，新建辛安、武池、甘泉等7家乡镇卫生院业务用房，实现医保网络系统行政村全覆盖。奥体中心改造提升竣工投用。新建40所日间照料中心和2个区域养老服务中心，我县被评为省级养老服务模范县。民生保障更加有力。城镇新增就业4000余人，农村劳动力转移就业5100人，新增技能人才1000人。社会保险参保人数达24.6万人次，向各类困难群体发放补助4000余万元。山西桐封技师学院一期工程主体完工，填补全市技工学院空白。完成9021套房屋产权登记确权颁证。健全防止返贫动态监测和帮扶机制，实施了青城中药材收储加工、丹朱辣椒产业园等19个脱贫村产业项目，脱贫人口人均纯收入增长12%。社会大局和谐稳定。安全生产专项整治三年行动顺利收官，安全生产大检查大整治大提升行动、“反三违、除隐患、防事故”专项行动深入开展，安全生产综合监管平台常态化运行，高危行业安全生产标准化创建率达90%以上。扎实推进城镇燃气、经营性自建房、尾矿库、危化品等专项整治，本质安全水平进一步提升，安全生产形势持续稳定好转。深化“平安翼城”建设，完成综治中心规范化建设提升，常态化推进扫黑除恶斗争，严厉打击电信网络诈骗等突出违法犯罪，持续强化社会治安防控和信访积案化解，刑事、治安警情分别下降41%、16%，增强了群众安全感和满意度，我县被评为省级平安县。

一年来，我们转变作风、提升效能，展现了重实干、勇争先的翼城作为。

政治建设全面加强。坚持以政治建设为统领，深学笃行习近平新时代中国特色社会主义思想，认真学习贯彻党的二十大精神，增强理论武装、发展实践、服务群众能力，坚决捍卫“两个确立”、做到“两个维护”，自觉把旗帜鲜明讲政治落实到政府工作各领域各方面各环节。法治建设扎实推进。严格重大行政决策程序，强化规范性文件合法性审查，编制公布了乡镇权责清单、乡镇执法事项清单和行政许可事项清单。全年办理行政复议案件19件、行政应诉案件8件。自觉接受人大法律监督和政协民主监督，办理人大代表建议118件、政协委员提案123件。作风建设走深走实。牢固树立抓落实提高执行力鲜明导向，对重点任务实行清单化分解、项目化推进、常态化督查，有力推动各项工作落实落细。扎实推进清廉政府建设，驰而不息纠治“四风”，抓好巡察、审计反馈问题整改，规范财政资金管理，严控“三公”经费支出，政府系统作风和效能建设持续深化。

2022年11月，我们准确把握疫情防控进入新阶段的新要求，认真落实市政府出台的“三个文件”，深入开展以项目前期手续办理为主抓手的“冬季行动”，掀起了谋项目、抓项目的热潮，凝聚了狠抓落实、奋勇争先的强大合力。活动期间，组建项目谋划储备专班，要素保障部门集中办公，累计召开6次项目谋划会、22次前期手续办理推进会，共谋划储备各类项目135个，总投资557亿元，为92个新建项目办结前期手续341项。招商引资、市场主体培育、市政道路改造、农田水利建设等21个专项行动取得积极进展，为2022年“收好官”、2023年“开好局”奠定了坚实基础。

与此同时，民族宗教、妇女、儿童、青少年、残疾人、红十字等工作取得新进展；国防动员、人民防空、外事、审计、统计、气象、地震、科普、史志、档案等工作取得新成绩，我县被评为省级双拥模范县。

各位代表，回首奋斗历程，我们承压前行、加压奋进，全力以赴战疫情、稳经济，抓项目、促转型，守底线、保民生，付出了超乎寻常的努力，取得了好于预期的成效。特别是面对跌宕反复的疫情形势，各级各部门闻令而动、连续作战，医护工作者白衣为甲、逆行出征，各条战线干部职工不畏艰辛、忘我工作，广大人民群众勠力同心、守望相助，书写了同心战疫、患难与共的感人篇章。面对复杂严峻的经济形势，我们成立服务专班入企解难、助企纾困，各类企业和广大个体工商户百折不挠、迎难而上，稳供应、畅物流、保生产，为全县经济平稳运行和社会稳定做出了功不可没的贡献，绘就了风雨同舟、共克时艰的时代画卷。面对多重叠加的风险隐患，我们主动防范、积极化解，全力以赴防风险、保安全、护稳定，彰显了守住底线、筑牢防线的使命担当。全县上下以众志成城、克难奋进的实际行动生动诠释了“崇德、自信、创新、争先”的新时代翼城精神，每个人都是发展的主角，每个人都是翼城的英雄。

各位代表，艰难困苦、玉汝于成。这些成绩的取得，是习近平新时代中国特色社会主义思想科学指引的结果，是市委、市政府和县委坚强领导的结果，是县人大、县政协和社会各界监督支持的结果，是全县人民凝心聚力、拼搏实干的结果。在此，我代表县人民政府，向全县广大干部群众，向人大代表、政协委员、离退休老同志，向工商联、无党派人士和人民团体，向武警官兵、公安干警和消防救援人员，向所有关心支持翼城改革发展的各界朋友，致以崇高的敬意和衷心的感谢！

在肯定成绩的同时，我们也清醒认识到发展中还面临不少困难和挑战。主要是：经济总量还不够大，产业结构不够合理，三次产业比重为15∶39∶46，三产占比偏高，二产发展不足，结构调整和转型升级任务艰巨；招商引资力度还需加大，营商环境不够优化；城乡建设还有不少欠账，民生领域还存在薄弱环节，群众关心的就业增收、教育医疗、社会保障等方面还有短板；政府职能转变还不到位，一些干部思想观念、作风能力不能适应新形势新任务的需要，形式主义、官僚主义仍不同程度存在，等等。对此，我们一定直面问题、正视差距，采取有力措施切实加以解决，绝不辜负全县26万人民的重托和期待！

二、2023年工作安排

2023年是贯彻党的二十大精神的开局之年，是实施“十四五”规划承上启下的关键之年，也是我县从全力蓄势向全面成势加快转变的奋进之年。做好今年政府工作，必须高举中国特色社会主义伟大旗帜，坚持以习近平新时代中国特色社会主义思想为指导，全面贯彻落实党的二十大精神，深入贯彻习近平总书记考察调研山西重要讲话重要指示精神，坚持稳中求进工作总基调，完整、准确、全面贯彻新发展理念，主动服务和融入新发展格局，围绕解决好省委蓝佛安书记在省管主要领导干部专题研讨班上提出的“12个重大问题”，更好统筹疫情防控和经济社会发展，更好统筹发展和安全，全面深化改革开放，大力提振市场信心，统筹实施“四大振兴”战略，深入推进“六大提升”行动，全力以赴用新时代翼城精神破藩篱、打硬仗、开新局，推动高质量发展全面提质提速，推进全县综合实力向全市第一方阵迈进，奋力谱写全面建设社会主义现代化国家翼城篇章。

2023年经济社会发展的主要目标是：全县地区生产总值增长7.5%左右；固定资产投资增长10%以上；规模以上工业增加值增长10%以上；社会消费品零售总额增长7%以上；一般公共预算收入增长6%以上；城镇居民人均可支配收入与经济增长基本同步；农村居民人均可支配收入高于经济增长水平。城镇新增就业人数3600人，城镇调查失业率控制在5.5%以内，居民消费价格总水平涨幅控制在3%左右。约束性指标不折不扣按照市定要求全面完成。

按照上述思路和目标，重点做好以下九方面工作：

（一）聚力一产特优发展，打造乡村振兴样板

独特的资源禀赋决定了翼城农业的出路在于特和优，只有做特做优，才能做大做强。我们要大力实施特优战略，以产业振兴带动全面振兴，持续夯实“三农”基础，逐步实现农业强、农村美、农民富。

打造农业园区标杆。坚持把八大园区作为现代农业发展的主战场、富农增收的主引擎，整合涉农资金向园区倾斜，推动农业项目向园区集聚，着力打造全市现代农业产业园区示范标杆。东山优质苹果园区：完成2000亩老劣果园更新改造、3000亩高接换优和果园防灾减灾能力提升工程。隆化有机小米园区：完成2万亩优质谷子种植基地和千亩有机谷子基地建设，引进小米煎饼代加工生产线。城西设施蔬菜园区：新发展设施蔬菜1000亩。南梁道地连翘园区：完成1万亩药用连翘标准化基地和连翘药茶加工基地建设。环翔山翅果油园区：完成2000亩示范栽植基地建设，加强与江南大学食品研究院对接合作，开发高端保健品、化妆品。谭村大樱桃（俄8）园区：以建设全省大樱桃“链主”企业为目标，扶持壮大绿海果信大樱桃园区建设，完成投资1亿元的千亩设施园区大苗定植和智能化管护设备安装。河沄精品草莓园区：完成200亩的育苗大棚、智能联动温室、草莓大棚及配套设施建设，总面积达到1500亩。西阎醉氧香菇园区：加快香菇小镇和特色专业镇建设，推进实验棚和烘干、冻干生产线建成投产。

夯实粮食安全根基。粮食安全，国之大者。我们要切实扛起粮食安全政治责任，坚决遏制耕地“非农化”、防止“非粮化”，完成1.77万亩高标准农田建设和4万亩农机深松整地，实施小河口灌区、利民灌区续建配套和节水改造工程，扎实推进撂荒地复耕。完成小麦3次叶面喷肥，大豆玉米带状复合种植1.5万亩，建设鲜食玉米生产基地。实施种业振兴行动，完成3万亩小麦良种繁育基地建设，建成300亩“珍珠玉米”生产基地，同步推进种质资源知识产权保护和地理标志农产品申报。全年小麦种植面积稳定在33万亩以上，玉米种植面积稳定在32万亩以上，粮食产量稳定在2.3亿公斤以上。树立大食物观，在确保粮食供给的同时，保障肉类、蔬菜、水果等各类食物有效供给。实施“菜篮子”工程，蔬菜种植面积达到1.4万亩。完成四方智润、奥群等5个标准化养殖场建设，全年畜禽饲养量分别达到生猪53万头、牛羊17.5万头、蛋鸡140余万只。

打造农业托管品牌。巩固提升农业生产托管“翼城模式”，推动托管服务向深度广度拓展。延伸托管链条，构建“种、管、收、储、销”全链条托

管服务体系。完善村集体"土地入股 + 保底分红"模式,鼓励村集体以500亩为适度规模,打造集体经营示范样板。用好省建行土地流转平台,争取授信额度达到5000万元以上。推进国家级农村综合改革标准化试点项目建设。扩大托管范围,以农业生产、畜牧服务、农村改厕、果蔬药茶、农村会计、金融支农等6类托管为重点,探索建立大托管服务模式,打造国家级农业综合托管"翼城名片"。

建设宜居宜业和美乡村。启动51个多规合一实用性村庄规划编制。大力开展农村人居环境整治提升行动,务实推进农村改厕和污水、垃圾治理,新建16座农村公厕,完成废弃物资源化利用处理中心建设,新建王庄污水处理站。完成3座危桥改造、62条农村水毁公路重建修复工程,年内实现大桥线改造、上石—下石农村公路改线竣工通车。实施农村供水保障工程。完成农村危房改造动态清零。集中开展春季环境卫生整治,实施村庄绿化美化亮化工程。巩固拓展脱贫攻坚成果与乡村振兴有效衔接,规范运行21项防返贫监测和精准帮扶机制,确保监测对象应纳尽纳,坚决守住不发生规模性返贫底线。大力实施以工代赈,财政投资项目优先吸纳脱贫户、监测户就业,脱贫劳动力务工就业规模稳定在2100人以上。抓好15个重点帮扶项目建设,持续壮大脱贫村集体经济,以奖代补支持脱贫户、监测户发展"庭院经济",带动脱贫群众增收。深化农业农村改革,突出抓好农村"三块地"改革,扎实推进农村集体经营性建设用地入市试点工作,稳慎推进农村宅基地改革,做好第二轮土地承包到期后再延长30年试点工作。

(二)聚力二产转型升级,加快推进工业振兴

按照壮大工业规模、延伸产业链条的战略定位,全力推进传统产业改造升级、新兴产业培育壮大、数字产业赋能发展,重塑工业新格局,筑牢经济压舱石。

改造升级传统产业。发挥龙头企业和重大项目引领作用,加快钢焦、铸造等传统产业基础再造,逐步建链延链,做强产业支撑。钢焦产业:围绕钢焦融合、钢化联产,推进晋南钢铁基地前期工作,确保6月份开工建设。推进山西闽光156万吨焦化转型升级项目年底竣工投产,积极发展焦炉煤气制氢,打造氢能制备供应基地。铸造产业:坚持引入增量、盘活存量、提高质量,推动传统铸造产业迈过"生存线"、达到"发展线"。重点实施湖北汤荣50万吨铸造产业园区项目,力争一期新型节能炉生产线年底竣工投产,与太谷玛钢合作启动二期4条铸造生产线建设。完成永益年产3.2万吨高端大型铸钢件和顶管项目、华星年产2万吨机械零部件生产线技改提升项目建设,推动山西锻造厂零部件表面处理生产线、河北莱都年产3万吨轧钢铁鳞还原铁粉生产线建成投产。一企一策推动丰昆、励鑫等一批有条件的停产企业盘活复产。煤炭产业:推动6座生产型矿井增产增效,加快释放优势产能,完成石丘60万吨矿井减量重组,力争全年煤炭产量达到550万吨,为经济运行稳盘托底。争取年内完成首旺煤业资源接替,加快推进华泓煤业资源接替、青洼煤业产能核增,实施上河煤业9号煤层、东沟煤业9 + 10号煤层开采工程,推进首旺煤业、上河煤业采掘工作面智能化改造,增强企业可持续发展后劲。

培育壮大新兴产业。围绕装备制造、新材料、新能源等新兴工业的补短育新,推动我县产业结构实现质变,形成多元支撑格局。装备制造产业:推进华翔新材料科技园厂区扩容,加快5万吨工程零部件项目落地建设。加强与中国一汽、北京机电研究所的对接合作,年内盘活舜达8000吨、16500吨热模锻压生产线。新材料产业:立足焦化副产品产业链延伸,完成闽光4万吨高

性能碳负极材料项目前期工作,确保明年上半年如期开工建设。围绕壮大铜基新材料产业,加快推动陕西斯瑞铜合金板带材生产加工项目落地开工。新能源产业:开工建设龙源100兆瓦风电、中企国云220千伏混合储能电站项目,推动抽水蓄能电站项目纳入国家中长期规划。加强与中能全联能源公司对接,建设生态治理结算中心。

超前谋划未来产业。持续深化数字赋能,抢占前沿产业新赛道。深化与北京启迪集团合作,建设数字经济“智创园”,引入国家级新型研发机构,建成工业数字化转型促进中心,推动全县重点行业领域数智赋能、数实融合,打造经济数字化转型示范高地。持续筑牢数字底座,到年底全县5G基站总量达到354个,移动物联网终端用户达到5.8万户,千兆宽带用户达到1.5万户。推进农业产业数字化转型,积极发展“5G大棚”“智慧养殖场”等新业态。抓好数字政府、智慧城市、数字乡村等建设,构建数字化治理体系。

着力打造园区平台。年内完成省级经济技术开发区申报设立,把开发区作为承接项目的主平台,秉持产业集聚、协同发展理念,奋力建设千亿级钢铁产业集群、五百亿级装备制造产业集群和铜合金新材料产业集群。进一步完善园区功能配套,精品钢园区年内重点完成循环道路建设和再生水利用工程,完成标准化厂房项目建设前期工作。装备制造园区建成5.2万平方米标准化厂房,启动污水处理厂及配套管廊建设。

(三)聚力三产提质增效,培育新的经济增长极

服务业是经济发展的稳定器和助推器。我们要着力做优文旅产业,做大现代服务业,促进消费提振升级,推动服务业成为全县经济增长的重要拉动力。

夯基蓄势文旅产业。翼城文化底蕴深厚、旅游资源富集,发展文旅产业具有得天独厚的优势。我们要坚持以文塑旅、以旅彰文,突出“六山一城”重点景区建设,加快推动文旅资源优势转化为产业发展优势。年内建设重点:历山景区打通蟠桃岭—舜王坪旅游通道,推进西阎、兴石、曹公等沿线传统古村落活化利用,沿途布局打造游乐休憩小景点。古绵山景区修缮更新景区基础设施,策划筹办“晋·古绵山生态文化旅游节”,进一步提高翼城古绵山知名度。河上公德山景区完成东西护峰廊亭和悬空步道建设。古城景区坚持“修旧如旧”理念,完成南十字历史文化街区改造。同时,启动小河口文旅综合体项目前期工作。推进阎村、史伯、封壁等乡村旅游示范村提档升级,带动发展城郊经济、假日经济。提升非遗传承利用水平,做好翼城花鼓、尧都砂器、云山剪纸、古城泥塑等文创产品研发。加强文旅推广营销,策划开展系列文旅节庆活动,用心用情讲好翼城“文旅故事”,不断提升“唐风晋韵·魅力翼城”品牌影响力。

提质增效现代服务业。实施“翼城优品”乡村e镇项目,建设电商公共服务中心,构建“产品+电商+配套”的可持续电商生态体系,扩大特优产品品牌效应。引导县内商业体与快递物流合作,建设县级公共仓配中心,推动村级服务站点全覆盖,发展连锁经营。新建9个乡镇电子商务服务站。启动建特物流园建设,加快网络货运平台发展。围绕科技、金融、电商、人力资源等领域,引进培育一批专业化、品牌化中介服务机构,引导农业经纪人建设营销中介服务平台。

多措并举提振消费。开展促消费系列活动,促进新能源汽车、家电、家居等大宗物品消费,做好电子消费券和爱心消费券发放工作,助力实体门店集客引流,促进批零住餐行业复苏回暖。大力推进“翼城优品”区域公用品牌建设,完善“能进能出”品牌管理机制,强化质量管控、包装标识和营销推广,积极打造直播带货基地,让好产品

卖出好价钱。建立翼城美食标准化体系,举办评选评鉴、探店打卡等线上线下活动,加快北关清真食品加工基地建设。推动餐饮行业品牌化发展、连锁化经营,积极发展预制菜。结合市政道路改造,改善居民消费环境,打造一批特色街区、"夜经济"聚集区,提升城市"烟火气"。

各位代表,今天的翼城,产业振兴蓄势待发;明天的翼城,经济崛起势不可挡。我们要横下一条心、铆足一股劲,干出乡村振兴好光景、拼出工业振兴新气象、跑出文旅振兴加速度、实现翼城发展大跨越,让全县人民底气更足、信心更高、自豪感更强!

(四)聚力项目建设,夯实发展硬核支撑

项目是经济社会发展的生命线。我们要树牢"项目是第一支撑"的鲜明导向,用好"四全工作法",做大做优项目盘子,强力推进落地实施,为高质量发展打下坚实基础。

抓好项目谋划策划。围绕国省产业导向和资金投向,立足县情实际,聚焦产业发展、城市更新、乡村振兴、社会民生、基础设施、公共服务、生态环境等领域,滚动谋划一批大项目好项目。全力做好重点领域项目策划包装和整合打捆,靶向争取国家专项债券、上级专项资金、政策性开发性金融资金、设备购置与更新改造贴息贷款、中长贷等资金,鼓励和吸引更多社会资本参与重大项目建设。对项目库实行动态管理、滚动更新,做到实施一批、储备一批、谋划一批,确保项目不断档、发展有后劲。

加快项目前期工作。扎实开展项目前期手续办理集中攻坚行动,紧盯开工时间节点,整合项目要素保障部门骨干力量成立专班,坚持每周一、三、五集中办公,项目主管单位对项目全生命周期负主体责任,任务精准到点、责任落实到人。实行"分管副县长周调度、县长办公会月调度"推进机制,定期会商研判,协调推进项目前期手续办理,逐项定目标、定任务、定时限,"一项一策"解决影响和制约项目开工的难点堵点,跑出项目前期工作"加速度"。今年24个续建项目全部复工,92个新建项目上半年开工率达到85%以上。

推进项目落地建设。全方位盯紧、全时段抓紧已开工项目建设,实行"一个重点项目、一名包联领导、一个专班推进、一个办法管理、一个标准验收"的"五个一"工作机制,压实项目主管单位第一责任,抢抓施工黄金期,倒排工期、挂图作战,加快施工进度。落实重点项目领导包联机制,带头到一线、进工地,解难题、督进度。实行"周调度、月通报、季观摩"机制,以"比评晾晒"激励先进、鞭策后进,推动项目建设提速提效。力争35个产业类项目年内投产,25个民生类和基础设施类项目年内竣工。

(五)聚力市场主体倍增,激发经济增长活力

坚持用力抓招引、用情抓服务、用心抓培育,推动市场主体扩规模、增实力、提效益,为县域经济发展注入"源头活水"。

大力开展招商引资。完善全民招商引资工作机制,推行干部以情招商、企业以商招商、产业以链招商,带动形成人人招商、全员招商的浓厚氛围。深入开展大招商、招大商活动,围绕县域企业和产业基础,结合产业链延伸和专业镇打造,引进产业上下游配套企业,努力实现"一企带一链、一链成一片"。动态完善招商图谱,滚动更新招商项目库,提升招商引资精准性和成功率。坚持外商内商一视同仁、大企小企同等对待,如约如期兑现优惠政策和承诺事项,以最优惠的政策、最优质的服务吸引客商投资兴业,用短期让利换来长远收益。

持续创优营商环境。把握"三无""三可"要求,深入开展营商环境创新提升行动,深化"放管服"改革,所有审批事项办理向全国最短时限看齐,力争65%的审批常办业务达到最短时限。加

强政务大厅综合窗口建设,配齐配强人员力量,推行“独任制”审批,实现企业群众办事“只进一扇门、只到一个窗、只对一个人”。推出“我要开餐馆”“我要开便利店”等29个“一件事”套餐,让群众创业更便利、办事更便捷。全面构建亲清政商关系,坚持亲而有度、清而有为,做到无事不扰、有求必应。开展营商环境常态化督查,设立投诉热线,对破坏营商环境、影响翼城发展的行为施重拳、严惩治。落实“标准地+承诺制”“要素跟着项目走”“领办+代办+专办+一网通办”机制,实行信用分级分类监管制度,推行包容审慎监管。落实“五有”套餐,一体推进法治、政务、信用、人文、要素保障“五个环境”建设,营造“人人都是营商环境、处处体现翼城形象”的浓厚氛围。

支持民营经济发展。坚持“两个毫不动摇”,落实好支持民营经济发展“省30条”“市37条”,推动惠企政策精准滴灌、直达快享。深入开展入企帮扶活动,对民营企业发展中遇到的困难跟踪到底、解决到位。完善政银企对接机制,定期召开政银企对接会,引导金融机构加大对中小微企业及产业发展、项目建设等领域支持力度,扩大政府性融资担保覆盖范围。依法保护民营企业产权和企业家权益,严厉打击破坏民营经济发展环境的行为,让民营企业家创业安心、投资放心、发展顺心。大力弘扬新时代晋商精神,建设高素质创新型现代化民营经济人士队伍。鼓励引导广大企业家坚守主业、做强实业,在高质量发展中大显身手、大展宏图。

培育壮大市场主体。深入开展“市场主体提升年”活动,着力保存量、扩增量、提质量。打造市场主体集聚平台,梯次推进唐兴铸造新材料、西阎香菇、隆化小米、南梁连翘4个特色专业镇建设,力争进入市级重点专业镇行列。大力实施青年创新创业“个十百千万”工程,扎实推进3个创新创业示范基地、1个大学生就业创业基地、1个技术人才培养基地提档升级。加强创业服务指导和财政金融支持,推动创新创业蔚然成风、遍地开花。全面实施市场准入负面清单制度,放宽市场准入门槛,降低市场主体制度性交易成本。常态化开展“早餐会、下午茶、夜沙龙”政企对接活动,“一企一策”解决企业急难愁盼问题,让市场主体进得来、留得住、活得好。全年新增市场主体5000户以上,新培育6家以上规上企业,完成5家企业股份制改造。实施科技型中小企业培育工程,新培育15家科技型企业,组织2家企业申报市级技术创新中心。争取4家科技型企业享受国家贷款贴息政策。实施高新技术企业倍增计划,力争新增高新技术企业2家、省级“专精特新”企业3家。

各位代表,市场主体是经济发展的青山,党和政府是企业发展的靠山。我们就是要不遗余力为市场主体创优服务、保驾护航,旗帜鲜明为民营经济撑腰站台、加油鼓劲,让市场主体青山常在,让民营经济生机勃发!

(六)聚力城市规建管运,建设宜居宜业县城

推进以人为核心、以县城为载体的新型城镇化建设,高起点规划设计、高标准建设打造、高水平管理运营,加快完善县城功能,增强综合承载力。

高起点规划设计。统筹生产、生活、生态三大布局,充分考虑区位优势、风格塑造、文脉传承、产城融合,对接同济大学规划设计院专家团队优化完善新城片区规划设计,适度超前谋划城市空间布局。科学编制市政道路、立面改造、公园绿化、亮化美化等专项规划设计,彰显城市颜值、气质、价值。推进“封壁—营里—石桥—梁壁—南唐—封壁”环城快速通道建设,拓展县城发展空间,提高辐射带动效应。年内重点完成国道241营里—石桥段改线工程,提速落实国道241石桥—梁壁段、省道367、神河线建设前期工作。

高标准建设打造。统筹新城建设、旧城改

造、靓城提质,全面提升县城承载能力和形象品位。新城建设:推进奎星路、木坊西街、万慈西街、奎星文化生态园带状公园和唐霸公园一体化工程开工建设,完成木坊东街、万慈东街、翔翼大街环岛建设,实施县委党校迁建工程,新建盛唐公园里、玉桐尚苑、棕榈墅、祥益尊品 4 个商住小区,同步完善市政配套和公共服务设施。旧城改造:实施新华南路、唐尧南路、泰山路、益苑路和红旗街东段改造工程,推动潞公街全线通车。完成东寿城下穿铁路框构桥、丹桥路立交桥排水改造工程。推进解放东街小区、唐霸小区等 13 个老旧小区改造,实施世家庄 A 区城中村改造试点和铁路家属院棚户区改造,加快上高、原气象站、桐封公园 3 处征地拆迁安置房建设。完成城北综合交通枢纽站和公交停车场建设前期工作。靓城提质:坚持"景观式造街、园林式建城",完成桐封公园、九龙公园改造提升,新建 5 个小游园、口袋公园。完成解放东街立面改造,实施南环路路面改造工程,推进城区主干街道缆化、弱电入地。启动城市慢行系统建设。建设 5 个高标准城市公厕。新建一批网红打卡地。按照"建一条绿一条"的原则,对新建和改造后的街道进行绿化美化。

高水平管理运营。完成城市运行管理服务平台建设,建成"城市大脑"。巩固提升省级文明城市创建成果,整合扩充城建综合执法管理队伍,建立部门联合、联动、联查执法机制,实行常态化巡街管控,大力整治马路市场、游商小贩、乱停乱放、私搭乱建、机非混行、占道经营、店外经营等城市顽疾,推进智慧停车系统完善功能、规范运营,营造整洁有序的城市生活环境。做好城市体检评估,强化供暖供气供水供电服务保障能力。

各位代表,城市建设承载着人民群众对美好生活的向往,也彰显着一个地方的发展理念和形象风采。我们要以工匠精神、下绣花功夫把城市建设得更加美好,让翼城成为安居乐业的福地、近悦远来的宝地、投资兴业的高地!

(七)聚力生态文明建设,擦亮绿色发展底色

生态环境是最普惠的公共产品。我们要深入践行习近平生态文明思想,协同推进降碳、减污、扩绿、增长,加快建设人与自然和谐共生的美丽翼城。

打好蓝天保卫战。大力开展企业"创 A 退 D"行动,推动华翔达到绩效评级 A 级标准,飞翔、华星达到 B 级标准,所有新建企业全部达到超低排放标准。实施夏季臭氧污染治理、秋冬季大气污染综合治理,开展涉挥发性有机物企业排查整治,常态化推进禁煤区"三清零",加大氮氧化物、二氧化硫减排力度。统筹抓好柴油货车、餐饮油烟、秸秆焚烧治理,严格施工工地扬尘"6 个 100%"管控,提升道路机扫清洗频次,推动城区环境空气质量持续改善。

打好碧水保卫战。把省委确定的"一泓清水入黄河"工程作为补齐翼城县环境基础设施短板的重大战略举措,按照省政府工程方案,年内启动浍河流域生态保护和高质量发展项目建设,逐步推进唐兴污水整治、城区径流污染控制、南环路雨污分流改造、污水处理厂尾水人工湿地、第二污水处理厂提温提质、河道整治及品质提升、小河口水库生态涵养林、小河口水库生态综合治理等工程实施。深入开展河流"清四乱"大起底大排查大整治行动,力争浍河出境断面稳定达到地表水三类标准。

打好净土保卫战。加快垃圾处理厂一库区建设,实现垃圾填埋场规范运营。推进畜禽养殖废弃物资源化利用、化肥农药减量增效、农膜回收等面源污染防治。扎实开展煤矸石堆场环境整治,强化尾矿库环境治理和危险废物规范化环境管理。实施鼎焱煤矸石综合利用项目,推动固废资源化利用。

加强生态保护修复。完成《国土空间生态修复规划》编制，实施历史遗留废弃矿山环境修复治理工程，完成第一批采煤沉陷区综合治理，守护生态环境安全底线。加强自然保护地监管与生物多样性保护，持续开展国土绿化行动，完成荒山造林1000亩、森林抚育2000亩、乡村道路绿化150公里，筑牢自然生态屏障。

(八)聚力守牢发展底线，营造安全稳定环境

安全是经济社会发展的基础和保障。我们要树牢底线思维，增强忧患意识，毫不松懈抓好底线性工作，以高水平安全保障高质量发展。

守牢安全生产底线。严格落实“三管三必须”实施细则、安全生产责任落实特别规定，用好“四查一倒追”“双查双签”“双红线”等制度机制，着力构建穿透式责任管理体系，强化各方知责履责尽责。扎实开展班组建设年、督查落实年、专项整治年“三个年”活动，落实风险分级管控和隐患排查治理双重预防机制，全面开展标准化创建和全员化培训，持续深化煤矿、非煤矿山、危化品、冶金工贸、城镇燃气、交通运输、建筑工地、森林防火、自建房、人员密集场所等重点领域安全风险隐患排查，严厉打击各类非法违法行为，坚决防范遏制各类事故发生。持续推进“机械化换人、自动化减人、智能化作业”，完成7个煤矿监控系统建设。完善应急物资储备站(点)建设，加强应急救援物资储备和动态更新。开展消防安全标准化达标建设，推进乡镇消防工作站实体化运行，充实消防专职人员力量，完善消防救援队伍与专业应急救援队伍、社会救援力量联勤、联训、联战机制，定期开展实战化、规模化应急救援演练。提高防灾减灾救灾能力，积极创建国家级综合减灾示范社区。

维护社会和谐稳定。深化“平安翼城”创建，构建立体化信息化社会治安防控体系，常态化推进扫黑除恶斗争，开展严打整治“利剑清源”行动，依法严惩群众反映强烈的各类违法犯罪行为。坚持和发扬新时代“枫桥经验”，着力推动信访问题源头治理，充分发挥信访联席会议制度作用，加强信访工作规范化建设，积极妥善解决群众合理诉求，把矛盾纠纷化解在基层、化解在萌芽状态，确保政治安全、社会安定、人民安宁。

(九)聚力增进民生福祉，发展成果普惠共享

高质量发展是为了让人民过上好日子。我们要坚持民生投入只增不减，着力办好群众最关心、最直接、最现实的民生实事，全面提高民生质量。

办好人民满意教育。坚持立德树人根本任务，持续擦亮翼城教育金字招牌。加快推进翼城中学改扩建，完成西关小学改扩建和汇丰幼儿园、北关幼儿园主体工程建设，实施三中、六中、西张完小等6所义务教育阶段学校薄弱环节改善与能力提升改造。强化教师队伍建设，落实交流轮岗、师德师风研判、名师工作室等机制，提高教育教学质量。优化联盟化办学，完成民办学校转公任务，推进教育资源均衡配置。

加快建设健康翼城。落实新冠病毒感染“乙类乙管”各项措施，着力保健康、防重症。加强养老、托幼、中小学等特殊场所管理，加快推进老年人疫苗接种。推进县医院新院区规范运营，实施中医院医技楼工程，支持县医院、中医院创建“三级乙等医院”。加快妇幼儿童医院、传染病救治中心等项目建设，优化城区医院布局，逐步构建“15分钟就医圈”。持续深化县域医疗卫生一体化改革，推进省级基层卫生健康综合试验区创建，实施乡镇卫生院基础能力提升工程。深入开展提质强医工程，充实专业医护力量，新招聘35名医技人员。

大力促进就业增收。依托重大项目落地带动就业，积极发展劳动密集型产业吸纳就业，开辟更多“家门口”就业岗位。加强就业创业职业技能培训，深化校企合作，推行订单式人才培养

模式,“点对点”输送合格学员上岗就业,全年培训2000人以上。摸清各类市场主体用工需求,常态化组织线上线下招聘活动,实现精准对接促进就业。加大有组织劳务输出力度,全年农村劳动力转移就业5000人以上。

健全社会保障体系。持续推进社会保险扩面提质,确保应保尽保。加快实施个人养老金制度,落实企业职工基本养老保险全国统筹制度,统一规范企业职工基本养老保险待遇。全面实施职工医保普通门诊统筹,进一步深化基本医疗保险异地就医直接结算工作。健全分层分类社会救助体系,做好城乡低保、特困供养等特殊群体兜底保障工作。

繁荣发展文体事业。培育和践行社会主义核心价值观,深度挖掘晋国、霸国、枣园、红色、农耕五大文化主题,推动优秀传统文化创造性转化、创新性发展。深入实施“五个一批”文化惠民工程,为群众提供优质公共文化服务。加快完成博物馆项目建设前期工作,推进文化馆、图书馆、全民健身中心与翼城中学“馆校共建、全民共享”。广泛开展全民健身活动,加强体育场地建设和体育器材配备,完成10公里健身步道建设。

各位代表,民之所盼、政之所向。今年我们要在认真落实好省市“12＋6”民生实事的基础上,结合我县实际,围绕群众关切、社会关注的实事要事,再办好5件民生实事,不断增强广大群众的获得感、幸福感、安全感:

一是县域内65周岁以上老年人、残疾人、现役军人免费乘坐公交车,中小学生优惠乘车,向城区投放25辆新能源公交车。

二是完成涉及7个乡镇、44个自然村、3万人的饮水安全改造提升工程。

三是建立覆盖全县所有村庄的城乡环卫一体化管理体系,完善清扫保洁、垃圾收集、转运处理运行机制。

四是为全县农村初中、小学留守儿童提供在校午休、中晚餐和作业辅导等设施及服务保障。

五是建设4个区域养老服务中心,完成420户特殊困难老年人居家适老化改造。

各位代表,为民造福是最大的政绩。我们就是要用心用情用力把实事办到百姓心坎上,让人民群众深切感受到党和政府的温暖,让发展实绩更有“温度”,民生答卷更有“厚度”。

三、全面加强政府自身建设

新征程催人奋进,新使命重任在肩。我们将以更高标准、更严要求、更实作风,深入推进职能转变,全面提升履职水平,忠诚为政、高效理政、为民施政、依法行政、廉洁从政,努力建设人民满意的政府。

(一)突出政治引领,建设忠诚型政府。坚持不懈用习近平新时代中国特色社会主义思想凝心铸魂,深入贯彻落实党的二十大精神,深刻领悟“两个确立”的决定性意义,切实增强“四个意识”、坚定“四个自信”、做到“两个维护”,不断提高政治判断力、政治领悟力、政治执行力,始终把党的全面领导贯穿政府工作的各方面、全过程,确保中央、省、市和县委各项决策部署不折不扣落到实处。

(二)强化担当实干,建设效能型政府。以“向人民交账”承诺践诺活动为统领,树立答题意识、有解思维,当好执行者、行动派、实干家。强化狠抓落实、一抓到底的鲜明导向,用好专班调度、清单管理、集中攻坚、督查督办等制度机制,打造全链条闭环抓落实体系,促进政府工作提质提速提效。用好正向激励和容错纠错机制,激发广大干部敢闯敢试、善作善成,提高创造性执行效能。坚持对标先进、拉高标杆,逢先必争、逢旗必夺,推动翼城重回全市第一方阵。

(三)坚持履职为民,建设服务型政府。牢固树立以人民为中心的发展思想,把群众的呼声和需求作为干事创业的第一信号,尽心竭力为人民群众解决操心事、揪心事、烦心事,以政府的"辛苦指数"换取人民群众的"幸福指数"。坚持走好新时代党的群众路线,大兴调查研究之风,大力推行"一线工作法",问政于民、问计于民、问需于民,采取更多暖民心举措,兴办更多惠民生实事,着力解决好人民群众"急难愁盼"。

(四)增强法治思维,建设法治型政府。深入践行习近平法治思想,全面实行政府权责清单制度,严格落实重大行政决策程序,做到依法履职、依法决策、依法行政、依法办事。严格执行人大及其常委会决议决定,自觉接受人大法律监督、政协民主监督和纪委监委、审计、社会舆论等各方面监督,高质量办好人大代表建议和政协委员提案。加强政务公开和政府信息公开。健全完善现代公共法律服务体系,深入开展"八五"普法。

(五)严守纪律规矩,建设廉洁型政府。扛牢全面从严治党主体责任,纵深推进清廉政府建设。落实中央八项规定及其实施细则精神,坚决纠治形式主义、官僚主义。强化公共资源、国资国企、项目建设等重点领域监管,深化廉政风险防控,一体推进不敢腐、不能腐、不想腐,做到依法用权、秉公用权、廉洁用权,永葆为民、务实、清廉政治本色。

各位代表！路虽远,行则将至;事虽难,做则必成。让我们更加紧密地团结在以习近平同志为核心的党中央周围,高举习近平新时代中国特色社会主义思想伟大旗帜,在市委、市政府和县委的坚强领导下,大力弘扬"崇德、自信、创新、争先"的新时代翼城精神,脚踏实地、埋头苦干,砥砺奋进、勇毅前行,不断开创翼城高质量发展全面提质提速新局面!

附:

《政府工作报告》相关注释

1."四大振兴"战略:工业振兴战略、实体经济振兴战略、乡村振兴战略、文旅振兴战略。

2."六大提升"行动:改革开放提升行动、城市建设提升行动、生态环保提升行动、民生保障提升行动、安全稳定提升行动、干部能力提升行动。

3.增值税留抵退税:把增值税期末未抵扣完的税额,退还给纳税人。

4."金豆王"奖项:农业农村部组织开展全国大豆高产竞赛,设"金豆王""奋豆者""豆明星"三大奖项。

5."放管服":简政放权、放管结合、优化服务。

6."独任制审批":将行政审批的受理、审查、核准等环节合并,实行"审核合一",由一名具有一定资质的审批人员对行政审批申请事项依法依规完成审查、核准工作,独立做出审批决定的制度。

7."一业一证":指通过优化行业准入业务流程,将一个行业准入涉及的多张许可证整合为一张"行业综合许可证",大幅压减审批环节和时限,简化审批手续,有效提升行政效能和办事效率,更大激发市场主体活力。

8."个十百千万"工程:构建一个"双创"服务体系,健全10+"双创"扶持政策,打造上百"双创"示范基地,孵化上千"双创"市场主体,选树万名"双创"青年典型。到2025年,全县基本形成科学完善的青年"双创"体系,创新创业载体高速发展、人才高度聚集、服务精准到位、气氛更加浓厚。

9."专精特新"企业:做到专业化、精细化、特色化、创新能力突出的中小企业。

10."小巨人"企业:专注于细分市场,创新能力强、市场占有率高、掌握关键核心技术、质量效益优的排头兵企业。

11.“双创”:大众创业,万众创新。

12.“市长创新奖”:市委、市政府为全面深入实施创新驱动发展战略,激发全社会自主创新活力,设立“市长创新奖”,奖励在全市经济社会发展中作出重大贡献、科技创新中实现重大突破的团体或组织。

13.“两山”理念:习近平总书记提出的“绿水青山就是金山银山”理念。

14.禁煤区“三清零”:禁煤区内实现散煤、燃煤设施、柴禾清零。

15.“反三违、除隐患、防事故”专项行动:遏制违章指挥、违章作业、违反劳动纪律行为,消除安全隐患,防止事故发生。

16.“三个文件”:为抓好岁末年初有关工作,2022 年 11 月 24 日,临汾市人民政府办公室印发《关于做好近期促进经济运行有关重点工作的通知》(临政办函〔2022〕37 号)、《关于在全市政府系统开展“冬季行动”工作方案的通知》(临政办发〔2022〕46 号)、《关于加快推进 2022 年省市重点项目、做好 2023 年项目谋划及前期手续办理工作方案的通知》(临政办发〔2022〕47 号)三个文件。

17.“俄 8”:俄罗斯 8 号樱桃。

18.“非农化”:在耕地上从事非农业活动。

19.“非粮化”:将耕地用于非粮作物种植。

20.“土地入股 + 保底分红”:采取农户土地入股的方式,分地类进行折股量化,以村集体为经营主体,自主或委托服务主体产前、产中、产后统一规模化经营,实行全区域、全门类、全作物、全方位农业生产托管,农作物收获后按入股合同约定分配收益,以此达到“集体收入可持续、农民收益有保障”的目标。

21.“庭院经济”:农民以自己的住宅院落及其周围为基地,以家庭为生产和经营单位,为自己和社会提供农业土特产品和有关服务的经济。

22.农村“三块地”改革:农村土地征收、集体经营性建设用地入市、宅基地管理制度改革。

23.“六山一城”:历山景区、古绵山景区、河上公德山景区、佛爷山景区、翔山景区、天池山景区、古城景区。

24.乡村 e 镇:在一定区域内以产业为基础、以电子商务深度融合为核心、以配套服务为支撑,具有明确的产业定位、互联网应用基础的发展空间平台。

25.“四全工作法”:2023 年 3 月 17 日,金湘军省长在全省重点工程项目调度会上提出,要用好全周期发力、全要素保障、全流程提速、全方位推动“四全工作法”,从重点工程入手,提升项目建设质效,夯实高质量发展基础。

26.“三无”“三可”:打造无差别、无障碍、无后顾之忧,可预期、可信赖、可发展的营商环境。

27.“标准地 + 承诺制”:“标准地”,指在城镇开发边界内具备供地条件的区域,对新建工业项目先行完成区域评价、设定控制指标,并实现项目动工开发所必需的通水、通电、通路、土地平整等基本条件的可出让的国有建设用地;“承诺制”,指对实行备案制的企业投资项目报建审批阶段审批事项进行分类和流程再造,按照政府统一服务、企业进行承诺的方式,对部分审批事项流程予以优化,变以往“先批后建”为“先建后验”,对企业承诺事项政府不再事前审批的办理模式。

28.“要素跟着项目走”:对省市重点项目建设打通绿色通道、快速通道,统一调配土地、能耗、产能、污染物排放总量、水资源、资金等要素资源。

29.“领办 + 代办 + 专办 + 一网通办”:对建设内容单一、投资规模较小、技术方案简单的项目实行“领办”;对涉及多部门、相对复杂的项目实行“代办”;对省、市重点项目实行“专办”;“一网通办”指按照网上申报,窗口受理、材料分送、审批办理、办结送达的流程进行办理。

30.“五有”套餐:让投资兴业者办事情有“靠制度不靠关系”的社会氛围,搞项目有“承诺制+标准地+全代办”的优质服务,做前期有“一枚印章管审批”的便捷服务,跑手续有“7×24小时不打烊”的政务服务超市,对未来有“新官理旧账”的稳定预期。

31.“两个毫不动摇”:毫不动摇巩固和发展公有制经济,毫不动摇鼓励、支持、引导非公有制经济发展。

32.“早餐会+下午茶+夜沙龙”政企对接活动:以“早餐会”的形式,面对面解决重点企业、重点工程、重点项目实施中遇到的难题;以“下午茶”的形式,针对性解决中小微企业培育发展问题、融资难题,提高中小微企业对各项惠企政策的知晓度;以“夜沙龙”的形式,为青年创业者提供交流互动平台,推动更多青年人创业,促进市场主体倍增。

33.“创A退D”:引导工业企业对照生态环境部《重污染天气重点行业应急减排措施制定技术指南》中的A类企业标准,实施提标升级改造,打造行业环保标杆企业;同时以差异化管控措施为倒逼,督促环保绩效等级较低的D级企业,开展治理改造,逐步提高绩效等级。

34.河流“清四乱”:清理整治河道管理范围内乱占、乱采、乱堆、乱建等问题。

35.“三管三必须”:管行业必须管安全、管业务必须管安全、管生产经营必须管安全。

36.“四查一倒追”:在隐患排查治理过程中,严格落实企业自查、部门排查、领导检查、专家抽查和倒追安全责任的工作机制。

37.“双红线”:煤矿技术红线、安全管理红线。

38.“枫桥经验”:主要内容是在开展社会治理中实行“五个坚持”,即坚持党建引领,坚持人民主体,坚持自治、法治、德治“三治融合”,坚持人防、物防、技防、心防“四防并举”,坚持共建共享。

39.“乙类乙管”:将乙类传染病采取乙级管理措施。

40.“五个一批”文化惠民工程:塑造一批群众文化惠民服务品牌,培育一批乡村群众文艺队伍,挖掘一批乡土文化能人艺人,培养一批乡村文化带头人,送一批专业文艺演出。

41.省市“12+6”民生实事:省政府12件民生实事:(1)农村寄递物流服务全覆盖提质工程;(2)城镇社区幸福养老提速工程;(3)城区小学生“放心午餐”全覆盖;(4)残疾儿童抢救性康复救助范围扩面;(5)免费送戏下乡;(6)在人流密集公共场所配置自动体外除颤器;(7)既有住宅自愿加装电梯提速工程;(8)建设示范性公办综合托育机构;(9)人口20万以上的县特殊教育全覆盖;(10)扶残助学圆梦工程;(11)提高城乡低保家庭高龄老年人生活补贴;(12)公益性零工市场县县全覆盖。市政府6件民生实事:(1)实施免费法律咨询和特殊群体法律援助惠民工程;(2)每个县(市、区)至少新增1处社区养老服务设施;(3)完成14个乡村e镇项目建设;(4)全市新(改、扩)建10所公办幼儿园和80所寄宿制学校;(5)开展参保人群自助备案服务,提高住院费用异地就医直接结算率;(6)在全市开展新生儿三项疾病免费筛查工作。

翼城县人民代表大会常务委员会工作报告

——2023 年 3 月 27 日在翼城县第十七届人民代表大会第三次会议上

翼城县人大常委会主任　李放明

过去一年的工作

2022 年是党和国家历史上极为重要、极不平凡的一年，也是县人大常委会攻坚克难、砥砺奋进的一年。一年来，在县委的坚强领导下，县人大常委会坚持以习近平新时代中国特色社会主义思想为指导，全面贯彻党的二十大精神，深入贯彻落实中央和省委、市委、县委人大工作会议精神，紧紧围绕县委决策部署和全县发展大局认真依法履职，积极践行全过程人民民主，为推动建设全方位高质量发展强县提供了坚强的民主法治保障。

一、坚持把党的全面领导摆在首位，在忠诚履职尽责中把牢正确政治方向

常委会认真贯彻习近平总书记关于加强党对人大工作全面领导的重要指示精神，坚决把党中央大政方针和省委、市委、县委决策部署贯穿人大工作各方面全过程。

坚定不移用党的创新理论凝心铸魂，锤炼坚如磐石的政治定力。持续把深入学习贯彻习近平新时代中国特色社会主义思想作为首要政治任务，把学习贯彻习近平法治思想、习近平总书记关于坚持和完善人民代表大会制度的重要思想作为基本功、必修课，组织开展专题学习 32 次、交流研讨 4 次、专题讲座 3 次，主任会议成员轮流领学《习近平谈治国理政》第四卷，邀请专家开展党的二十大精神专题培训，在学思践悟中切实增强拥护“两个确立”的思想自觉、政治自觉、行动自觉，并转化为做到“两个维护”的实际行动。

坚定不移把党对人大工作的全面领导落到实处，增强依法履职的生机活力。主动接受县委对人大工作的全面领导，严格落实重大事项请示报告制度，定期向县委汇报重大会议、重点议题和重要工作；认真贯彻中央和省委、市委人大工作会议精神，围绕“坚持党的全面领导、增强监督刚性和实效、充分发挥人大代表作用、加强县乡（镇）人大自身建设”4 个专题开展新时代加强和改进人大工作的调研，深入分析当前人大工作面临的问题和原因，形成调研报告上报县委，为县委人大工作会议的召开奠定了基础；深入落实县委人大工作会议精神及出台的意见、重点任务和分工方案，下发了《关于学习贯彻落实县委人大工作会议精神的通知》，在“今日翼城”开辟学习宣传专栏，确保人大工作始终在党的领导下开展。

坚定不移围绕县委决策部署谋事议事，汇聚团结奋斗的强大合力。自觉把人大工作置于全县大局中思考谋划，始终紧扣县委“四大振兴”战略、“六大提升”行动和各部门“向人民交账”承诺践诺活动，找准切入点和发力点，在防疫情、稳经济、保安全的大战大考中，在全方位推动高质量发展的翼城实践中，主动担当、积极作为。一年来，召开常委会会议 8 次、党组会议 7 次、主任会议 10 次、听取审议“一府两院”专项工作报告 18 项、组织视察调研 19 项、开展执法检查 4 次，作出决议、决定和审议意见 22 项，配合上级人大专题调研 8 次，依法选举市人大代表 26 人、任免国家机关工作人员16人(次),确保了人大工作与县委决策部署同频共振、同向发力、同步前行。

二、坚持把服务中心大局作为重点,在全方位推动高质量发展强县进程中扛起人大担当

常委会坚持围绕中心、服务大局、突出重点,实行正确监督、有效监督、依法监督,努力将监督成果转化为全方位高质量发展的最大增量。

靶向监督,全力推动经济发展企稳向好。依法听取审议计划、预决算、审计及整改、国有资产管理等报告,两次批准预算调整方案,进一步强化经济运行监督,推动人大预算审查监督重点向支出预算和政策拓展,保障财政资金最大限度向重点项目和民生领域倾斜,县本级和6个部门预算执行中的32个问题得到整改落实,促使财政资金使用效益和保障高质量发展的能力持续提升。围绕支持壮大民营经济,对中小企业促进"一法一条例"开展执法检查,针对惠企政策宣传不够深入、工作机制不够完善、融资环境不够宽松等问题进行询问,依法保护中小企业合法权益,推动企业发展环境不断优化。督办全县重点工程项目手续审批,听取审议市场主体倍增工作报告,视察青年创新创业工作,跟踪监督"三箭齐发"项目推进情况,推动全方位高质量发展强县建设迈出了坚实步伐。

强力监督,加快构建现代农业产业体系。持续关注"三农"重点,组织部分人大代表对农业生产托管情况进行调研,形成调研报告上报省、市人大,助力农业生产托管翼城模式继续在省市领跑;专题调研翼城优品品牌建设、文旅融合发展等情况,推动有关部门做大做强做精做优特色产业,擦亮翼城的金字招牌;对9座水库维修养护及河道突出问题排查整治情况,农机新技术、新机具推广,高标准农田建设项目进行了专项督查,为持续夯实"三农"基础,促进农业农村现代化贡献了人大力量。

跟进监督,切实维护社会大局和谐稳定。严格落实经济社会重点领域安全稳定风险排查化解工作机制,主任会议成员深入包联乡镇、企业,检查安全生产、防汛救灾等工作,领队督导抓党建促基层治理能力提升、省级文明县城创建等工作,全力以赴防风险、护安全、保稳定。常委会连续三年听取审议全县安全生产工作报告,深入贯彻习近平总书记关于保障粮食安全的系列重要讲话精神,实地调研全县粮油储备、轮换等情况,督促有关部门进一步加强规范管理,坚决守牢粮食储备安全底线。开展了《中华人民共和国社区矫正法》《信访工作条例》执法调研,督查全县16件重点信访积案化解工作,配合全国人大民族委员会开展了民族工作调研,2022年接待群众来信来访70件(次),全部及时交办、转办、督办,聚各方之力提升社会治理效能。

三、坚持把人民利益至上铭记于心,在增进民生福祉中践行人大使命

常委会始终聚焦人民对美好生活的向往,把群众的"表情包"作为工作的"风向标",监督各部门变"民生账单"为"幸福清单",让监督成果更好地惠及民生。

助力疫情防控,守护人民健康。开展常态化疫情防控工作调研,听取审议县政府疫情防控工作专项报告,按照县委统一部署,主任会议成员深入包联乡镇、学校督导疫情防控工作,科学统筹、精准调度。组织动员全县700余名各级人大代表积极捐资捐物、逆行出征,在各自岗位上自觉扛起责任,共同守护好翼城人民的岁月静好与平安健康。

回应群众期盼,增进民生福祉。依托代表联络站(点)向全社会公开征集监督议题,广纳民意、广聚民智,紧扣各部门"向人民交账"承诺的事项,确定了15项年度监督重点,增强了监督的针对性和实效性;围绕人民群众对优质教育、医疗、旅游、养老等资源的期盼,组织代表对“双减”政策落实、翼城中学扩建、县医院迁建、乡镇卫生院业务用房改造、文旅融合、农村日间照料中心运行等工作进行视察调研,配合市人大开展未成年人保护、红色文化保护与传承调研,最大限度推动幼有善育、学有优教、病有良医、老有颐养,最大限度提升群众幸福指数。

提升生活品质,厚植幸福底色。紧盯人民群众对优美生态环境的期望,听取审议环境状况和环境保护目标完成情况报告,对河道治理、砂厂专项治理、荒山造林工程和通道绿化、养殖场标准化提升等工作进行专项督查,开展了《中华人民共和国森林防火条例》《山西省人大常委会关于禁止野外用火的决定》等执法检查,督促相关部门精准施策、科学治污,努力让翼城的天更蓝、水更绿、空气更清新。紧盯人民群众对宜居宜业美好家园的期望,对县城道路改造、东寿城下穿铁路框构桥等工程进行视察,推动城市功能更加完善、城市品位持续提升。

四、坚持把推进法治建设融入全局,在守护公平正义中展现人大作为

常委会坚持以习近平法治思想为指引,聚焦关键领域强化监督,捍卫法治权威,努力筑牢推动县域治理现代化的法治根基。

大力弘扬法治精神。深入开展宪法宣传月活动,在南唐乡东下坪村打造宪法文化广场,让文本上的宪法“活起来”,让群众在潜移默化中接受法治文化熏陶,增强宪法意识。听取审议“七五”普法决议贯彻落实专项报告,作出“八五”普法决议,严格执行宪法宣誓制度,推动“关键少数”弘扬宪法精神,树牢法治观念,做尊法学法守法用法的表率。

全力营造法治环境。持续开展“三账”监督,加强干部任后监督,有效推动各部门强化使命担当,依法依规行政。专题审议县法院创优法治化营商环境、服务翼城全方位高质量发展情况和县检察院未成年人检察工作报告,规范司法权力运行,为高质量发展提供有力司法服务保障。组织代表旁听法院案件庭审、参加检察开放日和相关听证70余人(次),进一步推动提升司法公信力,更好维护社会公平正义。

持续深化法律监督。开展了《中华人民共和国动物防疫法》等4部法律法规执法检查,配合省市人大对《中华人民共和国就业促进法》《山西省优化营商环境条例》等6部法律法规进行执法检查,推动法律法规在我县有效贯彻实施;完成了《中华人民共和国黄河保护法(草案)》《山西省湿地保护条例(草案)》等11部条例草案的立法征求意见,进一步协助上级人大科学立法、民主立法,以良法善治护航美好生活。

五、坚持把人民当家做主贯穿始终,在发挥代表作用中彰显制度优势

常委会持续深化拓展代表工作,不断密切人大代表与群众的联系,更好地汇聚人民智慧,回应人民期待,以生动实践丰富全过程人民民主的时代内涵。

强化服务“硬保障”。采取业务培训与政治学习相结合、线上与线下相结合等多种方式,累计培训各级代表500余人次。出台了人大代表“三联”工作实施办法,通过调研、视察、走访、进站参加活动等形式加强与代表的联系。深入落实中央和省委、市委、县委人大工作会议精神,首次为县人大代表按每人每月200元、乡人大代表每人每月100元的标准发放交通通信补助,邀请县人大代表列席常委会会议、参加执法检查和视察调研、评议询问等活动160余人(次),多渠道保障了代表依法履职。在县委鼎力支持下,北关小学教师李慧同志当选为十四届全国人大代表,这是继1954年全国劳模吴春安当选第一届全国人大代表以来,近70年来我县再次有人当选全国人大代表,这不仅是李慧同志本人的荣耀,更是26万翼城人民的荣光。

架好党群"连心桥"。在代表联络站(点)全覆盖的基础上,开展星级代表联络站(点)建设,进一步提档升级。在南唐乡东下坪村探索建立全过程人民民主"示范点",着力打造密切联系群众的连心桥、促进基层治理的微单元,让群众切身感受到全过程人民民主就在身边。下发了《关于县级领导及县直下派代表深入人大代表联络站(点)常态化开展活动办法的通知》,进一步明确领导干部中的人大代表要带头进站(点)参加活动,每年不低于2次。以人大代表联络站(点)为依托,开展政策宣讲"面对面",田间问需"零距离"。一年来,组织代表进站活动2800余人(次),接待群众600余人(次),收集社情民意500余条,深入宣传党的二十大精神、中央人大工作会议精神等20余场(次),党的路线方针政策、宪法法律更加深入人心,人民代表大会制度优势进一步彰显。

畅通民意"直通车"。严把交办关、督办关、答复关,推动代表建议办理由"答复型"向"落实型"转变。十七届人大二次会议收到的120件意见建议全部办理完毕。针对推进翼城工业经济振兴崛起、加快产业转型方面的建议,督促有关部门高位推动、专班攻坚、跟踪服务,"三箭齐发"项目取得重要进展和阶段性成效,八个现代农业园区规划建设全面推进;针对推动社会民生事业发展和解决群众急难愁盼问题的建议,督促各承办单位用心用情,持续发力,县城老城建设和新城片区开发统筹推进,城市更新步伐不断加快;教育投入力度持续加大,学校布局进一步优化;区域养老服务中心、农村老年人日间照料中心、公共浴室建设、规范县城停车管理、农村供水保障、水毁公路和危桥重建修复等一批涉及民生福祉的工作有力推动,实现了问题解决率和群众满意率"双提升"。

六、坚持把增强履职效能作为重要抓手,在强化自身建设中提升人大形象

常委会认真落实"四个机关"定位要求,全面加强自身建设,打造过硬队伍,提升履职水平,推动人大工作提质增效。

持之以恒强化政治建设。始终把政治纪律和政治规矩挺在前面,以政治建设为引领,认真落实"第一议题"制度,常态化开展政治理论学习研讨交流,举办了5期常委会专题培训、12期主题党日活动、14期"法治讲堂"、2次实地红色教育,不断提高常委会组成人员、机关干部的政治判断力、政治领悟力、政治执行力,着力打造一支政治坚定、服务人民、尊崇法治、发扬民主、勤勉尽责的人大工作队伍。

持之以恒强化组织建设。加强人大常委会党组、机关党支部建设,充分发挥党组把方向、管大局、保落实的重要作用,切实履行全面从严治党主体责任,定期研究党建、党风廉政建设、意识形态等工作,经常性开展党风廉政警示教育,严格执行民主集中制、"三会一课"和党员领导干部双重组织生活制度,不断增强组织功能,持续涵养风清气正、干事创业的良好政治生态。

持之以恒强化制度建设。修订完善常委会组成人员守则、议事规则等制度措施21项,推动会议召开、选举任免、审议表决等程序更加规范严谨、务实高效。加强专门委员会建设,组织开展视察调研,积极提出意见建议,职能作用得到进一步发挥。持续打造人大工作特色品牌,在《人民代表报》《山西人大》等刊物发表文章30多篇,讲好翼城人大故事、代表故事,2022年被《山西代表报》授予新闻宣传先进单位特等奖。

各位代表!县人大常委会取得的成绩,是县委高度重视、坚强领导的结果,是全体代表积极履职、勤勉工作的结果,是"一府一委两院"、各工作部门、乡镇人大密切配合、通力协作的结果，是全县人民充分信任、大力支持的结果。在此，我代表县人大常委会表示衷心的感谢！

我们也清醒地认识到，与新时代新任务新要求相比，与广大人民群众和代表的新期待相比，常委会的工作还存在一些薄弱环节，主要是：监督工作的刚性和实效还有待增强；全过程人民民主的翼城实践还需进一步探索；代表履职的载体和方式还需进一步拓展，代表意见建议的提出、办理质量还有待提高；代表联络站(点)规范化、常态化运行还需进一步推进等等。针对这些问题，我们将虚心听取各位代表和社会各方面的意见，切实加以改进，不断提升人大整体工作水平。

2023 年的工作安排

2023 年是全面贯彻落实党的二十大精神的开局之年，是实施“十四五”规划承上启下的关键之年。做好今年人大工作的总体要求是：坚持以习近平新时代中国特色社会主义思想为指导，在县委的坚强领导下，全面贯彻党的二十大精神，深入学习贯彻习近平法治思想和习近平总书记关于坚持和完善人民代表大会制度的重要思想，全面落实中央和省委、市委、县委人大工作会议精神，坚持党的领导、人民当家做主、依法治国有机统一，紧紧围绕全县发展大局，聚焦“四大振兴”战略、“六大提升”行动，正确履行法定职责，深入践行全过程人民民主，加强和改进新时代人大工作，坚决扛起以法治方式服务高质量发展全面提质提速的责任担当，为奋力谱写全面建设社会主义现代化国家翼城篇章贡献人大力量。

一、以更高站位谋划人大工作，在坚持党的全面领导上坚定有力。把全面学习宣传贯彻落实党的二十大精神作为首要政治任务，与习近平总书记在全国两会期间的重要讲话和全国两会精神结合起来，深刻领悟“两个确立”的决定性意义，坚决做到“两个维护”。把坚持党的全面领导这一最高政治原则贯穿人大工作各方面全过程，做到一切重要工作、重要事项都在党的领导下进行，使党的主张通过法定程序成为全县人民的共同意志和行动，保证党的路线方针政策和决策部署得到全面贯彻和有效执行。

二、以更丰富实践发展全过程人民民主，在保障人民当家做主上凝心聚力。深刻把握“保障人民当家做主”的职责使命，完善发展全过程人民民主机制，不断扩大人民有序政治参与，保证人民依法享有知情权、参与权、表达权、监督权。积极探索全过程人民民主的实现形式，通过调查研究、座谈咨询、论证听证、公开征求意见等方式最大限度地反映民情、吸纳民意、汇聚民智。完善民主民意表达平台，将代表联络站(点)建成制度宣传站、民意反馈窗、群众连心桥，发挥基层立法联系点、全过程人民民主实践点作用，不断丰富践行全过程人民民主的翼城实践。

三、以更强担当提升监督质效，在服务高质量发展全面提质提速上精准发力。牢牢把握团结奋斗的时代要求，围绕全县大局，把各部门“向人民交账”承诺践诺作为“三账”监督的重点，全过程参与，寓支持于监督之中，汇聚起推动高质量发展全面提质提速的强大合力。紧扣发展第一要务，密切关注经济大盘，紧盯稳投资、促消费各个关键环节，加强计划、预决算和审计、国有资产监督，持续关注重点项目推进、招商引资、市场主体培育、数字经济发展、乡村振兴、安全生产等工作。围绕推动打造“三无”“三可”营商环境开展专项监督，持续创优营商环境，激发市场活力和社会创造力，促进经济发展回升回暖。紧扣人民群众所思所盼所愿，聚焦就业政策落实、医疗卫生一体化改革、食品药品安全、翼城中学改扩建、粮食安全、农业生产托管、环境保护、靓城提质、养老服务、社会救助兜底保障等工作跟踪监督,扎实推动省、市、县“12+6+5”民生实事项目落地落实,努力让人民群众的获得感、幸福感、安全感更加充实、更有保障、更可持续。紧扣维护和促进社会公平正义,听取审议法院、检察院、公安局专项工作报告,围绕员额法官、检察官履职情况开展调研,扎实开展规范性文件备案审查工作,规范开展执法检查和跟踪监督,持续深化人大代表旁听法院案件庭审、参加检察开放日活动,不断夯实法治翼城建设的根基。

四、以更优服务保障代表依法履职,在充分发挥代表作用上提效加力。加强代表学习培训,加大“三联”联系力度,拓展邀请代表列席常委会会议、参加视察调研、执法检查的广度深度。巩固代表联络站(点)建设成果,推动全过程人民民主基层示范点建设,真正把代表活动阵地建成联系服务群众的窗口、基层社会治理的平台。持续提升议案建议办理质效,积极推动成果转化,真正让代表满意、群众受益。县人大常委会将组织对代表意见建议办理情况进行专项督查,办理结果将在今日翼城、翼城新闻等媒体上公开通报,接受社会全面监督,进一步保障代表权利,推动问题解决。

五、以更高标准打造“四个机关”,在全面提升人大工作质效上持续用力。认真履行全面从严治党主体责任,坚持用习近平新时代中国特色社会主义思想凝心铸魂,筑牢思想政治根基。健全组织制度、工作程序、议事规则和机关各项服务保障机制,不断探索依法履职新路径,丰富人民代表大会制度的实践特色、时代特色。认真落实党中央《关于在全党大兴调查研究的工作方案》要求,深入开展调查研究,问需于民,问计于民,更好地回应群众期待。加强县乡人大协调联动,形成强大工作合力,打造更有亮点、更富成效的履职品牌。全面加强人大理论研究和宣传工作,讲好人大故事,展示代表风采,推动人民代表大会制度深入人心。

各位代表,同志们!新时代赋予新使命,新征程呼唤新作为。让我们更加紧密地团结在以习近平同志为核心的党中央周围,在县委的坚强领导下,大力弘扬“崇德、自信、创新、争先”的新时代翼城精神,担当尽责、真抓实干,勠力同心、勇毅前行,为推动高质量发展全面提质提速、奋力谱写全面建设社会主义现代化国家翼城篇章贡献人大力量!

中国人民政治协商会议第十五届翼城县委员会常务委员会工作报告

——2023年3月25日在政协第十五届翼城县委员会第三次会议上

翼城县政协主席　董　玲

2022年工作回顾

2022年是翼城经济社会发展史上极不平凡的一年。一年来,在中共翼城县委的坚强领导下,县政协及其常委会坚持以习近平新时代中国特色社会主义思想为指导,全面学习贯彻党的二十大精神,深入贯彻习近平总书记关于全面发展协商民主的重要思想,围绕县委大局,对标工作职责,集思广益助发展,倾情履职惠民生,凝心聚力促和谐,全力发挥思想引领、建言献策、汇聚力量、凝聚共识作用,推动形成了强政治、带队伍、促履职、增团结的良好局面,为全方位推动翼城高质量发展作出了积极贡献。

一、始终坚持党的领导这一政治核心,用忠诚锚定政协航向

县政协常委会始终以党的理论武装头脑、引领事业、推动工作,着力打造具有共同思想基础、共同目标追求的政治共同体。突出政治引领。坚决贯彻执行县委的决策部署,做到无缝对接、合拍共振。全年向县委请示报告召开政协全会、常委会工作要点、年度协商计划、举办委员培训班等重大事项12次,传达学习县委重要会议精神15次。深化理论学习。坚持把贯彻落实习近平新时代中国特色社会主义思想和党的二十大精神作为首要政治任务,建立"思想引领、学习在先"机制,全年组织理论学习24次,专题学习党的二十大精神、习近平总书记考察调研山西重要讲话重要指示精神、习近平总书记关于人民政协理论的重要讲话精神,以及省委、市委、县委等会议精神,在政治上思想上行动上始终与党中央、省委、市委、县委保持高度一致。健全工作机制。修订完善县政协党组《中心组学习制度》《议事规则》《党组成员联系党员委员、党员委员联系党外委员制度》,制定《县政协委员履职补助发放办法(试行)》《乡镇政协工作联络组考核办法》等,促进了政协各项工作提质增效。

二、紧扣服务大局发展这一中心要务,用实绩彰显政协优势

县政协常委会把"向人民交账"承诺践诺活动作为履职主线,组织开展调研协商,为经济社会发展建睿智之言,献务实之策。围绕"向人民交账"承诺践诺活动履行职能。坚持把人民群众是否满意作为评判政协工作的根本标准,以"实体经济振兴战略,实施青年创新创业'个十百千万'工程""实施工业振兴战略,推进'三箭齐发'重大项目建设""营商环境优化提升,构建亲清新型政商关系"为课题组织协商3次,形成专题议政报告,呈送县委、县政府决策参考;以发展壮大村级集体经济、金融入企服务、乡村振兴示范创建等重点课题视察调研23次,形成建议报告16篇,提出意见建议120余条,以实际协商成果助力重点工作推进,重点项目落实;主席班子成员经常性对接各联系单位、部门,组织驻组委员进行民主问政、监督议政调研,帮助委员知情明政,凝聚共识,推动"向人民交账"承诺践诺活动具体体现在现实问题上来。全体政协委员以小组为单位,开展集中学习50次,人均参与调研活动3次,撰写高质量学习体会或意见建议300余篇,实现了活动在政协组织走深走实,为征集年度议政发言材料注入了新的动力,全年征集委员高质量议政发言材料49份,汇编成册报送县委、县政府决策参考。围绕全县疫情防控展现新时代政协担当。严格执行县委关于疫情防控工作的各项决策,闻令而动,听令而行,先后下发《致全县政协委员及政协工作者的倡议书》《致全县政协委员的一封信》《关于开展"人人参与,人人建言"助力疫情防控活动的通知》等,引领广大政协委员和政协机关工作人员,积极行动,主动作为。主席班子带队,与全体政协委员,参与防控志愿服务行动,政协志愿红为卡点增添了一道靓丽风景,展现"为防控出力、为党政分忧、为人民服务"的政协人新担当、新风采、新形象。全体委员累计捐赠医疗防护用品、值守生活物品、食品等防疫物资49.6万元,委员参与疫情防控事迹被《山西政协报》等新闻媒体进行报道。

三、把准专门协商机构这一职能定位,用协商践行政协民主

县政协常委会始终牢记人民政协初心使命,聚焦民生关切,助力县委、县政府破解民生难题、增进人民福祉。提案质量稳步提升。政协十五届二次会议以来，共征集委员提案337件，经审查、并案后最终立案143件，全部移交部门单位办理。所有提案均得到承办单位回复，答复率100%，委员满意率98%以上。信息工作位居前列。2022年共报送社情民意信息稿件338篇，其中市政协采用79篇、省政协采用11篇；副主席张新民、常委李洋撰写的《防范黄土湿陷性地质灾害的建议》，委员岳云、王瑞娜撰写的《分级分类强化网络平台内容监管问题及对策建议》被全国政协采用。实现全县近五年全国政协单篇采用信息零的突破，信息工作稳居全市第一方阵，被市政协授予"2022年度反映社情民意信息工作先进单位"。民主评议监督有力。对南唐乡、桥上镇、住房和城乡建设管理局、农业农村局、教育科技局、文化和旅游局、税务局等乡镇、部门开展民主评议。通过看现场、听汇报、查资料、召开座谈会、民主测评等，提出意见建议36条，达到了评议单位改进作风、推进工作的效果。

四、突出大团结大联合这一永恒主题，用共识筑牢政协同心

县政协常委会始终把凝聚共识作为中心环节，不断增进团结奋进的向心力，不断汇聚高质量发展的正能量。文史宣传实效明显。编撰出版《晋源探微》《诚正斋文集》点校本、《百年风华梦正圆》，创作拍摄《翼城县政协之歌——大家园》。主办的《翼城政协》栏目，全年开播13期，对52名优秀政协委员事迹进行宣传。创办《翼城政协》公众号、视频号，面向社会公开政协工作动态，有力扩大了政协履职的知晓面和影响力。交流联系更加密切。全年迎接省、市政协和兄弟县(市)政协等在我县开展视察调研活动8次，相互学习交流工作经验，提升了政协工作整体水平。乡镇协商得到加强。在全县9个乡镇建立乡镇政协联络组协商议事室、委员活动室、社情民意收集点"三位一体"平台，组织委员深入群众，实地调研，着力化解一批群众难点热点问题，成为党委政府的"好帮手"、委员履职的"新平台"、人民群众的"连心桥"。

五、对标加强自身建设这一时代要求，用创新激发政协活力

县政协常委会扎实推进"三创三争"活动，政协组织作风建设和效能建设得到巩固和加强。围绕县委中心工作，提升委员素质，搭建委员活动平台，完善协商制度，加强全县各乡镇、各部门、各单位、各委员学习小组的联系，注重互通交流，加强信息通报，为政协工作创造条件，畅通渠道。健全完善了委员活动成效评价体系，做实了委员履职情况统计、考核和通报工作。各专委会积极拓宽同界别委员的联系、知情、议政渠道，探索建立界别活动微调研的新载体、新平台，提升了"一委一品"工作质量，促进了界别活动更活跃、更规范、更有效。政协机关在活动体系和载体形式上改进工作，发挥委员学习小组作用，为委员履职创造条件，把敢担当、善作为体现在机关建设的各方面、全过程。各委员学习小组围绕《关于开展"三创三争"活动的实施意见》，规范活动流程，强化服务理念，夯实创建基础，对参加视察调研、协商议政的委员提出具体要求，突出委员履职过程中的成果转化和运用，在服务社会民生、优化营商环境、助力乡村振兴方面，树立了良好的社会形象。第一小组、第二小组、第七小组赴翼城六中、隆化幼儿园、辛安中心校开展教育慰问调研活动，为乡村孩子送去了5000元的学习用品，捐赠了图书300余册；第三小组慰问消防救援大队，送去了3万元的慰问物资；第四小组、第九小组深入委员所在企业和县重点工程项目进行慰问和调研；第六小组、第八小组赴委员所办企业、所在部门进行深度调研，推动协商活动向一线拓展；第五小组、第十小组深入中卫乡、西阎镇就土地托管、"翼城优品"品牌建设实地调研，助力破解乡村振兴难题。广大委员珍惜委员荣誉，发挥委员作用，在我县疫情防控、复工复产、“向人民交账”承诺践诺活动中，第一时间对标县委号召，响应政协倡议，在保障供应、稳产稳岗、纾解情绪等方面，做出了很多行之有效的工作，体现了新时代政协委员为国履职、为民尽责的使命担当。委员杨文跃资助437名学生学费295万元，委员苗文娟为桥上镇西坡村修建高标准水泥路资助70万元，委员上官继德为12名大学生捐助1.5万元，委员李志刚捐助医疗物资5万元，高标准交出了“委员作业”，为政协事业增添了新的光彩。

各位委员，过去一年县政协工作成绩的取得，是中共翼城县委坚强领导的结果，是县人大、县政府关心支持的结果，是各乡镇、各部门和社会各界鼎力相助的结果，是县政协各参加单位、政协委员及政协工作者共同努力的结果。特别是县委、县政府班子敢于担当，勇于负责，善于作为，为我们树立了榜样，作出了表率，增添了动力，极大激发了广大政协委员和政协工作者的热情。在此，我代表县政协十五届常委会，表示崇高的敬意和衷心的感谢！

同时，我们也清醒认识到，政协工作还存在许多短板与不足：协商议政实效有待进一步提升，民主监督力度有待进一步加大，委员联系界别群众机制有待进一步深化，智慧政协打造和书香政协建设有待进一步强化。这些与我县高质量发展的任务相比还有一定差距。县政协常委会将以习近平新时代中国特色社会主义思想为指引，在县委的坚强领导下，认真履职，积极作为，扎实推动政协各项工作不断创新发展。

2023年工作建议

2023年是我县全面落实党的二十大精神的开局之年。县政协工作的总体要求是：以习近平新时代中国特色社会主义思想为指导，深入学习贯彻党的二十大精神、习近平总书记考察调研山西重要讲话重要指示精神和习近平总书记关于加强和改进人民政协工作的重要思想，全面贯彻落实中央和省委、市委、县委经济工作会议精神，深刻领悟“两个确立”的决定性意义，切实增强“四个意识”、坚定“四个自信”、做到“两个维护”，紧紧围绕县委确定的“四大振兴”战略和“六大提升”行动，坚持党的领导、统一战线、协商民主有机结合，推动发扬民主和增进团结相互贯通、建言资政和凝聚共识双向发力，深入践行全过程人民民主，为奋力推动翼城高质量发展全面提质提速贡献更多的政协智慧和力量。

一、发挥三个阵地作用，在学习贯彻党的二十大精神上久久为功

把深入学习宣传党的二十大精神作为第一政治任务，坚决扛起落实下去、凝聚起来的政治责任。筑牢党对各项工作领导的阵地。要把党的二十大精神，与持续跟进学习习近平总书记系列重要讲话精神结合起来，与学习习近平总书记关于加强和改进人民政协工作的重要思想结合起来，持续推进意识形态阵地建设，深刻领悟“两个确立”的决定性意义，坚决做到“两个维护”，始终在思想上政治上行动上同党中央保持高度一致。巩固用党的理论武装思想的阵地。扎实开展学习贯彻习近平新时代中国特色社会主义思想主题教育，加强人民政协理论创新和实践探索，深刻理解人民政协的初心使命，对标对表，学思践悟，推动政协工作提质增效。提升“书香政协”建设能力，办好委员讲堂、专题培训，开展红色主题教育，团结引领广大委员树立正确的历史观和大局观，坚定不移听党话，跟党走。把准专门协商机构精准定位的阵地。全面贯彻落实县委经济工作会议精神，突出重点，明确要求，把委员的智慧和力量汇聚到谋发展上来，把干劲和力量汇聚到抓落实上来，确保县委决策部署不折不扣落实。

二、坚持三个聚焦导向，在服务翼城高质量发展上善谋善成

落实党中央《关于在全党大兴调查研究的工作方案》要求，紧扣省委、市委、县委“12 + N”重大课题调研，主动领题，压实责任，深入开展协商议政建言。持续把“向人民交账”承诺践诺活动，作为创新开展政协工作的根本标准和履职目标，做到县委工作部署到哪里，政协工作就落实到哪里，人民群众的需求在哪里，履行职责就跟进到哪里。政治协商要向大事要事聚焦。围绕“两个转型”，助力我县工业振兴和实体经济振兴，重点就产业集聚区建设、“三箭齐发”工业新格局、一区三园建设等方面，跟踪调研先进理念、经验、创举，挖掘有借鉴意义的高招、实招、硬招，深入集思广益，开展专题议政，为县委决策提供参考。建言献策要向难点热点聚焦。围绕项目建设、招商引资、营商环境，发挥政协智库作用，就补齐重点领域、关键环节短板，提出可行性意见，探索形成可复制、可推广的“翼城经验”；围绕重点领域改革、市场主体培育、人才创新引领，宣传翼城产业后发优势，对接实体经济需要，助力更多高层次人才和紧缺人才汇聚翼城。民主监督要向民生民愿聚焦。围绕农业产业、脱贫攻坚、乡村建设开展跟进性监督视察，促进相关重点工程、项目的落实；围绕市政建设、生态保护、文旅融合，开展调查研究，加强协商监督，促进社会治理及相关工作不断在进取中破题，在转型中奋进；围绕教育、医疗、就业、养老等民生领域，进行协商式议政，提出针对性强的建议，助推县委、县政府相关决策部署落地见效。

三、拓展三个平台空间，在发挥政协统战组织功能上汇聚磅礴力量

牢牢把握团结奋斗的时代要求，担负起凝心聚力的历史使命，把更多的人凝聚在党的周围。巩固团结合作的平台。积极加强与党外人士、非公有制经济人士、新的社会阶层人士的联系沟通，扩大团结联谊范围，引导政协委员、社会各阶层人士统一思想，形成共识。夯实凝聚共识的平台。推进委员团结联系界别群众工作，谋划上超前参与，落实上全力助推，围绕县委中心转，按照政协职能干，着力在协商中推进，在团结中破题，在合作中完善，力争形成高水平、高质量成果。丰富学习宣传的平台。深入挖掘翼城文脉，编撰历史文化、杰出人物、委员风采等书刊。组织开展委员读书、学习培训等活动，深化“书香政协”建设，拓宽“委员之家”功能。办好《翼城政协》专栏、“翼城政协”公众号，支持委员“走出去、请进来”，讲好翼城故事、政协故事。

四、紧扣三个环节要求，在践行人民政协为人民的宗旨上笃行不怠

着力在实现全链条、全方位、全覆盖的全过程人民民主中发挥作用，彰显优势。紧扣全链条要求建立健全重大决策、重大部署协商沟通机制，主动对接各乡镇、各部门工作，加强委员与各乡镇、各部门的沟通联系，提高委员参政知晓率。针对性地在“成果转化”上下功夫，抓住政府所能、民生所需、群众所盼的关键性问题，在调研课题上求准，调查过程中求实，报告起草时求精，着力形成有新意、有见解、有深度的专题调研报告。紧扣全覆盖要求履行好、运用好“民主监督”这一职能，采取常规评议与常规监督相结合的形式，提高工作的含金量，重点在2023年“五部门两乡镇”评议中，按照“评得准、议得好、见实效”的要求，突出评议效果的导向性和前瞻性，督促各涉及单位整改问题，改进作风，促进工作。同时，围绕县委重视、人民群众关注的“持续优化营商环境”“深入扶持青年创新创业”等方面重点工作，对各涉及单位、联系部门进行巡回式调研、常态化监督、跟进式监督,进一步深化“向人民交账”承诺践诺活动成果,深入推动民主监督工作在实践中深化、在创新中发展。紧扣全方位要求把民之关切作为行之所向,提高提案办理质效和反映社情民意的采用率,使政协提案、社情民意反映体现人民至上的实践指向、诠释履职为民的价值追求。发挥好委员活动室、协商议事室、社情民意联系点“三位一体”作用,强化民意舆情汇集表达功能,把群众反映的“问题清单”转化为“履职清单”。

五、夯实三个履职基础,在提高政协职责质效的建设上守正创新

持续深化“三创三争”活动,促进政协履职更加适应新时代新形势新要求。能力变革强履职。完善履职考核,提升履职本领,引导政协工作从“能做作业”向“做好作业”转变。专委会要拓宽同界别委员的联系、知情、议政渠道,探索建立活动新载体、新平台,提升“一委一品”质量。智慧变革求突破。启动“智慧政协”平台建设,推动数字赋能,创新履职方式,强化政协工作的开放度、融合度、活跃度。启动《委员课堂》内刊创办工作,帮助委员吃透上级精神,畅通建言渠道,提出高质量的建议,汇编成册,送呈县四大班子领导参考,发放各乡镇、单位负责人阅览以及全体委员学习交流。作风变革提效能。提升市级文明单位巩固工作,在体系和形式上改进政协工作,把敢担当、善作为体现在机关建设的各方面、全过程。各委员学习小组要丰富委员活动,推动履职成果运用。全体委员要发挥好委员界别作用,积极开展文化惠民、助残帮困、医疗义诊、法律咨询等活动,架好联系群众“连心桥”,办好服务群众“暖心事”,当好界别群众“贴心人”。

大 事 记

1月

5 日 中国共产党翼城县第十四届委员会第四次全体会议召开，表决通过全省出席党的二十大代表候选人推荐人选名单。

是日 县委书记黄晓君主持召开 2022 年第一次县委常委会会议，研究党政领导班子 2021 年度工作总结以及书记和县长个人述职报告；听取关于全省出席党的二十大代表推荐提名情况汇报，研究提交县委全委会审议、表决的人选建议名单；讨论新时代翼城精神；听取县人大、政府、政协、法院、检察院 5 个党组 2021 年度工作汇报；听取市人大代表、政协委员推荐情况汇报。

6 日 翼城县举办青年创新创业示范基地揭牌仪式。县委书记黄晓君，县委副书记、县长刘锋，团市委书记范帆等领导参加揭牌仪式。县委副书记解湧致辞，县委副书记张文青主持仪式。

10 日 翼城县召开安全生产领域风险隐患大排查大整治“百日攻坚”集中行动推进会暨 1 月份安全生产例会，深入贯彻落实省、市安全生产工作会议精神，安排当前和今后一段时期安全生产工作。县委书记黄晓君出席会议并讲话。

11 日 临汾市统计局二级巡视员赵靖平带领市 2021 年度目标责任考核组先后到潞公街、里砦镇、翼城县青年创新创业示范基地、华翔集团翼城新材料科技园有限公司等地进行实地查看，对翼城县 2021 年度目标责任完成情况给予充分肯定。

12 日 翼城县召开党史学习教育总结会议，全面总结翼城县党史学习教育工作，对巩固拓展党史学习教育成果进行安排。县委书记黄晓君、市委党史学习教育第七巡回指导组组长张明星出席会议并讲话。

是日 2021 年度乡镇党委书记、直属工委书记抓基层党建工作述职评议会召开。县委书记黄晓君主持。

13 日 县委常委召开（扩大）会议，传达学习习近平总书记在省部级主要领导干部学习贯彻党的十九届六中全会精神专题研讨班开班式上的重要讲话精神、中央政治局专题民主生活会和省委常委班子专题民主生活会精神；传达学习市委五届二次全会暨经济工作会议精神；研究讨论县委全会暨经济工作会议相关事项，听取会议筹备情况汇报；传达《市委第二巡察组关于对我县粮食购销系统机动式巡察的反馈意见》，部署当前重点工作。

是日 县委常委会召开会议，研究讨论《县委全会工作规则》和《县委常委会工作报告》，传达省委巡视办关于对翼城县开展巡视整改专项检查情况的反馈意见。县委书记黄晓君主持，县委副书记、县长刘锋出席会议。

14 日 中国共产党翼城县第十四届委员会第五次全体会议暨县委经济工作会议举行。出席这次全会的有县委委员 36 人、候补县委委员 7 人。

是日　市委常委、常务副市长王渊到翼城县检查安全生产工作。

18 日　县委书记黄晓君到隆化镇就疫情防控、因灾受损农房重建修缮和巩固拓展脱贫攻坚成果评估工作进行调研,慰问一线工作人员和监测户群众。

19 日　县委机构编制委员会 2022 年第一次会议召开,县委书记黄晓君主持,听取 2021 年返乡教师情况、加强应急综合行政执法力量情况、原自来水公司人员遗留问题、2021 年机构编制工作等情况汇报,部署 2022 年机构编制重点工作。

是日　县委副书记、县长刘锋主持召开县政府党组会议,学习习近平总书记在中央政治局党史学习教育专题民主生活会上的重要讲话和中央、省、市党史学习教育总结会议精神。

是日　县委副书记、县长刘锋主持召开县政府第 11 次常务会议,审议《政府工作报告(征求意见稿)》《翼城县 2021 年国民经济和社会发展计划执行情况与 2022 年国民经济和社会发展计划(草案)的报告》《2021 年财政预算执行情况与 2022 年财政预算(草案)的报告》,研究《翼城县 2021 年农业生产托管服务试点项目实施方案》。

20 日　县委常委班子召开党史学习教育专题民主生活会,深入学习贯彻习近平新时代中国特色社会主义思想和党的十九届六中全会精神,开展批评与自我批评。

24 日至 26 日　中国人民政治协商会议第十五届翼城县委员会第二次会议召开。

25 日至 27 日　翼城县第十七届人民代表大会第二次会议召开。县委书记黄晓君在闭幕会上作重要讲话,县委副书记、县长刘锋作《政府工作报告》,县人大常委会主任李放明作《人大工作报告》,大会选举产生出席临汾市第五届人民代表大会代表,选举赵大志、王大梁为县十七届人大常委会委员。

是月　翼城县融媒体中心获"全国普法工作先进单位"称号。

2 月

8 日　县委副书记、县长刘锋到华翔翼城新材料科技园对企业复工复产、环境保护、安全生产等工作进行调研。

9 日　县委书记黄晓君主持召开"迎老乡 回故乡 建家乡"云端推介会,县委副书记、县长刘锋致辞。

是日　翼城县召开社会各界人士代表春节座谈会。县委书记黄晓君作讲话,县委副书记、县长刘锋对翼城县 2021 年经济社会发展情况进行通报。

是日　县委副书记、县长刘锋主持召开重点项目推进会,集中听取晋南钢铁精品基地、闽光焦化转型升级、华翔精密零部件加工等项目推进情况,分析研判当前存在的问题,部署下一步工作。

10 日　县委书记黄晓君主持召开县委常委会(扩大)会议,集中学习习近平总书记在中央政治局第三十六次集体学习时的重要讲话精神;传达学习省委十二届三次全会精神和省委、市委纪委全会精神,研究讨论县纪委十四届二次全会工作报告;研究市委第二巡察组涉粮问题专项巡察整改"三个清单",听取全县农业乡村振兴、安全生产、经济运行工作谋划情况汇报,逐一听取讨论晋南、闽光、华翔重点项目谋划和存在问题解决方案,部署当前重点工作。

是日　全县党管武装工作述职会议召开,会议坚持以习近平新时代中国特色社会主义思想为指导,深入学习贯彻习近平强军思想,总结 2021 年工作,表彰先进单位和个人,部署 2022 年任务,部分乡镇负责人作党管武装工作述职。县委书记、人武部党委第一书记黄晓君出席并讲话。

是日　县委副书记、县长刘锋主持召开县政府抓落实提高执行力专题会议。他强调,要深入学习贯彻全省政府系统抓落实提高执行力推进会议精神,进一步明确县政府系统抓落实的原则要求,完善方法路径,推动上级各项决策部署条条落实、件件落地、事事见效,为全方位推动翼城县高质量发展提供坚强保障。

11 日　中共翼城县纪委十四届二次全体会议召开,县委书记黄晓君出席会议并讲话。强调,要高举习近平新时代中国特色社会主义思想伟大旗帜,深入贯彻习近平总书记在十九届中央纪委六次全会上的重要讲话和中央、省、市纪委全会精神,始终坚持全面从严治党战略方针,推动清廉翼城建设取得更大成果,为全面建设清廉临汾提供翼城经验。

14 日　县委书记黄晓君以“四不两直”方式,在郑庄村信海砖厂和山西万众环境标识有限公司对翼城县安全生产工作进行检查。

是日　翼城县组织举办 2022 年春风行动暨就业援助月专场招聘会,44 家用人企业提供 2700 多个就业岗位,1000 余名求职者参与应聘,其中 557 人与用人单位达成就业意向。

15 日　市委常委、副市长崔元斌到翼城县就入企入园入区服务、项目建设年、首季“开门红”等工作推进情况进行调研。

16 日　翼城县举行新时代文明实践志愿服务队授旗仪式。全县各乡镇、县直各单位、专业救援队伍及社会志愿服务组织共 30 余家志愿服务队伍的代表接受县委、县政府的授旗。

是日　县委书记黄晓君会见华电金泰(北京)投资基金管理有限公司总经理吴波一行,双方就加强新能源开发和利用进行洽谈交流。

17 日　全县 2022 年度安全生产工作会议暨 2 月安全生产工作例会召开。县委书记黄晓君强调,要统一思想、凝聚共识、强化举措,全力推动安全生产工作开好头、起好步,为全年各项工作开展营造安全稳定的环境。

是日　县委书记黄晓君对翼城县城市道路建设工作进行调研。黄晓君一行先后到针织厂路口、泰山路、唐尧南路、潞公东街、新华南路、木坊街、横十街、万慈街、潞公中街、益苑路、八一路和北关步行街等地实地查看,并与相关部门负责人就城市道路建设规划工作进行现场探讨交流。

是日　县委书记黄晓君会见山西龙源新能源有限公司党委书记、董事长杨辉,南京邦农小镇产业发展有限公司董事长兼总裁闫廷华一行,双方就新能源、蓝莓产业项目建设等进行深入洽谈。

是日　县委副书记、县长刘锋主持召开县政府党组会议,传达学习十九届中央纪委六次全会、省纪委十二届二次全会、市纪委五届二次全会和县纪委十四届二次全会精神,安排县政府党组和全县政府系统贯彻落实工作。

是日　县委副书记、县长刘锋主持召开县政府第十二次常务会议,审议《翼城县燃气用户“三强制”+燃气泄漏报警器改造安装实施方案》《翼城县 2021 年度法治政府建设情况报告》《翼城县县属国有企业管理暂行办法(征求意见稿)》,研究关于进一步完善细化全域旅游配套基础设施提升项目初步设计有关事宜,听取 2022 年项目谋划及前期手续办理情况汇报。

18 日　副市长张潞萍到翼城县就农业生产托管、种业振兴、草莓特色产业发展、农村社区养老、“翼城优品”运营等工作进行调研。

20 日　市委常委、常务副市长王渊参加市五届人大一次会议翼城代表团分团会议,与代表们一起审议《政府工作报告》。县委书记黄晓君主持会议。

24 日　县委书记黄晓君主持召开县委常委(扩大)会议,传达学习临汾市“两会”精神,研究讨论《县委理论学习中心组 2022 年理论学习计划》,听取省环保督察组反馈问题整改情况汇报,部署当前重点工作。

25日　县委书记黄晓君对疫情防控工作进行专题调研。她强调,要深入学习习近平总书记考察调研山西重要指示精神,坚决贯彻落实省委、市委、县委关于疫情防控的决策部署,全力保障人民群众生命安全和身体健康,为建设全方位高质量发展强县奠定坚实基础。

是日　翼城县召开中小企业发展暨市场主体倍增座谈会,县委书记黄晓君出席会议并讲话。她强调,要进一步动员各方面力量凝心聚力,干事创业,努力推动市场主体实现大发展、迈上新台阶,为全方位推动高质量发展提供坚强保障。

28日　市委常委、常务副市长王渊到翼城县就安全生产和疫情防控工作进行检查。

是日　县委书记黄晓君对翼城县现代农业、工业复工复产、疫情防控等工作进行调研。

3月

1日　县委书记黄晓君主持召开县委专题会议暨疫情防控工作领导小组会议。县委副书记、县长刘锋作具体安排,副县长聂华传达省、市疫情防控专题会议精神,并对当前重点工作进行安排。

是日　西阎镇开展2022年森林防灭火应急演练活动,通过演练,进一步提高做好全镇林区的防火工作,提升灭火队的组织协调能力、应对突发性林区火灾的应急处置能力及扑救能力。

2日　县委副书记、县长刘锋到王庄镇就水库安全和疫情防控工作进行调研。在小河口水库,刘锋对坝体结构、安全隐患排查措施落实、应急调度等情况进行全面了解。

3日　县委平安建设暨政法工作会议召开。黄晓君出席会议并讲话。

4日　翼城县召开纪念三八国际劳动妇女节112周年暨全县妇女工作会议,表彰翼城县经济社会发展中涌现出来的先进集体和个人,营造全县妇女学习先进、争当先进、赶超先进的浓厚氛围。县委书记黄晓君出席会议并讲话。

7日　县委书记黄晓君,县委副书记、县长刘锋对疫情防控工作进行调研。黄晓君、刘锋一行先后到鼎尚时代广场五楼、公交总站、邮政公司、金翼超市、汽车站、高速路口等地,全面了解疫情防控各项措施落实情况。

8日　县委书记黄晓君主持召开县委常委会(扩大)会议,集中学习习近平总书记在中央党校(国家行政学院)中青年干部培训班开班式上的重要讲话精神,习近平总书记关于粮食安全工作的重要讲话、重要指示批示精神和中共中央办公厅、国务院办公厅关于印发《地方党委和政府领导班子及其成员粮食安全责任制规定》,传达市委办公室《关于开展2022年"清廉临汾宣传周"活动的通知》《关于更加有效发挥统计监督职能作用的意见》,研究讨论县委《关于全面贯彻落实习近平总书记考察调研山西重要指示精神的实施方案》和2022年全县重点工程项目谋划及列入市重点项目有关情况,听取2022年第一季度经济指标完成情况,对"三箭齐发"重点项目推进进行集中调度。

是日　县委书记黄晓君先后到南唐乡永鑫建筑服务公司、符册村温泉黄瓜园区和下阳村樱桃园区、晓史村开展入企进村服务。

9日　县委书记黄晓君主持召开书记专题会议,听取十四届县委第一轮常规巡察综合情况汇报,对巡察发现的共性问题和问题线索进行分析研判,提出处置意见,研究巡察成果运用,并对下一步工作进行安排。

是日　全县宣传思想工作会议召开,县委书记黄晓君出席会议并讲话。

10日　县委书记黄晓君对省环保督察组反馈问题整改情况进行专项检查。黄晓君先后到里砦晓泽砂厂、志中砂厂和首旺煤业，就相关问题整改落实情况进行实地检查，听取整改工作汇报，并提出具体要求。

11日　中国共产党翼城县第十四届委员会第六次全体会议举行。全会审议通过《中共翼城县委关于全面贯彻落实习近平总书记考察调研山西重要指示精神的实施方案》。

是日　全市2022年项目集中开复工活动以视频会议的形式召开。刘锋等县四大班子领导在翼城县分会场参加。会上，刘锋向市委、市政府汇报翼城县集中开复工情况。

14日　翼城县小麦托管促弱转壮集中喷肥启动仪式在南梁镇东西郑村举行。

是日　副市长张潞萍到翼城县检查疫情防控工作。

15日　市委副书记、市长李云峰在翼城督导疫情防控、开展入企服务，调研项目建设工作。

是日　黄晓君参加全县提升农业生产托管壮大集体经济桥上现场会。

16日　国家矿山安全监察局山西局副局长蔡建军带队到翼城县调研指导非煤矿山安全生产工作，并召开座谈会。黄晓君、杨海林陪同调研。座谈会上，蔡建军听取翼城县非煤矿山安全生产工作情况汇报，并深入华鑫实业有限公司、宏鑫矿业有限公司，实地检查非煤矿山安全生产等工作，分析存在问题，提出整改要求。

25日　全县抓党建促基层治理能力提升动员暨培训会议召开。市人大常委会党组副书记、副主任、市委抓党建促基层治理能力提升第一督导组组长王国平对抓党建促基层治理能力提升工作作政策辅导。

29日　县委乡村振兴暨农村工作会议召开，黄晓君出席会议并讲话。

30日　副市长王云到翼城县调研文旅品牌创建和疫情防控工作。

是日　黄晓君主持召开县委专题会议暨疫情防控工作领导小组会议。

31日　黄晓君在翼城钢铁新材料园区开展入企入园服务。

4月

3日　市委书记闫晨曦在翼城县调研“四不两直”督导检查疫情防控和安全生产工作。市领导郭行杰、王渊，市委办公室、市农业农村局、市应急管理局、市乡村振兴局、市规划和自然资源局负责人，黄晓君等县领导参加调研。

4日　翼城县召开县委专题会议暨县疫情防控工作领导小组会议，黄晓君主持会议并讲话。聂华就当前疫情防控工作进行部署。县疫情防控督察组负责人就督察中存在的问题进行通报。

8日　市委常委、宣传部长、市新冠疫情防控工作领导小组第一副组长闫建国，市人大常委会副主任扈新起到翼城县就疫情防控、安全生产等工作进行调研检查。

是日　十四届翼城县委第二轮巡察工作动员部署会议召开。黄晓君对县委第二轮巡察进行动员部署，市委第八巡察指导督导组组长张艳红出席会议并讲话。

9日　十四届翼城县委第二轮巡察两个巡察组分别进驻4个被巡察单位党组织，全面展开巡察工作。县委巡察工作领导小组成员带队参加被巡察单位党组织巡察进驻动员会议。

10日　黄晓君到南梁镇、中卫乡开展入企进村服务。

12日　翼城县召开“争先、进位、崛起”解放思想大讨论总结交流会。

13日　黄晓君主持召开县委常委会会议，研究讨论《翼城县抓党建促基层治理能力提升专项行动实施方案》《翼城县村党组织书记星级化管理实施细则》《翼城县社区党组织书记星级化管理实施细则》,听取全县抓党建促基层治理能力提升专项行动整体进展情况汇报。

14日　副市长胡晓刚到翼城县产业集聚区,就重点项目建设情况进行调研。

15日　黄晓君主持召开县委理论学习中心组学习会议。传达学习上级有关会议文件精神,围绕贯彻落实习近平总书记考察调研山西重要指示精神开展交流研讨。

是日　黄晓君主持召开县委常委会(扩大)会议。研究讨论新时代文明实践志愿服务、乡贤助力乡村治理、“清廉翼城”建设、县委规划委员会工作规则等相关文件,听取生态环保、安全生产、涉粮巡察整改等重点工作情况汇报。

是日　黄晓君到王庄镇和奥体中心就抓党建促基层治理能力提升、疫情防控、安全生产等工作进行调研。

18日　黄晓君主持召开县委专题会议暨县疫情防控工作领导小组会议,深入贯彻落实省委、市委疫情防控工作会议要求,部署下一步重点任务。

是日　黄晓君对物流快递行业疫情防控工作进行检查。

是日　县委副书记、代县长杨海林主持召开钢铁新材料园区项目推进会,听取有关乡镇、单位和企业关于钢铁新材料园区项目推进情况的汇报和存在的问题,对下一步工作进行部署。副县长石广武参加会议。

19日　翼城县“向人民交账”第一季度汇报会召开,黄晓君出席并讲话。会上,33个承担重点任务的部门主要负责人,9个乡镇的党委书记围绕年初建账目标,重点工作、重点任务完成情况进行汇报。

20日　王国平对翼城县抓党建促基层治理能力提升工作开展情况进行督导。

是日　黄晓君主持召开抓党建促基层治理能力提升专项行动专题会议。

21日　县委规划委员会召开第一次会议,听取市政项目建设相关汇报。

22日　黄晓君到部分市政重点工程进行调研。黄晓君先后来到唐兴镇东寿城村利民路下穿侯月铁路立交桥及引道工程以及万慈街、横十路、木坊街工程现场,听取项目征地拆迁及建设进展情况,并就存在问题进行现场办公。

24日　黄晓君到隆化镇就抓党建促基层治理能力提升专项行动进展情况进行调研。

25日　黄晓君主持召开县委专题会议暨县疫情防控工作领导小组会议,深入贯彻落实省委、市委疫情防控工作会议要求,部署下一阶段重点任务。

是日　全县抓党建促基层治理能力提升专项行动工作调度会议召开。

26日　翼城县举行农业社会化服务青年创新创业基地暨“良种攻关及配套栽培技术研发”博士工作站揭牌仪式,并与山西农业大学小麦研究所签订战略合作协议。

是日　黄晓君就翼城县砂器产业发展情况进行专题调研。

是日　黄晓君主持召开全县高标准农田建设问题排查整改工作部署推进会议。

27日　市委常委、市纪委书记、市监委主任杨红梅在翼城县就清廉建设、纪检监察、安全生产、乡村振兴及优化企业发展环境等工作进行调研。

是日　黄晓君主持召开乡镇执法体制改革工作推进会,听取有关部门、乡镇关于乡镇执法体制改革工作情况汇报,研究解决工作推进过程中存在的问题。白向阳出席会议。

28日　市中级人民法院院长乔杰到翼城县就法院工作进行调研。黄晓君、陈剑陪同。

是日　市人民检察院检察长姚江华到翼城县检察院调研指导工作。姚江华一行到县检察院12309检察服务中心和办案工作区进行实地查看，参加微电影《检爱》《小案大情》首映仪式，并召开座谈会。

是日　全县乡贤连心桥揭牌仪式暨“同架乡贤连心桥、共画治理同心圆”座谈会在中卫乡召开。

29日　全县统筹疫情防控与经济社会发展工作会议召开，黄晓君主持会议并讲话。

是日　翼城县农村集体经济发展有限公司挂牌成立。

5月

1日　黄晓君以“四不两直”方式检查“五一”期间疫情防控值班值守、交通保畅保通、旅游景区疫情防控管理、基础设施建设和安全生产等工作。

是日　杨海林以“四不两直”方式深入企业、高速路口疫情防控检查站和疫情防控指挥部，检查安全生产和疫情防控工作，向坚守岗位的工作人员致以节日问候。

2日　杨海林深入翼城县快递总仓、高速路口等地检查疫情防控工作。

是日　黄晓君主持召开抓党建促基层治理能力提升专项行动工作座谈会，专题听取全县“土地入股＋集体经营”农业托管模式开展情况，进一步分析问题、突破难点，全面推动翼城县抓党建促基层治理能力提升工作再上新台阶。副县长高伟参加。

3日　杨海林慰问疫情防控临汾转运专班一线工作人员。

4日　黄晓君主持召开全县疫情防控调度会议，深入贯彻落实省委、市委疫情防控调度会议要求，部署下一步重点任务。

5日　副市长乔飞鸿到翼城县调研环保工作。乔飞鸿先后到第二污水处理厂、浍河河道、华翔翼城新材料科技园有限公司、翼城县高质量钢铁新材料工业园区、志忠砂厂分别就中央督察和省环保督察转办问题整改、河道生态环境和钢铁企业超低排放改造整治，以及项目建设等环保工作进行实地查看。

是日　黄晓君主持召开县委专题会议暨县疫情防控工作领导小组会议，传达省、市会议精神，部署疫情防控、经济运行、安全生产等重点工作。

是日　黄晓君、杨海林到翼城高速口调研疫情防控工作。

6日　全县项目谋划储备工作专班会议召开，杨海林主持会议并讲话。

9日　全县巩固拓展脱贫攻坚成果同乡村振兴有效衔接考核评估发现问题整改动员部署暨高标准农田建设项目问题排查整改工作推进会议召开。黄晓君出席会议并讲话。

是日　翼城县组织收看全国新冠疫情防控工作电视电话会议，县领导黄晓君、杨海林、张文青、杨文明、白向阳、聂华在翼城县分会场收看会议实况。

是日　杨海林主持召开钢铁新材料园区项目推进会，听取项目进展情况汇报，分析解决项目推进过程中存在的问题。

10日　省委统战部副部长、省宗教局局长、省民委主任刘国庆到翼城县调研民族工作。

是日　翼城县召开项目谋划储备工作专班会议，杨海林主持会议并讲话。

是日　翼城县举办首届“青春展风采、翼起创未来”青年创新创业大赛。

11日　翼城县举办“减轻灾害风险、守护美好家园”纪念汶川大地震14周年主题宣传活动。

12日　黄晓君带队亲切看望慰问奋战在疫情防控一线的医护人员。

13日　县委抓党建促基层治理能力提升专项行动问题查摆座谈会召开，黄晓君出席会议并讲话。

是日　杨海林主持召开全县自建房安全专项整治推进会,就全面做好自建房安全专项整治工作进行部署。

14 日　黄晓君主持召开唐尧大道绿化设计方案汇报会。

16 日　市委书记闫晨曦在翼城县调研高标准农田建设、乡村振兴、重点项目建设等工作。

16 日至 17 日　市委常委、副市长崔元斌到翼城县开展入企服务。

17 日　黄晓君到隆化镇就乡村振兴、产业发展、巩固拓展脱贫攻坚成果同乡村振兴有效衔接等工作进行调研。

18 日　市人大常委会副主任张安文带领部分省、市人大代表、专家到翼城县开展《山西省动物防疫条例》执法检查,并就健全完善人大工作机制进行调研。

19 日　黄晓君主持召开县委常委会(扩大)会议。传达学习市委书记闫晨曦调研翼城重要指示精神、省委人大工作会议精神、中央办公厅《关于加强巡视整改和成果运用的意见》《信访工作条例》、省政法队伍教育整顿领导小组专题会议精神,对当前重点工作进行安排。

是日　国家统计局山西调查总队党组成员、副总队长顾向红就翼城县农业生产和经济形势进行调研。

20 日　由山西省农业农村厅、山西农业大学主办的全省冬小麦科技壮苗技术现场观摩会在翼城县召开。

是日　省生态环境局计财处处长王勇带领相关部门负责人在翼城县组织召开浍河流域翼城段生态治理工作座谈会。

21 日至 22 日　省应急厅副厅长贡凯青带领国务院安委办督导组,就翼城县非煤矿山安全生产工作进行督导检查。

23 日　县委规划委员会召开第二次会议,听取国土空间规划"三区三线"划定工作汇报。黄晓君主持会议并讲话。

24 日　县委召开粮食购销系统机动式巡察整改专题民主生活会。黄晓君主持会议,并代表县委常委班子就粮食购销领域专项巡察整改问题作对照检查,带头开展批评与自我批评。

是日　翼城县召开庆祝中国共产主义青年团成立 100 周年座谈会。

25 日　省政协副主席王立伟带领省政协调研组来到翼城县,围绕"大力推进'五大平台'建设,打造山西特优农业高质量发展新引擎"进行专题调研。

是日　全县农村集体资产"清化收"专项工作推进会召开。黄晓君出席会议并讲话。

是日　杨海林主持召开县政府廉政工作会议,深入学习贯彻习近平总书记在十九届中央纪委六次全会上的重要讲话精神,全面贯彻落实国务院和省政府、市政府廉政工作会议精神,总结 2021 年全县政府系统党风廉政建设和反腐败工作,安排 2022 年重点任务。

是日　杨海林主持召开县政府党组会议,集中学习国务院安委会安全生产十五条硬措施和国务院第五次廉政工作会议及省、市廉政工作会议精神。

是日　全县农村集体资产"清化收"专项工作推进会召开。黄晓君出席会议并讲话。

26 日　县委副书记、代县长杨海林主持召开唐尧大道生态治理项目推进会,对项目实施前期清表、拆除、立项、施工等工作进行全面部署。

27 日　全市新时代文明实践中心建设工作推进会在翼城县召开,市委常委、宣传部长闫建国参加现场观摩并讲话。

是日　由市委宣传部、市文明办主办,县委宣传部承办的第三季"临汾好人"发布仪式在翼城县三琪大厦举行。

是日 翼城县新时代文明实践形象歌曲《一生的荣耀》MV正式首发上线。

是日 参加全市新时代文明实践中心建设工作推进会的市委常委、宣传部长闫建国和县委书记黄晓君，共同为“日行一善”公益组织颁发文明实践志愿服务激励嘉许奖金五万元。

是日 黄晓君主持召开翼城中学规划设计征求意见会。

是日 县委教育工作领导小组召开第二次会议，听取全县教育工作有关情况汇报，对高考备考、优质教育均衡发展、民办教育、校园安全等工作进行安排。

30日 中央文明办以“云”发布方式，在北京市密云区新时代文明实践中心推出2022年第一季度“中国好人榜”。翼城县中卫乡吴寨村村民郭春明入选。

是日 翼城县召开2022年乡镇公益性岗位入职座谈会，县委副书记、代县长杨海林参加会议并讲话。

是日 杨海林主持召开国土空间规划“三区三线”划定工作汇报会。

31日 全县重点项目调度会召开，杨海林主持会议并讲话，石广武通报晋南钢铁、闽光焦化项目进展情况。

6月

1日 县委专题会议暨县疫情防控工作领导小组会议召开，深入贯彻落实省委、市委疫情防控工作会议要求，部署下一阶段重点任务。

2日 省委抓党建促基层治理能力提升专项行动第十督导组组长、省农办专职副主任、农业农村厅党组成员张软斌带队对翼城县抓党建促基层治理能力提升专项行动开展情况进行督导。

是日 县委书记黄晓君深入相关企业和小区，就燃气安全工作进行专项检查。

是日 县委副书记、代县长杨海林带领相关部门负责人，深入到首旺煤业井下，检查安全生产工作。

4日 省招生考试中心主任延晋军到翼城县调研高考准备工作。县委副书记、代县长杨海林，副县长段晓娜陪同调研。

是日 翼城县召开全县项目谋划储备工作例会，重点讨论浍河流域生态治理项目谋划情况，研究智慧农业、重大产业项目等。

6日 县委书记黄晓君到南梁镇南梁村检查指导“三夏”生产工作。

是日 县委书记黄晓君到南梁镇就省委巩固拓展脱贫攻坚成果同乡村振兴有效衔接第三督察组督查问题整改情况进行检查。

7日 县委书记黄晓君，县委副书记、代县长杨海林先后到翼城中学、先成中学考点进行高考巡视。黄晓君强调，要坚持最高标准、最严要求，全力以赴做好高考各项组织保障和常态化疫情防控工作，确保翼城县2022年高考安全有序进行。

8日 县委常委会召开会议，研究讨论翼城县2021年度目标责任考核、引进在外工作翼城县优秀人才回乡和引进高层次急需人才、2022年度软弱涣散村级党组织确定、村（社区）党组织书记星级化管理初次评定等有关情况，集中学习省纪委《关于“三个一批”重点村（社区）加强基层监督深化治理整治检查评定和奖惩办法》。

9日 副市长王云到翼城县就体育、文旅、科技事业发展工作进行调研。

是日 县委书记黄晓君到隆化镇调研抓党建促基层治理能力提升、巩固拓展脱贫攻坚成果同乡村振兴有效衔接等工作。

是日 省人大常委会委员、民宗侨外工委主任刘志宏带队到翼城县开展《山西省乡村旅游条例》立法调研和民族团结进步创建工作专题调研。

10日　马钢集团,马钢股份党委书记、董事长丁毅到翼城县高质量钢铁新材料工业园区进行考察。

13日　县委书记黄晓君主持召开全县干部集体廉政谈话会,传达学习市委常委、市纪委书记、市监委主任杨红梅在各县(市、区)委常委班子、各开发区党工委班子集体廉政谈话会上的讲话精神,并提出希望和要求。

14日　市人大常委会副主任郑步电来翼城县,就2021年度环境状况和环境目标完成情况进行调研。

是日　省委巩固拓展脱贫攻坚成果同乡村振兴有效衔接第三督导组翼城督导反馈会议召开。省委巩固拓展脱贫攻坚成果同乡村振兴有效衔接第三督导组组长、省政协农业和农村委原一级巡视员张建全出席会议,县委书记黄晓君主持会议并作表态发言。

15日　翼城县在府前广场举办2022年防范和处置非法集资宣传月活动。

是日　县委书记黄晓君主持召开县委党校迁建工程初步设计方案征求意见会议。

16日　市人大常委会副主任王国平到翼城县就红色文化传承与保护立法和抓党建促基层治理能力提升专项行动进行调研。

是日　一汽铸造有限公司董事长邓为工到翼城县就铸造产业进行考察调研。

17日　市人大常委会副主任扈新起到翼城县开展助企纾困入企服务调研。

18日　唐兴镇古城村小麦高产高效技术示范基地,“耕播优化水肥精量绿色高产栽培技术”实打实收现场传来好消息:在2021年亩产830.84公斤的基础上再创新高,亩均产量达到855.13公斤,连续三年刷新山西水地小麦最高新纪录。

20日　县委书记黄晓君,县委副书记、代县长杨海林到先成中学考点巡视中考考务工作。

是日　县委书记黄晓君主持召开县级领导干部会议,传达市委对翼城县有关市管干部任职的通知。

是日　全县项目谋划工作推进会议召开,听取翼城县“十四五”期间计划实施项目的谋划储备情况。

21日　市委常委、宣传部长闫建国到翼城县开展助企纾困入企服务。

22日至23日　翼城县召开全域旅游配套基础设施提升项目设计方案汇报会。

24日　省非煤矿山安全生产大检查第三督导组就翼城县督导情况召开反馈会。国家矿山安全监察局山西局处长、督导组组长王汉江参加会议并讲话。

是日　市政协副主席杨忠华到翼城县对重点提案办理情况进行专题视察。

是日　县委书记黄晓君主持召开县委财经委员会会议,传达学习市委财经委员会第十四次会议精神,听取1—5月全县经济运行情况汇报,对冲刺“双过半”目标任务进行部署。

27日　县委书记黄晓君主持召开县级领导干部会议。会议宣读市委关于翼城县市管干部任免的通知,市委决定:张红玉任翼城县委委员、常委、副书记,石广武任翼城县委常委。

是日　县委书记黄晓君检查防汛和地质灾害隐患排查治理工作。

28日　县委书记黄晓君主持召开县委审计委员会第一次会议。传达学习省委、市委审计委员会会议精神,听取2021年审计工作情况汇报,审议2022年全县审计计划和2021年度县本级预算执行审计情况。

是日　县委副书记、代县长杨海林主持召开县政府党组会议。传达学习习近平总书记考察山西时对文物保护工作的重要批示指示精神、国务院关于文物工作和文物保护法实施情况的报告、全国全省文物局长会议精神和《信访工作条例》。集中学习《关于做好全市安全生产领域监督执纪有关工作的通知》。

29日　县委书记黄晓君到唐兴镇世家庄村、古城村、西关村,看望慰问老党员。

是日　由中共翼城县委主办,县委组织部、县委宣传部、县直工委承办,县融媒体中心协办的“喜迎二十大、奋进新征程”故事会大赛优秀故事展演在融媒体中心演播大厅举行,庆祝中国共产党成立101周年。

是日　翼城县与山西师范大学战略合作协议签约仪式在三琪大厦举行。

30日　市委常委、宣传部部长闫建国到翼城县走访慰问部分生活困难党员和党内功勋荣誉获得者,并深入党支部联系点进行调研。

是月　在2021年被评为全国农作物十大优异种质资源的“珍珠玉米”种子,经过海南三亚“南繁”基地长达百天的培育,终于开花结果,通过县农业农村局工作人员的精心培育,这批种子已经开出四叶,将有效解决全县大面积种植种质资源稀缺的问题。

7月

1日　县委书记黄晓君为全县党员干部讲党课,激励引导广大党员干部牢记领袖嘱托,扛起时代使命,大力弘扬“崇德、自信、创新、争先”的新时代翼城精神,为建设全方位高质量发展强县不懈奋斗。

是日　县委书记黄晓君,县委副书记、代县长杨海林参加县党群服务中心揭牌仪式,并为党群服务中心揭牌。

5日　翼城县2022年防汛暨地质灾害应急演练在桥上镇刘王沟村举行。

6日　翼城县举行“向人民交账”第二季度汇报会,认真总结梳理上半年各项工作,进一步对标先进、取长补短、争先创优,营造比学赶帮超的浓厚氛围,全力以赴稳经济、稳增长,确保翼城县经济社会实现第三季度全力冲刺,第四季度完美收官。

7日　市委常委、常务副市长王渊到翼城县调研安全监管网络信息化和财税工作。

是日　全市城镇燃气安全专项整治现场推进会在翼城县召开。

8日　翼城县召开浍河流域生态治理项目推进会。

11日　湖北省政协副主席张维国带领考察组到翼城县考察调研历史文化名镇名村保护与利用情况。

13日　以全国人大民族委员会副主任委员丹珠昂奔为组长的全国人大民族委员会调研组到翼城县调研考察。

14日　县委书记、县疫情防控工作领导小组组长黄晓君主持召开县委专题会议暨县疫情防控工作领导小组会议。

16日　县委书记黄晓君带领应急、住建、自然资源等部门负责人,实地检查防汛减灾、地质灾害隐患排查及安全生产工作。

18日　翼城县召开安委会全体(扩大)会议暨7月安全生产例会,全面贯彻国家、省、市安全生产工作会议精神,深入分析研判当前面临形势,找准短板、靶向发力,持续巩固全县安全生产向好态势,为党的二十大胜利召开营造良好环境。

是日　县委副书记、代县长杨海林带领相关部门负责人先后到新华南路、唐尧大道、八一路、潞公街、横十路、光明路、益苑路、唐霸大道等地,调研新城片区城市规划和道路建设工作。

是日　县委书记黄晓君主持召开县委经济运行调度会。

20日　翼城县召开市场主体倍增暨创新创

业工作座谈会。

21 日　县委书记黄晓君会见启迪区块链集团常务副总裁丁炜一行。双方就城市算力中心建设进展进行商讨,并围绕数字经济、互联网开发、电子商务、创新创业、高新产业等方面进行深入交流。

是日　市委第八巡察组向翼城县反馈五届市委第二轮巡察意见。

22 日　县委书记黄晓君到唐兴镇、里砦镇就"清化收"专项行动开展、党员积分管理、基层党组织建设、村集体托管经营收入、脱贫攻坚问题排查整改完成等工作进行调研。

26 日　县委副书记、代县长杨海林主持召开翔翼大街环岛等市政基础设施建设设计方案汇报会。

27 日　县委书记黄晓君主持召开县委书记专题会议,听取十四届县委第二轮常规巡察综合情况汇报。

是日　由县委宣传部、县文旅局主办,县文化馆承办,各乡镇综合文化站协办的"喜迎二十大、奋进新征程"翼城县群众文化活动启动仪式暨广场舞大赛决赛举行。

28 日　国家矿山安全监察局事故调查和统计司副司长丁百川带领专家到翼城县,调研督导尾矿处置安全工作。

是日　全县双拥工作领导小组全体会议暨创建省级双拥模范城迎检工作会议召开。

29 日　县委书记黄晓君带领县四大班子领导向驻翼城人武部官兵、武警部队官兵、消防救援人员、退伍老兵和烈军属进行"八一"走访慰问。

是日　县委书记、县人武部党委第一书记黄晓君主持召开2022年县委常委议军会议,深入贯彻落实习近平强军思想,进一步加强党管武装工作,研究解决翼城县国防动员和后备力量建设存在的问题,推动国防建设和经济社会协调发展。

是日　县委书记黄晓君主持召开县委理论学习中心组学习会议,集中学习中央、省委重要会议精神,部署当前重点工作。

8 月

1 日　县委副书记、代县长杨海林到唐兴镇北关村走访慰问新中国成立前入伍的离休军人李廷阁。

2 日　市委常委、常务副市长王渊参加翼城县县直人大代表联络站代表集中进站履职活动。

4 日　县委副书记、代县长杨海林带领相关职能部门负责人到高质量钢铁新材料工业园区现场办公。杨海林到项目施工现场进行查看,详细了解项目进展情况和建设中存在的困难和问题,现场协调解决电力线路、项目用地、文物勘探等问题,并明确解决问题的时间节点。

5 日　县委常委会召开会议,研究讨论全县2021年度目标责任考核结果和担当作为干部推选结果,审议《2022年财政预算调整方案》。县委书记黄晓君主持会议。

是日　县委书记黄晓君以普通党员身份参加县委办公室党支部主题党日活动,与支部党员一同到县博物馆参观。

是日　县委书记黄晓君主持召开县委统一战线工作领导小组会议,传达学习习近平总书记在中央统战工作会议上的重要讲话精神,研究部署翼城县贯彻落实工作。

是日　翼城县地方志编纂委员会召开第一次会议,县委书记黄晓君主持会议并讲话。会议听取《翼城县党史和地方志事业发展"十四五"规划》的相关情况汇报。

是日　县委副书记、代县长杨海林带领相关部门负责人调研市政道路建设和新城片区城市规划工作。

是日　县委书记黄晓君到翼城高速口调研

疫情防控工作，县委副书记张红玉一同调研。

11 日　中国机械联合会副会长、中国铸造协会会长张立波到翼城县考察铸造业发展情况。

是日　县委反腐败领导小组召开 2022 年第一次会议。

是日　县委书记黄晓君主持召开县委财经委员会第二次会议，传达学习省委、市委财经委员会会议精神，听取当前重点项目建设情况汇报，部署下一阶段重点工作任务。

是日　县委书记黄晓君主持召开县黄河流域生态保护和高质量发展工作领导小组会议。

是日　县委书记、县委军民融合发展委员会主任黄晓君主持召开县委军民融合发展委员会第一次会议。

是日　县委书记、县推进碳达峰碳中和工作领导小组（县能源革命综合改革试点工作领导小组）组长黄晓君主持召开翼城县推进碳达峰碳中和工作领导小组（县能源革命改革试点工作领导小组）会议。

12 日　县委书记、县委全面依法治县委员会主任黄晓君主持召开县委全面依法治县委员会第五次会议，传达学习省委全面依法治省委员会第四次会议、市委全面依法治市委员会第五次会议精神，听取 2021 年县委全面依法治县委员会工作汇报，审议通过《中共翼城县委全面依法治县委员会 2022 年工作要点》《翼城县党政主要负责人履行推进法治建设第一责任人职责 2022 年度工作清单》和关于《贯彻落实〈法治中国建设规划〉〈法治政府建设实施纲要〉〈法治社会建设实施纲要〉（2020—2025）的实施方案》。

14 日　翼城县 2022 年公开招聘大学毕业生到村（社区）工作笔试在先成中学进行。

16 日　县委书记黄晓君带队到中国一汽铸造有限公司，就项目合作事宜进行考察洽谈，并与中国一汽铸造有限公司董事长、党委书记邓为工就进一步加强合作展开深入交流。

17 日　县委副书记、代县长杨海林主持召开县级领导干部会议。会议宣读了市委关于翼城县市管干部任免的通知，决定段晓娜任翼城县委常委，吉清泽任翼城县委委员、常委、组织部部长。

是日　由省交通厅原副厅长、省交通战备办原主任唐晋带队的省委督导六组深入翼城县就优化营商环境和开发区建设工作进行督导检查。

是日　县委书记黄晓君率队到大连市绿海农业开发有限公司进行参观考察，与公司董事长李永民就樱桃产业发展进行合作洽谈。

18 日　“唐风晋韵”翼城历史与文化主题展开幕仪式在县博物馆举办。

19 日　县委书记黄晓君带队到江苏省无锡市腾达海川新材料有限公司和泰州市江苏永益铸管股份有限公司参观考察，就进一步合作进行深入交流。

是日　县委副书记、代县长、县疫情防控工作领导小组组长杨海林主持召开县委专题会议暨县疫情防控工作领导小组会议，学习贯彻省市近期在疫情防控工作上的系列决策部署，对翼城县疫情防控各项工作进行再安排、再部署。

22 日　县委副书记、代县长杨海林以“四不两直”方式，到翼城高速口和翼城东高速口检查疫情防控工作。

23 日　县委书记黄晓君主持召开县委常委会会议，听取公开招聘事业单位工作人员、大学毕业生到村任职以及 2022 年事业单位引进高层次紧缺急需人才工作情况汇报，研究县委党建工作领导小组 2022 年工作要点。

是日　县委理论学习中心组召开学习会议，传达学习习近平总书记考察辽宁时的重要讲话重要指示精神、全省政法领导干部加强政治建设专题培训班会议精神、有关干部违纪违法问题通报，部署翼城县贯彻落实工作。

是日 县委书记黄晓君主持召开县委常委会(扩大)会议,听取“向人民群众交好账”实践活动推进、严厉打击非法违法采矿大检查大整治大提升行动、全县自建房安全领域腐败和作风问题专项治理以及赴长春、大连、无锡三市考察洽谈等情况汇报,部署当前重点工作。

24日 县委人大工作会议召开,县委书记黄晓君出席会议并讲话。

是日 十四届翼城县委第三轮巡察工作动员部署会议召开。县委书记黄晓君出席会议并作动员讲话。

25日 县委书记、县委规划委员会主任黄晓君主持召开县委规划委员会第四次会议,研究审议县城中心片区控制性详细规划部分用地调整事宜,听取翼城中学扩建规划设计情况汇报。

26日 翼城县果信农业科技发展有限公司与大连市绿海农业开发有限公司举行签约仪式。

是日 县委书记黄晓君主持召开2022年县委教育工作领导小组第三次会议,听取2022年中高考、校园疫情防控以及秋季开学准备情况汇报,研究讨论学校撤并、优化布局调整、教师节表彰等事项。

是日 翼城—永和教育合作发展座谈会在县教科局召开。

29日 县委副书记、代县长杨海林主持召开县政府第18次常务会议,听取生态环境保护工作及省委省政府生态环境保护督察反馈问题整改、自建房安全专项整治、选矿企业固废治理项目安全治理攻坚行动、防汛工作、巩固脱贫攻坚成果同乡村振兴有效衔接等情况汇报,审议《2022年清洁取暖“煤改气”用户用气补贴办法》《翼城县实施标准化战略资金管理暂行办法》。

30日 县委书记黄晓君先后到翼侯高速翼城服务区、翼城中学就疫情防控工作进行检查。

是日 翼城县举办助企纾困送政策、送服务、送温暖重点中小微企业“下午茶”活动,县委副书记、代县长杨海林出席并讲话,县委常委、副县长石广武主持活动。

31日 全县巩固拓展脱贫攻坚成果同乡村振兴有效衔接第8次月例会召开,传达学习省委书记林武重要批示精神,集中学习全省巩固拓展脱贫攻坚成果同乡村振兴有效衔接考核集体约谈会议精神。

是日 翼城县召开8月经济运行分析会,对全县经济指标进行专题调度,进一步查找问题不足,细化任务分解,推动工作落实,全力完成各项目标任务。

9月

2日 县十七届人大常委会召开第十次会议。听取和审议县人大常委会2022年年中查账通报、县政府关于2022年预算调整方案、2021年财政决算草案和2022年上半年财政预算执行情况的报告、2021年度县本级预算执行和其他财政收支的审计工作报告及法院、检察院专项工作报告。表决通过和审查批准了有关事项。

是日 县委副书记、代县长杨海林到高质量钢铁新材料工业园区现场办公。杨海林听取项目进展情况汇报,现场查看施工进度,对项目进展现场督导并进行座谈,针对存在问题提出指导性意见,明确解决问题的责任人和时间节点。

6日 翼城县召开教育工作暨第38个教师节庆祝表彰大会,黄晓君出席会议并讲话。

是日 翼城县召开安委会全体(扩大)会议暨“反三违、除隐患、防事故”专项行动动员会,深入贯彻习近平总书记关于安全生产的重要论述,全面落实国家、省、市重大决策部署,理清工作思路、明确工作任务,动员部署全县“反三违、除隐患、防事故”专项行动,进一步夯实安全生产基础,提升企业安全管理水平,确保全县安全生产形势持续向好。

6日至8日 山西林业开发投资有限公司董事长闫维刚、嘉德旅文(北京)投资有限公司董事长朱明辉、山西八建集团第三工程公司总经理梁晓栋、中条山国有林管理局副局长杨于军、信鼎誉合(山西)资产房地产评估有限公司董事长王勇到翼城县考察调研历山·大河森林康养项目。

8日 第二十二届中国国际投资贸易洽谈会在福建省厦门市开幕,临汾市作为山西省唯一的投资热点城市参展,翼城县作为沿太岳板块重点县市参加。

9日 黄晓君带领相关部门负责人到三琪超市对疫情防控、“两节”保供、消防安全等工作进行检查。

是日 黄晓君带领相关部门负责人到翼城中学及退休教师家中,开展教师节走访慰问活动。

13日 黄晓君对唐尧大道生态治理项目、翼城县靓城提质绛源路街景改造、省道331环境卫生综合整治工程等部分市政重点项目进行调研。

是日 黄晓君到浍河至西王桥段开展巡河工作。

15日 县委网络安全和信息化委员会召开2022年第一次会议,黄晓君主持会议,会议传达学习中央和省委网信委会议精神,听取2022年以来全县网信工作情况汇报,部署当前重点工作。

是日 县委意识形态工作领导小组召开2022年第一次会议,黄晓君主持会议,集中学习全市宣传部长电视电话会议精神,总结回顾2022年以来意识形态工作开展情况,查找分析存在的问题和原因,明确下半年工作重点,推动意识形态工作责任真正落实落细,落地见效,为党的二十大召开提供和谐稳定的政治环境。

是日 “翼起学”大讲堂第11讲开讲。

16日 省委组织部副部长、编办主任张晓峰到翼城县调研乡镇机构改革、综合行政执法改革和乡村振兴组织实施等工作。

是日 杨海林带领相关部门负责人实地调研职业教育园区、幼儿园、博物馆、客运站等重点项目规划选址工作。

19日 黄晓君先后到王庄镇、唐兴镇,就重点项目推进、安全生产、抓党建促基层治理能力提升专项行动和乡村旅游工作进行调研。

20日 杨海林到翼城石化北关加油站和首旺煤业检查安全生产工作。

21日 省人大常委会委员、农工委主任乔建军到翼城县就《山西省经济林发展条例》《山西省禁牧轮牧休牧条例(草案)》实施和乡村振兴“1+X”五年立法规划体系进行调研。

22日 市人大常委会副主任扈新起到翼城县首旺煤业、飞翔铸管有限公司开展企业安全生产督导检查。

是日 翼城县召开副县级以上领导干部会议,黄晓君主持会议并宣布市委、县委对有关市管干部任职的通知:经市委常委会9月14日研究决定,提名王嘉为翼城县副县长人选;经县委常委会会议2022年9月22日研究决定,王嘉任县政府党组成员,提名为政府副县长人选。

26日 2022年度全县生态环境保护委员会第一次会议召开,黄晓君出席会议并讲话。

是日 由县委老干部局主办的“庆国庆 迎重阳 喜迎二十大”德孝翼城经典演唱会在城内大舞台举行。

27日 山西省科协党组成员、副主席王继龙带队对翼城县全国科普示范县创建工作进行检查测评。

是日 市政协副主席张瑞萍带领部分市政协常委、委员到翼城县围绕“严守耕地红线,稳定粮食产量”开展监督性视察。

28日 翼城县举行“向人民交账”第三季度观摩活动,总结梳理三个季度各项工作,对标对表补短板,找准差距强弱项,进一步落实、落细、落定举措,交好、交清、交实账单,确保全年目标任务高标准、高质量完成,以优异成绩迎接党的二十大。

是日 翼城县举行县人民医院搬迁启动仪式。黄晓君出席仪式并宣布翼城县人民医院搬迁正式启动。

29 日 翼城县御史第廉政教育基地启用暨《清莲》歌曲首发仪式在唐兴镇古城村举行。

是日 全县安全生产强作风抓落实专题会议召开,杨海林主持,县委常委、常务副县长范帆对当前安全生产工作进行具体安排。

是日 县十七届人大常委会举行第十一次会议。会议通过了王嘉为翼城县人民政府副县长的人事任命。

10 月

2 日 市委书记闫晨曦深入翼城县,调研疫情防控、项目建设、安全生产、水利防汛等工作,看望慰问节日期间坚守岗位的一线工作人员。

7 日 翼城县在高质量钢铁新材料工业园区相继举行山西闽光新能源科技股份有限公司 156 万吨焦化转型升级项目开工仪式和晋南钢铁新材料有限公司热连轧精品钢材料项目奠基仪式,以龙头项目带动“项目建设年”活动落到实处,以优异成绩献礼党的二十大。

8 日 县委常委会召开(扩大)会议,听取关于疫情防控、安全生产、信访等情况汇报,安排当前重点工作,黄晓君主持会议并讲话。

是日 黄晓君以“四不两直”的方式突击检查农贸市场疫情防控工作。

是日 县委常委会召开(扩大)会议,听取关于疫情防控、安全生产、信访等情况汇报,安排当前重点工作,黄晓君主持会议并讲话。

10 日 杨海林主持召开县长办公会。会议对 2023 年拟新建、续建和进行前期工作的项目进行再次研究,初步确定 2023 年项目盘子。

11 日 黄晓君到隆化镇调研巩固拓展脱贫攻坚成果同乡村振兴有效衔接工作。

14 日 市委常委、宣传部部长闫建国到翼城县督导检查安全生产和疫情防控工作。

16 日 中国共产党第二十次全国代表大会在北京人民大会堂开幕。翼城县各级党组织集中收看党的二十大开幕盛况。

17 日 全县疫情防控工作会议召开。黄晓君出席会议并讲话。会议以视频会议的形式开到乡镇及村(社区),各乡镇党政班子其他成员、各村(社区)负责人、全县所有网格长、网格员等 600 余人参加。

18 日 杨海林带领相关部门负责人调研民兵训练基地、城北客运站、职业中学、北关幼儿园等项目选址工作。

19 日 杨海林以“四不两直”的方式到高速卡口、国道 241 线与绛县交界处和南唐乡检查疫情防控工作。

22 日 黄晓君对翼城中学扩建项目进行实地调研并召开项目协调推进会。

26 日 杨海林到里砦镇走访脱贫村和脱贫户,对软弱涣散党组织整顿提升及乡村振兴示范村项目建设情况进行调研。

27 日 扈新起对翼城县安全生产和疫情防控工作进行督导检查。

是日 县政府第 20 次常务会议召开,杨海林主持,审议《翼城县 2023 年实施小麦高产高效工作方案》《山西省翼城中学改扩建 PPP 项目初步实施方案》,研究县委党校迁建工程项目建设有关事宜,听取清洁取暖工作汇报。

28 日 翼城县召开巩固拓展脱贫攻坚成果同乡村振兴有效衔接第 10 次月例会,深入贯彻落实习近平总书记关于乡村振兴工作的重要论述和考察调研山西重要指示精神，安排巩固拓展脱贫攻坚成果同乡村振兴有效衔接年度考核各项工作。

31日　县委理论学习中心组召开学习会议。集中学习党的二十大精神，习近平总书记在瞻仰延安革命纪念地时的重要讲话精神，习近平总书记考察陕西延安、河南安阳时的重要讲话精神，习近平总书记在中共中央政治局第一次集体学习时的重要讲话精神，全国城市基层党建引领基层治理工作电视电话会议精神和省委十二届五次全会精神。听取全县城市基层党建工作情况汇报。

是日　全县10月经济运行分析会召开，杨海林主持，县委常委、副县长石广武对具体工作进行安排。

11月

1日　黄晓君到隆化镇青城村就巩固拓展脱贫攻坚成果同乡村振兴有效衔接、发展壮大村集体经济、抓党建促基层治理能力提升、"清化收"、疫情防控等工作进行调研。

2日　全县抓党建促基层治理能力提升专项行动交流推进会召开。黄晓君作重要讲话。

3日　县政协召开十五届七次常委会会议。会议通报全县青年创新创业"个十百千万"工程情况。听取县政协关于起草聚焦实体经济振兴战略，实施青年创新创业"个十百千万"工程建议报告的说明。围绕"青年创新创业'个十百千万'工程"作议政发言。审议通过《关于聚焦实体经济振兴战略，实施青年创新创业"个十百千万"工程的建议报告（讨论稿）》。

4日　黄晓君主持召开县委常委会会议。研究讨论《中共翼城县委常委会工作报告》《县委关于深入学习宣传贯彻党的二十大精神的实施方案》《翼城县2022年度政法工作和平安建设工作一票否决、一票优先清单》以及建立县级人才工作基地和博士工作站等有关事项。

是日　黄晓君主持召开县委常委会（扩大）会议，专题听取2023年度项目谋划情况汇报。

是日　县委理论学习中心组召开学习会议，黄晓君主持会议。会议集中学习《中国共产党处分违纪党员批准权限和程序规定》、市委五届五次全会精神和市委清廉临汾建设工作专班第二次会议精神。

5日至6日　杨海林先后到隆化镇、王庄镇、中卫乡、南梁镇脱贫村，对"两不愁三保障"措施落实、产业项目发展、巩固拓展脱贫攻坚成果同乡村振兴有效衔接等工作进行实地调研，并走访慰问部分脱贫户。

10日　中国共产党翼城县第十四届委员会第七次全体会议举行。会议审议通过《关于深入学习宣传贯彻党的二十大精神的实施方案》，听取和讨论黄晓君受县委常委会委托作的工作报告。黄晓君就实施方案起草情况向全会作了说明，对学习宣传贯彻工作作出部署。

11日　扈新起带队到翼城县南唐乡宣讲党的二十大精神并实地调研指导乡村振兴及安全生产工作。

是日　全县创建省级文明城市工作推进会召开，黄晓君参加会议并作重要讲话。

15日　黄晓君与年轻干部进行座谈，宣讲党的二十大精神。

是日　翼城县第四期中青年干部培训班在县委党校开班。

17日　市政协副主席、民盟临汾市委会主委王阿家带队就翼城县"双拥"工作进行调研。

是日　县十七届人大常委会召开第十二次会议。会议听取和审议县人大常委会关于检查《中华人民共和国中小企业促进法》《山西省中小企业发展促进条例》实施情况的报告，表决通过县政府关于全县市场主体倍增工作情况报告的审议意见、关于县政府2021年度国有资产管理情况综合报告的审议意见、关于县政府2022年1—10月国民经济和社会发展计划执行情况报告的审议意见。

18日　黄晓君到山西闽光和首旺煤业进行调研。

22日　学习贯彻党的二十大精神市委宣讲团翼城报告会举行。市委宣讲团成员、市委政策研究室主任张林海作宣讲报告，黄晓君主持报告会并讲话。

是日　县委理论学习中心组召开学习会议，围绕党的二十大精神开展交流研讨，传达学习市纪委《党委(党组)落实全面从严治党主体责任清单》和《"四风"突出问题典型案例通报》。

是日　黄晓君主持召开县委常委会会议。研究翼城县《共青团基层组织改革实施方案》以及《规范公务员年度考核奖发放办法的意见》。

是日　县委常委会召开(扩大)会议，黄晓君主持会议。

23日　翼城县召开重点项目协调推进会。会议听取翼城中学扩建项目推进情况汇报，研究解决项目推进过程中存在的困难和问题。进一步明确相关部门的目标任务，并逐项梳理分析，研究具体解决措施及办法，对时间节点和任务目标提出明确要求。

是日　黄晓君到唐兴镇古城社区开展召开一次报告会宣讲、组织一次进村座谈宣讲、组织一次入户走访宣讲"三个一"活动。

25日　黄晓君先后到翼鹏购物广场、王庄镇鄢里村疫情防控交通卡口、王庄镇庙洼村以及星联矿业，就疫情防控和安全生产工作进行检查。

26日　县政府党组会议召开，杨海林主持会议。学习党的二十大和二十届一中全会、省委十二届五次全会、市委五届五次全会、县委十四届七次全会精神，学习《全市有关重点工作情况报告》，研究部署政府系统贯彻落实措施。

是日　县政府第21次常务会议召开，杨海林主持会议。审议《翼城县消防事业发展"十四五"规划》《翼城县农村道路交通安全"两站两员"建设的实施方案》《翼城县关于进一步完善网格化服务管理工作的实施方案》《翼城县乡镇权责清单》《翼城县行政许可事项清单》，研究下放乡镇行政执法事项清单有关事宜，学习市政府《关于做好近期促进经济运行有关重点工作的通知》《关于在全市政府系统开展"冬季行动"的工作方案》《关于加快推进2022年省市重点项目，做好2023年项目谋划及前期手续办理的工作方案》。

28日　全县党员干部下沉社区疫情防控一线誓师大会召开，黄晓君主持会议，并为相关单位进行授旗。

29日　翼城县各部门积极组织调动党员干部下沉一线，助力疫情防控工作，用实际行动筑牢翼城防线。

12月

1日　黄晓君对物资保供和疫情防控措施落实情况进行调研。

5日　黄晓君对医院预检分诊和发热门诊工作、疫情防控措施落实、助企纾困及安全生产工作进行调研。

9日　县委理论学习中心组召开学习会议，传达学习江泽民同志追悼大会精神、中央政治局会议精神、国务院联防联控机制关于进一步优化落实新冠疫情防控措施的通知、山西省疫情防控工作领导小组关于落实进一步优化新冠疫情防控措施的意见及中央党外人士座谈会议精神。黄晓君主持会议并讲话。

是日　市委常委、军分区司令员王彬，军分区动员处处长刘贵平调研翼城县民兵训练基地项目推进情况。

11 日 临汾市五届人大二次会议开幕。黄晓君、李放明、范帆等驻翼市人大代表在翼城县分会场参加会议。

13 日 翼城县召开落实“三个文件”扎实开展“冬季行动”专题推进会议，深入贯彻落实市政府“三个文件”精神，对扎实开展“冬季行动”，全面做好岁末年初重点工作进行再动员、再部署、再推进。

是日 黄晓君会见原临汾市总工会副主席毛志鹏带队的山西唐煌文化传媒有限公司电影《吴春安》摄制组一行。

15 日 黄晓君会见山西容晟玛钢有限公司董事长张山应、山西玛钢协会书记杨安平等晋中市太谷区企业家一行，双方就促成铸造领域合作相关事宜进行会谈。

21 日 县十七届人大常委会召开第十三次会议。会议听取和审议翼城县 2022 年第二次预算调整方案、2021 年度翼城县预算执行和其他财政收支审计查出问题整改情况的报告。表决通过和审查批准有关事项。

是日 县政协召开十五届八次常委会会议。会议听取县政府关于“三箭齐发”项目推进情况的通报和县政协关于起草实施工业振兴战略，推进“三箭齐发”项目建设建议报告的说明。会议审议通过《政协翼城县委员会关于实施工业振兴战略推进“三箭齐发”项目建设的建议报告(讨论稿)》。

27 日 杨海林到中卫卫生院和王庄卫生院检查疫情防控工作，详细了解发热诊室设置、医疗器械和常规药品配备等情况。

是月 翼城县获评 2021—2025 年度第二批全国科普示范县。

是月 翼城县获评 2022 年全国大豆高产竞赛“金豆王”。

翼城概览

自然环境

【位置面积】 翼城县位于山西省的南部,临汾盆地南隅,东邻沁水,西接曲沃,南与绛县、垣曲接壤,北与浮山、襄汾相连,面积116776.28公顷。

【地形地貌】 翼城县位于太岳山、中条山和临汾盆地的交接部位,西北边缘又是临汾盆地中柴庄—塔儿山隆起东端。总的特点是地势东高西低,东部向南延伸较远,而东部又是南高北低,北、东、南三面环山,最高处舜王坪北峰海拔为2358米,最低处下阳村西南浍河海拔为475.2米。由于地质构造运动的差异性升降,三面山地不断上升,中间盆地逐步下降,盆地边缘地带形成山前裙式洪积平原。北、东、南群山环抱,平原堆积地貌、黄土梁峁侵蚀堆积地貌和山岳侵蚀均衡发育。县中西部地势平坦,在山地与平川过渡地区广布黄土丘陵。大部分地区海拔500~1500米。境内山地、丘陵、平川各占1/3,其中山区、丘陵区面积836.3平方公里,占全县土地总面积的72.1%。山区出露地层有寒武系、奥陶系、石炭系,二叠系、三叠系等。

【气候】 翼城县属暖温带大陆性气候。年平均气温13.4℃,1月最冷,平均气温-1.7℃,年极端最低气温-19.6℃;7月最热,平均气温26.6℃,极端最高气温40.5℃。年平均降水量491.9毫米,降水多集中在每年的7—9月,7月最多。历年最大降水量为715.7毫米,最小降水量为336.4毫米。年平均降水日数77.2天;年平均无霜期228天;年平均日照为2342.8小时;年平均风速为1.6米/秒,全年主导风向为东北风,极端瞬间最大风速达36米/秒(1992年7月28日);≥0℃初日和终日分别为2月11日和12月6日,其间积温为4979.7℃。主要气象灾害有干旱、冰雹、暴雨、大风、寒潮、霜冻等。

自然资源

【土地资源】 截至2022年,翼城县面积116776.28公顷。其中,耕地面积35459.99公顷、园地面积6431.1公顷、林地面积53194.49公顷、城镇村及工矿用地面积8835.67公顷、交通运输用地面积1115.34公顷、水工建筑45.44公顷、水域面积911.35公顷、湿地54.14公顷、其他土地面积4437.88公顷。

市政府下达翼城县耕地保有量53.02万亩,基本农田保护面积43.8万亩。翼城县现有耕地面积53.19万亩,永久基本农田保护面积43.99万亩。

【矿产资源】 翼城县位于中条山和太岳山之间。气候温和,地域辽阔,自然资源丰富。耐火黏土开发利用潜力很大,现初步探明的矿产有煤、铁、铜、金、银、铅、锌、锂、铷、硅石、石灰岩、重晶石、麦饭石、耐火黏土以及花岗岩、大理石、天然建筑材料等。这些矿产有的品质好、易开采,有的储量大、分布广,具有一定的开发利用价值。

煤炭　煤为翼城县重要矿产,现有大型矿床1个、中型2个。根据煤炭地质储量和分布情况,可分为两大矿区:一是西阎矿区,该区与沁水接壤,属无烟煤区,以9#、2#、3#煤种为主。二是隆化矿区,以9#、9+10#、1#、2#煤种为主。翼城县煤层地质构造比较简单,地层平缓,倾角不大(一般为3~15度),煤层稳定。全县现有煤矿企业37家,经煤矿企业兼并重组整合后,保留煤矿企业13家,年产能约990万吨。

铁　翼城县铁资源储量丰富,根据矿石成因,可分为两大类。

1. 磁铁矿:分布于县城北部辛安、王庄、里砦一带山区。距县城5~15公里,共有12个矿区。董家洼矿区探明大小矿体33个,品位40.8%~42.4%,硫、磷含量较低,完全符合工业指标;大鼓山矿区探明大小矿体17个,品位42.79%~55.59%;东庄矿区探明大小矿体13个,平均品位40%;马家庄矿区分为3个矿体,平均品位45%~54.95%;郑庄矿区分两区4个矿体,平均品位42.72%~45.85%;弃里东沟矿区分为3个矿体,平均品位54.6%~60.7%;感军矿区探明大小10个矿体,平均品位46.36%;车返矿区平均品位47%;吉善沟矿区平均品位35%;神沟矿区平均品位40%;刁凹矿区平均品位33%;卦里矿区为原地矿局物探队磁测普查发现,并圈定异常范围,确定异常性质为浅层磁铁矿引起,经实地揭露为很丰富的磁铁矿。

2. 褐铁矿:分布于县城东南山区的西阎、甘泉、二曲一带。矿体多为窝子状、透镜状、扁豆状产出,一般长50~100米,品位在30%~50%。可划分为4个矿区:柳铺矿区平均品位45%;十河矿区平均品位45%;青洼—店上矿区平均品位47%;陆家—坂上矿区平均品位47%。

截至2022年底,全县有煤矿企业8家,铁矿企业21家(16家持有效采矿许可证、2家正在办理采矿权延续、3家持有划界批复),石料企业5家,合计34家。

冶金辅助原料　翼城县石灰岩资源可观,南北沿山均有出露,主要分布在东山一带,探明储量达2亿多吨,其中石灰岩1.5亿吨、白云岩0.5亿吨。现有石料企业5家,其中白云岩1座、重晶石1座,其余均为石灰岩,合计年产能约25.3万吨。

【水资源】　全县水资源现状　根据临汾市第二次水资源评价结果,1956—2000年翼城县河川径流量为6553万立方米,地下水资源量为12154万立方米,扣除重复计算量2272万立方米后,水资源总量为16435万立方米。地下水可开采量为4765.9万立方米,其中岩溶水1723.7万立方米、平川孔隙水2998.1万立方米、山区裂隙水44.1万立方米。

考核目标和年度水量分配　临汾市人民政府办公厅《关于印发临汾市实行最严格水资源管理制度工作方案和考核办法的通知》下达翼城县用水总量控制目标2015年为6192.7万立方米,2020年用水总量指标为6714.7万立方米,2030年用水总量指标为7169.6万立方米。

依据临汾市水利局《关于做好2022年度全市取用水计划管理工作的通知》,分配翼城县2022区域用水总量为6929万立方米,其中地表水控制在4386万立方米、地下水控制在2300万立方米、再生水和矿坑水等非常规水源用水量123万立方米。

【生物资源】　植物资源　据调查,翼城县境内有种子植物88科385属747种,其中裸子植物2科3属5种,被子植物86科382属742种(双子叶植物78科332属657种,单子叶植物8科50属85种)。

翼城县除混沟一带尚留以栎类、五角枫、脱

皮榆为优势的部分原始植被,其余均为屡遭破坏后重新恢复起来的次生植被。主要有油松和华山松天然次生林,以栎类为主的硬杂木天然次生林,以榛子、连翘、荆条、刺玫、翅果油、白刺花、丁香、沙棘为主的灌木丛,还有白草、蒿类、薹草、黄背草等草木。此外,还有少量白皮松、侧柏次生林。人工造林以油松、侧柏、刺槐、国槐、杨树为主,还有核桃、枣、花椒、苹果等经济林。

翼城县天然次生林主要分布在东南部大河、西阎、桥上、甘泉、二曲、隆化山区;人工林在全县均有分布,其树种山区以油松、华山松、侧柏为主,丘陵平川区以刺槐、国槐、杨树为主。灌草盖度阴坡一般在0.5以上,阳坡在0.4以下;农作物有小麦、玉米、谷子、豆类、马铃薯、红薯、蔬菜等。

野生动物资源　翼城县有动物204种,其中鸟类有14目34科152种,兽类有6目15科34种,两栖动物1目3科5种,爬行动物2目4科13种。

属国家保护的种类有黑鹳、鸢、苍鹰、雀鹰、松雀鹰、大鵟、普通鵟、毛脚鵟、金雕、草原雕、乌雕、猎隼、灰背隼、燕隼、红脚隼、红隼、红角鸮、雕鸮、纵纹腹小鸮、长耳鸮、短耳鸮、金钱豹22种。

属省重点保护的野生动物有苍鹭、金眶鸻、四声杜鹃、小杜鹃、普通夜鹰、蓝翡翠、星头啄木鸟、黑卷尾鸲、贺兰山红尾鸲、红腹红尾鸲、小麝鼩、普通刺猬等。

【林地资源现状】　全县林地总面积800828亩,森林覆盖率32.68%,林木绿化率42%,分为国有和集体。国有林地面积274695亩,集体林地面积526133亩。集体林地乔木林338267亩,灌木林地130500亩,其他林地57366亩。

【生态保护红线】　全县国家公益林面积149195亩,省级公益林面积76168亩,地方公益林面积300770亩;退耕地还林面积35000亩;翅果油保护区面积150000亩。

【涉林经济林面积】　全县涉林经济林面积82万亩,其中核桃面积5万亩,连翘面积77万亩(野生连翘60万亩、人工栽植17万亩)。

【适宜造林面积】　根据造林绿化空间调查评估,适宜割灌造林并已落地上图面积23925亩。

建置区划

【建置沿革】　尧舜时期,翼城属唐地,尧受封于此。在甸服禹贡冀州之域,为古大夏之墟。

夏商时期,仍属唐,为商王朝的重要诸侯国。

西周初年,唐有乱,为成王所灭,后成王封其弟叔虞于唐,史称“剪桐封弟”。至叔虞子燮父始改唐为晋而都于翼。

春秋时期,仍属晋,晋景公十五年(前585)始将国都由翼迁往新田(今侯马市)。

战国时,县城属绛地,初属韩,旋属赵,后属魏。

秦时,县属河东郡。

西汉,县名绛县,属河东郡。

东汉,易名绛邑县,属河东郡。合翼、沃、绛为一邑。

三国魏正始八年(247),分河东汾北十县为平阳郡,绛邑县属平阳郡。

西晋、东晋时期,绛邑县,仍属平阳郡。

北魏太和十一年(487),置曲沃县与闻喜县,隶正平郡,绛邑县始一分为三。熙平二年(517)置北绛县,在今北绛村。孝昌三年(527)于今翼城置北绛郡,领北绛、新安二县。建义元年(528),又于今绛县置南绛郡,领南绛、小乡二县。

北齐,废南绛郡,与北绛郡北绛县合。

北周,县境分属晋州北绛郡北绛县和绛州正平郡小乡县。

隋开皇三年(583),罢北绛郡为晋州,徙治故晋都城。开皇十八年(598),改北绛县为翼城县,属绛郡。义宁元年(617),合翼城、绛县为翼城郡,并置小乡县。

唐武德元年(618),郡废置浍州,武德二年(619)改为北浍州,武德四年(621)州废,县属绛州;天祐二年(905)改名浍川县,治北绛村。后唐长兴元年(930),复名翼城县,徙治王逢寨。

北宋名为翼城县,隶绛州。

金兴定四年(1220)升为翼州,辖垣曲、绛县、隆化县。

元初复名翼城县,隶绛州。

明洪武二年(1369),改隶平阳府,清因之。

中华民国初属河东道,民国17年(1928)道废,直隶省政府管辖。民国27年(1938)后,被日军占领。民国30年(1941),设青城县。民国34年(1945),废青城县,二、五区回归翼城,改属太岳二专区。民国36年(1947)4月,翼城解放,属太岳第二行政公署。民国37年(1948)8月,设翼城临时专署。1949年8月,回归山西省建制。

中华人民共和国成立初期,属翼城临时专署,1950年改属临汾专区,1954年属山西省晋南专区。1970年县属临汾地区,2000年县属临汾市。

【行政区划】 截至2022年底,翼城县有7个镇、2个乡,即唐兴镇、南梁镇、里砦镇、隆化镇、桥上镇、西阎镇、王庄镇和南唐乡、中卫乡,146个行政村,146个村民委员会,14个社区居民委员会。

人口和民族宗教

【人口家庭】 2022年,翼城县实施积极应对人口老龄化国家战略,实施三孩生育政策及配套支持措施,改革完善人口计生服务管理制度,及时调整人口与生育政策保障领导小组,完善人口与生育政策保障领导小组职责,强化日常服务管理,推动生育政策实施。全县人口家庭工作继续保持健康稳定发展态势。

年末全县常住人口259158人,其中城镇常住人口115223人,城镇化率为44.46%。全年出生人口1607人,出生率为6.2‰;死亡人口2021人,死亡率为7.79‰;自然增长率为-1.59‰。

全县共有60周岁以上老年人50550人,其中65岁以上34590人、百岁老人8人。全县失能人员1173人,其中城镇87人,农村1086人;半失能人员1529人,其中城镇64人,农村1465人。各乡镇卫生院组建家庭医生签约服务团队,与辖区内老年人签订家庭医生服务协议,定期对其进行健康服务,辖区内65岁以上老年人健康管理率达80%以上。

全县各级医疗机构分别就近与6家养老机构签订医托协议,各乡镇卫生院、村卫生室就近与各村(社区)41家日间照料中心签订医托协议,定期给予健康监测,满足老年人的健康需求。全年服务2600余人次。

【民族宗教】 翼城县是全省民族宗教工作重点县。全县共有22个少数民族,总人口2519人。少数民族中,回族人口最多,共2253人,主要分布在唐兴镇北关、下高和中石桥村3个少数民族聚居村。有民族小学1所。全县伊斯兰教、天主教、基督教信教群众有1.1万余人。

中国共产党翼城县委员会

综　述

【概况】　2022年，中共翼城县委高举习近平新时代中国特色社会主义思想伟大旗帜，认真学习贯彻党的二十大精神和习近平总书记考察调研山西重要讲话重要指示精神，团结带领全县广大干部群众，踔厉奋发、勇毅前行、为争当临汾争先进位崛起排头兵、建设全方位高质量发展强县奠定坚实基础。

【政治建设】　2022年，翼城县委始终坚守一心向党的政治意识，强化思想引领，牢牢把握翼城工作的正确方向。

以创新形式推动党的政治理论学习入脑入心。紧抓“关键少数”，进一步推进全县各级党委(党组)理论学习中心组学习制度化、规范化，领导干部的政治素质和综合能力明显提升，里砦镇党委被授予“全省党委(党组)理论学习中心组学习示范点”。围绕项目谋划、安全生产等内容开设“翼起学”大讲堂7期，广大党员干部普遍掌握了应知应会内容，并运用到全方位推动高质量发展的生动实践当中。

以务实举措推动习近平总书记考察调研山西重要指示精神见行见效。组织召开县委十四届六次全会，制定出台《关于全面贯彻落实习近平总书记考察调研山西重要指示精神的实施方案》，完善贯彻落实工作机制，每半年开展一次督导检查，以务实举措和过硬作风推动10个方面50条贯彻落实措施落到实处。

以实际行动推动党的二十大精神在翼城落地落实。紧跟省委、市委步伐，组织召开县委十四届七次全会，制定出台《关于深入学习宣传党的二十大精神的实施方案》，各级党员干部深入到乡镇、农村(社区)、群众家中开展宣讲，形成“一个讲堂、数位讲师、百支团队、千人名嘴、万人践学”的学习宣讲大格局。全县上下坚决捍卫“两个确立”、做到“两个维护”的坚定信念和社会氛围全面形成。

【经济发展】　2022年，翼城县委始终保持一往无前的奋斗姿态，推进产业转型，经济高质量发展呈现强劲态势。

大力实施工业振兴战略，高质量发展基础不断夯实。着眼于“顶天立地”，紧盯“让群众在家门口就业挣钱”目标，集中全力推进“三箭齐发”重点项目。晋南钢铁热连轧精品钢材料项目奠基，山西闽光156万吨焦化转型升级及4万吨高性能碳负极材料项目全面开工，华翔新材料科技园一期5万吨工程机械零部件生产线进入试运行，舜达公司盘活重整工作与中国一汽集团签订合作框架协议，迈出实质性步伐。

大力实施实体经济振兴战略，高质量发展质效不断提升。着眼于“铺天盖地”，深入推进“青年创新创业筑梦工程”，先后建成1个县级青年“双创”示范基地，20个细分领域示范基地，制定出台《加快建设创新高地人才新政二十条（试行）》，建立县级人才工作基地3个，县级博士工作站5个，引进各类高层次人才120余人，有效激发市场主体活力，全年新增市场主体1.01万户。

大力实施乡村振兴战略，高质量发展活力不断释放。全力巩固脱贫攻坚成果，在全省首家建立20项防返贫监测和精准帮扶机制，紧盯十类重点人群逐户开展核查，确保防返贫监测及时发现、应纳尽纳。严格落实粮食安全党政同责，小麦促弱转壮技术被全国农技中心评为典型案例，大豆带状复合种植模式获全国大豆高产“金豆王”称号，农村产权制度改革喜获农业农村部表彰，冬小麦以每亩855.13公斤的产量连续三年刷新全省亩产记录，农业发展基础更加牢固。

大力实施文旅振兴战略，高质量发展后劲不断增强。以创建“国家级全域旅游示范县”为目标，谋划打造“唐风晋韵 · 魅力翼城”文旅系列活动品牌，举办里砦桃花文化旅游节、古城文化旅游节等一系列线上线下宣传推介活动，统筹推进文化惠民、文物保护利用、非遗传承发展等工程，县博物馆“历史与文化”主题展项目建成并对外开放，积极推进翼城花鼓、翼城浑身板、翼城琴书外出展演，翼城文化的软实力和影响力不断提升。

【改善民生】 2022年，翼城县委始终恪守一心为民的公仆情怀，倾力改善民生，人民群众的获得感进一步提升。

在亲民上拿出真举措。在全市率先开展“向人民交账”承诺践诺活动，采取总结汇报、观摩评比、现场问政、交流展示每季主题不同、工作环环相扣的形式，将各乡镇、各部门实施的重点工作交由群众评判、接受群众监督，既有效化解一批难点问题，扎实推动一批重点项目，加快推进一批民生实事，更使全县各级干部转变了工作作风。

在惠民上抓出真成效。全心全意办好人民满意的教育，高考二本B类以上达线率达70.5%，中考600分以上281人，是全市其他各县市区人数的总和；桐封技师学院建设项目扎实推进，填补了全市技工学院的空白。深入开展“提质强医”工程，备受全县人民期待的新县医院建成投用，“健康翼城”建设迈出坚实步伐。大力发展养老服务业，新建2所区域养老服务中心和40所农村老年日间照料中心，形成“1+9+N”布局结构和“两域三级”的养老服务体系，创建全省养老服务示范县。统筹抓好就业、社保、住房等民生实事，努力让人民群众的幸福感、获得感更加充实、更有保障、更可持续。

在利民上付出真行动。全力打好大气污染防治攻坚战，全年城区环境空气质量综合指数为4.09，同比下降1.4%，优良天数达280天，两项指标均在全市平川7个县市区排名第一。深入实施城市更新行动，继续抓好八一路、新华路、绛源路、翔翼街等县城主街道的改造提升工程，启动实施唐尧大道生态治理、桐封公园、九龙公园等一批群众热切期盼的利民工程，规划建设一批带状公园、口袋公园，县城智慧停车和城市运行服务“两个管理平台”建成，城市形象颜值、功能品质进一步提升。

【安全生产】 2022年，翼城县委始终树牢一抓到底的底线思维，筑牢安全屏障，社会大局保持持续和谐稳定。

居安思危守牢安全发展底线。全面落实安全生产“十五条硬措施”，深入开展安全生产专项整治、“大检查、大整治、大提升”“反三违、除隐患、防事故”等一系列行动，全县安全生产持续保持稳定向好态势。

如履薄冰守牢信访底线。扎实开展“集中治理重复信访、化解信访积案”专项行动，持续巩固提升平安翼城建设水平，高标准完成县乡两级综治中心规范化建设工程,形成立体化、信息化社会治安防控体系。

【从严治党】 2022年,翼城县委始终坚持一鼓作气的决心和韧劲,全面从严治党,政治生态迈向持久的风清气正。

全面提升基层治理能力。扎实开展“抓促提”专项行动,探索出以农业托管为主、多条路径增收的“1+N”集体经济发展模式。全县土地托管面积达到7.7万亩,仅此一项2022年为每个村增收20余万元,经验做法得到农业农村部、省委、市委领导的充分肯定,农业托管“一种服务带出的效率”被央视《新闻联播》《朝闻天下》等多个栏目报道。

切实营造良好舆论环境。严格落实意识形态工作责任制,高标准推进新时代文明实践中心建设,对县级文明实践中心进行提档升级,组建267支志愿服务队,打造43个志愿服务项目,注册志愿者达7万余人。各类文明实践活动启迪心灵、惠及百姓、富有成效、群众满意,全市新时代文明实践中心建设工作推进会在翼城县召开。

持续筑牢廉洁自律防线。扎实推进“清廉翼城”建设,聚焦重点领域和“关键少数”,深入开展“三个一批”重点村治理、农村乱占耕地建房整治等专项行动,反腐败压倒性胜利持续巩固发展。锲而不舍落实中央八项规定精神,健全纠“四风”、树新风并举的长效机制,巩固拓展基层建设工作成果,常态化开展警示教育,让广大党员干部时刻知敬畏、存戒惧、守底线。

(尉海虹)

县委办公室工作

【概况】 2022年,县委办公室坚持以习近平新时代中国特色社会主义思想为指引,认真学习贯彻党的二十大精神和习近平总书记考察调研山西重要讲话重要指示精神,紧紧围绕质效提升这一目标,努力践行“崇德、自信、创新、争先”的新时代翼城精神,狠抓精细化管理,上下一心,务实重行,开拓创新,完成各项工作任务,推动县委各项决策在翼城落实落地。

【政治建设】 2022年,县委办公室始终把党的政治建设摆在首位,把党办姓党、听党指挥作为加强办公室机关党建第一位要求,不断增强办公室全体人员党的意识和党员意识,坚决捍卫“两个确立”,做到“两个维护”。以党的二十大精神、习近平总书记考察调研山西重要指示精神、《习近平谈治国理政》第四卷、习近平总书记“五个坚持”重要要求为主要内容,开展集中学习,撰写心得体会,组织开展5次集中交流研讨,牵头制定《关于深入学习宣传贯彻党的二十大精神的实施方案》,带头抓好各项任务落实,以正确认识和实际行动坚决维护习近平总书记党中央的核心地位、坚决维护党中央权威和集中统一领导。坚持以建设“重学习、勤思考、善研究、多交流”的学习型机关为目标,健全完善办公室周例会制度,采取轮流主持、轮流领学的形式,每周一认真组织办公室全体人员开展集中学习,深入学习中央和省委、市委、县委关于产业转型、乡村振兴、创新创业、全域旅游、基层治理、疫情防控、安全维稳等方面的决策部署,认真落实《关于新形势下党内政治生活的若干准则》,定期对办公室全体人员学习笔记进行监督检查,有效杜绝学习不深入、学用两张皮问题的发生,办公室全体人员的理论素质、工作能力和业务水平得到有力提升。严格执行“三会一课”、主题党日、双重组织生活、民主评议等各项制度,县委主要领导带头以普通党员身份参加支部活动,采取集中学习、警示教育、红色革命教育、廉政教育等多种形式开展组织生活,真正做到组织生活程序规范化、活动经常化，积极培养6名新入职人员为入党积极分子，办公室党支部的整体合力充分凝聚。

【参谋服务】 2022年，县委办公室始终坚持“忠诚、敬业、奉献、担当、高效”的党办精神，从严从实推动各项工作任务落细落实，有力有效推动“三服务”工作上新台阶。一是充分发挥综合协调作用。加强与县级领导和乡镇、部门之间的衔接，及时上传下达重要事项，善于沟通、勤于汇报，承上启下、沟通内外、协调左右、联系四方，确保政令畅通、运转有序、落实高效。高质量完成各类调研、考察活动及相关会议的组织协调服务，筹办县委经济工作会、全县工作会、常委（扩大）会等重要会议，常态化推进应急值班值守，完成各类公务接待的后勤服务工作，全面做好应急保障工作。二是不断提高以文辅政能力。对每篇文稿从审题立意、结构布局到观点提炼、遣词用句，字斟句酌、反复讨论，高标准撰写县委领导讲话、报告、工作汇报等一批综合文稿，力求用精品文稿指导全县工作。2022年，按照“严把政治关、政策关、文字关和格式关”的要求，共起草、审核、编发县委及办公室文件200余件，无一失误，并切实加强党内规范性文件备案工作，按时向市委办公室报备党内规范性文件8件，有效保证党内法规制度体系的统一性、严肃性和权威性。聚焦领导关注热点、改革发展重点、群众反映焦点，深入一线调研，加强综合分析研究，力争拿出实实在在的、有利于民生的举措。三是严格执行县委领导和办公室领导带班制度、24小时值班制度、首办问责制度、责任追究制度和督导检查制度，对县委值班室进行重新装修，配备相关硬件设施，健全完善以县委值班室为中心、乡镇县直单位值班室为分支、应急值班为重点的“大值班”工作格局。

【督查督办】 2022年，县委督查室按照“突出重点、抓住关键、创新方式”的工作思路，围绕贯彻落实习近平总书记考察调研山西重要指示精神，牵头制定实施方案，明确10个方面50条贯彻落实举措，采取书面＋实地督查的方式，开展3轮督导检查，形成清单管理、督导落实和定期“回头看”的闭环机制，有力推动习近平总书记重要指示精神在翼城落地生根、开花结果。围绕县委“四大振兴”战略、“六大提升”行动，聚焦重点项目建设、疫情防控、森林防火、巡视整改等重点工作开展督促检查60余次，编发《督查专报》46期，决不让县委的决策部署在县委办公室这个枢纽环节断档延误，有效确保县委政令畅通和各项工作扎实推进。按照“批给谁、谁承办、谁负责”的原则，进一步明确县委领导批示事项督查督办程序、责任和时限，采取专人盯办、严格审核、及时反馈、定期汇总、定期通报的方式，全年共办理县委主要领导批示件15件，切实做到“件件有着落、事事有结果、项项有回音”。

【协调服务】 2022年，县委办公室充分发挥办公室综合协调功能，注意调动方方面面的积极性。统筹兼顾地做好协调工作。充分发挥主观能动性，预先安排工作，做到事前勤沟通、事后多反馈，确保工作准备充分，衔接紧密。第一，搞好领导之间的协调。坚持原则性与灵活性相结合，及时向领导汇报情况，听取指示，统筹安排领导人员的活动，使各位领导之间的工作联结成一个有机整体。第二，加强与人大办、政府办、政协办之间的协调。主动加强联系，及时就县级各大班子的重大决策部署和需要协调的问题进行沟通，取得理解与支持。第三，搞好部门之间的协调。以化解矛盾、加强协作、凝聚人心、聚合力量为目的，经常与部门交流情况，协调处理好各部门间的关系，推动全县形成团结一致求发展、齐心协力抓落实的良好氛围。认真做好矛盾化解工作。坚持群众利益无小事的工作准则，全力为党委政府分忧，认真为人民群众解愁。积极做好源头工作,加强对矛盾纠纷的排查调处,最大程度地把群众反映的问题解决在当地基层和萌芽状态。加大对热点难点问题的协调处理力度,改进工作方法,转变工作作风,会同有关部门深入基层,变“上访”为“下访”,就地解决具体问题,有效减少重复访。务实高效地做好会务和接待工作。坚持提前准备、分工负责、层层把关,做到会场布置整洁庄严,会场服务细致不马虎,会议材料齐备无差错。热情接待来人来访,树立县委“窗口”的良好形象,精心编制接待方案,按照“热情、文明、周到、节约”的原则,妥善处理每个细节,完成上级和兄弟县市到翼城县检查指导工作的各项接待任务,做到让客人满意、让领导放心,充分展示翼城人民的礼仪风范和对外形象。

【提升工作能力】 2022 年,县委办公室深入贯彻全面从严治党要求,坚决扛起主体责任,不断加强党的建设,营造风清气正的政治生态。持续强化政治理论武装。定期组织召开支委会和支部党员大会,充分利用“学习强国”App 平台,全面系统学习习近平新时代中国特色社会主义思想,认真学习领会党的二十大精神,及时跟进学习习近平总书记最新重要讲话和指示批示精神,不断提高政治判断力、政治领悟力、政治执行力。全面落实意识形态责任。根据《翼城县党委(党组)意识形态工作责任制实施细则》要求,切实夯实基层组织阵地。着力打造一流队伍。2022 年,坚持抓班子带队伍,做到“班长”与班子成员勤沟通、常交心、纳群言,大事讲原则,小事讲风格,工作上支持,生活上关心,办公室全体成员形成相濡以沫、团结协作、创业谋事的良好风气,班子凝聚力、战斗力、号召力显著提高。深入推进党风廉政建设。坚持把党的政治纪律和政治规矩挺在前面,全面落实党风廉政建设责任制,认真贯彻执行民主集中制,重视做好廉洁文化建设,绷紧廉洁之弦,革除作风之弊,弘扬新风正气,反对特权思想、特权行为,坚守政策底线、规矩高线、制度标线,做到固守红线、不碰高压线。

(尉海虹)

组织工作

【概况】 2022 年,翼城县有党组织 709 个。其中,党委 17 个、党总支 59 个、党支部 633 个;企业党组织 125 个,事业单位党组织 126 个,机关党组织 139 个,社会组织党组织 22 个,其他党组织 297 个。全县有党组 42 个,县委派出工委 3 个。行政村中有党组织 323 个,其中党委 9 个、总支部 34 个、党支部 280 个。全县有党员 17406 人,其中预备党员 215 人、女党员 4196 人。

【思想政治建设】 2022 年,县委组织部把教育引导党员干部深入学习贯彻习近平新时代中国特色社会主义思想和党的创新理论成果作为首要政治任务,在学深悟透、知行合一上下功夫,不断提高党员干部的政治素养。一是持续开展主题培训活动。结合习近平新时代中国特色社会主义思想、党的十九届六中全会精神、省第十二次党代会精神等内容,举办第 6 期乡科级领导干部主体班、驻村干部专题培训班、乡镇综合行政执法队培训班等专题培训活动,全年共组织 1.3 万余名党员干部持续跟进学习理论知识,促进各级党员干部理论素养得到进一步提升。二是不断创新教育培训形式。依托山西干部在线学院等线上平台,采取定期指导、按月通报的方式,督促各单位组织党员干部线上学习党的十九届六中全会精神、习近平法治思想等专题内容。聚焦党风廉政建设、乡村振兴、抓党建促基层治理能力提升等主题,扎实开展“读学考”系列学习 10 期,组织全县各单位认真学习、开展评测,持续深化理论武装。三是认真学习贯彻党的二十大精神。研究制定全县组织系统学习贯彻党的二十大精神实施方案,组织召开动员部署会,并就组织系统学习贯彻党的二十大精神进行详细安排,确保全县各级党组织和广大党员干部真正以实际行动体现学习贯彻党的二十大精神的良好成效;动员全县各基层党组织扎实开展学习贯彻党的二十大精神“七个一”(一次专题学习、一次主题宣讲、一次知识测试、一次交流座谈、一次联系调研、一次志愿服务、一次工作梳理)主题党日活动,有效引导广大党员干部在严肃党内政治生活中学习贯彻好党的二十大精神;组织全县副科级以上领导干部开展“学思践悟凝共识 踔厉奋发开新局”学习贯彻党的二十大精神主题演讲比赛活动,以讲促学,以学促干,进一步营造出全县各级领导干部学习贯彻党的二十大精神的浓厚氛围。

【基层党组织建设】 2022 年,县委组织部坚持以抓党建促基层治理能力提升专项行动为契机,持续增强基层党组织政治功能、组织功能和服务功能,不断强化基层党组织在经济发展、疫情防控等工作中的战斗堡垒作用。一是扎实开展专项行动。按照省委、市委部署安排,第一时间成立专项办、5 个工作组、12 个工作专班和5 个督导组,紧盯农村和城市两个领域重点任务清单48 项重点任务,全年组织召开 20 余次调度会、部署会和31 次督查指导,制定出台相关制度47 项,通过挂图作战、“回头看”、专项督导、定期调度等多项工作措施,压紧压实责任,推动任务落实,各工作专班在依托农业生产托管壮大村级集体经济、全面推行农村党员积分制管理、党建引领网格治理、“星级文明户”创评、乡镇综合行政执法等工作上都取得成效,依托农业生产托管壮大村级集体经济、农村党员积分制管理典型做法以专报形式上报省委专项办。二是有效推动村级集体经济发展壮大提质。突出“党建引领 + 市场推动”,建立“1 + 9 + 335”(“1”即县级村发公司,

2022 年 3 月 15 日,翼城县“提升农业生产托管壮大集体经济”现场会在桥上镇举行　　(组织部供图)

“9”即 9 个乡镇村发公司,“335”即 335 个村级联合社、合作社)市场主体体系,明确“1 + N”(“1”即农业托管,“N”即特色产业型、乡村旅游型、资产盘活型、物业服务型等 N 种产业类型和支部领办型、村民合作型、村企联合型、联村共建型 N 种实施主体)集体经济发展路径。2022 年,村级集体经济收入达 10 万元以上的村 151 个,占比 100%;达 30 万元以上的村 68 个,占比 45%,有经营性收入的村 151 个,占比 100%,超额完成市定目标任务。三是扎实推进基层党组织队伍优化提升。对全县农村党组织书记进行综合分析研判,对 12 名村党组织书记进行调整;举办两期农村干部“领头雁”暨村级集体经济壮大提质培训班,增强村干部发展村级集体经济的能力;对村(社区)党组织书记实施星级化管理,将评星结果与报酬待遇挂钩,实现奖优罚劣,激励担当作为;深入开展农村党员积分制管理,有效激励党员先锋模范作用发挥。四是强化发展党员和党员队伍管理工作。紧扣“党员进党校”培训总体要求,集中培训党员 1.6 万余人,结合送学送教上门,完成党员轮训任务。严把党员发展程序,全年共发展党员 146 名。深入开展农村发展党员违规违纪问题排查,对存在“四类问题”的 156

名党员进行分类处理处置。采取规定动作+自选动作、线上+线下等方式,持续规范组织开展“三会一课”“主题党日”活动,强化党员党性锻炼,坚定党员理想信念。五是有力推进阵地建设提标提质。按照“一院六室九配套”标准,推动31个村党群服务中心提档升级;按照“一厅、两馆、三室、四中心”标准,推动县级党群服务中心建成并投入使用;聚焦为民便民利民,合理布局党建阵地,推动唐霸华府、祥薇苑小区、丹桥路、凤凰城小区、舜尧小区、澳宇花园等6个小区党群服务驿站和三琪商圈党群企服务中心建成并投入使用。六是扎实推进各领域党建工作。不断提升社区精细化管理水平,健全完善“社区党总支—网格党支部(党小组)—微网格党员联户”组织体系,在社区成立网格党支部(党小组)196个,网格党组织实现全覆盖;强化社区物业党建联建,101个小区全部实现物业服务和物业服务企业党建全覆盖;整合现有党的建设、综合治理、社区治理、数字城管等各类系统信息资源,委托专业公司开发“翼城智慧党建”管理服务平台,系统建设完成。强化两新组织党组织建设,成立综合党委、物业行业党委、互联网行业党委、快递物流行业党委和21个党支部,非公经济组织党组织覆盖率89.9%,社会组织党组织覆盖率94%,评选出16名优秀两新组织兼职党建工作指导员,并调整补充22名指导员。与此同时,机关党建、国有企业党建、学校党建和公立医院党建等都得以扎实推进。

【干部队伍建设】　2022年,县委组织部树立选人用人正确导向,坚持实践、实绩、实干导向,深刻把握事业为上、实事求是、正向激励、反向约束等原则,进一步增强全县各级党员领导干部担当作为、干事创业的积极性主动性。一是配齐配强乡镇干部力量。结合全县乡镇事业副科级领导岗位空缺等实际情况,按照县委统一部署,深入开展与乡镇干部谈心谈话活动,任免调整相关干部29人,晋升乡镇事业管理岗位八级职员12人,干部干事创业积极性得到进一步激发。二是持续加强优秀年轻干部队伍建设。统筹使用乡镇事业编制,完成113名到村(社区)工作大学生招聘工作,制定日常管理办法,确保到村任职大学生尽快投入乡村振兴生动实践中;结合各单位各部门人员编制情况,为县纪委监委、县委办等22家单位招录公务员34名,全县干部队伍年龄结构得到进一步优化。三是认真落实乡镇工作人员轮岗交流制度。统计乡镇从事组织人事、纪检监察、财务、民政、农村经济管理等岗位满10年的干部情况,及时对涉及的4个乡镇的5人进行轮岗交流,进一步提升干部队伍干事创业的积极性和主动性。四是从严干部队伍日常管理监督。继续抓好《工作日志》制度落实,注重过程性管理,定期同乡镇和部分县直单位领导班子成员开展谈心谈话活动,全面掌握班子运行情况,关心班子成员思想、工作、生活等情况。强化干部日常监督,严格执行“凡提四必”,针对公务员职级晋升、部分单位股级干部配备等事宜,共征求执纪执法部门意见12批次204人次,进一步规范各级各部门干部队伍的从政行为。五是强化年度目标责任考核结果运用。有效实行“首位激励制”和“末位淘汰制”,充分发挥典型引领作用,推选出担当作为表现突出市管县级领导干部2人,科级及以下担当作为先进典型16名,积极营造“以实绩论英雄”的良好氛围。

【人才工作】　2022年,县委组织部聚焦县委、县政府大力实施的“四大振兴”战略、“六大提升”行动、“个十百千万”工程,持续深化县校合作,全方位培养、引进、用好各类人才,为翼城高质量发展蓄能赋势。一是广开门路引才。围绕全县经济社会发展需求,按照精准引才、按需引才的工作思路,回引翼城籍在外工作优秀人才17

人，引进高层次紧缺急需人才28人，分别充实到乡镇、机关、事业单位等岗位，畅通翼城籍在外优秀人才回报家乡、服务县域经济发展的“绿色通道”。二是创优基地用才。紧盯重点项目重点产业，突出实用导向，持续推进县校合作，先后与33家省内外高校院所建立联系，落地落实合作项目68项，引进硕士70人，柔性引进博士36人，建成博士工作站2个，扎实推动人才链与产业链深度对接、人才发展与产业发展深度融合。三是多措并举留才。强化对优秀人才的政治引领和吸纳，17名高层次人才被推选为“两代表一委员”。深入开展党委联系服务专家工作，完善县级领导联系服务机制，组织开展健康体检活动，进行重大节日走访慰问。全面落实“人才新政二十条”政策，完成2批次2571人的高层次人才申报认定工作，发放生活补贴、学费补贴22万元，进一步营造爱才敬才用才的浓厚氛围。

【组工队伍建设】 2022年，县委组织部注重加强自身建设，持之以恒在坚决捍卫“两个确立”、围绕中心服务大局、深入调研精准答题和强化作风提升能力等四个方面带好头，紧紧围绕县委“四大振兴战略”“六大提升行动”这一中心目标任务，全面落实部务会成员领题调研制度，深入一线开展调查研究，以破解难题、精准答题带动整体工作提升；持续用好“学讲练比”活动载体，加强对组工干部特别是新入部人员的教育管理，全力打造提笔能写、开口能讲、问策能对、遇事能办的“四能干部”队伍。

【疫情防控】 2022年，县委组织部认真贯彻中央、省委、市委、县委疫情防控决策部署，持续巩固翼城疫情防控成果，为保障人民群众生命健康安全和生产生活秩序提供有力保障。突出党员干部作用发挥。充分发挥基层党组织战斗堡垒作用和党员先锋模范作用，在各社区成立180个小区（片区）临时党支部，组织75家县直单位1784名在职党员到社区、网格（小区）党组织报到开展志愿服务，全部纳入应急预案体系，协助社区（小区）做物资保供等工作。制定疫情防控一线工作人员关心关爱“五条措施”，扎实开展进行一次走访慰问、开展一次志愿服务、识别一批党员干部、选树一批先进典型等活动，从县管党费中划拨17.9万元，重点用于慰问奋战在疫情防控一线的医务工作者、交通管理人员、场站工作人员等，有效保障下沉党员干部齐心协力守好“翼城阵地”。

（耿殿升 贾学科）

宣传工作

【概况】 2022年，翼城县委宣传部坚持以习近平新时代中国特色社会主义思想为指导，以迎接宣传贯彻党的二十大精神为主线，打造“翼起学”大讲堂学习品牌，构建“一个讲堂、十位讲师、百支团队、千人名嘴、万人践学”的宣讲格局，开展党的二十大精神宣讲50余场次，实施中心组列席旁听全覆盖，里砦镇、西阎镇党委分别被授予全省党委（党组）理论学习中心组学习示范点和基层理论宣讲示范点。开办《二十大时光》等20余个专题专栏；打造精品栏目《向人民交账》，《临汾日报》头版头条介绍翼城经验。市级以上主流媒体发稿988条，其中中央新闻联播等主流媒体栏目12条、国家级网站22条。

2022年以来，县委宣传部大力加强精神文明建设工作，广泛培育和弘扬社会主义核心价值观，群众文明素养和社会文明程度不断提升，全县建设267支新时代文明实践志愿服务队，打造43个志愿服务项目，注册志愿者7万余人，“日行一善”济困助残项目入选全国学雷锋志愿服务“四个一百”最佳志愿服务项目，深入开展“家家

防疫争当星级户 人人抗疫争做文明人”文明实践活动,全市新时代文明实践工作推进会在翼城召开;创作大型抗疫主题音乐剧《因为有你》,在全县引起强烈反响;承办临汾好人发布会和“好基地讲好故事”翼城站宣讲活动;郭春明被中央文明办评为“中国好人”。举办“喜迎二十大 奋进新征程”广场舞大赛、摄影展等系列群众性文化活动和“唐风晋韵·魅力翼城”系列文旅活动;图书《二十四节气与七十二物候》和歌曲《为党旗增辉》获市“五个一工程奖”。

【理论学习】 2022 年,县委宣传部紧紧抓住领导干部这个关键,扭住全县各级党委(党组)理论学习中心组这个龙头,充分发挥示范带动作用,深入学习贯彻习近平新时代中国特色社会主义思想,全县各级理论中心组学习 500 余次,县委理论学习中心组集中学习 26 次,其中“翼起学”大讲堂宣讲 7 次。里砦镇党委依托红蓝马甲“两色队伍”精心打造乡村精品党课,实现村村有流动课堂,处处有实践课堂,被授予全省党委(党组)理论学习中心组学习示范点称号。西阎镇创新“五小载体”抓手,做到新时代农村小广播天天响、新时代流动小茶桌周周讲、新时代文艺宣传小分队月月演、新时代综合小课堂处处有、新时代经典小戏台村村进,被评为全省基层理论宣讲示范点。组织全县党员干部深入学习《习近平谈治国理政》第四卷、《中国共产党宣传工作简史》、《百年大党面对面》、《百年初心成大道》等重要理论书目,党员干部政治理论素养进一步提升。印发《翼城县 2022 年列席旁听工作计划》,分季度对全县 9 个乡镇、58 个县直部门理论学习中心组进行列席旁听全覆盖,推动全县各级党委(党组)理论学习中心组学习制度化、规范化、科学化。

【理论宣传】 2022 年,县委宣传部发挥“翼起学”大讲堂学习品牌引领作用,召开全县学习贯彻党的二十大精神宣讲动员会、全县宣传思想战线学习宣传贯彻党的二十大精神推进会,对学习宣传贯彻党的二十大精神作出全面安排和总体部署。组建县级领导宣讲团、乡镇部门宣讲团、理论骨干宣讲团,深入开展党的二十大精神宣讲活动,推动党的二十大精神进机关、进校园、进企业、进农村、进社区、进网络、进“两新”组织。各系统行业分级分类宣讲、百姓宣讲、线上宣讲同步展开,全年共开展党的二十大精神宣讲 110 余场次,在全县掀起学习贯彻党的二十大精神的热潮,形成浓厚氛围。各乡镇利用抖音、短视频、美篇号等创新开展线上理论宣讲和政策宣传,推动党的创新理论“飞入寻常百姓家”。

2022 年 11 月 11 日,全县学习贯彻党的二十大精神宣讲工作动员会召开 (李勇娜供图)

【信息工作】 2022 年,县委宣传部制定出台《翼城县加强网络文明建设的实施方案》,深入开展网络环境专项整治活动,成立“翼网情深 振兴有我”志愿服务队,围绕疫情防控、防范养老诈骗、高考防诈骗等方面拍摄短视频 200 余个,以群众喜闻乐见的形式进行线上宣传;扎实做好信息报送工作,其中 1900 余篇被综合采用;向省委宣传部报送信息 2567 篇,其中 122 篇被综合采用,完成省委宣传部专题信息调研约稿 6 篇,信息工作走在全省第一方阵。

【媒体宣传】 2022 年,县委宣传部紧紧围绕迎接党的二十大召开、疫情防控、乡村振兴、移风易俗、优化营商环境、抓党建促基层治理能力提升专项行动、创建省级文明城市等重大主题,开办《喜迎二十大》《二十大时光》《向人民群众交好账》等20余个专题专栏，各平台共发稿1.3万余条(次)。“爱翼城”App安装100818次，注册会员12819人次。“今日翼城”公众号累计发布334组、2672条；“翼城广电”公众号累计发布334组、2538条。累计制作发布短视频1500余条，进一步激发全县干部群众干事创业的热情和信心。完成上级媒体播发稿件988条，在《人民日报》、新华网和《瞭望周刊》先后发稿20余条，《春耕春管由南向北大面积展开》等5条央视《新闻联播》播出，《一种服务带出的效率》等十余条在央视《朝闻天下》《第一时间》等多个栏目播出。打造县级精品问政栏目《向人民交账》，通过“向人民汇报”“向人民承诺”“请人民监督”3个版块，以现场承诺、实地督查、媒体暗访的形式，及时向全县人民汇报反映全县推动全方位高质量发展取得的阶段性成果，推动各级各部门担当作为、争先进位，在全县营造协同发力、干事创业的浓厚氛围。《临汾日报》在头版头条介绍翼城县经验。

【文明创建】 2022年，县委宣传部以创建省级文明城市为契机，以翼城县医疗集团人民医院、国网翼城县供电公司创建国家级文明单位为引领，深入开展文明创建活动，推荐里砦镇、里砦村创建全国文明村镇，推荐首旺煤业等省级文明标兵单位3个，推荐县检察院等省级文明单位5个，推荐隆化镇、王庄镇等省级文明乡镇5个，推荐中卫村、辛庄村、南梁村、东西郑村等省级文明村11个，推荐翼城中学、北关小学等省级文明校园4个，推荐中卫乡浮图村张素萍省级文明家庭1个；推荐张俊杰等4人和蓝天救援队为临汾市“十大道德楷模”候选人；持续开展“新时代好少年”“我身边的好人”“道德模范”“最美家庭”“文明家庭”“文明企业”等评选活动，共选树县级“新时代好少年”35名并于“六一”儿童节前夕进行表彰，选树“我身边的好人”14名，在电视台、“今日翼城”公众号同步开设“寻找最美身边翼城好人”专栏进行事迹展播；郭春明被中央文明办评为“中国好人”。探索德治先行、乡贤辅治基层治理的新路径，实施“千名乡贤助百村”“共建乡贤连心桥”“引乡贤返乡创业”三个专项行动，建立“专家学者、商界精英、乡土人才、五老议事”四大智库，全县9个乡镇共建立166个乡贤数据库，吸纳乡贤2680余名，组建成立40个类别121个“乡贤连心桥”子品牌工作室，蹚出一条“党委引领综治、乡贤参与辅治、各方融合共治”的基层治理新路径，举办全县乡贤连心桥揭牌仪式，召开“同架乡贤连心桥 共画治理同心圆”座谈会，该做法先后在省委宣传部、中宣部宣传信息网刊发。

【文明实践】 2022年，全县建设267支新时代文明实践志愿服务队，打造43个志愿服务项目，注册志愿者7万余人，召开翼城县新时代文明实践项目建设推进会南梁现场会，举办翼城县新时代文明实践志愿服务授旗仪式，制作发布翼城县新时代文明实践形象歌曲《一生的荣耀》和新时代文明实践专题片《翼路花香》，全市新时代文明实践中心建设工作推进会在翼城县召开。“日行一善”济困助残项目入选全国学雷锋志愿服务“四个一百”最佳志愿服务项目。组织开展“全民抗疫 战疫有我”文明实践活动和“家家防疫争当星级户 人人抗疫争做文明人 创建无疫情(社区)村”活动，充分发挥新时代文明实践和“星级文明户”在疫情防控中的重要作用。将“星级文明户”作为“抓党建促基层治理能力提升”活动的一支重要力量，并组织引领星级文明户带头参与镇村疫情防控、重要工作的宣传和保障工作。全县共打造29个典型村，评选星级文明户52584户、十星级文明户21225户，评选乡级文明户223户，推荐县级文明户19户。

【文化繁荣】 2022年，县委宣传部印发《翼城县推进中华优秀传统文化传承发展工程2022

年度工作计划》;拍摄《我们的节日——春节》贺岁 MV、《我们的节日——清明》MV、《守护非遗 传承文化——人民的非遗 人民共享》三部文旅宣传片;举办“喜迎二十大 奋进新征程”广场舞大赛、摄影展等系列群众性文化活动和“唐风晋韵·魅力翼城”系列文旅活动,开展春晚和“年货节”等十项“两节”文化活动,创作大型抗疫主题音乐情景剧《因为有你》。出版发行散文集《月的足迹》、长篇小说《大荒外》等作品,图书《二十四节气与七十二物候》和歌曲《为党旗增辉》获市“五个一工程”奖。承办全市好基地讲好故事巡回宣讲翼城站宣讲工作,举办全县“好基地讲好故事”专题故事会。组织各文艺协会开展“文化下乡送春联,笔墨飘逸暖民心”活动、助力冬奥运动会工艺美术展览活动、“种文化 进校园 喜迎二十大”活动,深入开展送戏下乡、送电影下乡活动,完成全县 212 家农家书屋 2022 年度补充更新工作,开展艺术培训讲座 6 场。

(李勇娜)

统战工作

【思想政治引领工作】 2022 年,县委统战部按照中央、省、市、县有关要求有序开展各项理论学习教育。县委常委、统战部部长杨文明在县委理论学习中心组向全体成员传达全国宗教会议精神,中央统战工作会议精神,省、市统战部长会议精神和习近平总书记关于做好新时代党的统一战线工作的重要思想;部机关坚持集中学习与自学相结合的原则,制订年度机关学习计划,每周组织机关全人员进行开展理论学习,以建设“清廉翼城”为目标,按照省委、市委、县委关于清廉建设的部署要求,成立领导小组,健全工作机制,制定实施方案,扎实开展清廉建设工作。6 月 10 日,组织宗教团体负责人、宗教活动场所负责人在城内村基督教堂开展“反邪拒邪”教育培训会。6 月 21 日,邀请市委统战部副部长、民族宗教局局长郭琰,尧都区人大常委会教科文卫工委主任刘玉江在翼城县第六期乡科级干部主体班上,先后就民族宗教理论知识、《中国共产党统一战线工作条例》进行专题授课。6 月 25 日,组织机关全体人员、县工商联全体人员、太原翼城商会会员到吴春安红色教育基地、赵宝成红色教育基地重温共产党人的初心使命。7 月 31 日,组织归国留学生参观中国共产党成立 100 周年党史展、翼城博物馆、翼城优品展览馆等并召开座谈会,留学生们纷纷发言,对翼城县的发展提出意见和建议。10 月 14 日,组织北关村清真寺管委会班子成员学习“以铸牢中华民族共同体意识为主线,推动新时代党的民族工作高质量发展”和“坚持我国宗教中国化方向”,进一步夯实和引导全县宗教中国化发展方向。10 月 16 日,组织全县广大统战成员,收看党的二十大开幕会的直播盛况,收听学习习近平总书记的重要讲话精神,要把学习贯彻党的二十大精神作为当前和今后一个时期的重要政治任务和自觉行动。

【贯彻落实《中国共产党统一战线工作条例》】 2022 年,县委统战部把学习宣传贯彻落实《中国共产党统一战线工作条例》作为推进工作的一项主要措施来抓,通过宣传解读、细化举措、督促检查,推动全县各级党组织切实增强统战意识。强化“两个学习”,即加强理论学习和干部队伍学习。坚持定期开展理论学习、干部队伍学习雷打不动,通过晨会、专题教育、座谈会等方式,提升干部队伍政治素质、法治思想和工作能力。同时,将《中国共产党统一战线工作条例》纳入党校教学内容,在翼城县主体培训班上邀请市委领导进行专题讲座。县委统战部出台《中共翼城县委统战部关于设立统战工作联系点通知》《中共翼城县委统战部关于设立翼城籍在外人士联络服务站的通知》文件，在全县设立6处统战工作联系点，15处翼城籍在外人士联络服务站，覆盖了无党派人士、党外知识分子、党外代表人士、非公有制经济人士、新的社会阶层人士、出国和归国留学人员，通过搭建联系联络平台，广泛团结各领域内优秀人才和代表人士，进一步发挥统战联系作用，做好翼城统战服务工作。1月，召开翼城籍在外走访翼城籍在外人士摸底工作安排会议，对翼城在外各界人士进行信息统计，并协助县委召开翼城县在外人士座谈会。第一、二季度，在各联系点开展各类联谊活动、座谈会合计11次，分类分众积极引导各领域内人士凝聚政治共识，引导他们充分发挥参政议政、民主监督作用，同时促使各界人士通过联系点加强沟通，整合资源，为翼城县各领域内更好、更高质量的发展带来方向和计划，促使大家共同发展、共同进步。6月25日，成立翼城籍在外人士联络服务站，积极联系翼城籍在外人士，不断提升翼城籍在外人士的归属感和自豪感。6月29日，翼城县首家"临汾市华侨文化交流基地"和"临汾市特色侨产品"在西阎镇正式揭牌，充分发挥品牌作用和资源优势，以文化引侨力、聚侨心、促发展，为翼城高质量发展贡献侨界力量。

2022年6月29日，翼城县首家"临汾市华侨文化交流基地"和"临汾市特色侨产品"在西阎镇正式揭牌
（王淑贤供图）

【民营经济统战工作】 2022年1月20日，县委统战部指导全县非公经济人士成立翼城县青年创新创业联合商会搭建沟通平台。3月16日，在里砦镇政府召开"万企兴万村"里砦镇企村对接推进会，企业家结合对接村的实际情况，给予出谋划策。3月24日，在隆化镇政府开展"万企兴万村"隆化镇企村对接推进会，联合工商联会员企业18家企业开展企村对接，进行交流发言，企业家到对接村进行实地调研，并结合实际情况出谋划策，共谋发展。3月31日，组织优化营商环境座谈会，邀请相关部门和企业面对面交流，确立汇丰中心幼儿园、和谐百货有限公司等5家企业为"优化营商环境、服务民营企业"联系点，及时帮助企业解决烦心事、难办事，为全县优化营商环境建言献策。5月27日，组织召开青年创新创业联合商会第一次班子会议，会上宣读关于推进清廉民营企业建设的实施方案，从制度上为构建"亲""清"政企关系保驾护航。6月25日，太原市翼城商会举办"回故乡、迎七一、谋发展"活动，商会会长、山西晋通送变电公司董事长张风翔一行先后到唐兴镇春安村劳模基地、古城村赵宝成纪念馆和翼城高质量钢铁新材料工业园区进行参观，宣传推介翼城，在引资、引智、引技等方面铺路搭桥。8月11日，县工商联组织各商会到侯马通过开座谈会、实地调研深化两地商会交流、合作，同时开展侯马、翼城、洪洞"两县一市"缔结友好商会签约仪式。9月14日，由组织清廉企业到山西泰鑫塑胶制品股份公司参观学习，其间查看企业党支部建设和清廉企业建设资料，并观看清廉警示教育片。9月29日，在孙毅齿科举行"翼城县清廉民企示范点"揭牌仪式，随后开展"喜迎二十大，奋进新征程——庆国庆、扬清风、展形象"读书会活动，不断推进全县清廉民企建设向纵深发展。在2022年山西省疫情防控形势严峻阶段，疫情防控工作转为常态化，为保障全县疫情防控工作平稳，组织翼城县爱心企业

为全县疫情防控一线工作人员捐献物资价值合计30万余元。此外还建立《翼城县规范政商交往正负面清单（试行）》，制定《翼城县委统战部关于构建亲清新型政商关系的实施意见》《翼城县民营经济统战领域工作协调机制》《领导干部联系民营企业实施方案》等。

2022年4月27日，县委统战部组织首旺煤业、沙钢矿业投资公司和晟泰青洼煤业举行"助力疫情防控，我们在行动"爱心捐赠活动　　（王淑贤供图）

【宗教事务管理工作】 2022年，县委统战部在翼城县民族聚居村、宗教活动场所开展法治宣传工作，并组织对宗教团体及宗教活动场所负责人开展法治宣传培训，举办"反邪拒邪"签名活动，引导全县信教群众合法信教。联合卫生系统、市场监督管理局在重大节点前后对全县清真食品进行联合执法，保障全县清真食品安全，营造风清气正的民族团结进步创建及宗教信仰环境。

【宗教活动场所管理服务】 2022年，县委统战部强化政治意识，同时对宗教活动场所进行消防、食品卫生、防汛等方面隐患排查治理。继续实行网络化管理，对清真食品加工、餐饮、销售等企业实行一季一检查，在重大节日期间，对清真食品安全监管进行责任划分，明确职责范围，并要求各乡镇、重点村按照"属地管理"的原则，做好辖区清真食品监督管理工作。落实安全设施，完善应急预案，成立安全工作领导组，实行责任到人、落实到位。

【统战档案整理和统战志编纂工作】 2022年，县委统战部根据县委档案管理要求，通过收集、整理、编研，整理自1958年至2021年1万余件（卷）档案，于11月25日将全部档案移交到县档案馆。为发扬统一战线的优良历史传统，促进统战文化和统战实践发展，统战部组织编纂统战志，客观、全面、真实、系统地反映翼城县统一战线的发展历程，再现翼城县统一战线的辉煌历史。

（王淑贤）

巡察工作

【概况】 2022年，县委巡察办领导班子全面贯彻巡视巡察工作方针，坚守政治巡察定位，统筹疫情防控和巡视巡察工作，高质量开展三轮巡察工作，为全方位推动翼城高质量发展筑牢坚强的政治保障。

【思想政治引领】 2022年，县委巡察办牢牢把握党中央治国理政新理念新思想新战略，深入学习贯彻党的二十大精神，扛牢主体责任，始终坚持党建引领，持续深化政治巡察，在新的历史起点上把基层党建工作不断推向深入，为新时代巡察工作高质量发展提供坚强政治保证。坚持以政治建设为统领，持续强化理论武装。全面落实中心组理论学习会议制度，深入学习领悟党的二十大和习近平总书记考察调研山西重要指示精神，贯彻落实省第十二次党代会精神和市第五次党代会"1355"战略部署要求以及县委重大决策部署要求，及时跟进学习习近平总书记最新重要讲话和重要指示批示精神，重点学习贯彻习近平总书记关于巡视巡察工作的重要论述，不断提高理论素养、政治素养、精神境界和解决实际问题的能力，将学习成果转化为政治巡察的强大思想武器和行动指南。开展中心组理论学习4次，集体学习重要论述等23次。全面推进廉洁文化建设,筑牢清廉翼城思想根基。全面推进廉洁文化建设,通过构建以提升组织力为重点、以丰富实践为主体、以发掘优秀传统文化为依托、以廉洁教育为基础的廉洁文化培育工作体系,努力营造崇廉尚廉、争先创优的浓厚氛围,开展“以案促改促治 勇做忠诚卫士”警示教育活动,观看警示教育片3次,开展集体廉政谈话3次,参观红色教育基地4次。

2022年8月24日,十四届翼城县委第三轮巡察工作动员部署会议召开　　（蔡文丽供图）

【巡察工作】 2022年,县委巡察办旗帜鲜明把“两个维护”作为政治巡察根本任务,紧扣服务保障中心大局,深化政治巡察,在发现问题、形成震慑上下功夫,在推动改革、促进发展上下功夫,在坚持以人民为中心、推动解决人民群众反映强烈的突出问题上下功夫,充分发挥监督保障执行、促进完善发展作用,切实保障党的理论和路线方针政策在翼城不折不扣落实。一是聚焦工作主线,为十四届县委巡察工作开展提供高水平谋划。根据十二届省委巡视工作规划和五届市委巡察工作规划,坚持从政治和战略高度思考和部署巡察工作,科学谋划制定《十四届翼城县委巡察工作五年规划》《翼城县村党组织巡察工作计划》和《2022年度巡察工作计划》,统筹安排常规巡察、专项巡察、机动式巡察和巡察“回头看”。二是加强巡察工作组织实施,高质量开展三轮常规巡察。2022年,县委巡察工作领导小组组织开展十四届县委第一轮、第二轮和第三轮巡察,对16个县直单位党组织和2个乡镇开展常规巡察,对2个“三个一批”村和4个普通情况类村开展延伸巡察。截至2022年底,县委第一轮和第二轮巡察共发现共性问题136个,整改108个,正在整改28个;发现问题线索27件,移交县纪委监委19件,移交被巡察单位党组织8件,办结11件,正在办理16件,立案调查7人,给予党纪处分7人;发现并向被巡察单位党组织反馈立行立改问题20个。三是全面总结提升,高标准完成市委巡察指导督导配合工作和整改工作。根据市委巡察工作领导小组部署,2022年4月上旬至2022年6月上旬市委第八巡察指导督导组对翼城县巡察工作进行指导督导。县委巡察办领导班子主动接受、全力配合市委巡察指导督导,全面履行巡察办统筹协调、指导督导、服务保障职能,着力完善巡察制度体系,着力科学运用方式方法,着力加强干部队伍建设,着力推进信息化建设,提升巡察组政治监督能力,并以此为契机,深入研究解决制约翼城县巡察工作高质量发展的难点问题,及时补短板、强弱项,提升巡察工作规范化水平,推动翼城县巡察工作高质量发展。按照市委指导督导组要求,全面梳理总结十三届县委落实巡察工作主体责任、县委巡察工作领导小组落实组织实施责任以及各轮巡察工作的相关工作资料,按照18个大类,分别整理装订工作资料100余册,准确全面地反映十三届县委巡察工作成果。针对市委第八巡察指导督导组的反馈意见,巡察办领导班子高度重视,按照整改要求,以提升站位强化整改,建立台账细化整改,靶向聚焦精准整改的工作思路,狠抓整改落实,将指导督导组反馈的把握政治巡察定位、工作统筹安排、巡察工作质量、巡察成果运用、干部队伍建设5个方面问题细化为10个具体问题,制定31项具体整改措施。至12月,10个问题按期整改并长期坚持。

【巡察整改工作】 2022年，县委巡察办坚持加强巡察工作统筹协调，着力构建横向系统集成、协同高效，纵向上下同向、联动有力的监督格局，以责任清晰的制度体系促进同题共答。一是建立巡察整改和成果运用责任体系。深入学习贯彻《关于加强巡视整改和成果运用的意见》，制定《县委巡察整改和成果运用职责清单》，明确6个责任主体，提出"六个强化要求"，通过领导小组参加反馈会、县级分管领导捆绑责任、巡察整改"闭环运行"等一系列工作督促被巡察党组织严格落实整改主体责任。县委巡察办切实发挥统筹协调、跟踪督导、汇总分析的作用，把巡察整改融入日常工作、融入深化改革、融入全面从严治党，推动巡察机构、纪检监察、组织部门与被巡察单位同频共振、同向发力、同题共答，真正把巡察"后半篇文章"做实做好。2022年1月，在《晋巡参考》发表领导小组组长署名文章一篇。二是发挥巡察办巡察整改统筹督促作用。及时跟踪督办整改进展情况，始终坚持沟通在前、协调在先，在问题线索的办理中，与纪委监委案管室保持密切沟通；对被巡察单位党组织的整改情况及时跟进督促，采取电话催办、微信群通知、下发督办函、报告整改情况、建立销号台账等形式，强化跟踪督促，持续传导整改监督压力。截至2022年12月，巡察反馈共性问题整改率达79.4%，问题线索办结率达40.74%，巡察震慑、遏制、治本作用进一步彰显。三是开展联动整改、协同整改和整改指导工作。2022年5月中旬至下旬，由县委办公室牵头，联合县纪委监委、县委组织部、县委巡察办成立督查组，对营商环境专项巡察整改情况、县委书记专题会"点人点事"事项办理情况、巡察整改日常监督情况开展全面督查，进一步落实县委巡察工作主体责任，强化巡察整改政治监督，持续巩固和拓展巡察成果。6月中旬，按照县委书记黄晓君在粮食购销系统机动式巡察整改专题民主生活会上的指示要求，组织专门力量对县粮食储备服务中心巡察整改工作情况进行现场指导，共发现面上问题5个、个性问题21个，并向县委巡察工作领导小组进行书面汇报。6月21日至23日，派骨干力量参加县纪委监委监督检查组，对粮食中心巡察整改情况开展监督检查。

【规范化建设】 县委巡察办坚持以"讲政治、树形象、争一流"为工作目标，努力健全工作规则、规范工作程序、严格内部管理，不断提升巡察工作规范化、法治化、正规化水平。一是高标准完成制度"废改立"工作。坚持"以党章为根本、以巡视工作条例为主干、以配套制度为支撑"，借鉴市委指导督导反馈意见，不断完善巡察工作流程，严明工作纪律。二是加强巡察监督与保密监督检查有机贯通、相互协调。建立县委巡察办与县委保密办对接协调机制，发挥党管保密政治优势，强化党管保密政治责任，将保密监督检查纳入到巡察监督中。三是广泛开展巡察宣传。2022年8月，拍摄十三届翼城县委巡察工作纪实片《铸巡察利剑 谱清风华章》，制作巡察之歌《铿锵脚步》，以生动形象的画面和铿锵有力的歌声展示巡察成果、宣传巡察政策、贯通群众监督，不断助推巡察工作向纵深发展。

【队伍建设】 2022年，县委巡察办进一步规范机构队伍建设，坚持专兼结合、盘活力量、灵活调配，建好常设组、临时组两支队伍，用好专职干部、相对固定干部、抽调借调干部三支力量，为十四届巡察高质量发展提供坚实组织保障和人才支撑。一是严格政治标准，坚持优中选优。进一步完善落实巡察组组长、副组长选配机制，运用"双向选择"工作机制，从而优化组员结构，调动干部积极性，构建竞争激励机制，提高巡察效率。二是发挥巡察岗位培养、锻炼干部的平台和熔炉作用。积极探索建立新提拔干部、优秀年轻干部到巡察岗位锻炼的工作机制,抽调干部原则上连续参加两轮巡察。每轮巡察结束后对抽调干部巡察锻炼情况进行综合评估评价,作出鉴定,并定期以书面形式通报县委组织部和派出党委(党组)。三是坚持以政治建设为统领,落实"支部建在组上"要求。发挥党建引领作用,加强干部教育培训,实行分级负责、分类培训,开展专题培训、日常培训,做到全员覆盖、全面覆盖,2022年开展业务培训108人次。加强干部日常监督管理特别是巡察间隙期的监督管理,严格落实作风纪律后评估制度,完善内控机制,抓早抓小,防患于未然,打造政治过硬、本领高强、忠诚干净担当的巡察队伍。

(蔡文丽)

网络安全和信息化

【概况】 2022年,县网信中心结合翼城县工作实际,组织召开全县网信工作会议,制定出台相关工作体制机制。开展网络管理工作,全年报送信息快报35期、信息专报4期;组织开展网络环境专项整治工作,查处违规直播案件1起;组织开展网络安全宣传周活动,联合有关部门针对疫情防控、防范养老诈骗、高考防诈骗等方面进行网络安全宣传;组织成立"翼网情深、振兴有我"网络志愿服务队,开展网络管理工作。

【网信委工作会议】 2022年,县网信中心认真学习贯彻中央、省、市网信委有关会议精神,全面贯彻落实《党委(党组)网络意识形态工作责任制实施细则》,认真落实网络意识形态主体责任,增强"四个意识"、坚定"四个自信"、做到"两个维护"。同时,结合翼城县工作实际,组织召开网信委专题工作会议,制定《翼城县网信工作2022年工作要点》,制定出台《翼城县加强网络文明建设的实施方案》,为全县网信工作开展理清思路,明确目标任务,制定考核依据,从而确保全县网信工作稳步有序开展。

【网络信息管理】 2022年,县网信中心按照省、市网信办相关工作部署和县委、县政府要求,严格落实值班制度,重点关注环保、养老、教育等领域,开展网络信息管理,基本做到及时发现、快速上报、妥善处置。向县委、县政府及相关单位报送互联网信息快报35期、信息专报4期。

【网络环境专项治理】 2022年,县网信中心认真落实市委网络环境专项整治活动要求,周密安排,积极行动,扎实开展一系列工作。结合翼城县实际,联合县委宣传部、县公安局制定《翼城县2022年网络环境专项整治活动实施方案》,成立以县委常委、宣传部部长为组长的网络环境专项整治工作领导小组,强化工作重点,推动全面排查,加强宣传,营造良好氛围,确保专项整治工作落地落实。先后召开翼城县网络环境专项整治工作动员部署会议和推进会,对各单位的整治重点进行明确和细化。

【网络安全宣传】 2022年,县网信中心联合各相关单位依次举办校园日、电信日、法治日、金融日、青少年日和个人信息保护日6项网络安全宣传周主题日活动。通过"网络安全进校园""网络安全进社区""网络安全进企业"活动宣讲网络安全知识,在出租车、公交车电子屏播放网络安全宣传知识,营造良好的宣传氛围。此次网络安全宣传周活动,共发放宣传折页5000余份、宣传手册1000余份、宣传海报100余张、网络安全知识手袋500个,制作宣传展板20余个。同时,在全县范围内进行养老、高考防诈宣传,营造全民防诈的浓厚氛围。在红泉社区、康乐寿敬老院发放防范养老诈骗知识手册、倡议书1000份,以案释法向群众讲解防诈知识。到翼城中学、先成中学考点发放高考防诈知识手册1000份。

【网络宣传】 2022年,县融媒体中心在翼城新闻网、爱翼城新闻客户端、今日翼城微信公众号广泛宣传全县经济社会等活动,为全方位推动高质量发展凝聚强大正能量。

【自媒体管理】 2022年,县网信中心成立“翼网情深、振兴有我”网络志愿服务队,围绕疫情防控、防范养老诈骗、高考防诈骗等工作拍摄短视频30余个,“翼城评说白生文”的抖音作品多次在“翼城融媒”抖音账号上宣传报道,浏览量最多的一条达5万次以上,点赞1708次。在翼城县网民中起到很好的宣传效果,让群众能够在网络上学习知识、了解政策、遵守政策。召集全县抖音平台运营者代表召开抖音平台运营者座谈会,专项清理相关抖音短视频内容,通报存在的问题,规范平台网络信息内容,倡导文明传播秩序,积极为全县经济社会发展传递真善美、传播正能量。

(许剑虹)

机构编制

【事业单位改革】 2022年,县委编办进一步深化事业单位改革,持续巩固事业单位改革成果。一是加强安全生产监管执法队伍建设。核定应急管理综合行政执法队伍财政拨款事业编制74名,名称为翼城县应急管理综合行政执法大队,明确乡镇社会事务办公室(平安建设办公室)负责承办乡镇应急管理、安全生产和防灾减灾救灾相关工作。在2021年公开招聘政府系统事业单位工作人员工作中为应急管理综合行政执法大队和煤矿安全监管中心各拟定招聘1人,2022年引进相关专业高层次紧缺急需人才5人。二是加快构建公共文化服务体系。成立翼城县图书馆和翼城县人民文化馆,翼城县文化发展服务中心加挂翼城县美术馆牌子,不再加挂翼城县图书馆、人民文化馆牌子,重新划定工作职责,进行人员调整,完成法人登记。9个乡镇党群服务中心统一加挂“XX乡(镇)综合文化站”牌子,各配备1至2名负责公共文化的工作人员。三是完善事业单位分类。按照省委、市委编办下发的事业单位分类字典,逐单位逐类别对系统内事业单位进行重新选择与划分,确保事业单位分类合理、精准、规范。

【乡镇综合行政执法改革】 2022年,县委编办配合司法部门深入各乡镇开展执法队伍人员调研工作,明确各乡镇综合行政执法办公室编制核定标准为3至5名,全县9个乡镇中5个乡镇(唐兴镇、隆化镇、南梁镇、王庄镇、中卫乡)5名,2个乡镇(里砦镇、南唐乡)4名,2个乡镇(桥上镇、西阎镇)3名,综合行政执法队事业人员各乡镇均核定编制5名。同时,联合县委组织部对符合条件的执法人员开展资格审查,最终通过审查的执法人员共101人,其中公务员57人、事业干部44人,备案调整全部完成。

【乡村振兴万人计划】 2022年,县委编办结合事业单位进行重塑性改革,强化编制资源统筹管理,全力配合实施“乡村振兴万人计划”,在2021年招聘44名到村工作的优秀大学毕业生基础上,进一步盘活用好编制周转池制度,将部分县直事业单位100名全额事业编制纳入全县编制周转池,专门用于招聘到村(社区)工作的优秀大学毕业生,实行单列管理、动态调整,充分保障2022年113名到村(社区)工作的优秀大学毕业生用编需求,提前一年全面实现“一村一名大学生”计划,为乡村振兴注入强大的人才动能。

【权责清单】 2022年,县委编办与县行政审批服务管理局、县司法局积极沟通、密切配合,9月15日召开乡镇权责清单工作推进会,明确各乡镇及有关部门在权责清单梳理工作中的程序、任务、办法、时间节点与工作质量要求。最终经三部门审核确认,共梳理乡镇权责事项102条,其中行政许可5条、行政处罚5条、行政强制6条、行政征收1条、行政给付3条、行政检查9条、行政确认2条、行政裁决2条、其他行政权力69条。11月26日,县政府第21次常务会议审议通过《翼城县乡镇权责清单》,县政府办下发《关于印发〈翼城县乡镇权责清单(2022年版)〉的通知》,完成对原乡镇权责清单的动态调整工作。

【机构编制管理】 2022年,县委编办联合县委组织部成立4个检查小组,对全县党政群机关、事业单位开展机构编制检查工作,全面摸清机构、编制、领导人数、实有人数、人员结构等信息数据,进一步强化机构编制刚性约束。同时,坚持机构编制月报制度,严格机构编制实名制管理,督促各单位逐月按时报送自然减员、调入调出人员信息,并指定专人对实名制系统数据及时进行维护变更,为公务员、事业单位、人才引进等各类人员公开招考招录提供数据支撑。2022年全县共招录公务员33人,事业单位工作人员38人,引进高层次急需人才23人及在外工作的优秀翼城籍返乡人才17人。

【事业单位法人年度信息报送工作】 2022年,县委编办严格按照《事业单位登记管理暂行条例》和《实施细则》规定,制定下发《关于事业单位法人报送年度报告的通知》,明确年度报告报送公示的范围、时间、方式、内容及材料,做到全部事项一次性告知。1月1日至3月31日,受理94家事业单位年度报告书,报告率100%,已通过翼城县人民政府门户网站予以公告。

【事业单位法人登记工作】 2022年,县委编办结合事业单位重塑性改革工作,认真梳理全县事业单位调整情况,扎实开展事业单位法人登记清理规范行动。全年共审核办理事业单位法人登记92个,其中办理事业单位初始登记7个、变更登记22个、注销登记63个。

【统一社会信用代码赋码和中文域名注册续费工作】 2022年,县委编办共审核办理党政群机关变更统一社会信用代码8个,201家注册单位全部完成中文域名续费工作。

【事业单位登记管理实地核查工作】 2022年,县委编办按照“双随机、一公开”的原则,选定翼城县教育事务服务中心、翼城县促进外来投资服务中心等10家事业单位进行实地核查,通过听汇报、查资料等方式,对核查中发现法人证书正本没有按规定悬挂的3家单位,实行现场立整立改。核查结束后,核查结果和整改情况通过翼城县人民政府门户网站和翼城县委编办微信公众号予以公示。

(张思琪)

县直机关党建

【概况】 2022年,中共翼城县直属机关工作委员会管辖8个党委、20个党总支、48个直属党支部,共220个基层党组织,3780名中共党员。县直工委工作职能是贯彻执行党的路线、方针、政策,规划县直机关党的建设并组织实施。2022年,县直工委以党的政治建设为统领,以学习宣传贯彻党的二十大精神为主线,以机关党组织标准化规范化建设为抓手,坚持“双抓促实、双建争先”工作举措,牢牢把握“围绕中心、建设队伍、服务群众”核心任务,当好“三个表率”,为全方位推动高质量发展提供坚强政治保障。

【班子履责方面】 2022年,县直工委班子牢固树立抓好党建是最大政绩的理念,注重对党建工作的顶层设计和整体谋划。在广泛开展调研、充分听取干部群众意见建议、专题讨论研究的基础上,进一步厘清党建工作思路,制定符合县直机关党建工作实际的《2022 年县直机关党的建设工作要点》，确定“四个方面 21 项工作重点”，为机关党建工作有效开展打下坚实基础。严格落实意识形态工作责任制和网络意识形态工作责任制，召开 4 次意识形态领域形势分析研判会，精准掌握形势任务和工作进展。安排 9 个党建督导组参加指导督促各党组织党内政治生活 72 次，督促落实“四级四岗”责任清单、“定查评”工作法、党建“三个清单”，推动机关党建各项任务落实落细，使聚精会神抓党建的思想深深植根于各单位党组织书记心中。开辟学习党的二十大精神谈感悟专栏 10 期，组建县直机关党的二十大宣讲团开展宣讲 193 场次，受众 5000 余人次，确保党的二十大精神深入机关深入群众、深入人心。运用“机关党建大家学”微信推送党务知识 128 期，二十大精神专题 46 期，清廉机关建设专题 21 期。采用集中学习研讨、经验交流会等形式开展《习近平谈治国理政》第四卷、党的二十大精神学习 400 余次。

【基层组织建设】　2022 年，县直工委夯实支部战斗根基。采取“调整、新建、撤销”等措施，扎实做好县级机构改革中涉改单位党组织的设置调整工作。先后完成更名党组织 5 个、新建党组织 18 个、撤销党组织 12 个、转出党组织 1 个、党员关系划转 458 人。结合党组织任期届满及班子人员变动情况，下发换届提醒函 20 个，规范指导 192 个机关党组织开展换届选举等工作，选优配强支部班子，加强党建工作力量。扎实推进清廉机关建设。持续在全面从严治党上统筹发力，认真落实“四级四岗”责任清单，持之以恒抓好机关作风建设。加强执纪监督问责，配合县纪委监委纪律审查干部 20 名。印发《关于推进清廉机关建设相关工作的通知》，将清廉机关建设细化为 5 大方面 16 项具体任务，系统推动清廉建设在机关落地生根。创新活动形式，“定菜单”“细督导”“大家学”多措并举，营造清廉机关创建氛围，一体化推进清廉机关建设与模范机关建设，打造“双建争先”格局。促进党建业务双融双促。牢牢把握“围绕中心、建设队伍、服务群众”核心任务，以党建品牌示范点建设推动党建业务“双融双促”。通过典型示范、推进落实、交流观摩、调研督导等有效举措，培育党建示范点雏形 5 个。以“菜单化”“规定动作 + 自选动作”相结合的模式，将支部“主题党日”活动与县委政府中心工作及部门业务紧密结合，以高质量党建引领业务中心工作高质量发展。

【加强队伍建设】　2022 年，县直工委严把发展党员入口关，分层分类组织开展入党积极分子和新发展党员对象的培训、考察、转正等工作，举办发展对象培训班 2 期，确定发展对象 72 名，入党积极分子 70 名，集中培训和考察审批党员 40 名，切实提高党员队伍的发展质量。

【“七一”党建活动】　2022 年，县直工委在中国共产党成立 101 周年之际，坚持以习近平新时代中国特色社会主义思想为指导，深入学习贯彻党的二十大精神，开展“庆七一”系列活动。开展“喜迎二十大 奋进新征程”故事会大赛，庆祝中国共产党成立 101 周年，讴歌党的丰功伟绩，展示机关党员干部攻坚克难、真抓实干，心系人民、勇争一流的良好精神风貌。为县直机关 18 名“在党 50 年”党员颁发纪念章，建立生活困难党员、老党员摸底等 4 本台账，走访慰问党员 44 人。

【法治建设工作】　2022 年，县直工委深入学习贯彻习近平法治思想，紧跟县委法治翼城建设思路，将法治建设纳入工委年度工作计划，明确法治建设第一责任人职责。认真学习贯彻《中国共产党章程》《中国共产党党和国家机关基层组织工作条例》《关于新形势下党内政治生活的若干准则》等，推动工委一班人自觉运用法治思维和法治方式开展工作，解决实际问题。

【疫情防控工作】 2022 年，县直工委紧紧围绕激发党组织战斗堡垒作用和党员先锋模范作用这条主线，坚持在服务大局上做文章、出实招、拿举措。在疫情防控工作中，组织县直机关 65 个临时党支部、2600 余名党员干部参与志愿服务、执勤值守。72 家单位 2300 余名在职党员第一时间下沉小区防疫一线，为守护全县人民群众生命安全和身体健康筑牢抗疫“红色”防线。

（丁亚娟）

机关事务管理

【概况】 2022 年，县机关事务服务中心坚持以管理、服务、保障为工作目标，不断创新管理方法、强化服务意识、拓宽保障范围。2022 年 11 月，国家机关事务管理局《国管局关于发布 2021—2022 年度公共机构能源节约示范案例的通知》，翼城县机关事务服务中心《算好“节约账” 打好“集约牌”高质量创建节约型机关》获评示范案例奖。经验做法《山西省临汾市翼城县以集中统一管理方式推进节约型机关建设》在国家机关事务管理局全国机关事务网网站推广发布。拍摄的宣传视频被省管局制作的《唱响新时代“山西好风光”勇蹚公共机构节能山西新路径》短片收录并在新华网直播宣传，各项工作顺利开展。

【党建引领】 2022 年，县机关事务服务中心强化政治理论学习。严格按照学习制度狠抓学习落实，参照当前工作要求和省市县相关会议精神，紧密结合各科室的业务特点和所学专长，紧贴“提前备课、拓展内容”的学习要求，通过 PPT 制作、实物展示、现场演示等形式，常态化开展“机关事务大讲堂”学习活动，做到传达学习不延期、贯彻落实不打折。规范党员队伍管理。切实注重党员思想教育，使每个党员都能在各自岗位上发挥作用，做到模范带头。进一步健全党员分类管理制度，制订详细的学习计划。通过组建党员微信工作群，强化党员学习和队伍建设，使党员队伍建设走上科学化、规范化、制度化轨道。落实党建重点工作任务。完善“三会一课”制度、“三簿一册一台账”制度、主题党日活动制度、“定、查、评”工作制度，严格按照党建活动要求，按期召开党日活动，支部班子带头开展重温入党誓词、志愿服务。2022 年 7 月 15 日，市机关事务管理局机关全体党员与中心支部全体党员在城

2022 年 7 月 15 日，翼城县机关事务服务中心党支部与临汾市机关事务管理局党支部在翼城县古城村赵宝成烈士纪念馆举行党日活动 （冯涌供图）

内村赵宝成纪念馆共同举行党日活动，受到良好效果，得到市局领导认可。党员主动到社区报到，服从社区调度指挥，开展小区物资保供统计配送等工作，充分发挥党员先锋模范作用，用实际行动诠释党员的责任与担当。强化廉政作风建设。严格执行《关于新形势下党内政治生活的若干准则》和中央八项规定，教育、督促全体党员干部职工践行廉洁自律准则，传承发扬党内政治生活优良传统，强化政治教育和政治引领，让干部职工经常接受政治体检，坚持以整风精神开展批评和自我批评，主动接受监督。开展进村包联服务。按照包联结对单位进村服务工作的要求，单位多次深入包联村隆化镇西白驹村，召开座谈会，深入困难户了解相关情况。针对西白驹村存在的路南路北因地势高低不平，造成用水高峰期

路北村民不能正常用水问题,通过与县水利局、隆化镇进行协调沟通,将该村水网改造纳入县水利局2023年水利工程项目规划中。该村正在与隆化镇及水利局进行前期准备工作。

【集中统一管理】 2022年,县机关事务服务中心持续深化办公用房集中统一管理。严格执行县委、县政府制定出台的《党政机关办公用房管理办法》和《关于做好县直机关不动产集中统一管理工作的通知》等文件精神,坚持把“统”字贯穿始终,合理配置资源,最大限度发挥集中管理集约化、规范化优势。2022年,先后为县交通局、县教科局在原县应急局西区调配办公用房,为县委组织部在原县应急局东区调配办公用房22间。按照县委帮扶支持青年创新创业工作方案,为翼城县创新创业人才协调提供人才公寓用房。根据县委、县政府安排,为两个社区协调办公用房,确保社区工作的正常运转。积极统筹,为统战部调配两间办公用房。

持续深化公务用车集中统一管理。强化公务用车编制和标准管理,建立健全统一编制、统一标准、统一购置经费、统一采购配备管理“四统一”工作机制。按照机关事务服务中心《关于进一步加强公务用车集中统一管理建设的通知》文件精神,平台完善“全省一张网公务用车派车系统”,进一步加强公务用车系统集中统一管理工作,降低公务用车运行成本,提高服务保障效能。同时针对夏季高温、暴雨等灾害多发的特点,机关服务中心公车服务平台和委托单位发放《关于加强“翼城县公务用车服务平台”委派车辆夏季安全管理的通知》,对该单位和委派车辆进行安全大检查,并及时召开案例分析会,消除安全隐患,防止事故发生,确保车辆和人员行驶安全,实现对公务用车的精准管理,确保公务用车高效保障、透明监管。

持续深化不动产统一管理。2022年,机关事务服务中心严格履行工作职责,在对全县党政机关、群团和参公事业单位开展不动产自查、测绘、审计审核的基础上,经过法律评估,完成对县司法局、财政局、审计局、交通局4个单位5栋楼的资产移交,正在办理划拨手续。

【创建节约型机关】 2022年,县机关事务服务中心突出抓检查,不断压实工作责任。督促各乡镇、各县直单位建立健全节约型单位建设工作领导小组,明确责任专管员,推进重点领域节能工作开展,推动节能降耗全民行动。加强对县直各单位和全县各乡镇公共机构节能专项考核、节约型机关创建、垃圾分类、反食品浪费等年度重点工作进行督导调研,通过实地查看、座谈讨论,针对性地帮助指导县直各单位和各乡镇进一步理清工作发展思路和下一步工作方向。

2022年5月19日,翼城县机关事务服务中心主任杨永峰(左一)向省、市机关事务管理局领导介绍节约型机关创建工作　　(冯涌供图)

突出抓节能,不断推进基础设施更新维护有序开展。通过与住建、财政部门的协调联动,完成县人大、政协、纪委、司法及县融媒体中心既有建筑的外墙保温、窗户更换、屋顶保暖等节能改造。实现机关大院统一标准、统一管理,有效克制办公用房等能源资源的浪费,大大提升机关大院整体运行保障能力。

突出抓宣传,不断营造绿色节能浓厚氛围。在县委、县政府机关大院门厅两侧常年固定摆放钢架玻璃结构的灯光活动面墙宣传专栏,根据情况随时更新宣传内容，使有限的专栏墙面得到最大程度利用。利用自行车棚墙面、打卡宣传架积极宣传绿色节能。2022 年 7 月 13 日，配合县委办制定印发《2022 年翼城县公共机构节约能源资源工作专项考核实施方案》，下发给各乡镇、县直各单位。与县新时代文明实践中心联合下发“绿色低碳、从我做起”倡议书，在全县营造节能降耗、绿色低碳的浓厚氛围。

【后勤保障】 2022 年，县机关事务服务中心细致高效做好会务服务。聚焦全县中心工作，节俭务实、安全高效抓好各类会议服务保障。6 月，对三楼会议室、视频会议室、第一会议室分别更换空调、LED 高清显示屏，对主席台照明灯具进行节能改造，与会环境得到极大的改善。持续做好对会务人员礼仪、服务等各方面培训，不断提高服务效率和服务质量。

全面优化机关大院环境。实施全天候保洁和绿化服务，不定期对环境卫生和绿化设施进行检查。做好绿化区域树木修剪、施肥、灌溉、防寒等保养工作。以重大节日为契机，对大院各单位门口统一安装灯笼、统一设置彩旗、统一悬挂国旗，使政府机关大院整体面貌焕然一新，有力提升办公环境。在办公大楼前、旗杆处设置宣传党的二十大、翼城精神和网红打卡等宣传版面。

从严抓好机关安保工作。坚持把安保工作摆在突出位置，规范对“车辆牌号识别、自行车磁片识别、出入人脸识别”的机关大院门口门禁系统的录入和管理，对出入人员和车辆进行严格把关，在办公楼楼道张贴安全消防标识，定期对安保工作人员业务技能培训，强化日常训练和应急演练，认真执行 24 小时巡逻检查制度，确保机关大院绝对安全。深入学习贯彻《信访工作条例》，准确、详细了解来访群众诉求，耐心细致做好接待服务和教育劝导工作，第一时间协调责任单位进行接访，妥善化解各类信访问题和矛盾纠纷，有效维护机关正常工作秩序。

持续提升后勤保障品质。在水电保障方面，对大院内各条线路进行安全隐患排查，对老化线路及时进行更换。7 月，配合供电公司完成政府配电室升级改造项目，有效防止电力引发的安全隐患。对大楼内卫生间、大院内上下水管道进行疏通排查。在供暖服务方面，配合供暖公司进行供暖管道排查检修，利用供暖温度测控仪，实时掌握供暖情况，确保大院各单位正常取暖。完成政府大院各单位报纸、杂志、信件、包裹的收发工作，做到当天报纸当天分发，不积压、不漏发。持续加强机关食堂内部管理，带头贯彻落实习近平总书记对制止餐饮浪费行为的重要指示精神，带头恪守“合理膳食，杜绝浪费”的准则，积极响应《中华人民共和国反对食品浪费法》《中华人民共和国食品安全卫生法》，严把食材采购、进库验收、存放储存等关口，大力倡导大院机关干部职工减少餐饮浪费，积极践行“光盘行动”。推出“半份餐”“小份餐”“热菜拼盘”。积极推行订餐制度，进一步加强对用餐环境的消毒工作，确保食品安全。同时，实行“随叫随到、随坏随修”的维修工作机制，第一时间为干部职工提供优质高效的服务。

【创新工作】 2022 年，县机关事务服务中心创新宣传引导。利用电子屏、节能宣传画、可降解绿色生活环保手提袋、宣传版面墙、宣传条幅等大力宣传节能、《山西省机关运行保障条例》等内容。联合相关单位印发倡议书，利用县电视台、《今日翼城》等媒体广泛宣传，联合县融媒体中心制作专题片，充分展示机关事务工作成效，在全县营造贯彻条例、落实节能的浓厚氛围。

创新公车管理。始终把公务用车安全作为重中之重，严格实行安全教育周例会制度，每周组织平台全体司机围绕车辆安全驾驶、故障排除等内容开展专题培训和警示教育，切实提升司机的安全意识和业务能力,特别是坚持防微杜渐、举一反三,建立“案例分析制度”,对以往公务出行过程中发生的车辆故障等各类问题进行深入分析研究,用身边事教育身边人,有效杜绝类似问题的再次发生。同时,建立公务用车“季度体检”制度,每季度对所有公务车辆进行安全检查,及时发现排除故障隐患,为高效保障安全出行提供有力支撑。

创新节能方式。2022 年,在开展全国节能宣传周和低碳日活动中,牢牢聚焦“绿色低碳 节能先行”的主题,制作“绿色低碳 节能先行”“绿色星期二 健康你我行”可降解绿色生活环保手提袋和“绿色低碳 节能先行”等为内容的宣传画册,在 6 月 13 日至 19 日宣传周期间,副科级以上领导在政府大门内外及政府广场发放绿色生活购物袋 1000 余个、宣传画册 2000 余张。常年在县委、县政府机关大院大门宣传公共机构节能法律法规和节电、节水、节能有关政策,并及时更新内容,切实让公共机构节能理念深入人心。

创新接待服务。认真执行《党政机关厉行节约反对浪费条例》和公务接待有关规定,严格公务接待审批程序,严控接待规格、标准和范围,坚决杜绝违规接待、公款吃喝、挥霍浪费等问题发生。同时,创新工作方法,紧紧围绕县委、县政府“建设全方位高质量发展强县”和“大力实施文旅振兴战略”的决策部署,制作印有翼城时事新闻 App 的二维码以及印有非遗文化、旅游景点、特色美食简介图片的桌签、杯垫等小物品,让宾客用餐时通过桌签、杯垫等物品了解翼城人文地理和风土人情,起到良好的宣传效果,得到省、市领导的充分认可。2022 年,严格规定做好两会接待工作,完善公务接待各项规章制度,认真执行《党政机关国内公务接待管理规定》,贯彻落实中央八项规定精神。

(冯　涌)

老干部工作

【概况】 2022 年,县委老干部局坚持以习近平新时代中国特色社会主义思想为指导,全面贯彻党的十九大和十九届历次全会,以及党的二十大精神,深入贯彻习近平总书记考察调研山西重要指示,全面落实中央《关于加强新时代离退休干部党的建设工作的意见》,更加注重党建引领,更加注重发挥作用,更加注重服务管理,创新“‘听说读写演’五学同步”,深化“德孝翼城”老干部文化养老工作品牌,全方位推动新时代老干部工作高质量发展,在全省位居前列。到 2022 年底,翼城县离退休干部 3561 人。其中,离休干部 46 人、退休干部 3515 人,副县级实职以上的老干部 26 人。

【离退休干部服务保障】 2022 年,县委老干部局完善离休干部保障措施。持续完善离休干部信息库,进一步强化老干部结对联系制度,建立“一对一”和“多对一”结对联系和走访慰问工作。结合全县 47 名离休干部的实际需求,为每位离休干部量身定制一本《德孝日记》,建立精准服务档案,提供上门诊疗“温暖服务”,及时帮助老干部解决急难愁盼问题。优化离退休干部服务管理。精细做好离退休干部困难帮扶工作,探索“时间银行”等互助式养老志愿服务做法。组织退休干部向离休干部开展志愿服务,送福、送寿;春节、重阳节共慰问离退休干部 7000 人次;投入特困离退休干部帮扶资金 5 万元;组织全县离休干部健康体检,协调县医疗集团开通离休干部寻医问诊绿色通道。

【离退休干部优势作用发挥】 2022 年,县委老干部局组织引导广大离退休干部在加强基层党建、文明创建、疫情防控、乡村振兴等方面发光发热。开展“关爱下一代”老干部红色宣讲行动 2

次,“守护绿色生态”老干部志愿行动1次,“助力转型”老专家行动3次,“参与基层治理”老干部“家门口”行动2次。

【活动阵地建设】 2022年,翼城县党群服务中心、老干部活动中心、老年大学一体化建设项目,先后完成采购意向公示,制定工程技术要求、专家评审、招投标、施工等工作,基本完工,准备投入使用;依托县粮食服务中心、南寿城村委会解决离退休干部党支部党员活动阵地4处。

【喜迎二十大系列活动】 2022年,县委老干部局以“建言二十大”、“我看中国特色社会主义新时代”为题,线上通过微信留言、电话征询、向部分老干部特邀征稿等形式,线下依托离退休干部党支部组织召开座谈会、上门慰问等方式,广泛听取不同领域、不同层级老干部、老党员的心声和期盼。在全县范围内开展专题调研活动11场次,访谈300余人次,收集意见建议340余条,梳理书面材料43篇,切实做到集老干部智慧,聚老干部力量,奏响“喜迎二十大”的银发之声。举办第二届“德孝翼城”诗歌朗诵会,采用录播形式在“中共翼城县委老干部局视频号”展播。组织爱好体育运动的老干部参加“喜迎二十大·奋进新征程”2022年全省群众文化活动临汾市乒乓球大赛,获体育道德风尚奖和女子团体第五名的成绩。举办“喜迎二十大·银龄心向党”老干部书画展,共展出作品200余幅。举办“庆国庆·迎重阳·喜迎二十大”老干部硬笔书法作品展,共展出由各乡镇、县直离退休干部党支部24个单位选送的作品400余幅。在古城大舞台举办“庆国庆·迎重阳·喜迎二十大”经典演唱会。

【“德孝翼城”老干部工作品牌创新发展】 2022年,县委老干部局充分发挥“德孝翼城”志愿者的播音特长,利用微信视频号,创建“指尖上的老年大学”——“德孝翼城”国学讲堂,机关党员干部坚持每天通过学习强国、微信群等媒体向老干部推送有声学习内容。成立翼城县德孝文化研究会党支部。创新推出“德孝翼城”文化宣传艺术瓷盘,进一步引导广大离退休干部在家庭、

2022年6月16日,明德书院授牌仪式举行
(王静供图)

社区、社会以文养老、以文化人。创作“德孝翼城”歌曲,并录制MTV,在中共翼城县委老干部局公众号、中共翼城县委老干部局视频号、翼城县人民文化馆公众号等平台发布。致力推动“家门口老年大学”全覆盖,利用社会资源,创建6家“明德书院”,并举行授牌仪式。出版明德书院《大学·孝经》《硬笔书法技法》等书籍,创办《德孝翼城》报刊5期。

(王　静)

关心下一代工作

【概况】 2022年,翼城县关心下一代工作委员会(简称翼城县关工委)紧扣宣传贯彻党的二十大精神工作主线,改进宣传理念、宣传内容和宣传手段,开展对象化、分众化、互动化的宣讲,推出广大青少年通俗易懂、生动活泼、内容鲜活的主题教育,进一步提升关心下一代宣传工作水平。

【教育宣传】 2022年,翼城县关工委采取组建队伍、组织准备、服务保障“三到位”举措,学习宣传党的二十大精神,将宣讲“触觉”深入到青少年和离退休干部中。一是组建队伍到位。在县、

乡、村分别成立"五老"宣讲队,持续多点发力,逐步形成县乡村"三位一体"的宣讲格局。二是组织准备到位。召开宣讲党的二十大精神筹备联席会议,围绕"五老"宣讲团如何开展宣讲进行座谈交流。宣讲团成员在认真学习党的二十大精神的基础上,结合青少年、离退休人员的特点精心备课,努力让广大青少年、离退休人员对宣讲内容能够听得懂、吃得透。三是服务保障到位。把"五老"宣讲团成员纳入培训对象,让宣讲团成员全面深入系统学习宣传党的二十大精神,学深悟透党的二十大精神宣讲提纲。教育部门从组织学校合理安排教学、具体宣讲时间、疫情防控等方面给予大力保障,帮助解决谁宣讲的问题。党校从"五老"宣讲团成员的配备配强上给予有力支持,提升宣讲队伍的整体宣讲能力。发挥"五老"宣讲团作用,持续深入开展"四进"活动,激励全县广大青少年、离退休干部为实现中华民族伟大复兴的中国梦而努力奋斗。

【思想道德教育】 2022年,翼城县关工委以"中华魂"读书活动为辐射,围绕"立德树人"根本任务,组织全县学校结合实际情况,开展丰富多彩的德育教育活动。一是上好思政课,引领各科在课堂上做好德育渗透;二是组织升旗仪式、班队会、手抄报、绘画、征文、演讲比赛、新时代好少年评选等活动;三是带领学生走进社区、敬老院、青少年活动中心、晋国博物馆、彭真故居等地,对学生进行爱党、爱国、爱校教育。2022年,围绕"喜迎二十大,与党同奋斗"主题,初中开展毕业典礼、主题团日、入团仪式系列活动;小学组织少先队入队仪式,开展校园文化艺术节活动;幼儿园开展萌娃绘党史、点亮科学梦、童心跟党走体能大挑战等系列活动。

【"五老"志愿者队伍】 2022年,翼城县关工委积极充实"五老"志愿者队伍,广泛发动"五老"参与关心下一代工作,逐步建立起宣讲报告团、关爱工作团、校外辅导团、文化监督团、科技指导团等骨干队伍。各队伍工作各有侧重,针对不同时期、不同内容,定期深入农村、学校、家庭开展专题讲座、个别辅导、文化监督等活动,为下一代健康成长作出积极的奉献。

【法治教育】 2022年,翼城县关工委配合司法局、教科局等部门,深入开展宪法宣传活动,即进行一次以宪法为主题的法律知识讲座,充分发挥兼职法治副校长的职业优势,讲一堂以宪法为主题的法治课。通过活动培育青少年学生的宪法意识、国家意识、规则意识,培育学习宪法、尊崇宪法的校园法治文化。组织一次集中学习。组织关工委工作人员及"五老"集中学习"习近平法治思想"。通过学习大家一致认为:坚持习近平法治思想在全面依法治国中的指导地位,把习近平法治思想贯彻落实到全面依法治教、依法治校的各方面和全过程。进行一次宪法小卫士学习。充分利用教育部青少年普法网开展"宪法小卫士"活动,全县共有25717名中小学生参与在线学习。

【心理健康教育】 2022年,翼城县关工委协同教科局主抓"四有"工作(有教师、有阵地、有活动、有记载),每所学校至少有1名专兼职心理健康教师,汇丰学校、翼城中学有了比较标准的心理辅导室;做好了心理普测提前预防工作。对全县4所高中高一学生进行心理测评,选取北关小学、汇丰学校、翼城二中、职业技术学校4所学校学生参加临汾市心理健康试点项目心理测评,深入了解每个学生心理状况,并及时做好应对措施,促进学校心理健康教育工作;多次组建防控疫情心理援助团队,对全县师生、家长开展心理健康活动,解决疫情带给大家的负面情绪,打赢师生防控疫情心理战,将学校心理健康教育开展情况纳入学校年度考核,强化学校对学生心理健康的重视程度。

【家庭教育】 2022 年,翼城县关工委组织全县师生、家长收看临汾电视台录播的《家风家教》《翩翩少年正芳华》系列节目,提高家庭教育水平。家长以身作则、言传身教的关爱社会、国家、他人、朋友等,使孩子耳濡目染的形成尊老爱幼、相帮谦让、宽容大度等品质,引导学生扣好人生第一粒扣子。

(申 传)

档案工作

【概况】 2022 年,翼城县档案馆以习近平新时代中国特色社会主义思想为指导,认真学习宣传贯彻党的二十大精神和习近平总书记考察调研山西重要指示精神,深入贯彻落实习近平总书记关于档案工作重要批示精神,完成档案馆建设项目结算审计;接收近 20 家机关、企事业单位移交档案 1300 余卷 2 万余件;征集接收各类古籍、书画、光盘、图书等近 300 册(幅、套);接待各单位及个人查阅档案资料 500 余人(次);对馆藏近 4000 卷档案进行数字化加工,完成档案数字化挂接 30 万余页;编辑《翼城之子——张国声》画册,举办“且书且思”书法临创展,联合举办“喜迎二十大·奋进新征程”摄影展览;多形式开展国际档案日系列宣传活动;深入推进档案安全体系建设,确保档案实体与信息安全零事故,全力塑造新时代翼城档案馆崭新形象。

【县级综合档案馆建设】 2022 年,县档案馆建设项目结算审计、消防验收整改工程全面完工。翼城县档案馆建设项目于 2020 年 6 月开工建设,2021 年 6 月完工。消防工程部分经市住建局验收提出整改意见后,档案馆申请专项资金 58.8842 万元对排烟系统、火灾报警及电气、消防防火墙、玻璃幕、消防水池、排烟窗、消防水电、柴油发电机等进行整改,全部完工后经市住建局实地查验,出具验收报告。档案馆建设项目结算审计相关资料于 2022 年 9 月移交县审计局,启动结算审计程序,经过实地查验、初审、三方复核、复审等程序,完成工程结算审计工作。

【档案“收管用”工作】 2022 年,县档案馆加大档案收集征集力度,扎实推进档案资源体系建设。档案馆一班人进一步拓宽馆藏档案资源覆盖面,使馆藏档案内容丰富化、形式多样化、结构最优化,档案“应归尽归、应收尽收”有效落实。县档案馆接收县人大、政府办、政法委、交通局、住建局、供销社、原地震局、县编办、原民族宗教局、医保局、司法局以及国有企业等近 20 家机关、企事业单位移交档案共计 1300 余卷 2 万余件。同时,征集接收各类古籍、书画、光盘、图书等近 300 册(幅、套),其中接收县委组织部捐赠“百名党员入党宣誓仪式”签名墙 1 幅;接收李建党馆长捐赠的《中国共产党党建百科全书》电子图书 1 套,此书涵盖党的史料、建设各个方面,包括图书 10000 余册、图片 10000 余张,全国发行 3000 套,具有较高的收藏价值;接收孙凌捐赠的“华主席 叶剑英 邓小平 汪东兴副主席以及党和国家其他领导同志接见第三次全国农业机械化会议代表合影”等照片 25 幅;征集“翼城县‘百花争妍’百幅楹联书画艺术作品”92 幅,李学峰“二十四节气与七十二物候”摄影作品 100 幅,司马温公神道碑文、风竹惊鹤图、裕公和尚道行原文和故谯沛郡太守曹恪碑文 4 幅等,进一步促进馆藏特色档案建设。

发挥档案资源优势,提升为民服务质效。2022 年,县档案馆先后接待市纪委、县委、县武装部、县团委、法院、林业、住建、水利等部门、社区及个人查阅相关文件、户籍档案、就业调动手续、烈士资料等 500 余人(次),调阅档案 1000 余卷(件),复印、扫描、摘录近 2000 页,为他们办理案件、工作查考、编史修志、筹办展览、核实党龄、健全档案、计算工龄、学军史讲战例、缴纳养老保险、登记退役军人信息、办理房产证、转接党组织关系等提供重要凭证。

2022 年 3 月 24 日,专家对档案馆征集珍贵档案资料进行评审　(续津艳、姜涛供图)

【档案编研工作】 2022 年,县档案馆编辑《翼城之子——张国声》画册。自 2020 年开始,档案馆着手编辑《翼城之子——张国声》画册。馆长带队赴陕西省,与翼城籍原青海省省长、中共青海省顾问委员会主任张国声之子张大力多次会面,征集回张国声生前工作和生活档案资料,并就纪念张国声诞辰 110 周年编辑出版《翼城之子——张国声》画册事宜进行协商。此后档案馆就画册结构、内容及照片的采用、说明等,先后与张大力进行两次面谈,多次通过微信进行沟通、修改,共编辑印刷了三稿。《翼城之子——张国声》画册定稿正交由山西人民出版社审核中。画册共 177 页,分为前言、故乡的根、峥嵘岁月、重整河山、老骥伏枥、初心如磐、张国声生平、张国声年表八部分,收集 260 余幅照片和文字说明,完整再现张国声革命斗争的一生。为迎接党的二十大,档案馆举办"且书且思"书法临创展,传承和弘扬中华优秀传统文化,为社会主义现代化强国建设贡献文化力量。与县委宣传部、县文联、文化旅游局、融媒体中心、摄影家协会联合举办"喜迎二十大 · 奋进新征程"摄影展览,以 108 幅(组)作品反映近年来全县在政治建设、经济发展、城市建设、文化旅游以及社会生活保障等领域取得的积极成就。

【档案信息化建设】 2022 年,县档案馆加快推进档案信息化转型发展,促进档案资源数字化建设。积极向财政局、工信局争取资金 38 万余元用于档案数字化工作。聘请第三方公司对馆藏原人事局业务档案、原劳动局文书档案与国有企业退休职工人事档案近 4000 卷档案进行数字化加工,完成档案数字化挂接 30 万余页。同时,完善电子档案移交接收管理制度,不断推进电子文件收集、归档工作。2022 年,接收县委政法委、交通局、住建局、司法局、医保中心等单位移交档案电子目录共计 3 万余条并导入档案管理系统。

"6 · 9"国际档案日,百名中小学生走进翼城档案馆感受档案魅力与文化　(续津艳、姜涛供图)

【档案宣传工作】 2022 年,县档案馆多形式开展国际档案日系列宣传活动,以实际行动迎接党的二十大。一是邀请北关小学、翼城五中的 100 余名学生走进档案馆,举办档案特色红色研学实践活动。馆长介绍档案馆的馆藏情况及历史变迁,带领孩子们参观新馆和"百年风华 振翼腾飞"党史展并发放宣传资料,让孩子们走近档案、了解档案、宣传档案,在档案中铭记历史。二是档案馆全体人员参加"国家档案局 2022 年'6 · 9'国际档案日线上专题讲座"和线上档案知识竞答活动,丰富档案知识。三是在档案馆大楼前悬挂"喜迎二十大 档案颂辉煌"宣传标语。

【档案安全保障】 2022年,县档案馆强化底线思维,增强忧患意识,深入推进档案安全体系建设。一是完善档案安全工作责任制。明确档案工作领导责任与管理人员在档案收集、整理、保护、利用等各个环节的具体责任,强化责任担当,促进安全工作落实。二是档案安全保管设施设备齐全。档案库房配备专业消防设施,馆内外安装有红外双鉴探测器、声光报警器,全方位、无死角24小时实时监控,防止档案丢失、泄密。三是加强对计算机、移动存储设备和职工手机的管理,严禁在互联网及其他公共信息网络传输与涉密工作有关的文件及信息,档案信息安全得到有效保障。四是开展档案安全知识培训,增强全体人员安全防范意识,同时,开展常态化安全隐患排查,筑牢档案安全屏障,保障档案实体与信息安全。

(续津艳　姜涛)

县委党校工作

【概况】 2022年,县委党校在县委、县政府的坚强领导下,牢牢把握党校姓党的政治方向,以省委部署的抓党建促进基层治理能力提升活动为抓手,围绕中心、服务大局,全面推进办学治校各项工作迈上新台阶。全年直接、间接培训学员4万余人,其中主体班、培训班培训均在一个月以上,培训学员80人,高质量完成上级交办的工作任务。打造全新的阎村党员教育基地、优秀师资库、精品课程库,教学模式进一步优化,教学质量显著提高。在全县9个乡镇挂牌成立乡镇党校,打通基层党员干部教育培训的"最后一公里"。党校迁建工作取得实质性进展,建成好将从根本上改进办学条件,助力全县干部教育培训事业提质增效、飞跃发展。

【党建工作】 2022年,县委党校作为党委的重要部门、党委抓党建的重要阵地。校党支部秉着抓党建就是抓发展的理念,不断深化落实党建工作。一是"三会一课"严肃规范。全年共召开组织生活会1次、支委会12次、党员大会4次,开展主题党日活动12次,支部书记讲党课2次。二是新生力量源源不断。2名预备党员转正,1名积极分子列为发展对象,接续培养1名积极分子。三是党费收缴及时规范,全年共收缴党费7601.28元,全部上交县委组织部。四是"定查评"稳步推进。制定强化党组织政治功能事项4项、发挥党组织服务功能事项5项、工作措施7条。各项工作均按照时间节点高质量完成。

【干部培训】 2022年,县委党校聚焦主业主课,全面加强干部培训。完善"一基地两库",在重点学科建设上下功夫,着力构建以习近平新时代中国特色社会主义思想为核心的模块化精品课程体系。提升师资水平,不断提高教学质量。组织教师用好"网上党校"、山西干部在线等学习平台,聆听中央党校等专家直播课程10次,开展集体备课、听课评课活动、赛讲活动等17次,网上录制课程9次,录制微党课50讲。创新教学方式,持续强化教学效果。主动打造现场教学、案例教学,深挖党史资源,讲好红色故事。一是坚持党校姓党,以习近平新时代中国特色社会主义思想为指导,先后举办为期1个月的翼城县第6期乡科级干部主体班和翼城县第4期中青年干部培训班,培训学员80人,讲授课程56次。组织全县9个乡镇村党组织书记、村民委员会主任、村级集体组织负责人、村务监督委员会主任、驻村第一书记、到村任职选调生、招聘到村任职大学生等线上培训一次,培训人数近1000人。与组织部联合举办发展对象培训班2期,培训人员230人;驻村干部乡村振兴政策培训班1期,培训人员56人;与人社局联合举办新入职事业人员培训班1期,培训人员60人。二是深化教学改革,创新教学方式,在第6期乡科级主体班上进行案例教学的初体验。邀请市应急管理局专家为主体班学员开展应急管理案例教学专题培训。三是加大现场教学力度,组织主体班学员赴霍州、汾西、永和开展现场教学,进一步巩固学习教育成果。

【理论研究】 2022年,县委党校围绕县委、县政府中心工作、重点就乡村振兴、创新基层治理、推动高质量发展等专题,走出党校、深入基层,大力开展调查研究,撰写调研报告7篇,为县委、县政府决策提供参考,党校智库作用进一步彰显。《全面推进乡村振兴中存在的问题及对策研究——以翼城县全面推进乡村振兴实践为例》被省委党校立项,开创党校理论课题研究的新篇章。另有2名教师的3篇论文发表于知名期刊上。

【基础工作】 2022年,县委党校抓党建促基层治理能力提升专班工作扎实开展。按照县委抓党建促基层治理能力提升领导组统一部署,由县委党校牵头的培训专班坚决贯彻落实“全员、精准、有效”要求。一是壮大师资力量。在县委党校骨干教师资源基础上,邀请省市专家学者为学员授业解惑。同时,积极推动“领导干部上讲台”,邀请市县领导作专题授课。二是打造精品课程。针对不同干部群体不同需求,量身定做一批精品课程,真正做到“干什么学什么,缺什么补什么”。三是创新教学方式。探索创新延伸培训、现场教学、案例教学等教学模式,带领学员“走出去”“下基层”,走进党性教育基地、文化教育基地。四是完善分级培训。党校牵头组织协调、督导检查,完善乡镇专题培训计划及周报告制度,及时总结工作特色,扎实开展分级培训工作。2022年,县乡两级共举办156期培训班,培训乡镇干部1.21万余人次、村(社区)干部2.66万余人次、网格员3659人次,警务辅助人员217人次。五是严格考核评价。严格落实双向考核评价机制,通过现场测试、定期检查等方式考核学员,同时组织学员对教学情况、管理情况进行评估,接受学员的监督和建议。六是为打通基层党员干部教育培训的“最后一公里”,与组织部协调建好用好乡镇党校,2022年,在全县9个乡镇挂牌成立乡镇党校。同时,充分发挥阎村党员教育培训基地作用,打造现场教学课程,实现基层党员干部教育培训全覆盖。理论宣讲走心走深走实。党校作为学习、研究、宣传党的重要理论的主阵地,坚持把政策理论宣讲作为重要的政治任务。全年12名教师深入机关、乡镇、社区就党的十九届六中全会精神、基层治理专题、党的二十大精神等内容对外宣讲60讲,受众5000余人,让党的最新理论政策“飞入寻常百姓家”。齐抓共管做好意识形态工作。在县委、县政府的正确领导和县委宣传部的有力指导下,县委党校始终将意识形态工作摆在重要位置,严格落实意识形态工作责任制,认真分析研判问题和不足,全年集中学习12次,开展分析研判4次、理论宣讲12讲,确保整体工作向前向好推进。扎实推进清廉机关,锻造过硬队伍。紧紧围绕县委“政治清明、政府清廉、干部清正、文化清和、社会清朗”总目标,扎实开展清廉机关建设工作。一是集中传达学习吃透省委、县委有关会议文件精神。二是结合实际,制定《中共翼城县委党校关于创建清廉党校的实施方案》,成立工作专班,细化任务措施。三是将党风廉政建设、廉洁文化建设的重要论述纳入干部培训计划。四是领导干部按照要求,认真填写廉洁信息登记表。五是强化培训,筑牢清廉防线。以现场教学、案例教学的方式打磨廉政教育“实境课堂”,引导党员干部筑牢拒腐防变思想道德底线;开展警示教育活动,组织教职员工、主体班学员观看廉政警示教育片,用身边事教育身边人。六是定好制度,构建清廉保障。认真贯彻执行“三重一大”制度和个人事项报告制度，严格落实党风廉政建设工作要求；坚持和完善廉政谈话制度，经常开展批评和自我批评。七是以创建清廉机关活动为契机，开展“清廉家庭”建设活动，引导党员干部及家属遵纪守法，发挥家庭助廉作用。八是分享清廉故事，引导广大党员干部廉洁自律、廉洁修身、廉洁齐家、廉洁从政，助力清廉党校建设。强化法治观念，建设平安校园。集中学习《中华人民共和国宪法》《中华人民共和国国家安全法》《中国共产党政法工作条例》等法律法规。发挥干部教育培训主渠道作用，将法治文化专题融入主体班课程体系，进一步提高广大群众的综治安全意识。定期开展全校安全大检查，在微信工作群转发安全知识，做好安全工作提示，为平安校园建设提供保障。九是高位推动统战工作。确定具体的统战工作体系。集中学习《中国共产党统一战线工作条例》、统战理论、政策法规等学习内容 6 次，12 个学时。把统一战线工作纳入党校干部培训内容，邀请市级领导就民族宗教工作和条例内容为主体班学员进行讲解。慎始如终做好疫情防控工作。根高质量推进乡村振兴工作。组织全体教职工深入古城村实地调研，掌握第一手资料，广泛宣传中央、县委会议精神，激发群众主人翁意识，共同推进乡村振兴工作。文明单位创建工作。成立以党支部书记为组长的文明创建领导小组，及时制定创建规划和实施方案。周一集中理论学习时间，增加文明建设内容学习。开展“五爱教育”“讲普通话、写规范字、做文明人”“学雷锋、树新风”等活动，助力文明创建。全年开展新时代文明实践活动“党声嘹亮”志愿服务活动 12 次。档案管理工作。建立档案安全工作制度，成立档案安全检查领导组，专人负责管理档案室。县委党校的档案整理完成，并与档案馆进行移交。

【迁建项目】 2022 年，县委党校对表对标抓项目，以“起步就是冲刺，开局就是决战”的劲头，全力推动党校迁建工作，致力建设教育强、设施全、服务好、环境优的人文校园、智慧校园。中共翼城县委党校（行政学院）迁建工程项目总用地面积 2 万平方米，总投资估算 13035.01 万元。完成土地勘测定界报告书、考古及文物调查意见书、县政府资金承诺、可研批复、用地预审及选址意见书、建设用地规划许可证、土地污染调查等工作，并获县政府第 20 次常务会审议。

（王　霞）

党史地方志工作

【概况】 2022 年，县委党史研究室（地方志研究室）一班人深入学习贯彻党的二十大精神和习近平总书记考察调研山西重要指示精神，贯彻落实省第十二次党代会部署要求和市第五次党代会“1355”战略部署以及县委重大决策部署要求，以存史、资政、教化、育人为重点，全面抓好党史、地方志的编研宣传教育等工作，开创史志工作的新局面。由中共党史出版社编纂出版的《中国共产党山西翼城历史（1926—1949）》第一卷、《中国共产党山西翼城历史（1949—1978）》第二卷获 2016—2020 年全国党史和文献部门优秀科研成果著作类三等奖。2022 年 8 月，中共临汾市委党史工作领导小组、临汾市地方志编纂委员会授予翼城县党史研究室（地方志研究室）党史基本著作、县级综合年鉴编纂出版完成较好单位称号，授予县委党史研究室主任董俊辉“综合工作先进个人”称号。

【制定《翼城县党史和地方志事业发展“十四五”规划》】 2022 年 8 月 5 日上午，翼城县地方志编纂委员会召开 2022 年第一次全体会议，县委书记黄晓君等领导听取县地方志研究室关于《翼城县党史和地方志事业发展“十四五”规划》制定情况的汇报，对《翼城县党史和地方志事业发展“十四五”规划(讨论稿)》进行研究讨论。县委书记黄晓君要求各部门、各单位要高度重视党史和地方志工作，推动规划的落实。要加强组织领导，健全工作机制，加强队伍建设，不断提升党史方志工作水平，持续推进翼城县党史和地方志事业高质量发展。

《翼城县党史和地方志事业发展“十四五”规划》，经充分征求意见，反复修改后，以县委办公室文件下发。该规划明确翼城县党史和地方志事业发展的指导思想、基本原则、主要目标，明确研究阐释习近平新时代中国特色社会主义思想和跟踪记录研究翼城新征程实践、统筹推进党史研究、统筹开展方志编研、扎实做好宣传教育、全面夯实工作基础五项任务，提出加强组织领导、健全工作机制、加强队伍建设、强化经费保障四条保障措施，为推动党史和地方志工作全面进步、构建适应新时代发展要求的“大党史”“大方志”格局奠定基础。

【党史编研】 2022年，县委党史研究室启动翼城党史第三卷编纂工作，选派人员到档案馆、融媒体中心等单位收集整理相关资料50余万字，为编纂工作奠定坚实基础，在此基础上，拟定编写大纲，抽调、聘请县委宣传部原副部长孙希镇等专家、学者组成编写组，开始编纂工作。至2022年底，编写材料5万余字，初稿基本完成，两年内完成编纂出版。

【年鉴编纂】 2022年初，县委党史研究室起草下发文件，开始《翼城年鉴(2022)》资料的收集整理，3月开始对各单位交回的初稿进行校对、修改整理，完成《翼城年鉴(2022)》初稿的收集、整理和编纂工作。坚持精品意识，精心打造精品年鉴，对年鉴的编写大纲、特载内容、彩页、图片等内容进行改进优化，使年鉴成为一部反映翼城自然、政治、经济、文化、科学、技术和社会发展的大型地方百科全书，记载翼城县当代历史发展进程的编年史。至年底，年鉴出版发行。

【方志编研】 2022年，县委党史研究室高质量完成《翼城史志》期刊编辑工作。《翼城史志》坚持鉴古知今、服务现实、存史资政、教化育人，为党立言、为地方志发声的办刊宗旨，深入挖掘翼城历史人物、革命故事，深入开展爱国主义教育，使之真正成为资政育人的重要阵地。如期完成全年出版任务。

稳步推进志书评审工作。在大力推进村志、部门志编纂的基础上，对《中卫村志》《翼城县汉德园中学校志》进行评审。10月，召开《中卫村志》评审会，就志书的结构、内容等方面提出修改意见和建议，完成修改工作，即将出版。11月召开《翼城县汉德园中学校志》评审会，至年底正在进行修改完善。

【专项工作】 一是完成机要交通资料的收集整理工作。根据省市要求，对翼城的机要交通联系站、地下交通线及小故事进行归纳、整理，共整理出交通联系站资料2个、地下交通线资料1个、人物事迹及小故事5个，2万余字。二是完成红色纪念设施的核查工作。对阎紫琴生平事迹展览馆、阎紫琴烈士故居、两坂村红色展厅、北冶村史馆、赵宝成烈士生平展陈馆、县档案馆“百年风华，振翼腾飞”党史展厅、长江支队纪念碑、中河西参军光荣碑8处革命纪念设施进行核查。三是对2011年以来翼城县党史方志工作进行回顾总结。10年来，翼城县完成党史基本著作2部，完成党史基本资料编写8部。完成县志1部、年鉴9部，整理出版旧志5部，出版部门志12部、村志9部。印制《翼城史志》45期。四是编纂《翼城清廉故事暨历代廉吏录》。收集整理古代先贤17名、模范人物9名，清廉故事22个。五是积极完成《山西年鉴》《临汾扶贫志》《临汾全面小康志》的供稿任务。六是完成2011年以前档案资料的整理移交工作,共移交档案资料30余册。

【专题培训】 2022年9月10日至22日,县委党史研究室组织参加业务专题培训,开展精品年鉴品读活动。通过视频会议+网络直播的形式参加“精品年鉴品读季”活动启动视频会议暨2022年中国年鉴精品工程研讨会、第七期全国年鉴主编培训班,对《孝义年鉴(2020)》《北京朝阳年鉴(2020)》《长沙年鉴(2020)》《连云港年鉴(2019)》等全国精品年鉴进行品读。12月,参加省委党史研究院组织的年鉴编辑业务培训。

(刘晓霞)

长江支队翼城历史研究会

【以党的二十大精神统领长江支队精神传承】 2022年,长江支队翼城历史研究会认真学习贯彻党的二十大报告关于弘扬以伟大建党精神为源头的中国共产党人精神谱系,用好红色资源,深入开展社会主义核心价值观宣传教育,着力培养担当民族复兴大任的时代新人的重要论述。持续加大宣传弘扬传承长江支队精神等红色资源的力度,让这些红色基因焕发出新的时代光芒,为建设社会主义现代化国家凝聚精神力量。

一是坚持做到赓续红色血脉,坚定信仰信念,自觉做共产主义远大理想和中国特色社会主义共同理想的坚定信仰者和忠实实践者。二是下大力气持续抓好长江支队精神传承。着重在强化宣传上下功夫,努力做好有关长江支队的红色档案、红色人物、红色历史、红色事迹、红色故事等挖掘、整理工作。推出一批有关长江支队斗争历史和精神的高质量宣传内容和理论研究成果,为推进学习宣传党的二十大精神和传承长江支队精神有机结合提供理论支撑和智力支持。三是在启航新征程奋进新时代进程中着力提升用长江支队精神凝心铸魂作用。积极拓展党史学习教育成果,争取把长江支队精神传承纳入各级党委(党组)理论学习中心组学习重要内容,推动长江支队精神传承走实走深。

利用长江支队红色资源建设“党性教育基地”“廉政教育基地”“爱国主义教育基地”,高质量开展革命传统教育和理想信念教育。打造长江支队精神红色文化全媒体传播工程,利用好县融媒体平台、“学习强国”学习平台和“两微一端”等新媒体平台,加大长江支队精神宣传力度。注重用好文艺方式讲述长江支队故事,把长江支队精神传承有机融入教育教学中,用长江支队精神立德树人,厚植每个青少年的爱国情怀。坚持长江支队精神传承热在基层、热在群众,广泛开展读长江支队书籍、听长江支队故事、观长江支队影视等群众性活动。

【宣传弘扬长江支队精神】 2022年,长江支队翼城历史研究会在新的历史条件下,创新宣传弘扬“长江支队”精神活动形式,不断加大“长江支队”精神在新时代的传承力度。9月21日,组织全体研究会成员参加临汾市在翼城县北冶村举办的“好基地讲好故事”巡迴演讲,崔江涛、周月玲、丁丽三位长江支队二代和长江支队三代史琳等代表翼城县演讲“未曾谋面的敬仰”,进一步弘扬长江支队精神。启动《从浍水河畔到闽江之滨——中国人民解放军“长江支队”翼城干部南下纪实》一书的编纂工作,通过广泛收集历史资料,走访有关当事人和重走南下路进行实地采访,经过一年多时间的努力,基本完成20余万字的编写工作。与福建省闽侯县“长江支队”历史研究会合作编写《根植闽侯奉献八闽——中国人民解放军长江支队四大队三中队老干部南下福建风采》,使新时代的红色革命传统教育具有无与伦比的吸引力、感染力和号召力。

【开展主题教育】 2022年，县政协和长江支队翼城历史研究会在编写《从浍水河畔到闽江之滨——中国人民解放军“长江支队”翼城干部南下纪实》一书的过程中，县政协主席董玲带领编委会人员前往福建采访。编委会在福州市分别慰问和采访翼城南下健在老干部，并参观福建省“长江支队”纪念园和闽侯博物馆，通过深入挖掘“长江支队”精神内涵，发挥“长江支队”精神红色资源优势。

同翼城县人民武装部联合开展弘扬“长江支队”精神系列宣传教育活动，对“长江支队”精神进行深入挖掘和弘扬，为武装部编写以翼城红色革命遗址、红色革命英模、红色革命故事、红色记忆、红色文化研讨为主要内容的《翼州红色记忆》，提供“长江支队”翼城南下干部的历史资料，撰写弘扬长江支队精神授课课件。

在“八一”建军节前夕，和文昌社区联合开展庆“八一”联欢慰问活动，对在各个历史时期为保卫祖国做出无私奉献的退役军人进行慰问，并邀请有关人员讲述革命斗争故事，领略每个时期的革命斗争历史，使大家重温峥嵘岁月，追忆革命历程，全方位、多角度了解翼城红色革命斗争历史，受到一次深刻的思想洗礼。

（董长才）

翼城县人民代表大会

综　述

【概况】　2022年，县人大常委会共配合完成全国人大调研视察活动1次，省人大调研视察活动2次，市人大调研视察活动6次，组织筹备县人代会1次，筹办召开县人大常委会会议7次、党组会议7次，主任会议7次，开展执法检查6次、专题视察调研16次，作出决议、决定和审议意见16项，组织拟任人员任前法律知识考试、人事任免14人（次），有效发挥聚民心、议大事、助落实、保善治的作用，为推动全县经济社会高质量发展和民主法治进步作出积极贡献。

【自身建设】　2022年，县人大常委会始终把党的领导作为人大工作的最高原则，把坚持党的领导贯穿人大依法履职全过程。定期向县委汇报重要会议和重点议题，及时报告重大事项。主动把人大工作置于县委工作大局中考虑、谋划和推进，全力服务高质量发展、重点项目建设等中心工作。认真贯彻中央和省委、市委人大工作会议精神，开展新时代加强和改进人大工作调研，筹备推动召开县委人大工作会议。配合县委出台《关于新时代坚持和完善人民代表大会制度，加强和改进人大工作的贯彻落实意见》《贯彻落实县委人大工作会议重点任务若干措施和分工方案》，印发《关于学习贯彻落实县委人大工作会议精神的通知》，并在“今日翼城”开辟学习贯彻县委人大工作会议精神专栏，由各行业各领域的领导、代表谈学习体会及落实情况，推动新时代人大工作与时俱进创新发展。

常委会始终牢牢把握“四个机关”定位要求，不断提高政治判断力、政治领悟力、政治执行力，把政治纪律和政治规矩挺在前面，着力强化理论武装，不断完善常委会党组、机关学习制度，充分利用周一例会、“三会一课”、“法治讲堂”、常委会会议专题讲座等加强习近平新时代中国特色社会主义思想、中央人大工作会议精神等学习，共举办5期常委会会前专题培训、12期主题党日活动、14期“法治讲堂”、2次实地红色教育，用党的创新理论和法律法规指导和推进新时代人大工作。深入推进党风廉政建设，完成机关支部换届，以清廉机关建设为抓手，严肃党内政治生活，强化纪律规矩约束，抓好制度落实工作，加强机关作风建设，压紧压实全面从严管党治党政治责任，坚持正风肃纪，深入调查研究，持续改进作风，提升人大机关干部的履职能力和水平。

常委会始终把夯实履职根基作为新突破，修订完善常委会组成人员守则、议事规则等制度措施21项，推动会议召开、选举任免、审议表决等程序更加规范严谨、务实高效。围绕改进常委会审议工作、提高审议质量，进一步完善选题、调研、报告、审议、整改、反馈“全链条”工作流程，坚持常委会会议之前开展专题培训、会议材料提前印发审议、常委会组成人员轮流审议发言等制度,广泛征集民意并将合理建议写入审议意见,确保在决策、执行、监督落实各个环节上都能听到来自人民的声音。

常委会始终把提升人大整体工作水平上作为新成效,落实常委会领导包联乡镇人大制度,支持和指导乡镇人大开展代表集中进站履职等工作,坚持邀请乡镇人大主席、县直代表团负责人列席人大常委会会议,参加视察调研、专项督查和“三账”监督等活动,形成上下联动、充满活力的工作格局。

常委会始终持续强化人大代表和机关党员干部的教育、管理和监督,深入抓好党章党规、法律法规学习,始终挺纪在前,坚持正向激励和警示教育相结合,持续正风肃纪和反对“四风”,发现苗头性、倾向性问题,及时提醒并督促纠正,持之以恒推进党风廉政建设和反腐败斗争,始终保持人大风清气正、团结干事的良好形象。同时,深入贯彻落实县委人大工作会议精神,对机关办公楼进行全面改造整修,机关办公环境焕然一新,为机关人员创造干净、整洁、舒心的办公环境。

重要会议

【十七届人大二次会议】 2022 年 1 月 25 日至 27 日在县城举行,会议采用主会场 + 分会场,以视频会议的形式召开。出席会议代表 197 人,列席会议 307 人。会议听取和审议县长刘锋所作的政府工作报告、县人大常委会主任李放明所作的县人大常委会工作报告、法院院长陈剑所作的法院工作报告、检察院检察长郝永丽所作的检察院工作报告;审查批准关于翼城县 2021 年国民经济和社会发展计划执行情况与 2022 年国民经济和社会发展计划的报告,批准翼城县 2022 年国民经济和社会发展计划;审查批准关于翼城县 2021 年财政预算执行情况与 2022 年预算草案的报告,批准翼城县 2022 年预算;通过政府、财政、计划、人大、法院、检察院 6 个工作报告的决议;大会表决通过选举办法、各项决议草案等;选举产生出席临汾市第五届人民代表大会代表 26 名;选举赵大志、王大梁为翼城县第十七届人民代表大会常务委员会委员。会议结尾时,县委书记黄晓君讲话。会议历时 2 天半。

监督工作

【法律监督】 2022 年,县人大常委会把各单位宪法、法律宣传执行情况作为三账监督的主要内容,督促各建账单位积极贯彻执行有关法律法规,利用重要时间节点,积极进行法律法规宣传,规范执法程序,提升执法水平,弘扬法治精神,根植法律信仰,坚定不移做宪法的忠实崇尚者、自觉遵守者和积极践行者;开展以“三账”监督为抓手的干部任后监督;接待群众来信来访 40 人次;听取和审议县政府《中华人民共和国道路交通安全法》执法检查意见整改落实、“七五”普法等工作情况报告,并作出在全县开展第八个五年法治宣传教育的决议;听取和审议县法院关于创优法治化营商环境 服务翼城全方位高质量发展、县检察院关于开展未成年人检察工作等专项报告,并作出审议意见;开展《中华人民共和国森林防火条例》、《山西省人大常委会关于禁止野外用火的决定》、《中华人民共和国社区矫正法》、《中华人民共和国文物保护法》、中小企业促进“一法一条例”等执法检查;配合省市人大开展《山西省动物防疫法》《山西省优化营商环境条例》执法检查;完成《山西省安全生产条例(修订草案)》《临汾市海绵城市建设管理条例(草案)》《临汾市泉域水资源保护条例(草案)》《山西省整沟治理促进条例(草案)》《山西省杂粮产业促进条例(草案)》《中华人民共和国黄河保护法(草案)》《山西省湿地保护条例(草案)》等法律的征求意见;持续开展人大代表参加法院“旁听庭审”和检察院“检察开放日”等活动,司法透明度和公信力进一步增强。

【工作监督】 2022年,县人大常委会紧紧围绕围绕县委“四大振兴战略”“六大提升行动”,把《向人民交账》监督单位承诺事项作为监督重点,围绕中心、服务大局、强化监督、着力推动。组织代表对乡村振兴、常态化疫情防控、县医院迁建、翼城中学扩建、文旅融合、三箭齐发、全县农业生产托管、县城道路建设改造情况、乡镇卫生院业务用房改造、农村日间照料中心、青年创新创业等工作进行视察调研;专项督查全县高标准农田建设、5000亩退化林生态修复工程和通道绿化、水库维修养护和安全检查设施安装、河道治理、砂厂专项治理、农机新技术、新机具的推广等工作;听取2022年1—10月国民经济和社会发展计划执行情况、疫情防控、安全生产、县医院迁建、砂厂环保治理、文旅融合、审计整改、市场主体倍增等专项工作报告;由各副主任带队,成立5个查账小组,采取听汇报、看现场、查资料等方式,集中精力对60余个建账单位进行查账,督促各建账单位按照年初建账目标要求,强化担当,主动作为完成目标任务;听取审议财政预算编制、预算执行情况报告,两次审查批准财政预算调整方案;配合全国人大民族委员会开展民族调研;由各副主任领队,督导抓党建促基层治理能力提升、文明城市创建等工作,助力社会治理体系和治理能力现代化水平提升。

人大代表工作

【代表活动阵地建设】 2022年,县人大常委会开展星级代表联络站点建设,提升站点建设标准。在南唐乡东下坪村探索建立全过程人民民主“示范点”,打通推进全过程人民民主基层实践的“最后一公里”。以人大代表联络站点为依托,在各级人大代表中广泛征集对抓党建促基层治理能力提升专项行动的意见建议,共收集10个方面意见建议471条,及时汇总整理上报县委,为抓党建促基层治理能力提升贡献人大智慧。开展代表集中进站履职月活动,组织代表进站接待选民、开展二十大精神和县委人大工作会议精神宣讲,真正把联络站(点)建设成人大代表履行职务的平台、学习交流的课堂、宣讲法律政策的阵地、联系群众的桥梁、服务百姓的窗口。

【代表工作】 2022年,县人大常委会出台《代表“三联”工作实施办法》,确定每位县人大常委会主任会议成员联系5名常委会委员组成人员,常委会组成人员联系5至6名人大代表,每名县人大代表联系其所在选区选民30人以上,通过调研、视察、走访、电话、信函、参加代表小组活动及召开座谈会等多种形式加强联系,为代表密切联系群众提供制度支撑。参照省、市人大做法,按照县人大代表每人每月200元、乡人大代表每人每月100元的标准发放履职交通通信补助,多渠道保障代表依法履职。下发《关于县级领导及县直下派代表深入人大代表联络站常态化开展活动办法的通知》,进一步明确领导干部中的人大代表要带头进站参加活动,每年不低于2次,开展政策宣讲“面对面”,田头问需“零距离”,一年来组织代表进站活动2800余人次,接待群众600余人次,收集意见建议500余条,深入宣传党的二十大精神、中央人大工作会议精神 20 余场次,让党的路线方针政策、宪法法律更加深入人心。

【代表意见建议办理】 2022 年,县人大常委会完善代表建议重点督办和跟踪督办制度,及时交办督办代表意见建议,召开县十七届人大二次会议交办会,将 120 件意见建议全部分解到各个承办部门,将代表意见建议办理事项作为年中查账重点进行督查,通过"三见面三满意",确保办理标准不走样、时间不拖延、质量有提升。2022 年,收到的 120 件意见建议全部交办、逐件反馈,一批群众关心关注的突出问题得到有效解决,人大代表的责任感、使命感、荣誉感明显增强。

(王海虎　原海锋　侯雯莉)

翼城县人民政府

综　述

【经济运行】　2022年，全县生产总值达到106.3亿元，增长5.7%；一般公共预算收入完成4.8亿元，增长18.5%；规模以上工业增加值增长12%；固定资产投资完成22.5亿元，增长26.7%；社会消费品零售总额完成42.59亿元。城乡居民人均可支配收入分别增长6.1%、6.5%。顶格落实稳经济一揽子政策措施，累计减税降费2878万元，增值税留抵退税2837.6万元，新增企业贷款23亿元。常态化开展助企纾困入企服务和“早餐会、下午茶、夜沙龙”政企对接活动，想方设法保持产业链、供应链稳定，确保重点企业正常生产，主要工业品产量同比持平，煤炭产量增长27%。充分发挥有效投资关键作用，多措并举保障项目建设不停工、不减速，55个年度重点项目基本达到进度目标。深入实施市场主体倍增工程，全县市场主体净增8807户，新增8家规上企业，5家企业完成股份制改造。

【产业转型】　2022年，县政府坚持高位推动、专班攻坚、跟踪服务，“三箭齐发”重大项目取得重要进展和阶段性成效。闽光焦化转型升级项目全面开工，2号焦炉完成筑炉大棚建设，干熄焦主体基础工程完成90%，主要设备完成订货；晋南钢铁基地项目正式奠基，环评、能评手续通过省级初审，完成厂前区地基试夯；华翔叉车专业化生产线竣工投产；舜达项目被纳入国家中长期贷款项目名录，与中国一汽签订战略合作协议，管理人进驻公司启动资产重整程序。新能源产业扎实起步，抽水蓄能项目与山西低碳环保产业集团达成框架协议，项目选址通过省级审核，正在上报国家能源局争取纳入“十四五”专项发展规划。龙源100兆瓦风电项目完成可研编制，纳入全省风电保障性并网年度建设计划。文旅产业稳步发展，完成河上公德山登山步道和观景平台、古城景区客栈一号院、佛爷山景区生态停车场和登山栈道等项目建设，三号旅游路竣工通车，翼城县历史与文化展陈对外开放。

【乡村振兴】　2022年，县政府坚决守牢粮食安全底线，建成高标准农田2.3万亩，完成农机深松整地7.2万亩，全年粮食产量达2.3亿公斤，冬小麦以亩产855.13公斤的优异产量第三次刷新全省最高纪录。推进种业振兴行动，完成“珍珠玉米”繁育150亩。全力保障“菜篮子”稳定供应，新增蔬菜面积3211亩；完成8家标准化养殖场改扩建。新增2家国家级示范社、4家省级示范家庭农场、1家省级农业龙头企业。大连绿海与果信樱桃合作项目签约落地。南唐河沄草莓、南梁翼山红花椒、王庄丹朱辣椒、中卫吴寨水果柿子等园区扩面提质，里砦“翼城优品”包装仓储基地、隆化苹果洗选分装基地、西阎“醉氧山珍”精深加工等产业项目建成投产。建成13个改厕后期运营管护服务站和2个粪污资源化利用处理站,实现长效管护全覆盖。健全21项防止返贫动态监测和帮扶机制,实施19个脱贫村产业项目,脱贫人口人均纯收入大幅提高。

【改革创新】 2022年,县政府扎实推进"一网、一门、一次"改革专项行动,推出209项"一件事套餐"服务,首创"行业综合许可证",推行"独任制审批"服务模式,29个行业实现"一业一证",131个高频事项即来即办。持续推进农业生产托管扩面提质,完成22.3万亩小麦、7.8万亩玉米全环节托管作业,146个村集体增收1678万元,新翔丰农业托管社会化服务被列入第五批全国农村综合改革标准化试点项目。完成第二轮土地承包到期后再延长30年试点和农村集体资产"清化收"工作,农村集体产权制度改革工作获农业农村部通报表彰。村改社区全面完成,新增8个城市社区。新认定1家省级"小巨人"企业、5家省级"专精特新"企业、10家科技型中小企业。5家企业获省级科技专项补助,春雷铜材、瑞德丰种业获市长创新奖。

【城市建设】 2022年,县政府完成"三区三线"划定和58个实用性村庄规划编制。优化拓展城市框架,投资8500万元的八一南路、横十路建成通车,投资5500万元的光明路和万慈街、木坊街中段主体完工。投资2000万元的唐尧大道立面改造和省道331环境综合整治全面完成,投资3000万元的绛源路街景公园建成开放。以省级文明城市创建为抓手,大力开展城区交通秩序、马路市场、道路扬尘等集中整治,市容市貌进一步改善。智慧停车系统正式上线运营,县城停车管理实现智能化。

【生态环境】 2022年,县政府狠抓大气污染防治,完成16家涉VOCs企业治理提升,实施1356户"煤改电"清洁取暖改造,城区空气质量显著改善,优良天数达285天,同比增加21天。着力提升水污染防治水平,第二污水处理厂建成投运,完成杨家河小流域综合治理,常态化开展入河排污口整治,浍河南丁断面水质达到地表水Ⅳ类标准。加强生态修复治理,完成荒山造林3000亩、乡村道路绿化200公里。

【安全底线】 2022年,县政府打好安全生产专项整治三年行动收官战,深入开展安全生产大排查大整治大提升行动,排查整改各类安全隐患1万余条。安全生产综合监管平台常态化运行,148家重点企业实现监管全覆盖。东关黄土崩塌地质灾害治理工程全面完工,完成120公里农村公路养护提质和2个危桥改造、8座小型水库维修养护等工程。完成天然气"三强制"改造,全市燃气安全隐患整治现场会在翼城县召开。完成3119户经营性自建房隐患排查、鉴定录入和管控整治。深化平安翼城建设,基层治理能力不断提升,社会大局和谐稳定,翼城县被命名为省级平安县。

【民生事业】 2022年,翼城县全年民生支出达19.36亿元,占一般公共预算支出的83%。县医院迁建项目竣工投用,完成县域医疗分中心建设。北关小学完成创一流改造,义务教育薄弱环节改造提升完成年度任务。教育质量稳居全市前列,高考二本B类达线率70.5%。山西桐封技师学院一期工程主体完工。新增技能人才1000余人。实施全民参保计划,各项社会保险参保人数达24.6万人次。完成15个自然村供水设施改造提升,农村自来水供水率98%。完成9021套房屋产权登记确权颁证"清零行动"。新建40所农村老年人日间照料中心和2个乡镇区域养老服务中心,翼城县被评为省级养老服务模范县。

【疫情防控】 2022年,县政府有力有效抓好常态化疫情防控和应急处置,累计投入资金1.2亿元,完成3个PCR实验室改扩建,新建2个发热门诊和14个发热诊室,配备移动CT、17辆负压救护车，设置重症床位63张、储备床位55张，最大程度保护群众生命安全和身体健康。投入1012万元，建立起4400余人的网格员队伍，构建全市领先的网格管理体系。

【督查督办】 2022年，县政府健全督查工作机制，优化调整督查力量，先后围绕重点项目、疫情防控、市场主体倍增、重点问题研判等工作开展重点督查。全年督办重点事项25件，撰写督查专报30余期。特别是针对晋南、闽光重大项目推进中的瓶颈制约，梳理形成问题清单和进度台账，每周两次督查调度，助力项目建设破难提速。

【政务公开】 2022年，县政府扎实推进政务公开标准化规范化建设，制定政务公开标准目录、工作流程，强化政务网站的日常运营监管。一年来，共发布各类政务信息4500余条。其中，政务要闻1487条、通知公告359条、公开政府文件86份、转载国务院要闻971条、省政府要闻1067条，切实做到信息公开准确、及时、规范、完整。

（翟　烽）

县政府常务会议

【第十七届县政府第11次常务会议】 2022年1月19日，县政府第11次常务会议召开，县委副书记、县长刘锋主持。会议研究县《政府工作报告（征求意见稿）》《翼城县2021年国民经济和社会发展计划执行情况与2022年国民经济和社会发展计划（草案）的报告》《2021年财政预算执行情况与2022年财政预算（草案）的报告》《翼城县2021年农业生产托管服务试点项目实施方案》等有关工作，部署当前重点工作。

【第十七届县政府第12次常务会议】 2022年2月17日，县政府第12次常务会议召开，县委副书记、县长刘锋主持。会议研究《翼城县燃气用户“三强制”+燃气泄漏报警器改造安装实施方案》、进一步完善细化全域旅游配套基础设施提升项目初步设计、《翼城县2021年度法治政府建设情况报告》、党政机关和事业单位经营性国有资产集中统一监管、《翼城县县属国有企业管理暂行办法（征求意见稿）》、2022年项目谋划及前期手续办理情况、《翼城钢铁新材料园区项目唐兴镇北冶新村居民搬迁补偿安置实施方案（征求意见稿）》等有关工作，部署当前重点工作。

【第十七届县政府第13次常务会议】 2022年3月10日，县政府第13次常务会议召开，县委副书记、县长刘锋主持。会议研究县党群服务中心、县老干部活动中心和老年大学建设、新建翼城县医疗集团县域医疗分中心、建设上石—下石段农村公路及启动县道东槐线改线工程、建设翼城县装备制造园区华翔新材料科技园项目、加快推进翼城县综合福利服务中心后续工程建设、省委省政府生态环境保护督察反馈问题整改情况、粮食购销系统巡察反馈问题整改进展情况、“首季开门红”主要经济指标完成情况等有关工作，部署当前重点工作。

【第十七届县政府第14次常务会议】 2022年4月22日，县政府第14次常务会议召开，县委副书记、代县长杨海林主持。会议研究新建党校选址、组建设立翼城县农村集体经济发展有限公司、农村危旧桥梁改造、《翼城县木坊街道路建设工程房屋征收与补偿方案（征求意见稿）》、第二污水处理厂和南梁镇、里砦镇、隆化镇污水处理站委托运营等有关工作，部署当前重点工作。

【第十七届县政府第15次常务会议】 2022年5月25日，县政府第15次常务会议召开，县委副书记、代县长杨海林主持。会议研究《翼城县2021年农业生产托管服务试点项目实施方案》、《2022年翼城县大豆玉米带状复合种植实施方案》、翼城县公安局城关派出所新建业务用房、《进一步优化网格设置 提升治理效能的实施方案》、县政府入股临汾市融资担保公司、历山·大河国家级森林康养基地项目投资入股、设立县级调控粮、完善应急成品粮油储备体系、建设农村公共浴室、2022 年 1—4 月经济运行情况、市场主体倍增工作进展情况、《关于做好 2022 年度全国国防后备力量组织整顿工作的通知》和《十四五时期民兵建设发展计划》等有关工作，部署当前重点工作。

【第十七届县政府第 16 次常务会议】 2022 年 6 月 28 日，县政府第 16 次常务会议召开，县委副书记、代县长杨海林主持。会议研究翼城县智慧停车系统建设项目试运营、翼城县 2021 年度预算执行情况审计的结果报告、进一步规范政府投资项目结算审核工作、《翼城县 2022 年冬季清洁取暖工作实施方案》、《翼城县 2022 年散煤污染专项整治工作方案》、食品安全工作、深化乡镇综合行政执法、《翼城县 2022 年农村“厕所革命”整村推进财政奖补资金使用实施方案（征求意见稿）》、“十二五”以来高标准农田建设存在问题排查整改、《省道 331 线西石桥至冶南段环境综合整治方案》等有关工作，部署当前重点工作。

【第十七届县政府第 17 次常务会议】 2022 年 7 月 25 日，县政府第 17 次常务会议召开，县委副书记、代县长杨海林主持。会议研究拨付横十路道路改造工程相关赔付资金、《翼城县自建房安全专项整治实施方案》、唐霸公园改造提升一体化项目、翼城县村庄规划编制和乡镇国土空间总体规划编制、《翼城县 2022 年财政预算调整方案》、购置县医院新院区相关办公设施、乡镇学校闲置空气能设备处置、乡镇清洁取暖“煤改电”BOT 项目配套电力设施调拨、村改社区等有关工作，部署当前重点工作。

【第十七届县政府第 18 次常务会议】 2022 年 8 月 29 日，县政府第 18 次常务会议召开，县委副书记、代县长杨海林主持。会议研究建设自然资源实时监控系统、实施王庄镇污水处理站及配套管网工程和桐封、九龙公园设施提升绿化改造项目、《2022 年清洁取暖“煤改气”用户用气补贴办法（征求意见稿）》、建设装备制造园区服务（项目承载）能力提升工程、《翼城县实施标准化战略资金管理暂行办法（送审稿）》、政府入股翼城县长汇农牧开发有限公司股权转让、《2021 年财政决算草案和 2022 年上半年预算执行情况的报告》、《2022 年财政预算调整方案》、全县生态环境保护工作及中央、省生态环境保护督察反馈问题整改、自建房安全专项整治、全县选矿企业固废治理项目安全治理攻坚行动、防汛减灾工作、巩固脱贫攻坚成果同乡村振兴有效衔接等有关工作，部署当前重点工作。

【第十七届县政府第 19 次常务会议】 2022 年 9 月 29 日，县政府第 19 次常务会议召开，县委副书记、代县长杨海林主持。会议研究《县政府有关会议规则》、《翼城县新华南路、唐尧南路道路改造工程房屋征收与补偿方案（征求意见稿）》、翼城县 2022 年度第一批采煤沉陷区综合治理旧房拆除及土地复垦工程、翼城县 20 处不可移动石刻类文物变更为可移动文物、妇幼保健计划生育服务中心迁建项目、调整乡镇法定行政执法事项清单、《翼城县 2022 年上半年国民经济和社会发展计划执行情况的报告》、翼城中学改扩建项目拟采用 PPP 模式实施、《翼城中学改扩建项目房屋征收与补偿方案（征求意见稿）》、《关于进一步规范财政资金管理有关规定》等有关工作，部署当前重点工作。

【第十七届县政府第 20 次常务会议】 2022 年 10 月 27 日，县政府第 20 次常务会议召开，县委副书记、代县长杨海林主持。会议研究《翼城县市政基础设施环保提升 PPP 项目实施方案（修订稿)》、新华路拓宽改造工程涉及王集贤等5户门面房还迁户安置补偿、调整部分企业退休人员取暖费发放方式、馨佳苑小区十套住宅楼及一间车库资产移交、《王庄镇弃里村、古署村等村土地综合整治项目实施方案》、翼城县高质量钢铁新材料工业园区新增建设用地第二阶段考古发掘经费、《国道241线翼城县城过境公路改线工程房屋征收与补偿方案(征求意见稿)》、通道绿化占地补偿资金、《翼城县2023年实施小麦高产高效工作方案(征求意见稿)》、翼城县人工湿地建设工程退出全国PPP综合信息平台项目库、《山西省翼城中学校改扩建PPP项目初步实施方案》、中共翼城县委党校(行政学校)迁建工程项目建设、清洁取暖工作、收购民办学校、2022年有关预算调剂事项、人事任免等有关工作,部署当前重点工作。

【第十七届县政府第21次常务会议】 2022年11月26日,县政府第21次常务会议召开,县委副书记、代县长杨海林主持。会议研究《翼城县消防事业发展"十四五"规划(征求意见稿)》、《翼城县乡镇权责清单(2022年版)》、《翼城县行政许可事项清单(2022年版)》、唐兴镇东寿城村利民路下穿侯月铁路立交框构桥及引道工程建设前期费用、自然资源重要信息系统网络安全等级保护及视频会议系统整改、矿业权实地核查工作经费、唐霸公园改造提升一体化项目征地补偿及地面附着物赔偿、村改社区后续工作、政府应急成品粮油储备所需资金、《翼城县农村道路交通安全"两站两员"建设工作实施方案(征求意见稿)》、下放行政执法事项清单、拨付翼城中学校改扩建项目前期工作费用和拆迁补偿费用、《翼城县关于进一步完善网格化服务管理工作的实施方案》、对山西励鑫铸业有限公司依法维权、2022年有关预算调剂事项等有关工作,部署当前重点工作。

【第十七届县政府第22次常务会议】 2022年12月14日,县政府第22次常务会议召开,县委副书记、代县长杨海林主持。会议研究《翼城县2022年财政预算调整方案》、翼城县2021年度县本级预算执行和其他财政收支审计发现问题整改、处理垫付社保资金偿还问题等有关工作,部署当前重点工作。

(翟　烽)

县政府办公室工作

【"三服务"工作】 2022年,县政府办精心办文。坚持把以文辅政作为服务领导科学决策的重要手段,把精品意识根植于办文工作全过程,组织文秘人员学习领会上级政策文件精神,开展针对性基层调研,加强各类信息资料收集,努力掌握第一手资料,在提高文稿质量上狠下功夫,做到思想有深度、表述有新意、文风有特点。全年累计起草各类文稿500余篇。细心办会。坚持专人负责,力求严谨高效,做到会前充分准备、会中积极组织、会后抓好落实。对重要会议、活动提前介入、精心筹划,做到零延误、零失误。特别是加强县政府常务会议的议题收集、材料审核、会场筹备、纪要编发、督查落实等全过程规范管理,从源头确保会议效率和质量。全年组织召开县政府常务会议12次,县长办公会和专题会议30余次,各类会议500余次,有力推动各项决策部署的传达贯彻。用心办事。周密细致做好各类会务和接待组织工作,注重事前统筹协调,强化事中跟踪服务,认真做好事后总结整理。先后接待应急管理部救灾和物资保障司、省农业农村厅、市审计组等各级领导到翼城检查调研活动150余次。

【公文转办】 2022年,县政府办用好OA

(移动办公)系统,对上级来文逐一提炼拟办意见,快收快办、即收即办,提高公文流转办理效率,保障工作落地落实。进一步规范文件制发工作,梳理分析影响文件制发、运转等办理质效的薄弱环节,优化完善"主办单位、领导助手、文秘股、分管副主任、主任"五级审核流程,确保文件制发准确规范高效。全年累计处理转办省市各级来文968件,县政府及政府办公室发文256件。

【建议提案】 2022年,县政府办坚持把人大代表建议、政协委员提案办理作为重要政治任务和政治责任,建立承办单位建议办理工作台账,明确时间节点,规范办理流程,持续加强跟踪督办和成效考核,做到一件一答复、一件一销号,确保每位代表、委员提出的建议提案都能落到实处、抓出实效。全年办理人大代表意见、建议118件,政协委员提案123件。

【应急值守】 2022年,县政府办每月定期制定办公室值班值守安排表,由10名带班领导和值班人员24小时轮流带班值守,确保县政府机关工作高效有序运转。在全县疫情防控期间,成立值守专班,值班领导和值班人员24小时在岗在位;后续政策调整转换阶段,业务骨干坚守岗位、封闭办公,其他人员居家不"躺平",全体人员严格遵守纪律规定,思想不松懈、工作不断档、责任不缺位,关键时刻经受住了考验。在党的二十大召开期间和春节、"五一"、"十一"等节假日期间,进一步调配加强值班力量,严格执行值班纪律,加大对乡镇部门值班情况的检查调度,切实提升值班工作的科学化、规范化管理水平。

【政务信息】 2022年,县政府办实行政务信息层级负责、目标考核季度通报制度,及时收集素材,准确反映工作动态。全年向市政府研究室共报送政务信息180余篇,采用13篇;报送约稿219篇,采用23篇。

【电子政务】 2022年,县政府办新建安恒网络防御系统,对全县各乡镇、县直单位办公电脑安装网络杀毒软件1200余套,有效防范和堵截病毒感染、黑客入侵、漏洞发生等问题出现。聘用专业网络安全公司,组织技术力量进行线上线下监测、分析、处置,确保全县网络安全。

【金融服务】 2022年,县政府办切实加快企业上市挂牌步伐,促进企业不断做强做大,筛选出8家优势企业进行重点培育扶持,列入山西省上市挂牌后备企业资源库企业名单。5家企业完成股改,3家企业收到山西股权交易中心挂牌通知,超额完成市政府下达的专项目标考核任务。同时,成立清收处置农商行不良资产工作专班,累计清收处置风险资产2.35亿元,完成全年任务目标任务的147%。

【外事工作】 2022年,县政府办积极组织上报非遗产品外展,翼城县"花鼓""凤头绣鞋"两件非遗产品被选为2022年中国山西(临汾)家—寻根非遗文化美国犹他州社区巡展展品,集中展示翼城非遗技艺魅力和唐尧故地深厚的文化底蕴。组织协调翼城县外籍人士参加"汉字缘"2022国际故事大会。

【机要保密】 2022年,县政府办深入践行总体国家安全观,严格遵守各项保密管理制度,突出抓好印章、"三密"文件、计算机信息安全等重点领域保密管理。强化保密学习教育,积极组织办公室全体人员参加学习,并通过知识测验。

(翟　烽)

民政管理

【概况】 2022年,县民政局始终坚持以习近平新时代中国特色社会主义思想为指导,坚持"民政为民、民政爱民"的工作理念,织密扎牢民生兜底保障安全网,聚焦脱贫攻坚、聚焦特殊群体、聚焦群众关切,全面推动民政各项工作高质量发展。始终牢记“民政为民、民政爱民”的工作理念,探索“互联网+智慧养老”新模式,构建“1+9+N”的养老服务布局。加快推进乡(镇)级9个公益性安葬(放)设施建设,创建省级养老服务模范县,提升养老服务能力,推进建设机构养老、居家养老、社区养老三者相结合的养老服务模式。以创建山西省“未成年人保护示范县”为载体,2022年开展以“童心筑梦·一起向未来”为主题的系列活动,跟踪形成个案10例,走访60人次,受益困境儿童达150余人次。将低保审核确认权限下放至各乡(镇),推进城乡低保审批和监管有效分离;以“严、细、实”的标准,将3130户4579人录入系统,建成翼城县低收入家庭信息库,为各项救助工作提供信息支持。开展流浪乞讨人员源头排查预防治理,2022年,共救助各类人员42人次。为全面规范城市社区治理体系,开展村改社区工作,全县共有146个行政村,14个城市社区。

【社会福利事业】 2022年,县民政局切实加强孤儿保障工作。严格贯彻落实国务院办公厅《关于加强孤儿保障工作的意见》和省、市相关文件精神,严把关口,做好孤儿的认定工作,建立健全孤儿信息,并在儿童福利信息管理系统上对全县17名孤儿进行信息录入,发放孤儿基本生活费272195元,临时价格补贴1890元。

打造老有所得、老有所养的养老服务体系。积极向上级争取养老服务项目指标,提升翼城县养老服务能力。全县有6家养老服务机构,79处日间照料中心,2处养老幸福工程,2处区域养老服务中心。2022年,新建的40所农村老年人日间照料中心及2个乡镇区域养老服务中心,是翼城县政府投资打造的养老服务体系中的重要组成部分,实现运营全覆盖。城镇养老“幸福工程”得到省政府督导组充分的肯定和表扬。构建以综合福利服务中心为龙头,以日间照料中心和区域养老服务中心为主导,以日间照料为补充的养老服务格局,实现城乡养老全覆盖。

2022年8月11日,翼城县民政局组织留守儿童参加“强国有我 请党放心”爱国主义主题夏令营
(张钦钧供图)

加强殡葬基础设施建设,推动殡葬改革。补齐设施短板,县级殡仪馆工程建设完成前期全部手续,正在做群众工作。9个乡镇公益性骨灰堂(公墓)建设,全部完成选址、建设,实现乡镇级全覆盖。倡导厚养礼葬文明新风尚,提高殡葬领域治理水平,依法治理散埋乱葬,推动殡葬公平、节地生态安葬、丧葬习俗改革等。

做好农村户籍80岁以上老年人生活保障工作。2022年,为农村籍且无工作单位的80周岁以上老人每人每年发放300元;为农村籍且无工作单位的95周岁以上老人每人每月发放100元。全年为4084名农村籍80周岁以上老人发放敬老金1196700元,为64名农村籍95周岁以上老人发放敬老金69900元。

【基层社会组织建设】 2022年,县民政局深入开展扫黑除恶工作。针对当前农村、社区涉黑涉恶问题新动向,坚持打早打小、有黑扫黑、无恶治乱,不断建立健全遏制黑恶势力滋生蔓延的长效机制。紧盯重点,坚决整治基层治理薄弱环节。主要从加强村民委员会建设、进一步健全村民自治制度、开展乡村治理服务示范创建活动、修订完善村规民约四个方面扎实推进民政领域扫黑除恶专项斗争不断深入。

做好村(社区)“两委”换届后基层治理工作，人员培训、村规民约修订、民主协商等。组织开展培训。结合县委组织部“领头雁”培训，分批对新任村“两委”干部进行培训，实现培训全覆盖。结合“清廉民政”活动，联合县委组织部、县农业农村局印发《翼城县村级党务、村务、财务公开事项目录》，突出“三务”(党务、村务、财务)公开、村(居)务监督、议事协商，进一步提升乡村治理水平和服务群众能力。

推进村改社区工作。不断加强基层治理体系和治理能力现代化，全面规范城市社区治理体系。为全面规范城市社区治理体系，开展村改社区工作。按照《翼城县关于抓党建促基层治理能力提升高质量推进村改社区工作的实施方案》要求，从5月开始，至7月29日完成村改社区工作，村改社区按照方案既定的时间节点，完成后续工作。新设立社区工作逐步进入日常化、正规化。全县有146个行政村，14个城市社区。

【社会组织管理】 2022年，县民政局加强党对社会组织的全面领导。培育发展社区社会组织，持续打击整治非法社会组织，创建示范党支部，推动社会组织健康有序发展，主动参与乡村振兴和青年创新创业中。结合“三整一提升”行动，专门组织摸底排查，摸清社会组织底数，逐个为现有党组织建立标准化台账，做到“负责人身份清、职工情况清、党员数量清、组织设置清”。

深化社会组织改革创新。推进社会团体深化改革。在完成行业协会商会与行政机关脱钩改革任务的基础上，发挥行业协会商会自律功能。引导社会组织助力脱贫。积极引导社会组织到翼城县贫困人口较为集中的乡(镇)持续开展扶贫活动。

【婚姻登记工作】 2022年，县民政局积极打造AAA级婚姻登记服务机构，翼城县婚姻登记服务中心共办理结婚登记1490对，离婚登记318对，补发结婚登记293对，补发离婚登记51人，做到婚姻登记及疫情防控工作有序进行。同时，积极宣传发动，配合妇幼保健计划生育服务中心做好翼城县的免费婚前医学检查工作。

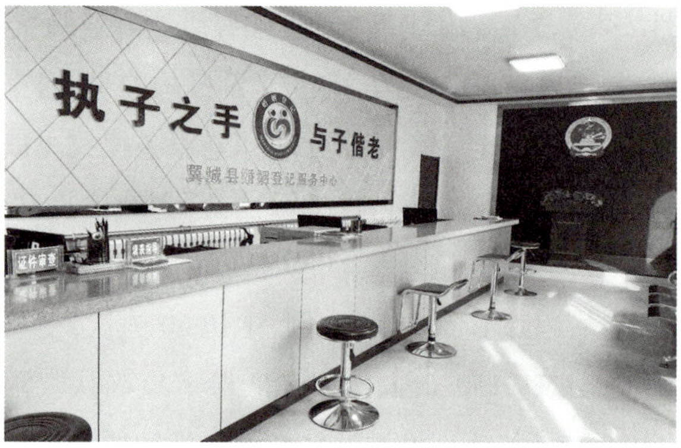

2022年，打造AAA级婚姻登记服务机构
(张钦钧供图)

(张钦钧)

人力资源和社会保障管理

【概况】 2022年，县人社局坚持以党的二十大精神为指引，深入学习贯彻习近平总书记考察调研山西重要指示精神，按照“疫情要防住，经济要稳住，发展要安全”的重要要求，在全面抓好基层党建、意识形态、安全生产、法治建设工作的同时，有序推进各项业务工作开展。城镇新增就业4054人，农村劳动力转移就业5116人，各项社会保险参保250325人次，劳动人事争议案件调解成功率69%，仲裁结案率100%。城镇就业总体稳定，劳动关系和谐稳定，待遇调整按时到位，城镇居民人均可支配收入增幅高于全市水平，各项目标任务全面完成，民生福祉持续增进。

【“人人持证、技能社会”建设】 2022年，县人社局围绕县委、县政府中心工作，培训1万余人次，其中普惠制培训1401人。举办春风行动等系列线上线下招聘会，华翔、晋南钢铁、闽光、丰昆等100余家企业参加，提供就业岗位6000余个，达成就业意向 1500 余人，技能人才占从业人员的 32.15%；城镇新增就业 4054 人，农村劳动力转移就业 5116 人，均超额完成市定目标任务。

【青年创新创业】 2022 年，县人社局举办翼城县首届青年创新创业大赛，择优选择 15 个获奖项目参加市赛、省赛，华翔科技园获得市赛一等奖，新翔丰农业科技公司在省赛乡村振兴板块取得第一名；有序推进大学生就业创业基地、技能服务人才培养基地工作，为晋南钢铁、闽光招聘 105 名高校毕业生，选送 22 名青年技能人才到山西机电职业技术学院深造提升职业技能。

【社保扩面】 2022 年，县人社局以农民工、灵活就业人员、新业态从业人员为重点，加大政策宣传力度，全力推动扩面参保工作，完成 6 个建设项目被征地农民养老保险补贴审核，有效保障失地农民基本权益，支出各项社会保险基金 6.9 亿元。超额完成年初目标，其中城乡居民补充险参保扩面工作获得省厅好评。

【根治欠薪】 2022 年，县人社局按照限期清零、动态清零原则，协调处理各类欠薪案件 56 件，为 320 人追回劳动报酬 284.18 万元，被省厅授予山西省根治拖欠农民工工资工作先进集体称号。

【城镇居民增收】 2022 年，全县城镇居民人均可支配收入 38521 元，较上年同期（36306 元）增幅 6.1%，高于全市 5.7% 的平均水平，全市排名第六。

【重点项目】 桐封技师学院建设项目一期工程主体完工，固定资产投资额完成 1.08 亿元，完成一期目标任务。

【人事人才工作】 2022 年，县人社局完成 2021 年度事业单位工作人员绩效考核工作，共涉及 40 余个系统 3809 人。干部管理权限范围内 2021 年 10 月 1 日基本工资调整标准，2022 年度机关工勤、事业单位人员考核增资，义务教育老师绩效奖金，其他事业单位工作人员绩效奖金全部调整落实到位，各样本单位按规定要求各类工资项目做到应发尽发、应报尽报。2022 年度，翼城县非营利性服务业工资总额累计增速 19.48%，超过全市平均增速水平，在全市位列第四。完成教育、卫生、财政等 18 个系统 99 家事业单位岗位设置方案的审核备案及岗位聘用审核备案工作。完成行政审批局、市场监督管理局下属等 16 个单位 221 人岗位设置续聘及岗位变动审核备案工作。积极稳妥推进翼城县事业单位管理岗位等级晋升工作，与组织、编办、财政等部门加强工作统筹，严格按程序办事，确保执行政策不走样、不跑偏，全县应晋升 101 人，已晋升 101 人，完成率 100%。按照干部管理权限，十级职员晋升九级职员 39 人晋升审批表完成审批。深入贯彻落实党中央、国务院和省委、省政府关于“稳就业”“保就业”决策部署，面向社会公开招聘事业单位工作人员，1712 人报名参加考试，通过笔试、资格复审、面试、体检、考察等环节，符合录用条件的 38 人全部上岗。

【依法行政】 2022 年，县人社局坚持把法治建设作为“一把手”工程，按照市、县法治政府建设实施方案，出台人社系统法治建设实施方案，积极推进依法行政，促进人社工作法治化、规范化。

坚持民主决策。严格执行“三重一大”制度、党组工作运行制度，进一步明确集体决策的事项、范围、程序和办法等。在具体工作中，强化集体领导，充分发扬民主，集思广益，调动班子成员积极性，提高决策的科学性和正确性，提高行政的规范性和准确性。各项工作的推进、上级交办事项落实、信访案件处理、财务收支等重大事项，均通过党组会议集体研究，确保权力在正确的轨道上运行。

确保阳光行政。依法依规按程序签订合同，聘请法律顾问，明确服务范围，确保法律顾问在重大行政决策制定、规范性文件审查、行政复议和行政诉讼等相关法律事务中发挥作用。修订完善权责清单、公共服务事项清单并在政府网站予以公布,确保行政权力阳光操作,透明运行。

加强行政执法。发挥劳动保障监察职能,全面进行劳资矛盾排查化解工作,在根治拖欠农民工工资工作领导小组的统一调度下,完善执法协调机制,定期向联席办通报反馈监察情况,按照“谁主管、谁负责”“属地管理”原则,及时向有关部门、各乡镇人民政府移交拖欠工资案件。对全县各类用工企业开展专项执法检查,检查各类用工单位59户,涉及5415人,下达责令改正决定书22份,已整改到位,办理劳动用工备案45户,涉及8332人;开展集中整治拖欠农民工工资问题专项行动,检查在建工程项目6个,涉及1248人,暂未发现拖欠工资等违反劳动保障法律法规行为。

(王　哲)

应急管理

【概况】　2022年,县应急管理局强化安委办、应急救援总指挥部办公室、减灾委办公室“三个议事机构”职能,坚持“全市领先、全省有名、全国有声”目标,用心用情用力做好安全生产、应急管理和防灾减灾工作,努力保障人民群众生命财产安全。2022年,县应急管理局坚持以守正创新引领发展,推动各方面工作取得较好成绩,受到上级领导和县委、县政府的认可。灾后重建工作代表全省接受中央电视台专访,并在CCTV13频道播放。先后获临汾市安全生产优秀集体、“安全生产月”优秀组织、“安康杯”活动先进集体称号;作为唯一县级代表在全省应急管理系统“互联网+”执法和行政执法人员统一着装仪式上交流发言。

1月30日,县应急管理局局长曹俊义就翼城县灾后重建和冬春救助工作接受央视记者专访

(王慧君供图)

【安全生产】　2022年,全县全年共发生生产安全事故1起,死亡1人,安全生产形势持续稳定。其中,道路交通事故1起,死亡1人;工矿商贸领域未发生生产安全事故。亿元地区生产总值生产安全事故死亡率0.014,煤矿百万吨死亡率为零,各项考核指标全市排名靠前。

强化综合监管。积极推进安委办实体化运行,“办队联系”强化职能发挥;明确县级领导安全生产责任、重点任务和包联企业“三个清单”;进一步厘清新兴行业领域及职能交叉行业领域责任边界;扎实组织开展安全生产专项整治三年行动、百日攻坚行动、“大检查、大整治、大提升”行动等专项治理,扎实推动安全生产精准化防控。组织开展县乡两级安全生产专题培训11次,着力树牢全县党政领导干部安全生产意识和底线思维。通过现场查阅资料、实地走访企业等方式对全县9个乡镇和4个重点部门的安全生产工作情况开展巡查督导,有效促进“三管三必须”进一步落实落细。

强化风险防控。34家企业完成标准化创建,全部达到三级以上标准化水平,全县高危行业安全生产标准化创建率达到90%以上。煤矿本质安全水平稳步提升,“电子封条”建设率先通过省、市验收;沿空留巷、钻孔预留等新技术、新设备推广运用成效明显。非煤矿山企业标准化规范化建设取得新进展,2家非煤矿山企业完成安全许可,隐蔽治灾因素普查和选矿企业固废填沟造地治理项目全面完成。突出工矿商贸领域,紧盯节点,紧抓重要环节深入开展专项治理。全年共排查隐患14902条,并全面实现闭环管理,立案24起,结案23起,行政处罚300余万元。

强化宣传培训。运用《安全365》全县安全宣传平台,通过10余个栏目全天候、多矩阵广泛宣传安全,引导全县各乡镇、各部门主动思考安全、全面履职尽责,全年共录制节目17期,播放总时长548分钟。大讲堂、演讲比赛、知识竞赛、微视频展播、线上咨询、安全生产约谈、集中演练一体推进,扎实开展安全生产月活动,营造安全生产浓厚氛围。持续推进煤矿、非煤矿山、危险化学品、冶金铸造"四大重点领域"全员安全培训,共培训人员7000余人次;深入开展安全培训"走过场"专项整治行动,通过集中考试、"逢查必考"、"师傅带徒弟"等措施,着力提升安全培训的精准度和实效性。

【应急管理】 2022年,县委、县政府投入1000多万元,新建2个综合性应急装备专库;新购置无人机、卫星电话、红外线救援、救生艇、水泵等170余万元大型设备;引导企业积极履行社会责任,为社会救援队伍和民兵组织购买100余万元应急救援装备,应急救援整体装备水平全市领先。按照部门定、集体议、专家审的原则修订完善以《全县突发事件总体应急预案》为统领,10个专项预案为支撑的应急预案体系,初步形成统一、快速、协调、高效的突发公共事件应急处理机制。围绕水上救援、防汛救灾、地质灾害、森林防火,以及各类事故等科目,开展130余场应急演练,拉动各类应急救援队伍12支,应急处置措施的操作性、科学性、实战性明显增强。

【防灾减灾】 2022年,全年共发布寒潮、霜冻、雷雨、高温、雷暴大风、短时强降雨等各类预警信息19次,全县受灾人口53167人,农作物受灾面积3390.87公顷,一般损坏农户房屋22户66间,基础设施损失155万元,房屋及家庭财产损失65万元,公共服务损失46.5万元。

7月5日,翼城县2022年防汛暨地质灾害应急演练在桥上镇刘王沟村举行 (王慧君供图)

按照新建一批、装配一批、回购一批、调剂一批、转移一批的"五个一批"工作思路,着力打造灾后重建示范工程,从保进度、保质量、保服务三个方面攻坚发力,确保群众早日住上安心舒心放心的新房。坚持"户报、村评、乡审、局定"原则,对全县受灾情况精准核查上报,发放救灾物资1106.02万元,把党的关怀及时送至受灾群众手中。同时,全面完成自然灾害综合风险普查各项工作,各项数据通过国家级验收;推动桐封社区完成国家级综合减灾示范社区创建,全县综合减灾能力有效提升。

(王慧君)

消防救援

【概况】 2022年,县消防救援大队下辖一个消防站,共有指挥员3名,国家综合性消防救援队伍消防员11名,政府专职消防队员3名,消防文员15名。大队共有7辆消防车,分别为:8吨泡沫水罐车1辆、32米云梯消防车1辆、抢险救援车1辆、30吨供水车1辆、25吨水罐车1辆、高喷消防车 1 辆(报废)、6 吨水罐车 1 辆(报废),有各类器材装备 1152 件。有各类器材装备 926 件套,泡沫储存量为 2 吨。战斗车辆除配备有泡沫灭火剂、通信工具以及水枪、水带、个人防护装备等常规器材外,还配备热成像仪、液压破拆工具、夜间照明工具、山地救援工具、避火服、隔热服等一大批特种装具。

【干部任职大会】 7 月 21 日,县消防救援大队召开干部任职大会,临汾市消防救援支队副支队长赵志辉宣布翼城大队大队长、教导员任职命令,副县长张达宏参加会议。会议首先由副支队长赵志辉宣读干部任职的命令,原翼城县消防救援大队大队长李会峰、教导员贺勇作工作回顾,新任翼城县消防救援大队大队长刘政、教导员陈超分别作表态发言。

【重大活动】 2022 年 11 月 8 日,县消防救援大队在第 31 个全国“11 · 9”消防宣传月到来之际,翼城县政府在鼎尚时代广场举办 2022 年“11 · 9”消防宣传月活动启动仪式。现场设置消防知识版面区、消防器材体验区、消防车辆器材装备展示区、合影留念区以供参观体验,活动结束后,大队宣传员深入辖区开展消防宣传进企业、进农村、进社区、进学校、进家庭活动,并组织应急疏散演练和消防知识技能培训。

11 月 8 日,在鼎尚时代广场举办 2022 年“11 · 9”消防宣传月活动启动仪式　(王瑜供图)

【正规化建设】 2022 年,县消防救援大队作为第三批正规化建设单位,围绕正规化建设标准和精细化管理要求,营房室内外装修改造资金 117.51 万元,实施正规化建设投入近 170 万元,升级改造荣誉室、党团活动室、图书阅览室、一体化俱乐部、体能训练室、电教室、红门影院、心理咨询室等功能库室,营造美观、舒适、高效的学习工作生活环境,在山西省消防救援总队达标验收中,大队及消防站以第一名的成绩通过考核。

【火灾防控工作】 2022 年,县消防救援大队共检查单位 797 家,督促整改火灾隐患 1771 处,下发行政处罚决定书 613 份、临时查封 21 家、三停 9 家,拘留 2 人,行政处罚 31.82 万元。对翼城县颐欣园小区、翼城居然之家家居有限公司 2 家单位进行重大火灾隐患挂牌督办,全面杜绝各类火灾安全事故的发生。

党委政府高度重视。积极争取县委、县政府支持,主要领导在春节、元宵、中秋等节假日带队开展消防安全检查,指导消防工作,定期向主要领导汇报消防工作,先后提请政府召开消防工作会议 4 次,专题部署村民自建房、冬春火灾防控、消防安全隐患排查整治等专项行动,向行业部门发函 40 余份。提请县政府常务会审议通过《翼城县消防事业发展“十四五”规划》,将消防队站建设、人员征召、装备器材配备等硬性任务纳入规划,完成 9 个乡镇消防专项规划编制,推进乡镇消防力量建设。对 2 家重大火灾隐患单位进行挂牌督办。组织应急、公安、工信、卫健等重点行业部门召开消防联席工作会议,确保辖区消防安全形势稳定。

三年专项整治行动持续发力。组织开展打通生命通道集中攻坚,2022 年以来,翼城县实行“智慧停车”模式,新增车位 2418 个,扎实运行联合执法机制,联合县交警大队开展打通“生命通道”专项行动执法检查 13 次,清理违规占用消防车通道车辆 5 辆,行政处罚 500 元。在电动自行车整治活动中,推动物业小区建设电动自行车集中充电、停放场所71个,推动14个高层住宅小区、2栋高层公共建筑安装电动车自行车禁入电梯管控系统124套。坚持将网格化管理作为提升基层社会治理水平的重要抓手,不断优化网格设置,社会治安综合治理系统共录入消防安全排查整治120余条。在易燃可燃材料夹芯彩钢板整治工作中,责令拆除1890平方米的非法搭建彩钢板。

各类专项整治成效显著。持续开展商业综合体、高层建筑等各类专项整治,对前期进行达标创建的大型商业综合体进行“回头看”,紧盯容易整改但反复出现,威胁人员安全的风险隐患,并督促整改。联合县住建局、供电公司组成高层评估专家组,完成对全县14家高层住宅建筑进行消防安全评估。扎实开展生产经营租住村(居)民自建房消防安全综合治理,重点检查10类重点隐患。截至2022年底,共检查2914家,发现并整改隐患2701处。在沿街经营性场所安全风险排查治理专项行动中,联合住建、市场监管、公安、电力等部门组成4个联合检查组,发现并整改隐患1245处。在燃气消防安全专项整治“百日行动”中,联合住建局对辖区各类燃气经营企业和燃气使用公共场所开展拉网式排查,发现并整改火灾隐患111处,切实消除安全隐患。

【灭火救援工作】 2022年,县消防救援大队严抓日常训练工作,切实落实大队月考核,消防站周考核训练机制,坚持不断提升综合救援实战效能。定期分析研判安全形势,开展议战议训议安全12次,开展作战训练安全教育52次,开展辖区重点单位熟悉97次,演练48次,完成97家重点单位预案的更新,开展业务理论教育104次、战例研讨52次、案例复盘104次,制定辖区高层建筑灭火预案7家,修订完善辖区隔离场所预案5家,制定三维立体数字化预案35家。截至12月31日,全县共接处警182起,出动车辆254辆次,出动1504人次,抢救被困人员38人,抢救财产价值30.2万余元、保护财产价值58万余元,未发生作战训练安全事故。完成增援侯马、曲沃、浮山灭火救援以及全国“两会”、党的二十大及辖区中高考、古城文化节等大型活动消防安保任务。

消防知识进校园 (王瑜供图)

【宣传培训工作】 2022年,县消防救援大队结合“安全生产月”119消防宣传月活动,持续推进消防宣传“五进”工作,利用广播电视、报纸杂志、新媒体、消防主题公园等各类载体、各种渠道开展有针对性的消防知识普及工作。深挖典型素材,“专职消防员轮休遇火灾,巧借灭火器成功扑救”“私家车占用消防通道”等案例被山西消防抖音公众号、“生活119”、《临汾日报》等多家媒体广泛传播。邀请近万名社会各界群众到消防队参观学习300余次,推广“消防学习云平台”,注册人数达26000余人,全民消防安全意识进一步提高。

【队伍管理工作】 2022年,县消防救援大队坚持党委统领,落实主体责任。认真履行大队党委党风廉政建设主体责任,将党风廉政建设工作任务分解,把党风建设、廉政建设融入各个岗位之中,使整个工作有目标、有标准,人人肩上有担子,个个身上有责任,营造齐抓共管的工作氛围。2022年,开展廉政党课授课4次,召开廉政教育会7次,开展廉政微课教育12次,观看廉政警示教育片6次,参观廉政教育基地和党性教育基地2次。从一日生活制度落实抓起,紧盯重点环节,突出对“人车酒网电密黄毒贷”等环节的管理;扎实开展正规化达标,继续深化“三零”“六涉”“九无”活动;实施酒精测试24次、涉赌涉贷检查20次,检查征信报告90人次,未发现问题隐患;完善干部廉政档案,确保队伍内部风清气正。

【思想政治工作】 2022年,县消防救援大队把围绕“喜迎二十大,全力保安全”,深化“牢记领袖训词,永做忠诚卫士”主题教育以及学习贯彻党的二十大精神作为贯穿全年的重大政治任务,通过抓实个人自学、专题培训、研讨交流、红色教育等规定动作和参观见学、党日活动、联学联建等自选动作,充分带动学习氛围,引导队伍不断提高政治判断力、政治领悟力、政治执行力。2022年,共开展主题教育学习研讨5次、专题授课5次,形成学习研讨材料25份;开展学习党的二十大精神专题学习会10次、撰写心得体会8篇。召开党委会议18次、研究讨论重大议题78个,有效发挥党委的核心领导作用。

(王　瑜)

防震减灾

【概况】 2022年,县防震减灾中心始终把保证人民群众生命财产安全和经济社会可持续发展作为防震减灾工作的着眼点和落脚点,坚持“防大震、减大灾”,牢固树立“宁可千日不震,不可一日不防”和“震情第一”的观念,不忘防震初心、牢记减灾使命,紧紧围绕县委、县政府和市防震减灾中心的中心工作,狠抓任务落实,全面开展地震监测预报、震害预防、科普宣传和地震响应四方面的防震减灾工作,着力推动全县防震减灾各项工作高质量发展,全县防震减灾事业取得显著成效。

【监测预报】 2022年,县防震减灾中心聚焦地震监测主责主业,加强监测台站运维管理。监测仪器运行率100%,信息节点网络运行率达到99%以上;坚持做好震情跟踪、会商研判和异常核实。制定印发《2022年度震情监视跟踪和应急准备工作方案》。每天按时收集观测数据进行处理、分析,完成会商日常制图。贯彻落实月会商、震情周例会要求。全年完成震情周例会34次,月会商12次,发送异常零报告360余期。坚持24小时震情值班值守。重点做好国家、省、市、县重大会议及节假日期间地震安保工作。出台《2022年北京冬奥会决战决胜阶段地震安全保障服务实施方案》。不定期对震情值班情况进行抽查,每周一在全局大会上通报上一周震情值班情况。

【震害防御】 2022年,县防震减灾中心加强防震减灾“三网一员”管理培训工作。6月初,对全县地震宏观观测点进行全面摸排,对全县“三网一员”人员情况进行调整完善。出台《关于聘任防震减灾助理员的通知》,明确“三网一员”定位和岗位职责。开展防震减灾助理员培训班。使全县助理员队伍更好地承担职责和任务,进一步提高工作能力和责任意识。在6月27日至7月31日全市地震系统“三网一员”培训中,翼城县应参加67人,实参加67人,注册率100%,经过25天努力奋斗,提前10天完成任务,完成率100%,位列全市第一。努力实施地震灾害风险普查房屋详查工作。主动对接省、市防震减灾部门,召开专题会议研究部署。按照时间节点,高质量、高标准完成各阶段任务,已通过省局审核验收。扎实开展“安全生产月”活动。成立安全生产月活动领导组,及时制定《关于做好“安全生产月”活动的实施方案》。集中学习观看安全讲座和《生命重于泰山》电视专题片。广泛开展防震减灾知识“六进”活动。发动防震减灾队伍参与《安全生产法》线上答题活动。开展安全生产隐患排查。

【公共服务】 2022年，县防震减灾中心完善防震减灾宣传教育长效机制，及时制订《翼城县2022年防震减灾科普宣传工作计划》，发挥已命名的防震减灾科普示范学校的示范引领作用和志愿者队伍专业技能，认真做好宣传教育和舆论引导。抓住重点。以“5·12”防灾减灾宣传日为契机，制定出台《“5·12”防灾减灾日科普宣传活动方案》。围绕“减轻灾害风险 守护美好家园”宣传主题，开展一系列防震减灾科普宣传活动。5月11日上午，在府前广场举办主题宣传活动，县委书记黄晓君，县委副书记、代县长杨海林等县四大班子领导参加活动。通过设立咨询台、悬挂宣传标语、发放宣传资料等方式，进一步提升社会各界对防灾减灾救灾工作的高度关注，对普及防灾减灾知识，推广避灾自救技能起到推进作用。5月7日，在解放东街开展集中宣传活动，工作人员现场发放《防震减灾知识读本》、《防震减灾避险知识手册》、宣传折页等宣传资料。5月10日，进入文昌社区、平安保险公司、居民小区开展地震科普知识宣传，通过的发放宣传资料，面对面进行地震科普知识讲解。为加大活动力度，落实面向群众的宣传动员工作，5月6日至13日，组织各乡镇、社区、“三网一员”队伍和有关部门根据领域特点，全面推动防震减灾知识宣传“六进”活动。县中心在红旗街、县政府门前悬挂条幅，主要街道商场、酒店、宾馆、银行、临街电子屏播放宣传标语。在线下点设立流动咨询台，现场宣讲、演练等方式，面向社会大众普及防震减灾知识和自救互救技能。全县中小学校开展不同形式的宣教活动。各学校通过开展地震避险演练、主题班会、知识讲座等活动，进一步增强师生的自我保护、自救互救、团队协作能力。各乡镇、社区通过视频号、微信群进行防震减灾知识培训、防震减灾知识竞赛活动，编发防灾减灾视频开展防震减灾宣传。通过电视、报纸等媒体开展防震减灾知识宣传。活动周期间，翼城县电视台报道防震减灾宣传周的各种活动新闻2次，播放地震公益宣传片6个，“爱翼城”App宣传防震减灾活动5次，收到良好的社会宣传效果。积极创建省级防震减灾科普示范学校工作。里砦初中、丹阳小学按时上报省里防震减灾科普示范学校。组织参加各种竞赛活动。参加第六届全国防震减灾科普讲解大赛选拔赛，获二等奖1项、优秀奖1项；组织参加临汾市防震减灾科普征文大赛，获二等奖1项、优秀奖4项。

5月11日，县防震减灾中心在府前广场举办纪念汶川大地震14周年主题宣传活动

（郑继国、张红霞供图）

【地震响应】 2022年，县防震减灾中心组织开展各类地震应急演练。加强与教育、卫体、环保、民政等部门的协作，以学校、社区等人口密集区为重点，开展地震应急疏散演练。各级各类学校、幼儿园演练形成常态化。7月29日，组织全体工作人员参加全省地震系统模拟忻州市繁峙县5.8级地震演练和全市模拟洪洞县4.9级地震演练。9月23日，参加模拟侯马市4.9级地震演练。完善应急制度建设，修订出台《翼城县防震减灾中心突发地震事件信息报告制度》《翼城县防震减灾中心地震应急服务响应等级》《震后12小时翼城县防震减灾中心地震应急响应行动清单》。多次召集会议落实应急响应工作常态化和重点时段、节假日地震应急响应，实现在疫情防控常态化情况下震情、舆情的有效应对和处置。在春节、两会、高考等重点时段值班人员加密观

测,对地震异常进行跟踪、核实。

(郑继国　张红霞)

行政审批管理

【概况】 2022年,县行政审批服务管理局共受理各类办件14426件,按时办结率100%,政务服务"好差评"满意度100%;市长热线转办业务8036件,按期办结率100%,群众满意度96.6%;政府采购工作共完成采购项目45宗,预算金额7599.2443万元,交易金额7229.4127万元,节约资金369.8316万元,节约率为4.87%。全年"向人民群众交账"承诺事项9项,完成9项。

【市场主体倍增工程】 2022年,县行政审批服务管理局强化组织领导。成立政府县长任组长,各副县长任副组长的工作专班,下设5个工作组。其中,6个指导组组长由各政府副县长兼任,相关行业主管部门为牵头单位。召开市场主体倍增工作推进会、市场主体倍增要素服务保障专题推进会,对工作进行全面部署。强化人员配备。从县直相关成员单位抽调15名业务骨干,做到专人专班、专岗专责,下拨专项工作经费10万元,统筹用于购置办公设备、办公耗材、差旅费、会议费、培训费等方面支出。强化网络服务。建立完善县乡村三级代办帮办网络,配备帮办代办人员261名,同时在全县32家银行网点开设代办帮办窗口,为市场主体全程提供服务。强化指导考核。指导组定期下沉指导,专班办公室定期向领导小组报告全县工作进展情况,对各乡镇、各部门具体完成情况逐日汇总、即时研判,定期通报。

2022年,市里下达翼城县市场主体新增目标任务为3944户,全县实际新增市场主体10139户,新增率58.90%;净增市场主体8777户,净增率51.18%,超额完成既定目标。截至12月底,翼城县市场主体存量为25938户,千人拥有市场主体率99.68‰。

2022年5月19日,审批局党组书记、局长张东(左三)带领工作人员到王庄镇指导市场主体倍增工作

(王晓燕、尹斐供图)

【创新营商环境】 2022年,县行政审批服务管理局完善政务服务机制。先后印发《翼城县2022年度优化营商环境实施方案》《关于推进政务服务及公共服务"一网、一门、一次"改革专项行动方案》《翼城县2022年度"互联网+监管"工作专项行动方案》《关于开展乡村两级政务服务能力建设专项行动工作方案》《关于实施政务服务"亮证即办"事项清单的通知》《关于设立"办不成事"窗口的实施方案》《政务服务"全帮办"项目审批"全代办"实施方案》《关于建立涉企政务服务专家团队工作机制的通知》等文件,为营商环境创新提升提供有力保障。完善视频评审制度。面对严峻复杂的疫情,结合实际提出专家评审新举措,一是规范会前工作,组建项目专家微信工作群,将项目电子版发至各位专家,专家会前对项目进行充分讨论。二是规范会议程序,专家需在会议期间把承诺书和专家意见书签字的扫描版发至工作群中,为编制和项目单位修改报告书(表)提供依据。三是规范专家行为,评审结束后,项目单位、编制单位、审批工作人员及专家组组长对各位专家进行评价打分,审批局将评分情况年终予以汇总,并上报市审批局。全年先后对翼城县2022年农村饮水安全工程中央、省级

水利发展资金维修养护项目可研(代初设)等45个项目开展视频评审。完善并联审批制度。先后组织召开并联审批会议17次。对新上政府投资项目,由审批局牵头各职能部门召开并联审批会议,一次性告知项目单位事项清单,并安排专人全程指导,确保重点建设项目和民生项目全部纳入服务范围,让各类企业在筹建阶段无障碍、建设过程无阻力、发展时期无干扰。全年完成各类项目审批手续165个,比2022年增长44%,项目审批跑出了加速度。完善工建系统改革机制。按照上级要求,成立工建系统受理窗口,所有工程建设项目纳入工建系统进行网上受理网上审批,在全市率先开展建设工程竣工联合验收工作。根据《临汾市工程建设项目审批制度改革领导小组办公室关于印发〈临汾市房屋建筑和市政工程建设项目"拿地即开工"实施方案〉的通知》要求,该局第一时间召开局党组会议部署研究,梳理完成"基坑支护和土方开挖建设工程施工许可证核发"办事指南及"主体施工阶段施工许可证核发"办事指南,全部录入系统,建设单位可登录翼城县政务服务网进行事项办理。工建系统全年完成各类项目审批104个,其中并联审批办结72项,占比69.2%,办结事项覆盖度达77%。

【深化"一枚印章管审批"改革】 2022年,县行政审批服务管理局持续简化办事指南。重点在"减时限""减环节""减要件"上下功夫:在法定15221工作日压减到814个工作日的基础上再压减时限110个工作,精简率96%。对所有审批事项审批层级进行再调整,梳理出高频审批服务事项242项,授权政务服务中心综合窗口直接受理办结事项131项,股室负责人审核办结事项55项,分管领导事项56项,共压缩审批环节133个。对行政许可事项申请条件和申报材料进行"回头看",原有基础上再减要件365个。在对办事指南全面"瘦身"的基础上,组织审批运行股编制简约版办事指南,正在整理汇编成册。

推行"独任审批制"模式。县行政审批服务管理局对于法律关系明确、材料单一、程序简单、事实清楚的131项行政审批事项,将受理、审查、核准等环节合并,直接下放至窗口,遴选出7名业务扎实、善于学习、作风过硬的优秀人员担任"独任审批员",实行"受审合一、一人办结"。"独任审批制"实施以来,共办结各类审批事项2311件,受到群众一致好评。

开展"一业一证"服务。以"一件事一次办"为基础,将办理频率高、办理时间相对集中的政务服务事项整合优化为超市、餐馆、烘焙店、养老院、电子游戏竞技场等29个行业办事指南,汇编成册,推行"一业一证"业务办理模式。4月18日,翼城县在全市县级率先办理行业综合许可证,已有21家企业凭行业综合许可证进入市场开始运营。

首创"亮证即办"服务。在全市率先推出22项《政务服务"亮证即办"事项清单》,办事群众只需亮出身份证及相关证照,无需再准备其他材料,便当场予以办结。申请事项中的材料能够通过数据共享、内部核查、部门协查等方式获取的不再由群众提交,大大缩减群众办事时间。

深化"证照分离"改革。制定出台《翼城县人民政府办公室关于进一步深化"证照分离"改革激发市场主体发展活力的通知》,全县"证照分离"改革事项清单共涉及22个部门,涉企经营许可事项72项,其中直接取消审批10项、审批改备案6项、实行告知承诺27项、优化审批服务29项。自"证照分离"改革以来,审批改为备案累计办理91件,实行告知承诺879件,优化审批服务1378件。出台《翼城县关于公布行政审批中介服务事项清单的通知》,共公布54项,进一步规范行政单位审批行为。

推行"电子证照"应用。设立专门出件窗口,实现各类电子证照数据统一汇聚,梳理电子证照类型 64 种,证照汇聚总量为 25109 个,加盖电子签章 25109 个,入库 100%,成功推送 100%。

【创新特色服务】 2022 年,县行政审批服务管理局繁难事项“领着办”。在政务服务中心设立“帮办代办”服务区,“办不成事”反映窗口,制定出台《设立“办不成事”反映窗口实施方案》,党组成员及分管领导轮流在岗开展帮办代办服务,专门解决企业和群众办事过程中遇到的疑难事项和复杂问题,先后开展帮办代办 753 人次,接待群众和企业咨询 265 人次。

企业设立“免费办”。一是为 1234 家新开办企业免费刻制企业公章、法定代表人名章、财务专用章,为企业节省费用 15 万元。二是提供免费打复印服务,三是提供免费邮寄审批证照服务。全年为 634 名教师和企业开展证照邮寄到家服务。

高频事项“就近办”。一是加强便民服务中心建设。投资 18 万元为乡镇便民服务中心配备自助机、高拍仪等设施,推动便民服务中心规范化便民化标准化。二是窗口设置到位,乡镇将民政、残联、畜牧、人口计生、国土规划、财政服务等各项便民业务集中整合,设立业务办理窗口,实行“一站式服务”。三是人员培训到位,2022 年 5 月,围绕市场主体倍增组织便民服务中心人员进行集中培训 3 次,深入 9 家乡镇现场指导市场主体网上办理操作流程,对乡镇村市场主体登记代办员进行轮班培训。四是事项下放到位,将 115 项政务服务及公共服务事项统一纳入到便民服务中心受理或办理,全部梳理并公示办事指南。积极与乡镇对接,将农民专业合作社、个体工商户等事项授权下发乡镇直接办理,全年共为企业群众提供帮办代办营业执照、医保、民政、财政、人口计生、国地村规、人社服务等事项 19211 件。

政银合作“多点办”。与翼城农商银行、中国邮政储蓄银行翼城县支行签订“政银合作”协议,设立 32 个银行代办网点,将企业开办事项委托各银行网点代为受理,让群众在家门口也能办成事。

证照到期“提醒办”。在全市率先推出证照到期短信提醒服务,开通“提醒服务”专线,同时设置提醒时间,在企业或个人所持证照到期前 30 ~ 60 天,由相关股室通过政务服务平台公告、短信提醒等方式,告知企业或个人及时办理换证、延续手续,提供证照到期提醒服务 700 余人次,全力保障市场主体正常运转。

与此同时,全力提高“好差评”覆盖度,持续巩固“互联网 + 监管”工作成效,制定并印发《翼城县政务服务“好差评”评价办法(试行)》,将各单位政务服务事项全部接入全县一体化在线政务服务平台办理,并开展“好差评”工作。全年“好差评”数据汇聚总量 34625 件,主动评价率 71.64%,好评率 100%。召开 9 次“互联网 + 监管”建设专题推进会议,对全县“互联网 + 监管”工作实行每日一通报、每周一总结、每月一汇总。截至 2022 年底,全县各监管部门共报送监管业务数据 43465 条,其中监管行为数据 41307 条,“双随机、一公开”数据 40 条,监管对象数据 2063 条,执法人员数据 55 条,全县监管行为覆盖度为 75.05%,监管目录清单认领率 100%,检查实施清单(监管部门编制细化事项)完成率 100%。开通手机版“翼城通”,与“爱翼城”App 深度融合,积极对接“三晋通”平台,推进审批业务“掌上办”,65 项审批事项实现“零纸张、零见面、零跑腿”掌上办。

(王晓燕　尹　斐)

医疗保障

【医保基金运行】 2022 年,全县城乡居民参保人数为247212人,征缴城乡居民基本医疗保险费22991万元;全县职工参保单位共308家,在职职工15653人,退休9614人,征缴职工基本医疗保险费8497万元。城乡居民医疗保险住院支出10571万元、门诊大病支出2720万元、门诊支出576万元、其他支出11万元,支出合计13878万元。职工医疗保险待遇支出8015万元、转移支出24万元、其他支出34万元、新冠疫苗接种费用306万元,支出合计8379万元。

【医保惠民政策落实】 2022年,全县“两病(高血压、糖尿病)”门诊用药保障526人,保障待遇得到落实。城乡居民普通门诊统筹就诊人次712人次,基金支付费用3.38万元;长期护理险待遇享受86人,医保基金支付费用62.14万元;办理职工大病保险110人次,报销59.27万元,办理居民大病保险3035人次,报销341.21万元。救助困难群体3084人,支付救助资金382万元,完成医疗救助基金绩效评价和市局审计医疗救助基金整改工作。慢性病办理时限压缩,从一月一批缩短为半月一批,群众及早享受待遇,办理职工慢性病184人,居民慢性病981人。

【新冠疫情防控】 2022年,县医疗保障局做好医保服务大厅、局机关和中心办公区域日常防控工作;在城豪和智慧苑小区设立临时党支部,全面完成值守任务。选派局支部书记带班值守,局党员干部参与志愿服务活动,所有党员干部主动支援社区工作,为疫情防控贡献医保力量。

【医疗保障脱贫攻坚】 2022年,县医疗保障局在资助参保方面,建档立卡脱贫人口5334人,全部执行城乡居民基本医疗保险320元缴费标准,财政不再资助,参保率达到100%。各类困难群体资助参保8496人,资助金额2094960元,参保率100%。大病保险倾斜支付方面。加大对困难群体倾斜支付力度,进一步减轻建档立卡脱贫人口大病患者医疗负担,2022年,困难群体大病保险支付137人次,共计126134.46元;医疗救助托底方面。自2022年1月1日起,分类做好医疗救助工作。建档立卡脱贫人口住院救助168人次149407.2元,城乡低保对象住院救助569人次1109094.68元,特困供养人员住院救助205人次194706.51元,低收入家庭重点对象住院救助321人次救助金额1223988.99元,重点优抚对象住院救助13人次救助金额17126.46元,门诊救助1808人次1136245元。监测对象住院报销方面。2022年,监测对象住院36人,基本医保支付381149.94元,大病保险支付107748元,医疗救助基金支付41474.79元,省内报销比例达82%,省外报销比例达60%。

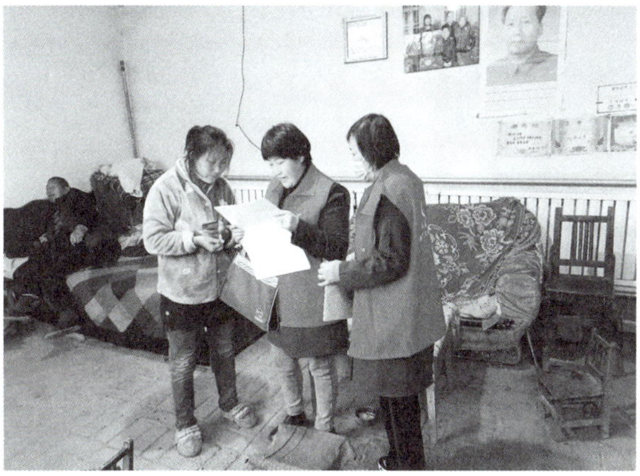

2022年12月19日,医保局党员干部在南唐乡晓史村开展结对帮扶 (付威众供图)

【医保基金监管】 2022年,县医疗保障局把对两定医药机构的监管作为经常性工作来抓,强化医保服务协议管理,加强日常监管,全面运用智能审核系统,确保智能监控系统覆盖率100%,医疗费用初审率100%。持续保持打击欺诈骗保高压态势,对违法违规行为,坚持以“零容忍”的态度,发现一起、查处一起。2022年,完成定点医药机构全覆盖检查,暂停协议2家、追回本金26家、约谈59家、限期整改19家,追回违规违约金额65.43万元。积极开展“织密基金监管网 共筑医保防护线”为主题的集中宣传月活动,组织定点医药机构积极发放宣传资料、在府前广场大屏幕滚动播放宣传标语,联合卫体、公安、市场监管、县医疗集团、中医医院等单位拍摄微视频,得到上级的肯定,引起社会热烈反响。组织专门力量深入各定点医药机构针对医保医师、护士、药师开展警示教育;联合县纪委监委第三监督检查室对翼城县机关、企事业单位2021年以来生育津贴发放情况开展检查,共涉及25家单位、91人,涉及生育津贴1304579.58元,共纠正问题6条,督促相关单位按标准发放到位。召开聘请社会监督员暨打击欺诈骗保专项行动局际领导小组工作会议,从社会各界聘请20人担任医疗保障社会监督员,共同规范医疗保障领域行为,树立行业正气,维护医保基金安全。

2022年10月12日,翼城县医疗保障局聘用20名社会监督员参与打击欺诈骗保　　(付威众供图)

【DRG付费方式改革】　2022年,县医疗保障局指导县人民医院开展疾病诊断相关分组(DRG)付费方式改革试点,成立工作专班,加强宣传培训,做好信息支撑,及时上传数据,上传病历8108份,成功率100%。推进DRG扩面提质,中医医院和6个医保定点民营医院完成模拟运行,开展实际工作。医保部门坚持病案质控、部门协作,以规范医疗服务和提升精细化管理水平为抓手,推进医疗费用和医疗质量"双控制",保证DRG付费工作在翼城实施。

【药品耗材集中带量采购】　2022年,县医疗保障局组织两所公立医疗机构按时间节点完成集采协议签订、数据填报和周期结算等工作。对县医疗集团、中医医院药品集采基金结余留用工作进行考核,共拨付基金239.93万元。开展三批药品集中带量采购,共采购药品137种、采购数量526.9万片(粒)、采购金额414.03万元。

【村卫生室医保骨干网络建设】　2022年,县医疗保障局开展村卫生室医保骨干网络建设。村卫生室接入医保骨干网,是实施县乡医疗卫生服务管理一体化的重要内容,是打通医保信息化建设"最后一公里"的重要举措,是方便农村参保群众享受门诊统筹结算,满足其就近就医购药需求的重要途径。翼城县于7月初召开村卫生室接入医保骨干网工作会议,明确此项工作由乡村振兴局牵头,卫体局负责上线经费落实,医保局负责医保骨干网络接入区建设。截至2022年底,全县共完成接入医保骨干网络的村卫生室152家,实现行政村全覆盖,全部开通居民门诊统筹、居民"两病"用药保障、居民门诊刷卡3项业务,医保业务结算率达100%。

【党建和党风廉政建设】　2022年,县医疗保障局党组带领翼城医保队伍以习近平新时代中国特色社会主义思想为指导,在思想上、政治上、行动上与上级党组织保持高度一致,结合医保工作实际部署好年度党建工作,明确全年党建工作的指导思想、目标和任务,明确每个阶段的工作重点,保证党建活动的扎实推进。按照党风廉政建设责任制和一岗双责的要求,共组织党风党纪教育、警示教育、作风建设教育6次、主题党日12次、党课4次。班子成员结合岗位实际和工作特点制定党风廉政建设责任制工作台账和工作清单,并能按照时限要求和工作标准,全面完成任务。加强干部职工队伍思想政治工作,共组织中心组理论学习8次,干部职工集体学习20余次,党员集中学习8次,组织全体党员赴霍州市冯南垣村、安泽县杜村乡,青城抗日政府旧址参观学习，通过参观革命基地、重温入党誓词、听党课、谈体会等形式，缅怀革命先烈、坚定理想信念、铸牢党性党魂。开展文明创建活动，在医保大厅设立新时代文明创建实践站点，坚持文明城市创建巡街，开展疫情防控、脱贫攻坚、文明创建等志愿服务活动30余次。在南唐乡晓史村开展结对帮扶活动，共帮扶32户，完成收入测算、收支明细表填写、三类户资料完善等工作，解决群众困难问题5个。

（郑红喜　付威众）

信访工作

【概况】 2022年，县信访局班子成员3名，下设办公室、接待室2个股室，新增1个翼城县信访服务中心事业单位，负责信访接待等一切事宜。2022年，县信访局共办理、接待群众来信来访848批次2287人次。

【网上信访情况】 2022年，县信访局为减少信访群众在信访过程中的成本，进一步提升信访工作的便捷性，努力做到“让数据多跑路，让群众少跑腿”，积极引导群众利用网上信访平台反映诉求。2022年，县信访局共收到上级转办网上信访件884件。其中，868件办结，16件未到期，按规定时限积极办理。同时，高度重视网上信访各项指标的考核工作，不断完善机制，提升网上信访业务办理规范化水平，提升信访事项办理质效。通过努力，翼城县网上信访事项的办理参评率达88.7%，满意率为99.11%。

【信访难题化解】 2022年，县委领导班子高度重视、大力支持翼城县信访工作，着力破解重点领域信访难题。一是加强分析研判，全力谋划部署。2022年，翼城县召开5次全县信访工作会议。会上，在县委主要领导带领下，党员干部针对当前全县信访工作总体情况和工作中存在的突出问题进行分析研判，进一步细化措施，压实责任。二是坚持领导包案，推动积案化解。针对化解难度大、群众关切度高的重点信访事项成立领导包案化解工作领导组，包案领导约见群众、会商研判、回访核实，将“情理法”相结合，有力推动信访群众“事心双解”，信访事项“案结事了”。三是开展督查工作，推进责任落实。县信访工作联席会议召集人带队，先后多次到各乡镇开展实地督查。通过与乡镇主要领导面谈沟通、召开座谈会、听取汇报、实地走访等形式，详细了解重点信访事项办理情况，针对化解过程中存在的难点堵点问题提出工作建议，督促重点信访事项在时限要求内办结。

2022年9月22日，县委书记黄晓君（右一）在县接访大厅接待群众（张蕾供图）

【“集中治理重复信访、化解信访积案”专项工作】 2022年，中央省市信访联席会议办公室“集中治理重复信访、化解信访积案”专项工作第一批、第二批共交办翼城县重点信访事项79件。这79件重点信访事项，均按照包联责任确定包案领导、责任单位、责任人，严格落实“四个一”，即一案一专班、一案一策、一案一化解、一案一稳控。在案件办理过程中，包案领导和责任单位、责任人带头接访，带案下访，深入了解群众意愿，认真调查案件发生的原因，并按照“三到位一处理”的原则，切实解决群众诉求，确保每个信访事项彻底化解。截至2022年底，重复信访治理交办的79个信访事项已结案。

【《信访工作条例》宣传】 2022年,中共中央、国务院正式发布施行《信访工作条例》。为深入推进《信访工作条例》入脑入心、落地见效,县信访局以条例宣传月活动为契机,一是结合值班工作,组织单位工作人员联合志愿者共同为过往群众发放宣传彩页、认真具体讲解条例知识;二是动员党员干部积极转发《信访工作条例》图解、视频等宣传内容到微信朋友圈、微信工作群,进一步扩大宣传范围;三是在县委常委会、翼城县第6期乡科级干部主体班上结合信访工作实际,专题讲解《信访工作条例》。通过线上线下结合宣传、专题讲授等多种方式,及时将条例内容传达给干部群众,营造懂法、用法的良好环境。

【矛盾纠纷多元化解中心建设】 2022年9月30日,县信访局为进一步推进矛盾纠纷多元化解工作,充分发挥人民调解在化解信访事项中的特殊作用,联合司法局成立翼城县访调对接委员会。委员会成立访调对接工作领导小组,负责具体工作的组织、协调、指导、督察,并聘请经验丰富的律师和法律工作者任人民调解员。在县信访接待大厅设立信访矛盾调解室,配备相应的办公设施,积极推进"访调对接"工作落实地、可操作、见成效,努力实现"把可能引发信访问题的矛盾纠纷化解在基层、化解在萌芽状态"的工作目标。

(张 蕾)

政协翼城县委员会

综　述

【概况】　翼城县政协十五届委员会设主席1名、副主席4名，下设“两室五委一中心”：办公室、调研室、提案委、经济委、社会法制委、文化文史和学习委、教科卫体委、信息中心8个工作机构。

2022年，县政协坚持以习近平新时代中国特色社会主义思想为指导，全面贯彻党的十九届历次全会精神和党的二十大精神，弘扬伟大建党精神，深入贯彻习近平总书记关于加强和改进人民政协工作的重要思想，全面落实省委十二届五次、市委五届五次、县委十四届七次等会议精神决策部署，充分发挥专门协商机构作用，坚持发扬民主与增进团结相互贯通，建言资政和凝聚共识提质增效，在服务大局中主动融入，在推动发展中积极作为，在促进和谐中发挥优势，完成县政协十五届二次会议确定的工作目标和县委交办的各项任务。

【参政议政】　2022年，县政协精心开展界别协商。结合县委、县政府“向人民群众交好账”实践活动部署安排，组织各界别委员分别围绕乡村振兴战略、优化提升营商环境、优化城乡学校布局、县城智慧停车建设、社会基层治理、全县重点工程项目建设等专题深入相关领域广泛开展调研，提出意见建议120余条，为县委、县政府科学决策提供重要参考。

县政协积极参政议政，主动融入发展大局，组织开展调研和视察活动，有序推进改革发展。围绕县委政府中心工作，先后聚焦工业振兴，以推动“三箭齐发”重大项目建设为课题，开展专题调研，召开常委会会议协商议政；聚焦实体经济振兴，以助推实施“青年创新创业筑梦工程”为课题，开展专题调研，召开常委会会议协商议政；聚焦文旅振兴，以助力发展“全域旅游”为课题，开展专题调研，召开常委会会议协商议政，形成3份高质量的专题建议报告，呈送县委、县政府参考。

县政协十五届二次会议召开以来，共征集委员提案337件，经立案并案后形成143件提案，全部移交部门单位办理，一批重要民生提案得到县委、县政府的高度重视。县政协党组坚持深化“四方会商”提案办理机制，通过集中督办、定期催办、召开提案办理推进会等多种形式，承办单位对政协提案高度重视。截至2022年底，立案提案全部办理答复，答复率100%，委员满意率达到98%。

坚持把反映社情民意工作作为联系和服务群众重要抓手，县政协进一步完善社情民意信息工作机制和考核奖励办法，深入调查研究，认真做好信息反馈和跟踪督办工作，较好地推动议政成果转化。2022年，县政协报送省、市政协203篇。社情民意信息稿件318篇，其中全国政协采用2篇、省政协采用9篇、市政协采用49篇、市领导批示2篇。

【民主监督】 2022年,县政协对部门和乡镇工作开展民主评议是政协拓展监督领域的有效实践。先后组织对南唐乡人民政府、桥上镇人民政府、住房和城乡建设管理局、农业农村局、教育科技局、文化和旅游局、税务局进行“五部门两乡镇”民主评议。由县政协主席班子带队,深入评议单位,通过看现场、听汇报、阅资料、搞座谈等形式,对部门和乡镇工作给予客观公正的评议和评价,提出意见建议,推进工作落实,达到改进作风、推进工作的良好效果。

【文史宣传】 2022年,县政协重视文史宣传工作,坚持充分发挥文史资料存史、资政、育人、团结的作用,编撰完成《诚正斋文集》点校本、《晋源探微》、《百年风华梦正圆》。着力打造书香政协,完善委员书屋,购置800余册图书。同时,坚持办好办优《翼城政协》栏目,启动开办“翼城政协”公众号、视频号,持续更新政协工作动态,扩大政协社会影响力。

重要会议

【十五届二次会议】 2022年1月24日,中国人民政治协商会议第十五届翼城县委员会第二次会议开幕。县委书记黄晓君,县委副书记、县长刘锋到会祝贺,并在主席台前排就座。县委副书记解湧、张文青,县人大常委会主任李放明及大会执行主席董玲、张新民、贾永强、王东东、杜芳芳、梁俊在主席台前排就座。大会由张新民主持。会议采用主会场+分会场,以视频会议的形式召开。黄晓君在讲话中代表中共翼城县委向大会的胜利召开表示热烈祝贺。董玲代表中国人民政治协商会议第十五届翼城县委员会常务委员会向大会作工作报告。王东东受中国人民政治协商会议第十五届翼城县委员会常务委员会委托向大会作提案工作报告。

1月26日,政协第十五届翼城县委员会第二次会议完成各项议程闭幕。黄晓君、刘锋、解湧、张文青、李放明及大会执行主席董玲、张新民、贾永强、王东东、杜芳芳、梁俊在主席台前排就座。李增奎、刘生明、白向阳、杨海林、胡国华、武文军、章守文等在主席台就座。杜芳芳主持会议。会上,王东东作关于政协第十五届翼城县委员会第二次会议提案征集和审查情况的报告。会议通过关于政协第十五届翼城县委员会常务委员会工作报告的决议、提案工作报告的决议,通过政协第十五届翼城县委员会第二次会议政治决议。大会完成各项议程后闭幕。

2022年1月24日,中国人民政治协商会议第十五届翼城县委员会第二次会议开幕　　(王晓男供图)

【政协常委会会议】 2022年1月19日,翼城县政协召开十五届五次常委会,县政协副主席张新民、贾永强、王东东、杜芳芳,秘书长梁俊出席会议,副县长聂华、县法院院长陈剑、县检察院检察长郝永丽参加会议。贾永强主持会议。会议协商确定县政协十五届二次会议召开时间、日程、会议议程,听取并讨论《政府工作报告(征求意见稿)》和法、检两院工作报告(征求意见稿),审议通过《政协第十五届翼城县委员会常务委员会工作报告》《政协第十五届翼城县委员会提案工作报告》,并推举董玲为政协常委会工作报告报告人,推举王东东为政协常委会提案工作报告报告人。审议通过有关委员人事事项,通报县政协“三创三争”活动考核结果。审议通过县政协2021年度表彰决定,2021年度县政协“五部门两乡镇”民主评议报告,协商推选2022年县政协民主评议单位(乡镇)。

1月23日,翼城县政协第十五届六次常委会会议举行,董玲、张新民、贾永强、王东东、杜芳芳参加会议,张新民主持会议。会议审议通过政协第十五届翼城县委员会第二次会议执行主席名单、提案审查委员会组成人员名单和会议期间委员提案截止时间的决定。

11月3日,翼城县政协召开十五届七次常委会会议,县委副书记张文青,县政协主席董玲,县政协副主席张新民、贾永强,政协秘书长梁俊参加会议,张新民主持会议。会议通报全县青年创新创业“个十百千万”工程情况。听取县政协关于起草聚焦实体经济振兴战略,实施青年创新创业“个十百千万”工程建议报告的说明。围绕“青年创新创业‘个十百千万’工程”作议政发言。审议通过《关于聚焦实体经济振兴战略,实施青年创新创业“个十百千万”工程的建议报告(讨论稿)》。

12月21日,翼城县政协召开十五届八次常委会会议。县政协主席董玲,县政协副主席张新民、王东东,县政协秘书长梁俊出席会议。县委常委、常务副县长范帆参加会议。张新民主持会议。会议听取县政府关于“三箭齐发”项目推进情况的通报和县政协关于起草实施工业振兴战略,推进“三箭齐发”项目建设建议报告的说明。会议采取“建言资政+互动交流”的方式进行协商,县工信局相关负责人作回应发言。会议审议通过《政协翼城县委员会关于实施工业振兴战略推进“三箭齐发”项目建设的建议报告(讨论稿)》。

12月21日,翼城县政协召开十五届九次常委会会议。县政协主席董玲,县政协副主席张新民、王东东,县政协秘书长梁俊出席会议。县委常委、常务副县长范帆参加会议。张新民主持会议。会议听取县政府关于优化营商环境工作情况的通报和县政协关于起草进一步做好优化营商环境工作建议报告的说明,围绕“优化营商环境”作议政发言。审议通过《政协翼城县委员会关于进一步做好优化营商环境工作的建议报告(讨论稿)》。

调研视察

【专题调研】 2022年5月25日,山西省政协副主席王立伟一行到翼城开展工作调研,围绕“大力推进‘五大平台’建设打造山西特优农业高质量发展新引擎”主题,实地调研山西果信农业科技发展有限公司樱桃生产基地,调研参观“翼城优选”,县政协主席董玲、县政协副主席贾永强等陪同。

7月11日,湖北省政协副主席张维国带领考察组到翼城县考察调研历史文化名镇名村保护与利用情况。县政协主席董玲,县政协副主席杜芳芳陪同。张维国一行先后到西阎镇曹公村四圣宫、十字河古村楸树街、侯氏宗祠、古桃园村小布达拉宫、堡子村文化记忆馆,通过实地查看、听取汇报等方式,对翼城县历史文化名镇名村保护与利用情况进行详细了解。

2022年11月1日,县政协开展助推青年创新创业“个十百千万”工程调研活动 (王晓男供图)

11月1日,翼城县政协组织开展“聚焦实体经济振兴战略,以助推实施青年创新创业‘个十百千万’”工程为课题的调研活动。县委副书记张文青,县政协主席董玲,县政协副主席张新民、贾永强,政协秘书长梁俊参加。调研组先后到山西邦正农业服务有限公司、万众环境标识工程有限公司、里砦镇青年创业基地、恒谊混凝土股份有限公司、冶南村青年创新创业基地、铭瑞物资再生回收公司等地进行调研。

11 月 11 日,翼城县政协组织部分政协委员视察调研翼城县“三箭齐发”重点项目,县政协主席董玲,县委常委、副县长石广武,县政协副主席张新民、贾永强,县政协秘书长梁俊参加。

11 月 17 日,临汾市政协副主席、民盟临汾市委会主委王阿家带队就翼城县“双拥”工作进行调研。王阿家一行先后到南梁镇服务站、烈士陵园纪念馆、人武部、唐霸公园实地查看。县政协主席董玲、副主席张新民陪同。

12 月 15 日,翼城县政协主席董玲带领部分政协委员开展重点工程项目建设调研活动。副县长聂华,县政协副主席张新民、贾永强,秘书长梁俊参加调研。董玲一行先后到全域旅游配套基础设施提升项目、唐尧大道路面改造工程、高标准农田生产基地项目和山西桐封技师学院建设项目现场进行实地查看。

12 月 15 日,翼城县政协主席董玲带领部分政协委员开展以聚焦营商环境优化提升,构建亲清新型政商关系为课题的调研活动。县委常委、常务副县长范帆,县政协副主席张新民、贾永强、秘书长梁俊参加调研。调研组先后到县行政审批服务管理局政务服务中心、中卫乡苏宁易购家电销售店、中卫乡政府便民服务中心、隆化镇政府便民服务中心等地进行实地调研。

（王晓男）

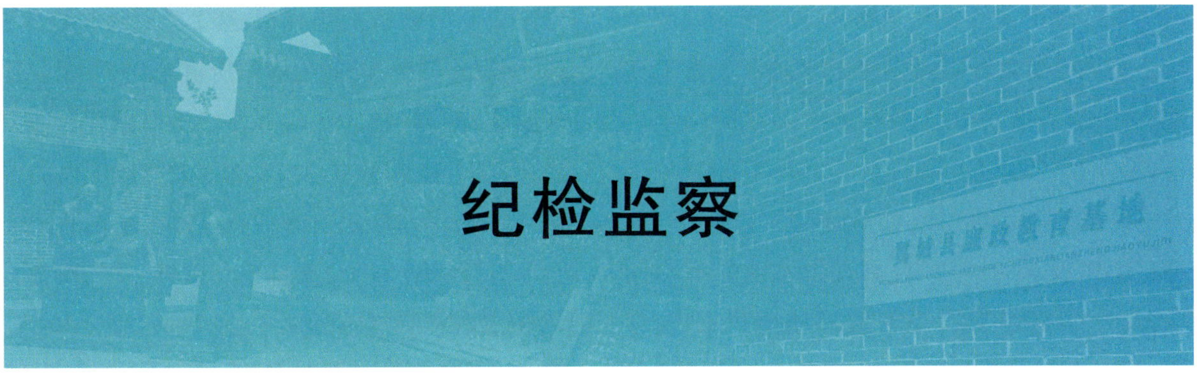

纪检监察

综　述

【概况】 2022年，县纪委监委在市纪委监委和县委坚强领导下，全县纪检监察机关牢牢把握全面建设清廉翼城这一根本目标，坚决扛起职责使命，有力推动各项工作取得良好成效。全面加强理论武装，政治建设持续深化提升；坚决做到“两个维护”，政治监督实效更加凸显；惩贪治腐力度不减，反腐败斗争攻坚战持久战成果显著；系统施策纠治“四风”，党的作风建设持续向好；持续发挥利剑作用，巡察监督更加务实有效；抓早抓小防微杜渐，日常监督作用有效发挥；紧盯问题精准整治，专项工作取得良好成效；深化体制机制改革，推动制度优势有效转化；围绕目标全力推动，清廉翼城建设纵深发展；切实加强教育管理，队伍建设水平有力提高。

【作风建设】 2022年，县纪委监委强化正风肃纪，查处违反中央八项规定精神及“四风”问题案件26起32人，给予党纪政务处分19人，组织处理13人。强化监督检查，紧盯节假日等重要时间节点开展“四风”问题监督检查26次，发现问题38个，全部责令整改。强化廉洁提醒，在重要时间节点，通过“清廉翼城”微信公众号开展廉洁提醒和案件通报，引导全县党员干部廉洁过节。同时，督促各单位加强教育监督管理，坚决抵制违反中央八项规定精神和各类“四风”问题，推动完善作风建设长效机制。

监督巡察

【政治监督】 2022年，县纪委常委会聚焦习近平总书记考察调研山西重要指示精神落实情况，对19个部门牵头的10个方面50项具体工作落实情况开展监督检查，发现各类问题37个，并逐项督促整改落实。聚焦疫情防控，全年累计开展监督检查137次，发现各类问题304个，批评教育帮助和处理79人，下发纪律检查建议书4份，下发工作提醒函4份，追踪整改问题8个。通报问题21批次161个，通报曝光25人。聚焦重点工程、重点项目，对县交通运输局危桥改造项目、县公安局业务技术综合用房附属配套设施（二期）项目、县城市算力中心项目等8个市、县级重点项目进行跟进监督，发现问题5个，督促整改4个，协调推进1个。

【执纪执法】 2022年，县纪委监委严肃查处贪腐案件，处置线索446件，同比增长89.8%。谈话函询139人，同比增长153%。初核275人，同比增长74.1%。立案235人，同比增长28.4%。结案219件，同比增长17.7%。处分218人，同比增长20.4%。留置2人,组织处理168人。查处县公安局原党委委员、副局长郑某喜严重违纪违法案件,进一步彰显出县委反对腐败的坚定决心,为全县各级党组织和党员领导干部敲响警钟。持续加强以案促改,科学运用“三不腐”一体推进工作理念,针对审查调查中发现的突出问题,及时向相关单位下发纪律检查建议书、监察建议书,同步推进堵塞漏洞、防控风险。对360名十九大以来受处理处分干部进行回访教育,帮助他们卸下思想包袱,唤回干事初心,推进案件查办“后半篇文章”做细做实。

【日常监督】 2022年,县纪委监委紧盯重点纠偏扶正,认真落实市纪委监委和县委关于加强对“一把手”和领导班子监督的部署要求,及时对被监督单位进行集体廉政谈话,针对监督检查中发现的苗头性、倾向性问题或轻微违纪问题,开展谈话提醒52人次,下发纪检监察建议书15份。综合运用“四种形态”,坚持精准把握政策策略,运用监督执纪“四种形态”处理438人次,其中运用第一种形态处理217人次,第二种形态处理189人次,第三种形态处理15人次,第四种形态处理17人次,切实提升监督效能。认真完成党风廉政意见回复,全年回复廉政审查意见80次2036人,提出暂缓或否定意见共9人,协同强化日常监督,坚决防止“带病提拔”“带病上岗”。

【专项治理】 2022年,县纪委监委围绕基层治理,开展农村集体“三资”管理贪腐问题专项整治,查处突出问题和典型案例28起,下发纪律检查建议书5份,给予党纪政务处分25人,组织处理3人。完成“三个一批”重点村(社)监督治理,两个阶段中涉及翼城县的4个村信访举报件全部办结化解,第一个阶段中“以案促治”重点村——唐兴镇寿城村被省、市纪委监委验收评定为优秀等次。围绕乡村振兴,开展巩固脱贫攻坚成果同乡村振兴有效衔接专项监督,共查处违纪违法案件6起15人。其中,给予党纪政务处分9人,组织处理6人,追缴违纪所得6.05万元。发现职能部门问题34个,下发纪检监察建议书2份,建立完善制度14项,全部完成整改。根据省第三督导组反馈意见,督促各乡镇将存在的问题全部整改到位。围绕其他重点领域,开展粮食购销领域腐败问题专项整治,立案16件,处分15人,组织处理8人,予以没收上缴国库违纪款52.49万元。开展自建房安全领域腐败和作风问题专项治理,给予开除党籍处分1人。开展严厉打击非法违法采矿大检查大整治大提升行动腐败和作风问题专项治理,下达责令整改意见书94份,排查隐患993项,全部限期整改到位、销号清零。开展盗采矿产资源违纪违法行为追责问责专项行动,查处失职失责问题2个,给予党纪政务处分3人。

【巡察监督】 2022年,县纪委监委全面推进政治巡察,聚焦全县发展大局,先后对18个党组织开展十四届县委第一、二、三轮常规巡察,对6个村(社区)党组织开展延伸巡察,统筹推进县委营商环境专项巡察整改。其中,第一轮常规巡察发现共性问题60个,发现问题线索13件,移交立行立改问题12个;第二轮常规巡察发现共性问题76个,发现问题线索14件,移交立行立改问题8个;第三轮常规巡察完成巡察了解。加强制度体系建设,制定《县委巡察整改和成果运用职责清单》,明确县委、县委巡察工作领导小组、被巡察单位党组织等各个层面的职能责任,细化工作清单,明确工作任务,推动巡察整改落实落细、整改监督从严从实。

重要会议

【县纪委十四届二次全体会议】 2022年2

月11日,县纪委十四届二次全体会议召开,县委书记黄晓君出席会议并讲话,县委常委、纪委书记、监委主任武文军主持会议。

全会明确,2022年要着力抓好以下八方面重点内容:一是坚定捍卫“两个确立”不动摇,持续推动政治监督具体化常态化。二是保持高压震慑不松劲,持续推动“三不”一体推进取得更大成效。三是坚持纠治“四风”不停步,持续巩固拓展落实中央八项规定精神成果。四是强化精准监督不留白,持续提升日常监督全覆盖的质量和成效。五是坚守职能定位不错向,持续发挥党内政治巡察利剑作用。六是坚持深化专项整治不畏难,持续推动解决群众急难愁盼问题。七是坚持深化改革不懈怠,持续推动纪检监察体制改革释放新效能。八是勇于自我革命不护短,持续锻造刚正不阿、秉公执纪、谨慎用权的纪检监察铁军。

县四大班子领导,县法院院长、检察院检察长出席会议。县纪委委员、县纪委监委班子成员,各乡镇党委书记、乡镇长、纪委书记,县直各单位主要负责人参加会议。

(王潇堃)

群众团体

总工会

【概况】 2022年，县总工会坚持以党的二十大精神及习近平新时代中国特色社会主义思想为指导，始终围绕全县稳定发展大局，紧抓职工群众关切的难点、热点问题，竭诚服务全县广大职工群众。不断健全两大维权机制，切实维护全县职工群众的合法权益；积极宣传党的二十大精神，加强对职工队伍的思想政治引领；不断深化工会改革，强化全县各级工会组织工作效能；持续深化“新就业形态”劳动者建会入会行动，工会组织覆盖面进一步扩大；通过开展“春送岗位”“夏送清凉”“冬送温暖”“职工大病医疗互助”等品牌活动解决职工群众的切实需求；开展“翼城县职工创新创业五一劳动奖和工人先锋号”评选表彰工作，大力弘扬劳模精神、劳动精神和工匠精神；认真落实中央、省、市、县疫情防控工作要求，扎实推进复工复产工作。

【深化工会改革】 2022年，县总工会不断深化工会改革，在完善机制、强化功能、增强实效上下功夫，推动各项改革制度和措施的贯彻实施。大力推进网上工会建设，积极探索网上服务职工新模式，将微信工作群和微信公众号、订阅号功能相结合，建设翼城工会网上工作平台。建立便捷规范的工会组织工作程序，对基层工会会员(代表)大会、工会委员会和工会小组会(“三会”制度)进行规范，简化会员入会、工会成立和换届、会员代表大会、职代会的程序和内容。

【基层组织建设】 2022年，县总工会持续深化全县非公企业和社会组织建会工作。成立工会组织10家，其中机关单位工会组织2家、事业单位工会组织1家、国有企业工会组织1家、非公企业工会组织6家，涵盖职工424人，发展会员424人。加强新就业形态劳动者建会入会工作。探索建立“八大群体”工作联络组＋镇“八大群体”工作联络站的模式，对“八大群体”工会会员进行有效管理，登记“八大群体”会员925人。

【依法维护职工合法权益】 2022年，县总工会做实完善两大维权机制，最大限度维护职工权益。健全完善职工代表大会制度。以县中医院、首旺煤业、信用联社为先进示范点，引领带动全县企事业单位推进民主管理工作；按照落实省总实施集体协商“稳就业促发展构和谐”三年行动计划要求，进一步加大工资集体协商力度，2022年共签订合同25份，覆盖企业54家(单签企业18份，行业1份，区域6份)；深化工会法律援助建设，发挥工会法律顾问作用，畅通职工维权渠道，促进劳动争议调解、劳动法律监督、职工法律援助工作进一步健全；开展法律宣传活动。县总工会组织工会干部、律师深入农民工集聚的地区、企业开展普法宣传活动，帮助农民工及时申请法律援助。普法宣传活动共发放宣传手册、资料800余份。

【职工帮扶工作】 2022年，县总工会继续推进工会品牌活动。联合县人力资源和社会保障局举办2022年“春风行动就业援助月”大型招聘会，557人与用人单位达成就业意向；2022年“送温暖”活动期间，共慰问困难职工、劳动模范5人，价值3万余元，慰问县重点企业、困难企业共4家，价值12万余元；持续开展“大病医疗互助”活动。2022年，第十五期职工大病医疗互助活动覆盖职工9445人，缴纳大病医疗保险费34万元。截至2022年底，受理200余人，理付180人，理付金额20.6万元；继续推进工会品牌活动。2022年“夏送清凉”活动，为广大户外劳动者（交警、巡警、环卫工人等）1028人送去防暑降温用品，价值13.1342万元。为更好地服务广大户外职工，县总工会根据疫情防控一线职工工作特点，结合实际情况和户外劳动者需求，新建行政审批大厅、翼侯高速路口、翼侯高速东站、农商银行4个爱心驿站。全县共有9个爱心驿站，八一公园、红旗街、三琪国际、中医院4个爱心驿站被省总工会授予省级“爱心驿站”称号。翼城县行政审批服务管理局、翼侯高速口、翼城县农商银行爱心驿站申报省级“工会爱心驿站”。全县9个户外劳动者爱心驿站作用发挥明显，据不完全统计，每年为环卫工人、出租车司机、保安、外卖小哥、快递员等户外劳动者提供饮水、取暖、热饭、阅读、充电等上万人次的优质服务，成为县城街头最亮丽的一道风景线。

1月28日，县总工会主席李学东（右二）带队走访慰问一线职工，为他们送去党和政府以及工会组织的关怀与温暖　（任志强供图）

【唱响劳模精神，弘扬时代新风】 2022年，县总工会为进一步落实《中共翼城县委关于帮扶支持青年创新创业工作的实施意见》工作精神，开展“翼城县职工创新创业五一劳动奖和工人先锋号”评选表彰工作。推荐评选涉及全县9个乡镇、80余家单位和集体。翼城县卫生健康和体育局等20个单位被授予翼城县职工创新创业五一劳动奖状；翼城县疾病预防控制中心传染病防控与应急股等22个集体被授予翼城县职工创新创业工人先锋号；薛文文等35人被授予翼城县职工创新创业五一劳动奖章。省总工会经过民主推荐、公示等程序后，翼城县山西泰鑫塑胶制品股份公司PVC车间组长郭吉利获得山西省五一劳动奖章。

【技能培训】 2022年，县总工会开展技能培训，提升“八大群体”灵活就业能力。为进一步提升“八大群体”职业技能，增强农民工灵活就业能力，切实提高基层工会服务农民工的成效，为“八大群体”从业人员做好服务。对接唐兴镇工会以及下高村工会，在唐兴镇八大群体工作联络站举办养老护理就业培训班，100余名职工群众参加培训。培训课程包含职业道德、饮食照料、常用养老护理技能、日常护理技术、正常用药五项内容。

【统筹协调疫情防控和促进复工复产】 2022年，县总工会落实工会经费返回政策，助力小微企业渡过难关。落实中央和省、市、县委和政府支持实体经济发展的决策部署要求，对全县符合条件的小微企业返还全额工会经费（筹备金）。2022年，为11家小微企业返还经费3.916万元。5月，县总工会转发上级工会《关于动员引导全省广大职工积极消费促进以餐饮服务业为重点的小微企业发展的通知》,引导基层工会为工会会员发放电子消费券。5月,机关事业单位发放一次性电子消费券87人,共2.61万元。10月,小微企业发放一次性电子消费券13家、814人,共24.42万元。

9月23日,翼城县总工会召开专项消费券发放工作推进会　（任志强供图）

（任志强）

共青团

【概况】 2022年,团县委坚持以迎接和学习贯彻党的二十大为主线,以全方位推动翼城高质量发展为中心,结合庆祝建团100周年,大力实施青春领航、青春建功、青春育才、青春强基工程,着力提升引领力、组织力、服务力和大局贡献度,完成各项工作任务。

【青春领航工程】 2022年,团县委实施青春领航工程,筑牢青少年思想灵魂。一是深入学习宣传贯彻党的二十大精神。组织各级共青团、少先队组织观看党的二十大开幕盛况,开展学习党的二十大主题团日、队日活动,组织团干、少先队工作者进行党的二十大精神宣讲会,开展"学习二十大 争当红领巾讲解员 争做新时代好队员"竞演讲述活动,掀起学习宣传贯彻党的二十大精神热潮,推动党的二十大精神落地见效。二是"线上+线下"深度融合,开展"喜迎二十大、永远跟党走、奋进新征程"主题教育。组织开展"党的青年运动史"和"学习习近平总书记在庆祝中国共产主义青年团成立100周年大会上的讲话精神"专题学习教育,组织名团干工作室制作课件《牢记领袖嘱托 勇担青春使命》并进行宣讲,通过分层分类引导,打造"翼"起学团史、"翼"起学精神理论宣讲品牌等创新方式方法加强青少年理论武装。线上常态化组织开展"青年大学习""红领巾爱学习""弘扬雷锋精神 展现青春担当""缅怀革命先烈 传承红色基因"等云团队日活动,公众号开辟"百年团史"专栏,线下结合主题团队日活动、结合新发展团员团前教育及入团仪式、结合青年讲师团理论宣讲等方式,深化青少年理论认知,让党的声音最广泛的直达青少年。三是紧抓重要时间节点,开展系列庆祝活动。组织全团、全队集中收看习近平总书记在庆祝中国共产主义青年团成立100周年大会上的讲话。5月24日,召开全县庆祝中国共产主义青年团成立100周年座谈会,县委书记黄晓君出席会议并讲话,来自全县各条战线上的青年代表发言。开展"我和共青团的故事""我在共青团的成长日记"主题征文活动,并在公众号开设专栏择优展示,展现新时代团员青年的良好风貌。4月29日,召开纪念"五四运动"103周年暨全县共青团工作会议,总结过去,表彰先进,展望未来。各少先队组织积极开展"喜迎二十大、争做好队员"及纪念建队73周年系列活动,举行新队员分批入队仪式、集中观看"喜迎二十大、争做好队员"及"争做新时代好队员"主题云队课直播,进行五旗红色传递仪式。组织"珍爱红领巾 向往共青团"红领巾特色章设计及争章活动,并为百名优秀少先队员颁发"向团章",积极开展"红领巾奖章"争章活动并完成一星章、二星章颁发工作,少先队员的荣誉感进一步增强。8月18日,举办少年儿童暑期社会实践营,引导青少年成长为听党话、跟党走的红孩子。策划编写《翼城青年运动史》一书，进入审稿阶段。拍摄“青春心向党 建功新时代”宣传片，展现新时代翼城青年在创新创业、基层一线、疫情防控等领域的青春风采，展现新时代翼城共青团、少先队组织力凝聚力战斗力不断强化的生动实践。

【青春建功工程】 2022年，团县委实施青春建功工程，彰显青少年使命担当。一是全力帮扶支持青年创新创业。在信息咨询、政策宣讲、典型选树等方面狠下功夫。整合资源，助企纾困。团县委成立青创专班，每周到企业开展政策宣讲、对接解决企业难题等入企服务。开展4期“孵化梦想 青创未来”夜沙龙活动，为创新创业青年提供解决问题、资源共享、共同成长的共创共赢共享平台。在县党群服务中心新建青创中心和青年之家，完成硬件、软件设施配备。青创培训，加速培育。为加速培育市场主体，团县委将开展培训宣讲作为切入点，开展青年创新创业大讲堂——初创者专场和大学生专场，聚焦广大创业青年的关注点和需求点，联合职能部门、整合多方资源，不断健全青创大讲堂常态化机制，定期提供创业培训，扩大培训范围，提升培训成效，搭建企业共建共享共创平台。典型引领，强化宣传。编辑青年创新创业《简报》，全面展现各单位各部门在“双创”工作中涌现出的新做法、新动态、新典型，营造良好舆论氛围，助力全县市场主体不断发展壮大，编辑15期。5月4日，选树全县各行业具有代表性的青年创业典型“双创先锋”19个，“双创之星”16人，建立青年创新创业数据库，并拍摄创新创业典型视频，真正将典型选出来、树起来、推出去。组织“青春兴晋”大学生开展“青创翼城 共赢未来”主题团日活动，大学生创新创业风采展等，并深入各乡镇开展市场主体倍增入户、统计等工作，为大学生毕业后返乡创业奠定良好的基础。二是常态化开展志愿服务。植树节期间联合翼城县政协第五小组志愿服务队20余人在王庄镇开展植树活动，为绿化美化家园出一份力。团县委全体人员在桐封社区第四居民区一区和丹阳社区卡点志愿疫情防控执勤活动；4月14日，成立“聚翼青 战疫情”青年志愿服务队，先后共有210余名青年积极投入抗疫一线，携手筑起守牢翼城阵地的青春防线。组织各级团组织、青少年拍摄疫情防控宣传短片，号召广大群众遵守相关要求，守牢翼城阵地。组织暑期社会实践大学生走进丹阳社区“五点半课堂”开展志愿服务活动，充分发挥青年在参与社会治理中的作用。

7月21日，共青团翼城县委举办“孵化梦想 青创未来”夜沙龙活动 （吴宋玲供图）

【青春育才工程】 2022年，团县委实施青春育才工程，助力青少年成长成才。一是组织开展“青春兴晋”寒暑期大学生“返家乡”社会实践。寒假期间50余人开展“青创翼城 共赢未来”主题团日活动，介绍翼城县大学生创新创业政策和人文历史情况，联合翼城优品开展“我们一起成为翼城”系列活动，组织大学生参观隆化小米、老崔浆水、南梁镇青年创新创业基地、南梁花馍、杰越合作社、翼城优品旗舰店，并进行座谈交流，鼓励大学生学成后回乡创业、建设家乡。二是暑期社会实践独具特色。数据创新高，影响更深远。暑期团县委联系59家党政机关、企事业单位提供300余个岗位，287名翼城籍大学生通过面试参与实践，“向社区报到”翼城籍大学生619人，参与人数创历史新高。活动新颖,实效凸显。“五点半课堂”、医路前行、助力文化旅游节等志愿服务形式更多样。举办青年创新创业大讲堂——大学生专场、“青春喜迎二十大 创新创业赢未来”大学生创新创业风采展,举行“喜迎二十大、永远跟党走、奋进新征程”主题教育实践活动,有实地参观、有集中学习,举行“团团带你吃遍翼城”翼城籍大学生喊你来吃圪烙饦直播活动,服务学子内容更全面。公众号平台开辟“青春兴晋”专栏,由实践学子全权负责信息采编、推文发送的运营,举办12期,展示113名大学生的感悟和收获,活动宣传氛围浓厚。全程有新意,机制更健全。在面试环节,通过“我是谁”“风采展”“青创说”,全方位展示大学生的精神面貌。“向社区报到”中,要求有台账、有微信群并至少实践一周,实现双向奔赴。聘任县、乡镇、村(社区)大学生兼职团干部19名,其中县级2名、乡镇10名、村(社区)7名,逐步探索大学生兼职团干部如何常态化发挥作用。“青春兴晋”近年来呈现出参与范围广、影响力越来越大,规定动作实、机制越来越完善,活动形式多、实效性越来越强的特点。三是举办“翼”起成长青年干部集训营。以理想信念为主题,联合县直工委、县妇联、县乡村振兴局共同举办,在里砦镇里砦村、阎村开展“翼起看家乡”“翼起学课堂”“翼起享经典”“翼起乐运动”“翼起说论坛”系列活动,增强广大青年干部的凝聚力战斗力,激发青年干部的干事创业热情。四是举办两场“翼路前行 筑梦未来”高考志愿填报公益讲座。百余名考生和家长到场聆听,为考生和家长搭建与教育专家面对面交流的机会帮助大家更好地了解高校信息和高考志愿填报方法。五是开展保障青少年权益系列活动。8月18日,召开预防青少年违法犯罪专项组会议,部署预防青少年违法犯罪重点工作。网络安全宣传周期间,制作青少年网络安全宣传展板,向群众发放网络安全知识宣传册,在“青少年日”组织青少年观看“明辨”主题网络直播,深化青少年维护网络安全的意识。开展金秋助学活动,为30名学生送助学金6.8万元,并新增5名困难学子进行长期资助。联合检察院组织少先队员开展以预防校园欺凌为主题的亲历性、互动式的青少年法治活动,有效预防和减少未成年人违法犯罪现象。联合蓝天救援队深入北关小学开展“急”在分秒“救”在眼前安全急救知识培训课,切实增强少先队员自防自救能力。联合消防大队深入桐封技工学校开展消防安全知识进校园活动,提升团员青年消防安全意识。

7月5日,共青团翼城县委组织暑期社会实践大学生举行“喜迎二十大 永远跟党走 奋进新征程”主题教育实践活动　（吴宋玲供图）

【青春强基工作】 2022年,团县委实施青春强基工程,巩固基层建设堡垒。县融媒体中心采编股被认定为一星级全国青年文明号集体。一是名团干作用高质效发挥。联合广东等外省名团干开展线上团干、团员培训共4期16讲,线上入团积极分子、团员意识教育、中学团干培训共20讲,每讲参与达6000余人。12月14日,举办翼城县2022年少先队辅导员业务线上培训,团干部的业务能力、团员的理论武装得到进一步加强。二是团员发展高标准实施。3月31日,召开全面从严治团工作推进会,传达学习共青团十八届六中全会精神、《新时代全面从严治团实施纲要》,交流积分入团、推优入团工作实施情况,对2021年度发展团员532名进行自查、交叉检查和上级抽查,其中不规范的 52 名进行整改。2022 年,分两批新发展团员 761 名,积分入团、少先队推优入团全面实施,其中 122 名满 14 周岁不满 15 周岁的少先队员经少先队推优入团,团的组织建设愈加规范、队伍建设愈加优质、工作作风愈加严实。三是县域共青团基层组织改革高质量推进。组织机关人员、团干传达学习中央、省、市县域共青团基层组织改革动员部署会精神,经过前期调研、多方沟通,出台翼城县共青团基层组织改革工作方案,县域共青团基层组织改革正在向纵深推进。

(吴宋玲)

妇女联合会

【概况】 2022 年,县妇联坚持以习近平新时代中国特色社会主义思想为指引,深入学习贯彻党的二十大精神和习近平总书记考察调研山西重要讲话重要指示精神,全面落实习近平总书记关于妇女和妇女工作的重要指示,聚焦县委、县政府中心工作,立足引领联系服务职能,团结凝聚广大妇女群众听党话、感党恩、跟党走,为实现党的二十大确定的目标任务贡献巾帼力量。截至 12 月底,翼城县有县、乡镇、村(社区)三级妇联组织 230 个,其中县级 1 个、乡镇 9 个、村 151 个、社区 6 个,县直单位及四新领域妇联组织 63 个。

【思想政治引领】 2022 年,县妇联坚持党建引领,不断夯实做群众工作的思想基础。一是树立导向,凝聚思想。利用“三八”契机,线上线下大力宣传全县优秀女性代表的先进事迹,选树典型、表彰激励,倡导真善美,弘扬正能量。带领全县妇联组织多形式、多维度开展“巾帼心向党 喜迎二十大”群众性主题宣传教育活动,引导广大妇女把感恩党、感恩总书记、感恩新时代的真挚情感转化为奋斗建功的实际行动。二是听从指挥,冲锋一线。落实县委部署,坚决做好疫情防控工作,组织全员高质量完成 74 天对 2 个老旧小区的执勤任务。第一时间组织在职党员到常住小区(网格)“双报到”,积极开展疫情防控志愿服务。三是规范管理,创先争优。严肃党内政治生活,强化党员日常监督,进一步增强党员的政治意识和政治规矩。以清廉机关建设为牵引,在创建和服务上对标对表,在清廉家风培育上创新创优,推动政风清明、作风清正、家风清廉的良好社会氛围。四是志愿奉献,星火燎原。发动全县妇联组织成立“翼家亲”巾帼志愿服务队,亮出妇联旗帜、发出妇联声音,在抗击疫情、关爱帮扶、维护权益的征程中,不断传递温暖、汇聚大爱。

2022 年 4 月 29 日,开展“巾帼心向党 喜迎二十大”群众性主题宣传教育活动 (李芳供图)

【基层组织建设】 2022 年,县妇联坚持担当实干,不断推进妇联组织改革的破难创新。一是建组织,强队伍。在全县村(社区)“两委”换届工作中,在县委组织部的指导下,联合县民政局超前谋划部署,试点换届先行,确保全县村级妇联组织全面实现两个 100% 目标任务,完成村级妇联组织换届工作,夯实基层妇联队伍。二是真学习,强素质。对换届后新当选的村级妇联干部开展“领头雁”培训,以送课下乡的形式深入各乡镇开展政策宣讲和业务指导,进一步铸强政治引领,打牢思想基础。三是延手臂,强覆盖。全县村级组织全部建起妇女之家,完善县直机关和企事业单位35个妇联组织，进一步加大“四新”领域妇建力度，在28个“四新领域”妇女群体中建立组织，有效延伸工作手臂。四是实担当，强作风。全县各妇联组织和广大妇联干部、执委积极开展主题实践活动，通过寓教于乐、吸引带动，引领全县广大妇女群众发挥好女性两个作用，广泛参与基层治理，服务全县经济社会高质量转型发展。

2022年1月29日，巾帼双创示范基地授牌暨校企合作签约仪式　　（李芳供图）

【妇女发展工作】　2022年，县妇联坚持以人为本，不断拓宽服务妇女的实效路径。一是用实招帮助女性创业。建设巾帼双创示范基地，推动家政企业与山西桐封技工学校签订校企合作协议，为企业发展提供智力支撑和人才保障。二是出实力拓宽女性就业。联合县人社局摸底企业发展需求，通过妇联组织宣传协调，为广大妇女群众提供3000余个就业岗位，拓宽就业渠道。三是关爱困难妇女。深入全县9个乡镇面对面开展健康知识培训和咨询。配合县妇幼保健院完成乳腺癌筛查1500人、宫颈癌筛查3500人。为3名“两癌”患者发放救助金3万元，为8名因大病、受灾、残疾等致困的妇女儿童发放帮扶金11000元。四是多举措服务妇女“双创”。组织妇女小微企业参加县、市两级青年创新创业大赛，有3家企业获奖，县妇联被县委、县政府授予优秀组织奖。妇女文创工作稳步发展，多个作品在省级比赛中取得好成绩。

【家庭教育和儿童工作】　2022年，县妇联坚持共建共育，不断深化家庭建设的社会效益。一是典型选树，营造氛围。通过常态化的家风宣传、家教指导，全县越来越多的家庭注重起自身建设，涵养好家风、培育好家教蔚然成风。两年来，翼城县广大家庭中涌现出2个全国先进、3个省级先进、14个市级先进、128个县级典型。二是多点融合，家校共建。进一步推动《中华人民共和国家庭教育促进法》的实施，强化与教育部门的合作，通过“翼起成长”家庭建设品牌的创建，联合选树10个家庭教育创新实践点，旨在通过示范创新、多点同行，探索更好服务家庭成长的方法和路径。三是示范先行，引领带动。在县纪委监委的大力支持下打造翼城县“清廉家风教育基地”，选树65个“清廉家庭建设示范点”和2个“清廉家风宣传示范点”，将以此辐射全县范围带动广大家庭掀起学先进、当先进的建设热潮。四是丰富活动，筑牢阵地。将重大节日契机与日常有机地结合起来，以“喜迎二十大 奋进新征程”为主题，在妇女之家、家庭教育创新实践基地、清廉家风教育基地等常态化开展形式多样、群众喜闻乐见的主题实践活动，进一步增强妇联组织的凝聚力和影响力。

【妇女儿童维权工作】　2022年，县妇联坚持法治教育，不断护航妇女儿童的合法权益。一是法治宣传教育长效推进。线上利用县妇联公众号、翼城女性之声抖音平台，向广大妇女儿童宣传《中华人民共和国妇女权益保障法》《中华人民共和国家庭教育促进法》等法律法规，营造舆论氛围，做到预防为先。线下组织妇联干部开展“敲门行动”，上门为广大妇女群众和家庭普及法律知识。二是重点人群摸排长效推进。每月组织乡镇妇联定期对重点妇女儿童人群和高风险家庭开展婚姻家庭摸底排查工作，就潜在风险进行分析研判，及时采取帮扶措施，化解矛盾。三是信访工作“三到位”长效推进。2022年,县妇联受理群众来电、来访15件19人,涉及婚姻家庭权益类、家庭纠纷类、劳动和社会保障权益类、妇女人身权益类等方面,均做到诉求合理的解决问题到位、诉求无理的思想教育到位、生活困难的帮扶救助到位。

【母婴安全保障工作】 2022年,翼城县在用人单位、汽车站等场所建立9家母婴室,全部投入使用。制定免费婚检、免费孕检、免费产前筛查与诊断服务、孕期管理、新生儿三项疾病免费筛查、0～6岁儿童健康管理服务、妇女宫颈癌和乳腺癌检查项目等实施方案。构建涵盖婚前、孕前、孕期、新生儿、儿童期各阶段的出生缺陷三级预防体系,为群众提供优质高效的出生缺陷综合防治全过程服务。婚检率达90%以上,免费产前筛查与诊断率97.28%,新生儿疾病筛查率100%,宫颈癌完成率103.25%,乳腺癌完成率104.1%。通过“云上妇幼”平台,指导孕产妇做好孕期健康监测、健康管理。发挥翼城县危重孕产妇救治中心和儿童危重救治中心的作用,救治率、转诊率均为100%,无孕产妇和婴幼儿死亡事件,全力保障母婴安全。

（李　芳）

科学技术协会

【概况】 2022年,县科协为不断提升工作水平,使基层科普工作的针对性更强,以党的二十大精神武装头脑、指导实践,紧盯基层科普还比较薄弱、工作进展不平衡、科普资源相对匮乏等短板和不足,创新科普载体,丰富科普形式,在深入实施科教兴国战略、人才兴国战略和创新驱动发展战略的道路上,切实履行好基层科协组织全民科学素质行动牵头职责,强化科普工作职能,推动科普全面融入经济、政治、文化、社会、生态文明建设,特别是在服务乡村振兴战略、提升青少年科学素养、统筹全县各个科普资源、创新科普方式方法等方面实现较大突破,为谱写全面建设社会主义现代化国家翼城篇章提供强有力的科技和智力支撑。

【创建全国科普示范县】 2022年,县科协高度重视科普示范县创建和申报工作,完善工作机制,强化保障措施。在各级党政部门和社会各界大力支持下,以创建工作为契机,充分发挥桥梁和纽带作用,搭好科普平台,整合部门资源,形成科普工作大联合协作的良好工作局面,全民科学素质不断提升。2022年12月,被中科协认定为2021至2025年第二批全国科普示范县。

【科普服务】 2022年,县科协突出价值引领,践行科技为民,坚持守正创新,在全国科普日活动期间,广泛弘扬科学精神和科学家精神,持续开展形式多样、丰富多彩的优质科普活动,在全县营造热爱科学、崇尚创新的浓厚氛围。特别是采用戏曲加科普的方式,用群众喜欢听、听得懂的语言,把党的政策和科学知识宣传到广大群众之中,得到广大群众的认可和上级科协肯定。2022年10月,被中科协评为全国科普活动日优秀组织单位。

【加强科技馆建设和运用】 2022年,县科协在省、市科协支持下,申请社区科技馆项目,在翼城县浍滨社区实施后,社会反响很好。同时,不间断举行“中国流动科技馆”和“科普大篷车”巡展活动,均取得良好效果。2022年上半年在翼城首次展出的“中国流动科技馆”是中国科技馆最新研发的展品,也是山西省唯一一套,为确保中国流动科技馆翼城巡展活动取得良好效果,翼城县科协认真筹划,积极准备,确保每天能够接待600名学生进行巡展参观,并安排志愿者作为安保和秩序维护人员,做到既保证饱和参观又保证参观效果。此次活动总参观人数达 1.4 万人次,有力地提高公众科学文化素质。

【科普平台建设】 2022 年,县科协利用《今日翼城》、“爱翼城”App、微信公众号、朋友圈等新媒体发布或转发科普知识。县科协围绕信息技术、乡村 e 站、反邪教、安全应急制作多个 PPT。积极争取“科普中国”推广应用项目,建立科普翼城微信公众号、科普翼城抖音号,完善科普传播平台。积极争取科普示范体系建设,结合翼城文化特色,组织一批戏曲文化工作者,精心编排,打造经典科普剧目,制作成视频,以晋南道情、眉户剧、翼城琴书等翼城县流行的传统戏曲形式进行线上线下科普宣传,让群众身边的人,用群众爱听的话,传播群众需要的科普知识。

【助推青年创新创业】 2022 年,县科协充分发挥科普惠农中心服务站的引领带动作用,完成山西玉浆堂科技有限公司科普惠农中心服务站星级评定工作。积极参加第六届“三晋新农人”创业创新竞赛活动。组织翼城县伟云生物科技有限公司、山西新翔丰农业科技有限公司、山西玉浆堂蜂业科技有限公司、富华养殖有限公司,参加创业创新项目创意大赛、三晋新农人大赛等系列创新创业活动,推荐“农业生产托管社会化服务新模式”“奶牛高效养殖项目”“蜂群春繁倍增项目”“反季食用菌铺就乡村振兴路 ”参赛,其中“反季食用菌铺就乡村振兴路 ”项目获得大赛优秀奖,翼城县伟云生物科技有限公司荣获“农行杯”创业创新项目创意大赛二等奖,翼城县科协获得大赛优秀组织奖。

【服务乡村振兴】 2022 年,县科协发挥翼城县“科普中国 e 站”乡镇全覆盖、社区有突破的优势,持续开展创新创业的线上线下培训学习,比如,在唐兴乡村 e 站开展设施蔬菜种植培训、在里砦乡村 e 站开展线上务工培训、在隆化乡村 e 站开展渗水地膜谷子种植培训等,受到省科协的肯定,并专门到翼城县进行“乡村 e 站”运行专题调研。特别是在农业托管方面倾力注入科普的力量,通过生产托管加快推广新技术、新品种、新机具、新模式,确保粮食安全。2022 年,翼城农业托管的带头人——山西新翔丰农业科技有限公司李学峰被评为临汾最美科技工作者。

【提升青少年科技素质】 2022 年 11 月,县科协同县教科局共同承办全市第八届青少年机器人竞赛,全市共有 1120 人参加 icode 图形化编程、突出重围赛、9686 机器人挑战赛、机器人创意赛等 12 个项目的竞赛,翼城县有 320 名选手参加 8 个项目的竞赛。

积极参加市科协组织的科技骨干教师培训,并在翼城县组织开展青少年科技骨干教师培训活动,培训项目参照市科协培训内容,重点围绕青少年机器人大赛、创意编程与智能设计竞赛进行,提高科技教师的专业素养。举办第四届翼城县青少年科技创新大赛,参赛学生不少于 4000 人,通过幼儿积木类、青少年机器人、创意设计、科学制作、科学绘画、创意编程等普及赛、对抗赛、淘汰赛、创意赛,提高青少年创新意识和创新水平。

积极组织科学家精神宣讲,结合中国流动科技馆展览,面向青少年宣讲科学家心系国家、潜心研究,几十年如一日地进行科学探索的科研历程,学习伟大的科学家精神。制作冬奥会科技知识 PPT,印制冬奥会科技知识宣传册 3000 册,在广大群众特别是青少年群体中广泛宣传。组织科普志愿者给青少年科普冬奥会科技知识、组织手工制作冰墩墩活动,寓教于乐,收到很好的科普效果。

切实提高青少年动手实验能力,积极组织家庭试验挑战赛,评选出避震疏散提示系统、智能防疫间隔提示器、快乐比大小、智能垃圾桶等优秀作品。其中避震疏散提示系统被选送参加第

36届全国青少年科技创新大赛。

深入开展机器人教育进校园活动。选取科普基础好、积极性高的翼城六中、中卫中心校、西关校学校等学校，开展机器人教育进校园活动，提高广大青少年的创新能力。推进科技教育进校园、进课堂，积极动员广大青少年参加临汾市科学知识网络竞赛。参加总人数9500余人，全市排名第一。

（李嘉堂）

工商业联合会

【概况】 2022年，县工商联按照中华全国工商联“政治引领好、队伍建设好、商会发展好、作用发挥好、工作保障好”的“五好”要求，紧扣“两个健康”的工作主题，围绕中心工作，服务大局，求真务实、改革创新，突出重点、强化落实，不断加强和改进新形势下工商联工作，成立翼城县青年创新创业联合商会，民营经济人士投身“万企兴万村”，助力乡村振兴，疫情防控中彰显社会担当，累计捐款30余万元。工商联各项工作成效显著，获评2022年度山西省工商联系统宣传工作先进单位，《翼城县工商联、翼城县公安局共建沟通联系机制做法》成为山西省唯一一篇入选全国工商联、公安部沟通联系机制典型事例百篇优秀论文的论文。

【政治引领】 2022年，县工商联充分发挥联系民营经济和民营经济人士的重要作用，以服务“两个健康”为主题开展系列活动。2022年是党的二十大召开之年，县工商联全面贯彻党的二十大精神和习近平总书记在民营企业座谈会上的重要讲话精神，注重提高民营经济人士政治素养。10月16日，组织全县民营经济人士观看党的二十大开幕会，听完习近平总书记报告后，第一时间组织他们谈认识、谈体会、谈感想，同时在工商联执委班子、执委微信群中及时转发党的二十大精神学习资料，确保党的二十大精神准确及时传达、贯彻下去，引导他们深入学习贯彻党的二十大精神，进一步增强“四个意识”、坚定“四个自信”、做到“两个维护”，不断凝聚起上下同心、众志成城，奋发开拓的精气神，全身心投入建设社会主义现代化的火热事业中。

【服务大局】 2022年，县工商联全面贯彻信任、团结、服务、引导、教育民营经济人士的方针，积极引导民营企业融入高质量发展新格局。建强商会谋发展。围绕翼城县构筑“三箭齐发”的工业格局，主动对接太原市翼城商会，加强沟通交流，宣传翼城发展情况、推动引导回乡创业。6月25日，太原市翼城商会举办“回故乡、迎七一、谋发展”活动，商会会长、山西晋通送变电公司董事长张风翔一行先后到唐兴镇春安村劳模基地、古城村赵宝成纪念馆和翼城高质量钢铁新材料工业园区进行参观。座谈会上，与会人员共同观看《天下唐人 老家翼城》专题片，听取全县经济社会发展情况和商会工作情况。与会企业家围绕产业招商、项目建设及营商环境建设等深入交流，提出很多有价值的意见和建议，表示将持续关注家乡发展，宣传推介翼城，在引资、引智、引技等方面铺路搭桥。8月11日，县工商联组织各商会到侯马通过开座谈会、实地调研深化两地商会交流、合作，同时开展侯马、翼城、洪洞“两县一

6月25日，太原市翼城商会在翼城举办

（梁丽供图）

市”缔结友好商会签约仪式。

【优化环境提效率】 通过与公检法司、纪检监察、行政审批等部门建立常态化联系机制，构建民营企业评议政府职能部门机制。2022 年 3 月，组织优化营商环境座谈会，邀请相关部门和企业面对面交流，充分了解企业诉求，并将汇丰中心幼儿园、和谐百货有限公司等 5 家企业确立为“优化营商环境、服务民营企业”联系点，做到零距离了解企业，及时帮助企业解决烦心事、难办事，把企业的心声、难题和处境及时向县委政府反馈，为全县优化营商环境建言献策。

【培育主体抢市场】 按照全省“实施市场主体倍增工程、加强创新平台梯次培育”的要求，围绕县委开展青年创新创业“个十百千万”工程，县工商联主动谋划，多方筹措，举行青创商会联络点揭牌仪式，成立翼城县青年创新创业联合商会，吸纳会员 50 名，为全县青年创新创业提供技术、信息、管理的诸多帮扶。同时县工商联与团市委积极对接，特聘临汾市 8 名优秀青年作为翼城县首批创业导师，为青创商会实质运转连续赋能。

【借助载体强担当】 根据省市县开展“万企兴万村”行动要求，广泛动员全县民营经济人士参与到乡村振兴战略中来，持续在新的征程中书写“自己人”的使命担当。

一是注重统筹协调。按照上级要求，第一时间召开动员大会，建立完善“万企兴万村”翼城行动领导小组协同机制，明确工商联牵头做好行动统筹，促进各成员单位协同联动，发挥各自职能优势，为“万企兴万村”翼城行动提供人才、平台、政策、融资等各方面支持。加强与乡镇、乡村振兴局等相关部门的协同联动，形成工作合力，营造良好氛围。二是加强示范引领。积极引导县工商联兼职副主席、副会长企业等重点民营企业带头联系乡村振兴村，开展结对共建活动，共对接 1 个乡村振兴示范村和 16 个乡村振兴村。三是注重精准帮扶。按照县委乡村振兴总体部署，组织召开企村对接会，让企业家和镇村干部面对面交流沟通。3 月 16 日、3 月 24 日分别召开翼城县工商联“万企兴万村”里砦镇、隆化镇企村对接推进会，乡镇、村干部和企业家面对面交流，围绕乡村振兴，企业家提出一系列科学合理的产业发展意见、建议。工商联副主席、翼城县翔山电子商务有限公司总经理马忠毅在里砦镇神沟村打造 20 亩智慧农场，依托农村闲置土地和村委会协调，把闲置土地和壮大集体经济相结合，打造出现代化农业新模式，该项目正在后期建设中，建成后能带动全村(养殖业、果蔬、农作物)实现网络监测和网络销售等模式。工商联副主席、翼城县汇丰幼儿园董事长苗文娟了解到桥上镇西坡村，地处偏远，村路破旧不堪，坑洼不平，车辆出入困难，决定投资为西坡村修建一条总长 1.7 公里高标准水泥路。4 月 25 日，工程开始施工，于 5 月底完工。

3 月 28 日，爱心企业参与疫情防控，捐献物资
(梁丽供图)

【责任担当】 2022 年，县工商联积极引导全县民营经济人士助力疫情防控，彰显社会担当。一是做好常态化疫情防控。按照分工，工商联负责建行小区居民疫情防控工作，从 3 月开始，工商联人员坚守岗位，每日有两人到小区值守，构筑起防控坚强屏障，确保小区居民安全。二是发动民营经济人士助力防控。3 月，工商联第一时

间向全县民营经济人士发出倡议。3月28日,县委常委、统战部部长杨文明,工商联主席杜芳芳带队到全县各交通卡口疫情防控检查站开展调研慰问,各企业家弘扬“一方有难、八方支援”大爱精神,发挥自身优势,用实际行动体现民营企业家的时代担当。工商联兼职副主席、日行一善志愿服务协会会长、汇丰幼儿园董事长苗文娟带头捐出价值15000元的防疫物资,同时,发动顺泽地产,奥宇新城捐出价值8000元的防疫物资;副主席企业孙毅齿科捐出价值13000元的防疫物资;副会长企业翼城县星杰中学捐出价值3000元的防疫物资;副主席企业翼城永利现代农业开发有限公司捐出价值6000元的防疫物资,副主席企业翼城县华晋煤业有限责任公司捐出价值1500元的防疫物资。据不完全统计,全县民营企业捐款捐物价值达30余万元。

【清廉民企】 积极引导全县民营经济人士推进清廉建设,构筑清廉民企。引导全县广大民营企业家传承和弘扬晋商精神,全域打造与清廉翼城目标相匹配,与现代企业制度要求相适应、与职工群众愿望相呼应的清廉民营企业。分别于2022年6月、7月在工商联副主席企业孙毅齿科和青年创新创业联合商会召开清廉民企和清廉商会部署推进会。同时创新工作方式,9月29日,在孙毅齿科举行“翼城县清廉民企示范点”揭牌仪式,这在临汾市是首家,揭牌仪式上,县政协副主席、工商联主席杜芳芳和县纪委监委第七纪检监察组组长郑国庆共同为“翼城县清廉民企示范点”揭牌。这是开展清廉民营企业建设的一项创新举措,是推动清廉民营企业建设,服务民营企业高质量发展的有效探索和积极实践。

（梁 丽）

文学艺术界联合会

【概况】 2022年,翼城县文学艺术工作者联合会(简称“县文联”)是科级群团组织,有美术、书法、摄影、音乐、舞蹈、作协、工艺美术、朗诵、硬笔书法9个团体会员。

【政治引领】 2022年,县文联聚焦县委“四大振兴”战略、“六大提升”行动和市文联工作重点,全面落实县委“1177”宣传工作任务,突出在“政治建设、精品创作、人才培养、志愿服务、深化改革”五个方面实现提档升级,团结带领全县文学艺术界认真学习践行党的二十大精神和习近平总书记系列重要讲话精神,紧紧围绕全县工作大局,以开展丰富多彩的文艺活动为载体,全方位建功赋能翼城高质量发展,开创翼城县文学艺术事业繁荣发展的新局面。

【喜迎党的二十大系列活动】 2022年,县文联突出迎接党的二十大胜利召开这一工作主线,举办“喜迎二十大、匠心颂中华”工艺美术作品展览,组织工艺美术协会在山云剪纸工作室举办“喜迎二十大 奋进新征程”翼城县文创系列活动。组织“喜迎二十大 奋进新征程”摄影作品展览,鉴于疫情形势严峻,摄影展览特通过线上的方式展出,展出作品百余件,更好地满足群众的观展需求,营造迎接宣传贯彻党的二十大的浓厚氛围。组织翼城县文艺界人士“庆国庆 喜迎二十大”笔会,出席活动的书画家们挥毫泼墨,各展所长,用手中的笔喜迎国庆,歌颂党恩,创作多幅以宣传贯彻党的政策方针、伟人领袖金句、古诗名句、近代诗词等为主的优秀书画作品,书画爱好者们以自己的创作抒发对党的无限热爱、对国家的深厚情怀,为党的二十大胜利召开表达诚挚祝福。党的二十大召开后,在县委宣传部的指导下,积极动员,举办翼城县文艺界学习宣传贯彻党的二十大精神座谈会,各文艺界代表共聚一堂,认真交流学习党的二十大精神心得体会,围绕“推进文化自信自强,铸就社会主义文化新辉煌”的要求,积极担起文艺“举旗帜、聚民心、育新人、兴文化、展形象”的使命。

【文艺志愿服务】 2022 年,县文联扎实推进“我们的中国梦——文化进万家”活动,组织文艺志愿者到基层进社区、进企业、进农村,通过书法、绘画、曲艺、戏剧、音乐、摄影等群众喜闻乐见的形式,宣传党的声音,歌颂美好时代,为基层送文化送艺术,丰富群众文化生活,增强广大人民群众感党恩、听党话、跟党走的坚定信念。组建志愿者队伍,开展文明实践。成立新时代文明实践工作领导小组,建立翼城文艺志愿者服务队,依托协会组建 9 支志愿服务分队。明确工作职责,确定志愿方向,谋划服务项目,开展 12 次文明实践服务活动。加强“四力”实践,开展文艺下乡活动。在参加人数、活动规模服从疫情防控的前提下,出动文艺志愿者 179 人次,赴 3 个村 、4 个企业、2 个社区、3 个机关开展文艺下乡服务活动,共送春联 1 万余副,丰富广大群众文化精神生活,营造欢乐祥和的节日氛围。朗诵、书法、音乐、工艺美术等协会组织会员进学校、进农村、进社区开展艺术培训讲座 6 场,让文艺真正涵养人民,惠及人民,激发广大人民群众参与文艺活动的热情。

【文艺活动】 2022 年,县文联围绕县委、县政府实施的“四大振兴战略,六大提升行动”、阻击新冠疫情、推动乡村振兴、实现中华民族伟大复兴的中国梦等主题,谋划举办多项文艺活动,组织“古唐新韵”诗词大会,让人民群众在活动中感受传统文化的魅力,接受优秀文化洗礼,增强民族文化自信。组织“讲好翼城故事,激励奋发作为”朗诵会,集中展现翼城人民的精神风貌,激励全县广大干部群众承载新使命、砥砺新作为、奋进新时代。以“唐尧故地、晋国源头”为品牌,组织创作电视剧剧本《晋国霸业》,第一稿已完成。公平公正开展 2021 年度优秀文艺作品评选工作,共评出优秀文艺作品 244 件,兑现奖励资金 12.37 万元,有效发挥奖励基金推动文艺创作的功能。与县消防救援大队举行消防文化建设战略合作框架协议仪式,并联合开展文艺活动,双方将充分发挥各自资源特色,互享共用,互促共进,长效合作,开辟文艺与消防事业合作发展新路径。

【对外交流】 2022 年,县文联坚持围绕中心、服务大局,扩大与国内民间文艺团体及知名文艺家的交流合作,通过写生和采风等方式拓宽文化交流渠道,邀请省市文艺家协会到翼城采风,组织文艺工作者集体采风,组织开展采风创作活动 19 次,推动全县优秀文艺工作者和优秀文艺作品走出翼城走向全国,打造极具地方特色的文艺作品,全面展示翼城特色文化,提高翼城美誉度。

【文艺人才培养】 2022 年,县文联大力加强文艺人才队伍建设坚持把培养和造就一支高素质、高层次的文艺人才队伍作为推动文艺事业繁荣发展的重要基础性、战略性工作。开展文艺骨干专题培训,加强对文艺工作者的思想政治引领和专业能力塑造,强化文艺人才队伍建设,将文艺人才紧紧团结在党的周围。2022 年,翼城县 3 名优秀文艺工作者加入国家级文艺家协会,丁媛媛加入中国舞蹈家协会、乔随河加入中国美术家协会、闫文水加入中国作家协会。强化县校合作,与山西师范大学书法学院、美术学院建立合作关系,翼城书协、美协与其保持密切联系,沟通交流学术思想,为翼城文艺事业繁荣发展注入不竭动力。

【协会活动】 2022 年,县文联积极组织各协会开展各项文艺活动,促进各协会文艺精品创作。县美协选送作品四幅参加第五届晋国古都区域县（市）书法美术作品展，受到与会领导高度评价。县书协在县纪委组织领导下，积极动员力量，策划、设计、布展“御史第廉政教育基地”，为清廉翼城书画作品展创作书法作品40余幅，并先后在线上线下予以展示。县摄协组织举办“喜迎二十大 奋进新征程”摄影作品展览，作品在县档案馆展出，并通过今日翼城在线上展示。县音协与县委宣传部、县融媒体、县文化馆等相关单位联合举办或单独举办市、县级音乐比赛和演出活动。县工艺美术家协会在冬奥会开幕之际，组织会员创作出2米高的冰墩墩、雪容融以及剪纸、泥塑、彩塑、钩编等不同工艺的冰墩墩、雪容融，在唐霸公园开展助力冬奥会为奥运健儿加油活动。10月中旬，指导的舞蹈作品《吉吉·索索·拉杰罗!》《只此青绿》参加2022年山西省第十一届雏菊杯大赛。县作协坚持服务现实、服务社会、服务当地经济发展的大局，继续办好《新唐风》，全年共办刊6期，发表各类作品近400篇，开设“唐风晋韵”和小说、散文、诗歌专栏等，体现地方特色。县朗协组织创作的作品《一块门板一个兵》，在第七届临汾市好基地讲好故事比赛中得到市委宣传部、市电视台领导的一致好评和认可。县硬笔书法家协会和县委老干部局联合印制《硬笔书法技法》书籍，并联合举办“庆国庆 迎重阳 喜迎二十大老干部硬笔书法作品展”。

（张亚茹）

残疾人联合会

【概况】 2022年，县残联现有干部职工共18人，其中理事长1人、副理事长1人、党组成员3人。内设办公室、宣教股、维权股、康复股、基金股五个股室，下设翼城县残疾人服务中心。全县现有持证残疾人8327人，其中重度残疾4295人。在各类残疾人中，肢体残疾4940人，占比59.3%；听力残疾1002人，占比12%；视力残疾783人，占比9.4%；智力残疾779人，占比9.35%；多重残疾394人，占比4.73%；精神残疾296人，占比3.55%；言语残疾133人，占比1.6%。

【康复工作】 2022年，县残联对符合康复救助条件的残疾儿童信息进行汇总，并及时转介到复筛和诊断机构，全县初筛阳性0～6岁儿童残疾复筛和诊断服务任务15人，完成33人，完成率220%。经复筛诊断后，县残联及时将残疾儿童按照类别转介到各定点康复机构进行免费康复训练，全年任务50人，在定点康复机构康复训练救助的残疾儿童76人，完成率152%。依托14家乡镇卫生院为残疾人精准康复定点评估机构，由村医和残疾人康复协调员组成村级精准康复服务小组，实施精准康复服务。对2021年500名残疾人精准康复训练服务进行回访。

2022年5月，第31次全国助残日宣传现场

（卫素霞、马小霞供图）

【残疾人就业】 2022年，县残联共选送7名残疾人参加省残联组织的计算机操作等技能培训。严格落实《残疾人就业条例》《山西省按比例安排残疾人就业规定》，为用工单位和残疾人求职搭建平台，指导用人单位设置适合残疾人的岗位，安排城镇25名、农村37名残疾人就业。通过政策到位、培训到位、扶持到位，帮助3名残疾人实现了网上开店的梦想。协调人社、医保部门，

做好重度残疾人养老、医疗保险政府代缴工作。2022 年 12 月 14 日,在里砦镇举办为期 8 天的农村残疾人实用技术培训班,结合当地实际组织 30 名残疾人参加培训,培训内容为果树管理,通过培训切实提高他们的果树种植管理能力,帮助残疾人增收。

【残疾人证换发工作】 2022 年,县残联共为 935 名残疾人换发办理残疾证,根据文件规定,为 214 名智力、精神、重度残疾人免费办理残疾人证,疑似残疾人办证任务是 406 人,完成 507 人,完成率 125%。上半年受疫情影响,办证进展缓慢,及时召开专题工作会议研究,决定按时间节点对全县 9 个乡镇分别实施乡镇集中办证和为行动不便的疑似残疾人进行上门入户办证。加强残疾人证的管理工作,每月初对上月残疾人持证情况进行整理并通报,提前 6 个月通知残疾人证到期人员换证,对到期 1 年以上仍不换证的予以注销,全年注销残疾人证 1505 个。

【维权工作】 2022 年,县残联共完成困难重度残疾人家庭无障碍改造 14 户,其中市残联下达任务 10 户,县级资金 4 户。认真做好残疾人权益保障工作,健全残疾人信访工作长效机制。全年共接待残疾人求助和咨询 17 人,全部按有关规定妥善处理或协调解决。为 1 名残疾人上报机动车驾驶证培训。为符合条件的 7 名残疾人申报残疾人机动轮椅车燃油补贴项目,共发放补贴款 1820 元。

【教育文体工作】 2022 年,县残联联合县教科局对全县 6 ~ 15 周岁的适龄残疾儿童少年进行摸底排查,根据残疾程度分别采取特教学校、随班就读、送教上门等方式,保证他们的受教育权利。为配戴人工耳蜗和助听器的 1 名高考残疾学生、4 名中考残疾学生进行考前审核。2022 年,为 2 名残疾人家庭子女大学生、2 名残疾人大学生申报“市彩票公益金助学项目”,每人给予 3000 元助学金;为 2 名残疾人家庭子女大学生、2 名残疾人大学生申报“省彩票公益金助学项目”,每人给予 5000 元助学金。

【残疾人助残帮扶工作】 2022 年,县残联为 27 名未解除返贫风险的残疾人家庭、原建档立卡贫困户、低收入家庭中的残疾人开展种植、养殖、加工业等方面的项目资金支持,不断提升困难残疾人家庭自我发展和创收能力,巩固拓展残疾人脱贫攻坚成果同乡村振兴有效衔接。

【残疾人居家托养服务】 2022 年,县残联为 40 名符合托养条件的重度肢体和智力、精神残疾人开展居家托养服务,提供生活照料与护理、生活自理能力训练、社会适应能力训练、家庭和社区生活支持等个性化服务,每次上门服务结束后,据实填写残疾人居家托养服务登记表、残疾人居家托养服务记录表,增强督导力度,提高服务质量,实现“托养一人、温暖全家”的良好效果,不断提升残疾人的幸福感、获得感。

【换届工作】 2022 年,县残联根据《中国残疾人联合会章程》和《关于印发(山西省残疾人联合会关于市县乡残疾人联合会换届工作的实施意见)的通知》精神,制定换届工作方案,严格执行换届流程,召开县残联第八次代表大会,选举产生新一届县、乡两级残联领导班子,如期完成县、乡两级残联的换届工作。

2022 年 11 月 8 日,翼城县残疾人联合会第八次代表大会召开 (卫素霞、马小霞供图)

(卫素霞　马小霞)

计划生育协会

【主题宣传教育】 2022 年,翼城县计划生育协会在“5 · 19”世界家庭医生日活动期间,联合县卫体局、县医疗集团在唐兴镇古城村开展以“与家医相约 · 和健康相伴 · 健康知识进万家 · 让科学防疫知识走进千家万户”为主题的宣传服务活动,通过悬挂宣传横幅、发放宣传资料、开展健康知识讲座、向广大群众宣传人口计生政策法规、优生优育、生殖保健、糖尿疾病预防、“两癌”防治、艾滋病预防、疫情防控等知识,传播新型婚育观念,倡导健康生活方式,不断提高居民健康素养水平。发放宣传资料 2000 余本(册),发放围裙、油壶手提袋生活用品 200 件,县医疗集团医务人员现场开展义诊活动。

5 月 29 日,开展“5 · 29”会员活动日

(纪胜谐供图)

“5 · 29”会员活动日期间,联合唐兴镇计生协、桐封社区计生协在府前广场开展“倡新型婚育文化 促人口均衡发展——喜迎党的二十大”主题宣传服务活动,悬挂宣传横幅 4 条,展出宣传版面 10 个,向周边居民和过往群众发放《中共中央国务院关于优化生育政策促进人口均衡发展的决定》《中华人民共和国人口与计划生育法》《山西省人口和计划生育条例》《幸福家庭手册》《宝宝健康手册》《健康知识进万家知识宣传手册》《健康素养 66 条》等宣传资料 5000 余本(册)。

【生育关怀行动】 2022 年,县计生协开展“迎新春 · 送温暖”活动。元旦、春节期间,对 7 名计生困难家庭、3 名计生协老干部、3 名乡镇计生协干部、5 名村(社区)退休计生协秘书长进行走访慰问。

开展紧急救助活动。对西阎镇堡子村的独生子女困难家庭王观山、里砦镇上韩村独生子女患有重大疾病家庭景登峰进行走访慰问,为每户送去 1000 元紧急救助金和慰问品。

开展护苗暖心活动。5 月 26 日,县计生协组织机关工作人员深入隆化镇北撖初中学校开展“护苗暖心”关爱活动,县计生协党支部书记、会长吴宝堂、隆化镇副镇长王晓慧出席活动,县计生协工作人员、师生共 40 余人参加。活动中,县计生协为 10 名留守学生发放书包、学习用品和健康暖心包。邀请青春健康主持人张静老师以《朋友》为主题开展了一场别开生面的青春健康教育活动,活动后为每个学生送去笔记本和酒精杀菌湿巾。

开展金秋助学活动。8 月 27 日,县计生协开展“生育关怀——金秋助学”活动。副县长聂华、计生协党支部书记、会长吴宝堂参加金秋助学活动。他们先后深入南唐乡樊店村、里砦镇北石村对 10 名准大学生进行走访慰问。每到一户,聂华副县长都详细了解他们的家庭、学习、生活情况,了解大学生所学专业情况,并为每户送去 1000 元助学金,鼓励他们上大学后勤奋学习,精研专业,励志成才,报效祖国,成为一名合格的新时代大学生。

【计生保险保障】 2022 年,县计生协持续开展计生家庭保险保障工作,扩大计生家庭意外伤害保险覆盖面,计生保险保障工作越来越受到群众的认可。全县计生保险保费共计 52.16 万元,其中政府投入 0.687 万元,个人自付 51.47 万元。

5141户计生家庭和229名基层计生干部参保,累计理赔案例74个,赔付金额25.33万元,赔付率为48.56%。政府投入2.53万元,为110名计生特殊家庭成员办理住院护理保险,累计理赔案例7个,赔付金额2.49万元,赔付率为98.42%。

【青春健康教育】 2022年,县计生协进一步规范青年参与机制建设,强化同伴教育和师资队伍建设,做大做强青春健康品牌,开展青春健康教育活动28期,其中职业中学、西街小学高年级出色完成工作任务。

【家庭健康促进】 2022年,县计生协坚持转型发展,广泛开展家庭健康主题推进活动,认真贯彻落实习近平总书记关于注重家庭家教家风建设的重要论述,倡导文明健康、绿色环保生活方式,让健康成为新时代的家风。

科学安排部署,推动健康活动。采取线上和线下相结合的方式多次对家庭健康主题推进活动予以安排,促进家庭健康主题活动深入开展,合理膳食、科学运动、控烟限酒、心理健康的文明健康理念蔚然成风。

编印宣传资料,助推健康活动。编印《宝宝健康手册》3000本,内容包括新生儿知识、科学育儿知识、疾病防治等,共104个优生优育知识。编印《幸福家庭手册》3000本,内容包括孕产期保健、育儿期保健、青春期保健、更年期保健、老年期保健以及生活保健等,共82个保健知识。编印《健康知识进万家宣传手册》5000本,内容包括预防传染病等120个健康知识。印制《公民健康素养66条》宣传彩页10000份。

广泛组织动员,开展主题活动。组织广大会员及志愿者开展"好家风 健康行"主题活动,围绕夫妻和睦、孝老爱亲、邻里友善、健康生活理念等内容,用身边人带动身边人,用身边事影响身边人,引导群众树立"每个人是自己健康的第一责任人"理念,推动健康生活理念根植家庭、深入人心,成为新时代的家规家风家训。开展分享"健康家.味道"故事活动,结合翼城县地域特色,广泛开展以倡导营养均衡、减盐减油减糖、健康养生的生活方式为核心的家风实践活动,活动中参加家庭利用各类食材,做出健康的美食,充分结合健康饮食理念,通过活动选出"健康家.味道"优秀案例。

实行通报机制,普及健康知识。在"健康知识进万家"小程序推广工作中,翼城县实行周二通报制度,坚持在"县委工作群"中通报各乡镇"健康知识进万家"小程序推广进展情况,进一步提高工作站位,压实工作责任,强化协同联动,全县上下形成你追我赶的局面。充分利用"健康知识进万家"小程序进行舆论宣传,普及科学知识,传播健康理念,拓展群众获取健康知识的渠道,提高居民健康知识普及率。全县绑定247624人,健康明白人覆盖率93%。开展"健康知识建万家"培训会12次,宣传服务活动11次,发放宣传资料28000本(册),共推送452042条健康信息。

【"暖心家园"项目】 2022年,翼城县是中国计生协"暖心家园"项目点,项目实施以来,翼城县因地制宜建家园,积极培育志愿者队伍,务实推进项目实施。

开展走访慰问活动,利用重大节日,对全县63户计生特殊家庭走访慰问,为每户送去床品三件套、大米、食用油、防疫爱心健康包等慰问品和300元慰问金,切实把党和政府的关怀温暖送到他们的家里。

开展"暖心行动",5月24日,开展"悦赏暖心"联谊活动,先后参观学习阎紫琴生平事迹展览、史伯"和"文化展览,悦赏佛爷山自然风光。7月28日,组织计生特殊家庭前往阳城县北留镇的皇城相府开展"相约相府·悦赏文明"户外联谊活动。9月29日,组织开展暖心家园"喜迎国庆重阳·乐享美好时光"计生家庭集体庆生活动。

【“向日葵亲子小屋”项目】 2022年，县科协在唐兴镇中心幼儿园实施“向日葵亲子小屋”项目，坚持每月开展2次亲子活动，并覆盖周围0～3岁幼儿与父母参与亲子幼教活动。“向日葵亲子小屋”是翼城县计划生育协会深入推进“我为群众办实事”的阵地和亲子服务的重要场所，通过亲子活动将优生优育、婴幼儿照护知识和服务送进家庭，不断增强农村家庭对早期教育的认识，促进儿童特别是婴幼儿健康茁壮成长。

6月30日，开展“向日葵亲子小屋”活动
（纪胜谐供图）

【山西省家庭健康指导员队伍规范化建设研究调研课题项目】 2022年，县计生协为深入推进家庭健康促进行动，根据山西省计生协安排，承担山西省家庭健康指导员队伍规范化建设研究调研课题项目。课题项目实施以来，克服疫情的困难，统筹工作和课题两不误两发展，完成课题任务。

撰写调研课题申报。家庭健康指导员是做好家庭健康促进工作和推进健康中国建设的神经末梢，也是实现人口均衡发展和家庭和谐幸福的一支重要力量。为此，县计生协从课题的立项理由、相关研究综述、具体研究内容、研究方法手段途径和预期成果，全面系统撰写调研课题申报书。

起草《山西省家庭健康指导员管理办法》。该办法共7章35条，具体章节包括总则、家庭健康指导员职责、家庭健康指导员配备、家庭健康指导员管理、经费保障、法律责任、附则。

撰写课题研究报告。在课题进行过程中，做到四个请教，即向专家请教，了解掌握健康中国、健康山西、家庭健康促进的认知和成果；向兄弟县市区的同行请教，了解掌握家庭健康促进工作的进展情况，了解掌握家庭健康指导员的配置、培训、服务、待遇等情况；向基层工作者请教，听取他们对家庭健康促进工作的理解，对家庭健康指导员的认识，提升家庭健康指导员管理的认识水平；向广大群众请教，听取他们对家庭健康促进工作的需求，对家庭健康指导员的要求，推进家庭健康促进工作高质量发展。研究报告8000余字，具体内容包括研究背景、队伍现状、基本原则、职责任务、实践路径、工作规范、保障措施。在省计生协2022年12月14日召开的家庭健康促进相关课题结题评审会上，翼城县完成的调研报告受到与会专家的充分肯定和好评。

【全市计划生育协会工作推进会暨“暖心家园”建设现场观摩会】 2022年9月21日，全市计划生育协会工作推进会暨“暖心家园”建设现场观摩会在翼城县召开，市计生协专职副会长陈悍宏、副会长范文俊，以及各县市区计生协的主要负责人参加会议。与会人员现场参观翼城县“暖心家园”项目建设、“向日葵亲子小屋”项目工作情况，并作大会经验交流。

【“踏秋山河美·乐享新生活”联谊活动】 2022年9月22日，临汾市计生协、翼城县计生协赴翼城历山联合开展“踏秋山河美·乐享新生活”计生特殊家庭联谊活动，旨在丰富计生特殊家庭的精神生活，慰藉他们的心灵情感，57名计生特殊家庭成员和志愿者参加活动。

（纪胜谐）

法　治

政法委与综治

【概况】 2022年，全县政法机关在县委、县政府的坚强领导下，紧紧围绕全县工作大局，以护航党的二十大胜利召开为主线，坚决贯彻习近平新时代中国特色社会主义思想，坚持党对政法工作的绝对领导，坚决执行党的路线方针政策和党中央重大决策部署，推动完善和落实政治轮训和政治督察制度。加强对政法领域重大实践和理论问题调查研究，提出重大决策部署和改革措施的意见和建议，协助党委决策和统筹推进政法改革。了解掌握和分析研判社会稳定形势、政法工作情况动态，创新完善多部门参与的平安建设工作协调机制，协调推动预防、化解影响稳定的社会矛盾和风险，协调应对和妥善处置重大突发事件，协调指导政法单位和相关部门做好各项工作。

【维护国家政治安全】 2022年，县委政法委坚持总体国家安全观，毫不动摇地把政治安全放在首位。县委平安翼城建设反邪教专项组先后召开6次专题会议，对全县反邪教工作进行部署。不断强化“反邪教”宣传教育，新制作20面反邪教宣传墙，在全市首家实现全县行政村、社区反邪教宣传全覆盖。动员56家单位在“4·15”全民国家安全宣传日参与宣传活动，共设置宣传板76块、户外LED屏宣传3000余条，线上宣传5000余次，线下发放宣传资料7000余份。积极组织各乡镇和反邪教各成员单位深入开展“反邪拒邪”签名活动，共开展各类活动10余次，参与活动的党员干部、群众共3000余人。查处3起网上违法案件，收缴非法宣传品近6000件。

【安保工作】 2022年，县委政法委紧盯重要节点，做实安保工作。针对春节、北京冬(残)奥会、全国两会和党的二十大等重要时间节点，充分发挥调动各方力量，对安保各项工作认真部署，指定并印发相关工作方案，并加强对各乡镇、各相关单位的督促落实，每天对各乡镇和相关单位安保工作落实情况进行分析研判和梳理汇报。在党的二十大安保任务中，成立了安保工作专班及协调对应小组，将任务分解到基层科室和村(社区)，确保信息报送渠道广泛畅通，责任明确到人到岗。

【开展专项行动】 在全县范围内强势开展社会矛盾风险隐患化解行动，组织各乡镇和各单位在本辖区和本系统，进行排查化解，针对排查出的隐患，进行认真部署，迅速处理问题，化解矛盾。在打击整治养老诈骗专项行动中，深入开展“敲门行动”“六进活动”和打击整治专项行动。全年共立案12起，涉案443人，破6起，抓获犯罪嫌疑人7人，涉案金额共5712万元。其中，一起涉案金额高达1000余万元，被“山西政法”作为典型案例发布。

【打击违法犯罪】 聚焦电信网络诈骗，破获案件29起，集中抓捕犯罪嫌疑人65人，止付、冻结资金6000余万元。捣毁一个“跑分”洗钱团伙，抓获犯罪嫌疑人24人，涉案资金上亿元。在整治社会治安突出问题中，开展以“扫黑恶、治电诈、打盗窃、禁毒品、护民生”为重点的专项行动，常态化推进扫黑除恶斗争，强力推进夏季治安打击整治“百日行动”，全面推进打、防、管、治各项工作。全县刑事案件同比下降18%，治安案件同比下降5%，刑、治安案件发案率实现“双下降”。

【基层社会治理】 2022年，县委政法委全面推进“全科网格”建设工作。不断完善网格运行管理机制和网格员管理制度，进一步明确网格员职能职责，加强网格员培训力度，推动网格员认真履职尽责，提升服务水平。按照每个网格管辖200户左右为标准，重新划分网格506个，其中225个社区网格，225个农村网格，56个专属网格。同时，按照10～20户的划分要求，精准划分微网格3938个，确保网格的全面覆盖，无缝衔接。在全县配备村（社区）网格长160人、网格员457人、网格民警188人、网格辅助员1371人，微网格员3938人，形成“网格长＋网格员＋网格民警＋网格辅助员＋微网格员”五级组织体系，做到“定人员、定岗位、定职责、定机制、定方案、定装备”，压实网格防控责任。2022年，在20个部门60项工作职责的基础上，以“警网融合”“一标三实”信息采集和反诈宣传工作为契机，构建警网“数据大脑”，全方位统筹公安机关与全科网格工作，实现警务＋网格信息联享，有力推动基层反诈宣传等工作快速高效运行。

【综治中心规范化建设】 研究出台《翼城县综治中心规范化建设提升年活动实施方案》《翼城县乡（镇）、村（社区）两级综治中心规范化建设实施细则》等，明确三级综治中心建设的具体要求和办法措施。投资900余万元，建立全域覆盖的综治视联一张网，整合当地公共视频资源。高标准设计市域社会治理信息化平台，实现综治信息平台、综治视联网平台和当地公共视频资源有效对接，融合三级综治中心运行、全科网格员管理、社会治安预警等功能为一体，实现市域社会治理一张图。县综治中心建设面积360平方米，具备信息处理系统、综治视联网会议系统等功能，县、乡（镇）两级综治中心全部完成“一厅六室”建设，全年共报送信息7.1万余条，办结6.9万余条，办结率为99.98%。

【“党群议事”基层治理机制】 不断加大“党群议事会”这一机制在农村社区的渗透力度和覆盖范围，通过畅通群众诉求渠道，真正把问题解决在基层、把矛盾化解在当地。全县各乡镇通过灵活运用、流程再造，创新打造出“百姓议事堂”“金牌调解室”“红色管家”“睦邻会客厅”“老陈说事”等一批具有地域特色的治理载体，有效解决涉及环境卫生、家庭矛盾、邻里纠纷、土地征迁等群众性实际问题，切实为经济社会发展和安全稳定营造良好的社会环境。

【法治建设】 2022年，县委政法委开展“三晋执行利剑”集中攻坚行动。聚焦影响法治化营商环境的突出违法犯罪行为和执法司法问题，成立专项工作组，开展为期四个半月的“三晋执行利剑”集中攻坚行动，全力解决五类重点执行案件。共计执结涉农民工执行案件2件、涉黑恶刑事财产执行案件1件、涉村（居）“两委”执行案件30件、涉党政机关执行案件8件，先后展开集中执行行动8次，小组执行行动63次，开展执行工作安排部署会46次，发放到位执行款46245477.68元。

【矛盾纠纷化解】 结合人民调解委员会换届工作，推选出490名人民调解员，联合网格员、“翼安宁”公共法律志愿服务队、平安志愿者、五老人员等队伍，充分发挥“一套机制、一个网格、一个平台”在“五治融合”中的不同优势，积极介入社会各方面的矛盾纠纷调处，有效促进基层社会的和谐稳定。通过调任、特邀、招聘等方式，组成18人的诉前调解队伍，调解成功778件，调解成功率达73.39%。一审民事案件数较上年同期减少462件，首次实现民事案件立案数同期负增长，全县万人成讼率较上年下降26.77%，有效提升解纷质效。为深入推进诉源治理工作，构建基层预防化解纠纷网格，在全县乡镇和社区中建立2个法官工作站和12个法官联系点，通过“人员对接、站点对接、程序对接”的有机结合，把大量事实清楚、争议不大的简单民事纠纷都化解在诉前阶段，有效化解社会矛盾纠纷。

【政法机关联企服务】 制定出台《翼城县政法机关联企服务专项活动实施方案》，县委政法委和政法各单位29名班子成员，每人包联1家企业，为企业提供精细化、人性化、专业化法律服务。组织“翼安宁”公共法律志愿服务队深入农村、社区、企业和重点工程项目施工现场，通过法律宣传、现场答疑、调研座谈、意见征集等方式，切实帮助群众和企业在司法需求方面的急难愁盼问题，进一步构建和谐安宁、公平竞争、充满活力、公平正义的营商发展环境。

【法律宣传工作】 认真落实《翼城县政法领域意识形态工作责任制实施细则》，在继续发挥好《经纬剧场》普法功能的基础上，坚持办好《平安翼城》电视栏目和报纸专栏，灵活运用政法新媒体矩阵，积极动员网格员、微网格员、平安志愿者等多方力量共同参与。大力推进免费法律咨询便民工程，结合“翼安宁”公共法律服务一码通平台，为群众提供免费法律咨询3000余次，超额13.36%完成任务，满意率达100%；为困难群众提供法律援助服务90件，结案件65件，任务完成率100%。创建南唐村、岳庄村、程公村3个“省级民主法治示范村”，创建晓史村1个“全国民主法治示范村”。

（吴　冰）

法治政府建设

【概况】 2022年，翼城县始终坚持以习近平新时代中国特色社会主义思想为指导，深入学习贯彻习近平法治思想，围绕《翼城县贯彻落实〈法治政府建设实施纲要（2021—2025年）〉实施方案》，推进法治政府各项工作有序开展，依法行政体制机制进一步完善，法治政府建设取得了显著成效。

【合法性审查】 2022年，县司法局充分发挥政府法律顾问行政决策的参谋助手作用，加大对县政府和各部门重大行政决策、重大行政合同、行政规范性文件合法性审查，积极落实《山西省行政规范性文件制定监督管理办法》规定，做好翼城县行政规范性文件的法治审核工作，共完成规范性文件审核8件，涉及国有企业管理、森防火、城市二次供水打击非法采矿、鼓励招商引资等领域，对所有送审的规范性文件全部以司法局名义出具合法性审查意见书。2022年上报的经典案例《坚持人民至上发挥法律参谋作用，树牢法治理念避免违法文件出台》被市司法局作为经典案例上报省厅。

严格按照《翼城县人民政府重大行政决策程序规定》要求，做好重大行政决策的合法性审查工作，共完成政府常务会议题审议30件，涉及国企改制、道路规划、特许经营、拆迁补偿等经济发展和民生相关领域。

【行政执法协调监督】 2022年，县司法局持续推动行政执法行为规范化，进一步强化行政执法“三项制度”推行，翼城县司法局在全市率先制定出台《翼城县行政执法监督办法》《翼城县行政执法行为规范》，成为各行政执法单位规范执法行为、强化行政执法监督的重要规范。制定印发

《关于开展行政执法案卷评查的通知》《关于开展行政执法监督检查工作的通知》，分阶段、分批次对全县9个乡镇、10余家单位行政执法单位的执法案卷、执法行为开展专项督查，共评查案卷70余本，反馈问题30余个。对市场监管局、行政审批局进行市场监管领域行政执法专项督查，切实发挥行政执法协调监督职能，规范行政执法行为。

【行政复议】 2022年，县司法局持续推动行政复议体制改革规范化，按照行政复议体制改革要求，加挂翼城县人民政府行政复议局牌子，刻制翼城县人民政府行政复议局印章，采购复印机、装订机、录音笔、执法记录仪等硬件设备，设置立案接待室、审理档案室、调解室、听证室。

组织法学专业人员、法律顾问等组建翼城县行政复议委员会，对不符合改革后需要的制度进行废止和更换，进一步细化“四制度，四机制”。制定《翼城县行政复议案件评议审理工作规则》《翼城县行政复议案件审理办公会工作规则》《翼城县行政复议案件通报办法》《翼城县行政复议决定抄告办法》《翼城县行政复议决定履行法治督察办法》5项工作制度。

2022年，受理行政复议案件19件，全部办结。收到诉讼案件5件，上诉5件，复议后诉讼1件，上诉案件均胜诉。

（王 瑶）

公 安

【概况】 2022年，县公安局坚持以习近平总书记考察山西重要讲话重要指示和在授旗仪式上的重要训词精神为指引，紧紧围绕为党的二十大召开创造良好社会治安环境这一中心任务，坚持最高标准、最严要求、最强措施，全力保安全、护稳定、抓改革、促发展。全县政治治安持续稳定，未发生重特大恶性案事件，未发生重特大消防、交通等安全事故，平安翼城建设取得良好成效，人民群众的获得感、幸福感和安全感进一步提升。

【刑侦工作】 2022年，县公安局聚焦主责主业，突出严打整治，纵深推进夏季治安打击整治百日行动。全县没有发生抢劫、抢夺、爆炸、放火等严重暴力犯罪，八类案件同比下降50%。全年共立各类刑事案件322起，侦破180起，抓获各类犯罪嫌疑人207人。其中，破获现发命案4起，查处涉恐暴案件1起，先后侦破系列入室盗窃案、系列盗窃磁选机案、系列盗窃电动车案、系列砸车玻璃及流窜作案偷狗等民生小案120余起，抓获网上逃犯47人。常态化、多元化开展反诈宣传，集中抓捕电诈犯罪嫌疑人65人，破获案件29起，止付、冻结资金达6000余万元。捣毁一个“跑分”洗钱团伙，抓获犯罪嫌疑人24人，其涉案资金达上亿元。开展打击整治养老诈骗专项行动，破获案件4起，抓获4人。侦破经济案件9起，抓获嫌疑人13人，挽回经济损失70余万元。侦办毒品刑事案件5起，抓获嫌疑人5人，治安处罚8人。侦办食药环案件7起，抓获违法犯罪嫌疑人7人。同时，常态化开展扫黑除恶斗争，对涉黑恶线索进行回头看，围绕教育、金融放贷、市场流通三大行业领域进行全面排查整治，以严打整治不放松的高压态势切实维护良好的社会秩序。

【治安管理】 2022年，县公安局开展“平安翼城”创建，全面加强社会治安管理。全年，共查处各类治安案件307起，治安拘留78人，其中查处涉黄涉赌案件7起，抓获违法犯罪嫌疑人35人。全县刑事警情同比下降41%，治安警情同比下降16%。先后开展3次行动，抓获现行违法犯罪嫌疑人23人，加强安全隐患排查，排查整改各类安全隐患72处。对民爆物品、烟花爆竹进行集中清缴,收缴并安全销毁过期炸药1471.6公斤,销毁烟花爆竹鞭炮24000响、礼炮61响,教育训诫11人。对“九小”场所消防隐患进行集中排查,消除火灾隐患84处;开展监所安全大检查,确保监所安全。

【重大安保】 2022年,县公安局以做好党的二十大安保为主线,聚焦“五个严防、三个确保”工作目标,全面落实人防、物防、技防措施,督促整改各类安全隐患45处。全国及省市县两会、高考和党的二十大等重要会议、重大活动、重点节日的安保工作做到万无一失。

【法治建设】 2022年,县公安局党委坚决贯彻落实习近平法治思想,进一步健全和完善法治建设领导机制和工作机制,党委书记、局长履行法治建设第一责任人职责,坚持每月参加一次重大案件、重大法治问题的研究部署。全面贯彻落实“一案一考评”常态化机制,开展“一案一考评”11次,考评案件262案。巡查监督警情7598起,下发《受立案监督通报》46期,监督整改受立案执法问题792条。把法治学习列入党委学习重要内容,制订领导干部、民警学法制度及学习计划,全年局党委开展专题学法11次,法制民警开展专题培训6次,做好日常线上学法、定期学法考试、组织参加法律职业资格、执法资格等级考试等常态化工作。同时,深入村庄、学校开展法制讲座累计60余场次。举行“110”人民警察节宣传活动,开展“5·15”打击防范经济犯罪、“6·26”国际禁毒日、“平安创建”等集中宣传活动,切实增强全民遵法守法意识,提升学法用法能力。

【民生警务】 2022年,县公安局始终践行“以人民为中心”的发展理念,扎实开展“向人民交账”活动。在北关派出所全面完成“一室两队”改革,进一步深化“放管服”改革,共办理行政许可事项150余件、一次性告知1700人次,回复群众咨询1000余人次,为群众出具无犯罪证明740余份。做好窗口服务,为群众办理户籍业务7000余起,办理车驾业务14000余起;通过“翼城警事”微信公众号、翼城公安官方抖音号发布信息530余条。受理回复各类咨询、诉求420余项;特别是在疫情防控工作中,全体公安民辅警始终坚持人民至上、生命至上,闻令而动、冲锋在前,为保障群众生命安全做出公安贡献;持续巩固脱贫攻坚成果,结合公安职责,扎实做好乡村振兴工作。

【重点工程】 2022年,县公安业务技术综合用房建设项目,建设地址为唐霸大道西侧,万慈街北侧,二期装修新建及改扩建完成97%,特殊科室工程完成92%,信息化工程完成85%,争取2023年实现整体搬迁。城关派出所办公场所建设,选址于唐兴镇光明路北端西侧,占地面积1829平方米,总投资预算583万元。

(常浇路)

公安交通管理

【概况】 2022年,县公安局交通警察大队,以党的建设为统领,以做好党的二十大交通安保为主线,以开展“喜迎二十大 忠诚保平安”主题实践活动为载体,以交通事故预防“减量控大”为目标,巩固深化教育整顿成果,推进事故预防保安全,规范执法护稳定,便民利民促发展,预防重特大道路交通事故的发生,防止执法管理中的不规范行为,为全县道路畅通创造持续稳定的交通秩序和安全环境。2022年,大队共设1个中心、6个中队、7个科室;5月成立党总支,下设4个党支部,党员49人。初步完成辅警过渡期的改革工作,22名辅警完成过渡,民辅警达到203人。9月,迎来了新到任大队长郭卫明,成立大队新班子。完成常态化疫情防控工作。

【车驾管工作】 2022年，县公安局交通警察大队以预防交通事故“减量控大”源头治理为重点，开展机动车登记查验和驾驶人考试集中整治。严把“两客一危”等重点车辆登记准入关和大中型客货车等重点驾驶人考试准入关，持续开展重点车辆和驾驶人隐患“清零行动”，推进“一站式宣传＋服务”等举措，按照“简化流程、标准不降、快捷办理”的工作要求，推动换领驾驶证、行驶证、机动车登记证书等18类车驾管业务，申请人凭本人居民身份证明一证即办，提高办事效率，方便群众办理车驾管业务。推广“12123”App应用，车辆查验业务认真落实公安部“放管服”各项措施，“四免”举措公开透明，提高“两个教育”工作质量，严格落实满分审验线上线下教育制度，从源头杜绝腐败行为的发生。摸排运输企业，并派驻企民警，进一步完善重点运输企业基础信息，建立预警提示，处置反馈工作机制，强化对企业的监管和企业安全主体责任的落实。摸排出90家重点运输企业，并完成备案工作，落实监管责任。

2022年，全县机动车保有量达到57239台，其中大型以上货车1903台，小型车辆45900台，摩托车9436台，新增注册1437台，其中大中型以上货车101台、小型车辆1056台、摩托车280台。驾驶员68869名，其中大中型以上驾驶人10676名，小型车辆驾驶人58145名，摩托车驾驶人39名。新增驾校培训合格初考和增驾驾驶人3554名，其中初考合格小型车辆驾驶人3303名，初考摩托车辆合格驾驶人30名；“两个教育”培训合格驾驶人1148人；机动车检验率92%、驾驶员审验率98%，换证率99%。

【交通秩序管理】 2022年，县公安局交通警察大队以预防道路交通事故“减量控大”秩序净化为主线，全面推进交通秩序综合整治。一是全年开展“春运全省统一行动”6次、“突出交通违法行为专项整治全国统一行动”18次、“春季公路易肇事易肇祸违法行为专项整治百日行动”13次、“夏季酒驾醉驾集中整治百日行动”26次、“打击短途非法超限超载、深化百吨王专项整治全国统一行动”8次、“秋季农村地区交通秩序整治全省统一行动”5次、“冬季交通安全区域整治全省行动”8次。二是排查整治道路交通隐患“黑点”“盲点”，紧盯重点人、车、路、风险隐患，推动道路交通安全隐患排查常态化管理。2022年，排查出各类隐患17处，并下发隐患整改通知书17份，完成整改1处，规划整改16处；联动农村劝导员1087人次，开展三轮车“一签订一建档”工作，建档三轮车1162辆。三是突出路面管控，严厉整治交通“顽疾”。立足国省道、城区及农村道路三大战场，突出“两客一危一货一面一三轮”“三超一疲劳”等重点车辆的管理，严查酒驾、毒驾、涉牌涉证、三轮车违法载人等严重违法行为。深化“一盔一带”安全守护行动，推广安全小程序应用，劝导不戴头盔、不系安全带等突显违法行为。2022年，共查处酒醉驾505起、超载229起、超员194起、无牌无证571起、农用三轮车违法载人49起、处罚不戴安全头盔6758起、驾车不系安全带违法行为5134起，吊销驾驶证28起，扣留驾驶证436起，行政拘留26起，移送起诉危险驾驶案件8起，有力地打击各类道路交通安全违法犯罪行为，维护辖区道路交通安全秩序持续稳定。

【指挥中心】 2022年，县公安局交通警察大队以预防交通事故“减量控大”科技强警为载体，突出“科技强警”战略，强力推进城区智能交通管控系统建设。大队克服财政保障困难，先后投入资金150余万元，改造电子警察系统25套、交通信号灯4套、对城区13处路口信号灯信号配时进行优化调整，建设“三横三纵”绿波快速通行走廊，安装13套路口信号绿波控制系统实现对沿途平交路口交通信号灯的一体协调控制，同时对全县监测卡口进行排查整治,提高卡口的数据质量。深入推进交警执法站的建设应用,强化对重点车辆、重点路段、重点违法的查处。完善恶劣天气交通事件的预警和处置机制,继续强化智能交通系统的应用,充分发挥职能作用,不断加大对非现场交通违法行为的管控力度,使辖区内的交通违法率得到有效管控,交通违法率进一步下降,交通秩序进一步改善,通行能力显著提高,城市管理的品位得到大幅提升。全年,接线员共录入各类非现场交通违法行为为19599起,其中闯红灯5173起、逆行1954起、超速189起、大车进城2793起、接打电话245起、不按规定车道行驶4613起、不系安全带1346起、违反禁止标线指示2813起。

【交通安全宣传】 2022年,县公安局交通警察大队以预防交通事故“减量控大”宣传为支撑,加强交通安全社会面的宣传。以党的二十大召开为重大契机,大力倡导“守法规、知礼让”安全意识,充分利用“报、网、端、微、屏”等全媒体资源扩大宣传。同时突出线下氛围营造,持续开展“五大曝光”警示案例宣传,深入推进“一盔一带”安全守护行动和农村地区交通安全宣传教育的工作力度,依托“美丽乡村行”“一盔一带”“七进”等宣传活动,进农村、进社区、进校园、进企业、进田间地头发放资料,巩固宣传阵地,开展交通安全宣传。关爱农村地区“一老一小”和进城务工人员,普及交通安全法律法规,营造安全文明、守法出行的浓厚氛围。

全年,更新微信公众号960条,其中交通违法案例曝光72次,进驾校宣传“一盔一带”交通安全宣传165次,进学校开展“一盔一带”交通安全宣传31次,进农村开展“美丽乡村行”交通安全宣传307次,进企业开展“酒驾醉驾”交通安全宣传26次,进社区开展“一盔一带”“一老一小”交通安全宣传52次,开展主题宣传“一盔一带”“酒驾醉驾”等461次,发送交管12123提示信息562条,重要节点发布“两公布一提示”7条。联系媒体记者随警作战10次,发放宣传单页26000余份,制作并悬挂条幅500余条,制作警示宣传音频、视频资料4个,开展重点驾驶人交通安全警示教育80场次。

【交通事故预防和处理】 2022年,县公安局交通警察大队以预防交通事故“减量控大”隐患整改和事故处理为基础,持续排查事故多发路段和路侧险要路段,深化国省道和农村公路隐患排查和治理。推动公路安全设施提升,完善交通标志标线、信号灯、隔离护栏、警示桩、减速带等;继续实施分级挂牌督办制度,对账销号、闭环管理,督促隐患消除到位;事故处理过程中全面推行事故处理快处快办,各类事故处理严格执行《交通事故处理程序规定》,开展交通事故的深度调查,充分发挥道路交通事故救助基金联席会议制度优势,做到交通事故伤员抢救治疗费用应垫尽垫,提升交通事故伤员救治成功率。

2022年,事故预防工作中,在辖区国、省、县道路,共计排查出各类危险路段8处,其中X539(西南线)21KM+200M段属省级督办路段,对所有排查出的隐患路段下达隐患整改通知书,并全部完成整改销号;对国、省、县、乡道路平面交叉路口、路侧险要路段等地段新安装减速带20条,安装速度显影提示标牌13个、安装测速语音提示器10个;还对损坏、破旧的标志标牌、标线等设施进行维护和更新。

2022年,事故处理工作。共接处警2786次,受理一般程序处理道路交通事故196起,同比减少1起,下降0.51%;死亡20人,同比增加1人,上升5.26%;受伤214人,同比持平;直接财产损失76650元,同比增加2500元,上升3.37%;简易事故564起,同比增加66起,上升13.25%,未发生一次死亡3人以上的交通事故。立刑事案件49起，其中交通肇事8起，危险驾驶41起；取保候审40人，拘留4人，逮捕2人，移送检察院审查起诉56人。垫付社会救助基金抢救费用50笔，垫付金额109万余元，确保交通事故受伤人员得到及时有效救治，最大限度化解因交通事故引发的社会矛盾纠纷，不断提升人民群众获得感，幸福感和安全感。配合支队完成3起死亡道路交通事故深度调查报告。

（柏长海）

检　察

【概况】　2022年，翼城县人民检察院坚持以习近平新时代中国特色社会主义思想为指导，全面贯彻党的十九大及十九届历次全会和党的二十大精神，在服务保障高质量发展大局中能动履职，在为人民司法中坚守初心，整体工作实现了提档升级，45项业务考核指标全市第一，5个案例被上级院评为典型案例，"一路'童'行"未成年人检察工作品牌被最高检察院转发。获市文明单位标兵称号，入选市第二批社会主义核心价值观示范点。

【维护稳定】　2022年，县人民检察院积极投入平安、法治翼城建设，共受理审查逮捕案件45件92人，批准逮捕36件63人，受理审查起诉案件162件309人，提起公诉102件190人。深入落实"少捕慎诉慎押"刑事司法政策，对案件具体研判，客观评价社会危险，依法不批准逮捕12件33人，不起诉40件61人、附条件不起诉2件3人。履行认罪认罚从宽制度主导责任，积极开展教育转化工作，依法对231名犯罪嫌疑人适用认罪认罚从宽制度，适用率93.63%，最大限度减少社会戾气，促进社会内生稳定。

【信访接待】　2022年，县人民检察院紧扣《信访工作条例》，统筹推进领导包案、公开听证、司法救助三位一体信访矛盾化解工作机制。共接待各类来信来访61件，院领导接访群众34人次、包案办理35件。办理司法救助案件31案31人，发放救助金17.54万元，其中李某成司法救助案被山西省检察机关评为优秀案例。全面摸底回访近三年来受理的146件信访案件，核实调查县人民检察院支持起诉的翼城泰信飞翔铸造公司劳务合同纠纷案工资款给付情况，依职权对等27名农民工给予司法救助。

【法律监督】　2022年，县人民检察院深入贯彻落实党的二十大报告中加强法律监督工作要求，全面提升法律监督质效，坚决维护司法公正公信。全年监督立案19件、撤案15件，纠正侦查活动违法35件，纠正漏捕6人。针对看守所和社区矫正，发出纠正违法通知书109份，均已整改。坚持依申请和依职权监督并重，拓宽民事审判和执行活动监督渠道，共办理民事检察监督案件36件，支持弱势群体起诉案件25件，追索劳动报酬87万元。办理行政检察监督案件7件。办理公益诉讼案件74件，其中督促保护老年人合法权益行政公益诉讼案入选最高检"千案展示"案例。落实以"我管"促"都管"，把监督办案职能向社会深层治理领域延伸，共发出社会治理类检察建议79份，采纳率100%。

2022年2月16日，翼城县人民检察院在里砦镇东午寄村委会，就全省首例社区矫正人员重大立功建议提请减刑案件举行公开听证　（张建国、张娟供图）

【未成年人检察工作】 2022年,县人民检察院坚持惩治与教育挽救相结合,办理未成年人刑事案件4件8人,2件3人作附条件不起诉。办理的“冯某某猥亵儿童案”和孙某等人涉恶案件先后被省、市院评为典型案例。不断加强对未成年被害人司法救助工作,结合个案制定不同的救助模式,共救助涉未成年人4案6人,发放救助金2.9万元。将未成年人司法保护由“案内”延伸至“案外”,针对网吧违规接纳未成年人问题,向其监管部门发出公益诉讼检察建议,向学校发出社会治理类检察建议4份,均得到整改。针对履行监护职责不到位的家长,发出督促监护令20余份。开展法治进学校宣讲活动10余次,邀请未成年人参观法治教育基地7次。“一路‘童’行”未检工作品牌被最高人民检察院转发。

【法治宣传】 2022年,县人民检察院立足检察职能,主动作为,把法治宣传教育作为检察为民办实事的重要内容。通过法治宣传进社区、进企业、进校园、进单位、进乡村等方式,关注重点人群、重点领域,加大普法力度,丰富普法手段,引导广大群众知法、懂法、守法、用法,共开展现场法治宣传、宣讲活动30余场次,通过“两微一端”发布法治宣传文章100余篇,宣传主题涵盖40余项法律、法规和政策。拍摄的普法短剧《检爱》和《小案大情》在临汾市第六届普法短剧、微视频、微动漫评比活动中获一等奖,微动漫《抵制高息诱惑,远离非法集资》获三等奖。春雨工作室被临汾市委全面依法治市委员会守法普法协调小组授予市级法治宣传教育基地称号。

(张建国　张娟)

法　院

【概况】 2022年,县法院在县委的坚强领导下,在县人大及其常委会的监督下,在县政府、县政协和社会各界的支持和帮助下,坚持以习近平新时代中国特色社会主义思想为指导,深入贯彻习近平法治思想,全面贯彻党的十九大和党的二十大精神,以“强作风、重落实、提效能”为工作理念,忠实履行宪法法律赋予的职责,自觉服务全县发展大局,为奋力建设全方位高质量发展强县提供有力的司法服务和保障。

【刑事审判】 2022年,县法院共受理刑事案件134件,审结116件,结案率为86.57%,判处缓刑41人、拘役30人、三年以下有期徒刑96人、三年以上有期徒刑16人。审结危险驾驶罪等危害公共安全类犯罪39件,审结寻衅滋事罪等妨害社会管理秩序类犯罪34件,全力维护社会稳定。审结诈骗、盗窃等侵犯财产类案件24件,侵犯公民人身权利、民主权利类案件12件,为县域群众生产生活提供法治化保障。持续推动刑事案件律师辩护全覆盖,为被告人指派辩护律师159人次,大大加强人权司法保障,促进司法公正。在刑事审判高压态势下,全县刑事案件发生率较上年降低75.86%,平安翼城、法治翼城建设成效显著。

【民事审判】 2022年,县法院共受理民商事各类案件1866件,审结1803件,结案率为96.62%。审结合同、准合同纠纷案件1039件,防范化解金融风险,服务实体经济发展。审结婚姻家庭、继承纠纷等家事案件437件,依法保护妇女和老年人合法权益;审结侵权责任纠纷案件194件、物权纠纷案件90件,使群众合法权益得到法律保护。接待人民群众来访650余人次,解答法律咨询720余人次,充分发挥“矛盾纠纷屏障”的作用,切实解决好老百姓身边的烦心事揪心事,保证当事人的合法权益得到提前实现。

【执行工作】 2022年,县法院共受理执行案件1358件,较上年度同期增长23.34%,执结

1358 件，结案率达到 100%。先后展开集中执行行动 8 次，小组执行行动 67 次，开展执行工作部署会 46 次，实际执行到位金额 1.34 亿元，依法规范惩治“老赖”的压倒性态势形成并巩固发展。组织开展为期四个半月的“三晋执行利剑”集中攻坚行动，打主动仗、出组合拳，解决涉农民工等五类重点执行案件 41 件，切实让生效裁判得到兑现、让公平正义得到彰显、让群众期待得到回应。

【优化营商环境】 2022 年，县法院牢固树立“案案是营商环境，事事是营商环境，人人是营商环境”的理念，助推企业在翼城落地生根。开通涉企案件“绿色通道”，对相关企业和企业家涉法涉诉案件，依法简化办案流程，实现一窗通办、一次办好，全年共计审结涉企案件 458 件。在城东法庭加挂服务保障精品产业园区法庭，负责处理园区企业矛盾纠纷，贯通司法服务的“最后一公里”；深入首旺煤业、闽光集团、瑞科磁业开展送法入企活动，赠送民法典宣传页 800 余份，开展座谈会 3 次，开展法治大讲堂 2 次，尽最大努力为企业提供法治服务。

【多元解纷】 2022 年，县法院重组调解队伍，特邀调解员 20 名并发放聘书，同步组织开展岗前培训会，确保调解队伍高质量。全面推进金融纠纷诉调对接工作，打通调解与诉讼对接渠道，增强了调解能力，提升了解纷质效。2022 年，共受理诉前调解案件 1091 件，占一审民事案件数量比重 60.58%，调解成功 862 件，调解成功率达 75.30%。一审民事案件数较上年同期减少 442 件，首次实现民事案件立案数同期负增长，全县万人成讼率较上年下降 16.71%。

【“我为群众办实事”】 2022 年，县法院积极开展“我为群众办实事”示范法院创建活动和“向人民群众交好账”实践活动，一以贯之地为民办实事、纾民忧、解民困。全面推进一站式多元解纷和诉讼服务体系建设，大力推行网上立案，2022 年共受理网上立案 875 件，让群众足不出户

2022 年 11 月 1 日，县法院深入隆化镇南坡村村民家中深入开展诉前调解工作　（郭威志供图）

实现诉讼服务。坚持送法入校，前往中卫完小、汇丰学校、北关幼儿园开展法治活动，通过法治课堂、普法讲座、法律问答等形式，为未成年人、老师、家长等不同群体开展法律服务，护航未成年人的健康成长。开展各类法治宣传活动 8 次，发放各类宣传页 1700 余份，解答群众法律咨询 950 余人次。坚决执行县委部署，全体党员干警积极投身抗疫一线，按时值班值守、宣传防疫政策，全力维护秩序和社会大局稳定。组建新时代文明实践服务队，65 名干警自觉投身到文明创城活动中，倾力打造文明翼城。

（郭威志）

司法行政

【概况】 2022 年，县司法局以习近平新时代中国特色社会主义思想为指导，深入学习贯彻习近平法治思想，在县委、县政府及上级司法行政部门的坚强领导下，立足司法行政职能，积极担当作为，依法履职尽责，持续推进巩固政法队伍教育整顿成果工作走深走实，司法行政工作取得良好成效。县司法局内设机构为办公室、法治综合股、社区矫正管理股、人民参与和促进法治股、公共法律服务管理股、行政执法协调监督股、

行政复议应诉股,派出唐兴、南梁、王庄等9个司法所,下辖翼城县公证处(翼城县法律援助中心)、山西众合司法鉴定中心、山西唐尧律师事务所、山西弘韬(翼城)律师事务所及兴唐、尧泽、润晋3个基层法律服务所。2022年,翼城县司法局被山西省人力资源和社会保障厅、山西省司法厅评为山西省法治政府建设先进集体。

【乡镇综合行政执法改革工作】 2022年,县司法局坚持党建引领,认真贯彻抓党建促基层治理能力提升专项行动要求,积极推进乡镇综合行政执法改革,以县委深化改革委员会名义印发《关于深化乡镇综合行政执法改革工作的实施方案》,制定《翼城县深化乡镇执法体制改革重点任务清单》,转发省委专项办《关于乡镇综合行政执法改革重点任务等有关事项的通知》《2022年度乡镇综合行政执法改革考核量化表》,明确改革路径、改革目标,细化改革任务的任务书、路线图、改革标准、工作要求。

各乡镇均组建乡镇综合行政执法改革委员会,组建由乡镇长任队长、副乡镇长任副队长的执法队伍,充实各乡镇综合行政执法队,各乡镇专门执法力量均达到10人,全面落实乡镇统一协调指挥、督办职责,市场监督、自然资源等10大领域综合执法队纳入乡镇综合执法队统一管理。各乡镇2022年新申领执法证31人,累计96人取得执法资格,9个乡镇基本实现"一支队伍管执法"的目标。

乡镇综合行政执法改革专班印发《翼城县乡镇综合行政执法文件汇编》《翼城县乡镇综合行政执法规范化建设指导手册》《翼城县乡镇综合行政执法指导案例》《翼城县乡镇综合执法文书格式规范(试行)》《翼城县法治工作手册》《翼城县乡镇综合行政执法知识问答》等工具手册,从依据、参考、执行三个维度为各乡镇规范行政执法提出统一要求,有效解决了乡镇执法人员业务不熟悉、执法规范不了解、法律吃不透等问题。

根据省政府印发的《关于向乡镇人民政府(街道办事处)下放部分行政执法职权的通知》文件要求,通过广泛征求各乡镇、相关各部门意见,确定下放职权事项(唐兴镇承接47项、其他乡镇承接51项),经县政府常务会议研究通过,以县政府名义印发,并通过翼城县政府网站进行公示,按照程序向市政府进行备案,有效解决乡镇过去"看得见、管不着"难题,进一步夯实基层治理能力。

积极组织各乡镇通过行政执法大讲堂、山西干部在线法治教育、学习强国法律课堂等平台开展执法员培训和练兵活动。县级层面开展线下培训3次、线上培训13次,累计组织开展练兵培训22次,实现执法人员全覆盖、执法队伍全参与。同时,县直10大领域综合行政执法队结对帮扶9个乡镇执法队,全程参与乡镇执法流程、法律适用、文书规范、案卷规整等业务指导,做到"扶上马,送一程",有效提升乡镇行政执法队执法能力和执法水平。

通过试点先行,以点带面,为执法规范化提供示范。南梁、中卫、里砦作为场所规范化建设试点,率先完成"三室一库"标准建设;南梁镇作为临汾市乡镇执法改革示范点,迎接省委专班的检查指导;司法局、唐兴镇联合拍摄的陵下村违法翻建房屋执法案例成为全县规范乡镇执法程序的演示专题片,为其他乡镇规范行政执法程序提供学习参考,也吸引浮山等周边县市学习借鉴。中卫乡率先开展"模拟执法文书制作大练兵"活动,为执法规范化提供示范,进一步推进各乡镇行政执法高标准建设。

【法治宣传教育工作】 2022年,县司法局在全县"七五普法"完成的基础上,结合翼城县实际,制定翼城县《关于在全县开展法治宣传教育的第八个五年规划(2021—2025年)》,持续推动学习贯彻习近平法治思想,进一步加大全面普法力度,推动全民尊法学法守法用法。

充分运用新媒体宣传优势,高密度、不间断发布国家最新政策、国家安全、安全生产月、宪法、民法典等相关法规政策,共制作播出《经纬剧场》短剧11期,在“学习强国”平台推广微短剧2期,在“翼城司法”公众号发布普法文章103篇,在“翼城司法”抖音账号发布普法短视频150期,在线解答群众疑惑100余条。

翼城县司法局在临汾市第六届普法短剧、微视频、微动漫评比中,荣获优秀组织奖;选送的《典亮中国》《要不回的定金》《对不上的账》分别获微视频一等奖、普法短剧二等奖、优秀奖。由司法局担任作者的微短剧《一路有你》《新生》在“学习强国”山西学习平台推广,法治宣传更直接、更迅速、更有效地走进千家万户,走进百姓心中。

2022年2月24日,司法局“送法进村”——晓史站
(王瑶供图)

聚焦“4·15”全民国家安全教育日、“5·12”全国防灾减灾日、“6·15”防范非法集资宣传日、安全宣传月、民法典宣传月等关键时间节点,分层分类分众开展法治宣传教育,推动法律进农村、进社区、进校园、进机关、进企业、进军营、进网络“法律七进”活动深入开展。2022年,发放宣传资料20000余份,参与普法宣传150余人次,解答群众法律咨询5000余人次,法治宣传教育覆盖面和影响力不断扩大。

针对不同群体,开展形式多样的普法宣传活动。深入翼城六中,为学校老师、学生发放《中华人民共和国民法典》法律读本、民法典漫画册等共计11000本。严格全县中小学法治副校长的选聘管理,由公检法司以及律所的53名工作人员兼职法治副校长,协助开展法治教育、学生保护、安全管理、预防犯罪等工作,全县37个中小学校覆盖率100%;组织法律服务工作者,为南唐乡各村妇联主任进行法律宣讲,详细解读妇女权益保护相关法律条例,就妇女的政治权利、人身权、财产权、婚姻家庭等内容开展普法宣传,使各村妇联主任能知法、懂法,从而促进其带头守法、用法;各司法所联合律师深入各乡镇养老院、日间照料中心,围绕老年人合法权益保障、老年人防范金融诈骗、老年人维权等相关法律知识,提升老年人识骗防骗和用法维权的能力。

积极配合市“民主法治示范村”审核小组实地考察,创建南梁镇程公村、王庄镇岳庄村、南唐乡南唐村3个“省级民主法治示范村”,推荐王庄镇郑庄村作为第九批“全国民主法治示范村(社区)”申报村。

邀请法律工作者,对全县9个乡镇、151个行政村的村“两委”干部、人民调解员、法律明白人共计500余人参加培训,围绕当下农村热点、焦点、难点问题,进行重点法条的解读、真实案例的讲解,积极发挥“法律明白人”政策宣讲员、法治宣传员、矛盾纠纷调解员的作用,培育一批懂法、知法、守法,具有法律素养的“法律明白人”。

聚焦学习贯彻党的二十大精神,组织动员各单位围绕发表署名文章、举办法治建设讲座、主题活动、法治展览、组织宪法法律知识考试、“一把手谈法治”电视系列谈、“法律七进”等“七个一”系列活动制定实施方案,推动“12·4”国家宪法日宣传活动有序进行,在全社会营造尊崇宪法、学习宪法、遵守宪法、维护宪法、运用宪法的良好氛围。

【人民参与和促进法治工作】 2022年,县司法局组织全县9个乡镇151个行政村6个社区做好村(社区)人民调解委员会换届工作,共推选出490名热爱调解工作,有较高威信,有一定的调解经验的调解员,为后期人民调解工作的开展打下坚实基础。唐兴镇社区变动后,再一次及时组建调委会,全县146个行政村14个社区均设立人民调解委员会。

全县9个乡镇均完成人民调解员培训工作,同时利用腾讯企业微信直播讲堂,于每周五准时开展线上培训,分别从心理学、人民调解信息平台运用、调解方式方法等多方面开展35期课程,从不同角度丰富人民调解员的理论知识储备,不断提升人民调解员解决矛盾纠纷的能力。由司法局推荐,王庄镇王庄村人民调解委员会主任席廷宏被人力资源社会保障部、司法部授予全国司法行政系统劳动模范称号。

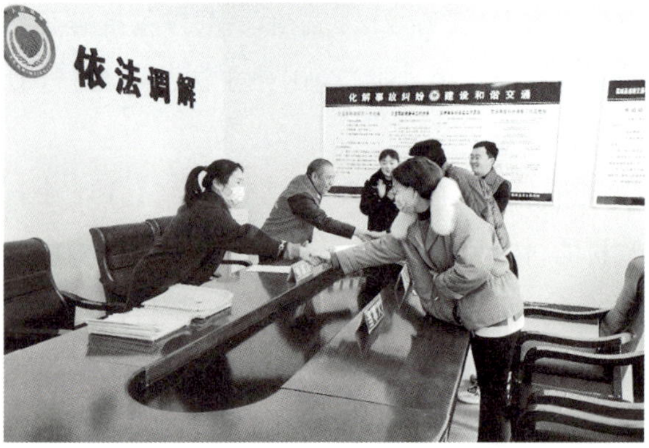

2022年9月6日,“法在身边”志愿服务队在县道路交通事故纠纷人民调解委员会调解交通矛盾纠纷
(王瑶供图)

组织全县各级调解组织、调解员携律师进村居网格,开展人民调解宣传、矛盾纠纷排查化解等工作,把矛盾纠纷解决在萌芽状态。2022年,调解矛盾纠纷1036件,其中疑难复杂案件3件、婚姻纠纷161件、邻里纠纷146件、房屋宅基地纠纷62件、合同纠纷49件、生产经营纠纷40件、土地纠纷86件、其他类纠纷69件、道路交通事故纠纷420件,进一步筑牢基层和谐稳定防线。

在各调委会推荐、司法所申报的基础上,从调解员文化程度、从事调解工作年限、实际调解能力、累计纠纷调处量等各方面进行全面审查,逐一核实评价,予以公示,最终确定三级人民调解员2名,四级人民调解员9名,人民调解员等级评定工作完成。

组织案卷评查小组到各调解组织开展案卷评查工作,对于符合条件的人民调解案卷做到“应补尽补”。2022年,简易案卷4件,一般案卷526件,疑难案卷429件,重大案件2件,发放以案定补资金14万余元,进一步提高人民调解员的工作积极性。

【特殊人群帮教工作】 2022年,县司法局为切实强化对社区矫正对象的管理,每月开展公共道德学习、公益劳动、法律法规等活动。2022年,共开展审前调查评估106件,接受社区矫正对象报到71人次,解除矫正78人,开展走访1434人次。

与翼城县润和心理工作室合作,通过心理和行为问题评估,为121名社区矫正对象建立心理健康档案,对23名矫正对象开展专题家访,对6名矫正对象开展心理干预和心理辅导,对2名青少年矫正对象进行个案矫正,提高个案矫正的实效性,帮助他们回归社会、融入社会。

现有安置帮教人员694人,刑满释放388人,解除社区矫正306人,开展远程视频会见396人次。对2022年以来刑满释放的113名安置帮教对象及时建档,进行政策教育,开展社会适应性帮扶,帮助他们尽快融入家庭、回归社会。

【公共法律服务工作】 2022年,县司法局结合翼城县工作实际,制定下发《翼城县2022年“免费法律咨询和特殊群体法律援助惠民工程”实施方案》并认真参照实施,2022年共为群众提供免费法律咨询3080次,完成全年市司法局下达任务量的113.36%,群众满意度100%。

一村（社区）一法律顾问全面覆盖，各顾问定期入村（社区）为村民开展法律体检、进行法治宣传、化解矛盾纠纷、解答法律疑难等形式多样的法律服务，让村民在家门口就能享受到优质便捷的法律服务，引导群众通过法律途径解决问题。

公共法律服务一码通平台集中全系统各类公共法律服务资源，综合全县各法律服务机构办事流程、一村（社区）一法律顾问工作职责、各法律服务机构负责人基本信息等内容，打通了翼城县法律服务为民、利民的“最后一公里”。平台自开通以来，总浏览量达到12628次，总访客数量为5666次。

组织律师等专业法律服务人员，分别前往唐兴青年创业服务中心、王庄镇农村电子商务孵化基地、中卫乡青年创新创业基地、隆化镇青年创新创业孵化基地、南梁青年创新创业基地，就劳动合同、工伤赔偿、企业安全、劳资纠纷等问题开展免费法律咨询和法治宣传服务活动，为青年创客提供优质高效的法律服务，为企业营造良好法治发展环境。

联合人社局，开展根治欠薪冬季专项活动，带领律师先后深入翼城县恒昌隆综合批零中心三琪超市、翼城县泰和府建设工地对企业劳务用工与农民工劳动合同签订情况进行全面法律体检。向农民工赠送《中华人民共和国民法典》《保障农民工工资支付条例》《农民工维权知识手册》《中华人民共和国法律援助法》等涉及农民工工资支付法律法规的宣传资料500余份，手提袋等普法宣传品100余件。

持续加强公共法律服务机构规范化建设，建立1个公共法律服务中心、9个乡镇公共法律服务工作站和多个公共法律服务室，进一步实现法律服务为民、利民。

【公证（法律援助）工作】　2022年，县公证处共办理各类公证677件，收费29.8万元，其中政府采购、土地拍卖现场监督公证7件，涉及金额达8000余万元，有力确保翼城县有关重点工程的招投标工作进行。为县政府重点招商企业办理保全证据公证5件，保障企业的工程按正常进度开展。办理各类贷款合同公证367件，涉及金额1.4亿余元，维护各金融单位的资金营运安全。积极落实“我为群众办实事”“最多跑一次”“一次性告知”等便民措施，上门办证36件，提供工作日节假日延时服务60余次，为服务政府中心工作和百姓安居乐业发挥应有的积极作用。

翼城县法律援助中心共受理法律援助案件130件，其中刑事案件118件、民事案件12件，提供法律咨询1689人次，值班律师提供法律帮助161件，其中参与办理认罪认罚案件118件。

【司法鉴定工作】　2022年，山西众和司法鉴定中心共受理各类鉴定事项506件，其中法医临床案件57件，法医毒物（限血液乙醇含量检测）案件2件，道路交通事故相关司法鉴定447件，为保障顺利诉讼、化解社会矛盾、促进司法公正做出积极贡献。

【律师工作】　2022年，全县各律师事务所共办理民事、刑事案件、行政案件348起，担任法律顾问28家，解答免费法律咨询600余件，为行政、企事业单位提供大量的法律意见。同时，唐尧律师事务所完成国资所改制工作，各律师事务所认真落实各项要求，持续强化政治理论和业务工作学习，不断加强党的建设，推进律师队伍建设水平不断提高。

【基层法律服务工作】　2022年，全县各基层法律服务所依法诚信开展法律服务，共担任9家单位的法律顾问，代理诉讼事务241件，非诉讼法律事务11件，解答法律咨询2100余人次，参与人民调解案件381件，为基层法律服务水平不断提高做出不懈努力。

（王　瑶）

军　事

翼城县人民武装部

【概况】 2022 年，翼城县人民武装部（以下简称县人武部）党委始终坚持以习近平新时代中国特色社会主义思想为指导，深入贯彻习近平强军思想，充分认清党的二十大的历史地位和重大意义，在军分区党委和县委、县政府的坚强领导下，按照“举旗铸魂塑忠诚、聚焦主业抓备战、争创一流抓落实、创新发展求突破”的基本工作思路，强化担当、提振精神、奋发作为，各项工作呈现出稳步推进、全面攀升的良好态势。

【思想政治建设】 2022 年，县人武部坚持以强军目标为牵引，以中心组理论学习为主阵地，高标准落实党中央、中央军委和习近平主席关于开展党史学习教育和党的二十大会议重大决策部署。补充党史学习教育书籍 4 类 50 余本、党的二十大专题读本 80 余册。坚持干部带头每天 20 分钟集中自学，先后特邀党校讲师 2 次党课辅导，组织机关首长 4 次专题授课。为进一步巩固党史学习教育成果，积极引导广大官兵传承红色基因、激励奋斗精神，收集整理县人武部历年获得的各项荣誉材料，投入 9 万余元完成人武部荣誉室建设。持续推进“学军事 讲战例”学习实践活动，紧紧围绕“八个一”的总体目标，先后协同地方专家、文联人员 3 次前往战役发生地进行实地走访调研，完成史料搜集整理，协调县委宣传部、县委党史研究室等相关单位及革命前辈召开 6 次座谈会，精雕细琢，反复修改完善文稿，真正让红色革命基因传承下去，共同追忆艰苦卓绝的战斗历程。以聚焦“忠诚维护核心、矢志奋斗强军”主题教育为牵引，多次到县融媒体中心、档案馆、县委党史研究室等相关单位及见证人武部历史风雨的老同志家中，深入了解人民武装部成立与发展的历史轨迹，组织开拍强军文化短片《人武部发展建设历史回眸》，加快推进人武部历史沿革文化长廊建设。

【战备力量建设】 2022 年，县人武部坚决贯彻落实新修订的《民兵组织整顿实施办法》，按照“十四五”民兵编制任务，编实全县基干民兵队伍。能够持续深化实案准备，加强作战理论研究，完成战备方案修订。突出抓首长机关军事训练，按计划完成县人武部军事职业教育及考核任务。大抓群众性岗位练兵，完成对专武干部、民兵骨干的训练，组织基干民兵开展为期 7 天的训练，组织支援分队开展为期 3 天的训练，有力提升基干民兵队伍能力素质和实战化训练水平。

【国防后备力量】 2022 年，县人武部严格贯彻落实上级征兵政策指示要求，以提高兵员质量为核心，在抓好常态化疫情防控的同时，以突出杜绝人为干扰，全程“盲检”为重点，完成上半年征集任务。

【安全建设】 2022 年，县人武部严格落实党委议管制度，结合开展的“深化基层风气整肃治理”、“四严四整”教育整训、“安全保密自查自纠”、“网络安全清理清查”等活动，分析县人武部当前形势，召开党小组会、党委会，开展对照检查及自查自纠，共查摆出4类12条问题，制定整改时限及措施。从严抓好“安全大检查”和“百日安全活动”，健全安全保密工作领导组，明确责任分工，分析安全形势，查摆问题，制定对策，利用每周交班会强调安全问题及学习安全方面法规制度。同时，利用节假日等重点时节，组织开展4次安全问题及安全法规制度集中研讨交流学习活动，大力营造“我的安全我负责、他人安全我有责、单位安全我尽责、出了问题我有责”的浓厚氛围，形成层层有人抓、事事有人管、人人都有“责任田”的工作机制。党委班子坚持每季度召开一次安全形势分析会，在抢险救灾、军事训练、重大节日等大项任务前，做好安全风险评估，全面细致地考虑可能存在的风险隐患。针对安全检查活动指出的问题，专门召开问题整改会议，带头分析问题发生的原因，把好问题整改关，确保问题不再发生。

【军地协调发展】　2022年，县人武部深入了解包联帮扶村及15家脱贫帮扶家庭生活状态，准确掌握帮扶需求。根据上级消费扶贫相关政策，加大军队帮扶村特色农副产品的采购力度，推进伙食费的10%用于采购帮扶村苹果、核桃、绿豆等农副产品，全力帮助帮扶对象家庭稳步增收。各乡镇民兵力量积极参与到地方“双抢”活动中。常态督导县退役军人事务局悬挂光荣军属牌匾、送立功喜报等措施落实，开创军政军民团结新局面。

【后装综合保障】　2022年，县人武部始终把强化后装保障效益作为一项重要工作抓好抓实，积极协调军地开拓思路，对接县应急管理局将民兵应急器材装备需求纳入政府应急管理体系。积极改善营区办公、生活条件，全面更新维护营区营院容貌及软硬件设施。积极推进民兵训练基地项目建设，协调驻地相关部门多次召开军地座谈会，多次实地调研、考核评估，完成相关工作。

（董昌水）

退役军人事务

【概况】　2022年，县退役军人事务局坚持以习近平新时代中国特色社会主义思想为指导，全面贯彻党的十九大、二十大和十九届历次全会精神，习近平总书记考察调研山西重要指示精神，精准把握习近平总书记关于退役军人工作的重要论述要求，以“让退役军人获得感成色更足”为主线，真抓实干，创优争先。退役军人工作有序开展，服务保障能力持续加强。

【服务保障体系建设】　2022年，县退役军人事务局坚持擦亮品牌，推进服务体系建设。狠抓服务站达标建设，在标准化建设上再发力，在优质化服务上再用心，示范型退役军人服务站建设成效显著。召集9个乡镇退役军人服务站召开3次专题会议，对乡村两级退役军人服务站建设进行部署，并下发《临汾市退役军人服务中心（站）规范建设与工作运行指导手册》，进一步提升退役军人服务阵地建设标准；全面完成9个乡级、20余个村（社区）级服务站示范站建设工作，县、乡、村三级服务机构工作人员业务能力得到明显提升。其中，南梁、南唐、里砦退役军人服务站被评为全国示范型退役军人服务站，南梁退役军人服务站被评为山西省标杆型退役军人服务站。

【退役军人及其他优抚对象建档立卡】　2022年，县退役军人事务局坚持靶向发力，集中攻坚原则推进建档立卡工作。印发《翼城县退役军人事务局退役军人和其他优抚对象建档立卡工作方案的通知》，多次召开专题工作会议，定期进行排名通报，督促各乡镇推进工作开展。全年建档立卡完成率92.02%；完成优待证申领工作，发放工作有序推进，完成率位居全市第一方阵。

【转业干部安置】 2022年，县退役军人事务局全力保障军转干部各项生活待遇落到实处。及时为自主择业军转干部缴纳医疗保险，发放取暖费；组织企业军转干部进行年度体检，并发放生活补助。

2022年10月13日，翼城县2022年符合政府安排工作条件退役士兵安置选岗会召开　（原财云供图）

【退役士兵安置】 2022年，县退役军人事务局扎实做好符合政府安排工作条件退役士兵安置工作。大力推行“阳光安置”。集中公示选聘成绩、选聘岗位、积分排名、安置计划，邀请编办、人社、纪检、工信、财政等单位全程参与安置选岗会，符合政府安排工作条件退役士兵，全部安置到全额事业单位，事业单位安置率达100%，位居全市前列。严格落实待安置期待遇。及时为退役士兵办理落户、组织关系转接手续，组织参加全市适应性培训，发放待安置期生活补助，缴纳养老保险、医疗保险。强化待安置期间教育管理。成立临时党支部，定期组织理论学习，退役士兵在县退役军人事务局进行3个月岗位实习，确保教育管理不断档。

【拥军优抚】 2022年，县退役军人事务局严格落实优待抚恤政策，完成为优抚对象发放优抚补助、医疗补助以及补发提标差额工作，完成发放义务兵家庭优待金、入伍大学生奖励金工作。大力开展双拥共建活动，以创建省级双拥模范县为目标，成立以县委书记、县长为组长的县双拥工作领导小组，巩固和完善党政军三位一体、群团组织全员覆盖、社会各界广泛参与的领导网络体系。根据县委常委会、县双拥工作领导小组会等会议研究决定，以县委、县政府、人武部名义联合印发《关于全面加强新时代双拥工作的指导意见》。坚持浓厚双拥工作氛围，做到街头有标语、报刊有文章、网络有声音、电视有形象、公共场所有双拥公园等永久性双拥标志，有效提高广大军民的双拥意识。持续做好双拥单位申报，县城关派出所被评选为省级双拥模范单位。11月17日，市政协副主席王阿家带队对翼城县“双拥”工作进行调研并予以高度评价。春节、八一建军节时，走访慰问县人武部、武警中队、消防救援队等单位，向全县退役军人和其他优抚对象、现役军人家庭送去年货、发送慰问短信及慰问品，并对退伍老兵和烈士家属进行常态化走访慰问。7月20日，举行2021年度“最美退役军人”颁奖仪式和现役军人立功受奖表彰仪式，在全社会营造尊崇军人、关爱军人的浓厚氛围。“八一”节前夕联合县文化馆、潞公社区等单位，赴县人武部举行双拥共建文艺演出。9月18日，组织翼城县朗诵艺术协会、退役军人文宣队进行欢送新兵入伍慰问表演，“让军人成为全社会尊崇的职业”深入人心。充分发挥新时代退役军人作用。

【就业创业】 2022年，县退役军人事务局坚持就业引导，干事创业氛围逐步浓厚。积极引导广大退役军人投身翼城经济建设，成立扶持青年退役军人双创工作专班，积极对接农业、人社、团委等部门，为青年退役军人创业者询政问策。全年共召开政策宣讲会1次、座谈会1次，解决退役军人创业者各类问题20余个。对接金融机构，为符合条件的创业退役军人提供免息创业贷款，联合税务部门为创业者办理税费减免。积极联合有关部门召开招聘会，为退役军人就业搭建平台。联合县人社等部门召开线下招聘会1次，积极引导退役军人参加本系统线上招聘会3次。大力宣传退役军人创业典型。翼城县诗溪文化传媒公司代表临汾市参加全省退役军人创新创业大赛，并获三等奖。落实退役军人技能培训、学历提升等政策，提高退役军人就业能力。通过政策解读、就业前景分析，组织退役军人参加技能培训和适应性培训，帮助退役军人进行学历提升，提高就业竞争力。

【烈士褒扬】 2022年，县退役军人事务局坚持浓厚氛围，革命红色教育稳步推进。大力推进县级以下烈士纪念设施整修工作。积极争取上级资金122万元，制定《翼城县零散烈士纪念设施整修实施方案》，明确整修范围和整修标准，对全县12个县级以下烈士陵园纪念碑、纪念广场、周边道路等进行整修提升，强化零散烈士墓保护力度，全面实现县级以下烈士纪念设施有效管护。深入开展县烈士陵园提档升级工程。积极争取省级资金50万元，硬化陵园广场、补栽园区绿植，整修墓区道路、平台等设施；2022年陵园被省爱国拥军促进会授牌为“省级爱国拥军教育基地”，充分发挥陵园铭记历史、缅怀英烈、教育后人的红色阵地作用。广泛开展烈士褒扬和爱国主义教育活动。清明节期间开展“网上祭英烈”活动，利用VR技术搭建网上祭扫平台。9月30日，县四大班子领导及社会各界代表在烈士陵园举行“向烈士纪念碑敬献花篮”仪式，在全社会弘扬向上向善正能量，营造崇尚学习英烈的社会风尚。

【思想政治和权益维护】 2022年，县退役军人事务局坚持济难帮困，“普惠加优待”保障机制不断完善。根据《山西省困难退役军人帮扶援助实施办法》，结合翼城县实际，联合财政、住建、民政、医保等5个部门，在全市率先制定《翼城县困难退役军人帮扶援助实施细则（试行）》。对全县退役军人和“三属”进行困难帮扶，不断提高救困济难水平，为保障退役军人共享经济社会发展成果奠定坚实基础。结合“喜迎二十大——为退役军人排忧解难”专项行动，遴选上报13名需生活救助和医疗救助的人员，省级帮扶资金全部发放。同时，为全县退役军人送去“防癌抗癌”免费专属保险。

（原财云）

人民防空

【概况】 2022年，全县在建人防工程13个项目，其中人防专项治理补建的人防工程2个项目，2个补建项目主体均已完工。对在建人防工程现场检查150余人次。人防信息保障中心涉及监管事项19条，监管事项子项31条，监管事项覆盖度100%，监管行为报送641条。根据翼城县土地历史遗留问题领导小组办公室推送的项目中，委托1家公司对清零行动中需缴纳防空地下室易地建设费的项目进行测绘。

（吴永杰　乔　鹏）

经济管理

发展与改革

【概况】 2022年，县发展和改革局坚持以习近平新时代中国特色社会主义思想为指导，认真贯彻党的二十大和习近平总书记考察调研山西重要指示精神，贯彻落实省十二和市五次党代会精神以及县委重大决策部署要求，立足新发展阶段，贯彻新发展理念，构建新发展格局，围绕"五城"建设目标，奋进新进程，展现新作为，统筹做好深化改革、规划编制、指标调度、项目谋划、资金争取、价格监测等重点工作，较好地完成年初建账的各项工作任务。

【多措并举促进经济增长】 2022年，县发展和改革局加强与统计、工信、农业农村等部门的沟通联系，持续关注三次产业各行业经济发展态势、存在的困难问题、制约发展的因素影响等，深入分析并提出对策建议，定期召开经济运行分析会，解决经济运行的矛盾问题。加强与省、市发改委的沟通对接，实行纵向推动机制，及时掌握新政策、新动向，关注经济形势和宏观政策对经济发展的调控作用，向县委政府提出相应调控调节措施建议。强化计划目标监测预警。把握经济发展的阶段性特征，定期掌握财税、固定资产投资、全县地区生产总值、服务业增加值等主要经济指标进展情况，针对经济发展薄弱环节强化分析，主要经济指标稳中有升。全县地区生产总值(GDP)累计完成106.3亿元，增长5.7%；全年固定资产投资完成22.5亿元，增速达26.7%。

【转型项目建设】 2022年，县发展和改革局着力做实项目盘子，2022年重点推进项目55个，总投资231亿元；其中，列入市重点项目8个，总投资143亿元，晋南钢铁、山西闽光和国道241改线项目列入省重点项目目录；扎实做好项目前期，2月集中开展"项目前期手续集中办理月"活动，25个新建项目中，办结72个前期手续，办结率达72%；加快项目落地，以3月项目"集中开复工"活动为契机，强化调度、扎实推进项目建设。2022年，全县建设项目42个全部开复工，开复工100%。全力争取上级资金支持，上报中央预算内和专项债券资金项目22个。其中，全域旅游、县医院迁建、传染病救治中心等5个项目通过国家发改委和财政部审核。截至2022年底，全域旅游项目债券资金2.53亿元和县医院净化、停车带等分项工程债券资金4000万元专项债，合计2.93亿元。老旧小区改造项目争取中央预算内资金363万元。

【提升物资保障能力】 2022年，县发展和改革局按照"宁可备而不用，不可用而无备"的工作要求，结合全县灾情灾害特点，制定工作方案，全力做好应急物资保障储备工作。回收63顶帐篷和10张行军床，26张行军床待回收。12月，为保障疫情防控应急救灾物资需要，按照县委、县政府关于疫情防控工作精神，紧急采购应急所需棉帐篷750顶、行军床800张。同时，应急生活必需品代储商经过遴选，确定华夏商贸有限公司为翼城县应急生活必需品代储企业并签订代储合同。翼城县易生燃气公司签订供气责任合同，确保非供暖季和供暖季燃气供应正常。

【信用体系建设工作】 2022年，县发展和改革局充分发挥信用在创新监管机制、提高监管能力和水平方面的基础性作用，全面推动政务诚信、商务诚信、社会诚信和司法公信建设。联合人行翼城县支行开展2022年翼城县“6·14”信用记录关爱日征信宣传活动，营造“学征信、懂征信、用征信”的良好氛围，进一步健全社会诚信、优化营商环境。加强诚信宣传报道，全面掌握各基层单位信用工作开展情况，及时收集汇总典型材料并推送至市信用信息共享平台稿件78篇。推送市信用共享平台“双公示”信息及“双公示”外信息12997条。其中，“双公示”信息9601条、“双公示”外信息3396条。“信易贷”平台共注册企业数17家，金融产品数2个；融资需求13笔，需求金额4000万元；授信1笔（翼城县永固门业），授信金额10万元；正在对接8笔，意向金额2900万元。翼城县信用信息共享平台和信用网站建设项目于2022年9月4日通过专家验收，正式上线运行，实现与市级信用平台数据共享、互联互通，有效支撑翼城县社会信用体系建设的高质量发展。“信易医”实施方案，率先在县中医院通过广告栏进行宣传。

【价格监测】 2022年，县发展和改革局加强对市场物价管理、引导和服务，建立健全价格形成机制、调控机制、服务机制、保障机制和协调联动机制，保持物价总体稳定。着重加强与群众生活生产密切相关的粮、油、肉、蛋、菜等31种重要民生商品价格调查，对57种商品（计114种价格）市场价格调查，并进行上报。有序开展小麦、玉米成本预测调查、小麦直报调查和农资调查，为上级决策提供基础依据。本着认真负责的理念，共受理办结涉案认定72件，涉案金额63.81万元。其中，涉及司法案件68件，涉案金额62.81万元；涉及行政事项3件，涉案金额0.63万元；涉纪案件1件，涉案金额0.37万元。

【项目监管】 2022年，县发展和改革局为进一步优化营商环境，巩固和扩大投资项目审批“承诺制”改革成果，认真贯彻落实国家、省、市发改委关于进一步加强投资项目事中事后监管的通知精神，采取线上和线下相结合、定期和随机结合的方式，加大项目事中事后监管力度，切实履行监管职责。一方面，要求各项目单位按照国务院《政府投资条例》《企业投资项目核准和备案管理条例》等规定，在线及时填写和更新投资项目建设信息。另一方面，深入项目建设一线，现场监督检查，查看相关资料，解决项目难题。2022年，线上监管158次，线下抽查实地监管28人次，有效推动项目健康发展。

【重点改革事项】 2022年，县发展和改革局围绕青年创新创业“个十百千万”工程和市场主体倍增活动，着力做好政策咨询、项目推介和信息发布等工作，编制印发《创新创业产业政策指导目录》和《创新创业优惠政策》各2000本，分发到各乡镇和社区，充分激发市场主体活力。印发《翼城县能源革命综合改革试点2022行动方案》，全面推动全县能源革命各项工作，加快构建现代能源产业体系，促进能源绿色转型高质量发展，力争在全市能源革命试点建设中走在第一方阵。依据相关规定，结合实际需求，广泛征求社会各界意见建议，组织开展小河口灌区、利民灌区和王庄提水站3个农业用水价格定价，完成智慧停车收费项目成本监审，农产品价格和市场物价监测工作有序推进。

（刘新有）

自然资源管理

【耕地保护】 2022 年,县自然资源局严格落实耕地保护目标责任制,加强耕地数量、质量、生态“三位一体”保护,夯实乡镇、村耕地保护责任。县、乡、村三级层层签订耕地保护目标责任书,对耕地分区分块实行网格化管理。完成永久基本农田整改补划,在“三区三线”划定工作中,划定可长期稳定利用耕地 53.32 万亩,永久基本农田 43.99 万亩。全面完成耕地后备资源调查评价工作。加强设施农用地管理,对设施农用地每季度进行一次联合巡查,规范设施用地备案和信息汇交,共完成 332 宗设施农用地上图入库,现场采集照片 14 宗。坚决遏制耕地“非农化”、防止“非粮化”,坚决守住 53.02 万亩耕地保护红线。

【规划编制】 2022 年,县自然资源局完成了翼城县“三区三线”划定工作。“三区三线”划定成果通过自然资源部质检并启用,矢量成果数据已下达;完成 50 个村庄的规划编制(包括作为省级乡村振兴示范村的里砦村和产业示范村的河云村),其余 8 个正在编制中;完成《翼城县新城片区重点地块城市设计》《翼城县新城片区控制性详细规划部分用地调整可行性研究报告》,通过县委规划委员会审定,县政府批复。

【用地报批】 2022 年,县自然资源局坚持土地要素跟着项目走,配合发改部门将闽光焦化项目、晋南钢铁项目纳入省级重大项目清单,使用省统筹计划指标,将土地要素优先向市、县重点项目投放。全年共取得用地批复 1583 亩,其中省政府批复 4 个批次 1523 亩、市政府批复 2 个批次 60 亩,涉及闽光一期、3 号旅游路、桐封技师学院、灾后重建等项目用地。上报省厅待批复用地 3 个批次 417 亩,其中 2012 年增减挂钩第一批次用地 103 亩,通过省厅专题会议,报厅长审核;2022 年第二批次、第四批次用地 314 亩,上报省厅,正在进行会审,保障唐霸公园一体化改造、新城片区道路等项目用地。晋南公司项目用地,开展征地补偿安置协议签订工作,第一批 521 亩,上报市局。第二污水处理厂 65 亩用地,完成征地补偿安置协议签订等前期工作。启动万慈街、木坊街、王庄污水处理站、隆化污水处理站等项目征地工作。有力保障重点项目落地。2022 年,市级下达翼城县“批而未用”土地清理任务 223.66 亩,完成清理处置 250.3 亩,供地比例达 112%,有效盘活存量土地。推进“标准地”改革,挂牌出让位于南梁装备制造工业园区的“标准地”1 宗 78 亩。

【审批服务】 2022 年,翼城县自然资源行政审批“三级联办”平台全面投入运行,实现“全业务全流程网办”,通过三级联办平台和工改系统共受理办结审批事项 75 件,其中采矿权延续登记 7 件、采矿权变更登记 1 件、建设项目用地预审与选址 18 件、建设用地规划许可 21 件、建设工程规划许可 16 件、乡村建设规划许可 8 件,建设工程竣工规划许可 4 件。互联网 + 监管系统录入 1291 条,完成比例 105.26%。

【土地收益】 2022 年,供应土地 21 宗 762.44 亩,其中划拨土地 290.07 亩、协议出让 53.05 亩、公开出让土地 419.32 亩,收缴土地出让金 11017 万元。

【地质灾害防治】 2022 年,县自然资源局制定年度地质灾害防治方案,明确地灾防治总体要求、保障措施和职责分工。全年发放防灾工作明白卡 67 份、避险明白卡 2500 份,隐患防治告知书 67 份,发放宣传材料 3000 余份。对全县 67 个地质灾害隐患点和高陡边坡隐患,加强监测防范,细化防范措施,健全防范责任。特别是在冰雪融冻期和汛期加强与气象部门会商,开展汛期“三查”工作,制定《加强强降雨期间地质灾害防治应对工作方案》,开展地质灾害抢险应急演练和地灾防治知识培训,加大重点区域隐患排查力度,在连续降雨期间,组织临时避让搬迁16户56人次。投资105.08万元在王庄镇宁庄自然村滑坡隐患点、隆化镇上吴西滑坡隐患点、南梁镇岭后滑坡隐患点,共安装普适性监测仪22台,精确监测隐患点位移变化情况。积极推进翼城县唐兴镇东关村黄土崩塌地质灾害治理项目,项目主体工程全部完成,通过初步验收。

【矿政管理】 2022年,县自然资源局组织指导30个矿业权人完成勘查开采信息公示,信息填报率、公示率均达100%。完成8座生产矿山季度储量动态监测工作和6座生产煤矿的矿山储量年报编制工作。配合市局开展"十四五"期间市级矿产资源总体规划编制,全县预规划新设采矿权17宗。推进矿山资源持续配置,积极争取首旺煤业资源接替项目,上报省厅审批。

【执法监察】 2022年,县自然资源局持续保持"打非治违"高压态势,严厉打击各类自然资源非法违法行为,以"零容忍"的态度严控新增违法行为。全年立案查处自然资源违法案件18宗,收缴追缴罚没款596.69万元。开展严厉打击非法违法盗采矿产资源、"百日攻坚"、大检查大整治大提升、隐患排查整治等专项行动,常态化开展"边界检查"行动,对131个关闭井口和重点矿区加强监管,有效遏制非法违法采矿行为。卫片执法工作,完成2021年四季度92个图斑和236个补充图斑的核查上报工作,以及2022年277个图斑核查上报工作。建设自然资源实时监控系统,共布设监控点位78个,其中非法采矿点位26个、耕地保护点位35个、森林防火点位17个;30个有证矿山企业自行安装摄像头83个。对私挖滥采、违法占地、耕地保护等进行实时监测。

【生态修复】 2022年,县自然资源局统筹推进"两山六河一流域"生态保护与修复治理,全面落实黄河流域生态保护和高质量发展战略。30个有证矿山企业均编制年度治理计划,累计投资1000余万元,完成年度恢复治理任务。加大对土地复垦保证金的催缴力度,全年累计收回欠存保证金2000余万元。完成历史遗留矿山调查,建立历史遗留矿山生态恢复治理台账。完成丹子山、李家峪二号等8家历史遗留矿山生态修复项目,恢复治理372亩,新增耕地62亩。积极推进2021年度黄河流域及重点地区历史遗留矿山环境修复治理项目,项目涉及资金823.78万元,完成招投标工作,年底前全面完工。全面实施采煤沉陷区治理搬迁后拆除复垦工程。其中,第一批11村378户,完成350户;第二批7村303户,开工建设。

【不动产登记】 2022年,县自然资源局完成2021年度国土变更调查工作,国家下发的2340个遥感监测图斑全面核查,按要求的时间节点上报国家。第三次国土调查成果经省厅验收,以90.9分的成绩,居全市前列,对验收意见全部进行整改并上报。完成房屋产权登记确权颁证"清零行动"任务,共计9021套房屋;完成全县151个行政村76796宗的农村宅基地和集体建设用地使用权不动产登记发证工作;办理抵押登记326件,预告登记1274件,注销登记190件,协助司法查解封登记358件,为群众开具不动产查询证明7536份。

(程乾　张超)

审　计

【概况】 2022年,县审计局认真学习党的二十大精神和习近平新时代中国特色社会主义思想,深入贯彻落实习近平总书记对审计工作的重要指示批示和习近平总书记考察调研山西重要讲话精神,认真落实中央及省、市、县会议精神,紧紧围绕县委政府中心工作,全力推进审计监督全覆盖,着力促进经济高质量发展、促进权力规范运行、促进反腐倡廉,完成全年工作任务,在全市名列前茅。全年完成8大类35个审计项目,其中上级审计部门统一安排专项审计8个、预算执行审计7个、政府投资审计5个、经济责任审计8个、自然资源资产审计1个、乡镇决算审计1个、财务收支审计2个、县委县政府交办的工作3个。共查出管理不规范资金4730万元,非金额计量问题37个,促进增收节支1595万元,提出审计建议52条,提交审计信息33篇,移送纪委监委案件线索26个,移送上级主管部门案件线索12个,核减工程造价4172.36万元。

2022年2月14日,翼城县审计局集中学习新修订的审计法宣传提纲　(薛正匡供图)

【上级专项审计】 2022年,县审计局按照翼城县党政机关政务信息化项目建设领域问题专项整治领导组安排,第一时间成立专项整治领导组,由政策跟踪股牵头,全体人员参加,分8个审计组实施,对18个单位的48个信息化项目,涉及9233.99万元资金进行审计,针对存在的问题提出合理化建议,对促进全县完善党政机关信息化项目管理体制机制,堵塞制度漏洞,规范市场秩序提供了依据。

防汛救灾资金和物资的跟踪审计。安排审计人员对9个乡镇126个村560户房屋的灾后重建工作进行跟踪调查,对县财政局等19个单位涉及8448.54万元进行延伸调查,并对接受捐赠的23583件物资发放情况进行随机抽查,及时核实灾后重建工作进度,阶段性报告审计结果10次,现此项工作完成。

高标准农田建设资金专项审计。派出5人审计组,对侯马市2011年至2021年度高标准农田建设项目进行审计,揭示了财政配套资金落实不到位、虚报项目建设进度、未完成高标准农田建设任务、已建成项目区"非农化"等4方面21个问题,移送侯马纪检部门3个问题线索,侯马纪检部门据此进行严肃处理,在当地形成极大反响。

"人人持证、技能社会"建设专项资金审计。翼城县2018年至2021年"人人持证、技能社会"建设专项资金的政策措施落实情况和管理使用情况,涉及人社、财政等部门,审计延伸调查山西桐封技工学校、翼城县立达科技职业培训学校等相关单位,反映基金存款未享受优惠利率,少计利息37.76万元、项目计划安排不合理,培训项目与产业发展和市场需求匹配度还不够高,培训质量有待提高等问题。

衔接推进乡村振兴补助资金审计。2021年度衔接推进乡村振兴补助资金,共实施项目59个,资金1974万元,审计共计审核项目43个,审查衔接补助资金1755.9万元,核查项目数占72%,资金数占89%。揭示项目未开工资金20万元闲置等问题,提出在事前科学分析研判、事中加强监督、事后绩效评价的建议。

大气和水污染防治资金项目。按照市审计局大数据审计情况,核查问题疑点22个、延伸调查相关单位12个,锁定相关问题证据,形成完整的工作底稿,按要求向市审计局提供相关资料,高标准完成工作任务。

全省中等职业学校运行管理情况审计。对县职业技术中学2019年至2021年运行和管理情况进行调查,涉及学校建设规模是否合格、师资力量配备是否达标、专业课程设置是否合理、招生实训就业是否合规等学校管理运行全过程、全方位，揭示了招生就业工作管理不规范、校内实训基地建设不到位、助学金管理不规范等4方面11个问题，促进全县职业教育长效发展。

冀城县2020—2022年疫情防控资金管理使用情况审计。从7660万元防疫资金投入和支出结构着手，重点关注防疫资金使用、应急物资保障、防疫物资采购等方面。

【财政预算执行审计】 2022年，县审计局以促进规范预算管理为目标，重点审计了本级财政及教育科技局、自然资源局、医保局、市场监督管理局、卫生健康和体育局、住房和城乡建设管理局7个一级预算单位，紧紧围绕县人大年初批复的预算，重点关注财政预算体系的完善性，财政存量资金清理使用情况、专项资金使用的合规性和效益性，中央八项规定执行落实情况等方面内容，揭示6个方面11个问题，预算单位32个问题，移送纪检部门问题线索17个，移交上级主管部门问题线索1个。至12月底，反馈县审计局处理结果为：党内严重警告1人，党内警告1人，要求做出深刻书面检查8人，批评教育7人，诫勉谈话1人，有效规范提高县本级预算管理、预算执行水平。

【政府投资审计】 2022年，县审计局把政府投资审计重点从工程决算向工程建设、管理程序倾斜，突出对工程批复、招投标程序、监理单位履职、工程质量、投资资金管理和使用等方面进行审计监督，有效避免了政府投资建设的“三超”现象。揭示了项目未办理立项手续、变更工程建设内容未履行相关程序等工程建设方面的问题，移送纪检部门问题线索5个，核减工程造价4172.36万元，在政府投资领域有效发挥审计监督作用。

【自然资产资源审计】 2022年，县审计局对里砦镇党委书记、乡长两名领导干部的自然资源资产任中审计，重点关注领导干部履行自然资源资产管理和开发利用责任、贯彻落实党中央重大决策部署、遵守法律法规、自然资源资产实物量与生态环境状况变化的情况，揭示农村环境卫生整治项目未发挥效益等11个问题。

【乡镇决算审计】 2022年，县审计局按照“1+N”统筹审计模式，与乡镇领导干部的经济责任审计、自然资源资产审计同步实施，对里砦镇人民政府2020年、2021年度财政决算进行审计，重点关注了党和国家的经济政策、法令和制度的贯彻落实情况，扶贫救灾、社会保障、国家政策性补贴等资金管理使用情况，揭示了原始凭证不合规、往来款项未及时清理等方面11个问题。反映乡镇政府贯彻落实国家财政政策和财政资金管理分配使用中存在的不足，并提出合理化建议。

【经济责任审计】 2022年，县审计局本着“摸清家底、查清现状”的原则，专门对7家县属国有企业及1个乡镇的6名领导干部实施经济责任审计，重点关注领导干部贯彻执行党和国家方针政策、单位重大经济事项决策及执行、财务管理和风险防范、遵守廉洁纪律等情况，并作出客观评价，揭示违反招聘程序签订劳务合同、欠缴职工社会保险费等问题，移送纪检部门问题线索1个，移交上级主管部门问题线索11个，有效促进领导干部履职尽责。

【财务收支审计】 2022年，县审计局对县公安局、县交警大队进行财务收支审计。重点关注财务收支的真实性、合法性和效益性，重大经济事项决策合规合法性，落实党中央、国务院重大政策以及省委、省政府重大决策部署情况，重大违法违纪问题线索等，项目履行政府采购程序不规范、未按规定比例预留质保金、涉案资金长期挂账等方面15个问题，有效促进被审计单位的财务管理。

【服务大局】 2022年，县审计局紧紧围绕县委、县政府中心工作，找准服务改革发展大局的切入点和突破口,做到县委政府工作指向哪里、审计工作就跟进到哪里,县委政府决策聚焦到哪里、审计标尺就丈量到哪里,以高质量审计推动高质量发展。

围绕中心,做好钢铁新材料园区项目跟踪审计。“三箭齐发”“三区一园”是翼城县高质量转型发展的基础,县审计局组织专人,提前介入,对钢铁新材料园区项目等推进工作进行跟踪审计,重点关注项目前期审批、征地搬迁、补偿安置等情况,结合实际情况提出推进项目发展的建议,有效服务县域经济转型高质量发展。

服务大局,抓好理顺办学体制情况审核。民办学校专设公办,是推动全县教育事业均衡优质发展的重要举措,在对先成中学资产评估报告审核中,通过现场核对、资料核实、调查取证、专题会议等手段,核减金额2225.7万元,最终形成审核意见,为县委政府决策提供有力依据。在对星杰中学转公办资产评估审核中,县审计局派出的精干力量,始终在现场对第一手资料审核监督、坚持在每次推进会第一个发表意见、做到在每个阶段性工作上第一个争取任务,有效促进全县教育事业公平发展。

落实决议,做好投资项目审核监督。政府投资项目依法依规实施,是规范财政资金高效使用的基础,县政府常务会议要求持续加强对政府投资项目审核监督力度。县审计局采取投资股牵头负责、所有股室全部参与的办法,按照“依法依规、抓住重点、简化程序”的思路,进一步规范审核程序、明确审核责任,共完成16个项目的审核,核减工程价款334.2万元,有效提高财政资金使用绩效。

(薛正匡)

统　计

【概况】 翼城县统计局是政府主管统计工作的职能部门,主要职责是认真贯彻执行国家统计调查制度,对全县国民经济和社会发展情况进行统计调查和统计分析,实行统计监督,并承担全国人口普查、农业普查和经济普查工作以及国家统计调查和地方统计调查任务。机关设一室两股,下属翼城县统计调查队1个事业单位,现有干部职工25人。局支部共有党员17名。翼城县统计局党组于2016年3月经县委批准设立,有党组书记1名,党组成员1名。

【统计基层基础规范化工作】 2022年,县统计局严格对照标准,按照机关、乡镇、部门、企业四大板块,由分管领导具体牵头,第一时间,第一落点,分类施策,扎实推进统计基层基础规范化工作。一是在机关开展制度上墙、版面换新以及专业台账评比活动,对局档案进行专业化、标准化整理,充实专业人员,公益性岗位补充人员3名,机关整体活力和环境面貌得到提升。二是加强乡镇统计规范化建设,明确统计分管责任人,所有新任职乡镇统计员全部在县局备案并组织专题培训,对乡镇统计档案进行回头看和整理完善。三是高度重视部门统计工作,各涉统职能部门全部明确统计分管领导和专职联络员,县局以“入企入园入区”活动为抓手,紧密联系各部门,主动入企指导23次60人次,加强协作沟通。四是常态化对企业和项目单位开展规范化检查,通过开展统计业务培训全覆盖活动,对相关统计人员进行全方位培训,最大程度稳定企业统计队伍。

【统计专业业务培训】 2022年,县统计局充分利用年初、年中和年末关键节点,扎实开展培训全覆盖工作,开展统计业务和统计法治培训50

小时455人次。一是实现业务培训与普法教育的有机结合。坚持把统计法治培训纳入统计业务培训必学课程,做到每期必讲,每训必参,组织局法治专业工作人员和法律顾问精心备课,积极开展统计法和《山西省统计条例》普法教育,通报统计违法案例,增强参训人员的统计法治意识,为更好开展统计专业工作营造良好的法治环境。二是实现业务培训与基层基础规范化工作的有机结合。坚持把提高四上单位统计人员素质和强化四上单位统计基层基础规范化工作作为业务培训的重要内容,通过一系列针对性的业务培训,提高企业统计人员素质,以"入企入园入区"活动为载体,经常性深入企业开展服务,指导完善各类基础台账,以保证数据采集的准确性、真实性,夯实基层基础工作。三是实现业务培训与提高专业人员业务能力的有机结合。坚持以统计业务培训为契机,在全局范围内开展业务大练兵活动,以训促基,以训促学,要求专业人员讲课做到有理论、有数据、有实例、有问题、有措施,讲清楚、说明白。同时坚持以老带新,以强补弱,让年轻干部勇于走向讲台,让各专业知识相互贯通,进一步提升全局干部专业化能力、精细化水平,持续提高统计服务水平。

【各类普查调查】 2022年,县统计局住户调查样本轮换工作作为"两个收入"指标的重要基础性工作,在有关乡镇、部门的支持配合下,完成样本框信息核实、调查小区图绘制、建筑物清单和住宅名录编制等工作。人口抽样调查工作作为常住人口指标的重要依据,县统计局立足强培训、保基础、重核查、多指导,100%完成2022年人口抽样调查住房单元核实和质量验收阶段性工作任务,11月1日零时正式开展入户登记工作,做到登记人数零差错、出生死亡零漏登,确保调查信息详实、准确,不重登、不漏登,高质高效完成抽样调查工作。第五次全国经济普查启动,第七次全国人口普查表彰工作完成,共表彰先进集体45个,先进个人81个。

【指标监测】 2022年,县统计局切实加强全县生产总值、固定资产投资、工业增加值、社会消费品零售总额、"两个收入"等主要经济指标运行监测、报表培训和调度分析,提前布局各类印证资料的收集整理和审核把关,多次到省、市汇报沟通指标工作,全力做好相关统计数据生产,为全县经济运行总体平稳贡献力量。

【及时入库纳统】 2022年,县统计局严格标准和时限要求,积极配合完成好工业"小升规"、服务业"限下升限上"等入库纳统任务;加强对统计名录库的日常更新和维护;加强与发改局、住建局、交通局、农业农村局等部门沟通,及时整理入库项目清单,做好项目入库跟踪服务工作,确保当月入库项目应报尽报。

【服务决策】 2022年,县统计局在县委经济工作会议期间,积极编印《2022年经济要点解读及主要指标解释》,对涉及中央、省、市经济工作会议大政方针、高质量发展主要经济指标解释进行摘录并简要说明,供全县干部学习领会;《翼城县经济运行监测》和《翼城统计》坚持按月定期向四大班子和主要部门报送,不断提高统计工作影响;《统计十三五——翼城2021》《翼城县情概览——2021》印制发行。加大年度信息工作力度,组织对上年信息工作进行表彰,截至11月全局共撰写上报各类信息107条,被市局内网采用54条,省局内网采用5条。9月20日在政府广场举办以"数说新时代,奋进新征程"为主题的第十三届"中国统计开放日"活动,进一步加深群众对统计工作重要性的认识和了解。以"入企入园入区"服务活动为契机,扎实开展抓项目促投资稳增长统计服务活动,在企业一线传递统计声音。

【统计监督】 2022年,县统计局及时向上汇报。认真学习贯彻习近平总书记关于统计工作重要讲话指示批示精神。提交3月8日县委常委会会议、9月县委中心组第十次专题会议传达学习中办、国办《关于更加有效发挥统计监督职能作用的意见》,深入传达学习重要文件。狠抓专项纠治。始终把防范和惩治统计造假、弄虚作假、惩治数字腐败作为统计监督的重要内容,县委、县政府印发《关于贯彻落实〈关于更加有效发挥统计监督职能作用的意见〉的通知》,分解细化19项目标任务。联合县纪委组织专项纠治工作组对相关部门开展专项检查。专题学习国家统计局关于河北省、河南省、贵州省有关地区统计违法案件的通报,组织传达学习上级"统计造假不收手、不收敛专项纠治会议"精神,动员督促全体党员干部积极投身专项纠治工作。强化执法检查。组织各专业开展数据质量"回头看",加大核查查询力度,用好用足通报批评、专题约谈和统计执法等形式,督促相关部门和项目单位筑牢数据质量主体责任,切实做到以案为鉴、举一反三,通报批评3家,专题约谈16个项目单位,执法核查3次,立案查处2件。与县市场监督管理局开展"双随机"执法检查4家。注重法治宣传。与县融媒体合作,制作《依法统计、你我同行》和《加强统计监督、推进依法治统、保障数据质量、服务经济发展》2个法治宣传小视频,并在"翼城融媒"视频号、微信朋友圈等平台进行宣传。《中华人民共和国统计法》纳入县第6期乡科级干部主体班教学内容。

(李淑华)

市场监督管理

【概况】 2022年,县市场监督管理局坚持以习近平新时代中国特色社会主义思想为指导,深入学习贯彻党的十九大、十九届历次全会和党的二十大精神,紧紧围绕县委、县政府"四大振兴战略"和"六大提升行动",以及全市市场监管"156"工作思路,牢牢把握"疫情要防住、经济要稳住、发展要安全"的理念,深入推进"一引领、两维护、两优化、四助力、两提升"工作,踔厉奋发、勇毅前行,着力强化市场监管,统筹推进疫情防控和安全生产,坚决守住安全底线,不断激发市场活力,各项工作进入全市市场监管系统第一方阵,为全方位建设高质量发展强县提供强有力的保障。政协翼城县委员会授予县市场监督管理局2021年度政协提案办理先进单位称号。翼城县劳动竞赛委员会授予县市场监督管理局翼城县五一劳动奖状证书。

【市场监管综合行政执法】 2022年,县市场监督管理局本着"与时俱进,求真务实,紧贴民生,从严执法"工作理念,执法队上下齐心协力,共同努力,以疫情防控为首要任务,以执法为民、为执法理念,以服务县域经济发展为主线,以强化市场监管为抓手,真抓实干,较好的完成全年交办的各项工作任务。共办案30起,结案30起。共计罚没款50.4万元。立案的违法案件中,食品案9起,罚款102628元;药品和价格案3起,罚款7128元;产品质量案8起,罚款168753.4元;医疗器械案2起,罚款77219元;知识产权案2起,罚款30000元;广告案1起,罚款15000元;烟草案1起,罚款496元;反不正当竞争案3起,罚款93000元;化妆品案1起,罚款10000元。在案件查办工作中,有了新的突破。一是针对涉老食品、保健品市场开展专项行动,共查处三家涉老食品、保健品违法行为(翼城县华旗优等氧吧理疗店、翼城县暮衔星韵科技有限公司、翼城县养乃世家奶粉经销店),出动检查车次21车次,出动人次44人次,立案3起。二是在打击知识产权案件方面有了新的突破。在打击制售假冒"冰墩墩""雪容融"等吉祥物或以其形象进行违法宣传、侵犯奥林匹克知识产权等违法行为方面，查处案件2起，现结案2起，填补了翼城县查处侵犯知识产权方面的空白。三是针对举报案件中的职业打假案件，就某居民诉市场监督管理局行政不作为进行应诉，经过庭审，市场监督管理局胜诉。同时，也为其他职业打假人员和其他目的不纯的投诉举报人也起到了警示作用。开展物业公司专项检查，共检查住宅小区17家，其中物业服务企业12家，小产权小区5家（物业未办理营业登记）。通过检查，解决了物业领域群众关注的热点、难点、堵点问题，切实保护人民群众合法权益。还重点对全县10家学校教育收费情况进行检查，主要查处学科类校外培训机构收费、义务教育阶段课后服务收费、职业教育阶段收费问题及学生和家长反映的突出问题，起到良好效果。

【质量强县战略】 2022年，县市场监督管理局扎实推进"质量强县"战略实施，创新质量基础设施"一站式"服务模式，推广企业首席质量官制度，积极开展"质量月"宣传活动，开展有机产品认证宣传周、绿色产品认证宣传周、服务认证体验周等专项宣传。开展小微企业质量体系认证提升行动，协办临汾市市场监督管理局开展检验检测机构开放日活动，开展电动自行车生产销售领域质量监管、儿童用品3C认证专项监督检查、资质认定检验检测机构监督检查等工作，促进中小企业提升质量。开展翼城县2022年重点工业产品质量安全整治专项行动，共检查各类市场主体127家，其中危化品经营企业52家、钢筋水泥经营企业7家、电线电缆经营企业11家、燃灶器具及相关产品18家、化肥经营企业10家、电动自行车及相关产品27家、防爆电气经营企业2家，并将检查结果录入国家"工品查"信息系统。开展儿童和学生用品安全守护行动，重点对小商品市场、农村集贸市场、校园周边等区域开展监督检查，共检查儿童和学生用品经营企业27家。集中开展消防产品质量专项整治，检查消防产品专营企业2家、兼营企业4家，对兼营的企业检查干粉灭火器、消防应急灯等消防产品；联合翼城消防救援大队检查电动自行车经营企业1家、彩钢瓦经营企业3家。开展农资化肥专项监督检查，共检查农资、农膜销售企业13家。配合省局、市局对翼城县车用汽油、民用散煤、石油液化气、LNG、CNG等产品进行监督抽检，共抽检31批次。抽检不合格产品已转办各办案机构，案件在处理中。推荐13家翼城优品参加临汾市品牌建设（其中工业类1家、食品类10家、服务类2家）；推荐国营山西锻造厂、翼城县瑞科磁业有限公司、翼城县华星实业有限责任公司等5家申报省级"专精特新"企业。

【标准化战略】 2022年，县市场监督管理局根据《中华人民共和国标准化法》《山西省标准化条例》等法律、法规，结合翼城县标准化工作情况，对《翼城县标准化战略资金管理暂行办法》进行修订。广泛宣传贯彻落实《国家标准化发展纲要》《山西省关于贯彻〈国家标准化发展纲要〉的实施意见》，标准化工作再上新台阶，山西新翔丰农业科技有限公司在市级农村综合改革标准化试点的基础上，被确定为国家级农村改革标准化试点项目。积极参与市级标准化试点建设，翼城县隆化小米专业合作社被确定为2022年临汾市标准化试点项目。及时修订《翼城县标准化战略资金管理暂行办法》。持续开展县级标准化试点建设，通过征集、评审等程序，确定翼城县宝腾煤业有限公司企业标准化良好行为试点项目为翼城县2022年县级标准化试点项目。鼓励和督促辖区内企业公开其执行的产品标准和服务标准。截至2022年底，共有2家企业自我声明公开标准8项。围绕2022年世界标准化主题组织开展系列宣传活动，指导、帮扶翼城县兴成麝业有限公司制定《麝香酒诱鱼剂》产品标准，组织山西绿牧德品乳业股份有限公司等9家企业的标准计量认证工作人员开展企业质量基础知识培训。

【知识产权战略】 2022年，县市场监督管理局围绕知识产权强县战略，制定《2022年全面推进知识产权强县建设工作实施方案》，加快建立完善全县知识产权培育、保护和运行机制。通过媒体、媒介、户外，广泛宣传知识产权知识，发放宣传单3000余份，接受现场咨询11次。申请筹建翼城县知识产权保护维权援助工作站。深入企业、农村实地帮助设计、制作、申报商标，帮助企业申请注册商标12件。积极指导翼城苹果申请地理标志产品，帮助翼城苹果协会申报翼城苹果地理标志证明商标。开展2022年知识产权执法“铁拳”行动和代理行业“蓝天”专项整治活动。开展知识产权万里行活动，开展关于商标质押助力餐饮文旅等重点行业纾困“知惠行”专项活动，全县保护知识产权的能力得到有效提升，知识产权保护环境得到有效改善。

【食品安全监管】 2022年，县市场监督管理局完成食品安全检查计划序时进度，检查食品生产企业28家、食品小作坊79家、食品流通单位1118家、餐饮服务单位765家、学校食堂48家、保健食品经营单位132家。开展食品安全“守底线，查隐患，保安全”专项行动，聚焦食品生产，校园食堂，校园周边食品经营，冷链食品，餐饮服务经营，特殊食品经营环节开展，重点检查各单位人员健康证明、环境卫生、进货查验、疫情防控落实等方面落实情况，对检查中发现的食品安全隐患，现场提出整改意见，并要求企业限期改正。开展食盐专项检查工作、农村食品专项检查工作、中高考期间食品安全专项检查。率先实现学校食堂“互联网+明厨亮灶”全覆盖，全县46家中小学学校食堂（含幼儿机构）全部投入使用，实时调取抽查学校食堂运营情况，实现对学校食堂食品安全的智慧监管，帮助监管人员及时发现和解决安全隐患，也解决了基层人手少任务重的难题，有效提升监管效能。制订翼城县2022年食品监督抽检计划和食品监督抽检工作要点，完成1060批次的食品监督抽检任务。

【药械化妆品安全监管】 2022年，全县辖区范围内共有药品经营使用单位472家，其中药品零售企业144家、医疗机构328家（包括县医院、中医院、乡镇卫生院、民营医院、村级卫生室、个体诊所等）。完成药品安全检查计划序时进度，制定《2022年全县药品流通监督检查工作计划的通知》，与卫健体联合印发《翼城县2022年疫苗监督检查工作方案的通知》，开展药品安全整治药品流通环节专项检查、药品网络销售、药品经营和使用专项检查，出动执法人员456人次，执法车辆72车次，检查药品经营使用单位207家次，其中检查医疗机构34家次，检查疫苗接种单位9家次，检查疫情防控用药经营企业38家次，责令整改22家次，立案6起，罚没款1.0088万元。进一步规范药品流通秩序、切实保障人民群众用药安全。围绕医疗器械安全有效的监管目标，开展疫情防控类医疗器械、集中带量采购中选产品、可用于医疗美容的医疗器械、无菌和植入性医疗器械等专项检查。同时，针对非法经营整形填充物、避孕套、隐形眼镜、青少年近视矫正眼视光医疗器械等违法行为，加大检查力度，共出动执法人员168人次，出动执法车辆46辆次，共监督检查医疗器械经营、使用单位78家次；立案8起，罚没款82366.6元，有效规范全县医疗器械经营秩序。切实抓好化妆品市场监管，开展化妆品“线上净网线下清源”、农村和城乡接合部化妆品专项检查工作，有效规范农村市场、城乡接合部化妆品经营行为。开展药械不良反应监测，全县共上报药品不良反应监测报告145条，医疗器械不良事件25条，化妆品不良反应报告5条。开展“我为群众办实事”家庭过期药品集中回收处理活动，开展“全国医疗器械安全宣传周”活动，向群众宣传过期药品不当处理的危害，增强群众用药安全意识和自我保护意识，养成自觉查看药品有效期、清理家庭过期药品的习惯。

【特种设备安全监管】 2022年，县市场监督管理局认真贯彻落实安全生产法、特种设备安全法等法律法规，不断深化特种设备风险辨识和隐患治理双重预防机制建设，开展风险点查找、风险研判、风险防范、风险处置，对排查出的隐患做到发现一个整治一个，发现一批整治一批，不留后患，扫除隐患整治的死角和盲区，坚决做到隐患治理的闭环管理。开展特种设备“百日攻坚”集中行动，切实保障全国“两会”和北京冬残奥会、党的二十大期间特种设备安全生产。持续深入开展特种设备安全生产三年行动和大排查、大整治、大提升工作，“反三违、除隐患、防事故”专项检查，紧盯学校、超市、医院、宾馆、工业企业等人员密集场所使用的锅炉、压力容器、电梯、起重机械等特种设备，组织专项检查，并监督落实整改，做到监管全覆盖。开展特种设备超期未检专项整治、城镇燃气压力管道、油气长输管道、燃气“黑气瓶”、电梯质量安全提升等专项整治工作。多种形式开展“安全生产月”宣传活动。共出动特种设备安全监察人员350人次，检查特种设备使用单位94家，检查设备928台/套，发现特种设备一般问题隐患43条，下达《特种设备安全监察指令书》47份，未发现存在特种设备重大安全隐患。

【产品质量安全监管】 2022年，县市场监督管理局加强对汽油、柴油、散煤等产品质量抽检，成品油抽检152批次，其中汽油88批次、柴油59批次、车用尿素5批次。配合省市场监管局抽检成品油8批次。制定《翼城县市场监督管理局2022年散煤污染专项整治实施方案》和《翼城县2022年民用燃煤等产品质量监督抽检工作计划》，与全县13家民用煤供应点签订承诺书，共抽检民用散煤17批次（其中民用散煤6批次、民用型煤11批次）。大力开展餐饮业油烟污染治理工作，采取“白天检查、夜间抽查、第三方检测”的方法，全力推进餐饮业油烟治理工作，共督促52家餐饮单位安装油烟净化设施。执法人员重点对餐饮油烟净化设施安装是否到位、能否正常使用、有无漏油跑烟等情况进行检查，要求定期清洗、维护和检修。针对个别餐饮单位油烟净化设备清洗不及时、油烟排放在线监测不合格等问题，责令其立即停业整改。

【信用监管】 2022年，县市场监督管理局帮扶青年创新创业，促进市场主体倍增工作。全县新增市场主体9774户，其中企业1192户、农民专业合作社29户、个体户8553户。根据改革情况，企业和农民专业合作社在行政审批局注册登记，个体户在市场监管局注册登记，新增的8553家个体户占新增市场主体的88%。

联合邮储银行翼城营业部开展金融服务个体户贷款工作，共放款499户计11334.5万元。其中，个体工商户和小企业主放款475户计7403.2万元、企业放款24户计3931.3万元，为个体工商户纾困解难，全力促进金融服务个体工商户工作落地见效。

在个体户注册登记方面，严格落实“首问负责制”和“一次告知制”，全面推行市场主体全程电子化登记，实现注册登记“最多跑一次”和“一网一门一次”，实现一人通办。同时，为全程电子化办理有困难的个体工商户提供面对面服务，由服务人员现场指导，申请现场网上操作，切实减轻群众办事负担。落实以信用监管为基础，以“双随机、一公开”监管为基本手段、以重点监管为补充的新型监管机制。积极开展2021年度企业年报，年报率97.03%。开展市场监管领域“双随机、一公开”监管工作，制订部门联合双随机计划与本级部门双随机计划，完成本级抽查计划21

项,抽查市场主体446户;完成市场监管领域部门联合抽查计划25项,抽查市场主体170户;配合省、市级抽查检查事项13项,抽查市场主体78户。开展“互联网+监管”工作,建立监管行为数据实时录入和监管信息实时发布工作机制,推动“互联网+监管”相关工作常态化,互联网信息录入12791条。完善经营异常名录,强化信用监管基础,做好对各类市场经营主体年报管理工作,及时将不按要求年报的市场经营主体列入“企业经营异常名录”;列入异常名录企业、农民专业合作社、个体工商户共4643家次,共移出在异常名录中的企业、农民专业合作社、个体工商户共1709家。积极探索开展企业联合征信、联合惩戒。同时,出台《培育和激发市场主体活力全力促进市场主体倍增20条工作措施》,以持续激发创业、发展、创新、竞争活力为目标导向,围绕深化质量技术全要素精准赋能、强化知识产权全方位保护运用和坚持市场秩序全过程公正监管等三个方面,切实解决市场主体“急难愁盼”等问题。

【落实公平竞争审查制度】 2022年,县市场监督管理局制定翼城县2022年反不正当竞争工作要点,开展医疗卫生领域商业贿赂和医药价格违法专项整治,加大反不正当竞争工作,查处涉老诈骗领域违法案件3起,共计罚款9.3万元,完成市局下达每个县全年完成3起不正当竞争案件的任务,受到市局领导表扬和肯定。对翼城县在人民政府网站公示出台的政策性文件193件,进行筛查和公平竞争审查。完成交叉检查任务,对襄汾县、安泽县人民政府出台公示的120份文件进行公平竞争审查,审查结果报告报市公平竞争审查工作联席会议办公室。对住房和城市建设局出台的2份文件进行公平竞争审查备案工作。组织全县各成员单位开展公平竞争宣传周活动,采取发放宣传资料、集中学习、转发朋友圈、小视频等多种形式,取得良好效果;完成临汾市公平竞争审查工作联席会议办公室转办的《关于对各县(市区)2022年公平竞争审查交叉发现问题进行核实整改的函》,对翼城县粮食储备服务中心出台的涉及市场经济主体未按规定进行公平竞争审查出台的文件进行整改工作。开展打击非法传销、违规直销,加大宣传力度,在政府广场电子屏进行滚动播放非法传销视频,号召全局人员和周围群众转发微信朋友圈200余条、发放宣传资料200份,采取多种形式进行广泛宣传。制定2022年度《打击非法传销工作方案》并进行部署安排。组织参加市局《关于做好打击传销信息系统上线准备工作的通知》视频会议工作,完成市、县局直销企业“双随机、一公开”检查,检查资料,相关经营情况汇总上报市局业务科室。

【价格监管】 2022年,县市场监督管理局组织开展翼城县涉企收费专项整治工作、根据时间节点完成各收费单位自查自纠工作;开展全县教育收费专项检查,市场监管局、县发改局、教科局联合制定《开展全县教育收费专项检查实施方案的通知》,制定重点检查名单,组织全体教育收费单位完成自查自纠工作,综合行政执法队对10家重点单位开展检查;组织开展打击整治涉老食品、保健品违法行为专项行动,完成摸底建立台账,配合县公安局检查涉及虚假宣传销售保健品经营主体。开展供水供电领域涉企违规收费集中治理专项行动、粮食购销领域检查、夏粮收购工作;组织开展房地产“清零行动”、煤炭价格监测、重点商品价格监测、“天价雪糕”、“雪糕刺客”、高价月饼、高价蟹卡等疫情、中秋、国庆节期间涉及价格监管工作、居民生活用品、疫情防控用品及相关的商品价格监测、宣传及检查工作。

【消费维权】 2022年,县市场监督管理局加大消费维权力度,保护消费者合法权益。组织开展以“共促消费公平”为主题的“3·15”国际消费者权益日纪念宣传活动。持续开展“诚信经营 放心消费”创建活动，强化合同监管，持续开展重点领域格式条款合同监管工作，对校外培训机构、房屋装潢公司、房产中介公司、装潢公司、房产中介公司、汽车销售公司和二手车交易公司的合同条款、内容进行检查。继续深化“合同帮农”工作。贯彻落实省、市、县关于文物保护工作要求，组织学习贯彻习近平总书记关于做好山西历史文物保护重要指示精神和省委书记对山西省保护历史文物工作的要求，增强意识，多措并举，加强对文物市场的监管，封堵非法文物销售渠道，有效维护文物市场经营秩序。及时受理全国“12315”平台分流的各类投诉和举报，以及消费者和群众的来人、来电投诉举报，做到第一时间受理，第一时间分流转办，及时催办，及时回复输入和结案归档，切实加强消费维权。共受理各类投诉和举报396起，办结396起。接受各类咨询82起，12345市长热线处理单完成201件，对所有的投诉举报，做到件件有结果，事事有回应。

【网络监管】 2022年，县市场监督管理局建立“智慧网监”平台监管单位的注册和使用等工作，完成五级系统分流工作三起，完成三起，完成率100%。制定下发《翼城县2022年网络交易监管工作要点》，网络平台监测每月上报工作、网络交易含金银箔粉食品网络系统平台监测、组织开展网监条线的涉老食品、保健品违法行为专项行动实施方案、开展相关工作。

【广告监管】 2022年，县市场监督管理局认真完成广告业调查统计工作。征求9家虚假违法广告整治联席会议成员单位意见，制定《翼城县整治虚假违法广告局际联席会议工作制度》，并发至各成员单位。组织开展2022年涉嫌非法集资广告资讯信息排查和整治重大活动从事违法违规商业广告宣传工作，督促引导广大经营主体坚持商业营销宣传正确政治方向和价值导向，加强广告审查，完善广告管理制度，维持良好的广告市场秩序。及时采取行政措施，监测各类广告1000多条次，有效遏制广告违法势头。查处虚假违法广告案件1件，收回罚没款1.5万元。

【计量监管】 2022年，县市场监督管理局针对疫情防控、粮食购销、民生计量、加油(气)站等领域开展计量监管执法专项整治行动。完成计量单位“双随机、一公开”抽查检查，开展法定计量检定机构计量标准监督检查、眼镜配置场所计量监督检查和能源计量审查工作，维护公平、公正的计量消费环境。开展计量宣传工作，2022年5月20日，张贴宣传海报、电子屏播放、悬挂世界计量日宣传标语条幅，在集贸市场、主要街道等场所通过发放宣传材料，利用微博、微信等互联网媒体等方式对计量工作进行宣传，发放宣传资料3500余份。对加油站数据管理云平台反馈的问题进行核查和处理。根据《重点用能单位能源计量审查规范》要求，对重点用能单位能源计量工作开展审查。

【认证认可监管】 2022年，县市场监督管理局协办临汾市市场监督管理局在翼城县佳惠机动车检测有限公司开展以“检验检测促进高质量发展”为主题的2022年“检验检测机构开放日”活动。开展“小微企业”质量提升行动，联合中小企业局对小微企业质量体系提升行动进行宣传，开展翼城县小微企业质量管理体系认证培训。确定翼城县强劲面业有限公司为小微企业质量认证帮扶企业，指导杭州万泰认证公司对其进行帮扶指导并进行质量管理体系认证。开展检验检测机构“双随机、一公开”抽查检查，与临汾市生态环境局翼城分局联合进行“双随机”抽查，共1家；对辖区内检验检测机构进行“双随机”监督抽查3家。开展电动自行车生产销售领域质量监管工作，重点检查电动自行车是否为无证产品、是否加施3C标志、认证证书是否有效，严防不合格产品流入市场。开展儿童用品3C认证专项监督检查,对辖区内超市销售的儿童用品、儿童玩具3C认证情况进行监督检查。开展资质认定检验检测机构监督检查,开展认证活动见证检查20余次。围绕2022年世界认可日主题,开展主题日宣传活动。开展有机产品认证宣传周、绿色产品认证宣传周、服务认证体验周宣传活动,引导科学消费、绿色消费。

【非公党建工作】 2022年,翼城县非公党委下辖基层党支部94个,其中联合党支部67个、单体党支部27个,共有党员513人。非公党委全面贯彻落实2022年工作要点,扎实推进理论学习,常态化开展党史学习教育,通过大力提升"两个覆盖"工作力度,进一步发挥"七要素"融入法助推企业发展、把学习贯彻党的二十大精神等工作深度融入基层治理,非公党建工作取得新进展。为适应新时代基层治理需要,充分发挥基层市场监管所非公党建工作指导的职能作用,有序推进在全县市场监管所"一体化"推进非公党建指导站工作,根据市局《2022年非公党建工作要点》和《关于在全市市场监管所"一体化"推进非公党建指导站建设的指导意见》文件精神,按照指导站建设的指导原则,结合翼城县实际,统筹规划建设6个指导站,覆盖全县现有8个市场监管所。各指导站要将非公党建工作列入市场监管所基本职责,与市场监管工作同谋划、同部署、同推进、同考核。为充分发挥党建指导员的作用,非公党组织选派67名党性强、党建业务熟悉的党建指导员到基层党支部进行包联,指导帮助支部提升基础党建工作,在重点抓好理论学习教育、主题党日活动、创新工作方式的同时,因地制宜开展党员乐于参加的助学助教帮困解难的促基层治理活动,使全县非公党建工作稳步推进。

(李建慧)

综合检验检测

【概况】 2022年,县综合检验检测中心推进党组织的建设,落实安全责任,完成县疫情防控领导小组下达的任务,积极推进博士工作站的工作;共检验蔬菜54批次,保障翼城县农产品质量安全水平;检定压力表217台、血压计11台、衡器42台、燃油加油枪280台,保障县域范围的各行业计量设备的准确可靠。

【落实国家安全责任】 2022年,县综合检验检测中心以落实总体国家安全观为目标,建立健全工作机制,加强中心安全工作管理。根据上级文件精神,学习《国家安全法》《国家安全法实施细则》等法律法规,同时,利用各种方式广泛宣传所学法律法规,编发国家安全教育类的相关内容信息给单位职工及家属,进一步增强广大干部职工的国家安全意识。开展保密工作宣传教育,对微信等平台进行自查,征订相关书籍,订购保密三合一装置,定期组织全体员工学习、对单位的计算机等进行自查。

【检验工作】 2022年,县综合检验检测中心对翼城县各农产品生产基地、县域内各超市、蔬菜批发市场等进行蔬菜抽样检测,共抽检54批次,合格为100%,有力地保障翼城县农产品质量安全水平,确保群众吃上放心菜。

【计量工作】 2022年,县综合检验检测中心全面完成计量检定业务的资质恢复工作并开展计量检定业务。经过一年的努力推进,年底可正常开展燃油加油机、压力表、数字指示秤、天平、血压计等14项计量检定业务工作,保障县域范围的各行业计量设备的准确可靠。

【博士工作站建设】 2022年,县综合检验检测中心为深入贯彻习近平总书记考察山西重要讲话重要指示精神,落实县委关于深化省校合作的决策部署,与山西农业大学食品科学与工程学院进行县校合作,在大学生实习实训、高校科研平台延伸、高校科技成果转化等基地建设方面开展全方位合作,实现中心食品农产品检测资质、设备设施等方面的优势和山西农业大学人才资源、科技成果富集等优势的互补,真正达到人才共享、互利共赢。截至2022年底,与农大食科院的博士王愈、荆旭初步达成合作协议,6名农大硕士研究生在中心完成实习实训。

(薛洪安)

农　业

农业农村工作

【概况】 2022年，县农业农村局围绕省委、省政府关于实施乡村振兴战略的决策部署，认真贯彻落实中央、省委农村工作会议、中央一号文件、省委一号文件等精神，以乡村振兴战略为总抓手，以农业农村现代化为总目标，以农业“特、优”战略为总牵引，强力实施巩固成果、粮食安全、产业提升、乡村建设、深化改革五大行动，促进农业高质高效、乡村宜居宜业、农民富裕富足，各项工作均取得明显成效。

全县粮食播种面积达到60.61万亩，粮食总产达2.3亿公斤，小麦单产再创新高，达855.13公斤，连续三年刷新山西省最高纪录，被省委农办通报表扬；玉米大豆带状复合种植达20137亩，超额完成目标任务，大豆高产竞赛名列全国第四；小麦三次叶面喷肥技术被农业农村部列入全国种植业技术推广典型案例；完成150亩珍珠玉米基地建设和15个种子繁育生产基地。

农村产权制度改获得农业农村部表彰，“土地入股+集体经营+全产业链托管”为主的壮大集体经济发展模式得到省市相关领导高度评价；清化收工作全市领先，土地托管经验做法被央视新闻和上级主流媒体予以报道。

农业农村局2022年度被农业农村部授予全国农村集体产权制度改革工作先进集体称号，小麦超常量叶面喷肥被农业农村部列入全国种植业技术推广典型案例，全国大豆高产竞赛获得第四名，夏粮丰产丰收被省委农办通报表扬，农业行政处罚案卷被省农业农村厅评为优秀案卷，农产品质量安全工作被省农业农村厅授予2021年度全省绿色优质农产品系统先进单位称号。

【农业经济】 2022年，全县粮食种植总面积达到60.61万亩，其中小麦34万亩、玉米26.61万亩。粮食产量达2.3亿公斤，其中夏粮产量1.2亿公斤、秋粮产量1.1亿公斤。6月18日，在唐兴镇古城村小麦高产高效技术示范基地实打实收现场，翼城县小麦单产再创新高，达855.13公斤，连续三年刷新山西省最高纪录。全年完成玉米大豆带状复合种植20137亩，超额完成目标任务。全县蔬菜总面积达15555亩，总产量3.22万吨，产值1.15亿元；新增蔬菜面积达3211亩，完成年初目标任务。落实耕地地力保护补贴面积48.4万亩，涉及农户61952户，发放补贴资金3243万元；落实实际种粮农民一次性补贴发放工作，发放补贴资金1700余万元；落实政策性保险1151万元；发放“新农贷”担保贷款286笔9952万元，发放农户信用贷767户5323.6万元；发放极速贷754笔8957万元。2022年，翼城县农产品加工业销售收入达到20.4亿元，同比增长19.7%；十大产业集群产值达到10.4亿元，同比增长11.2%；全县年销售收入500万元以上农产品加工企业销售收入15.9亿元，同比增长14.9%。

【改善农村人居环境】 2022年度，翼城县完成250座列入长期整改的问题厕所整改，完成172座自然灾害损毁户厕重建工作，并全部验收；建设一个智慧化管护平台，方便群众生活；在全县9个乡镇建立13个服务站，配备抽粪车31辆，招聘抽粪人员和维修人员32人，开通服务热线，可在48小时内为农户提供上门服务；搭建一处农村卫生厕所智能管护服务平台，同时招标第三方“厕所革命”托管服务企业，引入第三方社会化服务经营模式，翼城县厕所后期管护服务运营模式作为经验在全市推广；在唐兴镇石桥村、中卫乡浍史村建设箱式堆肥反应一体化处理设施2座，并投入使用，可解决周边600余户村民粪污集中处理和畜禽养殖粪污的资源化利用；在南梁镇浍吉村，正在建设农业农村废弃物资源化利用处理中心一座，建成后，预计可年产粉末状有机肥3200吨、液态有机肥7200吨，将有效满足周边粮、果、菜产业对绿色优质有机肥料的需求。

7月，开展为期3个月的农村户厕问题摸排整改“回头看”工作，9个乡镇共发现问题3164个，主要是坐便器松动、坐便器盖破损、防臭阀损坏、厕墙不够高、厕屋密封不严、建新未拆旧、新厕闲置或用作它用等，完成整改3097座，剩余67座列入长期整改计划。

【农业生产托管】 2022年，全县农业生产托管工作取得较好的成绩。一是全年农业生产托管面积共计20.51万亩，完成托管目标任务9.437万亩的217%。二是以破解农村集体经济增收难题为切入点，依托“土地”这一农村核心资源，充分发挥党建引领作用，通过将土地“化零为整、集体托管、规模经营”，探索形成“土地入股+保底分红”全产业链托管模式，全县151个行政村流转土地77948.25亩，秋粮收入1678.40万元，为壮大农村集体经济开辟新的有效路径。三是探索基于农业生产托管的“政府+农业托管联合社+保险+担保+银行”的新型五位一体的全周期式农村综合金融创新服务模式，太平洋、人寿、人保三家保险公司，专门针对实行“土地入股+保底分红”全产业链托管的村集体，开发玉米区域收入保险、小麦区域收入保险产品，对符合赔付标准的村集体，经专家实地测产后，及时进行赔付，最大限度地保证集体经济收益。四是完成新型农业经营主体信用体系建设国家级试点项目，授信各类经营主体130家，授信额度2664万元。五是以土地流转管理平台、农业生产托管平台、农村三资管理平台、信用信息采集为基础，在全省率先启动农业生产托管数字化服务平台，为农户和托管服务组织提供“一站式”“全产业链”农业生产托管服务，大力推进农业机械化、规模化、集约化发展水平。

【农村改革】 2022年4月开始，翼城县开展以清理合同、化解债务、新增地源收费为主要内容的“清化收”工作。工作开展以来，一是摸清农村集体家底。核对各类合同累计11889份，除乡镇审核规范合同2477份外，问题合同9412份，全部完成整改。通过清查，摸清农村集体的家底，“一锅粥”变成“一本账”，为进一步开展管理和运营提供重要依据。二是增加农村集体收入。主要包括：新签合同收入，通过对问题合同补签、重签、重新组织发包，集体增收653.06万元。增收最多的王庄镇增收136.83万元。合同清欠收入，至2021年底欠费总金额1809.75万元，已清收821.58万元，占比5.42%。南梁镇除进入司法程序清欠外，完成合同清欠任务；清收额最多的西阎镇151.20万元。债权债务化解增收，债权总额23411.87万元，已清收3806.75万元，占比16.26%，债权清收最多唐兴镇3663.74万元；债务总额39707.96万元，实际化解4602.63万元，占比11.6%，债务化解最多唐兴镇4178.57万元。

开展农村集体“三资”管理贪腐问题专项整治工作。按照省、市农村集体“三资”管理贪腐问题专项整治工作要求，选派四名业务骨干参与县“三资”管理贪腐问题专项整治专班工作，制定县农村集体“三资”管理贪腐问题专项整治工作实施方案；按照职能部门责任分工，指导各乡镇完成农村集体“三资”管理底数、制度、问题“三清单”和“三资”监管平台信息报送工作。通过汇总9个乡镇151个行政村填报的“三资”管理“三清单”，进一步摸清全县的家底。县域内农用地总面积146.55万亩，其中耕地面积54.24万亩（含未承包到户6.3万亩）。全县资产合计175120.81万元，其中经营性资产50624.62万元（农业资产1866.12万元）、非经营性资产124496.19万元。截至2022年6月底，全县151个行政村资金余额5801.81万元，乡村建设、乡村治理、乡村产业发展等财政资金余额为2858.09万元，负债合计41683.12万元。9个乡镇设“三资”专岗20个，151个行政村村“两委”干部823人，村集体经济组织335个，监事会会员812人。

全县整理汇总农村集体“三资”管理制度173项，梳理农村集体“三资”管理基础底数、责任落实、资金管理等7个方面共性问题38个。

【新型农业经营主体培育】 2022年，县农业农村局为认真贯彻落实2022年中央一号文件及农业农村部《关于实施新型农业经营主体提升行动的通知》精神和省委、省政府大力培育农民合作社、家庭农场等新型经营主体的要求，促进新型农业经营主体规范发展，提高发展水平，提升服务带动能力，发挥示范引领作用，积极开展2022年度农民合作社示范社、家庭农场示范农场、农业生产托管省级示范服务主体评定工作。根据评定标准，结合实际，推荐2家为国家级示范社；推荐1家为市级示范社；上报翼1家合作社为县级示范社；推荐翼城县宏旺家庭农场、翼农乐（山西）绿色农业家庭农场、翼城县桃花源农耕家庭农场、山西省翼城县政沣农业种植家庭农场共4家家庭农场为省级示范家庭农场；推荐翼城县欢博家庭农场、翼城县青山家庭农场、翼城县龙哥生态苹果家庭农场共3家家庭农场为市级示范家庭农场；认定翼城县天林家庭农场、翼城县绿优种植家庭农场、翼城县晋牧养殖家庭农场、翼城县碧曦家庭农场共4家为县级示范家庭农场。全县各类示范社共计69个，其中国家级示范社8个、省级示范社14个、市级示范社15个、县级示范社32个。翼城县全县各类示范家庭农场共计43个，其中省级示范农场8个、市级示范农场9个、县级示范农场26个。山西新翔丰农业科技有限公司获评2022年度农业生产托管省级示范服务主体。

全县共培育省级龙头企业5家，市级龙头企业7家。其中2022年申报增补省级龙头企业1家，培育2个市级农业产业化示范联合体，申报省级农业产业化示范联合体2家。通过培育，1—10月全县农产品加工业销售收入达18.9亿元，十大产业集群产值达14.9亿元，其中全县年销售收入500万元以上农产品加工企业销售收入达9.8亿元，完成全年任务的88%以上。

（杨　波）

畜牧业

【概况】 2022年，县畜牧发展中心坚持以习近平新时代中国特色社会主义思想为指导，认真贯彻落实党的十九大、十九届历次全会精神和党的二十大精神，贯彻习近平总书记考察山西重要讲话、重要指示精神，紧紧围绕乡村振兴战略部署，统筹新冠疫情防控和畜牧产业发展，抓实抓好畜产品稳产保供和提质增效，全县畜牧业保持良好的发展势头,确保“向人民交账”承诺事项落地见效,完成年度各项工作任务,全方位推动畜牧业高质量发展。2022 年,全县畜禽饲养量分别达到生猪 52 万头、牛 2.25 万头,其中奶牛 5650 头、羊 14 万只、家禽 200 万羽;肉、蛋、奶产量分别达到 4.26 万吨、1.3 万吨、2.6 万吨,有效保障“菜篮子”肉蛋奶等畜产品供给,完成年初下达的目标任务,全县畜牧业运行质量进一步提升。

【重点项目建设】 2022 年,县畜牧发展中心坚持转型为纲,项目为王的理念,按照做强生猪产业,做大牛羊产业,做优家禽产业,做精乳品产业的发展思路,动员和鼓励社会资本投入畜牧产业,从立项、土地、金融多方面支持畜牧业发展,优化发展环境,成立项目专班,推动项目落地。2022 年共实施八项畜牧重点工程。一是翼城县茂洲牧场有限公司晋南牛扩繁基地建设项目。公司位于翼城县南梁镇中贺水村,项目占地 181.09 亩,总投资3000 万元,完成全部建设任务。项目建成达产达效后可存栏“晋南牛”良种母牛 1000 头。二是翼城县长峰农工商实业有限公司标准化提升项目。项目位于唐兴镇冶南村,总投资2000 万元,完成全部建设任务并投产。项目全部达产达效后可存栏良种奶牛 3000 头。三是翼城县芸翊公司奶牛养殖场标准化提升工程。项目位于南梁镇西郑村,总投资 800 万元,完成全部建设任务并投产。四是龙兴养殖场肉牛养殖项目。该项目位于里砦镇老官庄村,总投资 1530 万元,完成全部建设任务并投产。项目建成达产达效后可存栏肉牛 450 头。五是盛源公司肉牛养殖项目。该项目位于隆化镇北张庄村,总投资 650 万元,完成全部建设任务并投产,建成达产达效后可存栏肉牛 450 头。六是山西融浍农牧开发有限公司肉牛养殖项目。该项目位于里砦镇老官庄村,总投资 1510 万元,完成全部建设任务并投入使用,建成达产达效后可存栏肉牛 450 头。七是红艳肉牛养殖场肉牛养殖项目。项目位于里砦镇开化村,总投资 500 万元,完成全部建设任务并投入使用。项目建成达产达效后可存栏肉牛 400 头。八是山西征帆生态科技公司病死畜禽无害化处理场建设项目。项目位于南唐乡樊店村,占地面积约 10 亩,总投资 2000 万元,于 10 月 26 日完成立项备案,于 11 月 1 日开工建设,完成场区大门、围墙和道路硬化工程。项目建成后,可实现日处理病死畜禽 15 吨的生产能力。实施“粮改饲”项目,种植青贮玉米 1.5 万亩,加工青贮玉米饲草 4.5 万吨,争取中央农业发展资金 147.21 万元。

【重大动物疫病防控】 2022 年,县畜牧发展中心认真贯彻落实新修订的《中华人民共和国动物防疫法》和《山西省动物防疫条例》,坚持“预防为主、防检结合、重点控制、区域净化、逐步消灭”原则,建立健全县、乡、村、户四级防疫体系,全力确保公共卫生安全,为畜牧业发展保驾护航。扎实开展防疫工作。严格落实宣传培训、强制免疫、消毒灭源、技术培训、督查指导、抽查检测等有效措施,进一步创新督查机制,实行日常检查与春秋两季防疫绩效评估的方式。5 月中旬、10 月底,全面完成春秋两防工作任务,口蹄疫、高致病性禽流感等 7 种畜禽重大动物疫病强制免疫率达到 100%,群体免疫合格率达到 70% 以上。重点抓好人畜共患病防控。坚持“人病兽防、关口前移”,从源头前端阻断人兽共患病的传播路径,重点抓好布病、炭疽和狂犬病等人畜共患病防控。在畜间布病防控方面,全年共发放布氏杆菌疫苗 20 万头份,全县适龄牛、羊全部进行免疫,累计免疫牛 2 万余头,羊 13 万只,做到应免尽免,抽检抗体水平达到国家要求。在畜间炭疽防控方面,汛期期间全面开展畜间炭疽疫情监测排查,对县域内所有的草食动物养殖场(户)、屠宰点等场所进行全面排查,做到及时发现和处置异常情况，排除疫情隐患。在畜间狂犬病防控方面，为切实做好犬只狂犬病免疫工作，2022年，通过筛选、审查，将全县符合条件的2家动物诊疗机构纳入全县狂犬病疫苗注射服务定点单位，并向社会予以公布。

【畜牧业安全生产】 2022年，县畜牧发展中心认真贯彻落实最严谨的标准，最严格的监管，坚持问题导向，强化精准治理，切实守护“舌尖上的安全”。开展畜牧生产安全隐患排查。继续保持监管高压态势，先后在全县范围内集中开展畜牧兽医领域安全生产大检查活动、畜禽粪污贮存池安全隐患排查、畜牧兽医领域安全生产大检查大整治大提升活动和“反三违、除隐患、防事故”专项行动，及时查找监管漏洞和监管盲区，有效管控安全风险和安全隐患，坚决防止畜牧兽医领域发生重大安全生产事故。先后出动检查人员350人次，共检查涉牧企业463家，发现隐患351个，建立隐患问题整改台账，实行闭环销号管理，已全部整改完成。2022年，监督无害化处理病死猪505头，切实从源头保障全县畜产品质量安全。加强兽药监管工作。全年出动检查人员70余人次，检查兽药经营企业18家、养殖企业150家，整改不规范行为11处。组织开展兽用抗菌药减量化行动，制定五年行动方案，把全县兽药经营和规模场用药全部纳入国家兽药综合查询平台，实现用药可追溯管理。确定富华公司为兽用抗菌药减量化试点，通过精准指导规范用药、科学用药、减量用药，全县兽用抗菌药同比减少10%。在2022年全省畜产品质量抽检中全部合格。开展质量安全抽查检测。配合省、市完成畜产品质量安全抽查检测任务，共抽检畜产品样品15批次，抽检合格率100%。同时，运用检测试剂卡，自行开展猪、牛、羊“瘦肉精”检测760头份，全部合格。生鲜乳抽样检测48批次、186份，全部合格。

【畜牧领域“双创”工作】 2022年，县畜牧发展中心立足畜牧行业实际，发展行业优势，编制畜牧行业青年创新创业服务指南，引导广大青年投身畜牧行业创新创业型，培育绿牧德品、小精灵宠物诊疗、晋康兽药行、红艳养殖场、“土老帽”蛋鸡、君昊鹌鹑养殖等一批创新创业典型。其中，绿牧德品、“土老帽”蛋鸡、君昊鹌鹑养殖参加市、县组织的创新创业竞演大赛，并取得好成绩，展现了畜牧行业新风采、新形象。

2022年8月10日，开展“送政策、送技术、优服务”活动（张文河供图）

【技术服务工作】 2022年，县畜牧发展中心强化技术培训工作。定期开展畜禽养殖技术培训班，讲授畜禽疫病防控技术、推广先进养殖方法、宣传畜牧业法律法规。2022年，共举办培训班20次，切实解决畜牧业生产中的实际问题。增强防疫能力水平。举办翼城县2022年动物防疫技能比武大赛，通过竞赛，提高基层动物防疫人员的业务素质和技术水平，夯实动物防疫工作基础。同时组织人员参加全市畜牧行业职业技能大赛，获得团体第二名的好成绩。加强技术服务指导。成立技术服务队，深入基层开展“送政策、送技术、优服务”活动，进一步提高养殖场户科学养殖水平，受到养殖场户的广泛好评。累计发放各类资料1万余份。全面落实党员干部直接联系和服务群众工作制度。制订包联企业任务表，采取“一人一企”、驻点帮扶的精准措施，深入养殖企业，帮忙解决群众急难愁盼问题。截至

2022年底，下乡服务245人次，走访养殖企业25家，当场解决问题15条。

（张文河　李鹏　赵楠）

农业机械

【概况】 2022年，县农业机械发展中心设综合股、宣传和信息化股、人财股、农机装备股、社会化服务股、技术推广股，共有干部职工28人。主要负责全县农机化新技术和新机具的试验、示范、推广，农机安全与管理，农机购置补贴与农机社会化服务，指导农业机械的使用与维修管理等工作。截至2022年底，全县主要粮食作物机械化率95.3%，全县农机总动力达到24.57万千瓦（三轮车已去除），农业机械的主要指标均远远高于全省平均水平。冀城县被认定为全国第三批率先基本实现主要农作物生产全程机械化示范县，被评为全省率先实现农业机械化示范县。

【农业机械购置补贴（农机报废更新）】

2022年，全县共落实国家农机购置补贴资金517.39万元（其中农机报废更新59.48万元）。农机购置补贴使用资金457.731万元，补贴农业机械695台（套），收益农户达到595户。农机报废更新使用资金59万元，完成报废农机32台（玉米收获机30台、小麦收获机1台、拖拉机1台），完成拆解11台，使用资金59万元，共计使用资金516.87万元。

【谷子全程机械化作业补贴项目】 2022年，县农业机械发展中心完成谷子全程机械化面积5000亩，对谷子机械化耕整地、播种、收获、秸秆还田等环节进行补助，发放补助资金40万元。

【农机深松整地项目】 2022年，县农业机械发展中心完成农机深松整地作业面积7万亩，其中补贴面积5万亩，发放补助资金150万元，项目建设通过第三方质检评估。

【农机化新型经营主体提档升级项目】

2022年，县农业机械发展中心实施农机化新型经营主体提档升级试点建设项目，使用上级资金50万元，建立集数据化、智能化、可视化、集约化于一体的智慧农机作业服务体系，使农业生产过程实现智能控制和精准作业，降低生产成本促进增产增收。

【农业机械化技术集成示范基地项目】

2022年，县农业机械发展中心使用省级资金80万元，充分发挥农机推广的职能作用，引进连续式粮食干燥机及移动式输送机1套、清选机1台、玉米脱粒机型1台、镇压机1台、圆捆机1台、搂草机1台。在里砦镇老官庄村益农农机合作社，创建生产规范、服务高效、机具先进适用、配套合理、机艺技术集成融合、示范引领效果明显的农机化技术推广应用典型样板示范基地。

【农机服务组织建设】 2022年，县农业机械发展中心在春耕工作中，积极开展下乡指导服务工作，指导机手做好机具检修。“春耕”期间，全县检修机具2600台，共完成机耕10.2万亩，机播10.8万亩，其中机播玉米9.6万亩、机播薯类及其他杂粮0.9万亩。

2022年“三夏”期间，县农业机械发展中心向机手发放联合收获机跨区作业证　（文斌供图）

“三夏”期间，加强服务指导和机具调度，指导农机手检修机具1400台，向机手发放联合收获机跨区作业证45个，设立跨区作业接待站3个。建立由20辆机车组成的“三夏”应急救援队，设立党员先锋岗3个，党员示范车10台，服务困难群众160余户，服务面积达534亩。同时，还组织3个“三夏”技术服务组开展技术服务，做到信息咨询服务到田、技术指导到田、物资配件供应到田、解决矛盾纠纷到田、安全生产检查到田，确保夏收夏播工作完成。全县共机收小麦22万亩，机播玉米20万亩。

“三秋”期间，检修玉米联合收获机500余台，拖拉机600余台，各类配套机具1300余台。截至2022年底，共投入各类农业机械2000余台(套)，机收玉米29万亩，机播小麦33.5万亩。

【农机信息宣传】 2022年，县农业机械发展中心共向各类报纸、杂志、网站上报信息、调研报告、报道等37篇，中国农机化信息网采用24篇，山西省农机化信息网采用37篇，市农机中心采用37篇。

(文　斌)

农业综合开发

【概况】 2022年，县现代农业发展中心主要承办2020年项目验收、2021年项目建设、2022年项目和谷子基地开工、排查整改、冬季农建和2023年项目启谋划等工作，其中2020年项目验收、2021年项目建设、2022年项目开工3项市定考核工作位列全市第一方阵，其他工作超进度完成年度目标任务。

【2020年项目验收】 2022年，县现代农业发展中心完成2020年项目验收工作，该项目，总投资4478万元，总面积2.8万亩，涉及里砦镇里砦村(张桥村、西角村)、开化村、东续村(西续村)、西沟村、东午寄村(西午寄村、南石村、北石村)和南梁镇西郑村(东郑村)、西张村、凸里村等2个乡镇8个行政村，主要建设内容是铺设管道21万米、整建田间道路38公里、更新机井15眼、建设蓄水池9座、栽植防护林8000株、配套水电设施设备36件套。截至2022年底，通过省市部门综合验收。

【2021年项目建设】 2022年，县现代农业发展中心全面完成2021年项目建设工作。该项目，总投资3650万元，总面积2.3万亩，涉及里砦镇上韩村(闫强村)、天马村、北续村(闫村)、郑比村和唐兴镇城南村、春安村(李庄村、西梁村)及南梁镇现代农业示范园等3个乡镇6个行政村，主要建设内容是铺设管道11万米、整建田间道路30公里、更新机井14眼、建设蓄水池5座、栽植防护林8000株、配套水电设施设备25件套。完成全部建设任务，正在进行工程量复核和初步验收工作。

2021年高标准农田建设项目南梁现代农业示范园区

(贾峰供图)

【2022年项目开工】 2022年，县现代农业发展中心项目开工建设。该项目，总投资2655万元，总面积1.77万亩，涉及南梁镇汇吉村(东王村、西王村、张言社村)、北常村、固城村、涧涑村和唐兴镇石桥村(中石桥村、东石桥村、寨上村)及中卫乡辛庄村、贯上堡村、木板村、屋山村等3个乡镇9个行政村，主要建设内容是铺设水泥路31公里、新建1000立方蓄水池6座、埋设管道10万米、新修防渗渠道20000米、配置水电设备43

台件。该项目完成初步设计、省市批复、公开招标等前期工作,9月20日开工建设,截至2022年底完成60%工程建设任务,预计2023年5月底前可完成全部建设任务。

【有机旱作谷子基地项目】 该项目利用2019年项目结余资金建设,总投资约700万元,总面积2000亩,建设地点位于隆化镇安家垣村,主要建设内容是平整土地100亩、改良土壤1000亩、新建1000立方蓄水池1座、埋设管道3500米、铺设水泥路6000米、配置水电设备2台件。该项目完成初步设计、省市批复、公开招标等前期工作,于10月15日开工建设。截至2022年底,完成50%工程建设任务,预计2023年5月底前完成全部建设任务。

【"十二五"以来高标准农田存在问题排查整改工作】 2022年,县现代农业发展中心完成"十二五"以来高标准农田存在问题排查整改工作。根据省、市、县部署,联合相关乡镇和农业农村、自然资源、水利等实施单位完成35个项目的排查任务,发现问题项目28个,发现各类问题312个。综合"管护主体是否有能力自行整改、存在问题是否影响亩均产量、农业灌溉用水是否有充分保障"等因素,将存在问题梳理分类为管护类问题33个、急需类问题172个、暂缓类问题107个。截至2022年底,完成全部整改任务,并通过市级部门综合验收。

【农田水利建设工作】 2022年,县现代农业发展中心按照县委、县政府的有力部署,针对疫情防控措施的有效调整,结合工作人员不断出现不同症状等实际情况,及时提出"冬闲人不闲、体阳活不停"的工作理念,以精准推动、精准调度、精准督导、精准宣传、精准总结等"五个精准"有效推动县委、县政府确立的9个乡镇145个行政村16个方面1017项农田水利建设工作。截至2022年底,整修河道渠道5.1万米、平田整地2.1万亩、平堎刷埝9.8万米、改造水肥一体化0.64万亩、整治田间道路20万米、完成托管面积2.3万亩、落实春播玉米托管0.59万亩、高水平修剪苹果树1.64万亩、落实大豆玉米带状覆播面积0.3万亩、开展农民技能培训1000人次、谋划设施园区21个、整改高标项目存在问题62个。

（贾　峰）

林业工作

【绿化工程】 2022年,县林业局完成人工荒山造林工程3000亩,占省级下达任务的100%,工程区位于县国有林场洞儿洼营林区和柳洼营林区,涉及7个造林小班,造林树种为油松、五角枫,造林模式为块状混交造林。

完成未成林造林地管护工程4000亩,占省级下达任务100%,工程区位于隆化镇浇底村,涉及10个小班,共建设固定宣传牌8个,聘请管护员8名全年进行管护,并取得良好的管护效果。

完成森林抚育工程540亩,占省级下达任务100%,工程区位于翼城县中卫乡店上村,涉及3个抚育小班

完成古署村、里砦村2个村森林乡村建设任务,占省下达任务的100%,实施环村绿化和主要街道绿化美化。

完成乡村道路绿化200公里,占县下达任务的100%,以乡村主干道路、田间道路以及循环道路为主体绿化框架,涉及全县9个乡镇50余个村。

【重点项目】 2022年,县林业局完成翼城县唐尧大道生态治理项目任务,绿化总长度约3.629公里;完成翼城县武池乔泽庙—故城遗址旅游公路绿化工程任务,绿化里程4.9公里;完成翼城城区—晋南钢铁园区道路绿化工程任务,绿化里程6.7公里。

【资源保护】 2022年,县林业局在公路沿线、旅游景点、县界等重点区域悬挂松墨天牛诱捕器和美国白蛾诱捕器,进行常态化监测;专职技术人员定期调查、及时记录并上报监测信息,构筑日常监测、植物检疫、重点督查三条牢固防线。

在县委、县政府的正确领导下,在各乡镇、各有关部门的大力配合和协助下,通过采取五级联动抓落实、铺天盖地抓宣传、强化管控除隐患、科技投入强基础、强化巡查抓防范等措施,县域内全年实现零火灾目标。

组织开展打击森林资源违法行为专项行动,共查处7起,其中毁坏林地案件4起,盗伐林木案件3起,结案率100%。

【配套改革】 2022年,县林业局坚持筑牢三级责任体系,以林长制的全面推广,持续推进林业增绿增效,全面加强生态保护与修复,助推脱贫攻坚和乡村振兴战略实施,为全县经济高质量发展贡献林业力量。

完成集体林权制度配套改革公益林投保任务,投保公益林面积33.28万亩,投保金额59.9万元。

(聂丽　郑晓蕾)

水　利

【概况】 2022年,县水利局完成灌溉面积16万亩次;完成水土流失治理任务33700亩;投资424万元,完成杨家河流域综合治理工程,治理水土流失面积13.2平方公里;投资134万元,完成4163块智能水表安装,巩固8个行政村用水安全;投资605.65万元,实施移民后期扶持项目5个;发放移民直补资金405.63万元;配合税务部门征收水资源税1555.97万元。统筹做好疫情防控、水旱灾害防御和安全生产的同时,抓好河长制管理、水资源管理、农村供水管理等工作,努力改善全县水利基础设施,为翼城经济高质量发展提供水利保障。

【水旱灾害防御工作】 2022年,翼城县辖区内河流共有15条,河流总长度276.33公里;水库共有10座,其中中型水库1座,小型水库9座。

水旱灾害防御工作。认真开展汛前检查,全面完成山洪灾害监测预警设备的巡检维护,健全完善各水库的防汛抢险应急预案,在小河口水库开展防汛抢险应急演练,补充备防石1000方、铁锹50把、编织袋300条等各类防汛抢险物资,汛期及时掌握雨情、水情、汛情,并采取应对措施,确保安全度汛。在抗旱工作上,全年完成灌溉面积16万亩次。

构建防汛工作体系。严格落实水库防汛“三个责任人”和“三个重点环节”,要求各水库巡查人员对重点部位进行不间断巡查、排查,严格执行汛期24小时专业人员应急值班和领导带班制度,加强值班监测预报预警工作,密切监视水雨情变化,及时掌握工情信息,发现险情灾情和突发事件及时预警处置,并按信息报送制度及时报告,确保全年安全度汛。

水库河道维修养护工程。总投资230万元。其中,投资117万元,完成8座小型水库维修养护项目;投资43万元,完成续鲁峪河和大河口村、辛庄村堤防水毁修复项目;投资70万元,完成小河口等3座水库及小河口干渠等14处水毁修复项目,以上项目于6月底全部完工。

【水资源管理工作】 2022年,县水利局积极开展“3·22”世界水日和3月22—28日“中国水周”水法宣传活动,在水利局大楼前设立水法宣传咨询台,出动宣传车进村入企宣传水法律法规,发放宣传单5000余份。做好全县水资源取水许可事中、事后的监管工作,参与取水许可现场审查120余次。督促16家企业完善水资源论证工作；做好取水管理专项整治行动整改提升工作、全面开展取水口专项整治工作，对市级取水许可证逾期未办理延续的22家取水户和县级43个整改类取水口情况表推送县行政审批服务管理局。依据费改税实施办法进行水量核定，同时抄送税收部门实施信息共享，2022年度共征收水资源税1555.97万元。

水行政执法工作。加大水法律法规的宣传，加大执法力度，积极推行水行政执法“三项制度”，严格执行重大执法法制审核制度。2022年度，制止水事违法行为2起；对22家整改落实不到位的用水企业下达催办通知书，停止违法行为，办理取水许可15家。对黄河流域生产建设项目翼城县晶富矿业有限公司限期办理了水土保持方案。对未办理水保方案的4家生产建设项目下达限期整改通知书，2家办理水土保持方案审批。

地下水、地表水超载区治理项目。编制完成《翼城县地下水超载区治理方案》和《翼城县地表水超载区治理方案》上报省水利厅，2022年11月，省水利厅发文对方案进行批复，同意方案实施。

【农村供水管理工作】　农村供水管理和水质监测。2022年，制定出台一个办法三个方案，即《翼城县农村饮水安全工程运行管理办法（试行）》《翼城县加快推进农村供水工程水费收缴工作实施方案》《翼城县农村供水应急预案》《翼城县农村饮水安全工程季节性缺水应急预案》，建立健全农村饮水安全保障机制，加大农村水费收缴指导力度。同时加强农村饮水安全工程水质检测，全县农村饮水安全工程353处，其中集中供水工程6处，水质检测全部完成（21个脱贫村水质全部进行检测），水质全部达标。

农村饮水安全巩固提升工程。投资134万元。其中，中央资金70万元，为南梁镇13个自然村，2083户9275人，安装智能水表2083块；省级资金64万元，为王庄镇、中卫乡2个乡镇5个自然村2080户，安装智能水表2080块，共安装智能水表4163块，该工程于6月15日开工，10月底全面完工。

【河长制工作】　2022年，翼城县共有15条河流，按照属地管理、分级分段的原则，确定8名县级河长、68名乡级河长、85名村级河长、53名巡河员。2022年，翼城县按照省1号总河长令及省市河湖长制工作会议要求，坚持做好水资源管理、水污染防治、水生态修复、水工程建设、水灾害防御。深入开展妨碍河道行洪突出问题整治行动，推进河湖“清四乱”常态化规范化，落实河道堤防安全包保责任制，将妨碍河道行洪突出问题专项整治工作作为防洪保安全、清障护生态的重要内容，加强组织领导，落实属地责任，组织对责任河段侵占河道、围垦湖泊、违法养殖、非法采砂等突出问题开展摸排工作。2022年，翼城县各级河长巡河App巡河次数2485次，对发现的5处妨碍河道行洪问题进行处置，切实保障人民群众生命财产安全，保障河道行洪通畅，守住防洪安全底线，履行管河治河责任。全县河道堤防共划分堤段15个，涉及5条河道，6个乡镇，明确村级包保单位20个、堤防巡查责任人12名，实现全县河道堤防全覆盖。

【安全生产工作】　2022年，县水利局按照省、市、县安全会议精神，制定多项措施重点围绕防汛安全、在建水利工程安全、农村饮水安全、机关安全、常态化疫情防控等工作开展安全生产排查整治工作，全面落实水利部门安全生产责任制，建立安全生产监管责任清单，把安全发展贯穿水利领域全过程，杜绝安全生产事故发生。同时，加强对2022年实施的杨家河小流域综合治理、小型水库维修养护、水库移民后期扶持等项目的质量监督管理，对工程建设业主、监理、施工单位等进行质量管理体系监督和工程建设行为监督,保障工程建设有序进行。

【水土保持工作】 2022 年,翼城县水土流失治理任务为 33700 亩。县上坚持以小流域为单元,山、水、田、林、路、沟综合治理,截至 2022 年 12 月底全部完成上级下达的治理任务。其中,县水利局完成杨家河小流域综合治理工程任务 19800 亩,王庄镇河上村治理荒山荒坡 13910 亩,共计 33710 亩。

杨家河小流域综合治理工程投资 424 万元,治理水土流失面积 13.2 平方公里,建设内容有新建人字闸 2 座,水泵 2 套,配套管道 2099 米,整修道路 730 米,整修梯田工程 8.15 公顷,栽植水保林 187.13 公顷,封禁治理 1124.72 公顷。该项目于 2022 年 5 月 16 日开工,12 月底全面完工。

【水库移民后期扶持项目】 2022 年度,县水利局共投资 605.65 万元。其中,投资 348.01 万元,实施北卫苹果保鲜库二期附属设施项目和产业园区道路硬化项目。该项目于 7 月 20 日开工建设,10 月底完工。投资 257.64 万元,实施北冶村道路硬化亮化项目和河沄村、新村饮水安全项目,北冶村道路硬化亮化和河沄村饮水安全项目于 10 月 25 日开工建设,11 月底完工;新村饮水安全项目 11 月 25 日完成招投标工作,12 月底完工。同时,对移民人口进行年度核实 6803 人,发放 2022 年度移民直补资金 405.63 万元。

(李建设)

巩固脱贫成果同乡村振兴有效衔接

【概况】 2022 年,翼城县深入贯彻落实中央和省委省政府、市委市政府关于巩固拓展脱贫攻坚成果有效衔接乡村振兴的决策部署,全面贯彻落实习近平总书记考察山西重要讲话精神和市委经济工作会议、农村工作会议精神,深入把握脱贫攻坚精神的内涵,持续巩固拓展脱贫成果,全面推进乡村振兴。“三保障”和饮水安全持续动态保障;有劳动力的易地搬迁家庭实现稳定就业的目标;脱贫劳动力务工就业、小额信贷投放等工作提前完成年度目标任务;就业帮扶车间数量和吸纳脱贫劳动力数量较上年大幅增长;省、市两级乡村振兴示范创建按序时进度推进。

【防止返贫动态监测和帮扶】 2022 年,翼城县建立防止返贫动态监测帮扶联席会议制度,强化行业部门预警数据比对。每月进行一次常态化排查,重点对脱贫户、监测户、因病、因学、因疫等重点群体进行全面排查,并召开会议,对新识别的监测对象制定帮扶措施。2022 年,按上级要求开展 2 次大排查,坚持全面摸底、分类推进,理清在家和外出农户底数,通过走访入户和电话访谈的方式分别对在家和外出农户进行集中式、全覆盖式排查,确保不落一户、不漏一人。对 9 个乡镇 151 个行政村,58964 户 212411 人进行排查,2022 年新识别监测户 20 户 60 人,全部制定帮扶措施,新纳入和风险消除程序符合程序要求。

【示范创建】 2022 年,翼城县共实施南唐乡河沄村省级特色产业示范基地、里砦镇里砦村省级乡村振兴示范村、里砦镇阎村市级乡村振兴旅游示范村、中卫乡浮图村市级乡村振兴示范村 4 个示范创建项目,总投资 3202 万元,其中衔接资金 1402 万元、县级配套资金 1800 万元。

【脱贫劳动力就业】 2022 年,翼城县出台《关于加大力度支持脱贫人口增收的若干措施》《关于加强就业帮扶车间建设管理促进就业增收政策落实的实施方案》《翼城县 2022 年巩固拓展脱贫成果脱贫户和监测户产业发展奖励补助实施方案》,以促进脱贫人口稳定就业为目标,持续开展“131”服务,帮助其提高内生发展能力,参与就业,依靠双手勤劳致富。通过劳务输出、就近就地就业、公益性岗位吸纳、技能培训提升、扶持创业带动等方式优先保障其稳岗就业。2022年，审核发放脱贫劳动力就业交通补贴265人16.37万元；稳岗补贴发放282人33.84万元；求职创业补贴发放123人8.49万元，稳住脱贫人口的就业饭碗，牢牢守住不发生规模性返贫的底线。全县脱贫劳动力务工就业人数实现2487人，完成2022年目标任务2075人的119.9%；其中，省外务工713人，完成2022年目标任务702人的101.57%。

【干部驻村帮扶】 2022年，县委组织部推动驻村干部围绕“十到位”工作目标开展工作，做好监测户的动态监测和帮扶，做好日常走访及“三保障”动态排查和问题解决。做好“三保障”，重点做好义务教育、基本医疗、危房改造、饮水安全、兜底保障等帮扶政策落实，2022年共为群众办理各类实事395件。做好促进脱贫劳动力增收，共办理务工就业一次性补贴43个。抓实促进帮扶村产业发展，驻村干部协助村“两委”做好农业生产托管和“清化收”工作，协助村两委做好村发展项目谋划和建设工作，促进集体和村民双增收，如石村工作队推进村肉牛养殖项目发展，史伯工作队推动村旅游经济发展，青城工作队推进村连翘加工产业发展和红色旅游项目建设等。加强环境卫生整治，驻村干部协助村“两委”每周开展一次义务清扫，帮助困难户整理户容户貌。协助村两委加强扶贫项目资产管理，做好运营维护，确保持续发挥作用。做好帮扶政策落实工作，运用微信群、入户走访、张贴政策宣传画等多种方式开展医保、教育、住房等政策宣传，推动政策到户到人，落实落细。做好小额信贷政策宣传和帮贷工作，共为75户脱贫户办理268.3万元小额信贷。推动文体活动开展，协助电影下乡、戏曲下乡等活动，协助村委组织村民参加广场舞大赛等活动。督促做好爱心超市运营，爱心超市每2月运行1次，通过卫生清扫等活动，激发群众内生动力，改善村容村貌等。推动各工作队发挥自身和帮扶单位优势力量，实行精细化帮扶，针对性地解决农户和帮扶村具体问题。2022年，驻村工作队共为群众办理各种实事395件，帮扶单位共协调资金95万元推动帮扶村各项事业建设。其中，唐城村帮扶单位县财政局协调文化休闲广场项目资金30万元，协调办公场所提档升级资金25万元，用于村级活动场所和村容村貌改善提升；农业农村局协调项目资金30万元，用于翔岭村饮水提升改造工程，改善提高村民用水方便程度；油庄村帮扶单位县水利局协调人畜吃水设施修缮项目资金5万元，用于解决群众吃水设施、管线老化问题；翟北垣村帮扶单位县住建局协调资金5万元，用于日间照料中心门窗、彩钢顶设施建设。

【易地搬迁后续帮扶】 2022年，翼城县出台《巩固拓展脱贫攻坚成果长效机制》《易地扶贫搬迁后续扶持特别是产业就业的保障机制》，有效推动易地扶贫搬迁后续扶持工作。翼城县易地搬迁共40户160人，其中有劳动能力的易地搬迁群众96人全部务工就业，就业率100%，做到搬得出、能就业、生活有保障。

【小额信贷】 2022年，完成小额信贷896.43万元，完成年度任务的102%，充分发挥小额信贷在巩固拓展脱贫攻坚成果同乡村振兴有效衔接工作中的造血作用，加快建档立卡脱贫人口的致富步伐。

【金融帮扶】 2022年，翼城县农村商业银行、中国建设银行翼城县支行、中国农业银行翼城县支行、中国邮政储蓄银行翼城县支行、中国银行翼城县支行、中国工商银行翼城县支行累计为242户建档立卡脱贫户发放扶贫小额信贷896.43万元，破解融资瓶颈，促进建档立卡脱贫户增产增收，改善生产生活条件，提高自我发展能力，2022年为特色种植业、养殖、加工业提供贷款贴息45.88万元。

【教育帮扶】 2022年，翼城县对全县130名中职、高职、技校学生发放“雨露计划”补助资金39万元，考取二本B类以上大学的贫困学生25人发放补助资金12.5万元，有效缓解建档立卡脱贫户的教育负担，阻断贫困代际传递。培训致富带头人35人，培训费用12.25万元。

【产业发展】 2022年，翼城县通过产业发展项目建设，达到“村有主导产业、有带动主体、有合作经济组织、脱贫户有增收产业项目、有劳动能力和技能”的“五有”产业帮扶要求，特别是投入资金对全县2022年新发展种植业、养殖业等特色产业的167户脱贫户及边缘易致贫户进行奖励补助，发放补助资金24.754万元，对8户发展高质量庭院经济的脱贫户及监测户发放补助奖励1.096万元，激发脱贫户及监测发展种植业、养殖业的积极性，不断提高产业增收的支撑作用，巩固拓展脱贫成果，提升脱贫质量。

【健康帮扶】 2022年，翼城县为全县1854户建档立卡脱贫户及127户监测户购买综治平安保险、大病医疗补充保险。根据太平洋公司探索创新的“临贫框定、发生即赔”的救助保险险种，为非建档立卡户按一定比例购买“防止致贫”险，及时干预，防止新的致贫。

（索亚娟）

工　业

工业和信息化

【概况】　2022年，县工信局始终坚持以习近平新时代中国特色社会主义思想为指导，深入贯彻落实县委经济工作会议精神，全力推进“两个转型”，深入做到“六个聚焦”，紧紧围绕大力实施工业振兴战略、健全国企国资监管体系、助推商贸业提质升级等目标，克难攻坚、砥砺前行，各项工作扎实推进。

【入企入园服务】　2022年，县工信局制定《翼城县2022年度入企服务实施方案》，成立4个工作专班，确保对全县“四上企业”的全覆盖。协助制定《翼城县关于推进第三产业、新兴产业发展的若干政策意见》，推动第三产业、新兴产业提质增效。为全县15家铸造企业申报公告铸造产能164万吨。向市、省为春雷铜材、山西锻造等企业积极申报上级技改资金，帮助瑞科磁业、绿牧德品申报市级企业技术中心，为全县新兴产业进一步提升发展发挥积极的助推作用。

全县经济在巩固上年稳步恢复的基础上持续加快发展，平稳运行。规模以上工业增加值完成53.3亿元，同比增长13.7%；限额以上社会消费品零售额完成3.7亿元，同比增长9.3%。

【全力推进晋南、闽光、华翔“三箭齐发”重点项目】　晋南钢铁集团翼城精品基地项目。办理项目备案、能评预审意见，项目环评完成专家评审，待省生态环境厅出具预审意见。与杭氧股份合作成立山西晋南钢铁新材料气体有限公司，建设空分制氧机组。2022年10月7日，进行热连轧精品钢材料及配套项目奠基，完成三通一平工作，正在进行热连轧和高炉区域的土方平衡。

山西闽光新能源科技股份有限公司4万吨碳负极新材料及焦化升级项目。完成项目备案、环评、能评等预审意见，省发改委出具审核同意项目建设的意见，10月7日举行项目全面开工仪式。至年底焦炉主体项目建设进行中，干熄焦主体基础完成90%，焦炉煤气制LNG联产合成氨工程完成区域强夯，主要关键设备完成订货。

华翔（翼城）新材料科技园项目。完成铸造厂房改造及部分铸造机加生产线搬迁，一期年产10万吨工程机械零部件项目中的5万吨叉车专业化产线完成项目备案；1条V法铸造生产线、4条机加工和5条涂装精益环线完成生产调试，达到2500吨/月的设计生产能力。

【“青年双创示范基地”建设】　2022年，县工信局根据县委关于“双创”基地建设工作要求，结合工业企业科技创新发展的行业特点，打造“双创示范基地”6个，分别是春雷铜材、山西锻造、泰鑫塑胶、绿牧德品、瑞科磁业、砂器研发中心，为工信系统青年创新创业提供发挥才干、拼搏梦想的战场和平台。

【数字经济发展】　2022年，县工信局加大与联通、电信、移动三大运营商以及铁塔公司的协调指导、科学规划,计划到2023年底完成5G基站建设420站,将实现全县所有乡镇及主要行政村5G信号覆盖。2022年,计划建设83站,完成建设5G基站113站。

【中小微企业培育成长计划】 2022年,县工信局加强与税务、行政审批部门的沟通联系,重点培育。全年新增"小升规"工业企业8家,"小升限"商贸企业9家。

【全面完成国资国企改革】 2022年2月17日,经政府常务会议审议通过,翼投、财源、同丰等企业由国资局履行出资人职责,汇远、融梦等企业由融媒体履行出资人职责;悦佳电影、蒲剧演艺、舜王琴书、农星担保等企业由县财政局履行出资人职责。

经政府常务会议通过,印发《翼城县县属国有企业管理暂行办法》《翼城县县属企业违规经营投资与重大决策终身责任追究实施办法》。起草《县属国有企业领导人员管理办法》初稿。制定清廉国企建设工作方案,完善各项制度,不断加强国有企业党风廉政建设,建立更加完善的国资监管体系。

(王荣华)

能源管理

【煤炭经济运行】 2022年,县能源局常态化开展调度,入企纾困对接协调,推动首旺煤业资源接替项目列入山西省矿产资源"十四五"总体规划,进入山西省自然资源厅拟出让库。青洼煤业产能核增获省能源局批复,生产能力提升,产能置换工作有序推进。石丘煤业减量重组项目完成系统恢复建设,首旺智能化掘进工作面完成建设。全县15家煤炭洗选企业完成标准化建设和验收,其中一级标准化2家、二级标准化4家、三级标准化9家。全年煤炭产量达到477.78万吨,同比增长26.69%,煤炭工业总产值完成44.97亿元,同比增长68.07%,产量和效益达到近年来最高水平,煤炭压舱石作用进一步凸显,有力支撑全县工业经济发展。

【农村清洁取暖】 2022年,县能源局在上年全县海拔600米以下区域实现清洁取暖改造全覆盖的基础上,顺应群众需求,强化资金争取、工作调度、运行监测,争取上级清洁取暖改造资金433.92万元,电网改造资金868.4万元,完成里砦镇北续等四村14.24万平方米,1356户清洁取暖"煤改电"改造,改造面积位列全市首位。坚持"清、防、保"并举推进散煤治理,扎实推进禁煤区"三清零",清缴散煤56.9吨,燃煤设施1600台,取缔违法散煤加工销售点4处,查处运输、兜售散煤行为11起,完成民用洁净煤入户8607户,供应洁净煤9494.414吨(含蜂窝煤球),供应完成率101%,切实保障群众清洁过冬、温暖过冬、安全过冬,为推进全县空气环境质量持续改善做出积极贡献。山西省清洁取暖工作领导小组办公室授予翼城县能源局2022年度清洁取暖工作成绩优异单位称号,授予刘义2022年度清洁取暖工作成绩优异个人称号。

【新能源项目建设】 2022年,县能源局抢抓政策齐攻坚,高位协调争指标,出台《关于加快新能源产业发展的实施意见》,积极谋划新能源项目,山西龙源10万千瓦风电项目列入省能源局风电光伏发电保障性并网项目清单,编制完成低碳环保集团1000兆瓦抽水蓄能电站初步分析报告,协调省自然资源厅出具生态红线重叠情况核查文件,省生态环境厅完成出具选址规划区域核查文件,省林草局出具林地及保护区核查文件,抽水蓄能电站纳规资料上报省能源局,新能源项目实现破冰。

【能耗“双控”管理】 2022年，县能源局定期分析研判、强化入企对接、开展约谈审查，以深化能耗双控管理，服务重点项目能耗指标落实及节能审查为重点，强化重点用能企业能耗在线监测，积极对接服务，为企业能效提升出谋划策。协调省能源局完成闽光项目节能审查，出具晋南项目节能报告初审意见，对接完成晋源实业年产5万吨工业装备零部件项目、山西晋南钢铁新材料气体有限公司空分供气项目市级节能审查，助推全县重点项目建设。组织开展2022年全国节能宣传周和全国低碳日活动，线上线下结合强化节能宣传，进一步提升全民节能低碳意识。1—12月，规上企业能源消费总量46万吨标准煤，同比下降11.7%，全社会煤炭消费量为20.25万吨，同比下降19.7%，单位地区生产总值能耗降低率下降10.4%，较好地完成市定年度指标任务。

（刘　义）

国网翼城供电公司

【概况】 2022年，国网翼城县供电公司面对疫情与改革发展交织叠加的严重复杂形势，公司上下紧紧围绕党的二十大精神，按照省公司“5431”工作思路为指引，严格履行“两个重点”“两个发展”“两个满意”工作要求，用心履职、真抓实干、齐心协力、攻坚克难，完成各项工作任务。售电量8.24亿千瓦时，同比增长15.19%；综合线损3.96%，同比降低0.36%；平均电价536.43元/千千瓦时，同比升高41.10元/千千瓦时；安全天数达12301天。

【网架设备】 2022年，国网翼城县供电公司完成35千伏435盛南线线路故障处理、接线挂点补强、杆塔补装。规范35千伏变电站10千伏备自投装置，完成7座35千伏变电站备自投核查及缺陷处理，完善里砦站主变后备保护备自投功能。消除里砦、西阎、辛安、王庄变电站的断路器机构、保护装置通信、差动保护故障7次。完成年检修计划17项，临停19项，事故处理50项。完成10千伏581青城线投运，解决10千伏571浇底线线路长、线径细问题。完成811大河线、888甘泉线等5条10千伏跨林区线路绝缘化改造工程。10条城区线路实现“手拉手”联络。对29条10千伏线路加装融合智能断路器，完成15台信号源、180个故障指示器现场调试，在线正确动作率达80%。

2022年9月30日，为确保党的二十大召开期间电力设备安全稳定运行，翼城供电公司运维人员对变电站设备进行红外测温　　（王晓华供图）

【安全生产】 2022年，国网翼城县供电公司深入践行“两个至上”，安全生产专项整治三年行动全面收官，“三上三下”7项问题隐患整改清零。建立安全考试考场28场次，组织考试人员177人次，完成71名外包人员安全准入考试。完成跨林区18个项目25条10千伏线路66处跨林线路新建及改造。65条配电线路制定“一线一案”和“一患一档”，涉林区隐患治理128项，整治放心台区106个。轮换配变共计36台、消除变压器缺陷17处，开展带电作业33次，配变平均停运时长5.8小时，同比降低53.49%。修订完善“1+26”应急预案，落实77项措施任务清单。开展消防、大风灾害、突发事件等6项应急演练。配合政府开展企业安全隐患排查42次，指导客户消除隐患15处。完成党的二十大、两会、疫情防控等重大保供任务48次。

【服务品质】 2022年，国网翼城县供电公司深化报修投诉分析、敏感工单调查、人员责任考核，县供指中心实现"人员统一调度、物资统一调配"，抢修时长缩短16.7%，意见工单同比降低35.18%，"三单一率"全年排名临汾公司第一。积极推行"三零"服务，解决业扩受限小微企业9户，为企业节省投资154万元。服务1356户"煤改电"用户接电，消纳723户存量用户享受煤改电电价红利。绑定"网上国网"App 9.6万户，综合推广率81%。深化百强县所创建，以临汾第一，省公司第三的成绩首次进入国网百强县，辛安、南唐、唐兴所被评为国网百强供电所。辛安所晋升为"四星级供电所"，中卫所被评为"示范标杆供电所"，数字化建设成果获临汾公司肯定。

【合规精益】 2022年，国网翼城县供电公司认真落实"第一议题"，72项事项严格执行三重一大审批报备。深入落实"三清理两提高"三年行动，三年以上往来款项全部清零，账卡物一致率100%。定员核定向一线班组延伸，超缺员与用工优化、绩效考核相互联动，试点运行获临汾公司肯定。优化岗位调整28人次，关键岗位轮换5人，低职实权轮换5人，新晋升班股级青年员工累计8人，人才梯队雏形初步建立。深化文明单位创建，意识形态教育向上向好，保密、舆情、信访工作持续稳定，新闻宣传位居临汾公司第一名。

（王晓华）

中小微企业发展

【概况】 2022年，全县各类登记在册的中小微企业有6053家，占全县总企业的97%，从业人数3.51万人。县中小微企业发展中心强化对中小企业的运行监测，掌握县域中小企业经济运行态势。在原有企业信息台账的基础上，经过详细调查摸底，重新汇编《2022年度中小微企业信息台账》，增加重点中小微企业简介、经营动态以及地理位置示意图等，共录入6类318家实体中小微企业。全年民营经济主要经济指标稳中有升；截至2022年底，县域中小企业工业总产值完成101.2亿元；同比增长26.8%；营业收入累计完成103.5亿元，同比增长18.1%。

【"小升规"】 2022年，县中小微企业发展中心按照市委、市政府下达给翼城县净增9家"小升规"的硬核目标任务。年初中心从税务、统计、行政审批部门查阅有关中小微企业的各种经济数据，初步筛选出上年营业收入在500万元以上的企业28家，结合日常入企服务情况，对18家企业进行重点帮扶。起草出台《翼城县"小升规"企业培育方案》，按月召开"小升规"工作推进会并根据任务计划。到12月底，完成市定净增9家的"小升规"硬核任务。与此同时，2021年度9家"小升规"企业的市、县奖补资金135万元全部发放到位。

【"专精特新"企业发展】 2022年，县中小微企业发展中心在推进中小微企业"专精特新"发展方面，加大工作力度，全力推进省级"专精特新"企业培育和申报工作，助推翼城县中小企业转型升级。6月26日，国营山西锻造厂、翼城县瑞科磁业有限公司、翼城县新强绿色环保建材科技有限公司、山西兴盛针织股份有限公司、翼城县华星实业有限责任公司5家企业申报为省级"专精特新"企业。其中，国营山西锻造厂为省级专精特新"小巨人"企业。超额完成3家企业申报的目标任务。

【股份制改造】 2022年，县中小微企业发展中心"股份制改造"是推进企业发展壮大、规范企业经营的有效途径。县委、县政府下达的"股份制改造”企业任务是3家。按照“小升规、规改股、股上市”的工作思路，采取主要领导主抓，分管领导入企走访，股改企业示范带动，推荐中介机构业务指导等多种形式，上门沟通思想，讲解“股改”政策，理清发展思路，一对一开展精准帮扶，将15家企业纳入股改企业名单。全年有兴盛针织、晋冶冶金、泰鑫塑胶、永利农业、绿牧德品5家企业完成股改任务，超额完成目标任务，每家企业将获得50万元以上资金奖励。与此同时，经过绩效评价，2020年完成股份制改造的丰园食品、强劲面业两家企业的奖励资金100万元于上半年拨付到位。

【助推创业创新】 2022年，县中小微企业发展中心大力实施“个十百千万 青年创新创业”工程，有力促进市场主体倍增。为贯彻省、市、县关于促进市场主体倍增工作的会议精神，2月15日，召开由30家企业、16个职能部门参加的中小企业座谈会暨市场主体倍增座谈会，通过政策讲解、示范企业的引领带动以及现场奖补资金的发放，激发青年创新创业的信心和活力，营造了全县市场主体倍增的浓厚氛围。6月22日，组织50家企业参加翼城县“中小企业服务月”活动启动仪式，市、县领导以及市税务局有关专家、相关股室负责人对有关的优惠政策进行解读。7月5日，召开由50家企业参加的质量体系认证培训会，邀请浙江万泰公司专家就如何在企业管理中导入质量管理体系做了讲解。7月19日，“翼起学”大讲堂召开有108家企业参加的培训班。7月28日，组织山西泰鑫、农特小芳2家企业参加2022年临汾市“创客中国”中小企业创新创业大赛暨第九届“创青春”临汾创新创业大赛，山西泰鑫塑胶制品股份公司获二等奖，奖金5000元。通过对全县中小微企业一系列的培训和学习，提高企业规范化经营、质量化发展、入统升规转型升级的信心和决心，促进翼城县中小微企业持续健康发展。

【重点工程】 2022年，县中小微企业发展中心根据县委、县政府安排，中心承担山西丰昆成型技术有限公司的十万吨汽车刹车盘的复工复产工作，为促使翼城县唯一一家出口创汇企业恢复生产活力，经协调指导，项目取得极大进展，专业技术人员开展流程设计，为企业近期复工复产奠定基础。谋划2023年的重点项目，即投资1.46亿元的年产3万吨轧钢铁鳞还原铁粉项目，该项目前期手续正在办理。

【协调融资】 2022年，县中小微企业发展中心面对民营企业融资难、融资贵的瓶颈问题，一是对全县民营企业，年初召开中小微企业座谈会，将30家优质企业的详细资料编纂成册，推荐给各金融部门。二是对于培育企业，组织有贷款意愿的10家企业与各金融部门见面对接，沟通需求，了解进度，达成合作贷款意向。三是对于重点企业，实行“一对一”协调落实会，个别问题专项服务，有针对性地进行沟通协调，7月底组织简洁卫材、绿牧德品等4家重点企业参加在县工商银行的翼城县政银企“政采智贷”座谈会。8月初，组织邮政储蓄银行到煜顺祥农产品有限公司现场办公，解决企业流资紧张的问题。经协调，六大金融部门全年对翼城县中小微企业发放贷款4600余万元，取得良好的效果。

【精准帮扶】 2022年，县中小微企业发展中心为助推全县民营企业健康发展，帮助晋冶冶金公司与山西文理学院建立校企合作关系；帮助翼城县瑞科磁业有限公司与山西师范大学、太原科技大学联姻，成立“产学研基地”“博士工作站”“磁业工程研究中心”。就固废综合利用的问题，牵线新强公司与东南大学材料科学学院取得联系，进行沟通合作。帮助翼城县兴企汇实业公司协调解决生产场地问题。帮助山西耀莱保温科技有限公司订购设备，协调原材料进场，使其提前开工生产问题。在帮助企业解决实际困难上，结合实际定期开展“下午茶”活动，协调解决问题20余个。

【信访工作】 2022年，县中小微企业发展中心信访问题呈现“两多两少两困难”的状况，即遗留问题多、上访问题多，甄别线索少、印证资料少，解决问题困难、化解矛盾困难。面对23家破产企业3000余人的下岗职工队伍，成立信访问题专班，对来访来信积极处理。按照信访工作“三到位一处理”的办理原则，分别分类逐步推进。国庆节前，组织党员干部到困难职工家里慰问。2022年，中心共接访80余人次，召开工作协调会8次。同时，针对中心有停产、改制、关停、倒闭的企业23家，下岗职工3528人，其中1232人尚未办理退休手续。2022年，办理退休56人。

（黄春虎）

城镇集体工业

【概况】 翼城县城镇集体工业联合社是由翼城县手工业联合社、翼城县第二轻工业局演变更名而来，主要职能是对城镇集体企业的设立、合并、分立、停业、迁移或者变更登记事项、变更审批；加强对集体企业的政策指导，协调当地城镇集体经济发展中的问题，组织有关方面监督、检查集体企业政策、法规的执行情况。机关内设五股室，即办公室、财务股、安全生产股、资产管理股、社会保障股。

【不动产登记工作】 2022年，县城联社根据县政府不动产登记工作的通知，城联社成立2个小组，联系相关部门了解政策。多次对县建筑公司家属楼和县胶件厂临街家属楼以及5号家属楼进行政策宣传，并下发公告。通过大家的不懈努力，取得了集体不动产登记证书，正在对住户情况进行核实，逐一办理各住户单独的不动产登记证书。

【信访工作】 2022年，县城联社实行人人包联1～2个改制破产企业的办法，一包到底，确保系统改制破产企业职工诉求有场所、诉求有渠道，能立即答复的立即答复，能马上解释的马上解释，不能解释的制定方案，寻求合理的解决办法和途径，从而得到来访者的理解和尊重。2022年，共接待系统企业来人来访40余人次。接到市长热线2起，均予以答复，并专门形成文件上报县政府。

（丁斌）

产业集聚区

【概况】 2022年，翼城县产业集聚区积极推进产业集聚区基础设施建设和服务重大项目建设，聚焦“一区三园”开发建设，加快要素融合、转型升级、产业集聚、产城融合步伐，扎实开展推进“三箭齐发”工程项目建设、加快完善“一区三园”基础设施等各项工作。

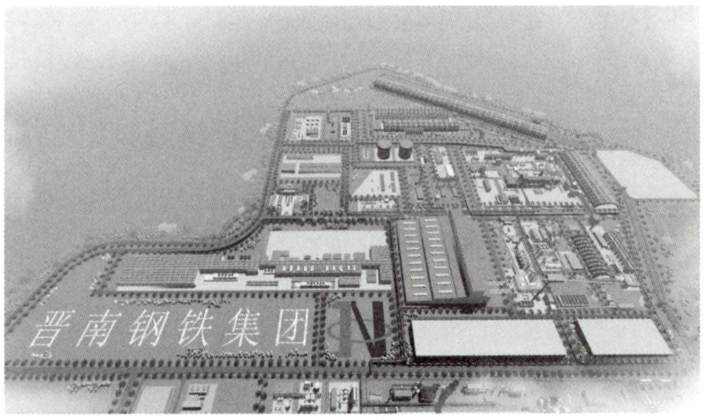

晋南钢铁集团规划图　　（闫赟供图）

【“三箭齐发”工程项目建设】 2022年，县产业集聚发展中心集中全力跟进晋南、闽光项目，工作专班下沉一线为项目提供“保姆式”服务。多次与自然资源、文旅、人社、唐兴等部门对接，通过现场协调、上门沟通等方式，协助企业解决土地征收、文物勘探、迁坟等工作；针对钢铁新材料园区建设工地扬尘污染问题，协助晋南、闽光制定整改方案并督促其立即整改；协助项目单位施工人员办理工伤保险四批200余人次；协助杭氧完成注册。

山西晋南钢铁集团有限公司与县委、县政府签约翼城县产业集聚区翼城精品基地项目，山西晋南钢铁新材料气体有限公司空分供气项目与翼城县人民政府签约，完成2个项目入园备案。

【完善"三箭齐发"工业新格局】 2022年，县产业集聚区发展服务中心积极服务华翔入驻装备制造园区。翼城县装备制造园区华翔科技园标准化厂房建设项目一期规划建设标准化厂房2个，设计标准为全钢架结构，环保、消防等设施完备，总建筑面积34800余平方米，配套有给排水工程、电气工程、暖通工程、消防工程等。该项目前期手续办理完成，基本具备开工条件。

在高标准做好园区规划的同时，不断提升3个园区基础设施和配套服务能力，完成园区综合管沟和污水处理厂建设前期工作，完成产业规划、能耗评价，进一步提升园区承载能力和服务水平。推进装备制造园区环境影响报批工作，依据各专家意见，该报告书的各项修改工作进行中。扎实推进装备制造园区污水处理及项目承载能力提升工程项目。

积极开展省级经济开发区申报筹备工作。成立翼城经济技术开发区建设工作筹备委员会，《设立翼城经济技术开发区可行性研究报告》通过县级相关部门审核，上报市政府，得到市发委、市工商局、市委、市自然资源等部门的支持性文件。

【贯彻落实法律法规】 2022年，县产业集聚区发展服务中心在开展园区规划建设等各项工作中，依照行业管理要求编制运用各类规划文本；在开展土地收储、土地利用工作中，贯彻执行城乡规划法、土地管理法等法律法规；在推进项目建设中，开展招商引资、管理服务入园企业时，贯彻招标法、环保法、公司法等相关法律法规，严格做到依法办事，依规办事。

（闫 赟）

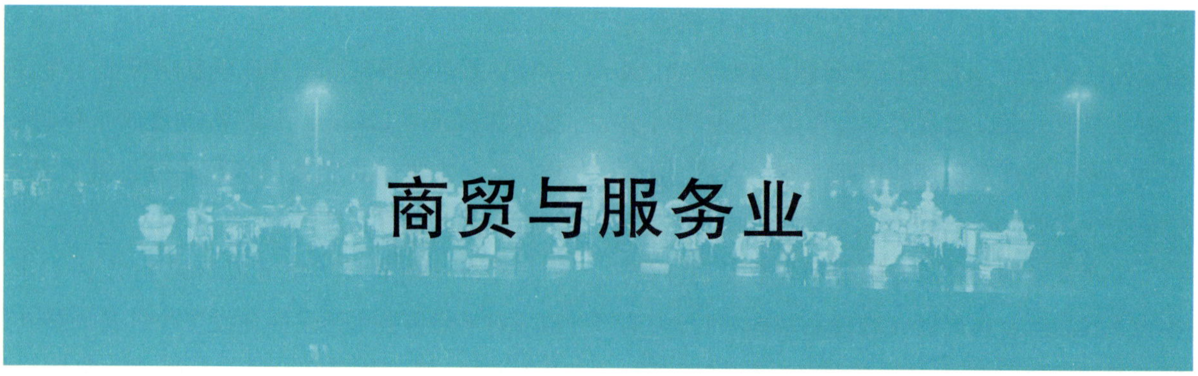

商贸与服务业

外来投资管理

【项目谋划招引】 2022年，县促进外来投资服务中心按照太岳板块“先进焦化、冶金铸造、钢铁新材料”的功能定位，全面推进“一区三园”建设，构建“三箭齐发”工业新格局，努力打造翼城千亿级精品钢、机械铸造、碳材料产业集群，牵头完成翼城县2022年度谋划招商引资项目，突出“含金量”“含新量”“含绿量”，围绕翼城县产业资源、区位优势和发展趋势，精心谋划招商项目25个，谋划投资130亿余元，完成《翼城县2022年招商引资项目册》的制定工作。整合力量，狠抓项目招引，上报完成10个签约项目，总投资167.1亿元，完成全年市定任务90亿元的185.7%；当年签约当年开工项目完成8个，开工率达到80%；新开工项目计划投资额完成46.3亿元，完成全年市定任务30亿元的154.3%；固定资产投资项目资金到位14.23亿元，完成全年市定任务10亿元的142.3%；非固定资产投资项目资金到位0.87亿元，完成市定任务0.8亿元的109%，在全市排名第二。

【双招双引活动】 2022年，县促进外来投资服务中心加大力度对翼城县企业家座谈走访，通过翼城优秀企业家开展以商招商。在县委、县政府的大力支持下举办翼城县“迎老乡 回故乡 建家乡”云端恳谈会，与北京、福建、太原、西安、广州等翼城籍在外人士沟通交流，以异地商会为依托，鼓励和引导更多翼城籍人士回乡发展、拓展事业、创业投资。坚持“走出去”与“请进来”相结合的战略，积极策划组织招商引资推介活动，促投中心组织、具体承办，由县长杨海林带队前往厦门参加第二十二届中国国际投资贸易洽谈会，鼓励企业家们来翼城旅游观光、考察洽谈、投资兴业，助推重点企业重点项目落户翼城。在洽谈会期间同北京启迪区块链科技发展有限公司、山西数字基建有限责任公司签订翼城城市算力中心项目。

县促进外来投资服务中心努力牵头做好县校合作“校友招商引才基地”建设工作，主动对接联系中国矿业大学（北京）、山西农业大学动物科学学院，积极推进县校合作。中国矿业大学（北京）同县委、县政府进行交流合作，校方同首旺煤业初步达成合作共识。与山西农业大学动物科学学院签订合作协议，共建校友招商引才基地。积极加强与企业、高校之间的对接联系，建立并完善重点高校校友信息库、重点高校校友企业家信息库、翼城籍校友信息库，收录有效信息392条。

【宣传推介】 2022年，县促进外来投资服务中心编写《投资翼城》画册，重新制作更加生动、更有特色、更具吸引力的《逐梦唐尧 共赢未来》招商宣传片，发挥更好的宣传效果，促进外界对翼城县的了解，加大推介力度。数字化赋能助推翼城大招商格局,制作“投资翼城”数字招商平台,平台充分利用大数据、GIS 地图、卫星全景技术,整合呈现出一个数字化、智慧化、场景化的“双招双引”便捷载体,破空间、地域限制,直观呈现翼城招商政策导向、资源禀赋、园区地块、重点项目、区位优势、产业分布等资源要素,助力招商人员随时随地推介翼城、宣传翼城、展示翼城。同时,投资客商可随时、随地查询对接翼城招商资源,做到 24 小时招商、投资不打烊。

【招商服务】 2022 年,县促进外来投资服务中心始终把服务企业放在首位,前往晋南、闽光、果信农业、瑞科磁业、邦正农业等企业调研服务 20 余次。秉持“亲商、爱商、重商、扶商”的理念,在招引靖江市联丰机械制造有限公司投资的山西合万升金属结构制造有限公司、河北若舟建材销售有限公司投资的山西耀莱保温科技有限公司等 2 家企业来翼城县办厂落户中,积极主动服务,发挥桥梁作用,安排专人全程提供帮办、代办服务,及时跟踪,全程对接,在企业备案材料准备及审批流程中,主动对接相关职能部门,全程帮助企业备案审批。靶向发力精准招商,积极对接投资 10 亿元、园区规划 5000 亩的绿海果信翼城樱桃产业园项目,组织山西果信农业科技发展有限公司与大连市绿海农业开发有限公司合作签约仪式,做好招商工作的“战斗员”和“服务员”。严格落实“三无三可”要求,积极打造尊商、亲商、爱商的营商环境,大力优化企业开办服务,提升企业开办服务效能。

(郑永芳)

供销合作

【概况】 2022 年,县供销合作社联合社认真贯彻习近平总书记对供销社的重要指示,足额保证全县的农资供应和食盐的安全供应。及时拓展为农服务工作,开展土地托管 5000 亩,发展惠农服务中心、农村综合服务社、为农综合服务体各 1 个。全面开启社有企业改革工作,对 6 家社有企业进行有效改革,取缔僵尸企业 1 家。强化开放办社力度,解放思想、创新发展、扩大业务、统一财务账目,促使供销社的各项工作健康发展,为全县的农业增产、农民增收发挥“蓄水池”“稳定器”作用。

【农资及食盐供应】 2022 年,县供销合作社联合社在疫情防控的基础上,供销社所属中卫、辛安、南唐、里砦 4 个惠农服务中心及农业生产资料公司共供应各种化肥 13000 余吨,销售额 15300 万元。自 2017 年以来,翼城县副食盐业公司不断深化食盐供销体制改革,强化宣传和服务力度。全年供应优质食用盐 230 余吨,各种高端食盐 40 余吨,满足全县市场供应,确保全县人民的健康用盐。

2022 年 9 月,翼城县中卫惠农服务中心储备的化肥
(王廷亮供图)

【社有企业改革情况】 2022 年,翼城县供销合作社联合社按照省社《关于社有企业改革重点工作的通知》要求,供销社对除农业生产资料公司和盐业公司、兴农资产管理有限公司以外的 9 个以房屋租赁维持生计、不开展任何业务的企业进行兼并管理,由惠农商贸有限公司、日用品公司、农副产品公司 3 个公司统一对 9 个公司进行有效管理,建立现代企业管理制度,制定企业管

理章程,减少人员开支,增加集体收入,建立发展基金,严格按照省社的要求,于9月底完成农业生产资料公司、副食盐业公司等6个企业的改制工作,取缔1个僵尸基层社,完成各项改革任务,在全市改制企业数量上领先,促使各企业逐步走上良性循环道路。

【目标责任完成情况】 2022年,县供销合作社联合社按照市社下达的目标责任,积极开展拓展各项为农服务工作。建设乡镇为农服务综合体1个、新增农村综合服务社1个、新建里砦惠农服务中心、提升惠农服务站1个、土地保姆式托管1500亩、菜单式托管3500亩,智慧农业统防统治农作物、经济作物6000亩,提前完成市社下达的各项目标任务。

【开放办社情况】 2022年,县供销合作社联合社下属基层社存在"一人一院子,收点房租子,守个烂摊子"的情况,没有发展活力和发展动力。针对这一现象,按照开放办社的思路,聘请专业合作社管理人员、农村村两委及有经营能力的人员担任基层社主任,在守住摊子的同时,以社有资产为资本开拓苹果深加工、物流中转站等业务,从而壮大供销社集体经济。

(王廷亮)

粮油购销

【概况】 2022年,县粮食储备服务中心现有全额财政人员7名,定额财政2名。其中,主任1名。辖4个股室(办公室、仓储股、党建股、经建股)和2个国有独资企业(储备粮管理有限公司、粮食购销有限公司),有干部职工39名。粮食储备服务中心党总支辖3个党支部(机关党支部、储备公司党支部、购销公司党支部),有党员24名。2022年以来,在县委、县政府的领导下,在上级主管部门的指导和相关部门的大力支持下,粮食储备服务中心一班人团结和带领广大粮食系统干部职工,积极适应当前发展形势,迎接新的挑战,抢抓新的机遇,积极工作,取得一定的工作成绩。县域粮食安全无事故,国有粮食企业改制进一步深化,管理水平进一步提升,粮食系统党的建设进一步加强。

【宏观调控】 2022年,县粮食储备服务中心认真贯彻落实国家和省、市的粮食调控措施,确保储备粮油安全,增加县级调控粮和应急成品粮油,扩充粮食应急加工、应急供应网点,保持全县粮食供应充足,市场稳定。

【粮食购销】 2022年,全县共收购粮食24199.55万公斤,销售粮食24002.5万公斤。

【仓储管理】 2022年,国有粮食企业承储的市县级储备粮"一符六无"粮仓达标率、"三专四落实"率、科学保粮率均达100%。

【粮食安全】 2022年以来,县粮食储备服务中心认真贯彻习近平总书记关于粮食安全的重要讲话精神,加大监督和管理的力度。一是落实监管责任。强化董事会、监事会成员的责任意识,特别是注重发挥企业监事的作用。董事会、监事会成员各负其责,按期深入储粮库区例行粮情检查,确保储粮安全;二是认真做好春秋季粮食安全大检查和粮食库存检查工作,确保数量真实、质量可靠、储存安全;三是完成市县级储备粮

2022年6月17日,翼城县粮食储备服务中心进行粮食安全生产月宣传活动　(李玉萍供图)

轮换任务，确保粮食安全；四是对库区部分粮库进行房屋结构性安全等级鉴定，并进一步维修，为安全储粮奠定基础。

【完善应急成品粮油体系】 2022 年，全县建立应急成品面粉 50 万公斤，大米 6 万公斤，食用油 11.2 万公斤。同时，按照四届市委粮食巡察意见反馈中指出的增加乡镇应急供应网点的要求，结合翼城县实际情况，全县应急供应网点 12 个，做到所有乡镇全覆盖。

【安全生产】 2022 年，县粮食储备服务中心认真落实县委、县政府关于安全生产的各项要求，严格排查，堵塞漏洞，确保全系统安全无事故。一是为进一步落实企业安全生产主体责任，有效防范和遏制安全生产事故发生，促进粮食系统安全生产形势持续稳定好转，中心与各企业、各企业与各库区签订安全生产目标责任书，层层落实责任，强化监督检查，严格落实安全储粮和安全生产各项措施，防止发生霉粮、坏粮和安全生产事故，确保夏粮收购工作顺利进行。二是落实安全生产措施，定期检查电线线路、维护消防设施，各个库区都配齐安全帽、安全绳，设置警示标志等安全保护设施。三是积极开展各种安全专项整治活动。全面贯彻落实安全储粮和安全生产专项治理工作、安全生产月等重点工作，保障粮食出入库安全，及时总结经验做法，探索安全生产长效机制，推动安全生产各项重点工作顺利实施，守住安全生产发展底线；四是开展消防知识讲座，进一步增强安全防火意识和技术技能，加强队伍建设，积极举办保管员、粮油检验员技能培训，不断提升他们的业务水平。

（崔可范　贾浩　李玉萍　张俊华）

石油营销

【概况】 中国石化销售股份有限公司山西临汾翼城石油分公司隶属于中国石化销售股份有限公司山西临汾石油分公司，公司主要担负着维护县域成品油市场供应稳定的社会职能，公司所属城西、城东、城北、符册、南唐、隆化、南常、翼浮路八座加油站，主要经营汽油、柴油、“易捷”品牌商品等，加油站主要分布于县城唐兴、南唐、隆化、南梁、王庄 5 个乡镇。

2022 年，中国石化销售股份有限公司山西临汾翼城石油分公司销售成品油 2464 吨、汽油 1854 吨、柴油 610 吨，“易捷”品牌非油品基础品类销售 204 万元。

【企业文化】 2022 年，翼城石油公司秉承中国石化“爱我中华、振兴石化”的企业精神，向社会公开承诺“每一滴油都是承诺、易捷万店无假货”的经营承诺，油品储存配送坚持做到“专泵专用、专管专输、专罐专储、专车转送”，日常经营中定期由市场监督部门对计量器具、销售商品进行检测；严格执行国家商务部门制定的销售价格，销售的油品全部为国 VIB 高清洁油品、尾气处理液、燃油宝等环保商品，加油站总体完成双层罐改造，安装三次油气回收设施，达到国家环保要求，按照中国石化销售股份有限公司山西临汾石油分公司总体安排，陆续开展充电、代收代缴等多项经营，由单一加油站逐步转变成为综合加能站。

（史小刚　魏　雷）

烟草专卖

【概况】 2022 年，县烟草专卖局在烟草行业和县委、县政府的正确领导下，团结拼搏、艰苦创业，以“强化管理上水平，引深服务树形象”的理念，取得精神文明、物质文明和社会效益、经济效益双丰收。连续 39 年全面完成各项经济指标，被评为省级、市级先进单位，没有发生过治安、刑事案件，被国家局党组命名为全国烟草系统思想政治工作先进集体。

【税款缴纳】 2022年,县烟草专卖局各项税费缴纳合计1632.95万元,实现的税款由组建初期的几万元上升到2022年的1632.95余万元。

【服务客户】 2022年,县烟草专卖局以客户经理平台为支撑,对全县1182零售客户进行服务拜访。维护打造云POS和星级客户,广泛宣传柜台升级改造带来的好处,切实提升辖区现代终端整体质量。截至2022年12月底,全县共有14户云POS客户,星级客户262名。

大力宣传、推广烟草专卖零售许可证网上办理渠道,助力申请人实现"零跑腿"办理业务。政务服务严格落实许可证办理"五日限时办结""一次性告知""一窗口受理"工作要求,让政务服务高速便捷,有效解决政务服务便民问题。2022年1—12月,办理零售许可证服务事项266项。

【烟草专卖管理】 2022年,县烟草专卖局在县委、县政府的大力支持下,认真贯彻执行烟草专卖法律法规,坚持依法行政、文明执法,坚持守土有责、标本兼治,联合公安、交警、市监等职能部门,严厉打击各类涉烟违法行为。1—12月,出动执法检查人员2300余人次,检查车辆500余台次,共查处各类违法案件57起,查获违法卷烟99.508件(其中假私卷烟3.508件),上缴财政罚没款4.98万元。查处物流寄递违法案件28起,假冒伪劣卷烟3.44件,市场净化率达到98%以上。

(郭天龙)

信息服务业

电信事业

【概况】 2022 年，中国电信翼城分公司始终坚持“用户至上，用心服务”的理念，以把企业“做强、做优”为目标，以“简洁、务实、高效”的作风积极开展工作，实现电信业务全面开放和电信业务收入稳步增长。通过对组织机构优化和人员配置，强化考核激励机制，在通信市场竞争异常激烈的形势下，紧紧围绕着公司经营发展目标，挖掘市场潜力，积极主动开拓市场，加快各项业务的发展。全体员工树立全新的服务理念、营造团结向上的工作氛围，建立一支富有朝气、团结进取的员工队伍，坚持不懈地为翼城人民提供更加完善的网络和优质的服务。

【网络建设】 2022 年，中国电信翼城分公司不断致力于为用户提供更好的网络、更好的服务、更好的使用体验。公司总共投资 760 万元，为唐兴镇、里砦镇、南梁镇、南唐乡、王庄乡、中卫乡、隆化镇、桥上镇、西阎镇 9 个乡镇的弱覆盖区域深度覆盖。新增宽带端口 5000 线，截至 12 月底，宽带业务覆盖县城各个小区以及各重点乡镇，基本实现 300 兆、500 兆普及，县城区域 1000 光光纤覆盖的智慧城市网络圈。为响应国家提速降费、推出多种优惠政策，如宽带续费免费提速、号卡合约宽带免费用、存话费送手机等活动，最大限度满足居民住户及各个公司企业的需求。在不断加快网络建设的同时，中国电信翼城分公司从装维方面提出：当日装、当日修、慢必赔的服务理念，加强售后服务。

【企业文化】 2022 年，中国电信翼城分公司拥有覆盖县范围的现代通信网络，积极推进固定网络和移动网络的宽带化，为广大用户提供全方位、高品质信息通信服务。不断提升综合实力和核心竞争力，全面满足广大用户的信息服务需求，为用户提供优质通信服务，展望未来，信息通信业服务经济社会发展的能力将进一步增强，转型升级步伐将进一步加快。翼城电信牢牢把握机遇，加快创新变革，全力构建领先的信息通信基础设施，不断增强营销服务能力，夯实基础管理水平，深化平安企业建设，构建和谐劳动关系，增强持续发展能力，提升信息生活品质，致力推动合作共赢，携手各方共创美好信息生活，为经济社会发展作出新的贡献。

（杨　喆）

联合通信

【概况】 2022 年，翼城联通分公司位于翼城县绛源路 2 号，占地面积为 4010.84 平方米，企业性质为国有。翼城联通分公司拥有完善的营业受理、网络建设及业务维护部门，负责辖区内客户通信及信息化需求的办理、建设、维护服务。公司内部设有一部两中心，综合部、公众客户营服中心和政企客户营服中心，下设10个综合网格，绛源路自营厅专业网格，东城城市综合网格，西城城市综合网格，北城农村综合网格，南唐农村综合网格，里砦农村综合网格，南梁农村综合网格，隆化农村综合网格，政企综合网格和县域维护综合网格，经办移网、固话、宽带等电信业务，为全县广大人民群众提供经济、稳定、快捷的通信服务。

翼城联通公司面向广大客户提供内容丰富、优质高效的信息通信服务，主要业务范围包括固定电话、移动电话、宽带和信息应用、长途电话、IP电话、数据通信、互联网接入及应用、智能网业务、视讯服务、网元出租、系统集成、公话、主机托管，以及IDC机房租赁、港澳台及国际通信等多种类信息服务产品和综合信息服务及其他业务。

现有合作业务：翼城人民医院现使用联通分公司医保专线、120平台、两条20M专线、县乡一体化专线14条、固话以及宽带等业务。

【业务发展】 2022年，翼城联通分公司始终以习近平新时代中国特色社会主义思想和党的二十大精神为指导，贯彻落实集团公司、省市分公司工作会议精神，明确工作思路和主要任务，动员全体员工贯彻新发展理念，进一步深化改革创新，加快经营转型，奋力开创翼城联通高质量发展的新局面。通过构建企业文化，精细过程管控，创新发展模式等举措，各项目标完成较好，为促进全县的经济建设和社会发展做贡献。以党建为统领，认真学习习近平总书记重要讲话、重要指示批示精神，深刻领会省公司“1197”工作部署和市公司“11972”工作安排的深刻内涵，充分发挥党支部“战斗堡垒”作用和党员先锋模范作用，全体员工心往一处想、劲往一处使，奋力拼搏，取得可喜成绩。2022年，公司基础业务收入增幅和主营业务收入增幅均居全市前列。

【支持地方经济建设】 2022年，翼城联通分公司完成疫情防控和党的二十大会议期间通信保障两件服务发展大事。在服务业务要事方面，聚焦中小微企业需求，优化产品供给和营销组织，解决12个中小企业网络覆盖；开展为民服务大测速活动，为6000余户居民免费测速，提升客户感知。在服务民生实事方面，开展平安乡村建设，通过智能看家设备，帮助130余户农户提升家庭及养殖场所的安全管理水平。在服务群众难事方面，为甘泉、浇底等偏远山区网络无覆盖区域建设宽带端口资源96线，让“信息惠农”落到实处。

（刘红宝）

移动通信

【概况】 2022年，翼城县移动分公司以习近平新时代中国特色社会主义思想为指导，深入学习贯彻党的二十大精神，全面落实分公司党委各项工作安排，履行全面从严治党第一责任，以高质量党建引领高质量发展，推动“党建成效推广年”重点任务落地。在县公司生产经营工作中聚焦公司高质量发展和数智化转型的各项要求，借助规模双领先优势，全员发力，快速改善存量运营短板，实现用户价值提升，持续提升客户满意度。政企市场统筹规划，坚持项目引领，实现集团客户收入规模提升，不断提升企业价值创造能力，生产经营再上新台阶。

【反电信诈骗】 加强法治意识教育。面对高发的电诈案件，县公司提高政治站位，树立正确的业绩观，树立红线意识，杜绝违法违规行为，坚持常态化培训，组织全员集中培训、网上学院、微信群等多种方式学习《个人信息保护法》《违法违规警示教育》等，进一步强化法治意识，自收到建议书再次进行全员宣贯，覆盖率达100%。严格执行实名制管理要求。新入网环节非本人使用的拒绝办理，开展宣传提醒：SIM卡、微信等落入他人手中可能被非法使用、进行诈骗等活动；对所有入网客户包括解除骚扰停机状态、补卡次数超过2次的用户100%签署《电话卡合规使用告知书》；要求所有自有人员及社会渠道人员严禁转借工号、严禁越界开卡、严禁买卖/囤积号卡、严禁违规办理业务。同时利用系统提示，做好风险识别及上报。全方位宣传信息保护安全。在所有实体渠道摆放《业务办理规范提示》台卡、实名制综合海报、《五部委联合公告》及断卡行动宣传海报、印制反诈宣传手册，从源头加强把控，落实推进“断卡”行动。通过录制《安全365》预防电诈视频，在抖音、微信朋友圈等网络渠道转发、实体渠道发放宣传页等方式开展防诈宣传。警企合作，助力行动升级。积极配合县公安局反诈中心人员开展社区反诈宣讲，全面提升人民群众防范电信网络诈骗意识，营造全民反诈防诈的浓厚氛围。强化监督检查与责任考核。县公司根据相关细则进一步加强业务管理的全流程风险管控，不定期组织开展业务管理监督检查，强化诈骗风险评估与防范，同时加强对实体渠道日常巡检力度，形成“日常巡检—结果分析问题—现场核查—整改落实”的体系化闭环巡检机制。针对出现的违法违规行为，要抓早抓小，露头就打，加大处罚力度，形成震慑作用。

【公众市场发展】 2022年，翼城县移动分公司坚持以产能为核心的高质量发展思想不动摇，积极探索网格化销售体系改革运营新模式，提升运营效率和管理效果，充分利用支部党员的触点作用，带动全员产能意识和竞争意识，争取产能取得新突破，促进公司效益进一步提升。

【政企市场发展】 2022年，翼城县移动分公司紧紧围绕全县布局，促进数字乡村、智慧社区领域快速发展。持续做好各项业务落地，继续全力保持发展态势，持续做强翼城公司数智化转型发展，为促进翼城县经济更快更好健康发展贡献自身力量。

（王 华）

邮政服务

【概况】 2022年，翼城县邮政分公司有职工129人，其中在册职工69人，劳务工60人，公司领导为一正一副。公司内部设有综合办公室、市场部、金融业务发展中心、寄递事业部、渠道建设部和集邮文化传媒部六个职能部门，一个发行投递班组。全县设有15个邮政支局，其中纯邮政支局4个，其余11个均为邮储合营支局。经办邮政储蓄、函件、分销、电子商务、报刊发行、集邮、代理保险、机要等8类30余种业务，为全县广大人民群众提供方便、周到、快捷的邮政通信和金融服务。

全局服务面积覆盖全县10个乡镇151个行政村委会，1170平方公里，服务人口达26.4万余人。全县共有投递道段26条，其中城市5条、农村21条。邮路全长1530公里，其中城市200公里、农村1330公里，配有两辆专车用于县城邮件投递，另外增加4条城市揽投道段专门用于投递邮件。同时，全县所有邮政营业网点均实现电子化和网络化，形成一张覆盖全县城乡、连接全国、沟通世界的集实物传递、信息交流、金融融通为一体的邮政综合服务网。

【业务发展】 2022年，县邮政分公司始终以习近平新时代中国特色社会主义思想和党的二十大精神为指导，贯彻落实集团公司、省市分公司工作会议精神，明确工作思路和主要任务，动员全体员工贯彻新发展理念，进一步深化改革创新，加快经营转型，奋力开创翼城邮政高质量发展的新局面。通过构建企业文化，精细过程管控，创新发展模式等举措，各项目标完成较好，2022 年春秋季化肥促销活动，按照省市分公司要求，采取微信抢购的方式，零利润进行惠农活动，共计销售金大地小麦、玉米专用复合肥 360 余吨，为老百姓带去实惠，减少农资投入，提升农田收入。

【支持地方经济建设】 2022 年，县邮政分公司通过地推队伍、入村走访，在邮乐、淘宝、拼多多等电商平台帮助果农售果，教他们如何在微信朋友圈销售；推荐商户使用微邮付，减免手续费。翼城营销团队实地走访了翼城各地的果园，了解产量、品质等信息后，2022 年通过邮政电商平台线上销售翼城苹果，在北捍、中卫、里砦等果农种植区收购符合电商销售要求的苹果，价格比果商收购价高，还提供包装箱、上门收寄等服务。拓宽销售渠道，增加农户收入，拓展翼城线上销路，仅此一项寄递苹果 9 万多箱，销售苹果 45 万余公斤，增加农民收入 100 万元，为翼城经济贡献一份力量。党员干部深刻领悟“两个确立”的决定性意义，增强“四个意识”、坚定“四个自信”、做到“两个维护”，坚定不移服务乡村振兴。9 月 26 日，县分公司党支部到南唐东下坪村开展志愿帮扶工作，在春节来临之际，县分公司支部党员联合南唐乡政府到帮扶村东下坪村进行走访慰问，并送去慰问品，让脱贫户、监测户感受到党和政府的温暖。公司员工用实际行动展现邮政主动服务社会，积极履行社会责任的良好形象。

（宋清艳）

文化　旅游

综　述

【概况】　2022 年,全县拥有文物保护单位 1024 处,其中全国重点文物保护单位 9 处、省级重点文物保护单位 6 处。有非物质文化遗产项目 79 项,其中国家级非物质文化遗产项目 3 项、省级非物质文化遗产项目 12 项。有中国历史文化名镇 1 个、中国历史文化名村 3 个、中国传统村落 15 个。有网吧、影剧院、KTV 和旅行社等文旅企业 14 家。创建佛爷山景区、翼城古城景区等 2 个国家 AAA 级旅游景区,封壁、古城、阎村、曹公、大河等 5 个山西省 AAA 级旅游示范村,史伯人家、古城人家、大河人家、佛爷山庄等山西省“太行人家”4 个。投资 5 亿多元通往历山的三条旅游公路投入使用,以“唐风晋韵 · 魅力翼城”为主题的文旅系列节庆活动异彩纷呈,全县文旅旅游呈现蓬勃发展的良好态势。

2022 年,翼城县文化旅游工作坚持深入贯彻习近平新时代中国特色社会主义思想和习近平总书记关于文化和旅游工作的重要指示批示精神,紧紧围绕全县“文旅振兴战略”部署,坚持以创建“国家全域旅游示范区”为主线,以推动“六山一城”景区景点建设和构建“五线一中心”旅游大格局为突破,坚持以突出党建工作为引领,在抓实落细疫情防控的前提下,充分挖掘资源潜能,发挥资源优势,不断完善公共基础设施,夯实产业发展根基,厚植文化元素,塑造文化旅游品牌,握拳发力,砥砺前行,全力推进全县文旅融合发展。

【文物勘探发掘】　2022 年,县文化和旅游局经过多次与省文物局、省考古院积极沟通协调,扎实推进“三箭齐发”重大项目。文物勘探发掘闽光项目一期用地全部完成,考古发掘工作在全力推进,发掘任务完成三分之二,项目急需占用的南部厂区发掘完毕,闽光项目正常开工建设;晋南项目用地完成文物勘探 1610 余亩,剩余北冶新村 200 亩文物勘探,拆迁工作完成,正在清表,待清表结束后,立即组织进行文物勘探。晋南项目考古发掘工作进入招标程序,正积极与省考古院协调考古发掘队伍,推进后续工作。

【重点景区建设】　2022 年,历山 · 大河国家级森林康养项目经过多次深入沟通,翼城县与省林投公司达成合作意向,决定采取省林投公司、北京嘉德旅文、县投资集团分别占股 70%、20%、10% 的合作运营模式,并完成章程草案和协议初稿。9 月 6 日至 8 日,省林投公司、北京嘉德旅文、山西八建、中条山林局再次组团来翼城县进行深入考察。河上公德山景区建设项目,2022 年计划完成投资 5000 万元,完成投资 5200 万元,正在推进观光平台、游客购物中心、四合院窑洞等工程。翼城古城景区建设,投资 300 万元的古城客栈投入使用,可购物、住宿,打造的楚阳饭店,开业迎客，运营良好；佛爷山景区建设，投资90万元，完成800平方米生态停车场建设、5公里损毁道路和登山木栈道修复等工程。

【乡村旅游】 2022年，县文化和旅游局推动乡村旅游示范村提档升级。史伯旅游示范村新增“和宗茶馆”、河道微景观、水上乐园等休闲娱乐设施。阎村旅游示范村新建1000立方米水景观，美化、亮化全村街景，开展耕读小镇夏令营等主题研学活动。史伯、阎村成为翼城县及周边游客首选乡村旅游打卡地。举办丰富多彩的文旅系列活动。2022年，积极打造“唐风晋韵·魅力翼城”文旅系列活动品牌，以举办文旅节庆活动为载体，助推乡村旅游发展。4月在里砦镇第六届桃花文化旅游节上举办“唐风晋韵·魅力翼城”文旅系列活动启动仪式，同时推动各乡镇组织开展线上线下文旅主题活动，举办翼城县第十七届广场文化消夏月暨第七届古城文化旅游节、广场舞大赛、第三届文公避暑文化旅游节等文旅节庆活动。

文　化

【公共文化服务】 2022年，县文化和旅游局积极推进“三馆”建设项目。花鼓基地附属工程完工，正在推进文化馆、图书馆入驻工作，综合博物馆项目正在积极推进中。深入开展《文创之翼》“五个一”活动。举办非遗传承人文化创意培训，并为尧都砂器、翼城花鼓、古城泥塑、云山剪纸、砂研社砂器等5个文创基地进行授牌。大力举办群众文化活动。组织开展“4·23”世界读书日、“书籍·春风·还有你”两大线上主题活动。7月26日，组织举办翼城县2022年群众文化活动启动仪式暨广场舞大赛。同时，推动各乡镇文艺小分队开展群众性文化活动255场。大力实施文化惠民工程。完成文化下乡12场，送戏下乡200场。

【文物保护】 2022年，县文化和旅游局完成东午寄普润院、范牛孔圣庙、南丁汤王庙灾后重建抢险保护工程和马册永定桥保护修缮工程。翼城县博物馆的“翼城县历史与文化”展陈项目全面完工，并对外开放，接待领导调研、团体参观、青少年研学、游客游览4000余人次，博物馆成为翼城县对外宣传、展示翼城厚重历史文化的重要窗口。

2022年8月，博物馆“历史与文化”展陈项目竣工，并正式对外开放　　（王建智供图）

【传统文化宣传】 2022年，县文化和旅游局逐步加强非遗传承保护，优秀传统文化魅力进一步展现。积极推动翼城花鼓、翼城琴书、翼城浑身板等3个国家级非遗项目外出展演。7月5日，配合县纪委编创的“翼城琴书”剧目《翼之廉相》，在临汾市“清廉临汾”专场演出中获得一致好评。7月9日，“翼城浑身板”剧目《庆丰年》在“喜迎二十大·奋进新征程”2022年全省群众文化活动乡村村晚大比拼决赛中获一等奖，7月19日，翼城花鼓舞蹈《鼓舞新翼城》在“临汾市群众文化活动民歌广场舞大赛”中斩获一等奖，优秀传统文化魅力进一步展现。9月15日，翼城县“翼城琴书”传承人李琳入选山西省第六批国家级非物质文化遗产代表性传承人推荐申报名单。积极推进非遗传承公益培训和文化创意产品发展。7 月 19—20 日，开展为期 2 天的“翼城浑身板”公益性培训，来自各乡镇、社区的基层文艺骨300 余人分别在主分会场参加培训。8 月 3 日，在翼城县“五个一”文创活动中，开展“非遗传承人培训座谈会”和“文化创意知识培训讲座”两场活动，特邀山西省非遗中心副研究馆员田静波等 3 位专家进行现场授课；录制完成翼城县文创专题宣传片；为尧都砂器、翼城花鼓、古城泥塑、云山剪纸、砂研社砂器 5 个文创基地进行授牌。

2022 年 8 月 3 日，翼城县文创系列活动在南寿城云山居剪纸基地举行　（王建智供图）

历史文化内涵逐步展现，翼城县文化品牌影响力进一步扩大。一是创建“唐风晋韵 · 魅力翼城”公众号、视频号、抖音号文旅宣传平台。截至2022 年底，陆续开展“乡镇长带您云游魅力翼城”、端午节直播带游、“翼起寻味”特色小吃等主题宣传推介活动，拍摄录制佛爷山秋景、阎村耕读小镇等专题宣传视频 98 篇，公众号推送文旅主题宣传51 篇，综合点击量达80 万余人次，有力拓展文旅融合的广度和深度。二是录制完成《我们的节日——春节》贺岁 MV、《我们的节日——清明》MV、《守护非遗 · 传承文化——人民的非遗 人民共享》3 部宣传片，并全部被“学习强国”学习平台采用。录制播放《群文艺术公开课》18 期，推送“薪火相传”非物质文化遗产主体宣传 35 期，进一步扩大全县文旅资源的品牌影响力。

文旅监管

【概况】 2022 年，县文化和旅游局压实疫情防控责任，筑牢文旅行业屏障。根据县疫情防控工作部署要求，落实行业职责，印发《关于做好全县 A 级景区、文化娱乐等场所安全有序开放的通知》等各类通知，前期关停或后期有序开放全县文旅场所，同时启动“一办三组”工作机制，主要领导、各分管领导带队深入文旅场所检查疫情防控措施落实情况，发现问题立即责令整改，确保场所安全。同时全系统党员干部积极响应上级号召，主动到所在社区、卡口报到，冲在防疫第一线，并严格落实应急值班值守制度。坚持发挥文化阵地优势，以“艺”抗疫，编创录制国家级非遗“翼城琴书”疫情防控宣传视频，力求利用文艺工作者亲切质朴的乡音乡韵凝聚起强大精神力量，助力打赢这场疫情防控攻坚战，牢牢守住翼城阵地。

2022 年 8 月 20 日，检查文化娱乐场所疫情防控和安全生产工作　（王建智供图）

【安全生产监管】 根据上级工作安排，结合工作实际，启动“一办三组”安全监督检查机制，先后开展“文旅行业安全生产百日攻坚”“文旅行业安全生产大检查大整治大提升行动”等 6 项专项行动。与各文化旅游经营单位分别签订 2022

年疫情防控承诺书和安全生产责任书。同时抓实落细春节、“五一”、国庆、党的二十大等重大节日和重大会议期间安全生产工作,确保全县文旅行业的持续稳定和健康发展。

【市场执法】 坚持严格市场行政执法,营造良好文旅市场秩序。先后组织召开全县文化市场经营业主工作会议9次,开展“‘五一’、端午假日期间文旅市场专项整治行动”“安全播出大检查行动”等15项专项行动,行政处罚9起,结案9起。开展“零点行动”15次,“双随机”检查29次,联合检查3次,出动1368人次,排查文化市场经营单位489家次,发现问题14个,全部整改完毕。

（王建智）

财政　税务

财　政

【概况】 2022年，县财政局在县委、县政府的坚强领导下，以习近平新时代中国特色社会主义思想为指导，坚决按照“稳字当头、稳中求进”的总体要求，坚持“六稳”“六保”底线思维，强化组织领导、硬化工作措施、深推改革创新、全力挖潜增收、坚持厉行节约、加强队伍建设、全面防范和化解政府性债务风险，确保全县财政收入平稳增长和财政支出的平衡运转。

【财政收入】 2022年，县财政局围绕年度收入目标，主动作为，强化税收征管，规范非税管理，做到应收尽收。密切关注政策动向，积极争取上级政策资金，全力以赴支持稳住经济大盘。突出“早研判”，精准分析收入形势，提前分析，及早站位，紧盯目标，把控节奏；突出“早规划”，紧扣全年收入任务，摸排税源底数，挖掘增收潜力；突出“早安排”，落实县税收保障工作专班部署，压紧压实任务责任，积极防范、化解和处置影响财政平稳运行的各种风险，促进收入征管工作质量。2022年，翼城县一般公共预算收入完成48034万元，占年初预算任务40600万元的118.31%，同比增长18.52%，增收7505万元。其中，税收收入完成37595万元，占年初预算任务的27511万元的136.65%，同比增长32.26%，增收9169万元；非税收入完成10439万元，为年初预算10389万元的79.75%，同比下降13.75%，减收1664万元。

【资金争取】 2022年，县财政局坚持积极的财政政策靠前发力，抢抓改革机遇，发挥财政部门牵头作用，建立健全协调联动争资机制，及时准确把握政策导向，做实项目储备，精准对接推进，争取更多政策、资金向翼城县倾斜，助推全县重点项目建设。2022年，全力争取政府债券37128.93万元。其中，一般债券7793万元，专项债券29335.93万元，主要用于全域旅游配套基础设施提升项目，人民医院迁建工程净化、医疗气体、地下停车挡及停车带等分项工程。

【民生保障】 2022年，县财政局坚持支出预算执行优先保障“三保”原则，落实“月报告”制度，加强对基层“三保”项目、资金、支出进度等各类数据信息监控。

坚持民生优先，合理调度资金保障民生领域相关需要。持续加大民生领域支出力度，聚焦教育、医疗卫生、社会保障等领域，加快资金支出进度，支持全县民生事业高质量发展，进一步增强人民群众的幸福感和获得感。2022年，全县一般公共预算支出执行233202万元，占全年预算任务的92.61%，同比增长4.28%，增支9567万元。其中，民生支出193558万元，占一般公共预算支出的83%，有力推动全县各项民生政策的全面落实。

认真落实县级社会救助等社会保障财政补

助政策,提升基本民生保障水平。城乡居民基本医疗保险财政配套资金每人再提高 30 元,足额配套医疗保险参保人员资金 2131.43 万元,积极支持县级医药卫生体制改革任务落实,落实人均基本公共卫生服务经费财政补助标准由 79 元提高到 84 元,足额落实县级计划生育专项资金 631 万元,老年乡村医生退养补助县级配套 28.68 万元,确保"病有所医"。

全面落实全县社会救助标准,农村低保每人每年再提高 120 元。加大对困难群众基本生活保障支持力度,配套救助资金 780.52 万元,"弱有所扶"持续改善。

争取到中央彩票公益金支付地方公益事业建设资金 1000 万元,争取省财政支持浍滨社区养老建设资金 73 万元。足额落实 40 所农村老年人日间照料中心建设、两所区域居家养老服务中心建设费用 560 万元。足额落实城乡居民养老保险县级配套资金 2583.33 万元,及时上解城乡居民养老保险委托运营资金 3434 万元,足额配套并上解企业养老保险基金缺口县级资金 3200 万元,"老有所养"保障提高。

全面落实各项优抚补助政策,足额落实义务兵优待金及大学生入伍奖励金、退役士兵社保接续县级资金、优抚对象医疗门诊补助、优抚对象意外伤害保险、两参生活补助、自主就业退役士兵一次性经济补助等资金。推动殡葬改革和基础设施的建设工作,落实各乡镇骨灰堂建设资金 140 万元。

【融资担保体系建设】 2022 年,县财政局大力推动政府性融资担保机构市县一体化运营改革,聚焦支小支农、服务小微企业、"三农"和创业创新,积极落实《临汾市政府性融资担保机构市县一体化运营改革实施方案》,与市财政局签署股东协议书和一致行动人委托书,作为县政府出资人出资 2000 万元入股市融资担保公司。2022 年,"总对总"批量担保业务共发放贷款 451 笔 10573.42 万元,有力推动翼城县市场主体倍增。

【助力创新创业】 2022 年,县财政局召开翼城县创业担保贷款工作推进会,发挥财政引导示范作用,助力大众创业、万众创新,安排创业贷款担保基金到位 127 万元。配合人社部门,落实就业补助政策,保障符合条件的首次创业人员享受一次性创业补贴、社会保险补贴资金支付。落实青年创新创业、市场主体倍增相关政策,安排人才工作专项经费 165 万元,科技奖励资金 40 万元,科技研发经费 20 万元,用于翼城县优秀人才、企业创新奖励。对符合条件的高新科技企业、科技型中小企业奖励资金 37 万元,进一步增加人才活力,增强企业竞争力,助力经济发展。

【疫情防控资金保障】 2022 年,县财政局坚决落实"疫情要防住、经济要稳住、发展要安全"的重要要求,全面统筹疫情防控和经济社会发展。成立和充实资金保障组成员,强化疫情防控资金研判测算,加强库款调拨,提前做好应急资金储备,确保防控资金保障到位。简化疫情防控资金拨付手续及流程,保证防疫资金迅速支付到位。疫情防控必要支出纳入县域三保预算支出范围,在预算安排和支出顺序上,优先保障疫情防控相关支出需求。2022 年,翼城县安排疫情防控经费 7372.01 万元。

【财政管理改革】 2022 年,县财政局深化预算管理一体化改革,将基础信息(单位信息、人员信息)、项目库、预算编制、集中支付四大模块统一管理,召开专题会议学习预算管理一体化 2.0 系统,不断优化业务办理流程。根据业务和管理的需要,各部门、单位采用归口管理的模式,预算股、国库股、经建股、农财股、综合股协同配合,定期召开业务审定会,讨论项目储备、编制和资金支付进度,进一步改进工作方法,提高工作效率。强化预算评审管理,依法依规"节支增效挤水分”。2022年,共完成项目181个,送审金额80142.02万元,审定金额69993.47万元,核减金额10148.55万元,核减率12.66%。

深化预算绩效管理改革。紧扣《临汾市财政部门预算绩效管理全年工作解析》,结合翼城县实际,不断健全翼城县预算绩效管理工作,出台涵盖事前评估、目标申报、运行监控、项目评价、结果应用、三方机构管理等内容的管理制度7项。积极推行重点评价结果质控工作办法,接续闭环式的责任环节,以“财政部门内部、财政部门与预算单位、预算单位内部、财政部门与第三方机构、第三方机构与预算单位”五个层面,打造起预算绩效管理责任“网格”,通过责任划分传导,实现责任层层压实,逐步树牢“花钱必问效,无效低效必问责”的预算绩效理念。翼城县预算绩效管理经验《三抓三联三保障,全面凝聚达成“三全”目标合力》在全省绩效管理工作推进会上作典型交流。

深化政府采购制度改革。聚焦“便利性、公平性、精细化”,积极贯彻落实深化政府采购制度改革,政府采购业务纳入省厅“采购云”,实现政府采购全程电子化和政府采购业务“一网通办”。围绕市场主体倍增,创优政府采购环境,扶持中小企业参与政府采购。完善采购工作管理办法,实施中介机构评价全覆盖,试点开展政府采购验收和合同备案,加强政府采购内控管理,组织开展政府采购云平台线上培训,进一步维护政府采购市场的公开公平公正。2022年,翼城县政府采购完成项目184个,完成预算项目金额达到40343.83万元,中标金额38978.28万元,节约资金1368.56万元,节约率3.38%。

推进国资国企管理改革。完成2021年全县行政事业性国有资产报表和11家国有企业财务会计决算报表的编报工作。开展专题培训,组织17家国有企业学习企业经济效益月报编制说明和审核要点,提高国有企业经济效益月报质量。强化资产领域财经秩序整顿。制定完善国有资产管理业务流程和内控制度,做好在建工程转账工作和资产管理档案的归集整理。

【助力乡村振兴】 2022年,县财政局加大项目资金投入,持续巩固拓展脱贫攻坚成果有效衔接推进乡村振兴,财政安排省级衔接资金851万,足额配套县级资金651万元,共涉及5个乡镇19个项目。推进“一事一议”财政奖补项目建设,2022年确定一事一议财政奖补项目33个,申请上级财政奖补资金共981万元。

【财会监督】 2022年,县财政局强化财会监督,切实维护财经秩序。严格执行财经纪律,制定《翼城县财政局财经秩序专项整治行动工作方案》,围绕落实减税降费政策、政府过紧日子、基层“三保”保障、规范国库管理、加强资产管理、防范债务风险、规范涉农资金7个方面逐项分解,结合实际情况以及审计监督、财会监督、社会监督等有关方面发现的问题,开展专项自查自纠行动。加强行政事业单位内部控制,完成翼城县2021年度144家行政事业单位内部控制报告编报工作。重新梳理制定《翼城县财政局工作人员岗位责任制》《翼城县财政局内部控制办法》,明确职责任务,提升制度刚性约束,确保财政资金和财政人员双安全、双保险。组织全县会计人员参与“会计改革与发展‘十四五’规划网络知识竞赛”活动,提升全县会计队伍素质。对2019至2022年上半年的“三公”经费进行全面自查比对,对全县2020年决算146家单位和2021年预算147家单位进行年度预决算公开情况专项检查,对翼城县隆化镇人民政府、翼城县能源局两家单位的2021年度政府会计制度执行情况、预算管理情况、财经纪律执行情况、会计基础规范执行情况进行专项检查。

（翟铭娟　杨海江）

税　务

【概况】 2022年,翼城县税务局坚决落实党中央"疫情要防住、经济要稳住、发展要安全"重要要求,全面落实上级各项决策部署,紧紧围绕主责主业,为市场主体解忧、为经济发展助力,全年共组织税收收入128537万元,同比增长58.15%,增收47264万元。其中,县级收入完成37617万元,同比增长32.31%,增收9186万元,超额完成全年任务,为翼城县域经济社会高质量发展贡献税务力量。

【征税收费】 2022年,全县新增退税2837.60万元,减税2159.96万元,缓税(费)1798.34万元,降费716.89万元,惠及企业2972家。税收收入实现量稳质优,2022年,共组织税收收入128537万元,同比增长58.15%,增收47264万元,超额完成全年任务。社保非税征管工作推进,2022年,非税收入完成17011万元,同比增长454.1%,增收13941万元;社保费征收51422万元,同比增长8.13%,增收4182万元。

【营商环境】 2022年,县税务局深入开展"便民办税春风行动",自主推出点对点政策推送、一站式办理、远程帮办、延时办理、一企一策、容缺办理等特色服务,推动便民办税缴费服务向精细化、智能化、个性化转变,办税服务厅创建市级青年文明号。在2022年度全国纳税人满意度调查中,县税务局综合得分处于全国前30%、全省第一方阵。翼城县税收营商环境持续优化,2022年全县新增涉税市场主体4724户,净增率105.83%,位居全市第一。

【税收治理】 2022年,县税务局以创建法治宣传教育基地为契机,持续创优税务法治环境,开展4次税收执法督察,促进执法质量不断提高。加强重点行业、重点领域增值税政策管理和服务工作,开展增值税发票管理专项检查,企业所得税预缴数据质量不断提高,个人所得税经营所得汇算清缴比例达到100%。开展全税种税务事项"体检式"风险扫描提示提醒服务,帮助纳税人及时发现生产经营中存在的税收风险,全年风险排查累计入库税款500余万元。加强成品油行业管理,对全县40个加油站进行数据采集,33户数据存疑的加油站纳税人补缴增值税及附加税55.76万元。

【行政管理】 2022年,县税务局深化拓展税收宣传工作平台矩阵,拍摄制作的《新速度、心服务》税收公益广告获第五届全国税收公益广告作品征集活动优秀奖。修订完善《信访安全保障工作方案》,与信访、公安部门建立联动机制,做好信访工作。认真落实过紧日子要求,厉行节约、降本增效,资产管理、公车管理、食堂管理等后勤工作实现制度化、规范化。

(景　凯)

金融　保险

中国人民银行翼城县支行

【概况】　2022年，中国人民银行翼城县支行（以下简称“人行翼城支行”）作为中国人民银行的派出机构，担负着翼城县辖区贯彻落实货币政策、维护金融稳定、征信管理、人民币流通管理、经理国库、支付清算、金融业反洗钱管理等职责，截至2022年底，全县各项存款余额197.36亿元，较年初增长24.71亿元。其中，住户存款余额175.42亿元，较年初净增22.73亿元；非金融企业存款余额10.02亿元，较年初增加3.62亿元；广义政府存款11.92亿元，较年初减少1.64亿元。全县各项贷款余额58.25亿元，较年初增加11.27亿元。其中，住户贷款余额21.28亿元，较年初增加5.48亿元；非金融企业及机关团体贷款余额36.97亿元，较年初增加5.79亿元。

【金融服务】　2022年，人行翼城支行牵头组织召开翼城县金融支持小微企业工作推进会、政银企对接会，完善政银企常态化重点企业项目名单推送机制，积极办理普惠小微企业贷款延期，截至12月末，辖区各金融机构各项贷款余额58.25亿元，较年初增加11.27亿元，增长23.99%；累计发放小微企业贷款2191户18.6亿元，其中首贷429户6.38亿元，首贷率19.58%。探索“金融＋科技”赋能农业生产托管的“翼城方案”，引导金融机构充分发挥金融力量，紧密围绕乡村振兴“四类”示范村建设，从“搭建服务平台、创新信贷产品、优化服务流程、完善配套设施”四个方面，深入挖掘服务“三农”新模式、新路径，助推乡村振兴实现大跨步发展。2022年，发放支农再贷款8000万元，共为翼城县农业相关主体累计授信135341.88万元，其中新农主体授信11731.9万元、农户授信123609.98万元。金融支持农业托管服务的“翼城”模式被总行采用。

【防范化解金融风险】　2022年，人行翼城支行综合运用现场监测和非现场监测手段加强对辖区银行业尤其是法人机构的金融风险监管，严格落实金融机构重大事项报告制度，督促指导金融机构做好金融风险突发事件的应急处置和报送工作，定期开展存款保险资产质量真实性核查、存款保险评级，采取风险提示、约见谈话、金融机构评级现场告知等早期纠正措施，密切监测关注其经营状况，切实做到早发现、早预警、早识别、早处置，坚决守住不发生系统性金融风险底线。

【经理国库服务】　2022年，人行翼城支行主动对接财税部门，开通增值税留抵退税“绿色通道”，联合召开留抵退税政策联席会议，打通堵点，协调推进。截至2022年底，共办理留抵退税42笔，2828.6万元。秉承“国债为民”工作理念，通过谋划部署、协调推进、加强宣传、强化监督“四步走”，打通国债销售“最后一公里”。截至12月底，全县销售储蓄国债1.44亿元，国债销售金额在全市名列前茅，国债销售经验做法以情况通报的形式被临汾市中支肯定。

【支付结算服务】 2022 年，人行翼城支行聚焦守护好人民群众的“钱袋子”，切实履行账户属地监管责任，开展“一人多卡”清理，“断卡”专项行动，加强与公安机关的协调配合，积极推送线索 13 条，配合公安机关抓获涉案人员 27 人，有效遏制电信诈骗等犯罪持续发展态势。督促辖内银行机构完善适老基础设施和移动支付产品适老化服务，开通政银企服务窗口，联合县医保局、财政局积极开展“医保选择云闪付”专项活动，进一步优化支付服务，助力乡村振兴。

【征信管理与服务】 2022 年，人行翼城支行依托“桐叶封弟 诚信为本”的当地特色文化典故，充分发挥文化建设引领征信业务发展的作用，积极推动个人征信代理查询网点建设，着力建设“文明规范、专业高效、团结和谐”的征信查询服务窗口。截至 2022 年底，共办理企业信用报告查询业务 169 笔，个人信用报告查询业务 8351 笔。

2022 年，人行翼城支行优化服务流程，简化办事环节，充分发挥财税库银横向协调机制作用，利用所具备的国库直接支付优势，让各种防疫、应急、财政直达等资金第一时间“直达到站”。积极倡导“线上办”“网上办”，引导社会各界通过手机银行、互联网等方式开展线上查询和征信咨询。开设银行账户“绿色通道”。对于抗击疫情急需开立的核准类账户，建立账户防疫“绿色通道”，简化开户流程，特殊情况下需提交资料“先开后补”，确保银行账户“即开即用”。

（张　龙）

中国银行股份有限公司翼城支行

【概况】 2022 年，中国银行股份有限公司翼城支行（以下简称“中行翼城支行”）营业面积 532 平方米，营业大厅设置有现金服务区非现金服务区、智能设备区、自助设备区、公众教育区等，是全功能经营性网点。

为方便客户办理业务，支行在首旺煤业办公楼前设置银亭，布放存取款机台；网点内部设置现金智能柜台。支行以总分行工作会议精神为引领，为客户提供全方位的金融、理财及资金结算服务，为县域经济建设发展提供支持。

【主要经济指标】 截至 2022 年 12 月末，人民币存款余额 137854.03 万元，其中个人存款 100921.32 万元，公司存款 36932.71 万元。外币各项存款 103.61 万美元。人民币零售贷款余额 11924.19 万元，银行卡分摊余额 4028.93 万元，公司贷款 4277.8 万元。主要业务发展平稳、非息收入创新、不良实现下降、风控效果显著、党建文化提升。

【社保医疗】 2022 年，中行翼城支行作为临汾市人力资源和社会保障局指定为社保卡金融服务综合网点，支行设立绿色通道，不断拓宽缴费渠道，做好城镇居民基本医疗保险代收工作，2022 年，累计制卡约 785 张，发卡领域涉及全县城镇居民、机关事业及企业在职职工社保卡、单位 290 余家。2022 年，代收医保 10000 余人，医保缴费代收人群中，手机银行缴费比例占 90% 以上。2022 年，为企业、机关事业单位进行养老金代发，月均代发 4000 余人，代发额约 2500 万元；继续推动中标社保资金 8000 万元，保持临汾市县域机构社保资金存款单笔最大额度的新纪录。中行翼城支行不断提升社会保障卡增值服务功能，扩展延伸服务平台，通过不懈努力，社会保障卡实现代发薪、金融交易、投资理财、看病就医、生活缴费等系列功能，完成惠民卡转型。支行将持续发挥普惠金融服务优势，为全县广大人民提供更优质的服务。

【重点项目推进】 2022年11月，中行翼城支行行政事业业务取得新突破。继成为翼城县财政局2022年非税收入指定银行之后，翼城支行营销并开立翼城县自然资源局土地综合事务中心土地拍卖金专户，成为翼城县唯一一家能够承揽土地拍卖金的金融机构，显著提升中国银行在当地的品牌知名度和影响力。土地竞拍专户的开立，为土地与矿业权交易网上系统上线及下一步继续扩大与当地财政、自然资源部门的合作打下坚实的基础，也为翼城支行行政事业存款的持续增长开辟新的源头。其次，翼城支行多措并举抢抓源头市场，营销某新城片区道路建设工程征地拆迁补偿监管资金3000万元，促进支行公司存款的增长，为该行政事业存款和银政合作奠定坚实的基础。

【场景建设】 2022年，中行翼城支行为加快移动金融发展，为学校提供便利的线上服务，促进手机银行交易客户数提升，由市分行个人数字金融部牵头、信息科技部技术提供技术支持，翼城中学校手机银行“饭卡充值”项目近日正式投产。该项目借助手机银行校园卡缴费平台进行饭卡充值，首日实现手机银行饭卡充值客户新增约2000人。该项目的投产，预计持有3000户基础客户，且每年增加新招生1000余人，客户群的增长稳定，为迅速扩大基础客户群创造良好机遇。饭卡充值作为一项惠民工程，通过依托此项目进一步联动拓展信用卡、分期、存款、理财等产品，今后与学校进行全方位的合作奠定基础，有力提升中行品牌形象，为进一步拓展其他公共事业费代收业务起到重要的作用。

【内控案防】 2022年，中行翼城支行按照中国银行临汾市分行及翼城银监局监管指引，认真落实“强监管、治乱象、防风险”的监管要求，在做好业务日常管控的同时，强化对风险内控相关制度的学习和培训，组织开展各类业务检查，形成案件防控长效机制，明确案防工作的重点部位、重点业务，在全体员工中实施有效的业务监督和管理，促进各项业务的稳步合规发展，全年无案件发生。

（张亚琴）

中国工商银行股份有限公司翼城支行

【概况】 2022年，中国工商银行股份有限公司翼城支行（以下简称“工行翼城支行”）以强化党建为引领，紧紧围绕省分行“打造精品分行”战略布局、市分行“一体四面”新发展格局定位，一手抓疫情防控，一手抓业务发展，更加聚焦市场竞争力提升，攻坚克难、砥砺前行，整体经营发展质态持续向好，业务发展稳步提升。2022年，工行翼城支行实现拨备前利润3170万元，各项存款余额达342123万元，较年初增加48147万元。其中，个人存款余额达299398万元，较年初增加41498万元；公司存款余额达24315万元，较年初增加5632万元；机构存款余额达17359万元，较年初增加836万元。各项贷款余额达59154万元，较年初增加9052万元。其中，公司贷款余额达46176万元，较年初增加4406万元；个人贷款余额达12978万元，较年初增加4645万元。

【存款业务】 2022年，工行翼城支行持续以“三大存款五大拓户”为核心，继续实施存款“一把手工程”，把夺增量同业第一、提余额市场份额作为检验执行力、考验党性的首要目标，并从零售、公司和机构三个维度夯实“三大存款”基础，为业务的可持续和高质量发展蓄力贮能。各项存款余额达342123万元，较年初增加48147万元。

储蓄存款方面。坚定储蓄存款优势地位不

动摇,强化“抓日均”的经营理念,贯彻“每天增长一点点”的增存要求,紧盯同业,奋力实现时点和日均增量同业双第一的目标。个人存款余额达299398万元,较年初增加41498万元。

公司存款方面。按照上级行公司存款工作思路,工行翼城支行明确工作路径、措施及进度要求,加快推进公司存款的稳步提升。公司存款余额达24315万元,较年初增加5632万元。

机构存款方面。牢固树立客户至上经营理念,高度关注客户发展,发挥自身优势,改善经营管理,实现了机构存款的稳步攀升。机构存款余额达17359万元,较年初增加836万元。

【贷款业务】 2022年,工行翼城支行按照分行工作部署,加大普惠贷款营销力度,进一步扩大普惠贷款覆盖面,多举措推进普惠贷款工作。截至年末,各项贷款余额达59154万元,较年初增加9052万元。普惠贷款增量3134万元,完成全年计划3000万元的104%。个人贷款余额达12978万元,较年初增加4645万元。

【市场营销】 2022年,工行翼城支行突出获客吸金重点,持续打造惠享品牌,针对同业对优质客户市场的激烈争夺,把“强化客户基础”作为一号工程,更加突出对市场客户的深度梳理挖掘和名单制精准营销,持续开展“大营销、大走访”活动,全力实现客户的“提质扩容”。

把结算拓户作为铺底性工作,打好对公拓户主动仗。继续加强与政务中心的合作,为客户提供业务咨询、办理、产品应用等全方位一站式多功能服务,确保高效率办理开户和源头获客。同时,提升服务内涵,加快外延拓展,通过产品渗透实现新增客户的提质增效,把基础客群做稳做实。

把机构拓户定位于重点领域的攻坚和重点场景的搭建。及时敏锐捕捉市场信息,及时跟进重点项目、重点工程、重点客户,以密集性、常态化的“大营销、大走访”活动为契机,对接客户、营销项目、促进落地。

用惠享体系吸客,实现分层分群拓户。持续开展“拓客提存增资”“活客创效增收”“惠客礼遇回馈”等系列客户惠享活动,不断深挖客群潜力,实现拓客维客黏客。

围绕县域经济转型发展布局,坚持服务实体,大力发展普惠贷款业务,挖掘优质潜力客户。一加大对白名单客户的营销力度,做到营销全覆盖;拓展核心企业上下游客户,加大对法人经营快贷、税务贷的营销渗透;梳理各网点财富客户,通过上门拜访、邀约到店等方式,拓展私银客户背后的小微企业;通过政银企、税银企座谈会,宣讲我行信贷产品,满足不同客户的融资需求。

(赵信　张立强)

中国农业银行股份有限公司翼城县支行

【概况】 2022年,中国农业银行股份有限公司翼城县支行(以下简称“农行翼城支行”)位于翼城县翔翼东街470号,现有员工47人,其中党员23人。下辖3个营业网点:营业部、红旗支行、解放支行,设有4个机关部室:综合管理部、三农/公司/机构业务部、个贷/个金/网金部、财会运营部。

【主体业务指标】 2022年农行翼城支行主体业务实现了转型跨越发展,各项存款稳步增长,贷款业务实现突破,其他业务指标突飞猛进,员工绩效明显提升,核心指标再攀高峰,系统贡献度稳步提升,全行业务经营保持稳健增长的良好态势。截至2022年12月底,本外币各项存款187550万元,较年初时点增长29956万元,其中个人储蓄存款较年初增长19852万元,对公存款较年初增长10104万元；个人日均存款较年初增长12145万元，余额达到152794万元。对公日均存款较年初增长4781万元，余额达到15087万元。各项贷款余额49428万元，较上年净增9786万元。其中法人贷款17715万元，较年初净增2253万元，个人贷款31713万元，较年初净增7532万元。全行信贷资产规模不断扩大，结构持续优化。银保监口径普惠小企业贷款完成6944万元，人民银行口径普惠金融领域贷款完成19846万元。客户拓展方面：农行翼城支行个人掌银签约累计净增2706个，信用卡发卡净增586张，信用卡分期净增1678万元，代理保险累计销售543万元，全年私行客户签约9户。

【资产和负债业务】　2022年，农行翼城支行营销签约合鑫泰和府和唐霸壹号两个楼盘，发放住房贷款125笔，金额3870万元；“惠农e贷”累计净增3129万元，普惠法人贷款累计净增4677万元。2022年初跨省准入海南省房地产，办理抵押登记并发放“抵押e贷”2000万元，成为全市首笔乃至全省也是为数不多的异地（跨省）押品抵押登记放款的县级支行。

【服务“三农”和“小微企业”】　2022年，农行翼城支行继续履行大行责任，全面落实保市场主体政策要求，保持民营和小微金融支持政策连续性、稳定性，确保民营和小微企业贷款稳定增长，达到监管要求。一是深化“小微e贷”系列产品营销，利用纳税、抵押、账户等e贷产品撬动融资需求，加快“小微e贷”系列产品提质扩面，有效满足小微企业资金需求。二是推广链捷贷线上网络融资产品，坚持集约化、批量化经营，积极拓展园区、商圈、专业市场、产业集群等优质民营和小微客户，推动打造重点产业线上供应链融资体系。三是强化银政企合作，全力推动风险补偿、工商获客、担保贷等业务发展，推广示范应用农行小微信贷产品，深化与山西省、临汾市融资担保公司合作，解决小微企业客户无实质担保问题，为缓解“融资难”增加有效途径。大力支持地方实体经济，为小微企累计续发放贷款17715万元。实现减费让利要求，累计为小微企业减费让利近百万元，切实履行大行担当。2022年，农行翼城支行深刻认识到“服务三农”和乡村振兴的重要性，将“服务三农”与乡村振兴工作有效衔接，不断加大惠农支农工作力度。一是做实做大“惠农e贷”。“惠农e贷”门槛低、受众广，能直接服务翼城当地的农户和涉农企业，带动农业及各种农产品的发展。该行以“农户建档开路、惠农贷款敲门、综合营销跟进”的推进路径，不断优化建档流程，提升放贷效率，同时做好存量特色产业客户续授信；在风险可控的前提下，分地域、分行业适当提高单户授信额度，全面提升支持乡村个人客户发展的力度。二是着力推进整村授信工作，支行明确三农团队包乡进村的时间和频率，结合团队工作遇到的重点、难点问题，特邀请市分行三农帮扶工作队到农行翼城支行指导业务，在他们的帮助指导下，该行“惠农e贷”资料采集更加规范，业务流程不断优化，工作效率得到较大提高。三是逐步建立“惠农e贷”标杆村，形成以点带面的示范效应。持续推动“惠农e贷”扩面上量提质，不断发掘“惠农e贷+”的作用，让贷款撬动其他业务发展。不断做大做强“惠农e贷”，涉农贷款余额达到27287万元，较年初增加7959万元，助力农村人口发展生产、增收致富。

【内控风险管理】　2022年，农行翼城县支行牢固树立“内控优先”“全面风险管理”等理念。认真落实各项风险防控措施、扎实开展规章制度学习，对内外部各类检查发现的问题，明确责任，认真落实整改。进一步规范议事程序、坚持党委会、行务会、每周例会等会议制度，达到科学民主决策，集班子和集体的智慧谋划农行翼城支行的发展和未来,工作更加务实、高效。坚持业务发展和案防两手抓,两手都要硬,坚持每月开展警示教育学习,提高员工风险防范意识,严守底线。认真落实市分行合规警示教育大会精神,认真履行主要责任人案件防控主体责任,紧盯重点人、重点事、重点环节,消除风险隐患,确保全行安全稳定运营。严格按照省、市行要求,紧盯案件易发领域和风险集中领域,持续"排雷""化险",定期召开案防例会,提高员工风险防范意识,加强员工行为管理,坚决杜绝违规案件发生。安全值班方面,该行严格落实值班工作,特别是加强了对重大节假日的值班检查、抽查力度,确保全年安全值班无任何问题。

(聂子斐)

中国建设银行翼城支行

【概况】 2022 年,中国建设银行股份有限公司翼城支行(简称"建行翼城支行")在市分行党委和县为政府的正确领导下,翼城支行以党建为引领,贯彻落实党的二十大精神和习近平新时代中国特色社会主义思想,立足新发展阶段、贯彻新发展理念、构建新发展格局、推动支行高质量有效益发展,努力推进"三大战略"纵深发展,坚决打赢疫情防控攻坚战,坚持标本兼治、防范风险、严守底线的理念深入人心,全面防控各类案件风险,抓住关键,狠抓落实,取得较好的经营业绩。

2022 年,建行翼城支行一般性存款同业时点余额 25.6 亿元,较年初新增 46459 万元,系统排名第九。日均余额 22.8 亿元,日均新增 2992 万元,系统排名第七。其中,对公存款余额 55981 万元,当年新增 16416 万元,系统排名第七,日均余额 46958 万元,日均新增 10157 万元,系统排名第八;个人存款时点余额 20.04 亿元,四行占比 26.1%。同业排名第二,个人存款当年新增 3 亿元,四行占比 25.7%,新增排名第二。个人存款新增排名第九。日均余额 18.19 亿元,日均新增 19762 万元,排名第九。各项贷款余额 33255 万元,新增 4281 万元。系统排名第十七,同业排名第四。票据贴现 7475 万元,当地同业排名第一,系统排名第十三,完成年计划的 74.75%,完成 CTS946 户。新签约客户 3074 户,同步激活率 81.44%,排名第八。快捷支付新绑卡有效客户比年初新增 4048 户,同步绑卡率 95.29%,系统排名第三。手机同步签约新增客户 5568 户,系统排名第十八。短信银行 83.69%,排名第四。实现中间业务毛收入 828.44 万元,较上年同期增长 51.07 万元,增速 6.57%,净收入 724.19 万元,四行占比 28.5%,四行排名第二。全年实现营业收入 2679 万元,营业支出 806 万元,实现利润总额 1875 万元。对公结算账户总量达 1038 户,当年新增开 325 户,比年初新增开户 195 户。不动户 398 户,占比 27.72%。较年初下降 1.06%。信用卡客户新增 711(户)完成年计划 49.03%,系统排名第十九 。信用卡专项分期贷款 2175 万元,完成率 77.69 %。截至 2022 年底,发展商户 196 户,收单交易额 114668 万元。

【助力乡村振兴】 2022 年,建行翼城支行围绕"产业兴旺、生态宜居、乡村文明、治理有效、生活富裕"的乡村振兴总要求,秉承新金融理念,着力打造"裕农通"统一服务品牌,将建设银行"裕农通"金融综合服务站触角延伸到全县乡村,解决全县乡村金融产品服务供给不充分,农民办理金融业务因路途遥远不方便的问题。截至 2022 年底,为全县 7 个镇 2 个乡农民办理"三农"办理"裕农通"农村金融综合服务站(合并后的行政村)166 个行政村全覆盖,裕农通村委置换 67 户,激活率 99.7%。在深化农村金融综合服务站全流程服务工作中,为农村金融综合服务站制作

《“裕农通”普惠金融服务业务客户须知》《“裕农通”普惠金融服务站业务流程图》《“裕农通”普惠金融服务站业务公告》，建行“裕农通”农村金融综合服务站的拓展，为农业农村2万户农民提供惠民便民服务。

【农户小额贷款】　2022年，建行翼城支行在振兴乡村经济，服务三农建设的同时，有效延长农村产业链条，赋能产业链健康快速发展。截至12月末，累计投放乡村振兴发展贷款1581.39万元，支持市场主体发展8598万元，为中小微企业提供续贷转贷资金1733万元。

【严控风险】　2022年，建行翼城支行坚持业务发展和案件防控两手都要抓，两手都要硬，坚持每月开展警示教育活动日学习，提高员工风险防范意识，严守底线，不碰红线。组织全员收看山西省分行召开的万人警示教育动员大会。结合警示教育大会精神，认真履行主要负责人案件防控主体责任，紧盯重点事、重点环节，消除风险隐患，确保全行安全稳定运营。在平安建设和法治建设的工作方面，结合“三零”单位创建和系统内“平安建行”创建、内控合规建设共同开展。定期开展防抢劫、防诈骗、防火灾、防挤兑等安全消防方面的应急预案演练，深入开展各类规章制度、法律法规的学习培训。建行翼城支行在案件防控、安防安保工作中，认真落实省市分行各项安全工作会议精神，在案件防控、消防安全、“两会”和党的二十大期间，贯彻党中央和省市分行安全工作部署，进一步加强全行的安全工作，对网络涉赌涉诈、疫情安全防控等重点环节及时制定翼城支行各种应急预案，为实现支行业务高质量发展提供保驾护航。同时，在上级行和外部业务检查中，对检查提出的问题逐一对照，认真整改落实，对有些不能整改的，及时说明情况，限期进行整改落实。

【营销活动】　2022年，建行翼城支行按照市分行下达的综合经营计划目标任务方案要求，在全行范围内开展攻坚营销活动。围绕涉及商户拓展、代工拓面、客户提质、专项分期、普惠金融五大类25项业务指标。支行在第一时间召开全行动员会，传达贯彻市分行旺季营销动员会工作会精神，安排翼城支行“兴建旺行”十大战机旺季营销活动具体工作。在商户拓展方面，坚持每周六支行统一进行商户外拓，外拓前确定目标商户、外拓内容、外拓目标等内容，对三个营销团队进行目标任务分解，外拓结束分团队进行总结，确保拓效果。

在代工拓面方面，每月对重点代工单位进行上门维护回访，对代工单位新入职人员办卡、讲解金融产品和理财知识、同代工单位负责人和财务主管进行座谈沟通，进一步巩固建行翼城支行与代工单位的合作关系，有效促进代工客户AUM值的提升。

在客户提质方面，对公司类、资金结算类、个人类临界客户持续进行电话邀约回访，努力增加各类客户的贡献度，提升有效客户数量。

在专项分期方面，充分利用分期通营销商机，及时对商机进行分配，督导有分配商机员工持续进行电话营销，和服务的跟进，力求商机执行率达到100%，全力提升商机营销的成功率。

在普惠金融方面，加大对各类小微快贷的营销力度，积极推广“建行生活”注册应用，积极营销普惠个贷和小微企业票据贴现业务，认真履行国有商业银行助力普惠金融的社会责任。

（赵　刚）

中国农业发展银行翼城县支行

【概况】　2022年，中国农业发展银行翼城县支行（以下简称“农发行翼城支行”）内设办公室、信贷业务部和会计结算部 3 个部室。2022 年，有聘用制员工 14 人，其中领导班子成员一正一副，劳务用工 6 人，共计 20 人。

【政策扶持】 2022 年，农发行翼城支行认真落实国家粮食宏观调控政策，确保翼城县粮食储备体系建设和粮食市场调控资金需求。在风险可控的前提下，向翼城县储备粮管理有限公司发放市县级储备粮贷款 1467.3 万元，分别建立市级储备粮小麦 547.5 万公斤，县级储备粮小麦 500 万公斤，共计储备小麦 1047.5 万公斤。2022 年，为翼城县储备粮管理有限公司审批发放 1650 万元的地方调控粮油贷款。截至 12 月末，发放 495 万元地方调控粮贷款，收购小麦 150.79 万公斤，为维护县域粮食安全和保护农民利益发挥了重要作用。

【基金业务】 2022 年，农发行翼城支行根据关于对临汾市分行《关于调整国有工矿山西春雷铜材有限责任公司棚户区改造项目农发重点建设基金借款还款计划的请示》的批复，于 2022 年 9 月 13 日收回第二笔 500 万元，截至第四季度末共收回 1000 万元。共收取基金收益 165.55 元，并及时通过基金专户进行上划，无漏收、错收情况。

【绿色信贷】 2022 年，农发行翼城支行深刻理解和把握农发行新职能定位，结合信贷政策精神、熟练掌握制度办法的基础上，进一步加强推动营销办贷业务。主动同县委、县政府及相关职能部门对接，主要集中对接国道 241 线翼城县城过境公路改线工程暨四好农村路建设工程 PPP 项目和翼城县翔翼大街、新华路（红旗街—解放街）市政基础设施 PPP 项目，上述两项目投资总计 66726 万元。国道 241 线翼城县城过境公路改线工程暨四好农村路建设工程 PPP 项目由临汾市政集团项目公司翼城县鑫鸿公路建设工程有限公司实施，截至四季度，投放 17445.37 万元支持国道 241 线翼城县城过境公路改线工程暨四好农村路建设工程 PPP 项目。该项目为绿色信贷贷款，该项目的投放有利于改善县城交通环境，解决道路安全隐患，减轻县城环境污染，带动沿线农业以及运输业、服务业等第三产业的发展，对搞活全县经济及当地的脱贫致富起到极大的促进作用。

【业务经营】 2022 年，农发行翼城支行财政拨补情况：12 月底应由财政贴息贷款计息 237.76 万元，收回 237.76 万元。其中，1998 年 6 月 1 日以来政策性亏损挂账贷款收息 110.84 万元；市县储备粮贷款收息 58.21 万元；中央和地方财政共同贴息贷款收息 68.71 万元（均为地方贴息）。

收贷收息情况：12 月底，各项贷款余额为 24004.51 万元，均为政策性非扶贫贷款。应计利息 697.66 万元，实际收回利息 627.71 万元，收回率为 89.97%。

利润完成情况：12 月底总收入为 852.37 万元（系统内利息收支轧差反映），总支出 1025.41 万元，账面亏损 173.04 万元，同比减亏 191.20 万元。

【收回账销案存贷款】 2022 年，农发行翼城支行无不良贷款，按照已核销贷款账销案存管理办法，继续向各企业催收贷款，维护该行债权利益。4 月 29 日，落实“账销案存，权在力催”的原则，现金清收翼城县唐兴粮站已核销贷款 12.44 万元。

（董　玲）

中国邮政储蓄银行股份有限公司翼城县支行

【概况】 2022 年，中国邮政储蓄银行股份有限公司翼城县支行（以下简称“邮储银行翼城县支行”）内设综合管理部、零售金融部、公司业务部、风险合规部 4 个职能部门，辖内设有营业部和兴华街支行2个自营网点，以及11个代理网点。截至2022年12月末，各项存款余额达到88118万元，其中个人存款63056万元、公司存款25062万元。各项贷款结余达到44565万元，2022年新发放贷款7124笔，放款金额达到40988万元。

2021年，支行获山西省代销业务卓越贡献奖、临汾市网络金融业务争优创先奖、临汾市储蓄业务突出贡献奖、临汾市2021—2022跨年度项目拓展先锋奖，零售金融部获翼城县职工创新创业工人先锋号称号。

【服务城乡 支持三农】 2022年，邮储银行翼城县支行不断推进和深化服务“三农”领域体制机制改革，加大对家庭农场、专业大户、农民专业合作社等新型农业经营主体的支持力度，为全县脱贫攻坚和促进乡村振兴贡献邮储模式和邮储力量。服务新型农业经营主体，与农担公司合作，通过担保公司给农户担保，解决农户担保、抵押难题，贷款利率下降50%，进一步满足和解决新型农村经营主体的融资问题。全年发放新农贷64笔，金额2476万元，全县金融机构排名第一。创新发展小额信用贷和小额税贷通业务模式，纯信用形式发放贷款，解决普通农户和小微企业主缺乏担保、抵押的难题。2022年，发放农户信用贷763户，金额4764.98万元；发放极速贷754笔，金额8957.4万元。进一步巩固脱贫成果，邮储银行翼城县支行始终积极响应国家政策，以金融的力量助力脱贫攻坚与乡村振兴的有效衔接。全年发放小额人口脱贫贷款18笔，金额90万元。

【支持小微 服务地方】 2022年，邮储银行翼城县支行行始终认真履行国务院赋予邮储银行服务“三农”、服务中小企业、服务社区的职责，全力支持中小微企业发展，通过各种措施减轻企业负担，主动承担评估费和抵押费，采取无还本续贷等措施，进一步降低企业融资成本。主动与地方经济发展战略接轨，在支持地方实体经济发展中积极发挥“输血”“造血”功能，全年发放小微企业法人贷款3698万元。

【引领消费 助推升级】 2022年，邮储银行翼城县支行始终坚持金融助力消费升级，以新业态新模式引领消费加快发展，努力满足广大居民的消费需求，以扩大消费内需推动经济持续复苏。全力推进零售信贷工厂上线，对消费信贷业务执行标准化、流程化作业，随着零售信贷工厂的上线，邮储银行翼城县支行房贷、车贷等消费类贷款的审批速度大幅提升，放款时间大幅缩减，最快可实现1小时放款。全年共发放个人消费贷款4924笔，共13179万元。其中，发放助学贷款3923笔，金额3411万元，为广大学子的梦想加油助力。

【践行责任 回报社会】 2022年，邮储银行翼城县支行持续履行公众教育服务的社会责任和义务，深入开展公众教育工作。充分发挥网点遍布城乡、深入社区的优势，在全行组织开展“金融知识宣传月”“小微企业宣传月”“普及金融知识万里行”“防范和打击非法集资宣传教育活动”，向广大公众普及金融知识，改善农村支付服务环境，造福翼城广大百姓。拓宽服务渠道，大力推广网上银行、手机银行、邮惠付等电子结算产品，做好代收付项目，为广大客户提供安全、快捷、高效的自助金融服务。加大创新力度，进一步推进小额循环贷、新型农业主体、电商贷、快捷贷等新产品业务发展。加大亲情卡、乡情卡等特色产品的推广力度，为客户带来便捷与优惠。在丰富金融产品的同时，创新服务模式。通过深入企业、个体工商户、农村走访，举办产品推荐会，了解客户的融资需求，积极探索业务和产品创新，最大程度地提供客户满意的金融服务。

（杨卫忠）

山西翼城农村商业银行股份有限公司

【概况】 2022年,山西翼城农村商业银行股份有限公司(以下简称“翼城农商银行”)内设党委办公室、董事会办公室、综合办公室、人力资源部、财务管理部、信贷管理部、会计营运部、稽核审计部、安全保卫部、风险合规部、电子银行部、科技信息部、纪检监察室、金融市场部14个部(室)和小微企业贷款中心、不良贷款清收中心2个直属中心,下设24个分支机构。其中,1个营业部、15个支行、5个分理处、3个储蓄所,共有在编干部职工321人,担负着为县域经济和“三农”发展提供金融服务的重任。截至2022年12月末,翼城农商银行各项存款余额69.65亿元,较年初净增8.55亿元,增幅13.98%。其中,储蓄存款余额66.75亿元,占各项存款95.83%,较年初增加7.79亿元,增幅13.21%;对公存款余额2.38亿元,占各项存款3.42%;各项贷款余额35.38亿元,较年初净增5.08亿元,存贷比例50.8%。其中,农业贷款余额22.27亿元,占各项贷款余额的62.95%。实现总收入3.73亿元,其中利息收入2.67亿元、金融机构往来收入4958.77万元、手续费及佣金收入115.62万元、其他业务收入44.20万元、投资收益实现2226.69万元、其他收益3008.72万元、营业外收入307.60万元。

2022年,翼城农商银行被县劳动竞赛委员会授予翼城县五一劳动奖状,南梁支行党支部7月相继被省联社党委授予星级支部和优秀基层党支部称号,11月翼城农商银行被省直工委精神文明建设委员会授予省直机关文明单位标兵称号,12月“爱心托管班”成为全省金融系统唯一被省总工会授予第三批山西省工会爱心托管班称号的金融企业。翼城农商银行全年经营管理目标考核全市排第三名。

【优化服务】 2022,翼城农商银行深入贯彻落实以“客户为中心”的服务理念,不断提高优质服务水平,强化责任担当。紧紧围绕“强”和“转”完成“规定动作”,推行“自选动作”,举办“我热爱 我敬业”演讲活动,强化员工责任心教育,提高员工执行力,树立典型、激励先进,引导全员立足岗位、快乐工作、积极奉献、懂得感恩,增强员工的责任心和使命感,在系统上下形成“忠诚担当、爱岗敬业、勇于奉献”的浓厚氛围和统一的共同价值观。围绕“三强一转”专题教育活动总体要求,持续巩固重建重塑成效,以“练兵提质、竞技增效”为目的,以“干什么、比什么”为原则,在全行上下营造尊重技能、崇尚技能、熟练技能的良好氛围,促进全员操作技能普遍提升,组织开展技能比武,为翼城农信“改革化险提质增效”提供强有力的运营保障。依据“神秘人”检查管理办法,规范检查方法、落实检查力度、提升检查质效,综合运用多种检查方式深入查摆营业网点优质服务存在的问题,切实提升营业网点服务水平。

2022年3月2日,翼城县行政审批服务局与山西翼城农村商业银行签订政银合作协议　(刘红玉供图)

【支持区域经济发展】 2022年,翼城农商银行紧紧围绕县委、县政府经济发展规划,以支农支小、支持乡村振兴和全县经济发展为中心,不断创新金融产品和服务模式,持续改进和提升金融服务质效,倾力支持“三农”和民营小微发展,为推进全县经济发展积极提供强有力的金融支撑，成长为翼城县机构网点最多、资金实力最强、支持地方经济力度最大的地方性金融机构。翼城农商银行以实施乡村振兴战略为总抓手，抓重点、补短板、强基础，主动适应乡村振兴战略实施新要求，回归本源，坚定服务“三农”初心，坚守聚焦主业定位，优化信贷结构，加大对农村农业重点领域和薄弱环节的金融支持，全力保障乡村振兴战略取得实效。翼城农商银行积极响应支持乡村振兴战略的号召，进一步推进“三农”金融服务，牢固树立翼城农信服务翼城县域经济的重要形象和主体地位，做好“服务三农”的金融主力军和排头兵。截至12月末，各项贷款余额353802万元，较年初增加50762万元。其中，纯贷款余额233564万元，较年初增加42325万元；贷款客户5998户，较年初净增1357户。

【深耕精准扶贫】　2022年，翼城农商银行严格按照地方政府统一安排，结合自身职能，持续开展结对帮扶工作，总行领导始终将此项工作当作一项政治任务来抓，在完成脱贫攻坚工作的基础上，继续部署总结巩固脱贫攻坚工作，时时关注脱贫人口经营动态，积极推进金融扶贫工作，不断创新扶贫方式，在对结对帮扶村进行产业扶贫的基础上，大力宣传守信脱贫，切实履行社会责任，树立农商行良好形象。继续实施总行领导乡镇包干制，网点负责人包村到户。积极与当地扶贫办对接，获取包干乡镇建档立卡已脱贫贫困户和人员名单，对建档立卡的已脱贫贫困户开展信贷需求摸底调查，逐户走访，建立信贷需求台账，贷款发放后在台账上逐户销号。包干乡镇建档立卡已脱贫贫困户走访户数率达到100%。持续加大政策宣传力度，开展政策解读，让群众全面了解政策。通过群众喜闻乐见的形式进行宣传，利用好各种媒体网络平台手段，发挥典型引路作用，教育引导已脱贫户树立用好小额贷款，建立良好信用的意识。抓好政策执行。根据产业特点、生产周期、还款能力等实际情况，在符合政策、风险可控的前提下，准确对符合条件的已脱贫户开展评级授信，合理确定贷款额度和期限，努力满足脱贫人口贷款需求。截至2022年12月末，脱贫人口小额信贷288户余额852.08万元，较年初增加209万元。1—12月，累计发放脱贫人口小额信贷169户金额533.42万元。

【内部管理】　2022年，翼城农商银行不断构建完善案防管理体系，细化高管人员案防工作职责，构建分级负责的案防管理机制，逐级压实案防责任，层层签订案防工作目标责任书，切实保障案防工作得到有效落实；始终不断梳理完善内控制度，组织各条线部门对照法律法规和监管规定，全面梳理完善各项内控制度，对制度流程不健全、不完善或不宜业务发展需要的及时修订完善，形成涵盖各项业务、各个环节的制度体系；始终不断坚持以重实际、求实效为工作的基本原则，以杜绝无故缺勤为重点，严格落实考勤管理。全体员工不断约束自我，严格遵守考勤制度，进一步增强岗位履职能力；始终不断革除“五种”典型不良风气和八种典型思想，按季组织全员采取上评下、下评上、同级背靠背互评等方式，对照开展全方位、无死角的排查，促使干部员工勇于担当作为，热情服务群众，高效率办理各项业务。

（刘红玉）

中国人民财产保险股份有限公司翼城支公司

【概况】　2022年，中国人民财产保险股份有限公司翼城支公司（以下简称“人保财险翼城支公司”）现有干部员工16名，营销人员20多名。

人保财险临汾市分公司开办门类齐全的机动车辆保险、企业财产保险、工程保险、货物运输保险、责任保险、意外伤害保险、短期健康保险、农业保险、信用保证保险、家庭财产保险等业务，服务领域涉及翼城经济生活的各个方面，保费规模、风险保障额度、偿付能力、专业人才储备等均处于翼城财险市场领先地位。公司是翼城县历史悠久、业务规模大、综合实力强的大型国有财产保险公司。

截至2022年12月底，保费收入3507.52万元，区域财险市场排名第一。其中，车险保费收入1943.38万元；个人非车险154.19万元；农险保费收入1158.40万元；团体非车险保费收入251.55万元。

全年全险种赔款支出2478.80万元，综合赔付率68.62%；综合费用率24.15%；综合成本率92.77%；成本利润率7.23%。全年完成口径利润225万元。

【服务乡村振兴倾情投入】 2022年，人保财险翼城支公司承保里砦、西阎、南唐和中卫四个乡镇，公司坚持承保范围缩小，人民保险服务人民的初心不减；承保面积减少，提升服务乡村振兴能力信心不减，在“提标、增品、扩面”上下功夫，在“强链、补链、延链”上寻出路。

种植业精耕细作，提升理赔服务：一是承保小麦86792.89亩，每亩保险费20元，保费收入173.59万元。为260378户提供3471.72万元风险保障，赔付53.02万元，赔付户数为13020种植户，赔付支出达53.02万元。二是承保玉米118113.07亩，每亩保险费25.2元，保费收入297.64万元。为446467.41户提供风险保障4252.07万元，赔付户数13630户，赔付金额170.07万元。三是承保油料作物(大豆)3224.17亩，为8705.29户提供风险保障96.73万元，赔付户数109户，赔付金额32.45万元。

养殖业加大工作力度，开拓创新新险种：一是承保能繁母猪2545头，每头保险费90元，保费收入22.91万元。为85养殖户提供风险保障368.4万元。二是奶牛承保1400头，每头保费560元，保费收入78.4万元。为2户提供风险保障368.4万元。翼城县继伟养殖专业合作社承保507头，赔付35头，赔付金额28万元。三是在十几年如一日深耕政策性农险，在良好的政企互动和百姓口碑基础上，公司在全县部分乡镇开办育肥猪保险，每头保费40元，保费收入492.61万元，为174户提供风险保障6214.48万元。

适应农民对产品保障需求，开办商业性农险险种：开办商业性淘汰牛保险，承保2908头，为养殖户提供风险保障2268.8万元；承保商业性育肥猪640头，提供风险保障32万元；承保商业性医疗费用27380头，提供风险保障28.75万元；承保商业性小麦火灾险86792.75亩，提供风险保障1735.86万元；承保商业性玉米收入保险16596亩，提供风险保障2064.16万元。

聚焦县域农业转型战略，有效衔接乡村振兴：积极开展翼城县农业生产托管“123456”模式，通过保险化解农业生产产量和市场价格波动风险，保障粮食安全，保障农户最基本收益；积极拓展大豆玉米带状复合种植保险，保障农户在种植过程中因价格、产量下跌导致收入减少，达到保障粮食国家粮食安全，稳粮保供的效果。巩固脱贫攻坚成果，有效衔接乡村振兴。积极参与政府防止返贫动态监测预警和救助帮扶机制建设，升级保险扶贫模式，开发“防返贫”综合保险，构建防止返贫保险长效机制，于2022年2月28日，为全县5578名贫困村民开办“防贫救助保险”。

按照翼城县乡村振兴工作安排，公司坚持深入深山老区西阎十河村开展访贫问暖，公司主动与村党支部进行联合共建，开展政策培训、防止返贫动态监测、三保障及饮水安全排查等工作，基本达到巩固拓展脱贫成果同乡村振兴有效衔接“六化”“十到位”工作要求。把人保公司的“温暖”送到脱贫户的心坎上。

【服务实体经济工作】 2022年,人保财险翼城支公司服务实体经济,助企降负。

支持中小微企业等减负纾困方面。一是加大承保折扣力度,降低企业保费负担。在报备费率范围内,依据不同行业定价费率体系,使用最大优惠折扣,最大限度降低企业客户保费负担。二是完善小微企业保障方案,全面保障企业运营风险。结合小微企业灾害抵御能力差,受疫情停摆影响损失大,数量多、分布广、流动就业人口吸纳多等特点,设计涵盖企业财产安全等综合类保障方案,保障企业平稳运营。

助力困难行业和薄弱环节恢复发展方面。公司积极承保出租车商业保险。尽管出租车整体赔付率较高(出租租赁分客户群综合赔付率为466.5%),但公司绝不拒保任何1辆出租车。即使在全省车险“限速”的大背景下,也从未对出租车进行管控。积极承保营业货车保险。上半年受疫情影响,县域内大部分营业货车营运不畅,经营困难,公司发动人脉,积极为客户联系低成本垫交保费的资金周转。同时,提高出险理赔效率,为货车司机纾困解难。

提升关键领域和重大项目服务质效方面。人保财险临汾市分公司积极参与地方经济建设,始终为地方企业健康发展保驾护航。为1家煤矿、7家铁矿办理“安全生产责任险”,提供风险保障1.62亿元。深入推动综治保险业务,保障范围涵盖群众家庭财产中常见的各类意外风险。截至6月底,实现覆盖13379户城乡居民,提供风险保障16.28亿元。

开展农民工工资支付履约保证保险,纾解企业和政府资金压力。截至12月底,为全县5家企业承办农民工工资支付履约保证保险业务,提供风险保障378.85万元。兜底农民工工资保障,化解多年想解决而未能解决农民工工资支付问题。

积极推动“安业保”,助力物流货运行业纾困解难。为贯彻落实中国银保监会《关于金融支持货运物流保通保畅工作的通知》相关要求,践行“人民保险,服务人民”使命担当,公司紧急开发上线总版“安业保”意外伤害保险(货运抗疫版)产品方案,为货车司机、快递员等特殊岗位工作人员在疫情特殊时期提供风险保障。截至12月底,共办理“安业保”3笔,提供风险保障106.5万元。

(卫常宁)

中国人寿保险股份有限公司翼城县支公司

【概况】 2022年,中国人寿保险股份有限公司翼城县支公司(以下简称“中国人寿翼城县支公司”)促转型,谋发展,以高质量发展全速推进业务进程,截至2022年12月31日,共实现保费收入1.19亿元,其中长险新单1320.75万元,短期险保费352万元,银保实现保费收入435万元。共接收理赔案件903件,实际赔付784.7万元。

【诚信建设】 2022年,中国人寿翼城县支公司始终秉承“成己为人,成人达己”的企业文化理念,秉持“专业、诚信、真诚、感动、超越”的服务理念,依托覆盖城乡的营销服务部,为客户提供有效的风险管理和保险保障。在具体管理方面实行“三实”、“三高”,即实实在在做服务,实现高素质的服务管理;踏踏实实做工作,实现高效率的工作体系;确确实实做业绩,实现高绩效的工作成果。真正做到着眼于日常诚信的宣传教育,着力于增强服务信念,打造诚信管理平台,造就忠诚员工队伍。

【服务社会】 2022年,中国人寿翼城县支公司高度重视社会责任管理工作,积极服务经济社会发展大局,在实现公司高质量发展的同时,主动承担社会责任,自2016年开始结对帮扶隆化镇枣园村14户贫困户,2020年全部完成脱贫攻坚的任务。2022年,公司为全县5545个贫困户办理扶贫保险,收取保费15.5万元,理赔6万余元。

【助力疫情防控】 2022年,中国人寿翼城县支公司面对新冠疫情,开展保险捐赠、捐资捐物、配合政府全面落实党员先锋作用,先后驻点得薇苑及天龙小区开展疫情防控等行动。同时,根据上级公司要求,扩展34款保险产品责任范围,升级理赔服务,出台系列应对疫情的保全服务优惠政策,为抗击疫情贡献力量,彰显央企社会责任与担当。

（刘高荣）

交通运输

公路建设与管理

【概况】 2022年，翼城公路段以习近平新时代中国特色社会主义思想为指导，认真学习贯彻党的十九大精神，十九届三中、四中、五中全会精神，党的二十大精神。在县委、县政府的坚强领导下，提高政治站位，深化思想认识，以“养护提升年”活动为载体，团结带领全段干部职工尽职尽责、克难奋进，统筹推进常态化疫情防控，养护管理、财务管理、路政管理、安全生产、党的建设、民生改善等工作取得新进展、新成效。完成所担负的翼城县境内S331坪曲线、G241呼北线、G342日风线共计46.666公里国省道的养护管理任务，为县域经济的发展提供交通保障。

【养护管理】 2022年，县公路段继续开展“八比八看在我班”主题实践活动，通过适时召开“养护工作前期动员誓师会”“争创一流现场观摩会”“路面养护提档升级”等现场会，典型带动，示范引领，实现养护规范化管理水平整体提升。2022年，完成挖补坑槽1100.2平方米，沉陷260.9平方米，刷油40816平方米，机械灌缝25460米，人工灌缝29963米。完成清理塌方240立方米、整修平台966900平方米、疏通涵洞16道、粉刷花池5230平方米、粉刷行道树11公里、粉刷设施890平方米、种植菊花726株、紫穗槐10000苗、清洗波形护栏12560米、清洗标志182块、清洗桥护栏310米、清洗隔离墙2264米、清洗路面315公里、修剪行道树61公里、修剪花池550个、打草98公里，标线常年清晰，设施完善，共建文明路8公里；完成清扫路面2830公里、清理杂物906立方米、疏通边沟32490米，确保路容路貌整洁美观，减少二次扬尘污染，保障公路安全畅通。

【安全生产】 2022年，县公路段以安全生产“零伤亡”、公路设施“零缺陷”、交通事故“零问责”为目标，严格落实“一岗双责”，坚持抓基础、抓管理、抓落实不松懈。全年完成2处临汾市安委会下达的安全隐患路段的安全设施完善，修复设施波形护栏15米、警示墩10个、面包石39米、隔离墙42米，新栽标志15块，更新标线25350平方米，实现全段安全生产无事故。

【人事改革】 2022年，县公路段按照要求建立人员信息台账，定期报表及时完成，医疗保险、养老保险及时足额缴纳，加强离退休人员和编外用工的规范管理。

【综合管理】 2022年，县公路段执行新《政府会计准则制度》，建立健全内部控制制度，严肃财经纪律，注重开源节流。严格合同管理，坚决按照财政支付要求管规范账户管理，资金使用、账务处理和会计核算。分局视频会议系统和17310信息处置平台运行正常，使用OA智能文件收发系统和云端信息共享平台，应急值班值守工作到位，督办事件按节点及时高质量完成，提高工作效率。

（王长云　宋林刚）

交通运输管理

【工程建设】 2022年，县交通运输局承担的交通重点工程建设项目共10项。一是投资5745万元国道241线营里至石桥段路基及桥梁工程和投资4550万元桥大线改造工程，年度建设目标任务全面完成。国道241线营里至石桥段完成征地及地上附着物补偿协议签订，T梁预制完成45片，架设T梁40片。桥大线完成大河口至下石门段6公里油层铺装，剩余路段完成水稳基层铺装，完成投资3350万元，完成总任务的73.6%，预计2023年6月底完成。二是投资440万元的下庄、下交2座危桥改造工程11月底全部完工。三是投资478万元、全长120公里农村公路养护提质工程（涉及9个乡镇26个项目）全部完工，并完成工程审计结算工作。四是采用PPP模式建设、投资2.0181亿元、全长20.138公里的桥上王良纪念馆至西阎四圣宫旅游公路工程，9月底全部完工，12月23日完成交工验收。五是投资1702万元的2022年第一批农村公路水毁工程五个项目全部完工。第二批投资3366万元30个项目，完成施工合同的签订工作，正在办理质量监督和施工许可手续，2023年3月全面开工建设。六是投资7.06亿元、全长9.92公里国道241翼城县石桥至梁壁段改线工程，可研报告上报省交通运输厅待批，项目用地、选址报告和土地踏勘等手续省自然资源厅完成批复，待市级核查完成后组卷上报。七是省道367线翼城县西梁壁至南唐段改线项目。项目可研报告完成市级专家初审，并上报至省交通厅，等待省公路局专家会审。同时开展土地用途调整方案、土地、选址研究报告和踏勘论证等报告第三方可研编制费用财政预算评审，正在进行招投标。八是高速公路连接线工程。完成第三方可研编制单位招投标，完成可研初稿，等待现场勘察。九是完成唐尧大道路面改造工程。该工程全长3.629公里，工程估算投资3881万元。采用一级公路技术标准，路基宽度24.5米。十是“四好农村路”续建工程。“四好农村路”乡村道路项目正在核定完工程量，正在开展结算工作。

【道路养护】 2022年，县交通运输局为全面做好农村公路养护管理工作，积极探索建立科学的农村公路养护管理新体制，实行“统一领导、分级管理、以县为主、乡村配合”的新型农村公路养护模式，确保农村公路养护管理责任落到实处。县政府把农村公路养护管理纳入乡镇绩效考核范围，制定严格的奖惩措施和明确的工作任务，层层签订责任书，切实确保各项工作任务落实到位。县交通运输局具体负责全县农村公路养护和路政管理工作，同时充分发挥各乡镇政府和村委会的积极性，明确各自的职责。根据对养护技术的不同要求，确立分级负责的养护模式：县道大中修工程由局负责组织实施；日常养护管理任务按所辖区域分解到乡镇，局按月组织考核验收，根据考核结果拨付养护费用；村道的日常养护管理工作由各村协管员具体负责，养护工程由各乡镇申报审核后统一组织实施，这种新型的分级养护模式极大地促进养护质量的提升。在全面推行“路长制”的基础上，组织全体养护人员学习“路长制”App操作流程，利用“路长制”App进行日常养护巡查，对发现的路面病害和隐患及时上传，第一时间进行处治。全年农村公路好路率始终保持在87%以上。

【道路运输】 2022年，全县6家客运企业（客运+公交企业1家、公交企业1家、汽车站+旅游企业1家、巡游出租车企业3家）按要求全部完成年度质量信誉考核。全县共有班线车辆37辆(市际4辆、县际4辆、农村班线29辆,报废2辆、更新1辆);现有市际客运班线2条、县际客运班线2条、农村客运班线21条;公交车辆126辆,实际营运车辆为102辆,24辆停运;共有183辆巡游出租车(含新增的29辆纯电动巡游出租车),新增网约车5辆;对全县出租车运营价格进行调整,并于2022年8月1日开始执行。全年新增运输业户29户,新增车辆630辆(含新能源天然气车辆430辆)。全年审验货运车辆4015辆(货车2835辆、挂车1180辆);迁出车辆784辆。全县共有54家货运企业,4家零担物流企业,10家快递企业(92个网点);按照要求,对54家货运企业完成年度质量信誉考核(AA级企业6家、A级企业48家)。全县共备案的维修企业共53家(二类维修企业18家、三类维修企业35家)。为进一步规范道路运输市场经营秩序,开展"打非治违"专项行动,查扣各类违规经营、运输车辆68辆,对1家货运源头企业、1家货运企业、1个非法培训点进行处罚,3家非法培训点进行取缔,共计处罚款11.91万元。认真落实大气污染防治工作,10家维修企业进行活性炭+催化燃烧工艺改造。38人通过从业资格的诚信考核,2000余人通过继续教育培训。助力"翼信通"等货运平台发展,推进农村寄递物流体系建设。此项工作县工业和信息化局、县财政局、县发展和改革局、县交通运输局4家联合下发《翼城县支持第三产业、新兴产业高质量发展奖补资金管理使用办法》,对网络货运平台企业出台相应的补助政策。全县新注册的山西翼信通智慧物联有限公司正在申办网络货运平台运行牌照,待牌照申领成功后,将成为全县交通运输服务业新的经济增长点。

【安全生产】 2022年,县交通运输局严格遵循"党政同责、一岗双责、齐抓共管、失职追责"总体要求,紧扣"平安交通"建设这条主线,用大概率思维应对小概率事件,力保行业安定有序。全面落实行业管理部门监管责任,围绕党的二十大、"百日攻坚"专项行动、安全生产大检查大整治大提升专项行动、安全生产专项整治三年行动计划、自建房重大火灾风险综合治理等,组织开展全方位安全隐患大排查。出动8个专项检查组,深入监管的工程施工、公路养护、道路运输、自建房屋、客运站场、铁路沿线六大领域检查各类监管企业676(家)次,查处各类安全隐患491起,全部整改到位。4家路边店自建房屋1家完成整改修缮,3家存在安全隐患的进行关停。2021年,市级转办的22处铁路沿线安全隐患治理任务全部完成,2处省级挂牌督办隐患治理备案销号,1处市级挂牌督办的铁路沿线安全隐患整治全面完成。持续在全行业开展安全生产网格化监管责任体系,将安全生产责任根据岗位细化到每个股室、每名工作人员,实行安全生产工作周报制度,每月对行业安全生产形势进行专题通报,交通运输行业安全生产形势总体稳定且持续向好。

【交通环保】 2022年,县交通运输局狠抓"秋冬防"污染防治。一是在道路二次扬尘管控方面:加大道路清扫的频次,对沿线垃圾做到及时清运和填埋,对损坏路面、坑槽、拥包等病害及时进行处治,抑制道路二次扬尘;二是在汽修行业治理方面:对VOCs治理不达标、危废管理不规范的汽修企业一律实施停产整治,在预警天气期间实行错峰、错时生产,在重污染天气预警期间按照要求全部停产停业;三是在柴油货车冒黑烟和散煤污染专项治理方面:从严查处排放严重超标以及未按规定使用车用尿素等行为,严厉查处冒黑烟和国三以下柴油货车进入城区运输;在散煤治理上,抽调交通执法人员配合交警、市场监管、能源、生态环境等相关部门联合开展散煤运输环节的监督检查并加强道路货运企业和从事煤炭运输车辆的源头管控。持续推进“公转铁”运输,整合现有铁路专用线运能,完善货运场站配套,建设大宗商品物流仓储配送中心。全县现有生产煤矿4座,通过省市审核公示的洗选煤企业14家,三座铸造生铁高炉,没有150万吨以上的规模企业。截至12月底,全县累计生产原煤357.18万吨,精煤178.3302万吨,共计535.5102万吨。其中,铁路运输122.4926万吨,占比22.87%。

【行政执法】 2022年,县交通运输局在交通行政执法中,紧紧围绕路政管理、双超治理、非法营运、环境整治、驾培市场等开展集中行动,共出动执法人员1270余人次,执法车辆160余辆次,共查处抛洒污染车辆9辆、超载车辆4辆、非法营运车辆6辆,擅自改装运输车辆5起,办理道路损坏赔偿案件1起,罚没款116500元。一是扎实开展县乡主干道路沿线路域环境整治工作,对县乡道路两侧垃圾及砂堆、煤堆、渣堆、土堆、垃圾堆等“五堆”进行清理整治,着力打造“畅、洁、舒、美、安”的良好行车环境;对县乡主干道路边沟以内的各类广告设施和非公路标志集中进行清理,对未经审批设置的广告牌匾一律进行拆除;结合五月开展的“路政宣传月”活动,进村入户进行宣传,营造浓厚的护路氛围。二是深入开展“双超”治理。在全县范围内开展混凝土搅拌企业(商砼)源头治理“春雷行动”和短途超限超载运输专项治理,对货运源头企业恶意超载、票据不符、证照不全、车证不符、规避监管等行为进行严肃查处。三是开展联合执法。联合交警开展客运市场专项执法行动,对火车站、汽车客运站、集贸中心等旅客集散地“黑的”进行集中打击,对未取得道路运输经营许可从事机动车驾驶员培训业务的驾校、无教练资质的教练员、未在许可驾校登记办理有关手续的教练车等进行严厉查处,抄告挂靠驾校运政部门,并依法扣留非法教练车。

(张子奇)

城乡建设与管理

住房保障

【公租房配建】 2022年，县住建局严格规范使用《山西省住房保障综合监管平台》，将公共租赁住房分配情况按要求全部录入，同时对22套不符规定的住户进行清退，并进行再分配。关于应征未征及以过低标准征收廉租房易地建设费的问题涉及两部分，整改完成。第一部分：涉及应征未征廉租房易地建设费（公共租赁住房配建资金）问题的12个商品房住宅小区，审计总金额为3959.72万元，根据有关文件和配建情况实际计算为2903.02万元，追缴1044.22万元，追缴率为35.97%。其中，6个小区（汇丰中央公馆二期、书香园、一品乐、唐霸华府、紫竹苑、祥薇苑）整改完毕。2个小区（景悦苑、鼎尚佳园）追缴部分配建资金，其中景悦苑项目应缴未缴公租房异地建设费731.56万元，追缴150万元；鼎尚佳园住宅小区经计算应缴纳47.02万元，已缴纳10万元。其余4个小区（雅阁苑、汇丰中央公馆一期、澳宇花园一期、鼎尚公馆）在追缴中。3个小区存在过低标准征收公租房异地建设费，共计81.03万元，全部整改完成，实际追缴90.03万元。其中，银杏苑一期小区追缴费用为32.886万元、御北花园小区追缴费用为9.752万元、紫庭苑小区追缴费用为47.39万元，全部上缴县财政。

【房地产建设】 2022年度，全县完成商品房销售面积79272平方米。全县共16家房地产开发企业，完成投资3.2524亿元。其中，在建在售项目9个：唐霸壹号一期、唐霸壹号二期、合鑫·泰和府一期、合鑫·泰和府二期、澳宇花园二期、润璟嘉园、银杏苑二期、鑫泽苑、紫庭苑；正在办理手续的项目有2个：玉桐尚苑、棕榈墅住宅小区。在物业管理方面，为推动物业服务高质量发展，成立中国共产党翼城县物业行业委员会，出台《翼城县加强和改进住宅物业管理工作三年行动划实施方案》。截至12月，全县共建成住宅小区101个，物业覆盖率达到100%，23家物业服务企业、87个物管会及14个业委会，党建工作到位率100%。

【农村危房改造】 2022年，县住建局完成省厅下达的农村危房改造任务59户，其中低保户13户、五保户2户、贫困残疾户7户、其他脱贫户、监测户8户、农村低保边缘家庭29户。发放补助资金58户，户均1.61万元，共发放补助资金93.38万元。还有1户因情况未能核实暂未发放。

【老旧小区改造】 2022年，县住建局对全县24个老旧小区进行改造，涉及户数1524户，总建筑面积达16.829万平方米，包括配套基础设施改造提升和小区内建筑物屋面、外墙、楼梯等公共部位维修。国税局家属楼、县医院家属楼两个老旧小区、翼城县城镇老旧小区（二完小家属楼等九个小区）改造工作完成，正在进行竣工验收工作。解放东街等 13 个老旧小区完成立项工作，正在进行图纸设计。

【城乡房屋安全隐患排查】 2022 年，翼城县成立以书记、县长为双组长的自建房安全专项整治工作领导小组，制定《翼城县经营性自建房安全专项整治“百日行动”实施方案》，出台《翼城县自建房安全专项整治实施方案》，于 8 月 10 日前完成信息录入工作，并对发现安全隐患的房屋同步采取管控措施，8 月 20 日前对发现安全隐患的房屋进行鉴定。全县原农村信息系统各乡镇经营性自建房 2620 栋，截至 12 月底，各乡镇共录入经营性自建房 3119 栋，录入率为 119%。录入自建房系统鉴定等级栋数 3048 栋，71 栋自建房已拆除，不需鉴定，鉴定率为 100%。其中，A 级 1 栋，B 级录入 2929 栋，C 级录入 110 栋，D 级 8 栋。经营性自建房系统录入存在安全隐患、鉴定为 CD 级的经营性自建房 118 栋，分 7 个批次，移交至相关乡镇及行业主管部门，要求各部门按照部门职责，立即指导进行整治，并将处置情况及相关资料报回翼城县自建房安全专项整治领导小组办公室。

公用事业

【城市照明】 2022 年，县住建局共维修变压器和高压线路故障 6 次，排除分支线路故障 150 余起，更换电线、电缆 5000 余米，确保照明设施的完好率，使亮灯率达到 98%。春节、元宵节“两节”期间，对县城主街道进行彩灯装饰。共安装 LED 灯串 2008 串，LED 星环 2510 个，LED 灯带 3600 米，LED 灯笼串 177 组，LED 凤鸟灯 164 对，LED 满天星灯 200 对，LED 射灯 4 个，LED 线条灯 162 条，LED 网灯 92 张，LED 灯串 180 串，LED 风车灯 4 个，LED 蝴蝶灯 4 个，LED 雪花灯、满天星挂件共 568 个，敷设供电线路 9800 余米，为城市营造欢乐祥和的节日氛围，让全县人民度过一个喜庆愉悦的佳节。

【城市排水】 2022 年，县住建局对城区范围内各个路段的下水道、检查井进行彻底的清掏、疏通和维护保养，切实有效地解决污水长期溢流的现象。全年共清理污泥和淤泥 30 余立方米，共更换井盖和井蓖 136 套件。汛期来临之前，县住建局召开城镇防汛工作会议，准备防汛物资，并对城区主要干道排水系统进行一次全面大检查，进行大规模的清障清淤工作，所有的排水系统在雨季来临之前进行彻底清掏，消除安全隐患 50 余起，同时坚持做好汛期的值班值守工作，每周对县城低洼、易涝区进行排查，使县城能够安全度汛。

【城市供水】 2022 年，全年供水量为 325.86 万吨，新增加“云闪付”缴费服务平台，新增智能型水表 2000 余块，新接(改造)89 户，大型维修 5 次，小型维修 450 余人次。全年接听来人、来电 3200 余人次，回复市长热线 121 份，处理完成率 100%，回复人大代表议案两份、政协委员提案一份。对县城二次供水单位进行摸底排查，下发整改通知书 46 份，初步制定《翼城县二次供水管理办法》。开展窨井盖专项治理工作，完善窨井盖治理台账，做到“一盖一编号、一井一档案”，同时明确管养责任，做到定期巡查。为确保水质安全，自来水供水化验室每日做 9 项常规日检；每月送临汾水样进行 32 项月检；每星期对管网末梢水检测一次；并按季度在县政府网站对检测结果进行公示。加强对直饮机管理，定期进行巡查、消毒、维护，赢得用户信赖，群众反映良好。

【城市供热】 2022 年，集中供热工程建设方面完成唐霸大道路段一次供热管网开挖、敷设管道 346 米；完成 12 个区域的二次供热管网建设，累计敷设管道约 3000 米，增加供热面积 27000 余平方米。为保障2022—2023采暖季集中供热正常运行,对16处存在安全隐患的设施进行整改,梳理出13个存在供热不达标问题的区域,确定改造方案、完成设计图纸,共改造管网3800米,改善供热面积约12万平方米。在供热原煤价格大幅上涨的情况下,县委、县政府主要领导和县住建局领导多方协调,供热公司积极筹措资金,完成2021—2022年度冬季供暖任务,使集中供热辐射区域内的供热用户度过一个温暖的冬天。

【城市供气】 2022年,全县共有7家燃气企业,5家正常运营、2家建成未运营。县住建局聘请燃气专家联合唐兴镇、南梁镇、南唐乡对全县运营的5家燃气企业进行安全专项检查,下发安全隐患整改通知书,建立工作台账并督促其整改到位。根据《翼城县2021年清洁取暖“煤改气”用户用气补贴办法》,完成有关乡镇进行取暖季用气放量统计,并发放2021—2022年度清洁取暖“煤改气”用户用气补贴至各乡镇。对全县89户管道燃气公共福利用户“四强制”和30100户管道燃气居民用户“三强制”、533户瓶装液化气公福用户和4565户瓶装液化气居民用户进行“三强制”+燃气泄漏报警器安装改造工作,并完成改造、验收任务。完成管道燃气、瓶装液化气智慧平台管理建设,可进行实时监测,并做到联网报警,有效地消除燃气安全隐患,坚决遏制燃气行业安全事故发生,给全县人民创造一个安全稳定的生活环境。

【污水处理】 2022年,全年进水量约635.7万吨,日均处理污水量约1.74万吨;共削减COD约2108吨,BOD约854吨,氨氮约315吨,悬浮物约766吨,总氮约320吨,总磷约20吨。污泥产生量约7414吨,污泥含水率达77.9%,全部送往山西清扬智慧环保科技有限公司(翼城县垃圾处理厂)进行无害化填埋处理。2022年7月27日,翼城县住房和城乡建设管理局与翼城县润灏水务有限公司签订翼城县第二污水处理厂及南梁镇、里砦镇、隆化镇污水处理站委托运营协议,于11月3日、7日分别对隆化、里砦污水处理站进行资产移交,确保建制镇生活污水处理站稳定运行、水质达标。

市容市貌

【垃圾处理】 2022年,县垃圾处理厂完成渗滤液处理车间办公用房、化验室、配电室、取暖设施等配套基础设施建设,很好地保障渗滤液处理设备正常运行。针对生活垃圾填埋场填埋工作面杂乱状况,组织特许经营服务单位,对填埋场进行区域划分,分区分片进行单元式填埋作业,有效提升工作面平整度,提高填埋作业效率和作业效果,确保垃圾填埋场安全、规范运行。为持续推动城乡环卫一体化协调发展,服务单位山西凤翔园林绿化有限公司已与各乡镇对接,并启动农村生活垃圾收集转运,除桥上、西阎两个乡镇转运线路未运行外,其余收集转运线路正常运行,共清运生活垃圾13668车,确保各乡镇生活垃圾做到日产日清,环境面貌有了较大的改善。全年共填埋处理生活垃圾9万余吨,生活垃圾无害化处理率100%,处理垃圾渗滤液4000余吨,有效提升县城的环境卫生质量。

【城市绿化】 2022年,县住建局园林中心按照“精细化、标准化、常态化”的原则,优化配置养护力量,细化责任,强化管理,应季组织开展绿化养护工作,达到“树见绿色”。结合不同季节的特点,先后对县城街道绿化带、各公园进行枯枝死树、垃圾清理和两次全面修剪,达到绿带美观、苗木塑形效果。日常工作中按照标准化养护要求,加强对绿化苗木的管理,经常性开展冲洗浇水,季节性喷洒农药,促进苗木健康成长。按照精细化管理要求,不间断对各公园绿化苗木进行修剪养护、清理杂草垃圾,使公园环境美化绿化。

【街道立面改造】 2022年,县住建局对唐尧大道实施建筑立面改造,该项目北起梁壁坡头,南至高速路口,全长约850米,建设项目总投资200万元。建设内容包括外墙保温、水包水多彩漆改造、店铺门头招牌拆除更换等。外立面改造达8000余平方米,门头广告牌匾1200余平方米完成。

【市容市貌整治】 2022年,县住建局为深化推进靓城提质工作,进一步改善县城面貌,制定《户外广告及招牌设置、室内装修管理办法》《翼城县住房和城乡建设管理局户外广告和招牌设施设置安全隐患排查整治方案》,规范户外广告招牌设置标准,对破旧、违规设置的广告牌匾予以拆除,不符合标准的一律不允许安装。对巡查中发现存在安全隐患的,及时通知商家限期加固、修复;对广告画面破损的,督促商家及时撤换更新。排查登记户外广告牌匾3391处,对问题牌匾要求商户全部整改;拆除违规广告牌匾70余处,1000余平方米。全年规范摆放非机动车和摩托车536辆;清理占道经营325家;清理乱拉乱挂条幅及橱窗广告182条;对不听劝告,拒不改正的流动摊贩物品暂扣50家,对屡禁不止乱停乱放的非机动车暂扣800余辆。

【弱电入地】 2022年,县住建局为解决通信弱电线路乱拉乱挂现象,提升县城品质,按照县政府常务会议安排,制定《翼城县城区通信弱电管道建设维护管理项目特许经营实施方案》,通过公开招标的方式,确定山西鑫联通信工程技术有限公司为特许经营单位,并签订特许经营协议,完成弱电管线入地敷设10550米,其中完成八一路3190米、横十路1100米、光明路1150米、唐尧大道4800米、木坊街220米、绛源路东侧校服厂路口90米。

城市建设

【城市道路建设】 2022年,县住建局完成横十路道路建设工程,并于2022年11月横十路通车,12月组织竣工验收,验收合格。八一路建设工程,道路建设、绿化工程、照明工程完工,缆化入地完成总工程量的90%,正在进行唐兴镇政府北侧挡土墙建设。光明路建设工程,横十一路以北完成所有地下管网工程、沥青路面铺设及划线工程,横十一路以南至南环路地面附着物清除,土地及地面附着物赔偿到位,正在进行地下管网铺设,路灯安装完毕,力争2023年4月底之前完成绿化工程,全线通车。木坊街建设工程,光明路以西完成机动车道、非机动车道建设及北侧人行道铺设工程,光明路至八一路路段完成南侧地下管网工程,八一路以东正在组织拆迁(拆迁涉及35户,11户拆除完毕,剩余24户正在协商),涉及征地初步计算为38.3亩,已发布征地公告,开展土地现状调查,西段拟征地48亩,正在申请征地补偿款。万慈街建设工程,光明路以西部分完成沥青混凝土油面铺设、人行道铺设及划线工程,路灯管沟完成,准备进行路灯安装,光明路以东涉及17户,13户完成评估,签订协议3户,4户赔偿数额较大的正在复核评估。唐尧南路挂网招标、光明路和木坊街道路缆化入地项目完成财政评审,具备招标条件。新华南路、潞公东街、泰山路、奎星文化生态园东轴线建设工程完成评审,具备招标条件。

【雨污分流改造】 2022年,翼城县雨污分流任务为11.34公里。截至12月,完成八一路、新华路、横十路等道路雨污分流改造11.5公里。同时,启动绛源路末端雨污分流及县城积水点改造工程,第二污水处理厂工程完工,移交特许经营方进行运行。隆化镇污水处理厂建设工程完工,移交特许经营方进行运行。

【绛源路街景改造工程】 2022 年,绛源路街景改造绿化景观工程是翼城县靓城提质行动的一项重点工程,该工程实施后,可使城市功能更加有序、健康、高效。该工程主要是对绛源路南段古城村至南环路两侧进行提质改造,工程投资 2936.17 万元,占地面积 66804 平方米。其中,绿化工程包括乔木、灌木、花卉、地被、绿篱、球类、微地形建设等,种植 50 余种乔木和 100 余种灌木花卉;景观工程包括两大部分:一是翼门昔影(门户展示园),二是桐叶趣园(康体综合园)。该工程所有土建工程、绿化种植、人行道路硬化、园建广场铺装、路沿石、水电预埋及灯具安装、卫生间均完工。

2022 年 7 月,市县领导观摩智慧停车云控中心（吴永杰、乔鹏供图）

【智慧停车项目】 2022 年,县住建局为有效解决县城“停车难”的问题,结合翼城县实际,实施智慧停车项目。该项目采用 5G 通信、人工智能等新技术,通过建立路内、路外停车硬件设施,对车位进行中、高位视频加地磁智能化改造,实现车辆停放智能化、管理可视化和利用高效化,彻底解决停车难问题。车主可以直接通过手机,完成所有跟停车有关的操作。项目前期基础设施建设整体完工,包括施划车位线 2469 个(收费车位 1834 个、免费车位 635 个)、高位视频设备立杆 141 根、5 条路段的管线铺设及建造城市级管控平台。该项目于 2022 年 11 月 1 日开始收费试运营。

城市管理

【建筑市场管理】 2022 年,全县公开招标项目 34 项,共发放中标通知书 34 份,总建筑面积 65944.12 平方米,总中标价 29501.617 万元。全县共有建筑业企业 6 家。其中,建筑施工企业 2 家(翼城县北关建筑安装有限责任公司、翼城县建筑安装工程有限责任公司)、商品混凝土企业 3 家(翼城县恒谊混凝土有限公司、翼城县隆鑫机械工程有限公司、翼城县盛泽经贸有限公司)、新型建材企业 1 家(翼城县新强绿色环保建材科技有限公司)。2022 年,全县建筑业产值 27213.4 万元,上年同期 21335.3 万元,同比增长 27.55%。宏观监控在建工程项目 13 项,新开工项目 8 项,新开工项目建筑面积 2.6 万平方米,新开工项目总投资 19798.7 万元,工程投标履约保证金 276.74 万元。全年共检查在建项目 13 个,检查覆盖率达 100%,下发整改通知书 12 份,整改回复 12 份,整改回复率 100%,未发现有违法行为发生。建筑业统计数据上报率 100%,建筑市场监管信息报送上报率、准确率达 100%。完成建设工程材料指导价格统计上报,上报率 100%。农民工工资支付工作完成率 100%,无建筑工程领域农民工工资拖欠和市场主体违法行为案件和投诉。

建筑节能方面,对新建建筑严格执行公建 72% 和居建 75% 的民用建筑节能强制性标准,执行率为 100%;绿色建筑面积覆盖 100%,其中政府投资公益性建筑项目 3 个,企业自筹项目 1 个,全部按绿色建筑标准设计,备案率达 100%;节能专项验收 2 个项目,面积为 3.23 万平方米;完成翼城县人大、政协等 7 个单位办公用房的建筑围护节能改造,面积为 0.83 万平方米。对全县的在建工程进行 4 次定期、不定期建筑节能专项检查,对检查出来的问题下达整改通知书。超低能耗建筑试点唐霸壹号小区物业管理楼完成超低能耗被动房图纸设计。

【建筑工程质量安全监督】 2022 年,县住建局检查在建房屋工程和市政公用事业项目 12 个。下达隐患整改通知书 82 份,查处各类安全隐患 142 处,并全部完成整改;对在建工程项目每半月至少进行 1 次检查,共检查 30 余次。全年共监督基槽验收 13 次。竣工初验 5 次:银杏苑、隆化污水处理站、翼城县第二污水处理厂、唐霸壹号一期、5401 物业楼。竣工验收 1 次:银杏苑住宅小区。

建筑工程质量监督方面,全年日常巡查 80 余次,下发整改通知单 70 余份,做到了工程质量监督覆盖率 100%,“两书一牌一档”执行率达到 100%。全年共对 1 个质量检测机构、6 个预拌混凝土企业进行监督检查,对发现的问题下发整改通知单并督促整改落实。解决国有建设用地上房屋交易和不动产登记历史遗留问题的清零活动依然在继续,此次清零行动覆盖范围广,工作难度大,依据翼城县国有土地历史遗留问题领导小组办公室推送的 50 个项目,有 42 个工程项目出具房屋质量安全认定意见。

【抗震消防检查】 2022 年,全县只有翼城县标准地震安全性评价这一个项目,该项目于 3 月 4 日公开招标,北京防灾科技有限公司竞标成功,于 3 月底正式签订合同并同时开展野外调查、钻孔勘探及地球物理勘探工作,于 7 月底完成野外工作,于 8 月下旬完成项目初稿并于 9 月初提交山西省地震局申请评审。对在建的银杏苑住宅小区、唐霸壹号住宅小区、润璟嘉园住宅小区、泰和府小区、翼城县人民医院迁建工程建设项目抗震设防要求进行建设工程地震安全监管检查。

2022 年,国有土地历史遗留问题领导小组办公室共推送工程项目 54 个,涉及 137 栋楼(3887 户)。经分类统计,有 17 个工程项目,根据建筑防火规范和当地措施,不需要办理消防验收备案,有 7 个工程项目有消防手续,3 个工程项目(财政局家属楼、牢寨煤矿家属楼、殿儿垣煤矿家属楼)不具备消防验收备案办理条件。27 个项目需要办理消防验收备案。办理消防验收备案项目 23 个,下达行政处罚 23 份,共罚款总金额 13.9 万元整。剩余 4 个工程项目(学府华庭、王庄二峰山生活区、桐封家园、飞翔小区)正在积极办理消防验收备案。

(吴永杰 乔鹏)

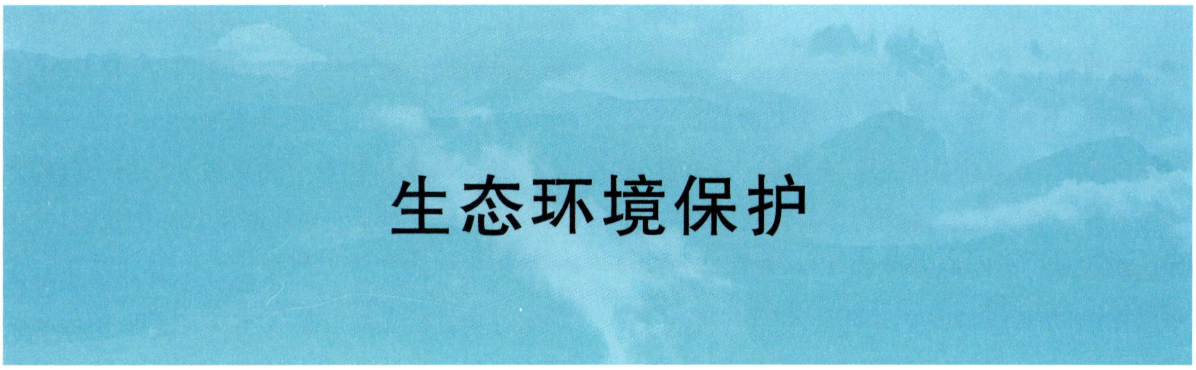

生态环境保护

环境治理

【大气环境治理】 2022年，市生态环境局翼城县分局（以下简称“翼城分局”）全面提升重点行业污染防治水平，晋源公司达到钢铁行业绩效评级B级。实施夏季臭氧管控，16家涉VOC工业企业完成挥发性有机物治理提升，5家中石化加油站完成三次油气回收治理，13家汽修厂完成催化燃烧加活性炭吸附改造，并严格执行避峰生产管控措施，有效降低臭氧浓度。开展扬尘污染治理，加强涉气企业巡查监管，落实施工工地“六个百分之百”，加大城区街道机械化湿扫作业频次，持续开展柴油货车路查路检，有效控制扬尘污染。强化非道路移动机械监管，对“低排区”内8辆未编码登记的予以清场。常态化开展禁煤区“三清零”，清理清缴燃煤炉具36台、散煤柴禾8吨。深入推进秋冬防攻坚，对11家重点涉气企业实行错峰生产管控。

【水环境治理】 2022年，翼城分局完成县城区集中式饮用水源地2021年环境状况调查评估，对64个农村千人供水工程饮用水水源地进行水质监测；强化污水处理厂运行监管，确保稳定达标排放；对浍河入河排污口实行动态化管理、常态化清零，坚决杜绝直排入河。

【土壤固体废物治理】 2022年，翼城分局对全县2021年涉及用途变更为“一住两公”地块办理建设用地规划许可证的重点建设用地全面排查，并督促用地业主进行土壤污染状况调查，重点建设用地安全利用率100%。112家涉废企业完成固废系统申报，81家涉废企业办理电子转移联单404份，转移危废135.9吨；全县医疗机构转移医疗废物73.1吨。对所有涉煤矸石企业健全完善管理台账，加强日常巡查监管，严防违规倾倒问题发生。

【环评审批及排污许可】 2022年，翼城分局协助闽光公司完成年产4万吨高性能碳负极材料及配套156万吨/年炭化室高6.73米捣固焦化升级改造项目报告书批复。协同市、县审批部门完成新上项目环评审批工作，共审批事项21件，其中市级6件、县级15件。全县执证排污企业21家，其中2022年发放6家。

环境保护

【生态环境保护】 2022年，翼城分局编制完成翼城县“十四五”生态环境保护规划及“一山三河一流域”生态保护和生态文明建设、生态经济发展规划。扎实开展自然保护区强化监督专项行动，对相关问题线索进行现场核实，及时移交相关部门查处整改，有力打击自然保护区范围内违规违建行为。

【辐射环境安全】　2022年，翼城分局加强辐射安全监管，开展全县辐射安全大排查，全县Ⅱ类工业射线装置6家，包括上河、首旺、华泓、山凹、晟泰青洼、东沟6家煤矿，均办理环评手续，华泓、山凹办理辐射安全许可证，其余4家正在完善相关手续。县医院手续和防护设施比较完善，中医院和乡镇医院正在办理辐射安全许可证。开展全县通信基站电磁辐射监测专项核实工作，未发生辐射安全事故。全县共有射线装置30台，其中Ⅱ类煤矿使用矿用钢丝绳芯输送带无损检测系统射线装置6台、医用Ⅱ类射线装置3台、Ⅲ类21台。

环境监管执法

【环境执法】　2022年，翼城分局深入开展“利剑斩污”专项执法行动，严查重处各类环境违法行为。全年共下达行政处罚决定书94份，下达罚款195万元，查封违法企业1家，并向公安机关移送环境违法线索5条。强化群众信访案件办理，2022年共受理群众反映环境污染问题举报投诉90件，全部查处办结。

【环境应急】　2022年，翼城分局编制突发环境事件应急预案、重污染天气应急预案、集中式饮用水水源地突发环境事件应急预案、生态破坏应急预案、辐射应急预案等5个应急预案。17家企业编制突发环境应急预案，排查重点企业及物资储备情况和安全隐患情况132频次。按照重污染天气应急减排清单，编制186家预警减排措施，绩效评级11家，企业编制一厂一策87家。

【环境监控】　2022年，翼城县辖区内有4个重点排污单位11个废气监控点位和1个废水监控点位，均与市县监控平台同时联网，重点污染源总体数据传输有效率达95%以上；有12家企业（7个涉气企业5个涉水企业）15个废气监控点位、7个废水监控点位和翼城县污染源监控平台联网运行。对生态环境部生态环境执法局、山西省生态环境厅下发的重点污染源涉嫌超标排放督办单进行现场核实、并在规定的时间内及时网上回复核查结果，2022年翼城县重点排污单位没有因在线监测数据超标或者自动监控设备运行不正常给予行政处罚或者行政警告。

【环境监测】　2022年，环境空气自动日报系统对翼城县县城区2个监测点位的6项主要监测指标进行监测。翼城县城区空气综合指数为4.10，同比下降0.7%，全市排名第十；优良天数为285天，同比增加21天，达标比例78.1%，全市排名第八。二氧化硫年均值12微克/立方米，同比下降7.7%，全市排名第十；臭氧年均值165微克/立方米，同比下降9.8%，全市排名第八；一氧化碳年均值1.8毫克/立方米，同比持平，全市排名第十二；PM10年均值65微克/立方米，同比持平，全市排名第九；PM2.5年均值38微克/立方米，同比上升5.6%，全市排名第九；二氧化氮年均值17微克/立方米，同比上升13.3%，全市排名第三；重污染天数1天，同比减少6天，全市排名第一。每月上旬对浍河南丁断面三项主要指标进行监测。2022年，浍河翼城段出境断面COD、氨氮、总磷年均浓度值分别为14毫克/升、0.54毫克/升、0.2毫克/升，水质达到地表水四类标准。

【环境宣传】　2022年，翼城分局开展“共建清洁美丽世界”环境日主题宣传活动。6月2日，在机关大院举行翼城县“6·5”环境日“十进”宣传活动启动仪式，各乡镇长、县生态环境保护委员会主要成员单位负责人和全体环保干部职工参加。深入开展生态环保十进（进机关、进企业、进学校、进农村、进家庭、进社区、进工地、进医院、进交通、进酒店)宣传活动;拍摄制作翼城县污水处理厂污水处理各工艺流程视频,利用微信朋友圈向公众开放。活动累计发放环保知识宣传资料10000余份、《共建清洁美丽世界》彩页3000份,“小山小水”生态环境宣传口罩1000个,张贴“共建清洁美丽世界”宣传海报32张。

(王永强　张　倩)

教　　育

教育管理

【概况】　2022年，县教育科技局坚持以办好人民满意的教育为宗旨，紧紧围绕全县教育工作目标，坚持立德树人根本任务，强化管理，深化改革，完成年度各项工作，教育事业呈现出良好的发展态势。

全县共有高中4所、职业高中1所、初中10所、小学34所、幼儿园68所。有中小学教师2881人、在校学生33209人、在校幼儿6702人、幼儿教师818人。其中，县直高中3所、职中1所、初中5所、小学8所、幼儿园27所（公立幼儿园17所、私立幼儿园10所），在校学生25403人，教师2311人（中小学教师1722人，幼儿教师589人），在校幼儿4641人；乡镇高中1所、初中5所、小学26所、幼儿园41所，在校教师1388人（中小学教师1159人，幼儿教师229人），在校学生7806人、幼儿2061人，乡镇完全小学26所，建有乡村学校少年宫3所（辛安、里砦、中卫），社会力量办学2所。

【立德树人】　2022年，县教育科技局紧紧围绕“为谁培养人、培养什么人、怎样培养人”这一根本问题，持续推动习近平新时代中国特色社会主义思想进课堂、进教材、进头脑，扎实推进党史学习教育进校园活动，举办讲座200余场，讲党课120余节，组织师生到红色基地参观学习80余场；出台《未成年人思想道德建设实施方案》，针对不同学段学生针对性开展吃苦耐劳、抗疫精神、爱国情怀、忠诚奉献等思想政治教育，全面深化社会主义核心价值观教育；组织开展“牢记领袖嘱托，赓续精神血脉”、学雷锋、喜迎党的二十大思政教育、“新时代好少年”评选表彰等系列活动，青少年德育教育有效落实。

【疫情防控】　2022年，县教育科技局把疫情防控工作作为重中之重来抓，在落实疫情防控工作中，建立“1+5+3”工作机制，即成立一个疫情防控领导组、五个检查督导组，学校实行三级防控（校长、书记负总责、中层领导包联班级、班主任和任课教师包联学生），从而把防控责任落实到人。各学校常态化宣传普及防控知识和工作要求，全面提升师生自我防护意识；强化校门管理、人员管理，强化督导检查，各学校制定完善切实可行的应急预案，全方位开展应急演练，提高应急处置能力。

【提升教育教学质量】　一是聚焦核心素养，继续打造语文、数学强势学科，教研室教研员与各校骨干教师、年轻教师结对帮扶，并定期深入学校视导听课。二是优化联盟办学（初中4个、小学4个、高中2个），实施联研联考联评，组织盟区教师赛课，全面提升教师教学水平。三是成立3个名师工作室，发挥名师引领效应，促进教师交流学习，提高学科教研水平，打造名优骨干教师队伍。四是强化高考、中考备考工作，组织全县高三学科组长积极参加市学科组长交流工作会议，把握高考动向、优化高考策略，提高备考复习效益。中高考成绩继续保持全市领先，中考600分以上281人，占总参考人数的8.6%，除市直学校外，比其他县（市、区）的总和还要多。高考全县二本B类以上达线人数共2495人，达线率70.5%，其中一本达线636人，600分以上16人，1名学生被清华大学录取。

【重点工程项目】 2022年，县教育科技局承担的重点项目有：翼城中学和城西学校建设前期工作、西关小学改扩建、北关小学创一流改造、9所学校薄弱环节改善与能力提升工程、校安工程、2所学校厕所改造、智慧校园建设。

翼城中学改扩建项目办结勘测定界、项目建议书、建设项目用地预审与选址意见书手续；完成社会稳定风险评估报告、可行性研究报告、节能报告、项目设计方案初稿编制；启动拆迁补偿工作和PPP项目准备工作。城西学校建设项目，自然资源局正在调整规划。西关小学改扩建项目完成迁坟、地面附着物赔偿，办理建设用地规划许可、抗震设防、绿色建筑节能审查等手续。北关小学创一流改造项目地面硬化全部完成，准备铺设塑胶。薄改工程全部按计划有序推进，其中翼城四中、翼城五中、翼城六中、东下坪完小4所学校建设项目全部完工，翼城二中、中卫初中等5所学校正在施工。校安工程中四中门房、北围墙、院内硬化、墙面改造粉刷全部完工，职中教学楼修缮正在施工。厕所改造工程，山锻完小正在办理工程规划许可证，东石桥完小开工。智慧校园项目可研报告、立项完成，正在争取上级资金。

【重点改革事项】 2022年，县教育科技局加强教师队伍建设。一是为翼城中学、翼城二中、先成中学引进硕士研究生及以上学历高层次人才共14人，录用公费师范生2人，进一步优化教师队伍学历结构。二是加大教师补充力度，面向社会公开招聘特岗教师30名，乡镇教师短缺问题有效缓解。三是继续开展“三优”“三名”评选，评选出县优秀班主任100名、优质课100节，完成10名教师“上挂”、35名教师“下挂”工作，选派20名中小学幼儿园优秀校（园）长和教师参加国家级培训，组织120余名中小学骨干教师参加能力提升培训，教师队伍活力有效激发。

【各项考核指标完成情况】 2022年，县教育科技局承担的年度目标责任考核指标工作有两项。巩固领先地位。新建2所农村公办幼儿园，增加普惠学位180个，学前三年毛入园率达到100%，公办园在园幼儿占比达到70%，普惠性幼儿园在园幼儿占比达到87%。聚焦重点人群、重点环节，建立常态化摸底排查机制，依法保障义务教育阶段学生受教育权利，加强对留守儿童、残疾儿童、随迁子女等特殊学生群体的关心关爱，全力做好“控辍保学”，义务教育阶段入学率达100%，巩固率达100%。优化学校布局调整，撤并学校19所，变更办学类型学校4所，学校布局更加科学合理。实施“联盟办学”，推进优质教育资源共享，城乡教育教学水平同步提升。

规范办学行为。一是严格落实“双减”政策。合理调控作业结构，全面压减学生作业总量和时长，学生作业负担明显减轻。强化校外培训机构治理，14所学科类培训机构全部办理注销手续，校外培训机构“营转非”、学科类转非学科类按要求完成。暑期联合相关部门开展校外培训违规行为专项整治行动，共查处社会违规补课行为10次，处理违规补课人员14人。二是科学开展课后服务。义务教育阶段学校“一校一案”制订课后服务实施方案，实现课后服务全覆盖，全县学校成立260多个学生社团，开展形式多样的社团活动，部分乡村学校因地制宜实行“日托”，家长反响良好。三是控制民办学校占比。暂停英才小学2022年招生,将先成中学、星杰中学转公,并启动收购工作,推动民办义务教育合规、有序、良性发展,营造良好的教育生态。

【深化县校、校企合作】 县教育科技局与山西开放大学、临汾开放大学多次协商沟通,山西开放大学确定翼城县为全省县级开放大学试点,设立翼城开放大学。为到县人民医院、县综合检验检测中心、县融媒体中心实习实训的大学生13人申请生活补贴19800元。职业教育通过与“北大青鸟”“山西华翔”等知名企业合作,在机电技术应用、焊接技术、计算机应用三个专业开展“订单式”培养,打造“校企合作、双元共育”人才培养模式,用人单位满意度达90%以上。

【校园安全】 2022年,县教育科技局增配专职安保人员132人,新增一键式紧急报警和视频监控系统17套,安装4处减速带,新建1处液压硬质隔离设施。开展“校园安全隐患大排查大整治大提升”“护校安园”“一盔一带”等安全专项整治活动。持续推动常态化扫黑除恶专项斗争教育领域整治,会同相关部门持续强化校园及周边治安综合治理。强化心理健康教育,组织53名教师参加国家心理健康培训,开展“青春飞扬心理健康志愿服务”活动16场、心理健康宣教活动10场,对特殊学生进行心理援助14人次,有效保障师生身心健康。

【婴幼儿托育】 全县共有10所机构提供托育服务。其中,完成托育登记备案的5所幼儿园:汇丰中心幼儿园、汉德三维幼儿园、金彤幼儿园、智才幼儿园、紫竹苑幼儿园,可提供托位516个;北关幼儿园、爱贝乐托育有限公司2家注册。全县可提供托位630余个,实际收托婴儿254人,满足全县婴幼儿托育需求。

(马俊鹏)

学校选介

【北关幼儿园】 北关幼儿园创建于1992年3月,占地面积5114平方米、建筑面积2231平方米,园内设有大、中、小共17个教学班、幼儿470人、教职工47人。北关幼儿园坚持“用爱养育、用心教育”的办园宗旨,带领全体教职工践行先进教育理念,以园本教研为载体,从强化保教常规入手,积极探索幼儿教育规律,创设环境育人、活动育人、常规育人、文化育人的全方位、全过程的立体育人模式,形成“浑身板”校园文化特色。为贯彻优秀传统文化传承体系,弘扬中华优秀传统文化,幼儿园在认真学习“浑身板”传统文化的内涵的基础上,积极探索“浑身板”动作技巧、文化价值,注重培养幼儿的艺术素养,“浑身板”成为幼儿园的园本特色,成为群众性的文化活动。2022年,幼儿园参加省教育科学“十四五”规划2020年度幼教专项课题研究,收集传统民间游戏80余个,通过幼儿游戏、教师观察、分析研究、实践与探索传统民间游戏对幼儿身心健康的影响,筛选确定适合小中大三个年龄段游戏活动30余种,撰写出实践论文20余篇,丰富幼儿的游戏活动,促进幼儿身心健康,增强幼儿的民族自信心和自豪感。2022年,翼城县第七届幼儿教师教学能力大赛中教师李霞荣获骨干教师称号,幼儿园获优秀组织奖。2022年7月,被县教科局授予五星幼儿园称号。2022年9月,被县委、县政府评为先进单位。

(王海燕)

【翼城县直幼儿园】 翼城县县直幼儿园是一所市一级一类公办幼儿园,现有教职工58名,19个教学班,在园幼儿584名。2022年,县直幼儿园贯彻落实《幼儿园教育指导纲要》和《3～6岁儿童学习与发展指南》，秉承“以爱为魂、以实为本、为孩子快乐一生奠定基础”的办园宗旨；以“安全、健康、快乐、和谐”为办园理念；以“孩子快乐，家长放心，员工幸福，群众满意”为办园目标，坚持保教并重，尊重幼儿身心发展规律和学习特点，深化幼儿保育教育改革。在园长的带领下，班子成员团结务实，开拓进取，以身作则，廉洁勤政，不断更新教育思想和观念，在幼儿园管理、教育教学等方面不断探索和创新。教研出成效、阅读现特色，以活动促发展。承担县幼教股和县直园责任区组织的区域活动比赛、2022幼儿教师保教能力大赛、优秀学前教研团队评选等活动，幼儿园获优秀组织奖；樊晓获县保教能手、县骨干教师等称号，刘燕获县优秀保教能手称号，幼儿园语言教研团队获优秀教研团队第一名。幼儿园获县先进单位，赵晓霞获市优秀教师等称号，李霞获优秀党员称号。

（胡克文）

【北关小学】 翼城县北关小学是一所十轨制完全小学，为省级示范小学，现有60个教学班、学生3345人、教职工204人。2022学年，在县教科局的正确领导下，北关小学始终坚持全面贯彻党的教育方针，紧紧围绕“为孩子幸福人生奠基”的办学理念，坚守“为党育人，为国育才”的初心使命，坚持“立德树人，五育并举”的育人目标，以“融合育人”统领学校全盘工作，积极打造“融洽共育立美德、融汇贯通促成长、融浓家校筑和谐、融合五育做新人”的新的办学模式，以“融”文化理念创建幸福校园，以文化的力量塑造学校未来。完成“创一流”学校建设之操场改造工程，建成四道环跑塑胶跑道、高标准足球场地、硅PU篮球场地，优化体育活动环境，促进师生健康发展。学校全面推进阅读课程体系的建立，从“经典诵读”“整本书阅读”“全科阅读”等领域出发，构建“阅读＋”课程基本模式。从阅读习惯到阅读理解，再到深度阅读，使学生将历史文化的自觉与经典阅读紧密结合在一起。学校将花鼓作为校本课程来研发，非遗进校园、花鼓进课堂、课内与课外、普及与提高，花鼓工作得到进一步推广和提升。学校从实际出发，深入挖掘学校内部教育资源，逐步形成“文化引领、内涵发展、深度融合”的管理框架，积极发扬“三种精神”，创建幸福校园。2022年9月，学校获翼城县红旗单位称号；10月，获临汾市先进集体称号。

（石永栋）

【西街小学】 西街小学创建于1984年，新校区始建于1996年，1998年投入使用，是一所六轨制县直完全小学。学校占地面积13040平方米，建筑面积6750平方米，现有教学班43个，在校学生2423人，教职工137人，其中省市级骨干教师及学科带头人13人。学校集绿化、美化、净化于一体，设施完备，功能齐全，为实施素质教育提供良好的条件。多年来，学校始终秉承“爱岗敬业、精诚团结、协作密切、勇于创新、甘于奉献、爱拼敢赢”的西街精神，始终坚持以习近平新时代中国特色社会主义思想为指导，深入贯彻落实党的教育方针，全面深化课程改革，不断提升教育教学质量，逐步探索形成“育人为本、素质为重、和谐发展”的办学模式。2022年，学校各项工作扎实推进：一是基层党建引领作用不断夯实，支部的战斗堡垒作用和党员的先锋模范作用得到充分发挥；二是班子队伍建设继续强化，领导班子队伍和教职工队伍凝聚力不断加强；三是常规工作更加细化，教育教学和教研工作水平不断提升；四是德育工作积极创新，学生行为习惯养成教育取得显著成效；五是安全工作常抓不懈，师生及校园安全防护网更加牢靠；六是小考成绩续写辉煌,继续蝉联全县第一。2021—2022 学年,学校被县委、县政府授予红旗单位称号。

(田海龙)

【民族小学】 翼城县北关民族小学是一所回汉儿童同班就读的县直公办三轨制完全小学,学校位于桐封北路 180 号,学校始建于 1989 年,占地面积 4610 平方米。2003 年,由伊斯兰发展银行援建,重新建设校舍 3120 平方米,现有 18 个教学班,在校学生 611 人,其中回族学生 55 人,占学生总数的 9%;教职工 57 人,其中回族教师 3 人,占教职工总数的 5.26%。2022—2023 学年,学校领导班子紧密围绕县教科局发展大政方略,继续坚持以"质量立校、科研兴校、特色强校"的办学思想,采取"内抓管理,外树形象"的管理方略,遵循"和谐、发展、创新、超越"的八字方针,促进学校更快更优发展。2022 年,学校抓党建发挥党组织的战斗堡垒作用;抓教学管理,激发争先创优的工作氛围,落实"双减"抓教研,打造高效课堂,语文教研团队被授予县级"优秀教研团队";抓"校园社团","五育并举"促进学生个性发展;开展民族特色活动:舞蹈《花铃鼓舞》及民族特色器乐"葫芦丝",培育民族品牌。办学条件和校园文化进一步提升,2022 年 5 月,用真石漆粉刷教学楼和校内外围墙;10 月,用塑胶、草坪铺设校园操场;11 月,教室更换护眼灯、装修会议室和民族团结活动展览室、多功能教室,校容校貌焕然一新。教育教学质量提升,跨入县直一流学校。9 月,被县委、县政府授予先进单位称号。

(张英辉)

【城内小学】 翼城县城内小学是一所公办四轨六年制完全小学。学校位于县城南部的城内村,占地面积 4788 平方米,建筑面积 3995 平方米,现有教学班 24 个,在校学生 1000 余人。城内小学围绕"实施阳光教育 奠基幸福人生"的办学理念,落实"知行合一 立德树人"的办学目标,实施"一特一品"创建计划。以"阳光教育"特色学校创建为目标,不断优化管理,加强文化建设,丰富办学内涵,突出办学特色,培育阳光、自信少年;以"书香校园建设"为品牌,营造书香氛围,让师生在读书中不断成长,形成读书习惯;以"学生全面发展"为宗旨,开设航模、舞蹈、器乐等社团课程,提升学生综合素质;以"家校共育"为突破,开办家长学校,家校联谊,形成办学合力。2022 年,在上级部门的正确领导下,学校强化党建引领,发挥党员先锋作用,筑牢战斗堡垒;加强校园文化建设,构建特色校园文化氛围,将文化浸润校园每一个角落,宣传办学理念提升办学品位;绿化美化校园环境,铺设塑胶跑道,建设校园足球场,不断优化育人环境;深化队伍建设,落实精细管理,提升教师素质,提高管理水平;抓实教学过程,落实"双减"政策,打造高效课堂,提升育人水平,教育质量再创佳绩;读书活动持续坚持,阳光特色建设效果明显,促进学校内涵发展。在全体教职员工的共同努力下,学校连续被评为先进单位、先进基层党组织,语文、数学、英语教研组被评为翼城县优秀教研团队;学校被临汾市授予平安校园称号,教研室被评为临汾市优秀教研团队;学校连续在科技创新、书画、征文等活动中被评为优秀组织单位;2022 年 9 月,城内小学被翼城县委、县政府授予红旗单位称号。

(王　娟)

【翼城四中】 翼城四中是一所公办八轨寄宿制学校,位于城内木坊街 4 号,学校占地面积 14130.99 平方米,建筑总面积 10753.82 平方米。该校最早创立于 1912 年,2005 年改名为翼城县第四中学校,现有 22 个教学班、学生 1221 人、教职员工 115 人。其中,专任教师 92 人,研究生学历1人、本科学历98人、专科学历16人，高级教师29人、中级教师42人，省市级骨干教师、学科带头人43人，现有中共正式党员31人，预备党员2人。2022年，在县教科局的大力支持下，根据学校实际情况和需要，新建学校大门，修整美化校园文化墙，粉刷教学楼；新建工会活动中心、车棚、停车位；操场铺设塑胶跑道、足球场地、篮球场地、羽毛球场地；更换部分教师教学用笔记本电脑；各教室安装教学监控系统，各年级组同步配备教室监控显示屏。教学条件和学生学习生活环境不断改善，进一步满足教学需求和师生生活需要。在全体师生的共同努力下，学校在各方面都有长足的进步，育人质量稳步提升。2022年，翼城四中再次获"红旗单位"称号；在翼城县教研室组织的"三优"评比活动中，翼城四中数学教研团队获中学组第一名；在培育和践行社会主义核心价值观方面的工作得到市委、县委宣传部和教科局等上级部门的肯定，于2022年11月初通过市级社会主义核心价值观示范点建设的验收工作，并将于2023年初举行挂牌仪式。2022年12月8日，浮山县委宣传部宣教科等相关领导到翼城四中对社会主义核心价值观示范点建设工作进行参观交流。

（冯俊生）

【翼城五中】　翼城县第五中学校是一所八轨制的初级中学，创立于1912年，至今已逾百年。占地面积11125平方米，建筑面积6490平方米。学校现有24个教学班、1365名学生。教职工125人，学历合格率达100%，高级职称教师41人，省市县骨干教师、教学能手35人。学校坚持"全面贯彻党的教育方针，全面提高教学质量"的办学思想，确定"创全面加特色学校，育优秀加特长人才"的办学目标，实行"目标化、制度化、精细化、人性化、民主化"的五化管理，实施"1634工程"，即一个总体目标：全方位抓好常态化疫情防控，尽全力提升非常期教学质量；六个坚持：以安全稳定为底线，以教学质量为根本，以常规管理为抓手，以养成教育为目的，以特色工作为突破，以后勤服务为保障；带好三支队伍，管理队伍、教师队伍、班主任队伍；实现四个完善，完善基础设施建设、完善各种规章制度、完善学校的管理模式、完善后勤保障服务。学校建有教学楼、实验楼、图书楼，班班安装交互式智能白板；按照国家标准配备理化生实验室；图书楼藏书达3万余册；标准微机室；标准心理咨询室，美术、音乐专用教室；全塑胶跑道、篮球场等设施配套完善先进。坚持面向全体学生，开全开足课程，注重学生特长发展，组建30余个社团，成为五中特色品牌。学校以"建设三晋名校"为目标，以"深化课程改革、推进素质教育"为核心，优化教学管理，深化课堂教学改革，积极探索自主、高效、充满活力的课堂教学，注重学生长远发展，在掌握知识提高能力同时，培养端正的学习态度，良好的学习习惯，高效的学习方法。各项工作成绩喜人：获评山西省文明校园，山西省中小学校教师信息技术应用能力提升工程2.0项目实施示范学校，翼城县红旗单位，团县委先进单位，翼城县第三届科技创新大赛、"中华魂"主题教育及讲党史故事大赛等活动优秀组织单位，获"红心向党，翰墨传情"书画大赛团体二等奖等。英语教研组在"三优"活动中被评为临汾市优秀教研团队。学校数学教师常晓华参加山西省自制教具大赛，并获一等奖。学校获临汾市青少年科学素养网络竞赛优秀组织奖，292班板报作品《爱眼护眼 从我做起》获山西省教育厅校园板报评选优秀奖，杨晓琴老师获山西省义务教育阶段中小学教师作业设计大赛二等奖，王晓鸿校长获临汾市优秀校长称号，冯志芬老师获临汾市优秀教师称号。

（王晓鸿）

【翼城六中】 翼城六中是一所县直八轨制寄宿制初中，现有教职工112人，中教高级职称16人，中教一级教师42人，省市级骨干教师及学科带头人20余人。现有教学班24个，学生911人。2022年，学校在县教科局工委的正确领导下，坚持以习近平新时代中国特色社会主义思想为指导，贯彻落实党的二十大精神和党新时期的教育路线、方针政策，坚持以“以人为本，立德树人”为办学理念，以“党建工作引领化、教师素养提升化、课堂教学模式化、教学常规落实化、疫情防控常态化、安全管理精细化、后勤保障服务化”为目标；围绕全面提升教育教学质量这个中心；加强中层以上领导、班主任、教师、教辅后勤四支队伍建设；做好党建、安全、疫情防控、师德师风、落实“双减”政策、教育教学六项工作；采取“领导带动、情感驱动、制度推动、竞争活动”的四动管理策略来促进各项工作的开展和落实学校的“立品德高尚之人，立学业优秀之人，立行为规范之人”的立人教育。学校先后组织开展师生心理疏导会、开学典礼、啦啦操和广播操比赛、第五届读书交流展示活动。2022年6月，学校支部委员会被中共翼城县委教育工作领导小组授予先进基层党组织称号。9月，学校被中共翼城县委、翼城县人民政府授予先进单位称号。11月，在第八届临汾市青少年机器人竞赛中，学校20名学生获奖。

（张立文）

【里砦初中】 里砦初中坐落于里砦镇里砦村，始建于1956年，于2004年扩校重建，是一所乡镇寄宿制学校。现有教学班12个、在校生400余人、教职工70人。2022年，在县教科局的正确领导与大力支持下，学校墙体重新粉刷、教室窗户整体维修、教师宿舍楼改造、报告厅业开建、引进专递教室和智慧课堂、班班安装智慧黑板和护眼灯、计算机室电脑更新、阅览室图书新配、建设心理咨询室、购置3D打印材料与航模，办学条件实现跨越式发展。学校始终不忘立德树人初心，牢记为党育人、为国育才使命，以党建创新为引领，坚持五育并举，实施四化管理，举办“喜迎二十大，奋进新征程”系列活动、寻找最美中学生主题活动、师生趣味运动会、爱岗敬业演讲赛，充实、丰富校园文化内涵。围绕“学校办有特色、教师教有特点、学生学有所长、办人民满意的精准特色学校”办学目标，成立名师工作室，实施青蓝工程；成立家乡学校，坚持节假日入户家访，听民意办实事；组建10余个活动社团，“双减”工作扎实有效。2022年8月，创客社团代表山西省参加第36届全国青少年科技创新大赛，是全国乡镇初中在此类比赛中唯一获奖的学校，打造出翼城教育一张名片。学校办学行为和谐规范，教学活动有条不紊，队伍建设井然有序，常规工作细致深入，艺术教育有声有色，教育质量稳步攀升。2022年3月，被中华全国妇女联合会授予全国维护妇女儿童权益先进集体称号；9月被县委、县政府授予红旗单位称号。

（马丽燕）

【翼城县汉德园中学】 翼城县汉德园中学创办于2003年，是一所集小学、初中和高中为一体的十二年一贯制寄宿民办学校。学校占地136亩，总投资1.2亿元，总建筑面积5万平方米。现有教学楼8幢，公寓楼8幢，综合办公楼、实验楼、图书楼各1幢，大型餐厅3座都配备灭蚊灯、空调等设施设备，保证学生、教师在校良好的学习生活环境。400米跑道的标准操场、篮球场、澡堂、保健室、心理咨询室等一应俱全。现有教职工440人。学校自成立以来，高考成绩连年攀升，中考连年创优，以卓越的成绩，实现“低进高出”的办学目标。2009—2022年，先后培养出多名高考状元，尤其是2015年1名学生以理科全市第二名的成绩被清华大学录取，现就读于清华大学“钱学森力学班”。创办有《红烛》校刊。2017年3月，汉德园中学5名音乐教师表演的《翼城汉德园花鼓》登上中央电视台《星光大道》的舞台。2011年，汉德园中学获中国综合实力百强学校称号；市政府先后授予汉德园中学民办教育示范学校、民办教育先进单位等称号；翼城县人民政府连续多年授予汉德园中学红旗单位称号。

（程立清）

【星杰中学】　翼城县星杰中学创建于2000年，是一所八轨寄宿制初中，于2022年9月正式转为公办学校。现有106名教职员工，1160名学生，规模适中，管理严谨，校风正、教风严、学风浓。学校自创建以来，在县委、县政府的关心支持下，在县教科局的正确领导下，学校坚持以习近平新时代中国特色社会主义思想为指导，坚持党的教育方针，坚持社会主义办学方向，坚持教育公益性原则，坚持立德树人根本任务，紧抓“教学设施，师资水平，教学管理，后勤服务，教学质量”五大工作重点，实施科学管理和精细化管理，精准落实“双减”工作，大力推进清廉学校建设，科学评价，激活师生主体，全面推进素质教育，精心打造精品学校，努力办好人民满意学校。多年来，在学校就读的学生都养成了良好的行为习惯，成绩都会有大幅提升，各年级升级统考成绩稳居全县第一。2022年，初三年级399人参加中考，通过三年培养，中考成绩达600分以上185人（全县271人），达临汾一中录取分数线94人（611分），达翼城中学录取分数线350人（548分），达线率87%，数学单科满分7人，物理单科满分2人；七、八年级升级统考总成绩学校稳居全县第一名，被翼城中学授予优质生源基地称号。学校多次获省、市、县社会力量办学先进单位、先进民办学校等称号，连续20年被县委、县政府授予红旗单位称号。

（李星亮）

【翼城中学】　翼城中学是山西省示范高中，临汾市首批名校。学校创建于1952年，占地175亩，建筑面积5万余平方米，现有60个教学班，在校学生3080人。教职工269人，其中正高级教师1人，特级教师1人，高级教师77人，省市级学科带头人、骨干教师31人，临汾市市级名师6人，翼城名师3人。6月，举办高三年级毕业典礼暨高考壮行大会。组织2022年翼城中学考点高考、中考和普通高中体育特长生招生工作。7月，高考成绩揭晓，翼城中学再上新台阶。2022年高考学校参考人数1025人，达二本B类以上862人，达一本线333人，600分以上15人。理科531班1人以670分位居临汾市第五名，被清华大学录取。9月，召开2022—2023学年度教育工作暨加强师德师风建设工作会议。举办三人制篮球比赛、“青春心向党 唱响新时代”国庆节歌咏比赛、“请党放心 强国有我”学生演讲比赛、拔河比赛、接力跑比赛、组织“庆祝教师节”联欢会、“喜迎二十大 永远跟党走”迎国庆大合唱活动、“三笔字”大赛等文体活动。10月16日，全体党员、师生观看党的二十大开幕式直播。2022年，学校获临汾市优质学校、临汾市普通高中教学质量综合评价突出贡献单位、临汾市普通高中教学质量综合评价先进单位、临汾市五四红旗团委、翼城县红旗单位等称号。

（孙启鸿）

【翼城二中】　翼城二中位于翼城县东南10公里处的南梁镇南梁村，学校始建于1958年，是一所初中2轨、高中8轨制的农村公立完全中学，学校现有学生1570人、教职工177人。学校占地面积39960平方米，总建筑面积18000余平方米，现有教学楼2栋,办公楼1栋,教师公寓楼2栋,学生公寓楼3栋,师生餐厅1栋。近年来,在各级党委、政府的正确领导和关心支持下,学校认真贯彻执行新时期党的教育方针,始终坚持“关爱每一名学生,成就每一位教师,努力办一所学生喜欢、教师幸福、家长满意的学校”办学理念,狠抓师德师风建设和学生德育教育,注重学生全面发展,通过重点抓实抓细“四项工作”、“过四关”、教师业务水平考试、教学教研等工作,持续用力,克难攻坚,促进教师专业成长,使得学校教育教学工作一次次取得优异成绩,得到社会、各级领导和人民群众的一致好评。学校不断加大基础设施建设力度,截至2022年底,投入2000余万元用于改善校园环境,满足教育教学的需求,提升办学竞争力。翼城二中有60多年的历史,在发展中积淀了丰富的校园文化和人文精神,先后被授予山西省文明学校、山西省绿色学校、山西省体育传统项目学校和翼城县红旗单位等称号。

(吉　军)

【翼城三中】 翼城县第三中学现有89个教学班,3579名学生,486名教职工。高中41个班,1586名学生;初中28个班,1172名学生;小学20个班,821名学生。2022年成立校党总支,学校教职工人数多,党员70多人,在教科局党委的大力支持下,成立党总支,下设3个党支部。在校党总支领导下,学校各项工作健康开展,取得较好的成效。加大教学教研力度,促进教师研究教材、教法的积极性,提高教师的专业水平。小学得到社会好评,全体教师把“敬业、奉献、爱生”的理念融进每一天的工作中,抓实、做细学生的良好习惯养成教育,坚持“寓教于乐”,不断改进教学方法,激发学生学习兴趣,提高教育教学质量,努力实现“让每个孩子能更好发展”的美好愿景,现有学生821名。2022年,在翼城县“三优”评选活动中,语文教研组获县优秀团队称号;郭海珍、晁瑜婷、席艳琴、王海龙、卫强等获县优质高效课奖;秦君、陈赵英、马红丽、宋青芳4名老师获县优秀班主任称号。在临汾市教育系统开展的“三优”评选活动中,陈赵英老师获临汾市优质高效课奖。2022年,高考二本B类以上达线456人,在全市公办二类学校遥遥领先;在市平川县一类高中排名第五,在全市48所高中排名第十五。中考县优生达221人,600分以上130人,在县直学校占比最高;翼城中学在校录取197人,占录取总数的近1/5;624分以上的学生67人,占优秀生的1/5。县统考初一、初二均名列县直学校第一。对塑胶操场进行修缮,对地面进行硬化,对看台等进行粉刷,塑胶操场焕然一新,给师生创设了良好的锻炼环境。

(陈　洲)

【翼城县职业技术学校】 翼城县职业技术学校位于县城西北部南寿城,唐霸大道东侧。成立于1984年,省级重点中等职业学校,是翼城县职教中心、翼城县社区学院,省“四星级管理学校”,中高职“三、二分段培养”试点学校。2015年,被确定为山西省汽修专业教学委员会副主任单位。2016年,被认定为山西省装备制造职教集团常务理事单位。2021年,被省教育厅评为省级职业教育改革发展示范校。学校承担着中等学历教育、技能型人才培养和短期技能培训等工作,发展成为一所具有教学设施齐全、教学设备完善、教育技术先进、教学水准领先的现代化职业学校,整体办学水平在临汾市名列前茅。职业教育的影响力和美誉度进一步扩大。学校占地46.6亩,建筑面积28164平方米;校区分为教学区、运动区和生活区三部分,布局合理,设施完备。建有计算机组装与维修、平面设计、网络工程、汽修仿真实训等各种专业微机室8个;建有汽修、电工、焊接、电子、车工、钳工、新能源实训室、PLC编程、单片机、焊接机器人等各种专业实训室48个;琴房、舞蹈室、报告厅、心理咨询室、声乐实训室、非遗实训室、多功能活动厅一应俱全;建有晋南地区唯一一个国家级汽修实训基地,省级机电和焊接实训基地各1个,建筑智能化设备安装与运维、音乐表演、焊接技术、计算机4个实训中心。学校机构上设校领导班子,下有办公室、教务处、德育处、学生会等处室,分工明确、各负其责。2022年9月,校领导班子做调整,李国红任校长,兼党支部书记,冯青发担任党支部副书记,朱培林副校长分管教学,郑席副校长分管德育,李素华副校长分管安全、工会,伊娟副校长分管后勤,李向科副校长分管招生就业。班子成员精诚团结、分工协作。学校教职工有100余人,在编教师85人。其中,专任教师73人,专业课教师36人,实习指导教师6人,“双师型”教师28人,占专业课教师比71.4%。专任教师本科及以上68人,占专业课教师的93.2%,专任教师中高级职称50人,占专任教师的67.56%,山西省技能鉴定考评员2人,中级心理咨询师2人,高级就业指导教师4人,思想政治课专任教师5人,德育管理人员6人,体育课专任教师4人,美育课专任教师2人。现有22个教学班,在校生526人。学校开设汽车运用与维修、机电技术应用、焊接技术应用、建筑智能化设备安装与运维、计算机应用、计算机平面设计、音乐表演、旅游服务与管理、高星级饭店运营与管理、智慧健康养老服务10个专业。其中,汽车运用与维修专业为省级示范专业,机电技术应用、音乐表演和计算机专业为省级重点专业。

（李国红）

【翼城县特殊教育学校】　翼城县特殊教育学校位于县城东北城郊接合部(唐兴镇下高村),前身为翼城县聋儿语训中心,成立于1991年9月,2011年在县委、县政府和县教育科技局的大力支持下,投资440余万元兴建特殊教育学校,2013年投入使用。该校占地面积5400平方米,建筑面积3300平方米,各类专用功能教室16间(多媒体教室3间),各类康复训练室4间、心理沙盘教室1间、脑潜能开发教室1间、计算机教室1间、音乐室1间、情景教室1间、乒乓球训练室1间、蒙台梭利教室1间、宣泄室1间、冰壶教室1间。可容纳150名左右各类残疾学生进行康复训练。现有在校学生40人,送教上门学生23人,教职工26名。学生多为智力障碍儿童,包括多动症、自闭症、唐氏综合征、脑瘫、精神障碍等等导致的智力障碍儿童,另外有少数的肢体障碍和听力障碍儿童。该校通过加强课程改革,加大教研力度,提高教育教学质量。主题性教学从培养学生的实践能力、动手能力入手,坚持基础课程、特色课程相结合,发展学生的个性特长,学生可以学有所成并学以致用,为学生以后适应社会、融入社会并能自理自立自强打下坚实的基础。教师基本功扎实,课堂精炼,在山西省教育厅征集2022年特殊教育精品课活动中,该校四名教师的精品课入选山西省基础教育资源库。规范推进送教上门工作,保证适龄儿童100%的入学率。各送教小组扎实开展送政策、送温暖、送教材、送课程、送康复活动,做到一生一案,因材施教。每学年每生送教30～35次,120～150课时。让因病残不能进入校园就读的孩子享受到知识的力量,感受到社会各界给予他们的温暖。同时指导帮助家长训练学生康复技能和生活技能,提高孩子的适应生活、适应社会的能力。加强校园文化建设,用活动来锻炼人、教育人、培养人。结合学生实际,积极开展以爱国教育、传统教育、感恩教育等为主题的德育活动,利用教师节、中秋节、国庆节、元旦节等节日深入开展教育活动,引导学生树立民族自尊心、自信心和正确的世界观,提高学生的思想道德素养。在上级领导的关心支持下，在特教全体教职工的不懈努力下，该校特殊教育体系日趋完善、特殊教育保障和发展水平不断提高。

（赵齐山）

【翼城县汇丰学校】 翼城县汇丰学校是一所九年一贯制公立学校，占地面积 115391 平方米，校舍建筑面积 45622 平方米，现拥有初中、小学、国培、幼儿园 4 个学部，共设班级 111 个，学生 4607 人，受聘教师 313 人。其中，大学本科 270 人，省市级骨干教师、学科带头人 51 人。

学校全面贯彻落实科学发展观，坚持教育“三个面向”的战略思想，秉承“以人为本、全面发展、着眼素质、分享成功”的办学理念，确立“建有文化校园、塑有理想教师、育有素质学生、创有品位学校”的办学目标，创建以严谨科学的“三风一训”为核心的校园文化体系。学校汇集全县教学水平一流的教师，组成一支充满活力、富有创新的教育团队；配置最前沿的现代化教学设施设备，建成布局合理、管理规范、设施齐全的标准化学校；深化教改教研，应用现代化教育教学手段，形成与时俱进又极富汇丰特色的课堂教学模式，小学语文主题学习、初中翻转课堂相继走进课堂，切实提高学生学习效率，以优异的成绩走在打造实效课堂的前列；高举素质教育大旗，坚持管理人性化，活动多样化，学习氛围化，德育体艺齐头并进，营造浓厚的育人环境。学校各项工作都走在全县教育战线的最前列，连续 8 年被翼城县委、县政府授予红旗单位称号，连续 10 年全县统考第一，连续 8 年全县中考第一，国培基地校在山西省双向评估中获全省第一。非遗进校园工作开展得如火如荼，花鼓、戏曲齐头并进，足球事业蒸蒸日上，全国幼儿足球教师培训暨双球赛活动在汇丰学校召开，将学校足球事业推上一个新台阶。学校建立“少年硅谷”“创客教室”“机器人”“3D 打印”“气象观测台”等科技基地，成立“千人花鼓”“千人篮球”“千人跳绳”3 个文体社团，为学生创新思维、开阔视野、锻炼能力提供保障。2022 年，汇丰国培基地校完成 7 批学员培训，培训近 600 人。学员完成培训任务，并在基地校跟岗实践，走上街头了解翼城、宣传翼城，让翼城誉满三晋，走向全国的同时，带动翼城的经济发展。共青团翼城县委员会授予汇丰学校五四红旗团委称号。在“加强心理健康教育珍惜珍爱生命”主题征文比赛中，获优秀组织奖。中共翼城县汇丰学校总支部委员会获“先进基层党组织”称号。在“2022 年临汾市青少年科学素养网络竞赛”活动中，因组织有力、成绩显著获嘉奖。中共翼城县委、翼城县人民政府授予汇丰学校红旗单位称号。

（李和平）

科学技术

科技工作

【市长创新奖】 2022年，县科技服务中心对山西春雷铜材有限责任公司申报的“电子信息用高强高导高性能铜合金带材”项目和山西瑞德丰种业有限公司申报的“耕播优化水肥精量绿色高产栽培技术试验示范”项目进行考察核实，深入企业了解情况，指导规范申报材料，于2022年4月28日向市科技局推荐这两家企业申报临汾市“市长创新奖”。5月18日，中心主任李海民陪同市科技局副局长马草原一行再次深入企业，对“临汾市‘市长创新奖’”申报项目进行调研，通过观看申报专题片、听取汇报、实地查看等方式对申报项目进行考察。8月22—30日，2家企业在市科技局网站公示。9月18日，2家企业参加2022年度临汾市“市长创新奖”专家评审会，会上专家对两个项目的研发情况、经济效益、社会效益、生态效益和市场前景等方面进行全面评估，并给予充分肯定。11月底，“2022年度临汾市市长创新奖拟奖励名单”在市科技局网站公布，春雷铜材有限责任公司获二等奖，瑞德丰种业有限公司获三等奖。

【科技型中小企业】 2022年，县科技服务中心紧紧围绕科技型中小企业认定通过条件，深入到翼城县瑞科磁业有限公司、山西新翔丰农业科技有限公司、翼城县伟云生物科技有限公司、翼城县强劲面业股份有限公司、山西瑞德丰种业有限公司、翼城县绿牧德品乳品有限公司、新强绿色环保建材科技有限公司、晋冶冶金股份有限公司、翼城县丰源食品股份有限公司、山西果信农业科技发展有限公司等10家企业了解掌握企业基本情况，梳理企业基本诉求，并组织申报。5月，邀请专业人员在科技研发费用归集方面为企业作培训，10家企业认定入库。

【高新技术企业】 2022年，县科技服务中心抓紧利用5月中旬前税务局清缴汇算黄金期，深入国营山西锻造厂、山西新翔丰农业科技有限公司针对2021年科技研发经费账务归集进行指导、填报。5月，集中利用一周时间深入企业调研，针对高新技术企业的申报条件，逐一为企业分析缺漏，邀请太原高新科创专利事务所人员为企业挖掘专利资源，并对企业财务人员进行培训，以确保企业研发费用应统尽统，为高新技术企业的申报打好基础。国营山西锻造厂和山西新翔丰农业科技有限公司2家企业对照高新技术企业认定条件，分别于6月底和7月底递交申报材料，12月底完成认定。

【“众创空间、星创天地”建设】 2022年，县科技服务中心坚持巩固与发展并重原则，进一步加强和规范现有两家众创空间建设，提升运营服务水平和创新发展能力，为青年创新创业赋能。新强绿色环保众创空间在牛俊峰研发团队带领下，引进、招录网络信息、图案设计、煤矿巷道喷浆技术等方面技术人才5名，取得2项科技成果，准备申请发明专利和使用新型专利。古镇西阎食用菌种植众创空间，是2021年被认定的市级众创空间。在翼城县伟云生物科技有限公司负责人侯东升的带动下，同山西农业大学食品工程学院对接，开展深度合作，2022年种植三棚共1.5万捧灵芝，用于采收灵芝孢子粉，开展先行先试，带动9名青年创业，克服了产品单一，风险高、收入低的不足。同时，深入新翔丰种业、瑞德丰种业，了解这两家企业发展状况，宣传市级星创天地认定办法，让企业按照临汾市星创天地认定办法完善相关资料。副市长王云带领市科技局一行人员到新翔丰农业科技有限公司通过实地走访、听取汇报、观看纪录片等方式了解新翔丰种业的创建运营模式，鼓励企业积极申报市级星创天地。山西新翔丰农业科技有限公司的星创天地项目完成。

【省级重大科技成果转化项目】　2022年1月，县科技服务中心组织山西春雷铜材有限责任公司申报"新能源汽车电池极耳用铜带技术推广转化应用"项目。该项目于2022年1月底立项公示，争取资金65万元。邀请市领导及相关专家深入企业现场指导，针对计划任务书执行目标研判，并提出意见建议，项目正在实施。

【"科技成果转化基地、科研平台延伸基地"建设】　2022年，县科技服务中心在持续巩固2021年签约的科技成果转化基地、科研平台延伸基地的基础上，深入泰鑫塑管有限公司、果信果业、瑞科磁业、山西锻造、山西丰昆成型技术有限公司等企业，了解企业技术瓶颈与难题，帮助企业与高校牵线搭桥。山西师范大学材料科学研究院与翼城县瑞科磁业有限公司联合成立磁业工程研究中心。太原科技大学机械工程学院与翼城县瑞科磁业有限公司联合成立磁业工程研究中心。山西农业大学与翼城县伟云生物科技有限公司签订横向科技项目协议书，合作开展食用菌种质资源和栽培技术的研究。

【科技资金补助】　2022年，翼城县强劲面业股份有限公司、山西绿牧德品乳业有限公司、翼城县伟云生物科技有限公司3家企业获得省级科技创新券补助。翼城县瑞科磁业有限公司、山西瑞德丰种业有限公司2家企业获得省级科技金融专项贴息补助。

（李海民　原　珍）

气　象

【基础业务】　2022年，翼城县气象局基础业务稳步发展。完成观测质量体系内审，针对存在问题进行逐项整改。加强部门合作，联合自然资源等部门发布地质灾害等气象预警预报。完善气象灾害预警信息工作流程，保证气象灾害预警信息发布系统稳定、安全运行。汛前、汛中对全县17个气象观测站仪器进行保障维护。

【气候评价】　2022年翼城县主要气候特点是气温正常，降水偏多，光照充足。对农业而言属中等年份。

2022年平均气温13.4℃，与历年平均值持平；极端最高气温40.6℃，出现于6月25日；极端最低气温－9.2℃，出现于1月13日。

全年总降水量619.9毫米，较历年偏多128毫米，全年有7个月降水量在距平值以上。其中，3月比历年偏多21.4毫米、7月比历年偏多60.2毫米、8月比历年偏多68.4毫米、10月降水量比历年偏多22.5毫米、11月降水量比历年同期偏多3.5毫米。

全年日照时数2470.8小时，比历年偏多128小时，主要表现为5月284.4小时，比历年偏多

36 小时，日照偏多，促进小麦灌浆，百粒重增加。

【气候事件影响】 2022 年 10 月上旬翼城县出现早霜，对夏播玉米影响较大，影响范围 5 万亩左右，造成减产 30% 左右。

【农业气象服务】 县气象局编制 2022 年周年气象服务方案；建立健全并及时更新种植大户、养殖大户和农机大户等档案，与专业合作社、专业大户、涉农企业建立“直通式”联系，组建农业气象专家服务联盟，实现针对性和快捷性的农业气象服务。在新翔丰农业托管基地建立以作物生长实景观测、农田小气候站等为主体的农业气象观测基地，做好有机旱作实验基地的农田小气候站直通气象服务工作。

【决策气象服务】 县气象局制定完善《2022 年决策气象服务周年方案》，建立规范的决策气象服务流程。为政府及相关部门提供各类决策气象服务 50 余次，重要气象信息 22 期，重要天气报告 7 次，疫情防控专题预报 365 期，森林火险等级预报 365 次，会商专报 262 期，气象快报 64 期，气候影响评价 12 期，春耕春播气象服务 12 期，夏收夏种气象服务 66 期，秋收秋种气象服务 12 期，静态管理期间气象服务 6 期，发布各类预警信息 113 次，发布对象达 500 人。

【专业气象服务】 县气象局与自然资源、生态环境、林业、果业等部门加强合作，及时发布地质灾害风险预警、重污染天气气象条件分析、森林火险气象预报等级、“倒春寒”天气警示等专业气象服务产品，为防灾减灾和安全保障等提供气象支撑。

【公益气象服务】 公共气象服务发布渠道畅通、形式多样。通过广播、电视、短信、微信、大喇叭、电子屏等向公众进行发布，努力做到在最短时间内、最大范围地发布给社会公众。

【气象防灾减灾】 2022 年，县气象局建有北斗卫星预警广播 41 套，天气预报显示屏 11 块，为寒潮，暴雨、暴雪、雷暴大风、冰雹等预警信息发布等方面发挥积极作用，为各级领导决策部署赢得提前量，为全县人民合理安排生产生活提供参考依据。

【防雷安全管理】 2022 年，县气象局成立安全生产领导组，制定领导班子成员安全生产职责清单和年度安全生产重点工作任务清单，每月按时召开安全生产例会，排查安全隐患，积极开展消防培训及应急演练。

安全生产月期间，组织人员深入加油站、加气站开展“双随机”执法检查，并发放防雷安全知识、气象灾害防御等相关宣传资料。组织全局人员学习《中华人民共和国网络安全法》和网络安全工作责任制等法律法规和文件。开展定期排查及整改，实行内外网分离制度。

【人工影响天气】 2022 年初，县气象局制订人工影响天气工作计划，签订人影安全生产责任书，完善人影安全相关制度；全员购置人身意外保险。汛前配合厂家对作业设备进行年检，人影作业人员定期参加全市人影培训，确保持证上岗。全年共开展人影作业 10 次，通过发射增雨炮弹、燃放烟条，有效增加土壤墒情，净化空气，降低森林火险等级。

【探测环境保护】 2022 年，县气象局积极组织开展探测环境保护工作的宣传和落实。将《气象探测环境保护规范》的 4 个强制标准在法制办、发改局、住建局、国土局、环保局等相关部门备案，进一步明确气象探测环境保护的详细规定和具体标准。

（杨　阳　任　玲）

新闻出版（传媒）

文化市场管理

【概况】 2022年，翼城县共有书店25家、印刷企业12家、电影院2家、网吧4家、KTV4家、文化艺术类校外培训机构9家。

2022年，县委宣传部（新闻出版局）先后对全县21家出版物发行单位、11家印刷企业和2家在线影院进行年检；制定翼城县出版物零售单位设立、变更、审批和电影放映单位、设立审批的监管规则和标准；对全县农家书屋进行补充更新，发放各类书籍22684册以及党的二十大辅导资料3000余册。在重大节日和重要时间节点，联合县文化行政综合执法队、网信、公安等部门对电影院、网吧、KTV、书店等重点单位和部位进行明察暗访，确保全县文化市场繁荣稳定。

【安全生产工作】 2022年，县委宣传部（新闻出版局）和县文化和旅游局同全县文化市场经营单位同签订安全生产责任书，通过企业安全隐患自查自纠、拉网式排查、突击检查、夜查等形式严密监管全县文化经营场所的消防安全、建筑安全、用电安全和汛期安全工作。全年共排查出文化市场安全隐患14条，现场整改12条，限期整改2条。在冬奥会、残奥会期间，县"扫黄打非"领导组开展非法使用奥林匹克标志专项整治行动，联合县检察院、县市场监督管理局对某珠宝店未经奥林匹克标志权利人许可，擅自使用奥林匹克标志，销售带有"冰墩墩"形象的足金项链案进行立案查处，没收2条冰墩墩形象足金项链饰品，行政处罚10000元。

【市场秩序整治】 2022年，县委宣传部联合县文化市场综合行政执法队按照日常监管、"双随机、一公开"、随机抽查、"零点行动"、突击检查等形式，开展"两节文化市场整治专项行动""校园及周边出版物专项整治行动""非法卫星电视接收设施专项整治行动""未经许可经营旅行社业务专项整治行动""扫黄打非专项整治行动"等专项行动，累计检查文化等6大领域市场共计612家次，发现违法违规经营行为12起，立案查处3起，当场处罚9起。

（王兴华　刘俐君）

融媒体中心

【概况】 2022年，县融媒体中心担负着全县对内对外新闻宣传、智慧网络建设等任务，是翼城县最具影响力和覆盖面的主流媒体。拥有摄、录、编、播设备50余套和数字电视直播车、媒资管理、自动化播出综合管理和全天候监播系统。可容纳230余人的电视演播大厅、虚拟演播室、数字电视播控机房和专业数字录音棚等设备。

融媒体中心开通转播62套数字电视节目，开办有《翼城新闻》《向人民交账》《翼城先锋》《经纬剧场》《平安翼城》《安全365》《翼城政协》《点燃青春》《翼城中医》等9档电视栏目。翼城人民广播电台发射频率为FM95.7兆赫，覆盖全县及周边县市近60万人口，自办节目有《翼城新闻》《翼资讯》《音乐驿站》《廉政之声》《健康之声》。建设完成“爱翼城”手机客户端下载量达到10万余人次，“今日翼城”“翼城广电”2个微信公众号用户在6万余人次，自办内部报纸《今日翼城》，印数3000余份。

县融媒体中心党组始终以习近平新时代中国特色社会主义思想为指导，全面落实中央和省、市全面从严治党部署要求，以坚定理想信念宗旨为根基，充分调动全体党员的积极性、主动性、创造性，切实加强政治建设、思想建设、组织建设、作风建设，充分发挥基层党组织战斗堡垒作用，坚持守正创新，认真践行“四力”，为推动融媒体事业发展提供坚强政治保证和组织保证。2021年，融媒体中心被司法部命名为全国普法先进单位。2022年，采编股被授予一星级全国青年文明号称号。

【新闻宣传】 2022年，县融媒体中心紧扣主题、紧盯现场，提前谋划“十四五”开局、两会、经济工作会议等中心工作新闻报道，为优质高效宣传铺垫前提。制定宣传方案，推出每月融媒宣传要点，提纲式选题明确报道方向、报道思路、报道重点，精细新闻宣传。开设《贯彻落实讲话精神 勇蹚转型发展新路》《工业大振兴 转型正当时》《来自搬迁一线的报道》《社保里的民生事》《明职责 会方法 勇担当 保安全》《“六乱”整治在行动》《县城道路交通环境综合整治在行动》《重点工程建设巡礼》《奋斗百年路 启航新征程——小康圆梦》《生态环境保护 翼城在行动》《牢记初心使命 争取更大光荣》《光荣在党50年 一句誓言一生作答》《我为群众办实事》《翼城先锋》《办好开门一件事 迈实履新第一步》《全力以赴恢复重建美好家园》等近20个专栏。细化责任分工，让一线记者做到心中有数，确保报道主题鲜明，内容集中。

拓宽传播载体、多方协作联动、加强宣传，提高媒体生产、传播能力，提升翼城对外形象和媒体影响力。发稿1000多篇，其中央视电视作品5部，《节日菜篮子有保障》在央视《新闻联播》播出，《山西翼城：鸟中“小凤凰”红腹锦鸡雪中觅食》在央视13频道《新闻直播间》、《新闻30分》，央视4频道《中国新闻》、央视17频道《中国三农》播放；省级电视作品200多部、市级电视作品300多部，《临汾新闻》中头条和点题报道共20部；《中国日报》《山西日报》《山西农民报》《山西经济日报》《临汾日报》等报刊作品200多部。央级网站、“学习强国”学习平台、山西网络广播电视台、市新媒体等新媒体平台发稿200余条，在全市保持外宣领先地位。山西省首个农业托管服务平台在翼城县首发上线。签约现场，邀请人民网、新华网、《山西日报》、临汾电视台等媒体记者现场采访，发表近20篇报道；央视《春日中国》栏目对翼城县农业托管智能化进行直播报道，这也是翼城有史以来央视、省、市、县联合完成的首场直播，引起强烈的社会反响。在中宣部、中央广播电视总台、退役军人事务部、文化和旅游部、中央军委政治部、国家广电总局等九部门联合举办的《致敬国家丰碑——全国红色故事讲解员大赛》中，主持人王瑞娜代表全省参加比赛，并以小组第一的成绩进入全国24强。主持人续文华参加全市广电系统“好记者讲好故事”，获得三等奖。

县融媒体中心强化移动优先，坚持新媒体首发、先发、抢发。建立健全快发机制，统筹采编力量，最大限度压减制播时间，依托“爱翼城”客户端第一时间推送新闻资讯、最新动态,着重报道可视化、简短化、工具化,实现一体策划、全屏互动、快速播发,大幅提高新闻可看性、时效性。通过组织多次党史答题活动和政务一网通办平台对接、新时代文明实践中心再完善等工作,“爱翼城”客户端开机率和用户总量有很大提高。App安装数108077次,注册会员数12702人次。“今日翼城”公众号累计发布350余组,2700余条,累计关注人数23956人;“翼城广电”公众号累计发布350余组,2500余条,累计关注人数16908人;翼城新闻网累计发布1400余条;官方微博累计发布信息2500余条。短视频宣传各平台累计发布2000余条,其中原创内容200余条,主要拍摄制作视频包括文明城市创建、农村清洁取暖、北冶等地村民拆迁、翼城救援队赴河南救援、红旗街机非分离、府前广场翼城优品主题消夏活动等。其中100万次以上播放量视频6条,500万次以上播放量视频2条;翼城融媒视频号(针对翼城本土的区域流量)粉丝2000余人,最高单条播放量突破60万次。

【安全播出】 2022年,县融媒体中心坚持把安全播出作为一项政治任务,始终常抓不懈,抓牢抓实。一是把迎接党的二十大安全播出作为头等大事、重中之重,深入推进安全播出制度体系建设。制订完善广播电视播出预警信息发布机制、广播电视播出应急预案;强化信息安全等级保护测评整改落实,严格执行重大活动期间零报告制度,与公安部门等建立联防机制,实行突发事件报告制度。出台保障党的二十大安播工作方案,开展安全播出和网络视听安全应急演练,做到熟练掌握,处置及时正确,切实保障广电“零事故”。二是开展摸底、自查自纠、集中整改,整治消除突出安全隐患,建立健全长效监管机制,为党的二十大安全播出奠定坚实基础。三是对新闻产品和开设栏目严格执行“三审三校”制度和新媒体发布“十必校”制度,确保新闻产品的政治安全、内容安全、网络安全、播出安全。从采访、写稿、播音、制作等各个环节进行全方位监听、监审、监看,确保节目正常、准时、安全播出。注重文稿精细化管理,实行节目播出联审。撰写审片意见,控制稿件源头问题,完善奖罚制度,有效降低错误率。不定期召开审片和督查碰头会,严格业务考核调查,严把节目质量关,坚决守牢安全底线。

【《翼城新闻》】 《翼城新闻》坚持正确舆论导向,紧紧围绕县委、县政府中心工作和任务,以深入学习宣传党的二十大精神为主,严格贯彻落实省、市、县有关意识形态工作会的精神,及时分析研判,查找问题、补齐短板,增强做好意识形态工作的主动意识和主体意识。创新形式,加强社会、民生领域的新闻宣传报道。围绕重点项目、产业发展、常态化疫情防控、经济社会发展等内容,加强宣传报道。同时,配合外宣股做好上级媒体,包括上级台、社、网等的点题、约稿。加强采编一线记者理论和业务学习,提升人员素质,争取在短期内有明显变化,真正发挥“喉舌”作用。

《翼城新闻》完成新闻采访1934条,新闻制作260组,播音260组,上级台传稿520余条。在《新闻联播》《山西新闻联播》《新闻午报》《黄河新闻》《每日经济》《山西农民报》《热点》《临汾新闻》《直播临汾》《直通县市区》等媒体平台发稿420余条,创历史新高。其中,包括旱地小麦高产、乡村振兴、农业产业发展、巩固拓展脱贫攻坚同乡村振兴有效衔接、疫情防控等领域的新闻。开设《深入开展“争先、进位、崛起”解放思想大讨论》《青创翼城 共赢未来》《安全生产百日攻坚在行动》等20余个专栏。

【《翼城先锋》】 《翼城先锋》是由翼城县委组织部和翼城县融媒体中心联合打造的一档党建电视栏目,旨在打造一个宣传党建工作的新窗口、开展党员教育的新课堂和推介先进典型的新平台。

2022年,《翼城先锋》栏目紧紧围绕县委中心工作开展多形式多渠道报道。共播出节目18期,其中《党建速览》报道翼城县当前党建动态,共100余条;为深入推进抓党建促基层治理能力提升专项行动《抓党建促基层治理能力提升》版块,采访翼城县9个乡镇的党委书记以及18个优秀村党支部书记,共27组;《基层风采》版块聚焦全县基层治理、党建阵地提升、全县综治工作、社区网格、党员积分制管理、集体经济等内容专题10组;《二十大时光》版块采访翼城县各条战线上的党员代表10余名畅谈二十大感想;《抗疫先锋》采访记录疫情期间全县广大党员干部奋战在疫情一线的感人事迹,共5组。《翼城先锋》抖音全年完成抖音视频100余组,点击浏览量突破400万次。

【《翼城政协》】 2021年8月26日,由县政协与融媒体中心联合创办的全新电视栏目《翼城政协》在融媒体中心举行开播仪式。近年来,在县委的坚强领导和县政府的大力支持下,县政协紧紧围绕“政治协商、民主监督、参政议政”三大职能,坚持团结和民主两大主题,围绕中心、服务大局,为全县经济社会发展做出不可磨灭的贡献。全体政协工作者、政协委员,团结奋斗,担当尽责,实现建言资政和凝聚共识双向发力。《翼城政协》栏目立足政协、面向社会,通过《政协时政》《委员风采》《委员之声》等版块,深入宣传报道人民政协履行职能的经验和成果,引领全体政协工作者、政协委员传承百年党史、砥砺初心使命,树好政协形象,让更多的人民群众通过媒体网络关注政协、了解政协、支持政协。《翼城政协》栏目也进一步弘扬社会正能量,倡导社会主义核心价值观,让更多群众了解政协、关注政协,展示政协委员助推经济社会高质量发展的形象,宣传政协委员忠于职守的担当精神、立足岗位的敬业精神、助力乡村振兴的奉献精神和慈善捐赠的仁爱精神。2022年,《翼城政协》栏目播放11期,全方面展示44名县政协委员的风采。

【《翼城中医》】 《翼城中医》栏目是2021年翼城中医医院与翼城融媒体中心联合开办的,是为进一步促进翼城县中医药事业健康发展,普及中医药知识,促进中医药医疗、保健、科研、教育、产业、文化全面发展而开办的。《翼城中医》栏目设《中医快讯》《中医风采》《中医健康》3个版块,在《翼城中医》开办一周年之际增设《健康运动篇》版块,旨在引导更多的人通过《健康运动篇》锻炼身体,提高自身素质。2022年,共播放24期,不仅全方面展示12名中医医院优秀科室主任和12个科室的成绩与风采,更是通过24期《中医健康》向社会各界传播中医知识,促进广大人民群众对中医的了解。《翼城中医》栏目多角度、全方位、立体化展现中医医院“全市领先、全省一流,全国先进”的生动实践、奋进姿态和翼城县中医药事业发展成效及特色,讲好翼城中医故事,把《翼城中医》栏目办成有特色、有影响、有口碑、受欢迎的品牌栏目。

【新媒体】 2022年“爱翼城”客户端各类信息累计发布6500余条,配合上级要求开设多个专栏,省市排名居前,App开机率和用户总量有很大提高。疫情防控期间,各平台根据要求积极宣传相关报道,点击量和粉丝数有所增长。截至2022年底,客户端安装106118次,注册会员13711人次。

“今日翼城”微信公众号累计发布365组,2900余条,累计关注人数30300余人;“翼城广电”公众号累计发布365组,2900余条,累计关注人数18800余人;翼城新闻网累计发布2600余条。

短视频宣传方面表现突出,亮点较多,2022年,各平台累计发布5000余条,抖音号粉丝数达到17.2万人,快手号达到12.5万人。其中,疫情防控相关消息报道累计播放量达数千万次，单条最高播放量近130万次，在翼城县疫情防控工作中起到举足轻重的作用。翼城融媒视频号（针对翼城本土的区域流量）粉丝14700余人，最高单条播放量突破10万次。

（闫　利）

图书发行

【概况】 2022年，山西新华书店集团临汾有限公司翼城分公司（以下简称翼城分公司）属国有文化企业，占地面积1840.089平方米，总建筑面积2550.86平方米，是图书和中小学教材发行的主渠道。承担着服务社会、传播文明的社会责任，长期以来坚持为地方文化建设和发展服务，始终坚持正版经营，发行经验丰富，社会信誉度高。主要经营一般图书、传媒、教材教辅、文化用品等。2022年，翼城分公司始终坚持以人为本、诚信经营、爱店如家、爱岗敬业、以服务价值观为核心，以读者满意为目标，以培育忠诚员工为根本的企业文化。努力塑造忠诚于企业、忠诚于读者、忠诚于图书发行事业的新型高素质新华人。长期以来，在书店出版集团的坚强领导下，公司全体干部职工锐意进取、奋力拼搏、开拓创新，致力于把公司建设成为管理科学、机制灵活、效益显著的文化企业。

【连锁门店经营】 2022年，翼城分公司连锁门店是以各类出版物营销为主，集阅读学习、教育服务、文化传媒等功能于一体的综合文化体验消费中心。书店采用翼城花鼓元素打造整体空间，设计风格具有鲜明地域特色，连锁书店卖场营业面积603.7平方米，存有图书3万多个品种，是当地最有文化吸引力和感召力的文化地标。在大众读物发行上，以树立精品意识为原则，高度重视格调高雅的优秀大众读物发行工作，一方面严把进货关，坚持做到守土有责、合法经营，积极发挥国有书店的市场导向作用，坚决杜绝非法出版物和内容低俗产品通过新华书店进入市场；另一方面，以环境聚人气，以活动促销，不断强化一般图书销售，充分利用新华书店的品牌优势，联合县妇联创办家庭教育创新实践基地，打造儿童益智体验馆，以益智玩具为教具，以互动游戏为载体，开创寓教于乐的教学模式。绘本馆、新阅咖啡区、休闲精美茶艺区、时尚水吧、"华文堂"系列铁器展示区、山西老酒品尝区、泉林品牌生活用纸展示区，以优雅的阅读环境、浓郁的文化氛围、丰富的图书品种，多元的业态经营以及多样的阅读推广和促销活动，丰富全县人民的精神文化需求。

【主题出版物发行】 2022年，翼城分公司积极宣传党的方针政策，始终坚持把服务人民，服务社会作为首要任务，以追求社会效益最大化为指导思想，深入践行"举旗帜、聚民心、育新人、兴文化、展形象"的使命任务，把做好党和国家重要文件文献的发行工作作为己任，高度重视，精心组织，在连锁门店及时设立"党的二十大文件及学习辅导读物主题展台"，开展多样的展销展示活动。在发行过程中，以集团业务部门推荐书目为依据，以该地区各级党委、政府、部委办局的需求为抓手，在做好系统订购与门店销售的同时，主动开拓市场，及时保证全县党员干部群众的学习需求。

【两教发行】 2022年，翼城分公司面临疫情反复、教材改版、发行工作延后等多重因素叠加的困难局面，第一时间制定教材应急发行预案，迅速调动全员力量投入卸书分包、入库核对、按校检配、分拣打包、装车送货等各个环节，认真落实新华书店、教育局、学校三方沟通机制，公司发行员、库管员在做好自身防护的同时，吃住在岗位,全流程用时间倒逼工作进度,确保24小时内收发货,完成“课前到书,人手一册”的任务。

【全民阅读活动】 2022年,翼城分公司继续深入贯彻习近平总书记关于推动全民阅读、建设书香社会的重要指示精神,坚持以社会主义核心价值观为引领,努力传播先进文化,不断擦亮新华书店品牌。以服务读者为宗旨,开展“我们的节日”创建活动,围绕春节、端午、“六一”等节日,举办形式各样、内容多元的主题阅读推广活动。2022年春节期间,翼城分公司以丰富多彩的活动形式,陆续开展春节系列主题阅读活动,共9场,线上线下参与人数达到1300余人。在第27个“4·23”世界读书日到来之际,协同县直各单位共同开展“翼起成长·共建共育”推动全民阅读座谈会;举办翼城县“中华魂”《强国有我》主题教育读书活动演讲赛、翼城县“清风沐校园 廉洁伴我行”主题活动演讲赛;与县直幼儿园联手打造“阅读教研创新基地”,为学校开展校外阅读教研活动提供全方位支持。开展2022年“粽情端午 爱润童心”端午节主题活动。暑期举办“童心向党 喜迎二十大”暑期亲子阅读活动。举行“翼起成长”家庭教育创新实践点授牌仪式。开展“清廉家庭”建设主题亲子实践活动。

2022年8月10日,翼城县“清廉家庭”建设主题亲子实践活动在新华书店二楼举行　（程晓娜供图）

【公益志愿服务】 2022年,翼城分公司通过多种形式参与社会公益活动。开展“助力书香校园建设,捐书进校园进农村”、“关爱困难群体、帮扶贫困老人、残疾人慰问活动”、开展“助力高考志愿服务”、“助力县医院疫情防控值守志愿服务”等多种活动。全年累计捐赠图书价值1万余元,在社会上引起良好的反响,取得较好的社会效益,进一步增强公司全体干部职工的凝聚力和向心力。

（程晓娜）

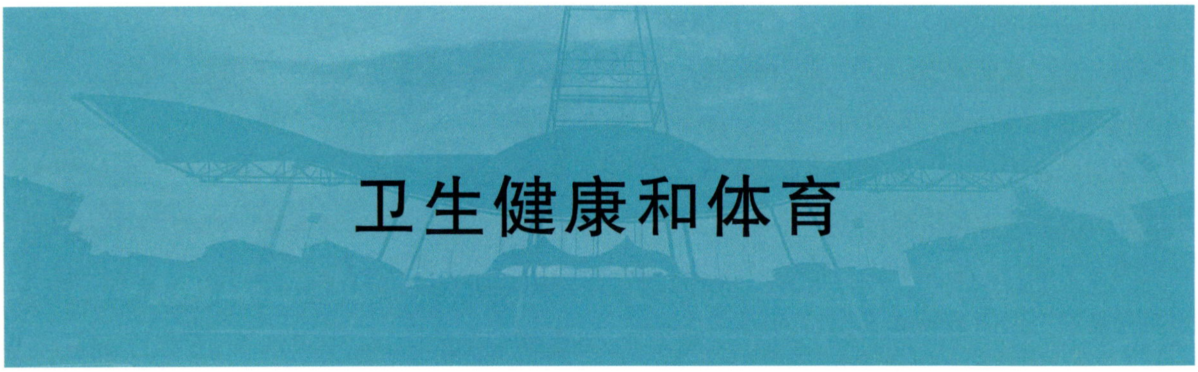

卫生健康和体育

医疗卫生工作

【概况】 2022 年，县卫体局提升基层服务能力、落实疫情防控措施、提高居民健康素养、加大卫生体育事业投入，有力推进全县卫生体育事业的健康快速发展。

全县有医疗卫生机构 323 个，其中公立医院 2 个、卫生健康综合行政执法队 1 个、疾控中心 1 个、妇幼保健计划生育服务中心 1 个、乡镇卫生院 14 个、村卫生室 252 个、民营医院 9 个、个体诊所 43 个。

全县拥有床位 1681 张（实际床位数 1696 张），每千人口拥有床位数 6.52 张。全县执业（助理）医师 749 人，每千人口拥有执业（助理）医师 2.88 人。全县有全科医生（含乡村全科执业助理医师）59 人，每万人全科医生数 2.27 人。注册护士 748 人，每千人注册护士数 2.88 人。全县医疗机构诊疗人数 528883 人次。全年入院 26903 人次。

县人民医院、中医医院及 14 家乡镇卫生院全部完成老年友善医疗机构创建工作，并通过省市专家验收，翼城县综合医院和基层医疗机构创建山西省老年友善医疗机构建设的比率达到 100%。在县人民医院、中医医院设立老年病科，各乡镇卫生院设置老年人门诊，开通老年人就医绿色通道。2022 年，门诊行医 32105 人次，老年医学科收治住院 639 人次。

【提升医疗服务能力】 2022 年，县级医疗机构加强与中国人民解放军总医院、湖南湘雅医院等大医院的合作，完成远程会诊病 12 例，进行术中冰冻病理检查 15 人次；定期邀请知名专家坐诊、手术、指导查房、授课；山西白求恩医院向县医疗集团派驻帮扶专家 8 人次，共接诊门诊 405 人次，会诊及疑难病例讨论 30 例，指导开展新技术 9 例，业务培训及学术讲座 32 次，医疗集团建立骨科博士工作站，山西白求恩医院骨科孙麟博士团队入驻博士工作站。县人民医院被国家卫生健康委员会授予“千县工程”县医院综合能力提升工作县医院称号；被国家心血管疾病临床医学研究中心、中华医学会心血管病学分会授予全国心血管疾病管理能力评估与提升工程国家标准化房颤中心建设单位称号。加强对基层卫生技术人员的培养，组织专业人员不定期到卫生院及卫生室检查指导，面对面、手把手地进行培训指导。2022 年，开展专项培训 3 次，下基层指导 3 次。

【增强中医药服务能力】 2022 年，县中医医院选送 9 名优秀医护人员到省市医院进修；组建白兰鸽志愿服务队，累计参与 2830 人，志愿时长 7642 小时；为每个家庭医生服务团队配备 1 名中医类别医师或能够提供中医药服务的临床类别医师、乡村医师，在家庭签约服务中均有中医药服务项目；与融媒体中心合作，出版《翼城中医》

院报10期，制作翼城中医电视专题片20期、微信推送30条，抖音视频20次，点赞量9.6万，在传承中医药文化、方便群众就医等方面起到很好的效果。县中医医院通过三级中医院核查评审。

【卫生综合监督执法工作】 2022年，县卫体局对医疗机构、公共场所、学校、饮用水、传染病、计划生育、职业卫生、餐饮具消毒等各类监督对象实行全领域监督检查，监督覆盖率和监测合格率均达到100%。按照国家“双随机、一公开”的工作内容和要求，完成抽取43家单位监查任务，完成率100%，监督检查立案42起（双随机案件7起）。

【保质保量完成民生实事】 2022年，县卫体局创建“医桥连万家”和“千名医生进万家、医疗人才下基层”志愿服务品牌，186名中级职称以上的医疗技术人员定期到14个乡镇卫生院及部分村卫生室开展义诊、业务指导、技术培训等工作，共派出580余人次，组织6次大型义诊。组建14支巡回医疗小分队，到各乡镇开展巡回医疗下乡志愿服务，解决偏远山区群众的看病就医难的问题。全县居民健康档案建档率、电子建档率均达到90%以上；高血压、糖尿病、严重精神障碍、肺结核患者规范率均在75%以上。有序推进免费婚前医学检查、农村“两癌”筛查、免费产前筛查与诊断服务三项省级民生实事的落实完成，任务完成率在全市前列。

根据《中华人民共和国人口与计划生育法》《山西省人口和计划生育条例》有关规定，翼城县确认2022年度全县农村各项计生奖励扶助对象共1.89万余人，需资金1305.43万元。全部按照财政流程发放到位，兑现率100%。6月对非农年满16周岁领取独生子女父母光荣证的独生子女家庭进行申报受理，共受理符合条件的142户，发放奖励资金127.58万元。翼城县计生特殊家庭63户共有99人，全部实行台账式管理。

【做好“一老一小”照护工作】 2022年，县卫体局指导14家乡镇卫生院全面开展建设老年友善医疗机构。各乡镇依托乡镇卫生院和基层网络，开展家庭医生签约服务、基层工作者上门服务等工作，65岁以上老年人健康管理率达到80%以上。积极推进公共场所和用人单位母婴设施建设，全县共建立9家母婴室，全部投入使用。对全县所有幼儿园、托育机构进行摸底登记，全县可提供托位630余个，实际收托婴儿254人，满足全县婴幼儿托育需求。

【县人民医院迁建项目建设】 该项目总投资5.8亿元，规划用地120亩（8万平方米），床位500张，建筑面积80425平方米，包括三层门诊楼、120急救中心、四层医技楼、后勤服务楼、16层住院楼等，地下建筑面积30000平方米，包括510个停车位、人防工程及设备用房等。县人民医院迁建工程全面完工，部分科室完成搬迁。

【县医疗集团县域医疗分中心项目暨部分乡镇卫生院业务用房改造】 该项目总投资1450余万元，在王庄镇卫生院、隆化中心卫生院、北捍分院、武池分院、甘泉分院、辛安分院内部新建业务用房、污水处理系统、道路硬化、绿地以及其他相关基础配套设施；对唐兴镇卫生院内现有建筑内的消防给水系统进行改造。新建总建筑面积3956平方米，硬化面积6050平方米，绿地面积2600平方米，7个卫生院各新增污水处理系统一套。县医疗集团县域医疗分中心项目暨部分乡镇卫生院业务用房改造完工。

（杨天宇）

疾病预防

【概况】 2022年，县疾病预防控制中心在县委、县政府正确领导和市疾控具体指导下，疾控中心认真实施“113”工作思路,即坚持将新冠疫情防控作为首要政治任务和最重要的工作,以项目建设为牵引,加快补短板、强弱项,突出应急处置能力、检验检测能力、慢性病防控能力提升三项重点工作,推进各项业务工作争先进位,为保障县疫情防控持续稳定作出积极贡献。

【传染病防控工作】 2022年,县疾病预防控制中心加强传染病疫情监测、信息处置、疫情分析和督导培训。通过全民健康保障疾控信息系统传染病监测系统共报告翼城县法定传染病14种480例,法定传染病报告发病率为181.69/10万;无甲类传染病报告,乙类传染病共报告9种320例,丙类传染病共报告5种160例。报告死亡5例(艾滋病3例、肺结核2例)。及时处置传染病预警信息107条,自动预警处置率100%。及时准确撰写疫情分析报告12份,为有关部门决策提供科学依据。对全县17家公立医疗机构开展以新冠疫情信息报告为主的传染病防控工作督导,邀请市疾控传染病科长进行专题培训。对2022年内发生的手足口病、狂犬病、出血热等重点传染病开展流行病学调查与样品采集。对全县15家医疗机构,进行消毒效果监测。积极制定监测方案,定期开展病媒生物防治监测,为创建国家卫生县城做好积极准备。

【免疫规划工作】 2022年,县疾病预防控制中心认真做好疫苗的安全储运、督导、培训、宣教工作,为翼城县较好完成疫苗接种任务提供有力保障。认真开展儿童预防接种“查漏补种”专项行动,全县“八苗”报告接种率均达96%以上,深入推进预防接种信息化规范化建设。无急性迟缓性麻痹(AFP)和麻疹病例报告,收到疑似预防接种异常反应(AEFI)个案报告11例(1例经市专家组诊断为偶合反应,10例为一般反应),均按要求开展流调和上报。各接种单位预防接种工作人员加强主动监测意识,完成监测全覆盖任务指标。

【艾滋病、结核病国家重大传染病防控工作】

2022年,县疾病预防控制中心在艾滋病防控工作中,共发现艾滋病感染者和病人7名,报告发现率为2.69/10万,比2021年(10例)下降30%。为136例艾滋病感染者和病人提供免费抗病毒治疗,治疗率93.8%。完成全人口HIV抗体检测31310人,完成任务的97.8%。干预覆盖率、随访CD4检测、结核检测、配偶检测、性病干预等指标均达到国家要求。在结核病防控工作上,全年共登记活动性结核病人41例。其中,病原学阳性患者27例,病原学阳性率为60%,达到规划指标50%;密切接触者筛查52人,筛查率为100%,达到规划指标95%以上。报告疑似结核病患者85例,总体到位52例,总体到位率100%,达到规划指标95%。

【职业病防治工作】 2022年,县疾病预防控制中心完成对医院提交的2591例职业健康检查报告个案卡和18家用人单位的审核。完成对29家用人单位的重点职业病危害因素现场抽样监督监测和信息数据上报。对60例尘肺病人开展随访工作。深入开展职业病防治法宣传周活动,职业病危害防治工作重视程度持续提高。

【食品安全监测工作】 2022年,县疾病预防控制中心审核上报食源性疾病病例257例,按要求完成监测任务。按时完成食源性致病菌监测采样、食品化学污染物及有害因素监测采样和地方特色致病菌食品样品采集和上送。未接到食品中有害因素超标反馈报告。加强对各乡镇监测点食源性疾病工作督导、培训,翼城县辖区发生1起食源性疾病聚集性事件,按要求进行流行病学调查和网络报告。

【地方病防治工作】 2022年,县疾病预防控制中心完成覆盖全县9个乡镇、城区和学校39个监测点的枯水期、丰水期居民生活饮用水水质卫生监测工作。完成5个监测乡镇8～10岁儿童、孕妇的盐样、尿样采集和监测分析，翼城县的孕妇、儿童补碘率均为100%。按时完成对155例“三热病人”疟疾血涂片的抽检复核，无发现疟疾病例。筛查布病高危人群225人，确诊阳性12人，均按要求进行督导服药和随访管理。

2022年6月2日，疾控专业人员到西堡完小进行碘缺乏病知识宣传及尿碘样本采集　（李海军供图）

【提升疾控机构能力】 2022年，县疾病预防控制中心将紧紧围绕建设标准化、专业化疾控中心这一目标，突出标准化实验室和骨干人才队伍建设两项重点工作，加强与省市疾控的对口培训指导，切实提升健康危害因素“一锤定音”检测能力、传染病应急处置能力和健康科普信息化能力三项能力，为健康翼城建设积极贡献力量。加快推进实验室项目建设。积极推进中心申报的2022年中央补助疾控机构能力建设项目手续办理，科学谋划，严格标准，依法依规推进实施，加快建设标准化疾控实验室，提升检验检测能力和水平。推进各项业务争先进位。着力对标省市先进，奋力赶超，加快补齐慢性病防控、检验检测能力等短板弱项，切实提升翼城县疾控整体工作水平。

（李海军）

医药购销

【概况】 翼城县医药药材有限责任公司创立于1953年3月，原名为山西省翼城县医药药材公司，2005年7月公司改制，更名为翼城县医药药材有限责任公司。现为翼城县最大的医药商业批发企业，也是经山西省卫健委遴选产生的全县唯一的基本药物配送企业，经营中药材、中药饮片、抗生素、化学药制剂、抗生素、生化药品、生物制品（除疫苗）、精神药品（限二类）、保健食品、预包装食品、医疗器械等4000余个品种。2022年，翼城县医药药材有限责任公司共完成销售2814万元，上缴各项税收102万元。

【零售管理】 2022年，翼城县医药药材有限责任公司下设有全资子公司山西宁寿堂大药房连锁有限公司，在全县城乡设立有24家宁寿堂大药房连锁药店、5家乡镇加盟店，其中医保定点药店24家，所售药品一律实行统购分销，一方面做到执行统一标识、统一着装、统一价格，另一方面加强内控管理，安排专人不定期对所属药店进行监督、检查、指导，让老百姓购买质优价廉的药品的同时，享受到专业的药师服务。

（安建军）

翼城县医疗集团人民医院

【概况】 2022年，县人民医院老院区占地25亩，建筑面积25000平方米，编制床位500张，员工639人，其中卫生技术人员565人（含高级142人、中级182人、初级300人）、硕士研究生14人、在读博士1人、在读硕士研究生3人。新院区占地120亩，建筑面积80425平方米，地上建筑面积为50425平方米,包括120急救中心、三层门诊楼、四层医技楼、后勤服务楼、16层住院楼;地下建筑面积30000平方米,包括510个停车位、人防工程及设备用房。机构分设临床医技、行政职能、总务后勤等80个核算单位,年门诊量120000余人次,住院16500余人次,手术2600余人次。2022年,跻身国家首批“千县工程”示范单位,被国家心血管疾病临床医学研究中心授予全国心血管疾病管理能力评估与提升工程“国家标准化房颤中心”建设单位。县人民医院省级重点专科3个,分别是心内科、重症医学科、神经内科;市级重点专科2个,分别是妇科、骨科;县级重点专科5个,分别是心内科、产科、神经外科、影像科、神经内科。

2022年,翼城县医疗集团人民医院在县委、县政府的正确领导和县卫体局的精心指导下。坚持以习近平新时代中国特色社会主义思想为指导,以病人健康为中心,在做好疫情防控各项工作的同时,平稳推进各项工作取得新突破。

【县乡一体化改革】 2022年,县医疗集团在做好疫情防控工作的同时,稳步推进县、乡、村一体化改革,规范开展基本公共卫生服务项目工作,积极开展“优质服务基层行”活动,持续提升基层医疗机构服务能力,不断增强群众的获得感和满意度。

加大资金投入。为加强基层医疗机构常态化疫情防控能力,按照基层医疗机构发热诊室应设尽设、应开尽开的原则,争取县财政资金200余万元,为14家卫生院均配备注射泵、氧疗设备、空气消毒器、心电监护仪、吸引器、指氧夹等14种医疗设备,加快推进发热诊室的建设。14家卫生院全部设立发热诊室,全年共接诊发热病人1274人次。投资126.5万元,为乡镇卫生院购置10辆负压救护车,为重症患者的转运安全提供保障。2022年,争取财政资金1700余万元,完善7家卫生院基础设施建设,建设项目进入收尾阶段,改善了居民就医环境,提升了就医感受。

落实“双签约”服务。2022年,更新“双签约”服务手册,细化服务内容,将脱贫不稳定户、边缘易致贫户、突发严重困难户、其他已脱贫户、五保户等纳入“双签约”范围。家庭医生团队对签约家庭进行健康评估、建立健康档案、提供基本公共卫生服务,每季度提供一次健康预防保健、合理用药咨询和对签约对象的健康状况进行调查管理,帮助建立就医转诊绿色通道。充分发挥家庭医生签约团队作用,对重点人群根据健康风险等级实施分级健康管理,分级服务,开展健康宣教、入户随访、健康监测。及时发现问题,及时干预并安排转诊。

开展优质服务基层行。完成推荐标准的卫生院1个,基本标准卫生院8个,完成比例达100%。2022年,唐兴镇卫生院、中卫乡卫生院申报国家服务能力推荐标准,正在等待市里审核。里砦中心卫生院在达到推荐标准的基础上正在逐步完善社区医院建设。

落实基本公共卫生服务。为使基层卫生技术人员更全面、更准确地掌握基本公共卫生服务项目规范内容。集团组织专业人员不定期到卫生院及卫生室检查指导,面对面、手把手地进行培训指导;采取查阅资料、听取汇报、现场查看、走访群众等形式掌握工作进展及资金使用情况。全年开展专项培训9次,下基层指导46次。集团在2022年7月11—26日由省卫健委、省财政厅组织的对全省11个市2021年度基本公共卫生服务项目现场绩效评价工作中取得全市第一、全省第四的成绩。

【医疗质量管理】 2022年,县人民医院狠抓质量安全,特别是医疗质量和安全以及生产安全、环境安全等做了大量卓有成效的工作。

严管医疗质量。坚持对医院各科室进行定期医疗质量和医疗安全检查,并进行汇总、分析;

始终把减少医疗缺陷，及时排查、消除医疗安全隐患、减少医疗事故争议，杜绝医疗事故当做重中之重的工作来抓。定期召开医疗质量管理委员会，对医疗质量情况进行汇总及督导，并解决存在的问题，持续更新完善各项管理制度。加大业务查房考核力度，严格督导落实各项核心制度，保障医疗安全。全年医疗、护理、院感、质控联合检查30余次，整改问题100余条。加大业务查房考核力度，全年业务查房24次，院级多科会诊20余次，讨论3次。提高病历质量，分别采用业务查房、病历抽查、病历评比等方式进行强化监督管理。强调合理用药，通过查阅病例、点评处方等方式约束临床用药，并加大考核力度，对药占比超标科室进行绩效考核，不断提高诊疗质量，规范临床用药。持续开展由山西省医调委作为第三方参与签订手术知情同意书的见证工作。全年共开展术前见证494例，同比2021年增加360例，无一例形成医疗纠纷。

改进护理质量。严格督查并落实能级对应，确保护士能力、职称与所分管的患者病情一致，确保患者安全。注重环节质量控制，尤其是对输液、输血、采血、手术安全核查、转科交接等工作的质量控制。组织每月质量检查，每季度组织质量大检查并组织召开质量及安全管理委员会会议，对存在的共性问题进行反馈、讨论，研制解决方案，确保护理质量持续改进，保障护理安全。加强护理安全管理，组织开展1次护理安全警示教育、1次急救知识技能培训，坚持每例不良事件均有分析有追踪，必要时护理部参与。为更好满足就诊患者的多样化、个性化健康宣教需求，拉近医患、护患之间的距离，提高患者的就医体验，自引入“智能化移动宣教系统”以来，制作原创科普视频80个，科普视频的制作速度和质量都有很大的改善，相比2021年增长了42.86%。

【人才队伍建设】 2022年，县人民医院不断强化人才队伍建设，打造学习型医院。

人才引进。2022年，在山西医科大学、长治医学院、大同大学、陕西中医药大学、云南大学等院校招聘硕士研究生1名，本科毕业生12名，涵盖中医专业、临床医学专业、口腔医学专业、护理专业。通过公开招聘，28人考入编制。

人才培养。2022年，选派8名医疗骨干分别赴中国人民解放军总医院、北京积水潭医院、空军军医大学唐都医院、山西白求恩医院、山西省人民医院、山西省儿童医院进修学习。先后选派8名护理人员参加全省专科护士培训。加强“三基”考核及业务培训，全年共组织各级各类培训考核56次，其中业务讲座12次，三基理论考核14场次，操作考核30次。

获奖情况。2022年，王静、任丽君、史振华、任克丽获临汾市卫健委授予的平阳好医生称号；续俊巧、郑小健、李晓霞、韩淑莉、尚东珍获2022年度护龄满30年护理人员称号；许玲玲、苗虹、何爱琴获临汾市卫健委授予的平阳好护士称号。村医李永继获国家卫健委授予的国家健康卫士称号；2022年6月，任丽君在夺得晋西南地区“第七届重症镇痛镇静病例讨论”选拔赛第一名后，代表晋西南地区参加山西省区预选赛，作为唯一一位来自县级医院的参赛选手，获全省第二名的成绩。10月31日，任丽君代表山西省参加第七届精彩“芬”呈华北赛区决赛，与来自北京、天津、河北等省级、国家级名院的实力派选手同台竞技，获三等奖。5月，选派续红红、闫文菲参加临汾市总工会和临汾市卫健委主办的“喜迎二十大·夯实基本功”全市护士岗位技能大赛，在来自全市17个县市、26所医院58名选手中脱颖而出，分别获第一名和第二名。

【学科技术发展】 2022年，县人民医院加强医联体建设，与中国人民解放军总医院建立的远程会诊中心完成会诊病历13例。病理科继续与湖南湘雅医院合作,全年进行术中冰冻病理检查15人次。山西白求恩医院派驻帮扶专家8人次,帮扶期间专家接诊门诊500人次,会诊及疑难病例讨论30例,指导开展新技术9例,业务培训及学术讲座32次。6月26日,骨科博士工作站正式落户县人民医院,山西白求恩医院骨科孙麟博士团队的入驻,将不断加强医院骨科的学科建设能力及技术水平的提高。

鼓励科研,提升学术水平。2022年,发表省级以上期刊医学学术论文4篇,其中国家级论文1篇;发表护理论文13篇。

开展新技术新项目。全院共申报新技术项目30项,护理开展10项。定期对通过的新技术项目开展情况进行追踪,每季度项目负责人总结开展情况,保障新技术新项目开展的质量。全年开展三、四级手术1267例,技术水平的不断提高,为全县人民提供更加优质的医疗服务。

诊疗水平再创新高。全年抢救危重患者1632人次,抢救成功率96.1%;重症医学科作为医院危重症患者救治的主战场,抢救水平不断突破。

特别是最新疫情防控政策出台后,围绕"保健康、防重症、降病亡"的工作目标,全力做好重症救治工作,及时增加ICU的医护人员,调整老医院骨二区,开放新院区的ICU、CCU,全力收治重症病人,受到上级各部门多位领导的表扬。

【新医院建设】 2022年9月28日,县人民医院举行新院区搬迁启用仪式。除肿瘤内科和感染性疾病科外临床科室全部完成搬迁。新院区打破以往门诊、急诊分别设置的格局,方便群众就诊。软硬件的升级,为患者带来良好的就医体验。新院区投入使用后,不断优化服务流程、改善服务态度、提高技术水平。与上级大医院强强合作,邀请国家级知名专家到院坐诊,持续开展新技术新项目,一次次成功抢救生命垂危的危重症患者。

【医德医风】 2022年,县人民医院强化医德教育。弘扬新风正气,在思想上提高行风建设重要性的认识,把社会主义核心价值观教育融入服务宗旨、行业责任、职业理想和新时期医德医风规范教育,并注重落细落小落实。为全员建立"医德考评档案",并把考核结果和每个人的晋升晋级、评先评优直接挂钩。

创新服务形式。建立健全信访制度,设立举报箱、举报电话,在各门诊诊室、住院部摆放满意度调查提示牌,公开接受社会各方面的监督。聘任5名行风社会监督员,负责对集团的行风情况实施监督,努力提升医务人员的职业素质和廉洁从业意识。以"清廉医院"建设为抓手,组织临床医师代表开展红色革命教育,号召全体医师从坚持依法执业、坚守职业道德、坚持廉洁行医、坚持用心服务等方面开展工作。向患者发放征求意见卡,召开病休人员座谈会4次,对出院病人进行上门回访,组建医疗随访领导组及团队,随访团队抽调专人负责,做实做细出院患者随访工作,并以随访为契机,加强对医院技术项目的宣传,进一步提高患者及家属的满意度。

落实便民举措。借助信息技术优化服务流程,整合导诊、挂号、住院登记、检查检验登记、化验报告提取、各种预约、咨询等,为患者提供"一站式"服务。通过一系列惠民、亲民举措,为广大患者提供"高效、优质、快捷、安全"的医疗服务。

清廉医院建设。认真贯彻上级关于廉政建设工作的决策部署,成立"清廉医院建设"领导专班,形成党委统一领导、纪委组织协调班子成员各负其责、各部门齐抓共管的工作机制,第一时间召开安排部署会,对全面推进清廉医院建设的工作要点进行责任分工,通过细化工作举措、健全长效机制、加强宣传引导,扎实推进清廉医院建设工作,努力营造"促廉、倡廉、助廉"浓厚氛围。

【医院文化建设】 2022年,县人民医院实施文化精品工程，探索形成医院核心价值观，被山西省委宣传部、省文明办授予省级社会主义核心价值观示范点称号。

常态化开展院内外志愿服务活动，开展创城包街文明劝导、环境整治等；利用“文明翼城”平台，做好志愿者招募等工作。结合行业特点，打造“‘医’桥连万家”志愿服务品牌，709名志愿者组建14支医疗小分队，以留守老人、妇女、儿童、慢性病群体为主体，每周三分别到14家乡镇卫生院开展健康义诊、健康知识宣传、送医入户等志愿活动。全年开展活动28期，累计参与人数500余人，接诊病人5800余人次，开展健康宣讲活动150余次，志愿服务时长5652小时。

以“我们的节日”为契机，组织开展具有行业特色的文化活动。如元宵节开展主题活动；医师节组织职工代表参观赵宝成烈士纪念馆，开展“节日里的党史教育”；“七一”开展红色故事演讲会、观看《布德之路》影片；七夕节开展“别样七夕”团建活动；中秋节开展“经典诵读”活动；重阳节开展“孝老爱亲”志愿服务活动；国庆节在新院区举行升旗仪式，策划举办“庆祝新医院搬迁暨建院75周年”晚会等。

规范设立“善行义举榜”，大力宣传典型事迹。常态化开展“赛”“比”“评”活动，并积极参加县上组织的各种文化活动。在护士节期间，以抗疫护士双职工家庭为典型拍摄《“疫”路有你》宣传片，以正面先进典型为缩影展现出全院职工积极向上的工作态度，获得全市二等奖。在全县庆祝中国共产党成立101周年“喜迎二十大，奋进新征程”故事会大赛中，集团选送的作品《抗“疫”路上的你我他》，以医院不同岗位的工作人员勇担使命、同心抗疫为主题，获金奖。

（李丽薇）

县中医医院

【概况】 2022年，县中医医院全年门诊113197人次，收治住院病人10151人次，住院手术1850例，开具中医药方41344张，中医特色服务项目56项197440人次，体检中心全年共承担106个单位的体检任务，完成体检20437人次。

医院诊断符合率达93.7%；治愈好转率达91.7%；危重病人抢救成功率达80.3%；无菌手术切口甲级愈合率达100%；无菌手术切口感染率0；中药处方称量误差小于1%；饮片质量保存合格率达100%；煎药合格率达100%；常规器械消毒灭菌合格率100%；无菌物品合格率100%，医疗废物处理合格率100%；健康宣教覆盖率100%；传染病及疫情及时上报率100%。平均住院天数8.75天；门诊次均费用276.46元；住院次均费用5871.72元，同比降低0.07%。

【办实事情况】 2022年，县中医医院投资3306.71万元，办11件实事：投资145万元，落实职工新增调资；投资788.8万元，为职工缴纳四险二金；投资275.77万元，为内聘职工办理养老保险；投资31.87万元，为职工缴纳医疗责任保险；投资5.34万元，为全院医师进行体检；投资1626.48万元，用于更新医疗设备和加强重点专科建设；投资229.53万元，用于信息化医院建设；投资25.94万元，用于中医药文化宣传；投资42.96万元，用于人才培养；投资16.67万元，为疫情防控人员提供中药汤剂。

【疫情防控】 2022年，县中医医院积极贯彻落实全国和省、市、县疫情防控工作会议精神，明确责任、落实要求、加固防线，克服时间紧、任务重、人手缺等重重困难，加班加点，甘于奉献，表现出高度的社会责任感和人民健康生命至上的服务理念。

2022 年 2 月 25 日,县委书记黄晓君(前排右)、县人大常委会主任李放明(后排右一)、县政协主席董玲(后排中)等到医院调研疫情防控工作
(董立树供图)

严要求,认真落实防控制度。严格落实首诊负责制,以预检分诊、导诊为屏障,规范门诊就诊流程及患者就诊通道,督导员每天对各科室防控措施落实情况进行督导,加强患者及陪护人员管理。

扬优势,发挥中医特色优势。为充分发挥中医药“未病先防”“既病防变”的作用,先后 4 次熬制中药汤剂 17388 袋,为一线防疫人员免费发放。

优措施,及时调整防控预案。2022 年 12 月,医院根据国家及省疫情防控新政策,及时调整和优化防控措施,全院采取后勤物资统一配送制,住院病区实行分区管理。在全院职工的共同努力下,医院各项工作安全有序稳步推进,既保证重症患者得到及时救治,又确保院内防控取得有效成果。

【“二甲”评审工作】 2022 年,县中医医院面临新的一轮“二甲”评审,医院领导班子把这项工作纳入重要议事日程,医院分管领导深入一线加强指导,职能科室从严落实考核,各科工作人员认真准备。2022 年 7 月 8—10 日,专家对医院进行为期 3 天的评审,予以很高评价。

强化行政管理。通过层层签订工作目标责任书,形成一级管理一级、一级向一级负责的工作责任制。细化量化考核机制,根据等级医院管理要求、业务发展情况和医院内涵建设要求,对考核办法进行修订完善,充实考核内容,考核贴近实际,使医院考核方案细化、量化、规范化,充分发挥考核杠杆的作用。

2022 年 7 月 8 日至 10 日,受山西省卫健委委托,临汾市卫健委组织等级医院评审专家对医院进行“二甲”复审
(董立树供图)

落实核心制度。医务科组织专业技术人员反复学习、认真贯彻 18 项核心制度,并通过与科室签订责任书、随机抽查和定期巡查等方式,发现问题并加以整改,真正让核心制度落实到位。

加强病案管理。围绕病案管理,充分运用科室、病案室、高年资医师三级质控网络,严格按照《病历书写基本规范》的要求实行全过程管理。全年归档病案 10221 份,归档率 100%,甲级病历达 98%。

严格教风学风。完成山西省中医药大学针推系 20 名学生实习教学任务,同时接纳山西中医药大学 2021 级针推系、康复系、山西卫生健康职业学院中医系 25 名新生实习。同时,有序开展中医师承工作,10 名老师严格带教 33 名徒弟,安排经典课程视频播放学习 15 次,师承学生按时完成学习笔记及跟师门诊。

【人才和学科建设】 2022 年,县中医医院在专业教育、人才培养、人才引进方面持续发力,有力推进学科建设。

业务学习严格要求。坚持每周二、周三业务学习常态化,积极开展学习培训。继续教育学分达到 98.86%,先后派出各专业 13 名医疗医技人员到上级医院进修学习。对全院护理人员分层次进行培训考核，选送护理骨干参加院外长期培训5人次，短期培训8人次，有3人取得手术室、助产、伤口造口专业专科护士证。组织院内培训25次。尤其是院方加大对外出人员进修学习考核力度，促进成果转化。外出培训人员返院后都能将新的理念和方法应用于实际工作中，促进各专业学科的发展。

在职学习积极刻苦。广大专业技术人员在紧张的工作之余，发扬钉子精神，刻苦钻研业务。尤其是参加职称考试的人员，克服多种困难，争取考出一个好的成绩。人事科积极为相关人员提供方便，按时完成专业技术职称报考相关事宜。28人通过中级职称考试，3人通过执业医师考试，16人通过医技、护理类考试。

招聘人才增添后劲。随着住院楼投入运营和社会效益的不断提高，专业技术人员短缺成为医院发展的一个瓶颈。为解决这一突出矛盾，医院招聘和引进各类专业技术人员35人，其中硕士研究生2人、本科生9人。

学科发展势头良好。新建学科后来居上。康复科不断探索与多学科协作的新模式，与所有临床科室进行有效对接，形成临床治疗+康复的多学科协作的综合康复治疗新模式，全年共收治864人，同比增长30.17%。治未病科门诊人次6548人次，同比增长28%。2022年，新建儿科收治患儿255人次，其中救治危重患儿26人，抢救成功率100%，并积极开展新技术、新项目三伏贴和生长发育类疾病筛查诊断，填补医院技术空白。

临床科室、重点专科诊疗水平稳步提高。糖尿病科自制中药制剂生肌玉红膏用于治疗糖尿病足，临床应用效果良好。妇产科开展腹腔镜下筋膜外子宫全切除术，有效治愈2例宫颈高级别上皮内瘤病变患者。骨科开展低温等离子射频消融技术，填补了医院颈椎病、腰椎间盘突出症阶梯治疗空白，完成手术9台。外科开展膀胱镜检查，膀胱镜的应用填补了医院空白。外二科开展胸腔镜下胸腺瘤切除术，在翼城县尚属首例。2022年，手术室完成四级手术132台，同比增长12.12%；三级手术956台，同比增长0.41%；二级手术427台，一级手术335台。

全年开展新项目、新技术8项；在省级以上刊物发表论文56篇，其中医疗、医技28篇，护理28篇。

积极开展科研项目。2019年，申报5个省级科研项目，于2022年末全部完成。2020年，妇产科申报1项省级项目，有待解题。针灸科、肺病科、儿科申报的“冬病夏治”的三伏贴项目，肺病科申报的翼城县中药资源普查研究，肿瘤科申报的针灸配合热疗治疗癌痛的临床研究，针灸科申报的针刀配合三氧治疗腰椎间盘突出症临床研究正在开展。

（董立树）

体育工作

【推进体育健身事业发展】 县卫体局联合县教科局举办全县中小学田径运动会、“奔跑吧·少年”儿童青少年主题健身活动足球小赛；会同各社会团体举办纪念毛泽东同志题词“发展体育运动 增强人民体质”翼城县全民健身活动、2022年“旺天煤业杯”乒乓球交流赛和翼城县象棋大赛。组队参加“喜迎二十大 奋进新征程”2022年全省群众文化活动暨“我要上省运”系列比赛活动，翼城县获得临汾市乒乓球选拔赛男女第三名、临汾市男子篮球联赛第八名的成绩。推动公共体育设施升级改造，对体育场室内乒乓球馆、4个篮球场、室外乒乓球场和膜结构雨棚进行改造加固。

（杨天宇）

社会保障服务

社会保险

【概况】 2022年，县人社局持续巩固全民参保扩面成果，全力扩大社会保险覆盖面，各项社会保险参保250325人次，完成“各类保险参保人数达到18万人”承诺事项，进一步筑牢织密社会保障安全网。

【机关事业养老保险】 2022年，全县机关事业参保单位175家（机构改革合并后），参保12068人（在职参保7265人，完成市局下达任务的102%，退休人员4812人）。2022年，基本养老保险收入12989万元，职业年金收入3772.4万元。2022年底，对2021年前退休“中人”待遇完成核定，并按文件规定对退休人员待遇进行调资并补发，全部实现网银直连发放到个人社保卡。全年为4984人按时足额发放养老金待遇27009万元。2022年，协助财政供养退休生存认证339人，对行动不便进行上门认证服务15人。协助完成“长江支队”退休人员异地认证1人。

【企业养老保险】 2022年，企业养老保险参保21007人，完成市定任务15520人的135.35%。其中，缴费单位270户，缴费人员13988人，全年征缴1.35亿元。全年为8777名企业离退休人员发放养老金30603万元；办理丧葬补贴116人，发放遗属补贴396万元。养老保险关系转移情况：统筹外转入147人，转出182人；统筹内转入46人，转出28人，方便参保人员流动就业。

【城乡居民基本养老保险】 2022年，城居保参保人数171929人，完成市定任务170120人的101.06%。为低保人群代缴基本险1857人，代缴18.57万元；为重残人员代缴基本险318人，代缴3.18万元；为建档立卡人群代缴基本险2394人，代缴23.94万元。为低保人群代缴补充险2253人，代缴45.06万元；为重残人员代缴补充险380人，代缴7.6万元；为建档立卡人群代缴补充险2712人，代缴54.24万元。2022年3月，依据《关于提高城乡居民基本养老保险基础养老金最低标准的通知》文件要求，提高城乡居民基本养老保险最低标准5元，翼城县的城乡居民基本养老保险最低标准将达到60～64周岁118元，65周岁以上（包括65周岁）123元。自2022年1月1日起发放，3月补发完成，4月开始正常发放。依据上级文件要求，自2022年7月1日起，城乡居民基本养老保险基础养老金最低标准提高至每人每月118元，即在原每人每月113元的基础上增加5元。60～65周岁每人每月123元，65周岁以上每人每月128元。9月补发完成，10月开始正常发放。

【失业保险】 2022年，参保15064人，其中企业参保9034人，事业单位参保5658人，其他单位参保372人，完成市定任务14449人的104.26%。全年失业保险费征缴420.11万元。全年年失业保险基金收入621.22万元,税务部门征收失业保险费621.22万元,利息收入3.56万元,其他收入3.59万元。全年失业保险基金支出1380.43万元,其中为4314人次发放失业保险金689.38万元,为3745人次代缴基本医疗保险费115.40万元,为2126人次发放冬季取暖补贴120.23万元,稳岗补贴返还资金119.37万元,为2338人次发放失业补助金298.89万元,为3人发放丧葬抚恤金7.91万元,为1799人次发放价格临时补贴5.40万元,为2户发放一次性扩岗补贴3000元,为28户企业471人发放一次性留工培训补助23.55万元。

【工伤保险】 2022年,工伤保险参保30257人,完成市定任务30198人的100.2%。全年发放待遇1899万元。根据山西省人力资源和社会保障厅、山西省财政厅、国家税务总局山西省税务局《关于印发工伤保险省级调剂金、省级储备金和费率浮动三个办法的通知》文件精神,市县两级于2022年3月底启动费率上浮政策,自2022年8月1日起启动费率下浮政策。根据《关于开展工伤保险参保扩面百日攻坚行动的通知》文件要求,组织成立工作专班,专班推进工伤保险参保扩面百日攻坚专项行动。翼城县共有904人参保。其中,10家快递品牌企业,参保70人;24家建筑工地,参保834人,有效维护新业态从业人员、农民工合法权益。根据《关于印发〈临汾市人力资源和社会保障局社会保险基金管理提升年行动督导评估工作方案〉的通知》文件要求,加强工伤保险支出管理,建立完善防范资金套取、挪用的制度机制。严格财务内控管理,不通过个人银行账户代发待遇或转账,财务核算、财务档案管理符合规范,印章、票据、密钥管理符合规范。严格执行不相容岗位分离和高风险岗位定期轮岗制度,信息系统内嵌入不相容岗位、不相容业务权限控制功能。全面落实电子社保卡扫码登录,取消用户名口令访问。全面实现社银直连。全面取消手工经办,除前台受理和经办岗位必要的手工录入以外,经办过程中各项信息由系统记录、传递、生成,各项操作均能在系统中留痕,确保基金安全。

(王　哲)

社会救助与特殊群体服务

【概况】 2022年,县民政局进一步引深农村低保专项治理,全面做好脱贫攻坚兜底保障工作。截至2022年底,全县边缘易致贫户14户40人纳入低保对象12户28人(2022年纳入低保2户7人)、特困1户1人;脱贫不稳定户3户10人,纳入低保对象3户9人;突发严重困难户110户300人,已纳入低保对象71户136人(2022年纳入低保7户18人、特困5人)。

【提高城乡低保保障标准】 自2022年10月1日起,农村低保保障标准每人每月提高28元。此次提标后,翼城县2022年农村低保保障标准为每人每年6000元,城市低保标准为每人每年7500元。

【提高特困人员救助供养水平】 集中供养标准每人每年11583元,分散供养标准每人每年9750元,护理补贴发放标准分散供养的护理标准分别是100、200、300元,从2022年1月1日起,集中供养的护理标准由每人每月160、400、800元提高至每人每月176、440、880元。

【按时发放各项救助金】 截至2022年底,全县有城市低保对象648户963人,累计支出751.76万元。全年农村低保对象共2482户3616人,累计支出2252.99万元。城乡特困488户496人,累计发放供养金587.47万元、丧葬费补助40.16万元。临时救助困难群众1390人次、201.03万元。各乡镇备用金共拨付65万元,累计救助困难群众1295人次、143.63万元,困难残疾人生活补贴 17551 人次、124.57 万元,重度残疾人补贴 48636 人次、457.18 万元,高龄老年人补贴 2043 人次、10.22 万元,失能老年人补贴 886 人次、8.86 万元。

(张钦钧)

住房公积金管理

【党政建设】 2022 年,市住房公积金管理中心翼城管理部以习近平新时代中国特色社会主义思想为指导,组织支部全体党员干部深入学习习近平新时代中国特色社会主义思想、党的十九届六中全会精神,并重点学习党的二十大精神。严格落实"三会一课",实行党建工作例会制度。为充分发挥党支部的组织管理作用,全年召开主题党日活动 12 次、讲党课 4 次,支部为开拓创新党建工作的方式、方法,除开展常规党课、专题会议外,还通过组织观看教育片、参观青城抗日革命政府旧址、重温入党誓词、送温暖献爱心等多样化形式,让党员干部参与党建活动中去。同时,增强党员的党性意识、奉献意识、敬业意识、协作意识、创优意识,充分发挥党员的先锋模范带头作用,为进一步推动党建工作扎实稳固地进行奠定基础。

【归集业务】 2022 年,归集公积金 62715.21 万元,新增缴存单位 11 个,新增 1293 人。

【提取业务】 2022 年,共办理住房公积金提取 5075 人,提取金额 5337.55 万元。

【贷款业务】 2022 年,发放住房公积金贷款 135 人,贷款金额 4659 万元。

(张　静)

乡 镇

唐兴镇

【概况】 2022年8月，唐兴镇村改社区完成后，辖16个行政村和13个社区。镇域居住总人口11.9万人，共有83个党支部（16个党总支），3237名党员。全镇耕地面积4.7万亩，平均海拔580米，地势平坦，水源充足，土壤肥沃，四季分明，地理位置优越，交通便利。

2022年，唐兴镇完成固定资产投资6027万元，其中晋昌盛充电桩项目完成2395万元、长峰农工贸扩建养殖生产区项目完成870万元、果信公司智能大棚建设项目完成836万元、立德混凝土搅拌站项目完成776万元、利民新型建材年产7000万块煤矸石烧结砖升级改造项目850万元、北辰选矿厂选矿生产线扩建项目300万元。夏收小麦3.39万亩、1544.87万公斤，秋收玉米2.43万亩、1375.62万公斤，玉米大豆复合种植完成263.4亩，发展各类蔬菜1649.8亩、产量490.94万公斤。市场主体净增1720个。

【基层党建】 2022年，唐兴镇时刻把牢方向，坚定政治定力。始终把党的政治建设摆在首要位置，严格落实党委理论学习中心组学习制度，系统学习习近平总书记三次考察山西重要讲话重要指示精神，认真组织开展党的二十大精神学习宣讲，围绕《习近平谈治国理政》第四卷开展交流研讨6次，常态化组织党员干部参加“翼起学”大讲堂，培训3000余人次，全体党员干部捍卫“两个确立”、做到“两个维护”的信念更加坚定。

强化队伍管理，凝聚整体合力。在抓班子上，严格执行“三重一大”制度，对重大事项充分听取班子成员意见，自觉做到科学决策、民主决策、依法决策。在带队伍上，注重发挥班子成员“传帮带”作用，建立完善“三个清单”，强化干部管理，围绕宗旨意识、纪律作风等方面查找并整改问题1149条。在强支部上，严格落实村党组织书记星级化管理，创新组织开展“擂台比武”1次，评选先进村5个，先进社区2个，营造比学赶超的浓厚干事创业氛围。在管干部上，深入开展农村发展党员违规违纪问题排查整顿，确定疑似四类问题13人次，追究相关责任人9人。落实党员分类积分管理，全年积分兑换实物6万元。聚焦发现“苗子”难、接续培养难等问题，加强党员后备力量培养，全年发展党员21人。在优服务上，组建“唐兴义警”“四好先锋队”“七色服务队”等多支党员志愿服务队，常态化开展主题志愿服务活动500余次。

夯实基层基础，激发党建活力。抓阵地建设。投资500余万元新建文昌社区党群服务中心，投资200余万元对铁源社区、丹阳社区、西石桥村和冶南村党群服务中心进行提档升级。完成澳宇花园等10个小区党群服务驿站建设。抓主题活动。开展安全知识竞赛、诗歌朗诵会、文艺会演等庆“七一”系列活动;党的二十大精神宣讲将“党课开讲啦”推向高潮。全镇评选“十星级文明户”4256 户并组织召开表彰大会,发挥模范引领作用。抓作风建设。强化班子成员“一岗双责”责任落实,深入支部联系点开展工作,完成西石桥村软弱涣散党组织整顿工作以及寿城村“以案促治”三个一批整顿工作。以“清廉翼城”建设为抓手,一体推进“三不”方略;全年召开警示教育大会 4 次,查办案件 18 件,纪律处分 16 人,组织约谈 221 人次,书面检查 5 人。抓社区党建。指导 101 个住宅小区成立 14 家业委会 87 家物管会,成立小区党支部 29 个,党小组 72 个,实现小区党组织、党员分类管理、党组织阵地、物管会、物业服务企业“五个全覆盖”。以物业党建联建创新社区治理模式;以寿城、古城、陵下物业为示范,拓展服务项目,引领规范县城物业管理。抓集体经济。全面消除 10 万元以下村,12 个村完成 30 万元以上目标任务,其中 4 个村收入超百万元,完成年度目标任务。抓意识形态工作,压紧压实意识形态工作责任制,守牢意识形态阵地。

2022 年 6 月 30 日,文昌社区“七一”文艺会演举行
(郑金鹏供图)

【协调县重点项目建设】　2022 年,唐兴镇牵头完成县级重点工程协调任务 20 项,特别是将晋南钢铁和山西闽光项目作为重中之重,全力攻坚克难。完成翼城钢铁新材料园区 2300 亩征地任务和 197 户居民搬迁工作,保证山西闽光焦化项目和晋南钢铁项目如期开工建设,以实际行动为推动翼城工业振兴崛起贡献出唐兴力量。

2022 年 10 月 7 日,翼城高质量钢铁新材料工业园区山西闽光 156 万吨焦化转型升级及 4 万吨高性能碳负极材料项目开工仪式举行　　(郑金鹏供图)

【重点项目建设】　2022 年,唐兴镇投资 385.17 万元,完成春安、城南 3500 亩高标准农田建设项目,完成瑞德丰种业晾晒场项目;争取上级资金 60 万元,完成冶南村数据线代加工、世家庄粮食仓储、苇沟肉牛养殖等项目;投资 5000 万元,完成果信公司 700 亩物联网智慧樱桃大棚项目,与大连绿海农业开发公司达成合作意向。

【农业生产托管】　2022 年,唐兴镇 21 个行政村根据自身实际采用“土地入股 + 保底分红”“土地流转 + 全产业链托管”“土地流转 + 集体自主经营”三种模式启动农业托管,累计悬挂宣传标语 66 条,召开镇级农业生产托管动员会、培训会 8 次,各村召开党员大会、村民代表会专题研究农业生产托管会议 60 余次。全镇累计流转土地 9830.78 亩,收回集体机动地 1179 亩,为农业托管的开展奠定基础;兜底保障,推广政策保险,春播玉米购买收入型保险 548.17 亩,夏播玉米购买收入型保险 2868.56 亩,托管农田购险率达 78%,最大程度降低集体规模化托管的风险。全年完成夏播玉米 24100 余亩,秋播小麦完成托管面积 11010 余亩,一年两茬亩均产值达 2000 余元。

【“清化收”工作】　2022 年,唐兴镇镇 21 个行政村 30 个村集体经济全面开展“清化收”工作，各村组织悬挂宣传条幅50余条，组织召开“清化收”动员会、培训会、推进会90余次，开展铺天盖地式的宣传；吸纳职能站所、第三方机构、老干部新乡贤的力量，通过“一查一访一测量”摸清底数，摸排各类合同1548份，摸底债权4596笔18066.33万元，摸底债务4106笔24109.81万元，通过“审计+测绘+司法”，核查问题合同601份；通过党员干部示范带头、村民代表会议规范推进、民间调解协商推进等办法，完善问题合同601份，新增资源合同2份，核销化解债权1101笔4585.91万元，核销化解债务577笔4191.1万元，增加收入50.42万元，清欠截至2021年底欠款88.01万元，全面完成对农村集体“三资”的一次大起底、大体检、大整治，切实保障村级集体经济提质增效。

【综合行政执法改革】 2022年，唐兴镇按照“一支队伍管执法”的总体目标，组建21人的乡镇综合行政执法队。按照“人人持证上岗”原则，乡镇执法队均取得执法资格证。构建“专职+机动+辅助”三支力量统筹执法的总体格局，高标准、规范化建设“三室一库”业务用房；统筹专项经费，配备摄像机2台、对讲机12台、执法记录仪3台；强化能力提升，组织线上集中培训12次，线下集中培训4次，组织拍摄行政执法实战练兵视频，为全县各乡镇执法实操提供学习参考。全年累计各类行政执法239起，其中行政处罚类23起、行政强制类2起、行政检查类194起，其他20起，在执法实践中不断提升乡镇综合执法改革质效。

【村改社区】 2022年，唐兴镇将北关村、古城村、西关村、世家庄村、下高村等5个村和桐封、浍滨、丹阳、文昌等4个社区按照规模适当、方便管理的原则重新划分为12个社区，选优配强“两委”班子，协调解决办公场所，妥善解决社区遗留问题，完成村改社区过渡。

【脱贫攻坚同乡村振兴有效衔接】 2022年，唐兴镇落实兜底保障。以“应保尽保”为原则，以“有困必帮、有难必救”为遵循，通过动态调整，确保应纳尽纳、应退尽退。2022年农村低保退出44户92人，新增35户68人；城市低保退出104户224人，新增10户22人。城市低保累计支出439.209万元，农村低保累计支出255.1639万元，救助困难家庭235人次，累计发放33.07万元。其中，备用金直接救助221人次，发放23.57万元，累计发放特困供养金及护理补贴40.10万元；办理丧葬2人，支出丧葬补助金1.95万元。享受“两残补贴”人员1216人，累计发放“两残补贴”104.8837万元。扎实开展防止返贫监测帮扶集中排查工作。出动排查人员542人，共排查农户10292户39316人，对照《翼城县20项防返贫监测和帮扶机制》《翼城县巩固拓展脱贫攻坚成果强化帮扶责任工作机制》检查，未发现需新识别纳入的监测户；低收入家庭认定60户172人，纳入低保45户90人。严格落实上级帮扶政策，2022年，向乡村振兴局申报3名贫困学生“雨露计划”资助，发放补助9000元。

【文旅发展】 2022年，唐兴镇组织全镇7个文艺小分队、9个文化带头人进公园、进农村、进小区、进学校，实现文化惠民常态化运行；组织5支队伍进入全县广场舞大赛决赛，其中北关村代表队勇夺桂冠。7月中下旬，举办为期7天的翼城县第十七届文化消夏月活动暨古城第九届文化旅游节，累计接待游客10万余人次；在翼城优品推介功能区31家农特产品企业销售额达3万元以上，在翼城美食推广功能区20辆小吃车销售额达20万元以上，30余处地摊经济销售额达2万元以上。古城景区投资300余万元完成古城客栈1号院建设，于9月开始运营，极大提高古城景区的接待能力。

【人居环境改善】 2022年，唐兴镇开展农村人居环境“奋战六十天，清仓大整治”专项行动，聚焦镇域范围内的交通沿线、村庄街巷、农户庭院、田间地头等重点区域,通过“拆、清、整、绿、建”五措并举,彻底治理乱搭乱建、乱堆乱放、乱扔乱倒等突出问题。各村投工 980 余人次,挖掘机 204 台班,装载机 306 台班,拉运 224 车次,实现环境卫生“五有五无四实现”。开展“厕所革命”回头看,通过村级自查摸排问题 170 个,通过镇级督查发现各类问题 27 个,通过聘请第三方公司排查,查找问题 812 个,针对摸排问题实行销号制,整改一个,销号一个,全面完成整改并组织验收。

【安全生产】 2022 年,唐兴镇牢牢把握“123”的工作思路,进一步强化安全生产红线意识和底线思维,深入开展危险化学品、生产经营租住村(居)民自建房、选矿厂企业固废治理项目等专项整治,推动安全生产大检查大整治大提升行动走深走实,抓隐患排查,共出动检查 273 次,共排查一般隐患 578 条,并进行整改验收,切实做到闭环整改;抓宣传培训,各村(社区)共悬挂安全生产条幅 81 条,扎实做好安全宣传进农村、进社区、进家庭,打通安全宣传“最后一公里”;组织机关全体、站所负责人、重点企业主要负责人观看用电安全警示教育片 2 场,参与 150 余人;每月组织镇村干部学习安全生产法;抓活动开展,组织辖区企业开展“我宣誓”安全生产承诺践诺活动,组织举办唐兴镇 2022 年“喜迎二十大”安全知识竞赛;在鼎尚时代广场组织开展大型商贸综合体灭火和应急疏散演练活动,参与 110 余人。通过形式多样的活动激发广大干部职工参与安全的积极性、主动性;抓机制健全。树牢“安全生产无小事”的工作理念,对安全生产月活动中形成的有效制度和做法,坚持抓长抓常,一以贯之,不断提高全镇广大人民群众的安全感、幸福感和获得感。

【环境保护】 2022 年,唐兴镇持续加大对“散乱污”企业的巡查检查力度,关停 9 家,整改提升 2 家。持续加大对秸秆禁烧工作的管控宣传力度,针对焚烧秸秆立案处罚 21 人,罚款 13500 元,建立健全镇、村、环保中队互相配合齐抓共管的工作机制。持续加大对河道及周边水生态的排查整治力度,对北关小河的排污情况进行专项整治,沿河排污口全部纳入城市排污管网。持续加大对大气污染的防治力度,摸排主要公路沿线未硬化区域 50 处,对破损道路、裸土逐项制定整改计划,分类整改,减少扬尘污染。

【统一战线】 2022 年,唐兴镇统计高学历、在外工作人员及在外企业家人士 251 人信息。查封非法宗教活动点 2 处,争取少数民族发展资金 73 万元,完成中石桥村人居环境整治,下高村人畜饮水修缮项目建设,北关清真食品加工园正在进行前期手续办理。

【综治安保】 2022 年,唐兴镇落实全科网格治理。进一步优化网格 237 个,成立 91 个网格党支部,245 个党小组,网格党组织实现全覆盖。做实做细“双报到双服务”工作,13 个社区报到党组织 75 个、党员 2043 名。全年排查化解各类矛盾纠纷 176 起,回复市长热线 537 件,答复社情民意 11 件,解决中央交办信访积案 1 起。通过心理帮扶、就业帮扶和爱心救助活动,做好精神障碍患者、社区矫正对象的日常管理和服务。通过开展打击整治养老诈骗专项行动增强老年群体防骗意识,完成集中宣传 4 次,发放宣传页 6000 余份,张贴海报 140 余张,悬挂横幅 80 余条。

(郑全鹏)

南梁镇

【概况】 2022 年,南梁镇镇域面积 122 平方公里,辖 22 个行政村,113 个自然村。全镇有 10565 户,44155 口人,耕地 65175 亩。南梁镇地理位置优越，交通便利，矿产资源丰富，水利资源得天独厚，素有“翼城小江南”之称。2022年，南梁镇以习近平新时代中国特色社会主义思想为指导，深入贯彻党的二十大精神，认真落实中央、省委、市委、县委经济工作会议精神，客观总结南梁镇2022年经济工作，分析当前经济形势，谋划部署2023年经济工作，进一步动员全镇上下以赶考姿态争先进位，以破冰之勇攻坚克难，奋力谱写新时代全方位高质量发展南梁篇章。

2022年，全镇粮食播种面积95386亩、产量3532.62万公斤，经济作物6700亩、产量775.26万公斤，园林水果面积8543亩、产量2768.75万公斤。核桃2651亩、产量27.71万公斤。养猪67944头、牛2997头、羊18172只、鸡177960只。工业企业总产值87557万元，营业收入86995万元，税收1051万元。农村人均收入15733元，比上年增加9.9%。

【党建引领】 2022年，南梁镇抓党建促基层治理能力提升专项行动取得阶段性成效，以程公村等13个村为轴的党建循环路、文明实践路、平安建设路“三路合一”构建起以党建为核心、服务为抓手、阵地为载体的全域党建新格局。“五学三问一考”学习模式使全镇党员干部政治素质、理论功底、发展能力得到全面跃升。“九个一”庆“七一”系列活动、农民丰收节、广场舞大赛等群众性文化活动，让党群发展合力更足、更强劲。党建“四建”管理、“网格先锋 全科服务”党建治理、“所见南梁”政策宣传、“四邻八舍”志愿服务、“红镰助农”义务帮扶等特色党建品牌日益成熟全面拉升南梁党建工作标杆。廉政小院、清廉礼堂、清风广场相继建立，真正把清廉文化送到百姓身边。

【经济发展】 2022年，南梁镇为华翔、桐封技师学院、唐尧大道、园区大道综合提升等重点项目倾心倾智倾力提供靠前式服务，有效推进项目发展建设。“四个三”清化收专项行动理清了旧账、化解了矛盾、让集体经济的家底越来越厚实。梁壁千亩高标准农田建设、浍吉万亩农田开发、4.2万亩农业生产托管夯实“耕”基，让现代农业的阳光洒满田野。南北坡龙达鹌鹑、庄里针织品加工、南常翼山红花椒等34个青年双创项目火热“出圈”、2789个市场主体快速激增，让实体经济的发展更有信心、更有希望。

【民生福祉】 2022年，南梁镇程公区域养老服务中心以及浍吉等6家日间照料中心建成运行，托起“老有所养”的美好愿景。涧峡等8个村饮水安全提升，20余公里水毁道路修复等镇村两级116项“向人民交账”承诺事项完成，向南梁人民交出一份“有诺必践、有言必行”的“民生答卷”。翔岭村13个自然村50余公里的水毁道路修复及14个自然村的饮水提升，让山区群众迈向脱贫致富的脚步更加坚实。30余公里通道绿化高标准完成，210次常态化全民义务清扫，乡村建设行动如火如荼，让美丽南梁的底色更加鲜明。“微课”大赛、“青蓝工程”师徒结对等教育创新举措，翼城二中获山西师范大学优质生源基地称号，让高质量教育成为乡村振兴的“金钥匙”。

2022年8月10日，南北坡村日间照料中心正式运行
（赵紫君、芦延洁供图）

【安全生产】 突出“一支队伍管执法”，扎实开展“五个一”安全生产月活动，全年安全生产实现“零事故”。“流动巡逻车＋固定点检查”“网

格员巡查+监控设备观察”创新防火方式,全镇森林防火实现“零火情”。“4·15”全民国家安全教育日宣传,“七个一”防范网络电信、养老诈骗行动,守住了百姓的“钱袋子”。

(赵紫君　芦延洁)

里砦镇

【概况】　2022年,里砦镇土地面积96平方公里,户籍人口28491人,常住人口20208人。全镇共有29个基层党组织,辖14个行政村,其中有24个基层党组织,党员865名。2022年,里砦镇获全省乡村治理示范乡镇称号,获市级无邪教示范乡镇。里砦镇属于暖温带大陆性季风气候,光照资源充足,雨热同期,四季分明,无霜期180~190天,年平均降水510~585毫米。全镇有耕地面积6.6万亩,水利条件优越,利于农业生产,苹果、桃葡萄等经济作物近万亩。矿产资源较为丰富,有铁矿、白云石、铀矿等,尤以铁矿为最。里砦镇历史悠久,文化积淀深厚,有“剪桐封弟”唐叔虞始封地唐城、天马晋国遗址、翼城最早的古书院绵山书院。

2022年,里砦镇固定资产投资额6650万元,工业总产值实现2.49亿元,营业收入2.7亿元,农民人均纯收入实现1.3万元,粮食总产量达到4.2万吨。

【产业发展】　2022年,里砦镇全年实现固定资产投资1.2亿元,全县各乡镇排名第一,2家企业进入规上。晋益钢结构厂房加工、新佳园可再生塑料制品加工、德义废弃果木秸秆粉碎加工项目全部投产,23家洗选企业完成新一轮环保整治提升。投资500余万元的翼城优品标准化产品包装生产线、石头饼生产线、苹果脆生产线、苹果洗选加工生产线建成。2个标准化肉牛养殖项目建成投运,新上苹果冷库2座。实施总投资2000余万元的里砦村省级乡村振兴示范村项目、阎村市级乡村旅游示范村项目。依托集体农业托管进一步壮大村集体经济200余万元。深入推进市场主体倍增行动,全年新增市场主体2122家。

【社会保障】　2022年,里砦镇按照上级要求完成两轮防返贫动态监测大排查,严格识别消退程序,完成对低保、特困供养人员救助物资的发放,符合条件的困难群众做到应保尽保、应享尽享、应纳尽纳。2022年,全镇共发放低保、五保、资金318.8万元,下发临时救助12.1万元,救助困难家庭52户176人,重度残疾人护理补贴41.4万元,下发孤儿及80岁以上老人生活补助471人17.2万元。线上线下开展新型农民培训和劳动技能培训30余次,培训1000余人。

【民生事业】　2022年,里砦镇实施1356户“煤改电”清洁取暖改造,镇区污水处理厂实现托管运营。全年空气质量各项指标在全县名列前茅,污水稳定达标排放。1.8万亩高标准农田建设完工,东续村集体光伏发电项目投入运营。新建4个村老年日间照料中心、4个村级公共浴室、对3个村实施亮化改造、2个村实施街巷硬化改,对4个村集体活动场所进行提标改造。唐城村唐文化主题广场、阎村美术写生基地完工。全镇60周岁以上老年人疫苗接种率达到100%,红标人员基本医疗服务全覆盖,“一老一小”基本药物发放全覆盖,有效保障重点人群的生命安全。

【基层治理】　2022年,里砦镇党委政府聚焦优化升级,建章立制强机制,工作作风持续向好。认真对照全面自查,基层治理展现新风采。认真梳理、全面盘点,制定镇村两级职责清单、任务清单和镇村两级干部岗位职责清单、任务清单、村干部履职行为负面清单。全镇党员干部对照职责和清单,通过群众提、自己找、上级点、互相帮等方式,深入查找存在的突出问题,全部建立问题清单。全力以赴整改落实,基层治理取得新进展。坚持逐项分析研究,分类建立整改清单,定期对整改情况进行督促检查、协调解决问题。全镇查找的826个问题全部整改完成。长效思维强化制度,基层治理实现新跨越。注重总结专项行动中形成的好经验、好做法,修订完善《农村党员“分类管理”积分考核办法》,制定出台《便民服务宝典》,建立健全党建引领基层治理的长效机制,有效提高基层治理效能。

2022年5月16日,里砦镇党委书记在里砦村召开党员“分类管理”积分考核推进会 (王蕾供图)

【安全工作】 2022年,里砦镇全面落实总体国家安全观,全面排查各领域风险点,坚决维护政治、经济、社会安全,切实做好党的二十大期间的安保工作。严格落实安全生产工作“一岗双责”,结合“安全生产月”及“大检查大整治大提升行动”,广泛开展安全生产知识宣传,深入开展安全隐患大排查,坚决打击违法生产行为,强化“河长制”管理,严厉打击私挖盗采行为,营造良好的安全生产社会氛围,为安全生产形势持续、稳定好转打下坚实的基础。抓实平安建设工作。综治中心规范化、“智慧党建+乡村治理一体化平台”建设完成,坚持和发展新时代“枫桥经验”,提档升级“小巷总理”,全面推行“红色管家”治理模式,坚持党委抓“面”,基层党组织抓“线”,红色管家抓“点”,全面推行“党员团队化服务+红色管家”党群同心共治新模式,切实做好矛盾纠纷排查化解,调解纠纷180余起,入户宣传9342人次,积极打造4个乡村治理示范村,创建平安建设示范镇、市级无邪教示范乡镇和里砦村县级无邪教示范村。

【抓党建促基层治理提升工作】 2022年,里砦镇自抓党建促基层治理提升专项行动开展以来,镇党委认真贯彻落实县委部署要求,通过规范化培训、清单化推进、项目化管理、标准化整改、常态化调度“五化措施”强力推进,全方位推动高质量发展,积极探索党建引领、党员带头、全民参与的基层治理新路径。2022年,乡镇班子共查找问题20个、班子成员共查找问题57个、乡镇一般干部查找问题170个、村党组织查找问题106个、村“两委”班子成员查找问题473个。全镇查找的826个问题全部整改完成。

镇党委将全镇14个村分为24个网格318个微网格,严格户代表推荐、经“四议两公开”程序,高标准选优配强网格员队伍,全面压实基层治理主体责任。通过建立“三帮一”传帮带工作机制,即党委书记、包片党委委员、包村干部三级帮带,对新录用14名大学生村官进行管理,有力推动基层治理能力建设。创新性开展“党建引领乡村振兴半月谈”活动,半个月开展一次书记面对面座谈会,实行常态化调度,2022年共举办19期,有力推进基层党组织标准化、规范化建设。按照县委部署要求,全县首家打造综合行政执法办公室,优化组织架构、配强配足队伍,提升基层行政执法能力。修订完善《农村工作考核办法》《农村干部管理及行为规范》,实行党组织书记星级化管理,评出5星1人、3星1人、2星1人、1星1人。大力招才引才,充实基层人才资源宝库,构建“智库空间”,与山西农业大学、太原科技大学等多所院校签订战略合作协议,2名博士、20名专家学者、15名特约网红,56名乡村振兴特邀顾问,2名青年技能人才签约入驻。加强基层治理,高标准评选“星级文明户”,2022年度里砦镇前参评户数达4688户,其中六星级以上户数3800户,全部完成挂牌工作。全镇推行“党员团队化服务+红色管家”党群同心共治新模式,党委抓“面”,基层党组织抓“线”,红色管家抓“点”,通过党员联户、联地、联路、联手“党员四联”工作机制开辟新路径,有效拓展基层治理新维度,形成党组织领导下的三治融合基层治理体系闭环运行,实现“小事不出巷、大事不出村、难事不出镇”。以党建联盟为载体,10天时间完成集体流转土地7153亩,运用“四统四分”工作法全程指导,让农业托管成为壮大集体经济的有效路径,实现2022年度全镇各村集体经济、经营性收入大幅上升。高标准完成“清化收”工作,共排查合同1057份,规范问题合同823份,增收104.5万元。新增资源7宗73亩;债权536笔282万元,化解50笔62.8万元;债务1063笔1429万元,化解19笔148.3万元。深入挖掘典型,阎村壮大集体经济典型案例入选《全省发展壮大村级集体经济100例》,通过市委组织部验收,被确定为市级产业发展类党员教育培训基地,里砦村被市委党校确定为基层治理典型案例教学点和发展壮大村集体经济典型案例教学点,东午寄村联村共建型、老官庄村资产盘活型、里砦村物业服务型、西沟村支部领办型、阎村乡村旅游型等五类发展壮大村集体经济典型案例被县委组织部采纳。

【招商引智恳谈会】 2022年2月26日,里砦镇召开“同心谋创业,一起向未来”招商引智恳谈会,邀请里砦籍和在里砦工作过的领导和优秀人才回到里砦,为里砦镇发展出谋划策。会上,里砦镇党委政府分别与太原科技大学安全与应急管理工程学院、山西师范大学生命科学学院“国家科技成果重点推广计划”微生物肥料技术研究推广中心、山西师范大学美术学院就镇校合作进行签约。里砦镇创业之星代表山西翔和工艺品工作室同山西师范大学进行签约,旨在通过专业团队指导,为翼城传统手工技艺传承再添动力。

【青年创新创业示范基地揭牌】 2022年1月28日,在全县上下掀起认真学习落实县委经济工作会议、县两会精神高潮之际,里砦镇举行里砦镇青年创新创业示范基地揭牌仪式。里砦镇青年创业创新示范基地位于翼城县里砦镇里砦村,在县人社局的大力支持下,盘活张桥村闲置的劳保所,总建筑面积700余平方米,总投资约40万元。青年创业之星文化走廊选树上官世华、薛文文、贾扬等10余名里砦青创带头人,通过讲述身边的青年企业家故事,激发、塑造和保护青年企业家精神,在全镇营造崇尚、传承、弘扬工匠精神的浓厚氛围。示范基地办公楼有共享办公室2间、会议室1间、直播间1间并配有完善的设备设施,给青创者提供完善的基础设施共享协调服务。青创基地按照“构建一个服务新主体、带动一批人才孵化基地、扶持上百市场主体、选树千余带头人”的思路,以“乡村振兴”为核心,依托里砦现有人才为载体,构建“引进+帮扶+开放+共享”的创新创业人才服务体系,矢志打造集示范引领、创业培训、科技创新于一体的创新创业平台。

2022年4月2日,里砦镇举行“唐风晋韵·魅力翼城”——2022翼城县文旅系列活动线上启动仪式暨里砦镇第六届桃花文化旅游节开幕式　　(龙振宇供图)

【“唐风晋韵、魅力翼城”文旅系列活动启动仪式暨里砦镇第六届桃花文化旅游节】 2022年4月2日,里砦镇立足“唐尧故地、晋国源头”文化定位,举行“唐风晋韵·魅力翼城”——2022翼城县文旅系列活动线上启动仪式暨里砦镇第六届桃花文化旅游节开幕式。因疫情影响，活动开启以来，以线上直播为主。4月2—4日，共开展4场大型线上直播，包括线上启动仪式、漫游桃花节之“展翼城优品”专场、“品唐风晋韵”专场、“游耕读阎村”专场，4场线上直播，直播间总话题数324个，浏览量1100万次，关注数31.48万人次。

【修订完善《党员“分类管理”积分考核办法》】 2022年，里砦镇进一步探索创新党员分类管理积分考核办法，分有职党员、无职党员、流动党员、老弱党员四类定标，分基础赋分、服务积分、奖励加分、惩戒减分、一票否决五项积分，分优秀党员、合格党员、基本合格党员、不合格党员四档评定，分组、村、片、镇四层激励，充分发挥党员“八大员”职责，明确党员联户服务“三联机制”，督促党员参与“八大组”针对性服务，有效发挥有服务能力党员的先锋模范带头作用。

（王　蕾）

隆化镇

【概况】 隆化镇位于县城东22公里处，东临沁水，南接桥上、中卫，西连唐兴、王庄，北毗浮山，总面积252平方公里，辖28个行政村，有31个党支部、1708名党员，4.03万口人，总耕地面积10.6万亩，是全县特色农业大镇、煤炭生产重镇、旅游观光名镇。

2022年，全年生产总值10.85亿元，同比增速6.5%，人均地区生产总值3.72万元，固定资产投资总额1.15亿元，企业171家。第一产业增加值7.968亿元，第二产业增加值2.12亿元，第三产业增加值0.762亿元，人均可支配收入1.483万元。全县有市级文明村3个、县级文明村13个。

【党建工作】 2022年，隆化镇以党建工作为引领，不断增强领导班子执政能力。一是着重抓班子建设。以抓党建促基层治理能力提升专项行动为抓手，先后进行发展党员、“清化收”、壮大村级集体经济等主题实战实训；开展“百题百问百学百测”活动，给广大党员干部发放口袋书，坚持每月进行一次测试；通过行政村网格、专属网格、微网格组成的“三级网格治理体系”，实现基层工作下沉，基层治理优化。二是着力强基层保障。开展“书记论坛”思维碰撞行动，分别以“做好农业托管后半篇文章”“下好硬功夫，聚力清化收”为主题，解决面对大事难事支部书记思路不明、办法不多和措施不细等状况；依托县委组织部党建提升项目，对两坂枣园等村场所提档升级；投资60余万元，完成隆化村1300余平方米活动场所新建，实现党群议事会、道德银行、新时代文明实践站点全覆盖；同时实行“一考双亮双评四联”“1224”管理办法，从严抓好党员日常管理。三是着实夯集体经济。制定出台《隆化镇壮大农村集体经济创收奖励办法》，以集体自主经营、集体流转+服务主体合作经营，集体流转+新型农业经营主体，土地入股+保底分红全产业链托管等四种模式，共托管土地14564.24亩，28个村集体经济收入全部超过10万元，30万元以上达到36.8%；聚力“清化收”，共摸排合同1372份，规范问题合同699份，核实债权1146笔，涉及金额184.44万元，债务1169笔，涉及金额1798.67万

2022年7月，隆化村建成1300余平方米活动场所
（梁馨丹供图）

元,新增资源21宗83.05亩,增加集体收入58.98万元,清收合同欠款67.82万元。

【党建亮点】 2022年,隆化镇开展“星级书记”评定行动,将党员分类管理、壮大村级集体经济、市场主体倍增等7项纳入红黑榜管理,并将星级评定结果与报酬发放、奖励惩戒、转移支付拨付等挂钩,切实发挥考评“指挥棒”激励约束作用。28个村党组织书记中评出4星级书记1个、2星级4个、1星级20个、0星级1个,任职未满一年的书记2个,兑现红黑榜考评2次。实行镇村干部“百人千户万事”大走访,走访9065户,收集意见建议53条,全面开展代办服务875件。建设农村网格员队伍,积极打造“双五双十”全科网格工作法,每年开展一次“最美网格员”评选,举办“我的网格故事分享会”2期,组织开展汛期巡查等主题志愿服务5次。“网格人讲网格事、隆化人叙隆化情”于2022年7月17日被山西新闻网刊发。“网格故事分享会”做法于2022年8月12日被《临汾日报》法治专刊转载,“不因循守旧、不照本宣科”于2022年9月9日被《山西法制报》头版刊发。

【党风廉政建设】 2022年,隆化镇以廉政教育常态化、廉政小院规范化、廉政档案项目化、村级职责清单化、“三重一大”备案前置化、村级班子成员双审双签等六项举措从严抓好“一肩挑”人员监督管理。举办廉政教育讲座7次,廉政档案189人,抽查备案“三重一大”事项34项。打造3个廉政文化小院,3个廉政教育基地,举办“翰墨飘香、清廉隆化”书画展。

【基层治理】 2022年,隆化镇坚持党群议事明理,做强基层治理“强引擎”。党群议事理要事。为解决党员不议事、代表议事少、大事不透明等问题,在全镇推行“党群议事会”做法,以上级点题、两委定题、群众指题和个性说题四种方式抓好议事主题确定,先后以“常态化疫情防控怎么防”“农业托管壮大集体经济如何推”“清化收如何干”等为主题,在全镇统一开展18次说事议事,在“有事好商量、有事多商量和众人的事众人商量”上做积极探索。为更好化解邻里、干群、婚姻等矛盾纠纷,在信访群众和“两委”干部之间架起“缓冲带”,便于调处矛盾纠纷,隆化镇将优秀党员、法律顾问、心理咨询师和乡贤能人吸纳到“和为贵”调解工作室,确定“听民意、劝纠纷、帮调解”九字职责,并实行镇领导班子成员包联解难事与村级“和为贵”调解相辅相成的调解模式,形成两坂枣园村“和为贵”·说事有“李”、紫琴村“和为贵”·紫琴调理、大河口村“和为贵”·三分有爱等调解品牌,累计处理各类意见或问题43件,“和为贵”调解工作室成为说事评理“民间法庭”。

【文明实践】 2022年,隆化镇坚持文明实践增色,塑造精神文明“好风尚”。“草根名嘴”志愿服务更常态。为调动广大群众参与隆化经济社会发展的主动性和积极性,将爱讲会说、有技能有产业、有威望有特长的人员组成“草根名嘴”志愿服务队,常态化开展政策宣讲、移风易俗、安全巡查、产业指导和医疗健康等志愿服务。开展“我们的节日”之“情暖重阳,孝老爱亲”“清理河道垃圾,共建秀美浇底”等志愿服务461场次。“隆贤汇”乡贤品牌更响亮。聚力“千名乡贤助百村、共建乡贤连心桥、引乡贤返乡创业”三大行动,打造“隆贤汇”隆化子品牌,以深入群众找、主动上门请、镇村干部推、身边人员举等方式“招贤纳士”,截至2022年底,回引产业项目5个。乡风民风更淳朴。注册志愿者7557人,评选十星级文明户3445户、镇级“十星级文明户”28户、好媳妇好婆婆56人、巾帼双创之星5人,最美家庭28个,让尊德崇贤之风劲吹隆化大地。同时,以十“理”春风移风易俗活动为抓手,常态化做实移风易俗这篇文章。

【文化教育】 2022 年 7 月 15 日，在隆化镇综合文化站举办“喜迎二十大 奋进新征程”暨第五届广场舞大赛，11 支参赛队伍踊跃报名，丰富广大群众的文化生活。9 月 22 日，在上吴东现代农业示范果园举办“喜迎二十大 共庆丰收节”暨第五个中国农民丰收节活动，展现了农民群众昂扬向上的精神面貌。投资 189 万元，完成隆化中心小学特色小学规划改造工程；投资 72.1 万元，在北撖初中新建餐厅 1 座；投资 73 万元，新建北撖中心幼儿园活动用房。

【生态旅游】 2022 年，隆化镇依托红色、自然景观资源，深化文旅融合发展、促进乡村产业多元业态。投资 332 万元，建设青城省级红色美丽村庄，完善基础设施、打造红色教育基地，培育农家乐、窑洞民宿等附属产业，让游客学在青城、玩在红沙腰、住在特色窑洞、食在农家小院，一站式多维度体味青城风土人情。6 月，参加“悦享临汾 回家有礼”端午节直播活动，在翼城优品直播间隆化直播专场，直播带货带游，全方位线上推荐隆化农特产品，以及国家 AAA 级旅游景区佛爷山。投资 200 万元，建设 3000 平方米、300 个停车位的佛爷山生态停车场，形成上有绿树遮阴，下有土壤透水的生态停车环境。打造南卫油坊—紫琴故居—两坂七勇士—青城抗日县政府红色文化旅游线路，激活红色力量，传承红色基因。

【人居环境】 2022 年，隆化镇在环境美化方面：在油庄、北撖等 7 个行政村，种植国槐、紫叶矮樱、海棠等 3200 余株景观树，造林 8.9 公里；开展“奋战六十天，清仓大整治”专项行动，党员群众参与环境卫生整治 2500 余人次，整治交通道路、田间地头 90 余公里，清理陈年垃圾 850 余立方米，清除乱贴乱画 920 余处，整治乱堆乱放、乱停乱摆 310 余处，拆除乱搭乱建 23 处。改厕方面：完成 41 户 2021 年秋季汛期灾后重建户改厕及厕所提升工程，在浇底、隆化、北撖建设第三方运营厕所管护平台，完成 2021 年因灾纳入长期整改厕所的 44 户整改工作。持续发力“一事一议”。紧盯民生设施提升，积极向上争取项目和资金 85 万元，2022 年共实施“一事一议”项目 3 个，分别是金古垛道路亮化工程、浇底道路附属工程、史村下水道改造工程，均完工。

【乡村振兴】 2022 年，隆化镇坚持乡村振兴提质，建设宜居宜业“新隆化”。一是扎实推进防止返贫监测帮扶集中排查工作，组织镇村干部、第一书记、驻村工作队、网格员 273 人对全镇常住人口“两不愁三保障”及饮水安全收入等方面进行全面摸排。2022 年，新纳入监测对象 4 户 10 人，监测对象风险消除 4 户 15 人。二是保障村民基本需求。为确保“两不愁三保障”和饮水安全常态化持续达标，2022 年，全镇共有 7 名大学生新生享受二本 B 类以上大学生新生补助，补助资金 3.5 万元；54 名大专（中、高职）学生享受“雨露计划”政策补助，补助资金 16.2 万元；完成 7 户低保边缘户、脱贫户住房提升，全部入住；在尧都村等 8 个村投资 109.9 万元，修缮饮水管道主管道 6200 余米、分管道 400 米、修缮人畜饮水 30 立方米蓄水池 7 个、新建 480 米深井 1 座，安装提水设施 1 套，受益人口达 8500 余人，极大地提升镇村民的饮水用水条件。三是小额信贷助产业。组织镇村干部入户向群众宣传扶贫小额信贷政策，协助浇底信用社、隆化信用社、北撖信用社向脱贫户放贷 290 万元。四是稳步推进扶贫项目实施。使用乡村振兴衔接资金 311 万元，建设 8 个项目（产业项目 4 个、基础设施项目 4 个），全部完工。

【粮食安全】 2022 年，隆化镇集中在青城、金古垛、石村、大河口等村连片推广玉米间作大豆，在中央资金补贴的基础上，向种植户每亩发放 10 元的农机种植补贴，完成 4700 亩玉米间作大豆种植，超额完成种植任务指标。对辖区内

10.6万亩耕地排查发现位于下石门村沟东自然村撂荒地60.2亩，完成复垦种植工作；3.6万亩小麦、6万亩玉米及1100亩露地蔬菜种植任务全部分解到村、到户、到地块，种植任务全部完成。

2022年7月18日，隆化镇积极组织镇村干部对各村玉米间作大豆种植情况进行验收　（梁馨丹供图）

【产业发展】 2022年，隆化镇狠抓创新创业项目。青城村省级红色美丽村庄项目，全面完工；以产业中心片区北撖苹果小镇为依托，建立集产品展示、电商孵化、技能提升和合作交流于一体的隆化镇青年创新创业孵化基地；投资290万元，新建包括洗选分选设备、基地车间等为主要内容的苹果智能洗选分选包装仓储基地，最大程度发挥苹果产业集聚效应；打造10个实训基地和隆化小米科研基地，开展电商培训5次、产业实训37次，培训1300余人次，新增市场主体2315个，发展隆化豆腐、青城连翘加工、养羊场、石村肉牛养殖等新增项目。持续推进重点项目。以渗水地膜谷子种植为抓手，完成3000亩渗水地膜谷子种植和“隆化小米”地理标识建设；投资714万元，在上吴东村安家垣自然村建设923亩高标准农田，打造有机旱作特色园区；北撖卫生院、隆化卫生院新建业务用房建成并投入使用；投资100万元的枣园文化广场全面完成；上吴西村等8个村新建、改建农村日间照料中心完工，为老年人建起家门口的“幸福驿站”；投资424万元的杨家河至张马河小流域治理项目全面完工。

【安全生产】 2022年，隆化镇制定《隆化镇安全生产大排查大整治方案》，每月28日按期召开安全生产例会，分析当月安全生产形势，组织镇村干部和网格员开展“安全生产大排查大整治”专项行动；常态化开展自建房隐患排查、安全生产大检查大整治大提升和护林防火工作，排查经营性自建房249处，处罚3起违规用火行为。投入防火经费7.6万元，购买防火物资；投入5.5万元购买无人机2台，用于日常巡逻巡查。

（梁馨丹）

王庄镇

【概况】 2022年，王庄镇土地面积126平方公里，总耕地面积8.6万亩，主导产业种植小麦、玉米，经济作物产业以苹果、核桃、连翘、玉露香梨为主；共有企业38家，其中非煤矿山12家、选矿场9家、沙场7家、冶铁铸造厂2家、加油站6家、面粉厂1个、洗煤厂1个。全镇辖18个行政村，共8739户、27718人；有26个党支部，全镇党员1136名，其中农村党员907名。脱贫村有驻村第一书记2人、选派干部3人。

2022年，在县委、县政府的坚强领导下，王庄镇党委政府团结带领全镇党员干部群众认真贯彻中央和省、市、县各项决策部署，聚焦县委“四大振兴”战略、“六大提升”行动，全力实施“235”发展规划，做好“四镇建设”，全镇经济社会发展稳中向好、进中提质。

【主要经济指标】 2022年，全镇农业总产值1.51亿元，固定资产投资完成0.516亿元，集体经济收入533万元，粮食总产量1921.8万公斤，农民人均纯收入11432元，人口自然增长率2.9‰，各项经济指标平稳向好。

【党的建设】 2022年，王庄镇抓学习提能力。结合抓党建促基层治理能力提升专项行动，围绕提升干部队伍治理能力要求，利用线上学习和线下学习载体互动互补，组织理论中心组学习14次，组织机关干部开展每日晨学76次，组织支部书记、党务工作者、网格员、微管家、行政执法队伍等基层治理队伍参加"翼起学"大讲堂、网格员能力提升、党务工作者能力提升等专题培训27次，组织基层党支部集中学习35次，开展清廉讲堂12次，通过多渠道多层面多角度学习培训，提升基层治理队伍能力。

2022年10月28日，王庄镇党员干部集中学习党的二十大精神　（吕俊丽、郑晶晶供图）

抓班子强队伍。一是优化考核激活力。按照星级管理办法对18个村党支部书记进行星级初评，将季度考核结果纳入星级评定重要考核指标，根据任职年限、日常考核、重点项目推进等情况，对支部书记进行评星定级，其中2名2星、1名3星，以星级评定为抓手，促进支部书记提高工作能动性。针对"两委"班子成员管理考核难的问题，制定两委班子考核办法，形成基本工资+分工报酬+重点工作完成情况+反向测评相结合的考核办法，差异化发放工资报酬，差异化考核两委干部队伍，提高两委干部队伍的积极性和主动性。二是积分管理增动力。建立"432"党员积分考核机制，落实基础分"铸魂"+履职分"立根"、奖励分"赋能"+借负分"纠偏"积分管理机制，将日常管理、作用发挥、志愿服务等纳入支部党员积分考核项目，将全镇876名农村党员全部纳入积分管理。三是规范执法强监督。投资3万元，打造高标准综合行政执法办公室，按要求完成物资配备；成立15人综合行政执法队伍，组织行政执法能力提升专题培训5次，执法队伍现开展执法行动27次。

抓网格促治理。围绕党群"翼"家亲联户服务品牌，打造王庄镇"微管家"联户服务体系，全镇精准划分为270个微网格，243名党员代表担任微网格长，形成包村领导、包村干部、支部书记、班子成员、党员村民代表五级网格，微网格长化身"微管家"，紧紧围绕八大员工作职责开展工作，高效完成疫情防控、安全排查、星级文明户等基层治理任务，先进典型经验被"学习强国"学习平台、山西电视台、临汾电视台、翼城电视台进行广泛宣传。

抓基础提效能。辛安、河上、北丁等5个村村级组织提升工程全面完成；投资5万元打造清廉讲堂、清廉村居，先后接受市、县两级调研指导，接待社会团体研学5000人次。

【集体增收】　2022年，王庄镇开展"清化收"专项行动，促集体增收。规范整改合同11800份，新增集体资金126万元，新增资金连续4次通报全县排名第一；全镇18个行政村，完成村集体托管面积9500亩，春播玉米完成收获，亩均产值达到1000元。集体自营土地有7个村，其余村为大户流转，增加集体收入全部超10万元。辛安村、郑庄村、龙女村等3个村通过盘活闲置建设厂房100余亩，为集体增收20余万元，通过处僵治困实现企业落地+集体增收双赢。完成北丁村蓄水池工程、史伯村乡村旅游基础设施提升工程、丹朱村水肥一体项目等集体经济壮大项目，项目完成后可为集体增收超15万元。2万亩连翘全部挂果丰收亩均产值400元；万亩苹果长势喜人挂果率达80%，市场走势向好；栽植菊花100亩获丰收；完成春季3.6万亩的粮食播种和3.2万亩小麦的夏收工作，对小麦实施3次集中喷肥,2021年晚播小麦全部由弱转壮,2022年夏收小麦亩产均高于常年平均水平。完成大豆玉米带状复合种植2500亩,亩均增收200元,典型经验被中央电视台进行采访报道。打造庭院蔬菜示范村5个,实现庭院蔬菜全覆盖。

【环境整治】 2022年,王庄镇共出动挖掘机、铲车、清洁车等大型机械230余台次,劳动力1650人次,清理建筑垃圾1400立方米、乱堆乱放182处;清理交通主干道隔离带和绿化带76公里;整治乱扔乱倒134处,通过整治,使全镇面貌焕然一新。坚持每周一义务清扫,将村民参加义务清扫情况纳入道德银行积分兑换范围,切实营造人人知晓、户户参与的良好氛围。

2022年11月15日,王庄镇各村开展环境卫生大整治行动　（吕俊丽、郑晶晶供图）

【巩固脱贫攻坚成果】 2022年,王庄镇开展防止返贫动态监测帮扶工作。一是强化集中排查。分别于5月和10月组织各村开展两次集中排查,重点围绕收入情况、“三保障”和饮水安全状况、刚性支出情况,以及在就医、上学、就业、产业等方面存在的实际困难和潜在风险,进行摸底登记,确保排查全覆盖、情况全掌握。二是强化动态走访。按照对脱贫户每月一次收支测算、驻村工作队每月遍访一次、党委书记、镇长每半年遍访一次脱贫户、监测户、低保户、五保户、残疾户等重点户的工作要求,镇村干部、驻村第一书记和工作队每月开展防止返贫动态监测帮扶排查,做到及时发现问题、及时解决问题。三是强化预警研判。王庄镇共有监测户10户25人,其中未消除风险的3户8人,分别为鄢里村1户2人、辛史村1户2人、丹朱村1户4人。其中,2户为整户低保户,长期监测,收入稳定;1户因家人失去劳动能力被纳入监测,为增加其家庭收入,1人到村辣椒产业园区和丹朱村农副产品加工厂务工,每日收入150元,正在为其办理其他业务。“两不愁三保障”和饮水安全方面。2022年,王庄镇有应届大学生3人,均享受二本B类以上的一次性补贴政策,大专、中专、高职学生8人,均享受“雨露计划”;全镇所有脱贫人口、监测对象全部缴纳2022年医疗保险,落实医疗救助政策,有效防范因病致贫返贫风险。家庭医生双签约实现全覆盖,村级卫生室药品不少于50种,设备不少于32种,全部达标。村医持证上岗,做到定期随访重点人群,随访记录完善;对全镇“六类重点人群”住房安全进行全面排查,8户“六类重点对象”存在房屋安全隐患,按照危房改造政策对该8户实施危房改造,全部改造完成,保障住房安全。对全镇饮水安全进行全面排查,不存在季节性和区域性缺水问题。产业发展方面。村级光伏电站运行良好,截至2022年9月,王庄镇丹朱村王虎自然村村级光伏电站电费累计收益237975.23元,到村资金237975.23元,设置公益岗5名共支付公益岗工资30900元,户级光伏增加脱贫户收入每年3000元。丹朱村辣椒产业提升项目为脱贫户提供4个临时岗位,为脱贫户增收100～200元/天。2022年,对有意愿的脱贫户、边缘易致贫户进行小额扶贫贷款14户42.32万元。脱贫人口就业方面。截至2022年9月底,王庄镇脱贫劳动力共170人,其中省外务工35人、省内县外9人、县内126人。设立固定脱贫公益性岗位6人。帮助脱贫未就业人口到唐尧大道生态治理项目就业3人。王虎村村级光伏电站为脱贫户、监测户设置公益性岗位3人;王庄镇共有脱贫人口119户303人，监测户10户25人，其中消除风险7户17人，未消除风险3户8人。10月，农村低保321户444人、特困户43户44人，领取重度残疾人护理补贴411人、贫困残疾人生活补贴160人。畜牧工作方面。全镇现有猪存栏19144头，其中大型规模养殖场1户，存栏4000头，中型养殖场12户；牛存栏1430头，其中规模牛场2户，存栏180头；羊存栏13025只，其中规模羊场1户，存栏800只；鸡存栏13570羽，其中规模鸡场1户，存栏1万羽。完成全镇2022年春季重大动物疫病防控工作，未发生重大动物疫情。

【项目建设】 2022年，王庄镇创新创业激发市场活力。一是内生外引搞活一批。通过上门联络、召开优化环境招商座谈会、联谊会、老乡会等方式，内优环境外引资源不断优化发展环境，2021年按照县委安排全程参与翼钢搬迁项目合同签订工作，利用7天时间完成冶中自然村176户合同签订，创造了翼城速度。二是优化服务催生一批。积极响应县委号召第一家创立创新创业基地，先后组织培训农村电子商务培训3期培养电商人才76人，成立30人微光电商助农志愿服务队，制作微光电商助农公益宣传视频7个，打造电商红人13人，通过电商助力缩短农特产品销售周期增加群众收入；镇村两级利用镇村两级帮办代办员队伍分片分区域逐村入驻进行一对一培训辅导，通过一站式服务催生市场主体659家。三是引凤还巢新生一批。开展“引人才回故乡建家乡”活动，与在外创业青年进行对接，引进铭瑞再生资源回收有限公司、盛泽经贸有限公司2家千万元级企业，总投资超4500万元，1家投产达效，另一家正在完善后期手续；引进1家500万元级企业，完成主体建设。

抓项目实施践行承诺。结合年初“向人民交账”承诺事项和重点项目，共涉及基础设施提升、创新创业主体倍增、民生改善项目落地、壮大集体经济4大类共34个项目，完成30项，正在推进4项。其中，基础设施提升方面完成12项，包括辛安—庙洼道路修补工程、古署村森林乡村项目、东槐线植树造林项目、殷庄村场所提升项目等项目共投资730万元；创新创业方面完成5项，包括处僵治困优化营商环境、市场主体倍增、现代产业园区建设等项目共投资5000余万元；集体经济壮大项目完成4项，包括蓄水池项目、辣椒烘干厂等项目共投资100余万元；民生改善项目完成9项，包括老年日间照料中心、公共浴室、公交通车等共投资70余万元，其余4项正在全力推进。

【改善民生】 2022年，王庄镇五大载体齐发力。投资5万元，18个村道德银行实现全覆盖；投资10万元，进行镇村两级综治中心建设。结合镇实际探索创新出星级文明户创评、党群议事会、便民服务室、道德银行、“乡贤连心桥”子品牌金牌调解室五大载体，通过五大载体实现自治德治法治的融合共生，18个行政村共评出十星级文明户2478户，获评率超35%。便民服务站提供便民服务1200余人次；发掘吸收镇级乡贤9个，村级乡贤285个；6个金牌调解室开展调解服务78次，化解矛盾10余起；道德银行积分兑换活动开展2次，便民服务站点为群众开展志愿服务2000人次，通过五大载体共同发力打通服务群众最后一米。

2022年4月13日，综合便民服务中心开展便民服务
（吕俊丽、郑晶晶供图）

四项举措惠民生。一是组织辣椒种植技术和大豆玉米带状复合种植技术培训、辣椒种植培训、厨师培训等劳动技能培训12期,参训1300余人。二是健康进万家小程序注册完成90%。三是为61户灾后重建户和29户修缮户补助资金的发放,共计283.2万元。为43户五保户发放救助资金25.8万元,为321户农村低保户发放救助资金230.5万元。四是组织4支志愿服务队先后开展防电诈诈骗、开展防范非法集资、道路交通安全等志愿服务宣传20余次,志愿服务人次3000人。

【安全生产】 2022年,王庄镇安全形势持续向好。共开展11次安全例会制度不动摇,坚持日常巡查不放松,坚持严格执法不松劲,全年出动检查人员453人次,检查企业126家,下达执法文书107份,排查整改隐患577处,安全生产实现"零事故"。

【生态环境】 2022年,王庄镇组织护林防护巡查、秸秆禁烧巡查、河道巡查达500人次,常态化开展环保督查12次,完成5家砂厂标准化提升,持续巩固环境质量改善效果;完成取暖季151户煤改气用户卡表用气信息录入上报工作;积极完成郑庄、岳庄、曹家坡3个村群众冬季取暖燃气补贴的申报、核实工作。完成全镇自建房和生产经营密集场所等房屋安全排查和App系统录入;积极申报危房改造户8户。

【平安建设】 2022年,王庄镇建立镇村两级综治中心,完成标准化规范化建设要求;完成视联网工程协调;完成270个网格划分和微网格长选聘任用;开展禁毒宣传、防电诈宣传、防养老诈骗、反有组织犯罪法、防范邪教等活动7次;常态化开展扫黑除恶斗争,完成督导谈话2次;共排查信访矛盾隐患3起,全部进行化解,安全稳定形势持续向好,先后接受市委政法委调研2次。

【武装工作】 2022年,全镇18岁适龄青年登记率达到100%,全镇适龄青年登记率达到90%以上,召开专题会议2次,动员会10场次,悬挂横幅40余条,张贴征兵公告33张,完成春季征兵任务。完成全乡退役军人资料信息录入和优抚资料的发放等工作。妥善解决退伍军人优抚工作。对辖区复退军人的就业、生产、生活情况进行摸底调查,为复退军人提供就业信息,均得到安置。

(吕俊丽　郑晶晶)

中卫乡

【概况】 中卫乡地处翼城县中东部,西连县城南环路,东接晋城市沁水县张马村,北与唐兴镇、隆化镇接壤,南与南梁镇为邻。区位优势显著,交通条件便利,东西距离约25公里,南北距离约6公里。地势东高西低呈带状分布,分为山地、丘陵和平川。全乡辖17个行政村,3.3万人,乡域面积142.2平方公里,耕地7.1万亩,林地5.9万亩。乡党委下设8个党总支,37个党支部,1320名党员。

2022年,在县委、县政府的坚强领导下,中卫乡党委政府紧扣中心大局、强化担当作为、矢志攻坚克难,有力保障全乡经济社会高质量发展。2022年,固定资产投资额8500万元,工业总产值实现6.7亿元,营业收入6.9亿元;农民人均纯收入实现1.45万元;粮食总产量达到3.9万吨。2022年,中卫乡先后被评为全省统计普查工作先进集体、2020—2022年度省卫生乡镇,创建省级文明村1个、市级文明村2个、县级文明村6个。石佛自然村珍珠玉米、吴寨村甜柿子、南北绛村旱地西红柿、南北庙村农业托管、中卫村"五老说事"、南上卫村家风家训、浮图村养老服务先后被中央、省市县媒体关注并报道。

【基层党建】 2022年,中卫乡党建在基层党建工作上基础抓得更牢。理论武装持续强化，进一步奠定思想武装主基调，党的二十大宣讲遍地开花，组织17个基层党组织用好"三会一课"、主题党日等载体，系统学习新思想、新要求、新内容，用新思想指导实践。乡村领导班子成员带头开展宣讲10次，发挥新时代文明实践站作用，组织五老、妇女等群体，通过"送学上门""文艺表演"等形式，引导党员群众学懂弄通、学深悟透。落实意识形态责任制，纳入党支部工作职责，牢牢掌握意识形态主动权。扎实推动抓党建促基层治理专项行动，动态建立问题、责任、措施清单，查找问题1104条，全部整改完毕。组织生活规范发展，17个村党群服务中心实现"一站式"综合服务，农业托管助力集体经济发展壮大，村集体牵头实施托管10800余亩。17个行政村集体经济收入全部达到10万元以上，其中30万元以上的村6个，占比35%。南北庙村支部领办发展大豆玉米带状复合种植入选全市典型案例。史庄村软弱涣散党组织整顿提升高质量完成，党组织战斗力、凝聚力逐步提升。

干部队伍锤炼更强。围绕制度创新、管理到位，提升干部队伍能力素质。坚持育管并重。星级评定树牢激励导向，对17名党组织书记进行评星，评选3星3人，开展观摩评比2次。积分考核激发模范作用，实施积分5个标准、评分7个步骤、落实2个成效，每月开展评定，强化奖惩兑现，兑换1.8万余元。坚持储用并举。培养后备力量，发展党员6名，储备入党申请人36人、积极分子19人、预备党员人38人。细化志愿服务，结合党员联户，以"党旗红"带动"志愿红"，打造"家和乡睦""时间银行""从头开始""青创中卫"志愿服务项目，实现党员带头、人人参与志愿服务的良性循环，成立志愿服务队53支，注册志愿者达到6800余人，通过志愿活动，激发党员活力，发挥党员模范带头作用。落实乡村振兴万人计划，培养教育新招聘17名大学生村干部，建立"每周一谈""每月一评""每季一会"机制，全力以赴"墩苗助长"。

廉洁氛围营造更浓。按照县委第二巡察组反馈意见进行专项整改，3个方面14个共性问题均完成整改。加强清廉中卫建设，重点围绕规范小微权力运行、打造清廉文化阵地等多个方面，多措并举推进清廉村居建设。坚持惩防并抓，全年开展廉政教育12次，在中卫、浮图、屋山等村打造"廉政文化一条街"，主题文化墙10余处。落实监督执纪，2022年，给予党内严重警告处分2人，党内警告处分8人，政务警告处分4人，从严管党治党责任进一步落实。

【产业发展】 2022年，中卫乡聚焦量质齐升，产业发展在深度转型中全面提速。立足"强"字，丰收根基稳而进。"米袋子"供给有保障，新建高标准农田5000余亩，完成冬小麦播种28000余亩，在山区店上新村、四平村种植优质谷子2000余亩，大豆玉米带状复合种植累计完成4600余亩。"菜篮子"绿色更优质，发展各类蔬菜3000余亩，实现产量与质量"双提升"。积极响应全县发展农业托管壮大村集体经济决策部署，村集体牵头实施农业托管10800余亩。南北庙村示范带头自制微喷灌溉装置，采用"主管+副管""白天+黑夜""集体+农户"的模式发展复播大豆玉米带状种植407亩，增加村集体收入50万元。

围绕"优"字，特色种养广而精。坚持质量兴农、绿色兴农，南北绛村引进旱地西红柿晚种晚熟品种连片栽植55亩，并购进西红柿酱加工生产线谋求增收之策。"南繁归来"实施种业振兴，南北绛村种植珍珠玉米130亩，产量达2400公斤。甘泉新村带领群众发展"甘泉红"苹果2200余亩，引进"姚老太"松花蛋生产加工项目，助力传统发展。重点项目"亮"出品牌，吴寨青莲苗木种植合作社总投资500万元完成水肥一体化建设项目220亩,绿色认证完成,收获甜柿110万公斤。依托链条延伸,辛庄和顺丰粮食烘干加工和农副产品回收项目完成土地平整硬化。依托种养优势,鑫浓、祥宇、晨皓、农牧、大农等特色项目持续培育壮大,规模现代农业进一步拓展。

突出"效"字,绿色转型快而实。紧扣重点项目,树牢交账意识,积极承诺践诺,推进"向人民交账"取得实效、结出硕果。锚定绿色经济与循环经济,在环境保护上全面发力,持续培育工业发展新动能,完成聚茂祥石灰厂总投资389万元,建成环保监测设施实现自动化上料、脱硫达标排放。完成厚泽煤业生物颗粒回收利用、浍史二砖厂煤矸石烧结砖技改项目环保手续。深挖煤矿新潜力,推进石丘煤业减量重组,恢复井下六大系统,有序复工复产。

【乡村建设】 2022年,中卫乡高标准推进乡村建设行动,在农业优、农民富、农村美上下功夫。谋项目、兴产业,富民道路持续拓宽。现代产业持续夯实。聚焦村企业合作,浮图村采取"村级主导+引资置产+特色产业"模式,发展"一根棍"樱桃,做优做强现代采摘观光农业。聚焦农文旅融合,中卫村实施千亩樱花基地建设项目,栽植樱花600余亩,配套基础设施并开通简易人工步道,打造康养新地标。空间布局全面优化,成功申报浮图村市级乡村振兴示范村建设项目。中卫、南北庙、南上卫完成县财政统筹支持美丽乡村建设试点PPP项目申报工作。

抓巩固、促衔接,文明乡风渐次形成。脱贫成果持续巩固,严格落实"四个不摘",一以贯之推进帮扶举措,完成两轮防返贫动态监测大排查,扎实开展防返贫监测,共纳入监测对象6户19人。2022年,29名大学生新生、大专(中、高职)学生享受9.1万元资金补助,8户困难群众享受危房改造政策,61名脱贫劳动力申领稳岗就业等各项补贴,稳岗就业实现高标准。坚持物质文明与精神文明齐抓,广泛开展星级文明户评选活动,全乡参与群众7497户;创新推进家风家训示范街建设,总结200余个家风好故事进行集中展示,营造弘扬好家风、争当文明户的新风尚。组织乡机关、南北庙村两支队伍参加"喜迎二十大奋进新征程"广场舞大赛,均获银奖。

重规划、优设施,人居环境更加优化。配套设施日臻完善。中卫、南上卫、南北庙、四平4个日间照料中心全面竣工,浮图区域养老服务中心建成运营。启动实施四平村重修赵庄河东桥项目、南北绛村加固西沟大坝硬化等利民工程。完成浍史村疏通东浍水库溢洪道、南北庙村下水道二期工程项目。南上卫、浍史村安装路灯273盏。生活品质持续提高,扎实开展农村户厕改造第三方排查问题整改工作,浍史村建设化粪池堆肥车间1座,浮图村、南上卫村建设改厕管护服务站2座,积极探索农村厕所粪污无害化治理模式。

【深化改革】 2022年,中卫乡坚持蹄疾步稳推改革、增活力,改革效能持续深化。合力攻破集体资产"清化收"。明确责任分工,坚持包片领导和包村干部进村入户宣讲政策要求,收集整理各类合同、梳理分析难点问题、汇总上报进展,实现多维度宣传、多渠道引导。召开乡、村"清化收"专项工作动员部署会、业务培训会等20余次,营造良好工作氛围。对标政策要求,梳理问题对策,按照"三清""四核""五抓"的工作思路,共整改合同1281份,增加集体经济收入74.9万余元,清收截至2021年底合同欠款63万余元。

规范运行综合便民服务中心。严格落实乡镇机构改革政策和"一窗受理,一次办好"改革部署要求,打造便民服务小院。设立业务受理区、后台办理区、休息等待区、来信来访区、帮办代办区五大区域。设立财政、畜牧、林业、统计、残联、社保、医保等10个窗口。明确办理政务服务事项115项,全年共受理群众各类事项927件,全部办结。以便民中心为依托，深入开展“市场主体提升年”活动，办理新增营业执照3089个，充分激发发展活力。

全力推进综合行政执法改革。配备执法人员11人，健全制度17项，配套综合行政执法办公室和“三室一库”办公场所，建立乡综合行政执法信息共享机制和培训机制，积极组织执法队伍加强对行政调解、行政执法各项制度的学习，组织执法队伍学习培训18次，持续加强执法保障。依据赋权清单全年开展执法检查65次，行政处罚3人次，行政强制1人次，切实提升综合执法队伍的办案能力。

【生态环保】 2022年，中卫乡持之以恒抓治污、提品质，生态底色越发有颜有质。融入日常行动，人居环境成效凸显。以生态宜居为目标全域推进农村人居环境整治，通过开展全民义务清扫、夏收秸秆禁烧、“6·5”环境日清洁家园、“五堆”治理等系列活动，凝聚保护共识，强化生态治理与保护。聚焦“奋战六十天，清仓大整治”，清理交通沿线、田间地头、村庄街巷垃圾140余吨，实现环境卫生常态化长效化。绿化美化成果颇丰，通道绿化共新植8.5公里，补植补栽1.3公里，栽植国槐、雪松、红叶李等苗木4700余株。

注重源头治理，污染防治扎实推进。推进污染防治，常态开展秸秆禁烧巡查，查处7起违法行为。持续加大对散乱污企业的排查和治理，强化洗煤行业洗车平台运行，开展秋冬季大气污染防治，清洁取暖改造区“三清零”、劣质散煤清缴工作有序推进，确保源头治理到位。完成石佛、黄木庄、石英石料场、青洼煤矿生态修复。

守牢绿色生态，森林屏障群防共建。全乡林区范围内的5个村实行林长制管理，建立5个村级林长，落实网格化监控，划分179个网格，选出179个保长，探索实施“十户联防联保”，加强防火宣传教育，提高防火参与率。多措并举筑牢森林防火安全线，造林绿化面积稳步扩大，经济林连翘补植补栽300余亩，实现护绿增收双结合。

【民生改善】 2022年，中卫乡坚持用心用情办实事、惠民生，百姓生活更加有感有得。民生福祉普惠有力。织密社会保障网络，2022年，新增农村低保20户35人，新增特困供养人员4户4人，共发放低保金210万余元，特困供养金63万余元，发放80岁敬老金、贫困残疾人、重度残疾人、孤儿救助金共127万余元；为因病、因学、因疫情影响造成家庭基本生活困难群众73户发放救助款11.8万元。基本医疗保险完成27466人，完成率97.78%，全力推进弱有所扶、老有所养、病有所医。对接上级部门组织技能培训，150余人参加外出务工法律援助培训，1050人参加各项劳动技能培训，激发群众“造血”功能。冬春临时生活困难救助工作中，为1200余户受灾群众发放棉被、毛毯、米面油等物资3800余件、救灾资金18万余元，切实解决受灾群众生活困难。

卫健事业彰显关怀。中卫卫生院投资31万元，建设发热诊室已投入使用；完善放射科手续正常开展诊疗工作。甘泉卫生院举办健康咨询活动9期、健康知识讲座11期，发放多种宣传资料1360余份；完成健康档案、重点人群健康管理、预防接种、传染病防治等各项工作任务，积极争取上级建设项目资金，新建业务用房16间，有效解决业务需求，提升服务环境。全乡14所行政村卫生室和7个自然村卫生室全部按新标准完成达标建设，推动中卫乡公共卫生服务更加规范化、人性化、便利化。

【基层治理】 2022年，中卫乡聚焦平安和谐，治理体系在高效协同中不断健全。以一丝不苟的态度抓细矛盾化解。汇聚乡贤力量。完善“专家学者、商界精英、乡土人才、五老议事”四个智库，“乡贤连心桥”五老说事品牌工作室揭牌，将乡贤中的党员选为“党员中心户”，分片联系10

至20户群众，破解“议题从何来、谁来说、怎么议、如何办、怎样评”等突出问题，协助“两委”化解矛盾，维护邻里和睦、乡村稳定。注重辐射带动，创新“乡贤辅治”模式，打造妯娌话家常、板凳法庭、乡贤议事堂等调解品牌，并在全乡推广覆盖，全年共调解各类矛盾纠纷90余件。完善网格体系，健全“党支部书记（网格长）+专职网格员+网格党小组+志愿服务先锋岗”网格体系，设置363个党员先锋岗，实现党的组织建立在网格，全年开展志愿服务110余次。

以一刻不松的定力抓牢安全生产。坚决落实安全生产责任制和“三管三必须”实施细则，开展月生产例会，开展常态化开展联合检查行动，发现一般隐患237条，整改236条，限期整改1条，确保全乡安全生产工作总体平稳。广泛开展安全生产知识宣传，深入开展隐患大排查，严厉打击私挖盗采行为，营造安全环境。坚持以防为主、防减救相结合的原则，坚持及早部署、主动防御，制定《中卫乡安全风险隐患防范作战图》，加大地质灾害、气象灾害等重点防范，全力做好防灾减灾工作。

以一以贯之的举措抓实平安创建。以“啃骨头”和“钉钉子”的精神，建立健全信访工作机制，实施首见首接、分流处置、领导包案、问责追效四项举措，坚持一个纠纷、一名领导、一个调处班子、一套方案、一包到底“五个一”工作法，人民调解、司法调解、行政调解“三调对接”，化解信访矛盾。全年共调解处理各类矛盾26件，因历史遗留问题造成的重点件1件。完善乡村两级综治中心，依托“统一规范制度、统一登记台账、统一分流交办、统一督查督办、统一回访服务”等五个统一，提高交办事项办结率。

（杨　澜）

南唐乡

【概况】　2022年，南唐乡土地面积约51平方公里，共7254户27650人，常住人口20548人。辖南唐村、云唐村、北唐村、东唐村、北史村、符册村、范牛村、樊店村、下阳村、河沄村、西下坪村、东下坪村、晓史村、原村14个行政村，耕地面积4.4万亩。全乡下设17个党支部，共有党员833名。

2022年，南唐乡在县委、县政府的坚强领导下，认真学习贯彻习近平新时代中国特色社会主义思想和党的二十大精神，全力服务县委“四大振兴”战略和“六大提升”行动，按照“翼城西大门，县城后花园”工作思路，围绕建设“富裕、智慧、诗意、和谐”南唐目标，较好地完成各项目标任务。

【基层组织建设】　2022年，南唐乡聚焦基层组织建设，持续强化组织动员力。以“抓党建促基层治理能力提升专项行动”为抓手，全面提升党建基础质量和水平。一是抓干部队伍建设。出台《南唐乡农村工作暨两委干部考核办法》，结合重点工作常态化擂台比武，有效激发农村干部履职尽责、创先争优的积极性。同时对于不能胜任工作岗位的3名支部书记及时予以调整，打通干部进出渠道。二是抓好党员队伍教育管理。坚持每月两次主题党日活动，提升党员政治素养，提高党员意识。2022年，南唐乡出台《南唐乡党员分类积分管理办法》，破解了党员干部积分结果两极化、普通党员积分均等化、党员积分管理随意化等问题，倒逼党员积极发挥先锋模范作用，成效明显。三是加强后备干部队伍建设。南唐乡坚持党建引领，积极“引凤还巢”，吸引本土青年人才回乡创业。对于返乡创业青年，由1名班子成员点对点帮扶，建立一站式帮办代办服务平台，第一时间成立企业党支部，将返乡青年纳入党员和干部后备队伍，切实发挥党组织在企业发展中的政治核心作用。四是举办庆“七一”系列活动。在中国共产党成立101周年之际，组织开展“擂台比武”“表彰选树”“知识竞赛”“原创诗书画”“百家讲坛”“走访慰问”等系列活动，颁发“光荣在党50年”纪念章20人，推荐表彰38人，走访慰问老党员、困难党员等40余人，发放慰问金2万余元，通过主题鲜明、形式多样、广泛参与的庆祝活动，激励所有党支部和广大党员坚定理想信念，忠诚履职尽责，敢于担当作为。五是严格履行“一岗双责”。2022年，共约谈24人，谈话提醒7人，党纪处分7人。六是把牢意识形态主动权。每季度定期召开意识形态专题会议，认真落实意识形态“二五九”工作机制，全面压实主体责任，牢牢掌握意识形态工作的领导权、主动权、话语权。七是抓阵地建设。2022年，争取上级资金40万元，对河沄村、符册村村级活动场所进行提档升级；投资16万元，实现乡村两级综治中心、新时代文明实践站、道德银行全覆盖；投资15万元，打造东下坪人大主题广场；投资9万元，完成5个村组活动场所修缮。八是抓党的二十大精神学习宣传。将学习宣传党的二十大精神作为当前和今后工作重点，在集中观看学习的基础上，组织开展百人百字心得活动，第一时间录制党的二十大反响小视频，推广党的二十大精神学习小帮手，于10月27日组织“喜庆二十大、翰墨颂党恩”原创诗歌朗诵和诗书画展览活动，用南唐乡独有的方式传递党的声音。九是抓集体经济提质增效。通过土地托管“四问”工作法和“六个一”清化收工作法，建立一月一调度，一季一总结，一年一考核的工作机制，激发村级集体经济发展的内在活力。2022年，村集体经济收入超过100万元的1个村，50万～100万元的1个村，30万～50万元的4个村，超过10万元的8个村。出台《村级集体经济合作社农业生产托管财务管理办法》，规范村级财务管理。

2022年7月，南唐乡诗情画意志愿服务队组织开展“高歌吟诵二十大 丹墨绘就新征程”书画展及诗歌朗诵会 （陈龚供图）

【民生事业发展】 2022年，南唐乡聚焦基层民生改善，持续强化服务保障力。将党建融入民生，以优质服务解决群众最关心最直接最现实的利益问题，真正把人民群众对美好生活的向往转化为党员干部的奋斗目标，全面提高共建共治共享水平。2022年，南唐乡“向人民交账”共承诺事项4大类16小项，动态调整2项，全部按期保质保量完成。夯实产业基础方面：符册村100亩温泉黄瓜园区扩建项目、东下坪村中药材集散中心、河沄特色产业示范村建设、文旅融合工程按期完成。提升基础设施方面：东下坪、范牛2个文化广场硬化及配套工程、北史村自来水主管道铺设完成并投入使用；同时，绿化路网5公里。民生工程方面：3个村级标准化卫生室、5所老年日间照料中心和2个中心幼儿园完成并投入使用。党的建设方面：完成符册、河沄、范牛3个村活动场所室内规范化建设。实现综治中心全覆盖。动态调整项目：完成邦正农业有限公司一期工程。开展人居环境整治提升攻坚月行动，全乡环境面貌大幅度提升。

【精神文明创建】 2022年，南唐乡聚焦新时代文明实践，持续强化乡风引领力。打造诗情画意志愿服务项目。在原有诗书画协会基础上打造诗情画意志愿服务队,按照每月一主题要求开展活动,开展活动12次,并于5月27日迎接市新时代文明实践现场会观摩。分阶段分重点推进十星级文明户评选工作。14个行政村星级文明户创评工作全部完成,完成六星级以上文明户挂牌工作,并利用“三八”“七一”表彰大会对30余户星级文明户进行表彰。同时推广“道德可积分、文明可得分”奖励机制,充分发挥道德银行作用,对“十星级文明户”进行积分兑换。打造家风教育基地。南唐乡打造姚氏和郭氏家风家训一条街,配合县纪委打造翼城县家风教育基地,县公安局、县纪委、乡科级主体班等多次前往参观学习,形成以党风促政风,以政风促民风的良性循环。

【基层治理】 2022年,南唐乡聚焦基层治理水平,持续强化治理管控力。一是坚决守牢疫情防控底线。二是坚决守牢安全环保底线。坚持每周一安全事故通报,每月一次联合检查,每月一次安全例会,每季一研判,半年一总结。截至2022年底,共开展安全检查159次,发现一般隐患236个,整改完成236个,全乡安全意识不断提高,隐患得到及时整改,全乡全年无重大安全事故发生。根据南唐实际,成立15分钟应急救援小分队,打造分工明确,反应迅速,召之即来,来之能战的应急铁军;建立防汛十二表,摸排重点防汛隐患点40处,房屋隐患64处,并精准防范。开展经营性自建房排查,共排查经营性自建房385户,确定C级22处、D级3处,实行清人、封房、停用,1处C级整改完毕,完成8户危房改造。继续开展乱占耕地建房整治工作,共拆除乱占耕地建房问题3处,恢复耕地6亩,全面排查疑似图斑35处。严格落实“河长制”相关工作要求,乡村两级河长共计开展巡河690余次。供水一体化工程投入试运营,同时完成下阳、西下坪、樊店自来水主管道的铺设。大力宣传煤改气、煤改电政策,煤改气取暖季补贴发放1708户共计81.04万元,有效推进清洁取暖取得良好效果。开展道路扬尘污染检查,共发现路面损坏、积尘易产生扬尘地点5处,对涉及商户进行情况通报,并要求清扫路面积尘,进行喷水降尘。三是扎实开展防养老诈骗行动,制作宣传视频5条,扎进群众钱袋子。发挥“南唐视界”视频号和“印象南唐”抖音等平台的积极作用,加强对微信、抖音等网络工作平台的管理。四是微网格发挥大作用。持续优化党建引领“N+1”融合共治模式,进一步细化网格划分,按照包人、包事、包地的原则,将全乡划分为355个微网格,出台《南唐乡微网格员管理办法》,下发《南唐乡微网格员工作日志》《南唐乡微网格员掌中宝》,用制度规范网格管理,实现共建共治共享。

2022年7月,南唐乡组织开展“15分钟应急圈”救援演练　（陈龑供图）

【社会事业发展】 2022年,南唐乡聚焦社会事业,持续提升经济社会发展水平。脱贫攻坚与乡村振兴有效衔接。开展防止返贫监测帮扶集中排查工作,新识别纳入监测户1户4人。扎实开展上级反馈问题排查整改工作,结合上级反馈和自查的19条问题。认真开展一月一动态调整工作,有三类户167户542人。严格落实上级帮扶政策,2022年,全乡共有3名大学生享受二本B类以上一次性补贴10000元;11名大专(中、高职)学生享受“雨露计划”33000元补贴。为积极应对疫情影响导致脱贫户务工收入的稳定,先后组织多次技能培训，全乡脱贫劳动力共外出务工135人。社会事业实现新飞跃。教育方面，一是完成撤并河汯、原村、西下坪、北唐4所学校的移交。二是完成北史幼儿园、云唐幼儿园建设，9月投入使用。人社方面，完成2022年城乡居民基本养老保险费征缴工作，共缴纳9368人，完成补充养老保险费征缴宣传，共缴纳3803人；共完成医保收缴23693人。完成樊店、符册、下阳职业技能培训35人。组织3家企业参加县青年创新创业大赛，获得优秀组织奖。农业惠农政策全面落实。2022年，耕地地力保护补贴、种粮补贴全部发放到位。五保、低保等资金全部按时发放到位。全年新纳入低保31户52人，重残36人，特困4户4人，临时救助127户19.9万元。完成厕所改造10个，排查问题厕所909个，全面完成整改。全面完成高标准农田问题整改工作，确保惠农资金发挥效益。土地确权纠错工作共上报问题65个，全部按照程序进行纠错。绿化方面。投入资金21.65万元，道路绿化达20.8公里。退役军人事务方面。2022年，发放优抚款156万余元，春节及"八一"慰问优抚对象，发放春联、礼品、慰问信。完成建档立卡、办理优待证工作，新增60岁退伍老兵6人，办理优抚对象医疗救助2人。投资30万元，对南唐乡樊店烈士陵园翻新修缮。走访慰问2名荣立三等功的现役军人及家属，对春季入伍1名应征青年家庭悬挂光荣牌。文化事业精彩纷呈。一是开展"我们的节日·春节"系列活动。组织开展"挥毫泼墨绘振兴 新春送福进万家"活动，为200户重点户和党员干部送上节日的祝福。二是积极开展文物保护工作。配合县文旅局开展汤王庙和孔庙修复工作，制定樊店关帝庙消防设施升级改造方案。三是开展庆祝"三八"国际妇女节评选表彰大会。共表彰先进集体和个人40余人。五是举办"巾帼心向党 喜迎二十大"群众性主题宣传教育活动。组织"高歌二十大·丹墨绘征程"妇女节诗书画艺术展示会。开展"弘扬家风家训 建设廉洁家庭"主题教育活动。法治建设工作有序推进。重点做好行政执法改革，提升依法执政水平。投资15万元，打造高标准"三室一库"，增设办公室、案件听证室、执法装备室等，配套执法记录仪、执法装备、安装监控设施等设备，为行政执法提供基础保障。从机关抽调9人充实到执法队伍，并加强执法队员培训，邀请相关职能部门共同执法，传帮带式过渡，解决乡镇执法队伍不会执法问题。开展检查14次，处理非法占地案件1起。

（陈　龑）

桥上镇

【概况】 2022年，桥上镇总面积70平方公里，耕地面积2.14万亩，林地面积4.2万亩，森林覆盖率达40%，平均海拔800米。辖9个行政村，52个自然村，户籍人口10078人，常住人口3850人，下设11个基层党支部（9个农村党支部，1个机关党支部，1个老干部党支部），共有党员413名。桥上镇第一产业以种植玉米、谷子、连翘为主，连翘保有面积1万余亩，现辖晋能集团华泓煤矿（年产能90万吨）、山凹煤矿（年产能60万吨）、东沟煤矿（年产能90万吨）和华鑫洗煤厂（年洗煤120万吨）。

2022年，全镇一产产值5956.5万元，包括蔬菜219.3万元、畜牧养殖2273.7万元、蜂蜜149.5万元、粮食作物3314万元；二产产值约16亿元，包括加工业产值120万元、煤炭产值106676万元；三产产值2494万元，包括加油站80万元、饭店和便民商店1700万元、三农物资服务574万元、服务业140万元。全镇全年总产值约168450万元。

【基层组织建设】 2022年，桥上镇聚焦夯基固本，扎实开展抓党建促基层治理能力提升行动。全镇党员干部扎实学习宣传党的二十大精神，深刻领悟“两个确立”，增强“四个意识”、坚定“四个自信”、做到“两个维护”。以农业生产托管推进集体经济发展壮大。大力推行支部书记述目标完成、两委干部述本职工作、一般党员述联户服务，个人自评、群众测评、党委考评的“三述三评”制度。组织开展两次村党支部书记“擂台比武”，全镇评选出4星级党支部书记1名、2星级党支部书记3名、1星级党支部书记4名。评选表彰18名优秀共产党员，压实党风廉政建设责任制，通过建强“三支队伍”，编制“三本手册”，强化“三项建设”，纵深推进“清廉桥上”建设。全年开展约谈26次、集体约谈2次，接收处置各类问题线索13件，组织处理3人、党内警告3人、党内严重警告3人。

2022年11月12日，桥上镇组织开展支部书记“擂台比武”　（李彦鹭、周朴真供图）

【基层社会治理】　2022年，桥上镇狠抓安全生产、社会稳定。划小治理单元，建强治理队伍，明确治理重点，压实治理责任，加强基层治理；高质量完成“清化收”工作，完成综合行政执法改革。开展“无疫社区”创建工作；全镇创建十星级文明户1149户，占比35%，对26户镇级“十星级文明户”进行公开表彰。组织“十星级文明户”开展“家家防疫争当星级户、人人抗疫争做文明人”疫情防控志愿服务活动。全年新增市场主体179家，其中涉税主体116家；定期召开安全生产例会研究部署工作，经常入企检查服务。建立“1233458”地灾防治工作模式，全县2022年防汛地灾应急演练在桥上镇举行。严格落实森林防火十户联防责任制，严查野外用火和秸秆焚烧。全镇安全工作形势稳定、持续向好。

【基层思想工作】　2022年，桥上镇把学习贯彻习近平新时代中国特色社会主义思想和党的二十大精神作为首要政治任务，组织集中学习10次，开展专题研讨3次，积极开展列席旁听工作2次。以抓党建促基层治理能力提升专项行动为抓手，强化党建引领，各基层党支部在每月“主题党日”开展重温入党誓词、学习党的二十大精神、革命传统教育等活动，通过山西干部在线教育、“学习强国”等学习平台广泛开展党的政治理论学习，强化党员意识，树立党员形象。

积极开展机关干部下村宣讲，通过党员分类管理考核，对老弱病残党员送学上门，流动党员网络送学等方式，确保全镇413名党员全覆盖。将学习宣传贯彻党的二十大精神结合当前新冠疫情防控工作，向全镇广大党员发出倡议，开展党员“入户敲门”排查走访宣传行动，“电话询问”政策宣传行动，“志愿秋收”帮助受到疫情防控影响秋收的困难户提供志愿服务等“三项行动”，肩负起众志成城、抗击疫情的使命担当，冲在一线，守在一线，筑起“红色”防线，牢牢守住疫情防控桥上阵地，以实际行动践行党的二十大精神。

【土地托管情况】　2022年，桥上镇创新实施“土地入股＋集体经营＋生产托管＋保底分红”全产业链托管模式，成立桥上镇农业生产托管服务中心，设立服务协会，在全县率先举办农业生产托管壮大集体经济分红大会，全镇9个村完成农业生产托管面积7600亩、多次迎接省市领导调研，全县现场会在桥上镇召开，多县乡村干部来桥上镇交流学习，土地托管的经验及成果文章被国家级、省级、市级、县级新闻媒体多次刊发。全镇9个村农业生产托管收入276万元，集体经济总收入1196万元。召开2022年桥上农业生产托管壮大集体经济分红大会，对参与土地托管的农户进行分红，对表现优秀的村两委成员进行表彰、奖励。

2022年4月2日，全县农业生产托管壮大集体经济现场会在桥上镇召开 （李彦鹭、周朴真供图）

【民生保障工作】 2022年，桥上镇持续抓好巩固拓展脱贫攻坚成果同乡村振兴有效衔接，为2名大学生办理二本B类以上一次性补贴，16人享受“雨露计划”。为9户困难群众实施危房改造。投资5.1万元，修缮饮水设施。5人纳入农村最低生活保障，1人纳入特困供养，新认定低收入家庭14户、38人。在复兴村开展连翘加工，带动35户脱贫户人均增收上万元。发放小额信贷23户、60万元。设立脱贫人口公益性岗位10个。新纳入监测户3户5人，进行针对性帮扶。加强对易地扶贫搬迁9户、38人的后续帮扶。

全年发放社会保障资金167.75万余元，新建日间照料中心2家，新建公共浴室1座，完成骨灰堂建设。对17户贫困残疾人家庭进行走访慰问，开展军属座谈、入户访谈、困难帮扶等220余人次。

【重点项目建设】 桥上镇党委2022年初确定“向人民交账”承诺事项包括重点项目6项、重点工作7项，全部按时完成，向人民交出了一份满意答卷，保证3号旅游路建成通车；采煤沉陷区搬迁全部完成，2个日间照料中心建成投用。

投资50余万元完成下交田园综合体一期项目建设，完成2万元尾余亩投放；投资40万元，完成庄里生态养殖项目及道路设施配套，现存栏8000只，日产蛋量500颗。投资100万元，完成刘累文化广场建设项目。完成复兴村连翘加工项目，全年完成连翘加工、销售6000公斤。玉浆堂公司与中国农科院蜜蜂研究所徐书法团队签订合作协议，企校合作深入开展，通过对玉浆堂翅果油蜂蜜、峨皇石碾小米、桥上建凤小米的宣传和扶持，提升桥上农特产品的影响力。与8家临汾电商签订战略合作协议，选树一批创新创业典型，带动农业托管、特色养殖等快速发展。同时，3号旅游路建成通车，采煤沉陷区搬迁全部完成，复垦土地100余亩。2022年底，辖区市场主体存量458家，完成市场主体倍增任务数179家，涉税主体完成116家。

（李彦鹭 周朴真）

西阎镇

【概况】 2022年，西阎镇土地面积约242平方公里，共1666户6187人。辖8个行政村，54个自然村，耕地面积8220亩。全镇下设11个党支部，共有党员427名。2022年，西阎镇在县委、县政府的正确领导下，坚持以习近平新时代中国特色社会主义思想为指导，深入学习贯彻党的十九大和十九届历次全会精神及党的二十大精神，全面落实习近平总书记考察山西重要讲话、指示精神，严格按照中央和省委、市委、县委决策部署，团结和带领全镇广大党员干部群众进一步解放思想，振奋精神，以更大的决心、更足的干劲、更实的举措，促进全镇文农旅康全面融合发展。

【特色农业发展成效显著】 一是农业产业发展持续向好。2022年，全镇粮食种植面积达到11751.3亩，粮食产量达到5366.69吨，其中小麦种植面积1982亩,总产量396.4吨;玉米种植面积9352亩,产量4676吨,完成粮食生产任务。全镇8个行政村均为庭院蔬菜村,蔬菜播种面积520亩,其中菌类种植完成上架220万棒,折合面积440亩,庭院种植蔬菜辣椒10亩、番茄20亩、西葫芦15亩、白菜5亩、黄瓜20亩。西阎镇畜禽养殖猪出栏612头,存栏647头,其中母猪62头;牛出栏135头,存栏542头,其中肉牛523头;羊出栏245只,存栏1336只,其中山羊314只,绵羊994只;鸡出栏315只,存栏837只,其中蛋鸡737只。二是特色产业强村富民。2022年,西阎镇以特色山珍十里产业走廊建设为核心,依托曲沃绿恒公司,沿续鲁峪河发展香菇种植50万棒,达产达效。争取产业扶贫专项资金145万元,在曹公村实施"香菇烘干"建设项目,完工即将投产;启动堡子村山珍冻干项目和西阎村香菇烘干项目,产业基础不断夯实,产业优势凸显,持续打造"历山醉氧香菇"特色品牌。同时着重抓好畜禽代养、良种繁育和防疫工作,推进养殖产业的不断升级,使特色产业规模不断扩大,连片集群发展的优势日益凸显。三是香菇小镇有序打造。镇村合力聚焦特色山珍产业、高位规划,建强园区,强化保障,积极申报香菇特色小镇,乡村产业发展新模式的辐射力、带动力稳步提升。

香菇十里产业走廊俯瞰景　(王彤供图)

【农村人居环境持续优化】　一是"六乱"整治提"颜"增"质"。坚持生态优先、多方参与、干群合力、持续推进,以"五色"治"六乱",每周二全民义务清扫雷打不动,人居环境面貌焕然一新。二是聚焦生态保护,乡村颜值不断提升。落实主要领导亲自抓,分管领导具体抓,村两委负责人协同抓举措,构建上下联动、齐抓共管的工作机制。采取集中整治和长效管理相结合,全力抓好河道污水、垃圾处理等重点问题整改及成果巩固。扎实推进"林长制""河长制""田长制",做好耕地、林地等资源保护工作。开展好6月5日世界环境日宣传工作,召开专题会议,对村两委、镇直单位负责人、企业法人进行专门培训,同时开展环保知识进企业、进农户、进校园活动,在西阎学校开设专题课,提高中小学生的环保意识,宣传环保的重要性,教育中小学生,环保工作要从我做起,从身边做起。通过这些活动人民群众环保意识大大增强,维权意识明显提高。

2022年,开展全民义务清扫活动　(王彤供图)

【民生事业持续改善】　一是聚焦底线问题、强化动态监测。始终把守住不发生规模性返贫底线作为重大政治任务,严格按照"四个不摘"要求,紧扣低收入人口、监测对象等重点群体,精准施策。实施网格化监测管理,实行"网格员跟踪预警、帮扶单位联系帮扶、镇村干部落实政策"三位一体,实行集中排查和常态化走访相结合,不漏一户。制定"一户一方案、一人一措施",有针对性地开展帮扶,保持"三保障"及饮水安全问题动态清零。二是积极应对疫情影响,帮助困难群众通过劳务输出增加收益。截至2022年底,共外出务工脱贫劳动力156人，其中国外1人、省外36人、省内县外26人、县内93人。三是依托特色资源和特色产业，加大香菇产业入股分红力度。2022年，为24户保障兜底的脱贫户每户分红446元，共10704元。完成12户60万元金融扶贫任务，每户每年分红3300元。继续实行户用光伏发电分红，7户脱贫户靠光伏发电产业每户每年分红3000元。四是大力促进稳岗就业。2022年，西阎镇共开发公益性岗位8个，（其中环卫岗3个，半年共收益15840元；临时建房公益岗1个，半年收益10560元；护林防火岗1个，半年收益4200元；景区服务岗3个，分红900元）。23名脱贫劳动力通过参加香菇种植，半年共收益20000元。五是开展“雨露计划”申报工作。经村摸排上报、镇审核、县相关部门比对，春季雨露计划（第一批）发放5人15000元。六是聚焦民生保障，惠农政策全面落实。做好低保、特困、残疾人、老龄和困难儿童等民生保障工作，全年全镇共计发放91户141人低保保障金377479元，为22名五保人员发放保障金41975元，为81名重度残疾人发放护理补贴44015元。扎实做好困难群众慰问救助工作，为因病、因灾或其他不可抗因素等原因造成生活暂时性、突发性困难群众发放临时救助151500元。扎实做好拥军优抚工作，完成全镇退役军人和优抚对象发放定补定救、优待金工作。

【改革治理齐头并进】　一是基层治理精准有效。“多元化”推进共建共治共享，持续推动党员干部“下基层”、常态推动网格队伍“进网格”、扎实推动基层群众“善自治”，聚焦群众最迫切的需求和最需要解决的问题，每月召开一次网格工作会议，每季度分片对各村基层治理工作开展一次评议，找准问题，补齐短板，确保社会和谐稳定。二是深化改革重点突出。乡镇综合执法体制改革方面，依托镇党群服务中心，统筹办公场所70余平方米，成立以镇党委书记为组长的执法委员会和以镇长为组长的乡镇执法队伍，实现执法队、案件办理、问询等场所全覆盖，一方面通过专题培训强化思想提升和岗位规范，充实三支力量，壮大执法队伍，做到了知基本要求、履职要求和法规要求；另一方面创新工作机制，通过研判帮带强化实践提升和履职规范，跟着各执法机构学和做，最短路径照着做，学着案例学和做，科学精准学着做，司法帮着学和做，依法守法试着做。智慧化提升行政执法效能，强化行政执法力度，凝聚行政执法合力，为全镇安全稳定打下坚实基础。

2022年，特色亮化工程　（王彤供图）

【重点工程项目扎实推进】　西阎镇2022年年初承诺的6个方面13项重点项目全部完成。一是投资5万元智慧党建提升项目实现党员管理精细化、科学化。以“智慧+”为助力，进一步做实“西阎智库”。二是投资20万元的十字河古村党员活动室提升项目、投资12万元的兴石村党群服务站新建项目全面完工，解决山区特别是多村合一后的活动瓶颈问题。三是投资33万元的镇新时代文明实践基地完成提升建设，各村新时代文明实践站点全面提标，新时代文明实践活动主题鲜明、效果明显，镇村文明实践氛围浓厚。四是历山康养项目配合完成规划区内的土地权属核查，后续对接沟通工作井然有序。五是气象小镇、“醉氧山珍”地标、瓜子寨地址遗迹申报突出地域特色，均完成申报，正在对接上级勘评。

六是投资26万元的道路绿化项目完成,筹资146万元的特色亮化工程翻倍实施。通过绿化、净化、美化、亮化、文化,为旅游路增添新亮点,“旅游路”变身“路旅游”。七是投资20万元的“翼山祥云”新菌种智慧实验棚建设完成,“翼山祥云”产品研发成功。八是投资25万元的西阎镇七十二物候展厅项目建设启动。九是联合十河林场投资50余万元对大河植物园进行基础设施提升改造,种植中药材20余种。十是投资96万元的十里山珍长廊供排水项目完成,打井3眼,铺设管道2100米,新建200立方米蓄水池1座。十一是投资145万元的香菇烘干项目全面完成,运营规范。十二是用好扶持壮大村集体经济资金60万元,新建冻干项目厂房,主体建设完成。十三是涉及5个村的古村落保护及活化利用项目,工程招投标完成,施工队伍进入工地,开始施工。

【防范化解重大风险深入推进】 认真落实森林草原防灭火“十户联防”包保责任制,把握关键地点,节点,人群,设置防火检查站,做到农林交错区、企业村庄接林区排查全覆盖。把握关键时间节点。清明、“五一”和“十一”等森林防火关键时期,镇森林防火指挥部坚持24小时值班制度,林管员、护林员要求每天坚持巡山,严禁出现脱岗、漏岗现象。把握关键人群,对重点山头、重点作业现场采取“人盯人”的办法严防严守,每一宗野外作业都在护林员、村干部的监视下进行,确保“山有人管,林有人护,火有人盯,责有人担”。细化贯彻落实全国安全生产电视电话会议十五条措施的具体举措,每月召开安全生产例会,突出防汛、地质灾害、道路交通、农户用电用火、自建房安全等重点领域,开展安全生产大检查、大整治、大宣传活动,全年开展道路宣传劝导1600余车次,排查整治各类安全隐患21处。组建10支340人的应急抢险分队,针对全镇6处地质灾害点、3处河道风险区全覆盖开展防汛暨地质灾害预防应急演练,组织42名地质灾害点监测员开展地质灾害防治基础知识培训,“一点一策”入户开展转移路线、避险知识宣传,做好汛前准备工作。认真落实信访工作措施,通过走村入户、召开乡贤议事会等形式,及时宣传禁毒、法律等知识,常态化开展信访问题和矛盾纠纷的滚动排查化解工作。

【抓党建促基层治理能力提升工作】 一是坚定党的引领,共绘发展蓝图。2022年3月18日,西阎镇召开中国共产党翼城县西阎镇第十六届代表大会第二次会议,提出要全面贯彻落实习近平总书记考察临汾重要讲话重要指示精神,严格按照中央、省委、市委、县委决策部署,对标县委“四大振兴战略、六大提升行动”,结合西阎实际,坚持推进“1221”规划。2022年4月27日,西阎镇召开中国共产党翼城县西阎镇第十八届人民代表大会第二次会议,会议回顾西阎镇2021年的工作成绩,定好2022年的发展目标,即坚持推进“1221”规划,扎实践行“两山”理论,精准聚焦六化提升,科学致力“三+”融合,稳步夯实五个基础,全力办好六件实事,项目建设加速推进,乡村振兴树立标杆,基础设施优化提升,文农康旅融合提升,特色地标打造,山珍产业体系完善。二是镇级党建智慧平台改造提升全面完成,创新开设西阎讲堂和锦绣西阎讲堂。邀请镇村干部、各类型人才通过“线上+线下”模式对镇村两级党员干部队伍、网格员、乡贤、调解委员会、乡镇执法队等各方面人员进行理论、政策、业务知识培训全覆盖,全年共开讲32次,受众达1300余人次。三是文明实践蔚然成风。用活用好镇村两级“流动小茶桌”和“游路有我”两支志愿服务团队,每月10日公益实践活动围绕宣传动员引领、政策理论讲解、弱势群体服务、环境卫生整治、全域全面安全维护、文农旅康深度融合发展等全面、及时、动态开展志愿服务,构建常态化、制度化、规范化志愿服务工作模式。2022年，共开展志愿服务19次，党员先锋模范作用和志愿服务作用得以充分发挥。评选星级文明户379户，通过评星挂星晒星学星，全镇人人争当文明人，户户争做文明户，邻里互帮、守望相助，好人好事层出不穷。235户星级文明户443人参与防疫值守、政策宣传、物资配送等，大大减少镇村干部的压力。四是阵地载体持续优化。结合县委、县政府开展的“千名乡贤助百村”活动，选聘退休公职人员、企业家、高学历人才、五老等新乡贤98人，充实乡贤力量，“乡贤议事堂”在传承和引领以文化人、以德润心、崇德向善的西阎人文精神和助力乡村振兴方面不断发力，在新乡贤的助力下，实现兴石村到十字河古村旅游路沿线亮化全覆盖，集资100余万元安装太阳能香菇标志路灯468盏，各村乡贤共调解矛盾纠纷11起，帮助解决群众“急难愁盼”问题6个。五是“五小载体”做到从行政村向自然村、从单调向丰富、从固定点向灵活地延伸。小广播、小茶桌、小分队、小戏台、小课堂从不同角度积极宣讲党的政策、法律法规、当前重点工作等，营造新的前线、战线、防线。2022年，共宣传防疫防火防汛防诈知识、土地托管和清化收政策等20余次。六是“全科网格”将群防群治贯穿于抓党建促基层治理能力提升当中，率先推行镇村组户七级网格管理举措，8个行政村选出农村网格员9名、辅助网格员34名、微网格员176名，融合民警、村医、法律顾问等力量，建立微网格微信群，达到思想联通、全员联动、合力联防的效果。七是土地托管方面。8个行政村共完成4103.5亩，春播玉米完成2101亩，对弃耕地2002.5亩进行土地整理、恢复耕种条件，全镇土地托管增加集体经济收入32万余元。八是清化收工作。坚持目标导向、问题导向理顺村集体资金资源资产关系，共规范合同31份，增加集体土地791.83亩，增加集体收入41万元，收回历史债务151.2万元。九是发展壮大集体经济。8个行政村1—10月实现集体经济收入322万元，2个行政村完成村集体经济收入30万元的目标，2个行政村完成村集体经济收入10万元的目标。

【民兵工作】 2022年上半年，完成春季征兵工作，扎实做好民兵整组工作，并成立民兵应急分队，配备新的应急救援设备，多次开展应急救援演练，为西阎镇的森林防火、防汛等各项安全工作提供强有力的保障。

（王　彤）

人物　荣誉

2022 年县法院优秀人物事迹

郭琦，男，1968 年 11 月生，中共党员，翼城县法院政治部副主任。2022 年以来，牵头开展法官入额遴选工作、政法队伍教育整顿后续工作等多项工作，服务保障审执工作和政治工作同步发展。牵头组织意识形态领域分析研判会和政治生态分析研判会，保证意识形态领域安全。高质量完成组织人事管理、离退休人员管理等日常工作。被省高院评为政治工作先进个人。

马洪海，男，1973 年 9 月生，中共党员，翼城县法院诉前调解中心负责人。2022 年以来，立足本职、积极参与，充分发挥自己的主观能动性和创造性，发现县法院“一站式多元解纷机制、一站式诉讼服务中心”建设存在的细节问题，并通过归纳总结，制定各类措施，及时改正，助推人民法院调解平台“三进”工作开展及各类信息化平台应用，加强调解组织、特邀调解员队伍建设，促进全面升级和健全立体化诉讼服务渠道，强化诉前调解力量，同时积极与工会、妇联、人行等部门建立工作衔接机制，参与构建人民调解、行政调解、司法调解和行业调解衔接联动的“大调解”工作体系，完善诉调对接，为群众提供更加便捷高效、智慧精准、全方位的诉讼服务体验。被省高院评为“一站式”建设工作先进个人。

2022 年第一季度“中国好人榜”

郭春明　翼城县中卫乡吴寨村村民

全国司法行政系统劳动模范

席廷宏　王庄镇王庄村人民调解委员会主任

全国社会救助工作先进个人

常艳华　翼城县城镇居民最低生活保障中心主任

《人民代表报》2022 年度优秀通讯员

张　芳　翼城县人大常委会

省级档案工匠型人才

李　琦　翼城县档案馆

张铱镯　翼城县档案馆

第一届全省检察机关公益诉讼检察业务“业务能手”获得者

吕亚汝　翼城县人民检察院

山西省最美军嫂

王晓瑞　翼城县公安局治安管理大队公共秩序中队中队长

山西乡村振兴青年先锋

姚　淏　临汾市翼城县杰越农业经营专业合作社理事长

山西省五一劳动奖章获得者

郭吉利　翼城县山西泰鑫塑胶制品股份公司PVC车间组长

临汾市清廉家风最美家庭

张廷义　翼城县丹阳社区原党总支书记
裴永志　翼城县行政审批服务管理局政务服务中心科员
翟其林　翼城县北撤初中原副校长
郭建军　翼城县应急管理局非煤安全监督股负责人

2021—2022学年度教育工作先进个人

优秀校长(10人)
吉　军　李　博　王晓鸿　冯俊生　马丽燕
石永栋　田海龙　王　娟　马晓峰　侯　权
优秀班主任(158人)
翼城中学:郝丽娜　丁海燕　张森森　张军梅　高青霞　徐海峰　郭俊成　续艳华　张晓泽　张瑞芳　苏　霞
翼城二中:赵　锦　孔德乐　王　娟　郑忠祥　席　娜　张　咪　王凯利
翼城三中:宋青芳　牛阳兵　卫　强　马红丽　赵卫娜　陈赵英　杨博学　武斌文　金　燕　马丽贤　张星文　陈倩倩　赵　楠　许聪聪　李烨婷　丹少秋　郭　娜　刘夏夏　翟玲霞
职业技术学校:雷晓鹏　闫晓艳　李海莹
翼城四中:许如意　李　敏　杨军丽　李　荣
翼城五中:冯志芬　常晓华　孙伟娟　韩彩霞　郭晓玲
翼城六中:王艳丽　韩俊华　任慧娟　孙银霞　张　芳
汇丰学校:秦玉珍　李　玲　马　慧　张娜娜　王新红　郝　娜　冯姣姣　刘辛云　安榕榕　李翼秀　张艳萍　吉晓娜
春雷学校:程　娟　李国庆
南唐初中:李　俊
里砦初中:王世华　王笑笑　刘志华
浇底学校:李彩艳
北撤初中:张佳慧
西阎学校:郭　杰
武池初中:秦奔科　张自平
中卫初中:杨　豫
北关小学:张昭华　李　丽　李可心　曹　慧　朱英英　李彩玲　范慧慧　张　琦
西街小学:杨春芸　郑丽丽　范永梅　赵丽娜　刘晓芳
民族小学:王雅荣
城内小学:董召霞　耿媛媛　王琴琴
丹阳小学:韩国红
西关小学:丁腊苗
唐兴中心校:霍连菊　王　菊　王丽红　程润娟　王丽丽
南唐中心校:贾奥淇　孔翡翠　任姗姗　王　飞　许彩琴
里砦中心校:李文山　高丽丽　郑继焕　王婷婷　王艳艳
辛安中心校:赵艳艳　朱理芬　史　荣

王庄中心校:郭亚丽　石志霞
北捍中心校:付晓娜　石晶晶
隆化中心校:杨　岚　吴中彩
桥上学校:李　灵
南梁中心校:胡江梅　王香萍
武池中心校:解　琼　程守茹　张　娟
中卫中心校:张晓红　黄俊丽　常红艳　李　婷
县直幼儿园:樊　晓　杨　婷
北关幼儿园:郑姗姗　吕　莉
汉德园中学(含桐封技校):
王丽华　郭舒利　王玲玲　张　涛
鹿红艳　王天普　张　洁　张　柠
乔建丽　王　琼　孔祥华　李晶晶
董丽丽　王艳芳　郭朵儿　王　云
史　鑫　张　慧　马宇春　裴东霞
星杰中学:郝飞燕　张　凯
英才小学:许　洁
优秀教师(211人)
翼城中学:靳文龙　张俪娟　孔国华　安保山
董江丽　李广福　王　娜　薛彩环
郑翔天　房立国　杨学谦　王红利
杨燕清　程丽萍　孙彩艳　王小婷
孔德贤　王艳艳　王艳丽　王　霞
张　霞　张珍珍　刘　华　张永丽
冯丽丽　苏亚荣　邢丽娟　陈黎军
郭朝云　霍　峰　石亚丽　巩　佩
张莉华　张晓梅　张丹丹　梁巧芳
翼城二中:王玲巧　冯　娜　李　淑　李　乐
秦伟玲　李志琴　李云云　王星云
路青利　王　玺　费洪鹏　王晓燕
翼城三中:陈海群　杨雪琴　郭海珍　张艳梅
安江龙　田　兵　朱海瑞　杜关群
张金凤　孔伟华　朱丽娜　李慧慧
孔维强　王素华　卫海贤　朱秀娟
马庆慧　李　铮　苏　廷　王　瑞
李　娜　秦丰霞　邹笑笑　张娜娜
毕莹莹　乔　丽　赵甜利　张　巧
王考校　王　瑞　窦　娟　马　霞
张　俪　王海燕　孙兆霞　李海燕
马锐聪
职业技术学校:朱培林　董兰亭　刘红旗
李素霞
翼城四中:马　可　盖俊芳　秦振巧　王珍珍
胡伟燕
翼城五中:庞云燕　李海江　李　燕　李雪荣
王红果
翼城六中:李海峰　梁屹立　赵翠翠　马建芬
周　明
汇丰学校:任香春　耿延芳　吴淑华　古海霞
高谦虚　郝　勇　贾杜娟　李爱慧
耿延燕
春雷学校:郭丽君　孙兆龙
南唐初中:石　芸　黄　蓉
里砦初中:王红卫　卫志红　张艳丽
浇底学校:冯娜娜　申文慧
北撖初中:贺心爱　史锦萍
西阎学校:张　艳　侯永芬　张天霞
武池初中:马晓山　谢倩倩
中卫初中:刘海霞　常淑贤　贾橼渊
北关小学:李　慧　孙小星　赵伯蓉　王　璇
张燕华　张丽丽　任　菲　肖　军
西街小学:张艳华　张娜娜　武云巧　王海瑞
张彩云
民族小学:郑　丽　翟娜娜
城内小学:伊倩倩　张　丽
丹阳小学:谭君君
西关小学:姚海虹
唐兴中心校:靳艳丽　董　琴　徐俊芳　李彩云
郭娟娟　张春艳
南唐中心校:张淑红　高朝霞　李红莉　郭　晖
陈　欣
里砦中心校:胡巧凤　刘国琴　范伟伟　李晓楠

马文波
辛安中心校:刘海娜　卫晓芳　王　理
王庄中心校:韩晶晶　贾泽丽
北捍中心校:张红艳　吕艳慧
隆化中心校:王倩倩　张维维　王小小
南梁中心校:翟向华　王菲菲　闫秀玲
武池中心校:宋沼枝　陈艳芳　耿雪琴　董春霞
中卫中心校:安玲丽　孙　珊　卫　红　李　元
贾永旭
特殊教育学校:孙学天
县直幼儿园:崔艳芳　耿绪凤
北关幼儿园:陈　芳
汉德园中学(含桐封技校):
朱晓明　陈　龙　宋艳华　田　星
王　瑞　刘蓉蓉　姚飞飞　姚雪峰
王星星　苏慧子　裴艳姣　李金洋
李　强　吴宋青　杨双唤
星杰中学:刘欢欢　史　慧
英才小学:王盼盼
优秀青年教师(23人)
张　琼　常荣华　滑小龙　郭　慧　郝　芳
薛淑娴　袁　伟　侯　燕　赵丽君　赵　洁
张娇娇　申　莉　杨　莉　李亚男　李惠敏
段艳艳　刘　晶　卫雅茹　袁　芳　袁小妮
马鹏飞　周丽华　吕建武

2022年度翼城县共青团工作先进个人

翼城县优秀共青团干部(15名)
马晓宁　马梁钰　王永霞　王华芳　尹翔楠
石　凯　李　娜　李雪峰　吴东栋　张　丽
张筱筱　陈琴琴　郝陈晨　侯晓珊　崔晓辉
翼城县优秀共青团员(20名)
马艳丽　王欣宇　王　伟　刘一桢　乔白杨
冯　悦　许佳凝　许　瑞　许盼龙　吉娇娇
朱浩文　李若琪　张书琦　张金鹏　张诗尧
张　翟　杨欣瑞　梁晓琪　秦曦冉　常顺祥
翼城县青年双创之星(10名)
上官世华　买瑞志　宋学文　杨　锐　杨　凯
张静南　孟　潇　赵　欣　桑小杰　姚　淏
翼城县优秀团建指导员(15名)
丁海燕　卫　强　马　慧　王　莉　王丽华
王茜燚　牛晓华　乔华华　李晓婧　张婷婷
杨慧慧　侯亚俊　赵甜利　崔玉莉　韩广凤
翼城县最美青年志愿者(60名)
王　杰　王　蔚　王丽红　王艳丽　尹太星
车美林　史　璐　冯默然　刘庆泽　刘海琼
刘　敏　刘晓浩　安　洋　闫　慧　李　乾
李　菁　李　瑞　李倩倩　芦延洁　陈　艳
陈亚勇　杨俊芳　杨燕军　杨　茜　苏　霞
范慧慧　张　艳　张　宁　张　宁　张旭丽
张佳华　张素云　庞　乐　尚金龙　郑　昆
郑国华　周文涛　段　玲　侯习鹏　郭子琛
郭晓婷　郭　瑶　郭金鑫　高　楠　尉海鹏
常　华　常雅丽　梁晨阳　梁　鑫　盖珍珍
韩　森　逄　慧　解炜凤　路　蒙　路瑞瑞
裴风婷　翟亚容　翟凯美　翟　娜　魏亚瑞
翼城县青年岗位能手(60名)
马芳芳　马登伟　王巨锋　王晓男　王笑笑
王晨梦　王　磊　王　蕾　王珊珊　王　静
毋建强　尹　斐　申　传　史　帅　吕安娜
刘海霞　刘凯星　刘　静　刘学学　安蓓蓓
安翼鹏　闫文菲　朱泽奇　李明明　李　星
李　翔　李雅鹏　李　宽　李文娟　李俊峰
杨天宇　杨禄祺　吴密密　宋娇娇　张世款
张海金　张明杰　张伶俐　张佳慧　张力水
张晓泽　张　越　岳　丽　罗　娜　郑晶晶
郑　杰　侯　颖　赵风云　原　龙　原财云
涉　纽　郝楠楠　侯雯莉　郭威志　黄　凯
崔敏丹　崔英慧　梁凯丽　解　旭　霍文斌

附　　录

组织机构及负责人名单

中国共产党翼城县委员会

书　记　黄晓君(女)
副书记　刘　锋＊　解　湧＊　杨海林
　　　　张红玉(女)　张文青(女)
常　委　李增奎　范　帆　杨文明＊
　　　　刘生明　白向阳＊　胡国华＊(女)
　　　　武文军　章守文　段晓娜(女)
　　　　吉清泽　石广武

翼城县人民代表大会常务委员会

主　任　李放明
副主任　张晋翼　范钦国　师香丽(女)
　　　　张永峰

翼城县人民政府

代县长　杨海林
副县长　范　帆　石广武　聂　华
　　　　段晓娜＊(女)　张达宏　高　伟
　　　　王　嘉

中国人民政治协商会议翼城县委员会

主　席　董　玲(女)
副主席　张新民　贾永强　王东东
　　　　杜芳芳(女)

中国共产党翼城县纪律检查委员会

书　记　武文军
副书记　侯文君　侯　恩
常　委　靳　博　解薛勤　杨武利　王俊鹏
委　员　贾永华　段东亮　高红潮　岳　忠
　　　　张红伟　翟力龙　苏　虎　车广永

翼城县监察委员会

主　任　武文军
副主任　侯文君　侯　恩
委　员　靳　博　解薛勤　贾永华　段东亮

翼城县公安局

党委书记、局　长　张达宏
党委委员、副局长　宋星林　翟铭晋
县纪委监委第十三派驻纪检监察组组长、党委委员
　　柴　俊
党委委员、交警大队大队长　王　勇＊　郭卫明
党委委员、局长助理　张旭斌
党委委员、工会主席　刘晓华(女)

党委委员、北关派出所所长　杜　欣
党委委员　卫长征
党委委员、指挥中心主任　宋泽生

翼城县人民法院

党组书记、院　长　陈　剑
党组副书记、副院长　贾恒彦
党组成员、副院长　常胜河　吕吉霞(女)
党组成员　王孟印　张卫峰
党组成员、政治部主任　毕林收

翼城县人民检察院

党组书记、检察长　郝永丽(女)
党组副书记、副检察长　杨　仲
党组成员、副检察长　郑　蓉(女)　职统波
党组成员、办公室主任　郭　强
党组成员、副主任科员　罗　骁(女)
监委会专职委员　王　义

翼城县委办公室

主　任　孙　健
副主任　程毅锦　刘　锐

翼城县政府办公室

党组书记、主　任　安　瑞
党组成员、副主任　王自强　张　峰　翟鑫海

翼城县人民代表大会常务委员会办公室

主　　任　王海虎
专职委员　王　峰　赵大志　任成贵
财经工委主任　张　芳(女)
农工委主任　徐延平
教科文卫工委主任　张海华(女)
法工委主任　王大梁
信访室主任　侯　龙
法律法规调研中心主任　杨东亮

中国人民政治协商会议翼城县委员会办公室

主　任　梁　俊
副主任　岳雪峰
调研室主任　刘国伟
经济委员会主任　张　钦
教科卫体委员会主任　马俊峰
文化文史和学习委员会主任　王永红(女)
提案委员会主任　王柏涛
信息中心主任　岳　云

县委工作部门

县委组织部

县委常委、组织部部长　白向阳＊　吉清泽
主持日常工作的副部长　郑永红
副部长　吴金亮　苏　虎　贾丽娟

县委宣传部

县委常委、宣传部部长　胡国华＊(女)　段晓娜(女)
副部长　李　强
县委宣传部下属事业单位：
网信中心
主　任　董彩娟(女)
副主任　李振华　李红星

县委统战部

部　长　杨文明
副部长　孟兆彪　王海滨

县委机构编制委员会办公室

党支部书记、主任　张永杰
党支部副书记　亓永强
副主任　王向慧(女)　安婵娟(女)

县委直属机关工作委员会

书　记　朱俊峰

县委老干部局

党委书记、局长　贾丽娟(女)
党委副书记、副局长　郭新贵

县委政法委

县委常委、政法委书记　刘生明

主持日常工作的副书记　赵鸿彦

副书记　吴海玲（女）

县委巡察领导小组办公室

县纪委常委、巡察办主任　杨武利

副主任　裴红军

县政府组成部门

县公安局交警大队

县公安局党委委员、交警大队大队长　郭卫明

交警大队教导员　郑永武

交警大队副大队长　柏长海　柳仁华　张　元

县发展和改革局

局　长　杜文河

党组书记　刘　伟

党组成员、副局长　张红丽（女）　周晓侠　赵红星

党组成员　邱军廷

县发展和改革局所属事业单位：

县粮食储备服务中心

主　任　张　忠

县教育科技局

党组书记、局　长　郭良山

党组成员、副局长　尚哲董　孙海奎

县教育科技局所属事业单位：

县科技服务中心

主　任　李海民

县工业和信息化局

党组书记、局　长　冯日会

党组成员、副局长　张　华（女）　买婷荣（女）

党组成员　尹开辉

县工业和信息化局所属事业单位：

县中小微企业发展中心

主　任　冯青槐

县城镇集体工业联合社

主　任　董志刚

数字化转型发展服务中心

主　任　刘海涛

县民政局

党组书记、局　长　史　鹏

县司法局

党组书记、局　长　贾永伟

党组成员、副局长　王金龙　路海青（女）　续新民

县财政局

党组书记、局　长　翟铭娟（女）

党组成员、副局长　刘红林

党组成员、办公室主任　李登峰

财政局所属事业单位：

财政国库支付中心

主　任　郭建军

预算绩效评价中心

主　任　李　龙

县人力资源和社会保障局

党组书记、局　长　薛雅强

党组成员、副局长　翟向军

党组成员、四级主任科员　黎海兵

县自然资源局

党组书记、局　长　王晓东

党组成员、副局长　马宏伟　孟凡民　董晋凌（女）　王红华

党组成员　韩建华

县住房和城乡建设局

党组书记、局　长　张天柱

党组成员、副局长　张利民　苏永旺

党组成员　闫耿林　温红玉（女）

县交通运输局

党组书记、局长、交通运输综合行政执法队队长　张国华

党组成员、副局长　原　伦

党组成员、正科级干部　程建江

县水利局

党组书记、局　长　单建民

党组成员、副局长　王　林　李克明

党组成员、总工程师　尹国强

县农业农村局

党组书记、局长　辛树盛

党组成员、副局长　亢树文　崔全福　杨奎苍

党组成员　张　娟(女)

农业农村局所属事业单位:

农业机械发展中心

主　任　董庆华

畜牧发展中心

主　任　李清华

副主任　张文河

农业综合开发中心

主　任　张国中

副主任　宋　昱　黄文龙

县林业局

党组书记、局长　杨世英

党组成员、副局长　张晓辉(女)

党组成员、森林派出所所长　周　海

党组成员、森林派出所指导员　申海军

党组成员、业务股股长　辛红武

县文化和旅游局

局　长　王新明

副局长　张双燕

文化和旅游局所属事业单位:

文物旅游中心

主　任　王国红

副主任　李　昭　丁媛媛(女)

文化市场综合行政执法队

队　长　王新明(兼)

副队长　刘海涛

县卫生健康体育局

党组书记、局　长　杨晓清

党组成员、副局长　何长水　魏月玲(女)

党组成员　孙志宏

卫健体局所属事业单位:

县疾病预防控制中心

主　任　程乐云

副主任　呼玉明　师俊峰

县中医医院

院　长　邹广文

卫健体局管理单位:

翼城县医疗集团(县人民医院)

院　长　宋长明

县退役军人事务局

党组书记、局　长　夏毓泽

党组成员、副局长　翟京红

党组成员、办公室主任　郭华兵

县应急管理局

党委书记、局　长　曹俊义

党委委员、副局长　闫耿森　安庆　常小兵

党委委员　石振华

应急管理局所属事业单位:

县防震减灾中心

主　任　郑继国

县审计局

党组书记、局　长　翟力龙

党组成员、副局长　侯宗鑫　李翠敏(女)

县市场监督管理局

党组书记、局　长　任延青

党组成员、副局长　朱联合　赵　晶(女)　朱海红(女)

党组成员、非公党委书记　丁　浩

党组成员　赵　伟

县统计局

党组书记、局　长　李永明

党组成员、副局长　尚建华(女)

县医疗保障局

党组书记、局　长　程俊杰

党组成员、副局长　郑红喜

县行政审批服务管理局

党组书记、局　长　张　东

党组成员、副局长　代延亭

党组成员、政务服务中心主任　刘建国

党组成员、办公室主任　王晓燕(女)

党组成员、政府采购中心主任　高文龙

县信访局

党组书记、局长　张胜利

党组副书记、副局长　朱延军

党组成员　张兴全

县能源局

党组成员副局长　刘　义

群众团体

翼城县总工会

主　席　李学东

副主席　庞红珍(女)

共青团翼城县委

书记、侨联主席　李金玲(女)

副书记　杨　屾(女)　吴宋玲(女)

翼城县妇女联合会

党组书记、主　席　刁　霞(女)

党组成员、副主席　李　芳(女)　牛素兰(女)

翼城县科学技术协会

主　席　李嘉堂

副主席　杨心亮

翼城县文学艺术界联合会

主　席　常欢庆

副主席　王　芳(女)

翼城县残疾人联合会

党组书记、理事长　高　璐(女)

党组成员、副理事长　卫素霞(女)

党组成员、康复股长　柳长洪

翼城县工商业联合会

主　席　杜芳芳(女)

党组书记、常务副主席　孟兆彪

党组成员、副主席　乔　昌

党组成员、秘书长　梁　丽(女)

翼城县计划生育协会

会　长　吴宝堂

县委直属事业单位

县委党校

校　长　吉清泽(兼)

常务副校长　李雅琴(女)

副校长　张文兵　蔺志纲

县委党史研究室(县地方志研究室)

主　任　董俊辉

县档案馆

支部书记、馆　长　李建党

支部委员、副馆长　李　琦(女)

副馆长　杨艳红(女)

县机关事务服务中心

主　任　杨永峰

副主任　杨　晶　张明亮

县政府直属事业单位

县产业集聚区发展服务中心

负责人　刘双辉

副主任　丁晶晶(女)　王　艳(女)

县综合检验检测中心

主　任　聂华(兼)

副主任　韩建红　皇甫瑞龙

县供销联合社

党组书记、主　任　曹学义

党组成员、副主任　李　强

县融媒体中心

主　任　段红亮

副主任兼总编　李苗壮

副主任　张学斌　裴国旗

县促进外来投资服务中心

主　任　李　辉

副主任　张晓峰　田金虎

社会团体

关心下一代工作委员会

主　任　刘国恒

常务副主任　郭生财

副主任　魏秀萍(女)

秘书长、办公室主任　李　辉

办公室副主任　逯勇江

中国人民解放军长江支队历史研究会

名誉会长　崔江涛(女)

会　长　周月玲(女)

副会长　董长才　李南征　王恩兰(女)

郝明德　李庆荣(女)

秘书长　董长才(兼)

副秘书长　李南征　刘新平　史红忠

条管单位

县税务局

党委书记、局　长　郝志刚

党委委员、副局长　王全　吕星　李伟

党委委员、纪检组长　吴志强

县气象局

局　长　杨　阳(女)

副局长　王　涛

临汾市生态环境局翼城分局

党组书记、局　长　李维跃＊　沈　勇

党组成员、副局长　牛丙水　李振华

党组成员、办公室负责人　王永强

党组成员、管理股负责人　王　磊

临汾市住房公积金管理中心翼城管理部

主　任　张宏涛

县公路段

段　长　赵吉文

党支部书记　安斌义

副段长　翟　峰　郑青霞(女)　温海燕(女)

翼城县消防救援大队

党委书记、教导员　贺　勇＊　陈　超

党委副书记、大队长　李会峰＊　刘　政

党委成员、参谋　鲁亚军

新华书店

经　理　孙福根

副经理　郭海军　王春生

国网翼城县供电公司

经理、党总支副书记　李跃鹏

党总支书记、副经理　岳　鹏

副经理、工会主席　王玲霞(女)

副经理　和　波　孙建士　付文浩

翼城石油分公司

经理、党支部书记　陈　博＊　白志军

副经理　徐清华

翼城县烟草专卖局(营销部)

局长(经理)　杜雨华

专卖副局长　郑　伟

业务副经理　吕营山

工会主席　刘　创

翼城县医药药材有限责任公司

董事长、总经理　翟红星

支部书记　安建军

副经理　李同科　王　鹏

翼城县邮政分公司

总经理　马　坚＊　董新平

副总经理　刘雷雷

中国电信翼城分公司

总经理　李联合＊　王海峰

副总经理　郭　杰＊　杨　喆

翼城县联通分公司

总经理　崔晶晶

副总经理　梁　瑾　侯晓斌　李吉彬(女)

翼城县移动分公司

总经理　刘兴国

副总经理　李贵荣(女)

中国人民银行翼城县支行

党组书记、行长　解永斌＊　梁亚军

党组成员、副行长　胡晓明＊　刘海洋

党组成员、纪检组组长　张　雷＊　张慧明

中国银行股份有限公司翼城支行

行　长　刘晓荣(女)

副行长　邢江涛

中国工商银行翼城支行

行　长　陈正伟＊　郭　飞

副行长　梁青林　袁　明　聂卫华

中国农业银行翼城县支行

党委书记、行长　王小红

党委委员、纪委书记　张秀林

党委委员、副行长　吉海莲(女)　安艳龙

中国建设银行翼城支行

行　长　吴志勇

中国农业发展银行翼城县支行

行　长　卜小明

副行长　王廷桉＊　夏　岩

中国邮政储蓄银行翼城县支行

行　长　陈　涛

副行长　陈　宁＊　张玲玲

翼城农村商业银行

党委书记　曹志伟

党委副书记　李军飞

纪委书记　李　洁(女)

正科级稽核员　宗　华

党委委员　孟　敏　李　鲸　贾钟林　常海霞(女)

中国人民财产保险股份有限公司翼城支公司

经　理　任　刚

副经理　任晓团(女)

中国人寿保险股份有限公司翼城县支公司

经　理　张　波

副经理　龙　华(女)　程蕊蕊(女)

乡　镇

南唐乡

党委书记　李增奎(兼)

党委副书记、乡长　姜治国

党委副书记、政法委员　陈　龑(女)

党委委员、人大主席　姚　祥

党委委员、纪委书记、派出监察室主任　王晓翔

党委委员、副乡长　郭　磊

党委委员　谢建军

党委委员、宣传委员　郭艳丽(女)

副乡长　赵玉凤(女)　徐艳艳(女)

唐兴镇

党委书记　吉顺俭

党委副书记、镇长　杨　鑫(女)

党委副书记　高克让

党委委员、人大主席　孙鸿龙

党委委员、纪委书记　岳　忠

党委委员、副镇长　辛荣荣(女)

党委委员　霍向杰

党委委员、组织委员、统战委员　郑金鹏(女)

副镇长　李红军　张　静(女)　续志强

南梁镇

党委书记　王禄炳

党委副书记、镇长　刘志强

党委副书记　姚振文

党委委员、人大主席　武长青

党委委员、纪委书记　安　娜(女)

党委委员、副镇长　李飞飞

党委委员　史天豪

党委委员、组织委员　张筱筱(女)

党委委员、宣传委员　陈彩霞(女)

副镇长　陈花环(女)　杜振华

里砦镇

党委书记　宋海英(女)

党委副书记、镇长　秦光耀

党委副书记　冯建兵

党委委员、人大主席　翟红杰

党委委员、纪委书记　张海瑞

党委委员、副镇长　王　磊

党委委员　李东海

副镇长　李书智　姚兴风(女)

隆化镇

党委书记　孔祥龙

党委副书记、镇长　尚鹏鹏

党委委员、人大主席　王志刚

党委委员、纪委书记　梁国懿(女)

党委委员　杨明武

党委委员、副镇长　刘　帅

党委委员、组织委员、统战委员　赵　静(女)

党委委员、宣传委员　赵义平(女)

副镇长　王国珍(女)　贾利军　王晓慧(女)

王庄镇

党委书记　高　华

党委副书记、镇长　王　成

党委副书记　吕俊丽(女)

党委委员、人大主席　王智谋

党委委员、纪委书记　毕永旗

党委委员、副镇长	李伟民
党委委员、宣传委员	刘　鑫(女)
党委委员	钱光明
党委委员、组织委员	崔英慧(女)
副镇长	吕真秀　李俊婵(女)

中卫乡

党委书记	郭　安
党委副书记、乡长	师俊丽(女)
党委副书记	谢　琨
党委委员、人大主席	马宏勋
党委委员、纪委书记	车敬廷
党委委员、副乡长	石俊杰
党委委员、组织委员	郑彩霞(女)
党委委员、宣传委员	房立昌
党委委员	樊尧尧
副乡长	席红丽(女)　马　笑(女)

桥上镇

党委书记	陈海量
党委副书记、镇长候选人	王　奇
党委副书记	李彦鹭
党委委员、人大主席	侯军卫
党委委员、纪委书记	吉超迪(女)
党委委员	张艳枝(女)
党委委员、副镇长	樊　帅
党委委员、组织委员	李　娜(女)
党委委员、宣传委员	杨艳龙
副镇长	郑　伟　高　帅

西阎镇

党委书记	赵生贵
党委副书记、镇长	魏　杰
党委副书记	姚文珑
党委委员、人大主席	郭科利
党委委员、纪委书记	张玉良
党委委员、副镇长	王　瑞
党委委员	虞智皓
党委委员、组织委员、宣传委员、统战委员	侯婷(女)
副镇长	侯习服

注:“机构设置和负责人名录”主要收录2022年1月1日至12月31日的机构设置和负责人名录。调离岗位人员在姓名右侧标注＊

翼城县2022年国民经济和社会发展统计公报

2022年,全县上下坚持以习近平新时代中国特色社会主义思想为指导,全面贯彻落实党的二十大精神和习近平总书记考察调研山西重要讲话重要指示精神,承诺践诺,砥砺奋进,全县经济社会高质量发展迈出坚实步伐。

一、综　合

初步核算,全年实现地区生产总值106.3亿元,按不变价格计算,比上年增长5.7%。其中,第一产业增加值15.8亿元,增长4.2%,占地区生产总值的比重为14.8%;第二产业增加值41.3亿元,增长10.7%,占地区生产总值的比重为38.8%;第三产业增加值49.3亿元,增长3.9%,占地区生产总值的比重为46.4%。人均地区生产总值40998元,按2022年平均汇率计算为6096美元。

年末全县常住人口259158人,其中城镇常住

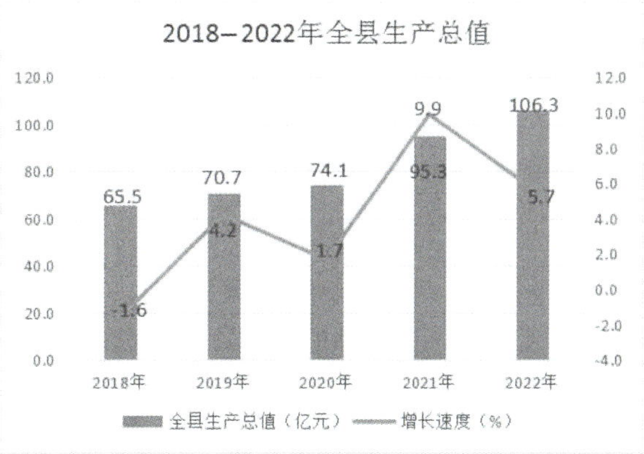

人口115223人,城镇化率为44.46%。全年出生人口1607人,出生率为6.2‰;死亡人口2021人,死亡率为7.79‰;自然增长率为-1.59‰。

全年全县城镇新增就业4054人,转移农村劳动力5117人,年末城镇登记失业率2.4%。

二、农　业

全年全县农作物种植面积63.5万亩,其中粮食作物种植面积60.2万亩、经济作物种植面积3.3万亩。在粮食作物中,小麦种植面积33.7万亩,玉米种植面积23.4万亩。在经济作物中,油料种植面积2752亩,蔬菜种植面积10858亩。

全年粮食产量187025吨。其中,夏粮105942吨、秋粮81083吨。

年末,全县农业机械总动力25.2万千瓦,机械耕地面积54.6万亩,机械播种面积65.5万亩,机械收获面积62.4万亩,农机服务收入9400万元。

三、工业和建筑业

2022年末,全县规模以上工业企业42家,全年规模以上工业增加值同比增长12%。

全年规模以上工业企业原煤产量477.8万吨,增长26.7%;洗煤产量294.8万吨,下降13.3%;生铁产量25.8万吨,下降16.3%;铸件产量8.2万吨,增长23.3%;锻件产量0.9万吨,下降13.5%。

全年全县规模以上工业企业实现营业收入88.3亿元,比上年增长17.9%;实现利润总额12.5亿元,增长92.3%;实现税金总额6.5亿元,增长44.4%。规模以上工业企业每百元营业收入中的成本为72.37元,规模以上工业企业营业收入利润率为14.16%。

全年全县建筑业实现增加值2.3亿元,同比增长10.8%。

四、能　源

全年全县一次能源生产折标准煤341.7万吨,增长26.7%;二次能源生产折标准煤259.9万吨,下降13.4%。

全年全县全社会用电量117698万千瓦时。其中,第一产业用电6099万千瓦时,第二产业用电47776万千瓦时(其中工业用电47310万千瓦时),第三产业用电63823万千瓦时,城乡居民用电22770万千瓦时。

五、服务业

全年全县服务业增加值49.3亿元,按不变价格计算,比上年增长3.9%。其中,批发和零售业增加值3.9亿元,下降9.2%;交通运输、仓储和邮政业增加值5.6亿元,下降2.7%;住宿和餐饮业增加值2873万元,增长0.4%;金融业增加值6.9亿元,增长6.9%;房地产业增加值2.2亿元,下降1.3%;全年规模以上服务业营业收入下降16.6%。

年末,全县公路线路里程1416.306公里,其中高速公路37.698公里。

全年全县完成邮电业务总量1.8亿元,增长5.4%。其中,邮政业务总量0.4亿元,电信业务总量1.4亿元。年末全县固定电话2303部,移动电话用户29.2万户,其中4G移动电话用户17.3万户。全县宽带接入用户8.6万户,增长3.2%。

全年全县旅游景点接待游客46.82万人次,下降23.65%。

六、固定资产投资

全年全县固定资产投资完成22.5亿元,增长26.7%。

在固定资产投资中,国有及国有控股投资增长80.4%,民间投资下降7.1%。

分构成看,建筑安装工程投资增长1.3%,设备工器具购置投资增长45.7%,其他费用增长247.5%。

分产业看，第一产业投资完成1.5亿元，增长2.7%；第二产业投资完成10.4亿元，增长173.2%；第三产业投资完成10.6亿元，下降15.3%。

全年全县在库投资项目（含房地产）95个。其中，亿元以上固定资产投资项目12个。全年全县房地产开发投资44738万元，其中住宅投资38761万元。

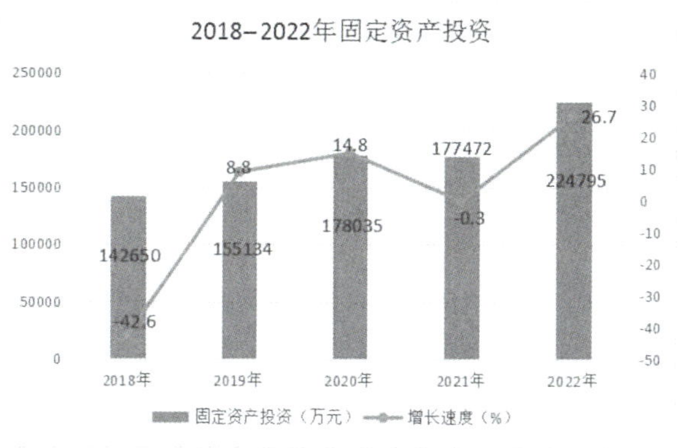

七、财政金融贸易

全年全县财政总收入136447万元，同比增长52.1%。一般公共预算收入48034万元，增长18.5%。其中，税收收入37595万元，增长32.3%，占一般公共预算收入的比重为80.4%，比上年提高10个百分点。

全年全县一般公共预算支出233204万元，同比增长4.3%。其中，一般公共服务支出22830万元，增长18.1%；公共安全支出12512万元，增长55.1%；教育支出40348万元，增长10.5%；科学技术支出272万元，下降46.8%；文化旅游体育和传媒支出4010万元，下降4.4%；社会保障和就业支出44629万元，下降8.1%；卫生健康支出28842万元，下降12.4%；节能环保支出9000万元，下降32.2%；城乡社区事务支出9932万元，下降1.8%；农林水事务支出30089万元，增长21%。

年末，全县金融机构本外币各项存款余额197.4亿元，比年初增加17.3亿元，增长14.3%；各项贷款余额58.2亿元，比年初增加4.7亿元，增长24%。

全年全县社会消费品零售总额42.6亿元，下降1.2%。按销售单位所在地统计，城镇消费品零售额增长0.5%；乡村消费品零售额下降7.3%。

全年全县海关进出口总额3626.2万元，下降9.5%。其中，出口总额3626.1万元，下降9%；进口总额0.1万元，下降99.4%。

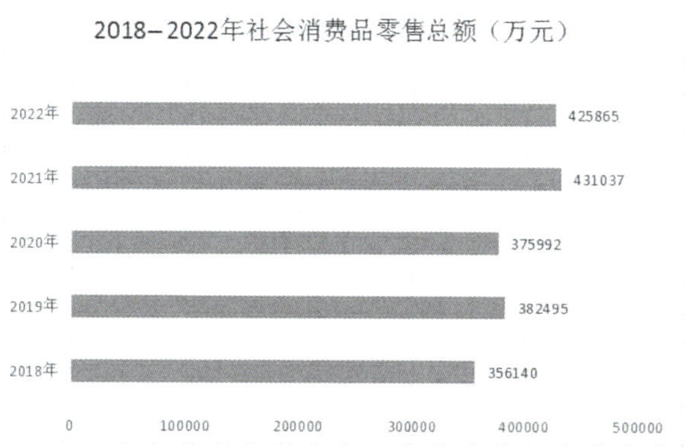

八、教育科技卫生

年末，全县普通中学13所，小学34所，特殊教育学校1所，注册幼儿园69所。小学学龄儿童入学率100%，初中学龄儿童入学率100%，高中阶段毛入学率达到92.8%。全县农村义务教育阶段公用经费2643.5万元，补助学生25598人。农村家庭困难的寄宿制学生1772人，得到各级政府提供的生活补贴达103.3万元。

2022年，普通高中在校生5751人，毕业生1890人。毕业生中，男生930人、女生960人。

全年全县发明专利申请3件，发明专利拥有量28件，每万人发明专利拥有量1.1件。

年末，全县共有文化馆1个、博物馆1个、艺术表演团体2个、广播电视台1座。广播人口覆盖率99.8%，电视人口覆盖率99.9%。全年销售体育彩票2000万元。

2022年,全县非遗保护工作不断加强,国家级非遗项目3项、省级12项、市级16项、县级48项。

全县有县级食品、农产品检验检测和计量检定机构1家,对全县各农产品生产基地、县域内各超市、蔬菜批发市场等进行蔬菜抽样检测,共抽检6批次,抽检样品54个,接受委托性农产品样品检验54个。对全县各厂矿企业、加油站、医院等单位的部分计量设备进行法定计量检定,具体有压力表217台、血压计11台、衡器42台、燃油加油机280个枪头。

全县共有产品质量监督检验所1个,全年监督抽查64家企业2大类产品和商品。全县共有法定计量技术机构1个,全年完成强制检定计量器具561台件。

全县有气象台(站)1个,开展121电话天气自动答询台1个,气象系统开展人工影响天气业务的单位1个,防雹、增雨受益覆盖面积1170平方公里。

全县年降水量619.9毫米,比上年减少311.1毫米。

年末,全县共有卫生机构(含诊所、村卫生室)323家,其中妇幼保健院(所、站)1家。全县卫生机构共有床位1681张,其中医院床位915张、卫生院床位417张。全县有执业(助理)医师749人,有全科医生(含乡村全科执业助理医师)59人,注册护士748人。

九、人民生活和社会保障

全年全县居民人均可支配收入23297元,比上年增长6.5%;按常住地分,全年城镇常住居民人均可支配收入38521元,增长6.1%;全年农村常住居民人均可支配收入15732元,增长6.5%。

年末,全县参加基本养老保险的人数28763人,参加城乡居民基本养老保险的人数171929人,参加失业保险的人数15064人,参加工伤保险的人数30257人,其中农民工23512人。

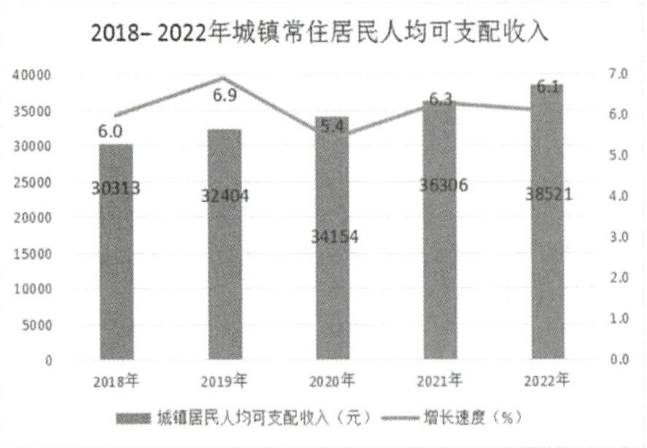

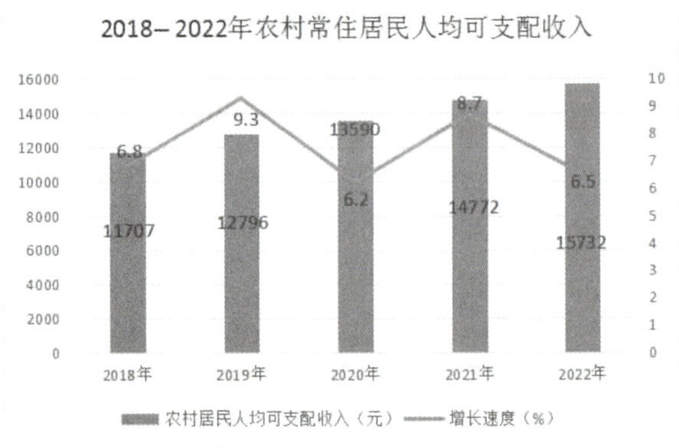

年末,全县参加城镇职工医疗保险的人数25209人,参加生育保险的人数15583人。全县246961人参加城乡居民医疗保险,参保率98.9%。

全年全县纳入城市最低生活保障的居民963人,发放城市低保资金751.8万元,比上年减少123.9万元;纳入农村最低生活保障的居民3616人,发放农村低保资金2253万元,比上年增加202.3万元;农村特困供养人员454人,城市特困供养人员7人。

年末,全县各类养老性单位床位数428张,养老人数208人,城镇建立各种社区养老服务机构5个。全年销售社会福利彩票1401万元。

十、资源、环境和安全生产

县域土地面积1167.76平方公里,年末耕地保有量不少于53.32万亩。全县有1座中型水库。

年末,全县林地总面积80.08万亩,森林覆盖率32.68%;全县建成自然保护区1个,自然保护区面积10934公顷,占全县土地面积的9.4%。全年木材产量239立方米。

全年县城区空气质量好于二级以上天数285天,比上年增加21天,优良天数比例78.1%。县城区PM2.5年均浓度值为38微克/立方米。浍河南丁段出境断面水质达到地表水Ⅳ类标准。

全县建成区新增绿化面积9000平方米,绿化覆盖率达到40.19%,人均公共绿地面积4.21平方米,人均道路面积达到19.16平方米。

年末,全县城市污水处理率98.76%,城区城市生活垃圾无害化处理率达到100%;全县集中供热面积555.13万平方米,新增供热面积15万平方米,集中供热普及率96.21%,比上年提高0.02个百分点。

全年森林火灾受害率为0,林业有害生物成灾率为0.8‰。

全年全县共发生生产经营性安全事故1起,死亡1人。全县煤炭百万吨死亡率为0。

公报注释:

1.本公报部分数据为初步统计数据,除注明外,所有增长或下降速度均为同上年相比较。部分数据因四舍五入,存在与分项合计不等的情况。

2.本公报部分数据由相关部门提供。

3.地区生产总值、各产业增加值绝对数按现价计算,增长速度按不变价格计算。

索引

说明：(1)本索引以人名、地名、机构名称、事件（事物）名称为主题词。(2)本索引按主题词汉语拼音字母顺序排列，主题词后面的数字表示所在页码。(3)本索引主题词主要选自本年鉴正文部分，特载、大事记、附录不在本索引范围内。

Y